思索
사색은 나라를 생각하고(思) 나를 찾자(索)라는 뜻이다.

화엄경강해 2

김홍호

사색

화엄경장해 2

김흥호

【머리말】

 화엄경華嚴經을 보면 높은 히말라야 산을 연상하게 된다. 하얀 만년설에 뒤덮인 높고 큰 히말라야의 설산은 숭엄하기가 짝이 없다. 아침해와 저녁놀에 붉게 물들어 금빛으로 빛나는 봉우리들은 이제 막 피어나는 연꽃이라고나 할까. 그리고 산을 뒤덮은 눈과 얼음이 녹아내려 흘러가는 수많은 강물들은 드넓은 대륙을 푸른 물결로 수놓아 간다. 그 속에는 수없이 많은 생명들이 뛰놀고 있다. 빛과 힘과 숨, 이것이 화엄의 모습이다.
 의상義湘은 화엄 80권을 210자로 간추리고 원효元曉는 "일도출생사一道出生死 일체무애인一切無碍人"이라는 한마디로 덮어버린다. "일도一道"는 "화華"요 "출생사出生死"는 "엄嚴"이요 "일체무애인一切無碍人"은 "경經"이라는 것이다. 일도는 유심연기唯心緣起요, 출생사는 불佛이요, 일체무애인은 이실법계理實法界를 말한다. 선禪에서는 이것을 간단히 심불물心佛物이라 한다.
 화엄경은 세주묘엄품으로 시작한다. 눈 덮인 수많은 봉우리들이 불타인 에베레스트를 찬양하는 장엄한 히말라야의 모습이 세주묘엄이다. 히말라야에서 흘러내리는 수많은 강물은 대지를 적시어 푸른 초원으로 탈바꿈하여 연꽃이 만발하는 화장세계로 만들어 간다. 그리고 절대자를 찾아가는 구도자의 모습은 선재동자로 그려진다. 구도자의 얼은 십신十信 · 십주十住 · 십행十行 · 십회향十廻向 · 십지十地 · 등각等覺 · 묘각妙覺 등으로 그 얼을 단련해 간다. 그것이 유심연기唯心緣起다. 하늘의 수많은 수증기가 눈과 얼음으로 굳어가는 얼의 빛나는 모습이다.

화엄경은 대부분이 그렇게 얼음이 얼어가는 얼의 이야기다. 그래서 화엄경을 얼의 경전, 지혜의 경전, 자각의 경전이라 부르기도 한다. 심불물의 화엄경은 심학心學이 주가 된다. 그런 의미에서 심종心宗인 선과 통하기도 한다. 화엄종의 제5조인 종밀宗密이 또한 선종禪宗의 제11조가 되지 않았는가. 우리나라는 화엄종의 제2조를 계승한 의상 덕분에 화엄 9찰이 전국에 세워져 그 웅장한 모습을 드러내고 있다.

불도佛道를 탐구하기 위하여 53선지식을 찾아 헤매며 칼산에 오르기도 하고 불구덩이로 뛰어내리기도 하는 선재동자처럼 우리나라의 많은 젊은이들이 진리를 탐구하기 위하여 정성을 쏟아 붓는 그 열정에 조금이라도 도움이 되기를 바라면서 화엄경의 주요 줄거리를 쉬운 우리말로 풀어본다. 80권을 해설하는 일도 쉬운 것이 아니었지만 이것을 책으로 작품화하는 것도 쉬운 일은 아니다. 이 일을 해낸 심중식 선생에게 깊은 사의를 표하며 변정자 선생을 비롯하여 이 일에 동참해주신 차현실 선생, 이경희 선생, 임우식 선생, 양옥남 선생 등 여러분들의 수고에 고마운 마음을 금할 길 없다.

2005년 겨울

김홍호

화엄경 강해 2

차 례

머리말 · 5
일러두기 · 10
제 25. 십회향품十廻向品 · · · · · · · · · · · · · · · 11
제 26. 십지품十地品 · · · · · · · · · · · · · · · · · 81
제 27. 십정품十定品 · · · · · · · · · · · · · · · · · 219
제 28. 십통품十通品 · · · · · · · · · · · · · · · · · 302
제 29. 십인품十忍品 · · · · · · · · · · · · · · · · · 321
제 30. 아승지품阿僧祇品 · · · · · · · · · · · · · · · 350
제 31. 여래수량품如來壽量品 · · · · · · · · · · · · · 359
제 32. 보살주처품菩薩住處品 · · · · · · · · · · · · · 372
제 33. 불부사의법품佛不思議法品 · · · · · · · · · · · 378
제 34. 여래십신상해품如來十身相海品 · · · · · · · · · 416
제 35. 여래수호광명공덕품如來隨好光明功德品 · · · · · 432
제 36. 보현행품普賢行品 · · · · · · · · · · · · · · · 445
제 37. 여래출현품如來出現品 · · · · · · · · · · · · · 457

부록 : 제2권 원문요약 · · · · · · · · · · · · · · 523
찾아보기 · 589

화엄경 강해 1 목차(참고용)

화엄경에 대하여

제 1. 세주묘엄품世主妙嚴品
제 2. 여래현상품如來現相品
제 3. 보현삼매품普賢三昧品
제 4. 세계성취품世界成就品
제 5. 화장세계품華藏世界品
제 6. 비로자나품毘盧遮那品
제 7. 여래명호품如來名號品
제 8. 사성제품四聖諦品
제 9. 광명각품光明覺品
제 10. 보살문명품菩薩問明品
제 11. 정행품淨行品
제 12. 현수품賢首品
제 13. 승수미산정품昇須彌山頂品
제 14. 수미정상게찬품須彌頂上偈讚品
제 15. 십주품十住品
제 16. 범행품梵行品
제 17. 초발심공덕품初發心功德品
제 18. 명법품明法品
제 19. 승야마천궁품昇夜摩天宮品
제 20. 야마궁중게찬품夜摩宮中偈讚品
제 21. 십행품十行品
제 22. 십무진장품十無盡藏品
제 23. 승도솔천궁품昇兜率天宮品
제 24. 도솔궁중게찬품兜率宮中偈讚品

부록 : 제2권 원문요약

화엄경 강해 3 목차(참고용)

제 38. 이세간품離世間品
    이세간품 강해(1)
    이세간품 강해(2)
    이세간품 강해(3)
    이세간품 강해(4)
    이세간품 강해(5)
    이세간품 강해(6)
    이세간품 강해(7)
    이세간품 강해(8)
    이세간품 강해(9)

제 39. 입법계품入法界品
    입법계품 강해(1)
    입법계품 강해(2)
    입법계품 강해(3)
    입법계품 강해(4)
    입법계품 강해(5)
    입법계품 강해(6)
    입법계품 강해(7)
    입법계품 강해(8)
    입법계품 강해(9)
    입법계품 강해(10)
    입법계품 강해(11)
    입법계품 강해(12)

제 40. 보현행원품普賢行願品

부록 : 제3권 원문요약

【일러두기】

1. 이 책은 현재鉉齋 김흥호 선생님께서 2001년 11월부터 2003년 3월까지 매주 일요일 이화여자대학교 대학교회 연경반에서 강의한 내용을 글로 옮겨 정리한 것이다.

2. 강의 교재는 80화엄경을 기본으로 하여 편집한 연경반 교재를 사용하였다.

3. 화엄경 원문은 별도의 글자폰트를 사용하여 구별되도록 하였다.

4. 한자에 익숙하지 않은 독자를 위하여 한자 앞에 한글 음을 병기하였다. 이때 한글맞춤법에 따르면서 가능한 한 불교식으로 표기하였으나 몇 가지 예외도 있다. 예를 들어 아뇩다라삼먁삼보리는 아누다라삼막삼보리, 도량은 도장, 바라밀은 파라밀, 정변지는 정편지로 표기하였다.

5. 책명에 대한 기호는 『 』, 편명에 대한 기호는 「 」을 사용하였다.

6. 독자의 편의를 위해 본문에 번호 매김을 하고 단락을 구분하였다.

7. 표지디자인은 조정현선생님, 인쇄교정은 차현실선생님, 내용편집은 변정자선생님, 강의녹음은 김성준님이 담당하였다.

제25. 십회향품十廻向品

십회향품 강해(1)

　십신十信, 십해十解, 십주十住, 십회향十廻向, 십지十地라는 다섯 가지인데 이것은 또한 신해행증信解行証이요 성문聲聞·연각緣覺·보살菩薩·불타佛陀라는 것이다. 그러니까 십회향과 십지가 불타라는 것이다. 그러면 십회향은 무엇이고 십지는 무엇인가. 불타라 하는 것을 온 세상을 비치는 빛이라 하면 십회향이라 하는 것은 달에 해당하는 것이고 십지라는 것은 해에 해당하는 것이다. 달인가 해인가 하는 그 차이다. 그래서 십회향이라고 하는 것은 결국 회광반조廻光返照라는 것이다. 회광반조가 무슨 말인가. 태양이 산을 깊이 넘어갔다고 하면 캄캄한 암흑세계가 되는데 이 암흑세계를 밝히기 위해서는 달이 필요하다. 달이라는 거울이 하나 떠서 태양의 빛을 받아서 산 아래 사람들을 비춰야 된다. 이것을 회광반조라 한다. 빛을 돌려서 땅을 비추는 것이다. 달이란 무엇인가. 하나님의 빛을 받아 가지고 사람들에게 비춰주는 것이다. 기독교로 말하자면 그리스도라는 말이다. 그리스도는 언제나 하나님의 빛을 받아서 비춰준다. 그래서 예수는 지금 말하는 것은 내가 말하는 것이 아니라 하나님이 말했다고 늘 그렇게 나온다. 하나님으로부터 빛을 받아 가지고 우리에게 비춰주는 것이다. 그런데 하나님이 직접 우리에게 비춰주면 그것은 해가 되는 것이다. 하나님이 직접 비춰주면 해가 되는 것이고 그리스도를 통하면 달이 되는 것이다. 그러니까 우리를 비춰주는 빛이 두 가지다. 태양과 달이다. 십지라는 것과 십회향이라는 것이다.

그리고 또 하나, 십행十行이라 하는 것은 야마夜摩라는 것이다. 야마는 시간이라는 말이니까 하늘이다. 석가는 땅에서부터 하늘로, 현실세계에서부터 이상세계로 올라간 것이다. 그런데 하늘로부터 다시 땅으로 내려와야 된다. 시골 청년이 공부하러 서울 왔다가 공부 다 하면 시골로 또 내려가야 된다. 시골로 내려가면 그것이 회향廻向이다. 그런데 서울에 와서 살고 말면 시골에는 아무 도움도 안 되는 것이다. 반드시 내려가야 된다. 그러니까 사람이란 높은 데 올라갔다 반드시 내려가야지 그냥 거기 있으면 안 된다. 십행은 하늘인데 땅에 내려가는 것이 십지다. 그 돌아가는 과정 그것을 회향이라 한다. 그러니까 현실적인 것이 이상적인 것이 되었다가 이상적인 것이 다시 현실적인 것으로 내려가는, 그래서 이상적 현실을 만들어 내는 것이다. 그래서 시골에 가서 어떻게 하는가. 아주 좋지 않던 시골을 이상적인 시골로, 이상적인 현실로 만들어 내자는 것이다. 그것이 우리가 이상을 찾는 목적이다. 그러니까 그 목적을 다 끝냈으면 다시 시골로 내려가서 시골을 이상화해야 된다. 그래서 이상적 현실을 만들어야 된다. 현실적인 것이 이상적인 것이고 이상적인 것이 현실적이다. 정正 · 반反 · 합合이라는 변증법이다. 언제나 현실적인 데서 이상을 찾아 올라갔다가 반드시 그 이상적인 데서 다시 현실로 내려와서 그 현실을 이상화해야 그것이 부처다.

그러니까 「도솔천궁품兜率天宮品」에서는 달에 비유해서 "무애여래여만월無碍如來如滿月"이라는 말을 했다. 그것이 핵심이다. 「십회향품」에서 제일 중요한 것이 달이라는 것이다. 달의 역할이 무엇인가 하면 태양 빛을 받는 것이다. 그러니까 달이 되어야 한다. 그래서 모든 만물에게 비춰줘야 한다. 이렇게 세 가지 작용이 있다. 태양을 받아야 되고, 내가 그 태양을 비추리만큼 거울이 되어야 하고, 또 이 빛을 그대로 세상에 전해야 된다. 진리를 받아서 내가 진리를 깨달아 가지고 이 진리를 이 세상 사람에게 전해주는 이 세 가지 작용이 필요한 것이다. 그래서 십회향을 보면 언제나 이 세 가지가 나온다. 진리를 받아야 되고, 내가 진리를 깨달아야 되고, 내가 이 진리를 전해야 된다. 진리를 받는 것은 배우는 학學의 세계이고 진리를 깨닫는 것은 각覺의 세계이고 진리를 전하는 것은 교敎의 세계다. 공자로 말하면 "학이불염學而不厭 묵이식지默而識之 교이불권教而不倦", 이 세 마디로 할 수 있다. 아무리 배워도 싫증이 안 난다. 또 깊이 생각해서 나중에 깨닫는 경지까지 간다. 그 다음에는 아무리 가르쳐도 권태를 느끼지 않는다. 그것이다.『중용中庸』으로 말하면 "천명지위성天命之謂性 솔성지위도率性之謂道 수도지위교修道之謂教"다. 불교로 말해서 삼보三寶라는 것, 불佛·법法·승僧이다. 우선 배워야 한다. 배우지 않고 어떻게 알겠는가. 그런데 배우는 것은 내가 그저 배우는 정도가 아니라 그것을 내가 깨달아야 된다. 그래서 다른 사람에게 그 깨달은 것을 전해줘야 된다. 이 세 가지가 십회향의 내용이다.

　화엄종의 개조로 다섯 명이 있는데 맨 처음이 두순杜順(557-640)이고 이어서 지엄智儼(602-668), 법장法藏(643-712), 징관澄觀(738-839), 종밀宗密(780-841)이다. 지엄은 우리나라 의상대사義湘大師(625-702)의 선생이다. 의상대사가 지엄에 이어 화엄종의 3조三祖인데 그만 한국으로 나왔기 때문에 의상 대신에 의상의 친구인 법장이 3조가 되었다. 지엄이『수현기搜玄記』라는 책을 지었는데 그 속에 회향廻向이라 하는 말을 다음과 같이 셋으로 갈라놓았다.

(1) 심心 - 실제實際(진여眞如)회향廻向: 자수선근自修善根 헌진여獻眞如 중선진여衆善眞如 법성현현法性顯現 진여법신각眞如法身覺
(2) 불佛 - 보리회향菩提廻向: 자수선인自修善因 득보리得菩提

(3) 중생衆生 - 중생회향衆生廻向: 자수선공自修善功 이중생利衆生

중생회향衆生廻向, 보리회향菩提廻向, 실제회향實際廻向이다. 중생회향이란 모든 중생을 돌본다는 것이다. 모든 중생을 돌보려면 누가 돌보아야 되는가. 결국 보살이 돌보아야 되는데 보살은 어떤 사람인가 하면 보리를, 진리를 깨달은 사람이다. 그래서 보리회향이라 하는 것은 진리를 돌보는 사람이라는 것인데 진리로 돌아간 사람 혹은 진리를 깨달은 사람이라는 것이다. 실제로 우리가 돌보는 것은 중생을 돌보는 것인데 같은 회향이라는 말을 쓰려고 하니까 보리회향이라 한 것이다. 보리를 돌본다, 진리를 탐구한다는 말이다. 그리고 그렇게 진리를 탐구해서 깨달으면 부처가 되는 것인데 부처가 되려면 어떻게 해야 되는가 하면 반드시 그 진리의 근원 되는 진여眞如에 돌아가야 된다. 진여라는 것은 요새 철학으로 말해서 존재나 같은 말이다. '있고 있는 자'라는 것이다. 모든 현상계 배후에 있는 실재實在라는 것이다. 혹은 영원불변하는 법칙이라 해도 된다. 기독교로 말하면 하나님인데 여기서는 그것을 진여라 한다. 진여라는 말도 쓰지만 지엄은 실제實際라는 말을 썼다. 요새로 말하면 진실존재라는 말이다. 실제회향, 그 실제로 돌아가야 된다는 것이다. 그러니까 중생을 돌보기 위해서는 자기 자신을 돌보아야 되고, 자기 자신을 돌보기 위해서는 하나님께 돌아가야 된다. 그러니까 이것이 다 무슨 사상인가 하면 "심불중생무차별心佛衆生無差別"이라는 것이다. 그러니까 언제나 중생의 배후에는 부처가 있는 것이고 부처의 배후에는 심心 혹은 진여가 있는 것이다. 이렇게 이 사람들은 삼 계단으로 생각한다. 그래서 중생을 돌보기 위해서는 "자수선공自修善功", 자기가 좋은 공덕을 닦아 가지고, 좋은 일을 많이 해서 모든 중생을 이롭게 한다는 것이다. 또 보리에 대해서는 자기가 자기 자신을 깊이 반성을 해서 진리를 체득한다는 것이다. 그것이 부처라는 것이다. 그리고 "자수선근自修善根", 자기의 뿌리를 찾아내서 진여에게 자기를 바친다. 그렇게 되면 모든 이 세상의 중선衆善은 진여의 법성法性이 나타난 것이다. 우주 만물이 무엇인가 하면 하나님이 창조하신 물건이라는 것이다. 진여의 법성이 나타난 것이다. 나 자신도 진여의 법신이라는 것을 깨달아야 된다.

이렇게 회향이라는 것이 세 가지로 갈린다는 것이다. 달과 태양과 만물이 있는데 태양광선을 달이 받아서 그 빛을 모든 만물에게 전해주는 것이다. 그래서 "무애여래여만월無碍如來如滿月"이라 했다. 아무 것에도 걸림이 없는 여래는 마치 만월과 같다는 것이다. 이것을 『노자』에서는 "회광반조廻光返照"라 했다. 빛을 받아서 모든 만물에게 비쳐준다는 것이다. 그런데 노자의 사상을 선禪에서 말하기는 자기가 자기 속에서 영성을 끄집어낸다고 한다. 달이라는 것을 영성으로 비교하는 것이다. 선에서 회광반조라 하면 진리를 깨달았다는 것이고 진리를 깨달았다는 그 말을 다른 말로 하면 내 속에 있는 영성을 발견하는 것이다. 영성이라 하나 진리라 하나 같은 말이다. 내 속에서 이렇게 찾아내는 것이다. 결국 회광반조라는 말이 빛을 받아서 그 빛을 중생에게 전해주는 것이다. 그래서 "심불중생무차별"이다. 그러니까 실제회향도 영성이고 보리회향도 영성이고 중생회향도 영성이다.

25.1 이시爾時 금강당보살金剛幢菩薩 승불신력承佛神力 입보살지광삼매入菩薩智光三昧.

이때 금강당보살이 부처의 신통한 힘을 받아 가지고 지광삼매智光三昧라 하는 깊은 생각에, 기독교로 말하면 기도인데, 깊은 기도에 빠져 들어갔다. 깊은 생각에 빠져 들어간 것이다.

이시爾時 제불諸佛 즉여금강당보살卽與金剛幢菩薩 무량지혜無量智慧 무류애변無留碍辯 무애법광명無碍法光明 여래평등신如來平等身.

이때 모든 부처님들이 금강당보살에게 무량 지혜, 한없이 많은 지혜를 주었다. 그리고 아무 데도 걸리지 않는 아주 달변을 주었다. 그리고 아무 데도 걸리지 않는 진리의 광명을 주었다. 그리고 여래의 평등한 몸을 주었다. 부처님들이 다 그렇게 도와주었다는 것이다.

금강당보살金剛幢菩薩 즉종정기卽從定起 고제보살언告諸菩薩言 불자佛子 보살마하살菩薩摩訶薩 유불가사의대원有不可思議大願

금강당보살이 깊은 생각에서 깨어 일어났다. 그리고 모든 보살에게 말했다. 부처님의 제자인 여러 큰 보살들이여, 나에게는 불가사의한 큰 소원이 있다.

충만법계充滿法界 보능구호일체중생普能救護一切衆生 소위所謂 수학거래현재일체불회향修學去來現在一切佛廻向.

그 소원이 무엇인가? 이 법계에 충만해서 일체 중생을 넓게 구할 수 있는 그런 사람이 되었으면 좋겠다. 그렇게 되기 위해서는 과거, 미래, 현재에 계신 모든 선생님에게 배우고 닦아서 결국 선생님의 그 속 내용을 받아 가지게 되었으면 좋겠다. 그래서 그 받은 속을 모든 중생에게 회향, 돌렸으면 좋겠다.

회향유십종廻向有十種 일자一者 구호일체중생리중생상회향救護一切衆生離衆生相廻向 이자二者 불괴회향不壞廻向 삼자三者 등일체제불회향等一切諸佛廻向 사자四者 지일체처회향至一切處廻向 오자五者 무진공덕장회향無盡功德藏廻向 육자六者 입일체평등선근회향入一切平等善根廻向 칠자七者 등수순일체중생회향等隨順一切衆生廻向 팔자八者 진여상회향眞如相廻向 구자九者 무박무착해탈회향無縛無着解脫廻向 십자十者 입법계무량회향入法界無量廻向.

그 회향에는 열 가지가 있다. 하나는 일체 중생을 구하겠다는 회향인데 그 조건이 무엇인가 하면 자기가 모든 중생을 돌아본다고 하는 그런 생각이 일어나면 안 된다는 것이다. 자기가 도와준다는 그런 생각이 없이 모든 중생을 도와주어야겠다는 것이다. 아직도 자기가 중생을 도와준다고 하는 그런 마음이 있으면 안 되고 언제나 무아無我가 되어서 마치 엄마처럼 되어야 한다. 엄마는 아기를 도와줄 때 내가 도와준다는 그런 생각이 아무 것도 없다. 엄마와 같이 그렇게 도와준다는 생각이 없이 모든 중생을 도와주기를 바란다는 것이다. 둘째는 불괴회향不壞廻向이다. 깨지지 않는 돌봄이다. 셋째는 등일체제불회향等一切諸佛廻向, 모든 부처님과 같은 마음으로 돌보는 회향이다. 넷째는 지일체처회향至一切處廻向, 어느 곳에나 도달할 수 있는 그런 회향이다. 다섯째는 무진공덕장회향無盡功德藏廻向, 한없는 공덕으로 가득 채운 회향이다. 여섯째는 입일체평등선근회향入一切平等善根廻向, 일곱째는 등수순일체중생회향等隨順一切衆生廻向, 일체 중생에 다 평등하게 수순하는 회향이다. 여덟 번째는 진여상회향眞如相廻向, 아홉째는 무박무착해탈회향無縛無着解脫廻向, 속박도 없고 집착도 없는 해탈한 회향이다. 열째는 입법계무량회향入法界無量廻向, 모든 법계에 들어가는 무량한 회향이다.

 물론 이 가운데 제일 중요한 것은 첫 번째다. 그런데 지엄이 회향을 세 가지로 말했으니까 이 열 가지를 세 가지로 나눠본다. 지엄은 이 열 가지를 어느 것이 어느 것이라 그렇게 나누지 않고 그냥 세 가지로만 말했는데 우리는 그 열 가지를 마음대로 골라서 대충 다음과 같이 셋으로 나눠본다. 물론 이렇게 나눠보는 것이 절대적인 것은 아니다. 하나 속에 세 가지가 다 들어가 있기도 하고 또 하나 속에 두 가지가 들어가 있기도 하고 하나 속에 하나가 들어가 있기도 하고 이렇게 섞여 있으니까 정확하게 이렇게 구별할 수는 없지만 대충 짐작으로 셋을 구별해 보는 것이다.

십회향

진여회향 - ② 불괴회향不壞廻向
　　　　　　⑤ 무진공덕장회향無盡功德藏廻向
　　　　　　⑧ 진여상회향眞如相廻向
　　　　　　⑩ 입법계무량회향入法界無量廻向

보리회향 - ④ 지일체처회향至一切處廻向
　　　　　　⑦ 등수순일체중생회향等隨順一切衆生廻向
　　　　　　⑨ 무박무착해탈회향無縛無着解脫廻向

중생회향 - ① 구호일체중생리중생상회향救護一切衆生離衆生相廻向
　　　　　　③ 등일체제불회향等一切諸佛廻向
　　　　　　⑥ 입일체평등선근회향入一切平等善根廻向

진여회향 - 태양
　　　　　　⑧ 불변不變
　　　　　　⑤ 부진不盡
　　　　　　② 불괴不壞

보리회향 - 달
　　　　　　⑨ 고高
　　　　　　⑦ 명明
　　　　　　④ 광廣

중생회향 - 만물 (중생)
　　　　　　⑥ 물物
　　　　　　③ 수誰
　　　　　　① 여하如何

진여는 불변不變, 부진不盡, 불괴不壞다. 하나님은 영원하고 하나님은 다함이 없고 하나님은 깨뜨려짐이 없다. 이런 식으로 진여에다 2, 5, 8번을 붙여본다.

보리에 대해서는 9번의 해탈, 높이 올라가는 것이고, 7번은 밝게, 4번은 넓게. 그래서 달이 높이, 밝게, 넓게 비친다고 하면 어떨까 하는 것이다. 진여회향은 태양이 불변하고 그 빛은 끝이 없고 태양은 언제나 불괴다. 그런데 달은 높이 떠야 되고 밝게 비쳐야 되고 넓게 비쳐야 된다. 그리고 중생에 대해서는 어떤 물건을 누구에게 어떻게 주는가 이렇게 생각해본다. '물物', 어떤 물건을, '수誰', 누구에게, '여하如何', 어떻게. 그래서 해의 특성은 불변, 부진, 불괴라 보고 달은 높게, 밝게, 넓게 비추는 것으로 해본다. 회향이란 돌본다는 뜻이다. 기독교로 말하면 사랑이다. 하나님을 사랑하고 이웃을 네 몸같이 사랑하라는 것이다. 돌본다는 것이 사랑한다는 말이다. 그러니까 하나님, 그리스도, 이웃, 이렇게 생각해서 기독교로 말하면 사랑이 된다. 요새 철학에서도 돌본다는 말을 많이 쓴다. 빛으로 말하면 회향이라는 것이다. 이렇게 생각하고 우선 중생회향에 해당되는 1번, 3번, 6번을 읽어본다.

25.2 구호일체중생리중생상회향救護一切衆生離衆生相廻向

돌보는 것은 중생을 돌보는 것이다. 그렇게 하기 위해서 나는 어떤 나가 되어야 하는가 하는 것이 그 다음의 보리회향이다. 또 그런 나가 되기 위해서 나는 어떻게 하면 그런 나가 되는가 하는 것이 진여회향이다. 그런 나가 되기 위해서는 하나님께 나 자신을 바쳐야 그런 나가 되지 하나님께 바치지 않으면 무아가 될 수 없다. 무아가 되어야 하는데 내가 없어지려면 하나님께 바치는 수밖에 길이 없다. 그래서 심心·불佛·중생衆生, 이 셋은 같은 것이다.

25.2.1 아당我當 위일체중생爲一切衆生 작사作舍 영면일체제고사 고令免一切諸苦事故.

나는 모든 중생을 위해서 집이 되었으면 좋겠다. 모든 중생의 고통을 덜어주기 위해서다.

위일체중생爲一切衆生 **작호**作護 **작귀**作歸 **작취**作趣 **작안**作安 **작명**作明 **작거**作炬 **작등**作燈 **작도사**作導師 **작대도사**作大導師.

모든 중생을 위해서 나는 보호하는 자가 되었으면 좋겠다. 왜 그런가 하면 모든 중생을 번뇌로부터 해방시켜주기 위해서다. 이렇게 하나하나 이유들이 다 붙어 있는데 여기서는 그 이유를 적지 않고 생략했다. 작귀作歸, 돌아갈 데가 되었으면 좋겠다. 모든 중생의 공포를 덜어주기 위해서다. 작취作趣, 나아갈 데가 되었으면 좋겠다. 모든 중생들에게 일체 지혜를 가르쳐주기 위해서다. 작안作安, 안식처가 되었으면 좋겠다. 모든 중생들을 편안하게 해주기 위해서다. 작명作明, 명이 되었으면 좋겠다. 모든 중생들의 그 치암痴暗을 밝게 해주기 위해서다. 치암, 남녀문제에 대해서 사람들은 다 어둡다는 것이다. 남녀문제의 어둠을 밝게 해주기 위해서 명명이 되었으면 좋겠다는 것이다. 작거作炬, 횃불이 되었으면 좋겠다. 무명을 밝혀주기 위해서다. 작등作燈, 등이 되었으면 좋겠다. 청정함을 보여주기 위해서다. 작도사作導師, 선생이 되었으면 좋겠다. 진실법을 가르쳐주기 위해서다. 작대도사作大導師, 더 큰 선생이 되었으면 좋겠다. 거리낌없는 무애지혜를 얻게 해주기 위해서다. 이렇게 이유가 다 붙어있다. 이렇게 저렇게 되어서 중생을 돌봐 주었으면 좋겠다는 하나의 소원이다.

여시회향如是廻向 **평등요익일체중생**平等饒益一切衆生 **구경개령득일체지**究竟皆令得一切智.

이렇게 돌보아 줌으로 해서 일체 중생에게 꼭 같이 넉넉한 도움을 주었으면 좋겠다. 그래서 모든 사람들이 정말 철이 들었으면 좋겠다.

보살菩薩 신심청정信心淸淨 대비견고大悲堅固 이심심심以甚深心 환희심歡喜心 청정심淸淨心 최승심最勝心 유연심柔軟心 자비심慈悲心 연민심憐愍心 섭호심攝護心 이익심利益心 안락심安樂心 보위중생普爲衆生 진실회향眞實廻向 비단구언非但口言.

보살은 언제나 믿는 마음이 강하고 깨끗하다. 그리고 자비의 마음이 굳고 튼튼해서 깊이 생각하는 마음, 기뻐하는 마음, 깨끗한 마음, 아주 높은 마음, 아주 부드러운 마음, 자비하는 마음, 불쌍히 여기는 마음, 도와주는 마음, 이익을 주는 마음, 편안하게 하는 마음인데, 이런 마음을 가지고 모든 중생들을 위해서 진짜로 돌보아 주는 것이지 말로 돌보아 주는 것은 아니다. 그러니까 실제로 돌보는 것이지 말로 돌보는 것은 아니다. 그래서 지엄이 실제회향이라는 말도 썼을 것이다.

25.2.2 불자佛子 보살마하살菩薩摩訶薩 견제중생見諸衆生 조작악업造作惡業 수제중고受諸衆苦 이시장고以是障故 불견불不見佛 불문법不聞法 불식승不識僧.

큰 보살들이 모든 중생을 돌보는데 그 중생들을 보니 어떤 형편인가. 그들이 나쁜 짓들만 자꾸 하니까 이렇게 여러 가지 고통 속에 빠져있는 것이다. 그렇게 나쁜 짓을 자꾸 하기 때문에 이 사회가 고장이 나서 제대로 돌아가지 않는 것이다. 그 결과 부처를 보려고도 하지 않고 법도 들으려고 하지 않고 승도 알려고 하지 않는다.

변작시념便作是念 아당어피제악도중我當於彼諸惡道中 대제중생代諸衆生 수종종고受種種苦 영기해탈令其解脫.

이런 생각을 하다가 어떤 생각을 가지게 되었는가? 내가 저 사람들의 악한 세상 속에 들어가서 저 사람들을 대신해서 저 사람들이 받는 모든 고통을 내가 대신 받고 그 사람들을 고통에서부터 벗어나게 해주면 어떨까? 그런 생각을 했다.

　아당어피지옥축생我當於彼地獄畜生 염라왕등험란지처閻羅王等險難之處 이신위질以身爲質 구속일체악도중생救贖一切惡道衆生 영득해탈令得解脫.

　내가 마땅히 저 사람들이 빠져있는 지옥이나 축생 염라대왕이 있는, 한없이 험난하고 어려운 그곳에 들어가서 거기 있는 사람 대신 내 몸이 인질이 되어 그 일체 악도중생을 구속해주어 그 사람들을 해탈시켜 주면 어떨까? 구속이란 말이 기독교에만 있는 것인 줄 알았는데 여기서도 나온다. 예수님이 십자가를 지고 인류를 구속했다는 생각이나, 여기 나온 지옥에 들어가서 인질이 되어 그 사람들을 구속하겠다는 생각이나 거의 같다고 생각한다. 이것은 정말 절대적인 사랑이다. 이것을 보면서 『화엄경』에 이런 말이 다 있나, 이것은 정말 기독교와 연결이 되는 말이다, 그렇게 생각했다. "구속일체악도중생救贖一切惡道衆生 영득해탈令得解脫", 지옥에 빠진 모든 중생을 내가 생명을 바쳐서 그 사람들을 구해내 그 사람들을 해탈시켰으면 좋겠다. 이것이면 다지 뭐 더 생각할 것이 없다.

　아당이선근我當以善根 여시회향如是廻向 영일체중생令一切衆生 득구경락得究竟樂 이익락利益樂 불수락不受樂 적정락寂靜樂 무의락無依樂 무동락無動樂 무량락無量樂 불사불퇴락不捨不退樂 불멸락不滅樂 일체지락一切智樂.

　그래서 내가 정말 좋은 마음을 가지고 이렇게 회향을 해서 모든 중생으로 하여금 정말 절대적인 즐거움을 얻게 해준다. 그리고 이익이 되는 즐거움, 걱정이 없는 즐거움, 고요한 즐거움, 의지하는 데가 없는 즐거움, 움직이지 않는 즐거움, 한없는 즐거움, 그런 즐거움을 얻게 했으면 좋겠다.

그리고 "불사불퇴락不捨不退樂", 이것도 유명한 말이다. "불사불퇴不捨不退", 곧 생사를 버리지 않고 진리에서 물러나지 않는다는 것으로 출생사出生死나 같은 말이다. 물 속에 빠지지도 말고 물 밖으로 나가지도 말고 붕 떠서 이 세상을 구원하는 것이다. "출세간즉세간出世間卽世間"이다. 세상을 초월해서 세상에 산다는 것이다. 물을 초월해서, 즉 수영을 배워 가지고 물 속에 들어가서 물에 빠진 사람들을 구원한다. "불퇴진리不退眞理", 진리에서 물러나지 않는다. 그러면서 "불사생사不捨生死"다. 생사를 버리지 않는 것이다. 우리가 속하기는 하늘에 속해 있으면서 살기는 이 세상에 사는 것이다. 왜? 여기 있는 모든 중생을 구원해주기 위해서다.

그래서 "불사불퇴락", "불멸락不滅樂", 멸하지 않는 즐거움, "일체지락一切智樂", 모든 것을 아는 즐거움, 이런 데로 중생들을 가게 했으면 좋겠다. 그것이 소위 중생을 구원하는 것이다. 그래서 다음에 네 개의 게가 나온다. 사실은 이런 게가 56개가 있는데 그 가운데 그냥 네 개만 적었다.

25.2.3 불위자신구쾌락不爲自身求快樂 단욕구호제중생但欲救護諸衆生
여시발기대비심如是發起大悲心 질득입어무애지疾得入於無碍地.

자신을 위해서는 쾌락을 구하지 않는다. 모든 중생을 구하기 위해서 자기를 바친다. 이렇게 큰 자비심을 일으켜 세워서 아무 것도 걸림이 없는 자유의 경지로 빨리 들어갈 수 있기를 바란다.

수행보시대흔열修行布施大欣悅 호지정계무소범護持淨戒無所犯
용맹정진심부동勇猛精進心不動 회향여래일체지廻向如來一切智.

보시의 큰 기쁨을 수행하고 범할 바 없는 깨끗한 계율을 지키고 마음의 움직임이 없는 용맹한 정진을 해서 여래 일체지에게 나 자신을 돌린다. 하나님께 나 자신을 돌린다는 것이다.

여시실이익중생如是悉以益衆生 영주난사무상지令住難思無上智
보위일체중생고普爲一切衆生故 부사의겁처지옥不思議劫處地獄.

이렇게 중생을 이익되게 하고, 생각하기 어려운 최고의 지혜, 곧 사랑에 주착하면서, 모든 중생을 위해 내가 지옥에 들어가 한없이 오랜 고통을 당했으면 좋겠다.
이것이야말로 정말 어머니지 어머니가 아니면 누가 이렇게 하겠는가.

여시회향도피안如是廻向到彼岸 보사군생리중구普使群生離衆垢
영리일체제소의永離一切諸所依 득입구경무의처得入究竟無依處.

이렇게 해서 천국에 도달하면, 모든 군생들로 하여금 모든 죄악에서 떠나게 만들고, 모든 집착에서 벗어나서, 아무 것도 집착하지 않는 자유의 세계에 들어가게 했으면 좋겠다.
이상이 1번 구호일체중생리중생상회향救護一切衆生離衆生相廻向이라는 것인데 정말 이것 하나면 넉넉한 것이다. 그런데 『화엄경』에서는 언제나 열 배로 늘리는 버릇이 있으니까 열 개가 나온다. 다음에는 3번 등일체제불회향等一切諸佛廻向을 읽어본다. 모든 부처님과 꼭 같은 마음으로 중생을 도와주었으면 좋겠다는 것이다.

25.3 등일체제불회향等一切佛廻向

25.3.1 보살마하살菩薩摩訶薩 수순수학隨順修學 거래현재去來現在 제불세존諸佛世尊 회향지도廻向之道.

우선 모든 중생을 도와주려면 과거, 현재, 미래의 모든 부처님들이 중생을 도와준 그 길을 따라가야 된다. 모든 부처님들이 중생을 어떻게 도와주었는지 하는 그 길을 따라서 열심히 닦고 배워야 한다.

여시수학如是修學 회향도시廻向道時 견일체색見一切色 내지촉법乃至觸法 약미약악若美若惡 불생애증不生愛憎.

그래서 모든 부처님이 어떻게 중생들을 사랑했는지 그 방법을 배워서 알 때, 모든 객관 세계에 처해서 아름다운 것도 있고 미운 것도 있지만 거기에 사랑과 미움을 나타내지 않는다. 평등심이 되었다는 것이다.

심득자재心得自在 무제과실無諸過失 광대청정廣大淸淨 환희열락歡喜悅樂 이제우뇌離諸憂惱 심의유연心意柔軟 제근청량諸根淸凉.

마음이 자유자재의 경지에 도달해야 한다. 그렇게 되어 도와주어야지 어디 집착이 있다거나 하면 안 된다. 그리고 실수하면 안 된다. 정확하게 도와주어야 한다. 그리고 모든 세계를 깨끗하게 해야 된다. 그리고 모든 사람들이 다 기쁠 수 있게 하고 모든 근심을 떠나게 해줘야 한다. 마음은 언제나 부드럽게 해서 우리의 마음 속은 언제나 깨끗해야 한다. 언제나 깨끗한 마음으로 도와주어야 한다는 것이다.
그런데 그 방법은 부처님에게 배워야 한다는 것이다. 다음에는 누구를 도와주느냐 하는 것이다.

25.3.2 보살마하살菩薩摩訶薩 재가택중在家宅中 여처자구與妻子俱 미증잠사보리지심未曾暫捨菩提之心.

맨 처음에는 가까운 가족들을 도와준다는 것이다. 보살마하살은 집에 있으면서 자기의 아내와 자기의 자녀들과 같이 살면서도 자기가 부처가 되어야겠다는 마음을 한 번도 버려본 일이 없다.

정념사유사바약경正念思惟薩婆若境 자도도피自度度彼 영득구경令得究竟.

'사바약경薩婆若境'은 일체지一切智라는 말이다. 일체지를 똑바로 생각해서 자기도 구원하고 남도 구원한다. 그래서 구경세계에 들어가게끔 하는 것이다.

이선방편以善方便 화기권속化己眷屬 영입보살지令入菩薩智 영성숙해탈令成熟解脫.

그래서 좋은 방편을 써서 자기의 권속들을 감화시킨다. 그들에게 보살의 지혜를 가지게 해서 그 성숙한 정신을 가지고 어른스럽게 되어 고통의 세계를 벗어나도록 한다.

수여동지雖與同止 심무소착心無所着 이본대비以本大悲 처어거가處於居家 이자심고以慈心故 수순처자隨順妻子 어보살청정도於菩薩淸淨道 무소장애無所障碍.

가족하고 같이 지내면서도 자기는 가족에 집착되는 것이 아니다. 자기는 근본적으로 큰 자비심을 가지고 자기 집에 살면서 사랑하는 마음을 가지고 사랑하기 때문에 처자에게 순종을 한다. 그래서 보살의 청정한 도에 있어서 아무 장애도 받는 바가 없다.
이것은 가족을 구원한다는 소리다. 그 다음에는 모든 축생을 구원한다는 것이다.

25.3.3 불자佛子 보살菩薩 이시爾時 내지시여축생지식乃至施與畜生之食 일단일립一搏一粒 함작시원咸作是願.

돼지, 소, 이런 짐승들에게 밥을 줄 때, 주먹밥 한 덩어리 쌀 한 톨이라도 줄 때 어떤 마음을 가지고 주어야 하는가 하면 다음과 같은 기원을 가지고 주어야 한다.

'일단一搏'이란 주먹밥 한 덩이다. '단搏'은 짓이긴다는 뜻인데 '단식搏食', 밥을 짓이겨 둥글게 뭉쳐놓은 주먹밥이다.

당령차등當令此等 사축생도捨畜生道 이익안락利益安樂 구경해탈究竟解脫.

이 짐승들이 내가 주는 먹이를 먹고 축생의 세계에서 벗어났으면 좋겠다. 이 사람들이 생각하는 것은 육도윤회六道輪廻다. 육도윤회에 빠지면 지옥까지 빠지고 올라가면 하늘까지 올라가는 것이니까 축생이란 아주 낮은 세계다. 지옥地獄, 아귀餓鬼, 축생畜生, 아수라阿修羅, 인人, 천天, 이것을 육도윤회라 하는데 이 축생이 올라왔으면 좋겠다는 것이다. 불교의 뜻은 육도윤회에서 올라가는 것이 아니라 이 육도윤회를 벗어나서 영생에 들어갔으면 좋겠다는 것이다. 기독교도 마찬가지다. 하늘나라에 들어갔으면 좋겠다는 것이지 우리가 여기서 잘살았으면 좋겠다는 것이 아니다. 축생의 세계를 벗어나서 정말 부처님의 세계에 들어가 '이익안락利益安樂'하고 마침내 부처가 되었으면 좋겠다. 소도 나쁜 짓 많이 하고 지금 소가 되었는데 이것도 자기의 모든 죄를 탕감 받고 부처의 세계에 태어났으면 좋겠다는 그런 생각을 한다는 것이다.

영도고해永度苦海 영멸고수永滅苦受 영제고온永除苦蘊 영단고각永斷苦覺 고취고행苦聚苦行 고인고본苦因苦本 급제고처及諸苦處 원피중생願彼衆生 개득사리皆得捨離.

그래서 고통의 바다에서 영원히 구해주고 고통의 느낌에서 영원히 멸해주고 고통의 뭉치, 고통의 사건에서 영원히 제해주고 고통의 감각에서 영원히 끊어주고 고통의 의식이라든가 고통의 행동이라든가 고통의 원인이라든가 고통의 근본에서 영원히 떠나게 해준다. 모든 고초로부터 떠나게 해준다. 그래서 모든 중생들로 하여금 이 고통의 세계를 버리고 떠날 수 있게 해준다.

보살菩薩 여시전심계념如是專心繫念 일체중생一切衆生 이피선근以彼善根 이위상수而爲上首 위기회향爲其廻向 일체종지一切種智.

보살이 이렇게 열심히 일체 중생을 구원하는데 전심으로 생각을 다한다. 그 사람의 좋은 공덕으로 그 사람들의 지도자가 되어서 그 사람들을 구원해 내는데 선봉에 선다. 그래서 "회향일체종지廻向一切種智", 그 사람들의 전문 지혜로 돌아가게 해준다.

25.3.4 보살소득승묘락菩薩所得勝妙樂 실이회향제군생悉以廻向諸群生 수위군생고회향雖爲群生故廻向 이어회향무소착而於廻向無所着.

보살이 얻는 것은 한없이 신비한 기쁨이다. 왜 그런가 하면 모든 중생들을 돌보기 때문이다. 군생을 위해서 돌본 연고로 회향에 집착하지도 않는다. 돌보았다는 그런 생각을 가지지도 않는다.

**보살수행차회향菩薩修行此廻向 흥기무량대비심興起無量大悲心
여불소수회향덕如佛所修廻向德 원아수행실성만願我修行悉成滿.**

보살이 이런 일을 수행할 때 한없는 대비심을 일으켜 세우고 부처님과 같은 회향하는 방법을 연구해서 우리들이 하는 모든 수행이 다 성공할 수 있도록 그렇게 했으면 좋겠다.

**시방일체제세계十方一切諸世界 소유중생함섭수所有衆生咸攝受
실이선근회향피悉以善根廻向彼 원령구족안온락願令具足安穩樂.**

시방에 있는 일체가 모든 중생을 다 받아들여서 그 중생들을 위해서 내 모든 공덕을 다 나눠주고 그 중생들을 아주 넉넉하게 편안하고 즐거운 세계에 살 수 있게 해 주었으면 좋겠다.

시방무량제최승十方無量諸最勝 소견일체진불자所見一切眞佛子
실이선근회향피悉以善根廻向彼 원사속성무상각願使速成無上覺.

시방 무량에서 가장 높은 생각을 가진 진짜 부처의 제자들이 정말 저 사람들을 좋은 세상으로 돌려주어서 그 모든 중생들이 다 부처님이 되어 부처님의 세계에 깨어나도록, 육도윤회에서 벗어나도록 해주자는 것이다.

이것이 중생회향이라는 것이다. 모든 중생을 육도윤회에서 벗어나게 해준다는 것이다. 다음에는 6번 수순견고일체선근회향隨順堅固一切善根廻向이다. 무엇을 회향하는가, 무엇을 주는가 하는 것이다. 좋은 공덕을 따라서 회향을 한다는 것이다.

25.4 수순견고일체선근회향隨順堅固一切善根廻向 (입일체평등선근회향入一切平等善根廻向)

25.4.1 불자佛子 보살마하살菩薩摩訶薩 수소시물隨所施物 무량무변無量無邊 이피선근以彼善根 여시회향如是廻向 소위이상묘식所謂以上妙食.

무슨 물건이든지 한없이 많이 주어야 한다. 그 사람들이 좋은 뿌리를 가지게 되기까지 그렇게 도와주어야 한다. 그 사람들이 살아나기까지 도와주어야 한다는 것이다. 그래서 맨 처음에 맛있는 음식으로 도와준다는 것이 나온다.

처음에 이렇게 맛있는 음식이 나오는데 그 다음에는 집이 나오고 또 무엇이 나오고 계속 나온다. 그래서 나중에는 눈이 나오고 간도 나오고 그래서 전체로 65가지가 나온다. 그래서 이것만 해도 약 80페이지나 된다. 그래서 여기서는 맛있는 음식 하나만 뽑았다.

시중생시施衆生時 기심청정其心淸淨 어소시물於所施物 무탐무착無貪無着 무소고린無所顧悋 구족시행具足行施.

중생을 도와줄 때에는 언제나 욕심을 빼고 도와주어야 한다. 자기가 주는 물건에 대해서 탐을 내거나 집착을 하면 안 된다. 그것을 돌아보거나 아끼거나 해서는 안 되고 넉넉하게 주어야 한다.

원일체중생願一切衆生 득지혜식得智慧食 심무장애心無障碍 요지식성了知食性 무소탐착無所貪着 단락법희출리지식但樂法喜出離之食.

기도하는 것이 무엇인가. 모든 중생들이 지혜를 가지고 밥을 먹어야 한다. 그래서 자기 마음에 걸림이 없이 받아먹어야 한다. 그리고 그 음식의 성질을 알아야 한다. 그리고 거기 너무 탐욕을 내서 먹으면 안 된다. 법을 기뻐하고 욕심을 떠난 그런 즐거움을 가지고 밥을 먹어야 한다.

지혜충만智慧充滿 이법견주以法堅住 섭취선근攝取善根 법신지신法身智身 청정유행淸淨遊行 애민중생哀愍衆生 위작복전爲作福田 현수단식現受摶食.

지혜가 충만하고, 법칙이 엄하고, 좋은 것만 먹고, 자기의 육체와 자기의 정신이 청정하고 건강하게 밥을 먹게 되어야 한다. 그리고 다른 중생들을 돌보아 준다. 그리고 그 밥을 먹음으로 말미암아 그 사람 자신이 남을 도와 줄 수 있는 하나의 복전福田이 될 수 있게, 그렇게 될 수 있게끔 주는 밥을 먹을 수 있게 해야 된다.

시위是爲 보살마하살菩薩摩訶薩 보시식시布施食時 선근회향善根廻向.

이것이 보살마하살의 밥을 베풀 때의 선근회향이다. 그 사람들이 다 선근을 돌볼 수 있도록 해주는 것이다.

이렇게 점심 한끼 대접하는 이야기를 했는데 원본에는 점심 대접하는 이야기만 나오는 것이 아니라 이어서 옷이니 꽃이니 계속 여러 가지 대접하는 이야기가 나온다. 그런데 그 가짓수가 모두 예순 대여섯 개나 된다. 그 가운데는 어떤 사람이 눈이 모자랄 때는 자기 눈을 빼서 준다든가 혹은 자기의 내장을 꺼내준다든가 하는 그런 말까지 나온다. 그래서 『화엄경』을 한글로 번역한 것을 보면 이 예순 다섯 가지 대접하는 이야기가 모두 몇 페이지에 걸쳐 쓰여졌는가 하면 115페이지다. 그러니까 우리는 지금 115페이지를 생략한 것이다. 여러분이 다음에 흥미 있어서 읽어본다면 그 속에는 코끼리를 준다 왕의 자리도 내어준다 하는 그런 것들이 다 나오는 것을 볼 수 있다. 그래서 결론이 무엇인가.

25.4.2 불자佛子 보살마하살菩薩摩訶薩 수제중생隨諸衆生 일체소수一切所須 이여시등以如是等 아승지물阿僧祇物 이위급시而爲給施.

보살들이 중생들에게 필요한 모든 것들을 이와 같이 한없이 많은 물건으로 베풀어주는 것은 왜 베풀어주는가.

위령불법爲令佛法 상속부단相續不斷.

그것은 불법佛法이 계속 끊어지지 않게 하기 위해서다. 유명한 "면전일사장시무간面前一絲長時無間"이라는 말이다. 태초에서부터 하나님의 말씀이 계속되어 영원히 내려가는 것이다. 불법, 부처님의 말씀, 하여튼 진리가 영원히 계속될 수 있도록 하기 위해서 이렇게 중생을 구제한다는 것이다. "면전일사장시무간", 내 앞에 실오라기가 죽 내려가 있는데 영원 전부터 영원 후까지 이어진다. 그러니까 우리 자신이 무엇인가 하면 그 실에 꿰어있는 하나의 구슬들이다. 이 실 때문에 우리가 지금 살아가고 있는 것이다. 그것이 영원한 생명이다. 그래서 그런 불법을 계속 상속하기 위해서 이렇게 하는 것이다.

대비보구大悲普救 일체중생一切衆生 안주대자安住大慈 수보살행修菩薩行.

그리고 큰 자비심을 가지고 널리 일체 중생을 구원해서 사랑 속에 편안히 살게 하고 그 사람들도 진리를 깨닫고자 하는 보살행을 닦게 하기 위해서다.

어불교회於佛教誨 종무위범終無違犯 이교방편以巧方便 수행중선修行衆善 부단일체不斷一切 제불종성諸佛種性 수구실여隨求悉與.

불교의 가르침에 있어서 조금도 어긋나거나 범하는 것이 없게 하기 위해서, 모든 좋은 방법을 가지고 중선衆善을 수행해서 모든 부처의 종성種性을 끊어지지 않게 하기 위해서다. 종성이란 보통 우리가 성문·연각·보살·불타라 하는 이런 것을 종성이라 하는 것이다. 그래서 그 사람들이 구하는 대로 모든 것을 다 준다.

이무환염일체실사而無患厭一切悉捨 미증중회未曾中悔 상근회향일체지도常勤廻向一切智道.

그래서 거기에 조금도 가슴이 아프다거나 싫다고 하는 그런 생각이 없이 모든 것을 다 내어준다. 그리고 아무 후회함도 없이 모든 사람을 진리의 길로 향하게 하기 위해서 열심히 노력한다.

25.4.3 보살현신작국왕菩薩現身作國王 어세위중최무등於世位中最無等 복덕위광승일체福德威光勝一切 보위군맹흥이익普爲群萌興利益.

몸을 나타내서 국왕이 되는데 그 시대 가장 훌륭한 왕이 되어서 그 복덕과 위엄과 빛이 일체를 뒤덮고, 그래서 모든 중생들을 위해서 그 중생들의 이익을 일으킨다. 왕이 되어 그런 좋은 일을 한다는 것이다.

음식향만급의복飲食香鬘及依服 차기상욕좌여등車騎牀褥座與燈 보살실이급제인菩薩悉以給濟人 병급소여무량종幷及所餘無量種.

TV 사극을 보면 중전마마 대비마마 하는 사람들이 머리를 크게 꾸민 것이 나오는데, '만鬘'이란 그렇게 털을 가지고 머리를 꼬아서 크게 만들어 올리는 것으로 다래 혹은 다리라 하는 것이다. 음식, 향, 만, 의복, 차, 침대, 담요, 방석, 등불, 이런 모든 것을 다 보살이 다른 사람을 구제하기 위해서 준다. 그 밖에도 한없이 많은 것들을 그 사람들에게 주는 것이다.

보살관찰일체법菩薩觀察一切法 수위능입차법자誰爲能入此法者 운하위입하소입云何爲入何所入 여시보시심무주如是布施心無住.

보살이 일체법을 관찰해서, 누가 이 법 속에 들어갈 수 있는가, 어떻게 들어갈 수 있는가, 어디로 들어갈 수 있는가, 어떻게 해서 진리의 세계로 들어가게 할까 그런 것을 생각해서, 그래서 이렇게 많은 사람들을 끊임없이 도와주는 것이다.

수순사유입정의隨順思惟入正義 자연각오성보리自然覺悟成菩提 제법무생역무멸諸法無生亦無滅 역부무래무유거亦復無來無有去.

그렇게 계속 생각을 해 가노라면 마침내는 정의 속으로 들어가게 되고, 그렇게 되면 또 자연히 깨달아서 보리를 이루게 될 것이다. 진리를 깨닫게 될 것이다. 진리란 별것이 아니라 생멸生滅을 초월하는 것이고 거래去來를 초월하는 것이다. 요전에도 팔불八不이라는 말을 했다. 생멸生滅, 거래去來, 단상斷常, 일이一異, 그런 것을 초월하는 것이다. 그런 것을 우리는 진리를 깨달았다고 한다.

2001. 10. 21.

십회향품 강해(2)

지난 시간에는 중생회향衆生廻向을 말했다. 중생을 돌보는데 중생을 돌본다는 그런 생각이 없어야 된다는 것이 1번 구호일체중생리중생회향救護一切衆生離衆生相廻向이었다. 그리고 3번은 등일체제불회향等一切諸佛廻向인데 이것은 부처님과 같은 마음으로 중생을 돌보아야 된다는 것이다. 그리고 6번은 수순견고일체선근회향隨順堅固一切善根廻向으로 모든 착한 뿌리, 곧 착한 생각 혹은 착한 마음을, 견고하고 튼튼하게 해주기 위해서 겸손하게 중생들을 돌보아야 된다는 것이다.

이렇게 중생을 돌본다고 하는 것 세 가지를 말했다. 그 다음에는 달이 자기를 돌보는 것이다. 달이란 부처라 해도 되고 또 우리 모두가 달이다. 자기를 돌보는 것이다. 나를 돌본다고 하는 것은 나를 깨닫게 하는 것이다. 중생회향이나 보리회향이나 모두 돌본다는 같은 회향이지만 나를 돌본다는 것이 무엇인가 하면 나 자신을 깨닫게 하는 것이다. 그래서 선禪에서는 내 속의 영성을 끄집어내는 것이라 한다. 내 속에 진리가 있다는 것이다. 내 속의 진리를 끄집어낸다. 내 속의 진리를 끄집어내서 나오면 그것이 소위 '제소리'가 되는 것이다. 그러니까 내 속에 있는 것을 끄집어내는 그것이 소위 달을 돌본다는 보리회향이다.

보리회향 - 달

먼저 9번 무박무착해탈회향無縛無着解脫廻向을 본다. 달이란 무엇인가. 땅에 붙어있던 흙덩이가 하늘 높이 올라간 것이다. 우리가 알기로 태평양이 어떻게 생겼는가 하면 달이 떨어져 나간 자리라고 한다. 달의 크기와 태평양의 크기가 꼭 같다는 것이다. 떨어져 나가서 얼마나 높이 올라갔는가. 45만km 높이로 올라갔다. 그렇게 45만km나 높이 올라갔으니까 그것이 달 노릇을 하는 것이지 그렇지 않다면 달 노릇을 할 수가 없다. 그래서 이것이 하나의 거울이 되었다. 선에서는 마음이라는 것을 거울로 비교를 한다. 땅을 몸이라 하면 달은 마음이고 태양은 영혼이다. 그런 식으로 해서 얼과 마음과 몸이라고 그렇게 생각해 간다. 그런데 빛이라고 하는 것은 모두 태양에서 오는 것이다. 그래서 하여튼 명경明鏡이니 마음이니 하는데 우리의 할 일이 무엇인가 하면 달을 어떻게 명경으로 만드느냐 하는 것이다. 우리가 진리를 깨닫는다 하는 것이 그 소리지 다른 것이 아니다.

우선 생사生死를 초월해야 된다. 거래去來를 초월해야 된다. 생사니 거래니 다 땅에 속한 것이다. 이것을 초월해야 달이 되지 초월하지 않으면 그냥 흙덩이지 다른 아무 것도 안 된다. 올라가면 별이고 떨어지면 흙덩이다. 우리가 구원받았다 하는 것도 그것이다. 우리가 타락하면 흙덩이가 되고 구원받으면 별이 된다. 그래서 9번이 무박무착해탈회향이다. 이 세상에 대한 집착을 버리고, 이 세상에 대한 구속을 버리고, 올라가 하늘에 높이 떴다는 것이다.

25.5 무박무착해탈회향無縛無着解脫廻向

25.5.1 불자佛子 운하위云何爲 보살마하살菩薩摩訶薩 무박무착해탈회향無縛無着解脫廻向.

무엇을 보살마하살의 무박무착해탈회향이라 하는가.

불자佛子 시是 보살마하살菩薩摩訶薩 어일체선근於一切善根 심생존중心生尊重 소위어출생사所謂於出生死 심생존중心生尊重

"일체선근一切善根", 모든 선의 뿌리, 기독교로 말하면 선의 뿌리는 하나님이다. 예수님이, 하나님 이외에 선이 어디 있는가, 할 만큼 선의 뿌리는 하나님이다. 그런데 불교에서는 선의 뿌리라고 하는 것이 무엇인가 하면 탐진치貪瞋痴를 벗어난 세계를 말한다. 말하자면 거룩한 것, 이것이 선의 뿌리다. 그런데 우리는 기독교식으로 그것을 하나님이라 하기로 한다. 보살마하살이 하나님에 대해서 마음 속으로부터 존중하는 마음을 가져야 된다. 하나님께 돌아가야 된다는 것이다. 하늘로 올라가야 되는데 하늘로 올라가려면 하나님을 붙잡지 않으면 안 된다. 하나님께로 돌아가야 된다는 것이다. 생사를 초월해서, 땅에서 떠나서, "심생존중心生尊重", 마음에 존경함이 나와야 된다.

어섭취일체선근於攝取一切善根 심생존중心生尊重 어희구일체선근於希求一切善根 심생존중心生尊重 어회제과업於悔諸過業 심생존중心生尊重

모든 선근을 붙잡고 심생존중, 또 모든 선근을 바라고 심생존중, 또 모든 죄업을 회개하고 심생존중, 하나님 앞에서 모든 죄를 회개하고 심생존중이다.

어수희선근於隨喜善根 심생존중心生尊重 어예경제불於禮敬諸佛 심생존중心生尊重 어합장공경於合掌恭敬 심생존중心生尊重 어정례탑묘於頂禮塔廟 심생존중心生尊重 어권불설법於勸佛說法 심생존중心生尊重 어여시등종종선근於如是等種種善根 개생존중皆生尊重 수순인가隨順忍可

또 하나님을 기뻐하며 심생존중, 또 '예경제불禮敬諸佛' 하면서 심생존중, 또 합장 공경하면서 심생존중, 또 탑묘에 가서 절하면서 심생존중, '권불설법勸佛說法'에 대해서 심생존중, 이와 같이 모든 선의 근본에 대해서 다 존중한다는 것이다. 그렇게 해야 우리가 달이 될 수 있다. 그래야 해를 쫓아가고 해를 아는 그 세계에 들어갈 수가 있다.

25.5.2 이제선근以諸善根 여시회향如是廻向 소위이무박무착해탈심所謂以無縛無着解脫心 성취보현신업成就普賢身業

이렇게 선근으로 돌아가면 해탈심을 가질 수 있는데 그렇게 해탈심을 가지게 되면 어떻게 되는가. 내 몸이 보현과 같은 몸이 된다. 부처와 같은 몸이 된다.

이무박무착해탈심以無縛無着解脫心 청정보현어업淸淨普賢語業
이무박무착해탈심以無縛無着解脫心 원만보현의업圓滿普賢意業

이 무박무착해탈심을 가지면 보현과 같은 깨끗한 말을 할 수 있게 되고, 또 보현과 같은 생각을 원만하게 가질 수 있다.

이무박무착해탈심以無縛無着解脫心 발기보현광대정진發起普賢廣大精進.

또 이 무박무착해탈심을 가지게 되면 보현과 같이 앞으로 계속 발전해 나갈 수 있다.
그렇게 되어야 그것이 달이지 그렇지 않으면 달이라 할 수가 없다는 것이다. '보현普賢'이란 널리 빛난다는 말이다. 그렇게 달이 되어야 널리 빛날 수 있다는 것이다.

25.5.3 보살마하살菩薩摩訶薩 주차회향시住此廻向時 일체금강륜위산一切金剛輪圍山 소불능괴所不能壞.

보살마하살이 그렇게 회향할 때, 금강산보다도 더 높은 히말라야 산도 이 달을 어떻게 깨뜨릴 수가 없다.

어일체중생중於一切衆生中 색상제일色相第一 무능급자無能及者 실능최파悉能摧破 제마사업諸魔邪業.

모든 중생 가운데 달처럼 아름다운 것은 없다. 그리고 달은 모든 악마를 다 깨뜨려 없이할 수 있다.

38 화엄경

보현시방普現十方 일체세계一切世界 수보살행修菩薩行 위욕개오
爲欲開悟 일체중생一切衆生.

그리고 일체 세계에 나타나서 보살행을 닦으며, 일체 중생을 깨닫게
한다.

이선방편以善方便 설제불법說諸佛法 득대지혜得大智慧 어제불법
於諸佛法 심무미혹心無迷惑.

선방편으로 모든 불법을 설하며, 큰 지혜를 얻어서 불법에 있어서 조
금도 의심나는 것이 없고,

재재생처在在生處 약행약주若行若住 상득치우常得値遇 불괴권속
不壞眷屬.

어디에 태어나든지, 어디에 가고 어디에서 살든지, 언제나 정말 깨뜨
릴 수 없는 훌륭한 사람들을 만나게 된다.

삼세제불三世諸佛 소설정법所說正法 이청정념以淸淨念 실능수지
悉能受持 진미래겁盡未來劫 수보살행修菩薩行.

모든 부처의 가르침을 깨끗한 생각으로 언제나 받아들이게 되고, 미
래겁을 다하도록 보살행을 닦는다.

상불휴식常不休息 무소의착無所依着 보현행원普賢行願 증장구족
增長具足.

그래서 언제나 쉬지 않고 언제나 의지하는 데가 없고, 보현이 되겠다

고 하는 그런 원을 정말 갖추게 될 것이다.

득일체지得一切智 시작불사施作佛事 성취보살成就菩薩 자재신통自在神通.

그래서 일체지를 얻어서 불사佛事를 하여 베풀게 되고 보살을 성취해서 스스로 자유자재하는 그런 사람이 될 수 있을 것이다.
그러니까 결국 달이 되어서 어떻게 되는가 하면 하나의 자유인이 된다는 것이다. 부처라는 것이 별것인가. 자유인이라는 것이다. 그래서 이렇게 높이 올라가야 된다 하는 것이 9번이다.

다음은 7번 등수순일체중생회향等隨順一切衆生廻向이다. 모든 중생을 밝게 비칠 수 있도록 달이 그렇게 밝아야 된다는 것이다. "등수순일체중생等隨順一切衆生", 일체 중생을 꼭 같이 좇아다니는, 도와주는 그런 달이 되어야 한다는 것이다.

25.6 등수순일체중생회향等隨順一切衆生廻向

25.6.1 불자佛子 보살마하살菩薩摩訶薩 여시시시如是施時 무허위심無虛僞心

보살마하살은 베풀 때 언제나 정직한 마음을 가져야 한다. 거짓이면 안 된다. 이것이 첫째다.

무희망심無希望心 무명예심無名譽心 무중회심無中悔心 무열뇌심無熱惱心.

그리고 무엇을 바라는 마음이 있으면 안 된다. 명예를 탐하는 마음이 있으면 안 된다. 후회하는 마음이 있으면 안 된다. 열과 번뇌하는 마음을 가지면 안 된다.

단발전구但發專求 일체지도심一切智道心 일체실사심一切悉捨心 애민중생심哀愍衆生心 교화성숙심敎化成熟心 개령안주皆令安住 일체지지심一切智智心.

다만 지지와 도도를 구하는 마음만 가져야 된다. 그래서 모든 것을 버리고 중생을 불쌍히 여기는 마음, 또 교화해서 성숙하게 하는 마음, 일체지, 분별지가 아니라 통일지를 아는 그런 마음에 안주할 수 있게 하기 위해서 이런 마음을 가져야 한다. 이것이 달이 가지는 마음이다. 이것이 명경明鏡 같은 평등한 마음이다.

25.6.2 불자佛子 보살마하살菩薩摩訶薩 여시시시如是施時 생어차심生於此心.

보살마하살이 이렇게 베풀 때는 다음과 같은 마음이 되어야 한다.

소위所謂 무착심無着心 무박심無縛心 해탈심解脫心 대력심大力心 심심심甚深心 선섭심善攝心 무집심無執心 무수자심無壽者心 선조복심善調伏心 불산란심不散亂心 불망계심不妄計心 구종종보성심具種種寶性心.

소위 집착이 없는 마음, 속박이 없는 마음, 해탈한 마음, 힘을 가진 마음, 깊이 생각하는 마음, 선을 붙잡는 마음, 고집이 없는 마음, 오래 살겠다는 욕심이 없는 마음, 모든 사람들을 잘 훈련시켜서 진리에 복종하게 하는 그런 마음, 산란하지 않게 하는 마음, 망령된 계획이 없는 마음, 이와 같이 가지가지 불타의 본심과 같은, 불타의 성질과 같은 마음이다.

불구과보심不求果報心 요달일체법심了達一切法心 주대회향심住大廻向心 선결제의심善決諸義心 영일체중생令一切衆生 주무상지심住無上智心 생대법광명심生大法光明心 입일체지지심入一切智智心.

그래서 과보果報를 구하지 않고, 일체법을 통달하고, 언제나 크게 모든 것에 돌리는 마음에 주住하고, 언제나 옳은 마음으로 결정을 잘 하고, 일체 중생으로 하여금 최고의 지혜에 머물게 하고, 대법大法을 일으키는 광명한 마음을 가지게 하고, 일체지를 아는 마음에 들어가게 한다.
다 그저 비슷한 말이다. 이것 전체가 합해서 한 마디로 거울 같은 마음이라는 것이다.

25.6.3 불자佛子 보살마하살菩薩摩訶薩 여시비민如是悲愍 이익안락利益安樂 일체중생一切衆生.

이와 같이 보살마하살은 모든 중생을 불쌍히 여기고 모든 중생들을 이익되게 하고 안락하게 한다.

함령청정咸令淸淨 원리간질遠離慳嫉 수승묘락受勝妙樂 구대위덕具大威德 생대신해生大信解 영리진에永離瞋恚 급제예탁及諸翳濁.

그래서 모두 다 깨끗해지게 해서 아끼거나 질투하는 것을 떠나게 하여 다 신비한 기쁨을 얻게 하고 큰 위덕威德을 갖추게 하고 큰 믿음과 이해를 나오게 해서 화풀이라든가 모든 더러운 것들을 영원히 끝내게 한다.

기심청정其心淸淨 질직유연質直柔軟 무유첨곡無有諂曲 미혹우치迷惑愚癡 행출리행行出離行 견고불괴堅固不壞 평등지심平等之心 영무퇴전永無退轉 백정법력白淨法力 구족성취具足成就.

그래서 그 마음이 언제나 깨끗하고 언제나 정직하고 부드럽고 아첨하는 것이 없고, 우치愚痴에 미혹됨이 없고, 이 세상을 초월한 행동을 취하며, 깨지지 않는 굳은 믿음을 가지고, 모든 사람을 평등하게 사랑하는 마음에서 뒤로 물러나는 것이 없고, 희고 깨끗한 진리의 힘을 가지고, 모든 것을 구족하게 성취해 간다.

무뇌무실無惱無失 선교회향善巧廻向 상수정행常修正行 조복중생調伏衆生 멸제일체滅除一切 제불선업諸不善業 수행고행修行苦行 일체선근一切善根.

그래서 고민도 없고 실수도 없고, 언제나 잘 회향해서 바른 행을 닦고, 중생을 조복해서 모든 불선업不善業을 멸제하고, 일체 선근을 수행하고 고행하게 한다. 그것이 달의 할 일이라는 것이다.

25.6.4 보살소작제공덕菩薩所作諸功德 미묘광대심심원微妙廣大甚深遠 내지일념이수행乃至一念而修行 실능회향무변제悉能廻向無邊際.

보살이 일으키는 모든 공덕은 미묘하고 광대해서 한없이 깊으며, 한 생각이라도 가지고 수행하면 그 공덕이 한없는 세계로 돌아간다.

지제세간실평등知諸世間悉平等 막비심어일체업莫非心語一切業 중생환화무유실衆生幻化無有實 소유과보종자기所有果報從茲起.

모든 세상이 평등하다는 것을 알고 마음이 맑아 모든 심어心語가 일체업一切業이 아닌 것이 없다. 중생의 허튼 생각은 실속이 없고 모든 과보果報는 이런 데서 일어난다. 꿈 같은 생각에서 잘못이 일어난다는 것이다.

보살관찰제세간菩薩觀察諸世間 신구의업실평등身口意業悉平等
역령중생주평등亦令衆生住平等 유여무등대성존猶如無等大聖尊.

보살이 이 세간을 보매 신身·구口·의意 업業이 다 평등하고, 모든 중생이 다 평등하게 살고, 모든 사람들이 다 부처님과 같이 그렇게 같아지게 될 것이다.

보살료지제법공菩薩了知諸法空 일체세간무소유一切世間無所有
무유조작급작자無有造作及作者 중생업보역불실衆生業報亦不失.

보살은 제법이 공한 것을 알고, 일체 세간을 가지려고 하지 않고, 조작이나 짓는 것이 없다. 그렇게 하면 중생의 업보 역시 잃지 않을 것이다.

이것은 평등심을 가져야 된다는 것이다. 아까는 올라가야 된다는 것이었고 여기서는 평등심을 가져야 된다는 것이다.

다음은 4번이다. 달빛이 어디까지 가야 하는가. 달빛은 어디나 가야 된다. 지일체처회향至一切處廻向이다.

25.7 지일체처회향至一切處廻向

25.7.1 이차선근以此善根 여시회향如是廻向 소위所謂 불란회향不亂廻向 일심회향一心廻向 자의회향自意廻向 존경회향尊敬廻向 부동회향不動廻向 무주회향無住廻向 무의회향無依廻向 무중생심회향無衆生心廻向 무조경심회향無躁競心廻向 적정심회향寂靜心廻向.

선근으로 이렇게 회향하는데 소위 달빛이 산란하게 되면 안 된다.

『60화엄경』에서는 불란심不亂心이라 되어 있다. 여기서는 회향이라 했지만 다 같은 것이다. 달빛이 산란하지 않게, 일심회향一心廻向, 정말 통일된 마음으로 비춰주고, 자발적으로 비춰주고, 존경하는 마음으로 비춰주고, 움직이지 않는 마음으로 비춰주고, 주住하지 않는 마음으로 비춰주고, 의지하지 않는 마음으로 비춰주고, 중생심이 없는 마음으로 비춰주고, 서둘거나 경쟁하거나 그런 마음이 없는 마음으로 비춰주고, 결국 적정심寂靜心, 모든 것을 해탈한 아주 평화로운 마음으로 비춰준다. 이것도 달빛이 이렇게 깨끗하게 비춰준다는 것이다. 한 마디로 말하면 청정심淸淨心이다.

보살마하살菩薩摩訶薩 주차회향시住此廻向時 득지일체처신업得至一切處身業 보능응현普能應現 일체세계고一切世界故.

보살마하살은 이렇게 빛을 비춰줄 때 모든 곳에 이를 수 있는 몸을 가지게 된다. 그래서 모든 세계에 나타날 수 있다.

25.7.2 득지일체처어업得至一切處語業 어일체세계중於一切世界中 연설법고演說法故.

그리고 모든 곳에 도달할 수 있는 어업語業, 말의 힘을 가질 수 있다. 그래서 모든 세계 어디서나 진리를 연설할 수가 있다.

득지일체처의업得至一切處意業 수지일체受持一切 불소설법고佛所說法故.

어디나 갈 수 있는 생각에 도달해서 부처님이 말한 모든 법을 받아들일 수 있게 된다.

득지일체처신족통得至一切處神足通 수중생심隨衆生心 실주응고悉

住應故.

어디에나 도달할 수 있는, 자유자재할 수 있는 그런 발을 얻어서 중생이 자기를 찾으면 어디나 곧장 날아가서 그 사람들을 응대할 수 있다.

득지일체처수증지得至一切處隨證智 보능료달普能了達 일체법고一切法故.

일체처에 도달해서 진리를 증거할 수 있는 힘을 얻어서 모든 이치를 다 통달할 수 있게 된다.

득지일체처총지변재得至一切處總持辯才 수중생심隨衆生心 영환희고令歡喜故.

일체처에 도달할 수 있는 총지總持와 변재辯才, 총지란 한마디 속에 다 들어가는 회광반조 같은 그런 말로 다라니라는 것이고 변재는 말을 쉽게 할 수 있는 재간인데, 그런 것을 가지고 중생심을 따라 모든 사람을 다 기쁘게 할 수 있다.

득지일체처입법계得至一切處入法界 어일모공중於一毛孔中 보입일체세계고普入一切世界故.

일체처에 도달해서 법계에 들어가 하나의 털구멍에 모든 세계를 다 집어넣을 수 있는 그런 신비한 재간도 가졌다.

득지일체처편입신得至一切處遍入身 어일중생신於一衆生身 보입일체중생신고普入一切衆生身故.

일체처에 도달해서 모든 몸을 들여보내서 중생 한 몸 속에 일체 중생의 몸을 다 집어넣는다. 하나 속에 다 들어간다는 것으로 자주 말하는 일즉일체一卽一切라는 것이다.

득지일체처보견겁得至一切處普見劫 일일겁중——劫中 상견일체常見一切 제여래고諸如來故.

일체처에 도달해서 널리 시간을 보아 하나하나의 순간 속에 모든 여래를 볼 수 있다. 이것은 찰나 속에서 영원을 본다는 것이다.

득지일체처보견념得至一切處普見念 일일념중——念中 일체제불一切諸佛 실현전고悉現前故.

일체처에서 모든 것을 다 볼 수 있는 생각을 가지고 하나하나의 생각 속에 모든 부처를 다 나타나게 할 수 있다.

불자佛子 보살마하살菩薩摩訶薩 득지일체처회향得至一切處廻向 능이선근能以善根 여시회향如是廻向.

보살마하살이 일체처에 도달할 수 있는 회향을 얻어서 이 선근을 가지고 이렇게 회향할 수 있는 것이다. 이것은 결국 모든 것을 다 깨끗하게 비춰줄 수 있다는 것이다.

25.7.3 내외일체제세간內外一切諸世間 보살실개무소착菩薩悉皆無所着 불사요익중생업不捨饒益衆生業 대사수행여시지大士修行如是智.

모든 세간의 안팎을 보살이 다 집착이 없이, 중생을 유익하게 하는 업을 버리지 않고 큰 선비가 이렇게 수행하는 이런 지혜를 가지게 된다.

보섭유위무위법普攝有爲無爲法 불어기중기망념不於其中起妄念
여어세간법역연如於世間法亦然 조세등명여시각照世燈明如是覺.

유위무위법을 다 알아 가지고, 이 세상의 법이나 하늘나라의 법이나 다 알아 가지고, 거기서 쓸데없는 생각을 내지 않고, 세간법이나 세간법 아닌 것이나 다 마찬가지로 이 세상을 비치는 등불을 밝혀서 이처럼 깨닫게 되는 것이다.

청정선근보회향淸淨善根普廻向 이익군미항불사利益群迷恒不捨
실령일체제중생悉令一切諸衆生 득성무상조세등得成無上照世燈.

깨끗한 선근에 일체를 돌리고, 모든 중생들을 이롭게 해서 언제나 버리지 않고, 모든 일체 중생으로 하여금 더 없이 높이 세상을 비치는 등, 곧 달이 되게 한다.

보살상락적멸법菩薩常樂寂滅法 수순득지열반경隨順得至涅槃境
역불사리중생도亦不捨離衆生道 획여시등미묘지獲如是等微妙智.

보살은 언제나 적멸법을 즐긴다. 언제나 해탈한 경지에서 살게 된다. 그렇지만 구원하겠다 하는 중생은 절대 버리지 않는다. 그렇게 되어야 부처와 같은 미묘한 지혜를 얻을 수 있다.
대충 이렇게 읽었다. 이것도 세밀하게 읽어가려면 시간이 많이 걸릴 것이다. 이상으로 달에 대해서는 이렇게 끝내기로 한다.

진여회향 - 태양

다음에는 해님에 대해서 생각하는 것이다. 8번을 보면 진여眞如라는 말이 나온다. 진여란 진리 자체, 혹은 존재 또는 모든 실재의 근원이다. 그러니까 기독교로 말하면 하나님 같은 분을 말하는 것이다. 하나님 같은 분, 태양 같은 분, 그런 분으로 돌아가는 것이 진여회향이다. 그런 분으로 돌아간다 함은 말하자면 그런 분에게 빛을 받는다는 것이다. 언제나 태양에서는 빛을 받는 것이고 열을 받는 것이고 힘을 받는 것이다. 다 받는 것이니까 진여회향에서 회향은 받는 것이라고 해본다. 달에서의 회향은 깨닫는 것이라 하고 중생에서의 회향은 살려준다, 도와준다는 것이다. 그러니까 같은 회향이지만 해석이 다르다. 중생은 살려주어야 하고 나 자신은 깨달아야 하고 하나님께로부터는 받아야 된다. 하나님께 받지 않으면 우리는 살 수가 없다. 모든 식물들이 다 태양에서 힘을 받아 가지고, 빛을 받아 가지고, 열을 받아 가지고, 그렇게 해서 사는 것이다.

25.8 진여상회향眞如相廻向

25.8.1 불자佛子 하자何者 시보살마하살是菩薩摩訶薩 진여상회향眞如相廻向.

하나님께 돌아간다고 하는 말은 무슨 말인가.

불자佛子 차보살마하살此菩薩摩訶薩 정념명료正念明了 기심견주其心堅住 원리미혹遠離迷惑 전의수행專意修行 심심부동深心不動 성불괴업成不壞業.

보살마하살이 언제나 생각을 밝게 가지고, 그 마음을 굳게 하고, 미혹을 멀리 떠나고, 힘을 다해서 수행하고, 깊은 마음이 흔들림이 없고, 깨지지 않는 업을 이룩한다.

취일체지趣一切智 종불퇴전終不退轉 지구대승志求大乘 용맹무외勇猛無畏 식제덕본植諸德本 보안세간普安世間 생승선근生勝善根 수백정법修白淨法.

그리고 일체지에 나아가서 절대 뒤로 물러서지 않고, 대승을 구하고, 용맹 무외하게, 곧 무서움이 없이, 모든 덕의 근본을 심고, 세상을 넓게 편안하게 하고, 언제나 선의 뿌리를 길러내고, 희고 깨끗한 법을 닦는다.

대비증장大悲增長 심보성취心寶成就 상념제불常念諸佛 호지정법護持正法 어보살도於菩薩道 신락견고信樂堅固.

그래서 모든 자비를 증장시키고, 마음의 보물을 성취하고, 언제나 부처를 생각하고, 정법을 호지하고, 보살도에 있어서 믿고 기뻐하며 견고하게 다진다.
이렇게 되어야 우리는 하나님께 돌아간 것이다. 하나님께 돌아가려면 이 정도의 수양을 해야 우리가 하나님께 돌아간다는 것이다.

성취무량정묘선근成就無量淨妙善根 근수일체공덕지혜勤修一切功德智慧 위조어사爲調御師 생중선법生衆善法 이지방편以智方便 이위회향而爲廻向.

그래서 한없이 깨끗하고 신비한 선의 뿌리를 우리가 완성하고, 일체의 공덕 지혜를 부지런히 닦아서, 모든 백성들을 좋아하고 가르치는 선생이 되어서, 모든 선한 법을 만들어 내는 창조적 지성이 된다. 이런 지혜 방편을 가지고 하나님께 돌아가는 것이다.

25.8.2 비여진여譬如眞如 편일체처遍一切處 무유변제無有邊際 선근회향善根廻向 역부여시亦復如是 편일체처遍一切處 무유변제無有邊際.

태양은 일체처에 비치지 않는 곳이 없다. 어디나 비친다. 그래서 그 태양으로 돌아가는 사람은, 하나님께로 돌아가는 사람은, 이와 같이 온 세상에 한없이 빛을 비치는 것이다. "너희 빛을 온 세상 사람들에게 비춰라" 하는 말이나 같다.

비여진여譬如眞如 무능측량無能測量 선근회향善根廻向 역부여시亦復如是 등허공계等虛空界 진중생심盡衆生心 무능측량無能測量.

그 힘이 측량할 수 없다. 그래서 하나님께 돌아가는 사람도 이와 같이 힘이 굉장히 많다. 마치 허공계처럼 모든 중생심을 다해서 측량할 수 없이 많은 힘이 있다.

비여진여譬如眞如 어법무애於法無碍 선근회향善根廻向 역부여시亦復如是 주행일체周行一切 이무소애而無所碍.

태양처럼 빛에 걸림이 없다. 이렇게 하나님을 사랑하는 사람도 어디를 가든지 걸리는 데가 없다.

비여진여譬如眞如 체성무변體性無邊 선근회향善根廻向 역부여시亦復如是 정제중생淨諸衆生 기수무변其數無邊.

태양은 "체성무변體性無邊", 빛이 한없이 비친다. 하나님을 사랑하는 사람도 모든 중생을 깨끗이 하고, 그 깨끗하게 나오는 사람이 한없이 많다.

비여진여譬如眞如 일체법중一切法中 필경무진畢竟無盡 선근회향善根廻向 역부여시亦復如是 어제중생於諸衆生 회향무진廻向無盡.

태양처럼 일체 빛 속에서 다함이 없다. 이렇게 돌아가는 사람도 모든 중생 속에서 사랑이 끝이 없다.

비여진여譬如眞如 성상각오性常覺悟 선근회향善根廻向 역부여시
亦復如是 보능각오普能覺悟 일체제법一切諸法.

또 태양은 언제나 깨어 있다. 선근회향도 이처럼 언제나 깨서 모든
세계를 비친다.

비여진여譬如眞如 무소부재無所不在 선근회향善根廻向 역부여시
亦復如是 시방삼세十方三世 제불토중諸佛土中 보현신통普現神通 이
무부재而無不在.

태양처럼 있지 않는 곳이 없다. 선근회향도 이처럼 모든 불토에 신통
하게 나타나서 있지 않는 데가 없다. 그러니까 하나님은 무소부재無所
不在라는 말이다.

25.8.3 보살지락상안주菩薩志樂常安住 정념견고리치혹正念堅固離癡惑
기심선연항청량其心善軟恒清凉 적집무변공덕행積集無邊功德行.

보살의 지志는 즐겁고 언제나 편안하다. 생각은 언제나 굳어서 모든
치혹癡惑을 떠났다. 그 심心은 아주 부드러워서 언제나 시원하고 깨끗
하다. 이렇게 한없는 공덕을 쌓아서 걸어가는 것이다.

비여진여편일체譬如眞如遍一切 여시보섭제세간如是普攝諸世間
보살이차심회향菩薩以此心廻向 실령중생무소착悉令衆生無所着.

태양 빛은 어디나 비친다. 그래서 온 세상을 비치고 있다. 보살도 태
양처럼 모든 중생에게 가서 도와주지 않는 데가 없다.

요지일체제세간了知一切諸世間 실여진여성상등悉與眞如性相等

견시불가사의 상見是不可思議相 시즉능지무상법是則能知無相法.

일체 세간을 다 알고 태양의 빛을 어디나 비쳐준다. 그래서 한없이 신비한 모습을 본다. 이것이 보이지 않는 법까지도 아는 그런 세계다.

지자료지제불법智者了知諸佛法 이여시행이회향以如是行而廻向
애민일체제중생哀愍一切諸衆生 영어실법정사유令於實法正思惟.

지자智者는 모든 불법을 알아서, 모든 법을 실행해서 돌보고, 모든 중생들을 불쌍히 여겨서, 언제나 진리와 정사유正思惟를 가지게 한다.

이쯤으로 해서 이것은 우리가 하나님께로 돌아가야 한다 하는 말로 요약해 본다. 다음은 5번으로 무진공덕장회향無盡功德藏廻向이다. 다함이 없는 공덕, 공덕이란 우리가 좋은 일을 많이 할 때 그 좋은 일을 통해서 한없는 복을 받게 되는 것, 그것을 보통 공덕이라 한다. 태양으로부터 우리가 한없이 따뜻한 기운을 받아서 우리가 그 힘을 가지고 산다는 것이다.

25.9 무진공덕장회향無盡功德藏廻向

25.9.1 불자佛子 운하위云何爲 보살마하살菩薩摩訶薩 무진공덕장회향無盡功德藏廻向.

무엇이 보살마하살의 무진공덕장회향인가.

불자佛子 차보살마하살此菩薩摩訶薩 이참제일체제업중장以懺除一切諸業重障 소기선근所起善根.

이 보살마하살이 우리 속에 있는 모든 죄를 회개하고 언제나 우리 속에 있는 좋은 선의 뿌리를 일으킨다.

예경삼세일체제불禮敬三世一切諸佛 소기선근所起善根 권청일체제불설법勸請一切諸佛說法 소기선근所起善根.

삼세에 있는 일체의 제불을 예경하고 우리 속에 있는 좋은 뿌리를 일으켜 세운다. 일체 제불의 설법을 우리가 청해 듣고 우리 속에 있는 좋은 뿌리를 일으킨다.

문불설법정근수습聞佛說法精勤修習 오부사의광대경계悟不思議廣大境界 소기선근所起善根.

부처님의 설법을 듣고 열심히 공부해서 생각하기 어려운 신비한 세계를 깨닫고 우리 속에 있는 좋은 뿌리를 일으켜 세운다.

어거래금於去來今 일체제불一切諸佛 일체중생一切衆生 소유선근所有善根 개생수희皆生隨喜 소기선근所起善根.

과거, 미래, 현재 모든 부처 모든 중생의 선근을 우리가 소유해서 다 같이 기뻐하면서 우리 속에 있는 선한 뿌리를 일으켜 세운다.

거래금세去來今世 일체제불一切諸佛 선근무진善根無盡 제보살중諸菩薩衆 정근수습精勤修習 소득선근所得善根 삼세제불三世諸佛 성등정각成等正覺 전정법륜轉正法輪 조복중생調伏衆生 보살실지菩薩悉知 발수희심發隨喜心 소생선근所生善根.

과거, 미래, 지금 모든 부처의 다함이 없는 그 선한 뿌리를 여러 보살들과 같이 열심히 닦아서 선근을 소득하고, 삼세제불이 정각을 이루고 법문을 설하여 중생을 잘 순복하게 함을 보살이 다 알고, 기뻐하는 마음을 발하여 우리 속에 있는 선근을 일으킨다.

삼세제불三世諸佛 종초발심從初發心 수보살행修菩薩行 성최정각成最正覺 내지시현乃至示現 입반열반入般涅槃 반열반이般涅槃已 정법주세正法住世 내지멸진乃至滅盡 어여시등於如是等 개생수희皆生隨喜 소유선근所有善根.

삼세제불의 처음의 보리심을 발하는 데 따라서 보살행을 닦고, 정각을 이루어서 해탈에 들어가고, 완전한 해탈이 끝나면 정법의 세상에 살고, 그리고 영원에 이르는데, 이렇게 해서 다 기뻐하면서 선근을 일으킨다.

결국 이것은 태양 빛을 받아서 우리의 좋은 나무가 계속 자란다 그렇게 생각하면 된다. 태양의 열을 받아서 우리가 계속 자란다는 것이다.

25.9.2 불자佛子 보살마하살菩薩摩訶薩 이제선근以諸善根 여시회향시如是廻向時 보입일체普入一切 불국토고佛國土故 일체불찰一切佛刹 개실청정皆悉清淨.

보살마하살이 이 모든 선근으로 회향할 때 불국토에 들어가고, 이런 사람이 불국토에 들어가면 모든 불국토가 다 청정해지고 깨끗해진다.

보지일체普至一切 중생계고衆生界故 일체보살一切菩薩 개실청정皆悉清淨.

또 이런 사람이 중생 세계에 들어가면 일체 보살이 다 깨끗해진다.

보원일체普願一切 제불국토諸佛國土 불출흥고佛出興故 일체법계一切法界 일체불토一切佛土 제여래신諸如來身 초연출현超然出現.

또 이런 사람이 불국토에 들어가서 부처님이 나오기를 기도하면 일체 법계와 일체 불토에 모든 부처님들이 다 나타나게 된다.
이렇게 하나님의 힘을 얻은 사람은 이렇게 큰 일도 할 수가 있다 하는 말이다.

25.9.3 보살마하살菩薩摩訶薩 주차회향住此廻向 득십종무진장得十種無盡藏.

보살마하살이 이렇게 할 때에 무진장의 힘 또는 열을 받는데 몇 가지를 받는가 하면 열 가지를 받는다.

하등위십何等爲十 소위所謂 득견불무진장得見佛無盡藏 어일모공於一毛孔 견아승지제불見阿僧祇諸佛 출흥세고出興世故.

그 열 가지가 무엇인가. 하나는 부처를 볼 수 있는 그런 은혜다. 그래서 하나의 털구멍에서 한없이 많은 부처님이 나타나는 것을 보게 된다.

득입법무진장得入法無盡藏 이불지력以佛智力 관일체법觀一切法 실입일법고悉入一法故.

둘째는 법의 진리에 들어가는 그런 은혜를 받게 된다. 부처님의 지혜의 힘으로 일체의 법을 보아서 한 법 속에 일체법이 다 들어갈 수 있게 한다.

득억지무진장得憶持無盡藏 수지일체受持一切 불소설법佛所說法 무망실고無忘失故.

셋째는 하나님의 말씀을 기억해서 부처의 법을 다 받아들인다. 그러고도 잊어먹지 않는다.

득결정혜무진장得決定慧無盡藏 선지일체善知一切 불소설법佛所說法 비밀방편고秘密方便故.

넷째는 결정하는 지혜를 얻게 된다. 부처님 설법의 비밀 방편까지도 다 알게 된다.

득해의취무진장得解義趣無盡藏 선지제법善知諸法 이취분제고理趣分齊故.

그래서 다섯째로 부처님 말씀의 이치를 이해하는 그런 힘을 얻어서 모든 법의 이치와 그 한계를 알게 된다.

득무변오해무진장得無邊悟解無盡藏 이여허공지以如虛空智 통달삼세일체법고通達三世一切法故.

여섯째는 한없는 깨닫는 힘을 얻어서 허공지와 같이 삼세일체법에 통달하게 된다.

득복덕무진장得福德無盡藏 충만일체充滿一切 제중생의諸衆生意 불가진고不可盡故.

일곱째는 복덕무진장의 은혜를 얻어서 모든 중생의 뜻을 알고, 그 뜻이 다함이 없는 것을 만족하게 해 준다. 중생의 소원을 만족하게 해준다는 것이다.

득용맹지각무진장得勇猛智覺無盡藏 실능제멸悉能除滅 일체중생一切衆生 우치예고愚癡翳故.

여덟째는 용맹지각이 무진장인 것을 얻어서 모든 중생의 어리석음을 제거해 준다.

득결정변재무진장得決定辯才無盡藏 연설일체演說一切 불평등법佛平等法 영제중생令諸衆生 실해료고悉解了故.

아홉째는 결정하고 변재하는 힘을 얻어서 일체불의 평등법을 연설해서 모든 중생을 다 알게 그렇게 만들어 준다.

득십력무외무진장得十力無畏無盡藏 구족일체具足一切 보살소행菩薩所行 이리구증以離垢繒 이격기정而擊其頂 지무장애至無障碍 일체지고一切智故.

마지막 열째는 무서움이 없는 열 가지 힘을 얻어서 보살이 행하는 것을 다 구족하고, 모든 죄악을 떠나서 그 꼭대기까지 물리치고, 아무 장애가 없는 일체지에까지 도달하게 된다.
이것은 태양의 열을 받아서 이렇게 자라게 된다 하는 것이다.

25.9.4 보살성취심심력菩薩成就深心力 보어제법득자재普於諸法得自在 이기권청수희복以其勸請隨喜福 무애방편선회향無碍方便善廻向.

보살의 깊은 힘을 성취해서 모든 법을 넓게 마음대로 해석하고 그래서 기쁨과 복을 얻어, 걸림이 없는 방편을 가지고 모든 중생을 돌보아 준다.

보살여시심청정菩薩如是心淸淨 선근회향제군생善根廻向諸群生
보욕령기성정도普欲令其成正道 구족료지제불법具足了知諸佛法.

보살의 마음이 이처럼 깨끗해서 선근을 모든 중생에게 회향하고, 바른 길을 가게 해서 제 불법을 다 알도록 만들어 준다.

일체제법인연생一切諸法因緣生 체성비유역비무體性非有亦非無
이어인연급소기而於因緣及所起 필경어중무취착畢竟於中無取着.

일체제법의 인연을 알아서 체성이 유도 아니고 무도 아닌 것을 알게 하고, 인연과 소기가 거기에 집착할 것이 아니라는 것을 깨닫게 한다.

소유일체허망견所有一切虛妄見 실개기사무유여悉皆棄捨無有餘
이제열뇌항청량離諸熱惱恒淸涼 주어해탈무애지住於解脫無礙地.

모든 허망견을 다 떠나고 다 버리면 모든 번뇌에서 벗어나 청량하게 된다. 그래서 해탈무애지의 경지에 도달하게 된다. 언제나 해탈 무애의 경지에서 살게 된다.

하나가 남았는데 시간이 되어 다음에 보기로 한다. 여러분은 그저 하나님을 붙잡고 내가 구원받아서 모든 중생을 도와준다 그렇게 생각하면 된다. 그것인데 그것을 이렇게 복잡하게 말한 것뿐이다.

2001. 10. 28.

십회향품 강해(3)

　십회향 중에서 1번, 3번, 6번은 중생을 도와주어야 한다는 중생회향衆生廻向이다. 중생회향에서 제일 중요한 것은 1번이다. 중생을 도와주어야 한다는 1번이 제일 중요하다. 3번은 누구를 도와주어야 하느냐는 것이고 6번은 무엇을 도와주어야 하느냐는 것이다. 그 다음은 보리회향菩提廻向으로 4번, 7번, 9번이다. 보살은 일체 속박에서 벗어나야 하고 일체 집착에서부터 벗어나야 된다는 것이 9번의 무박무착해탈회향無縛無着解脫廻向이다. 얼마나 밝게 비춰야 되느냐, 얼마나 멀리까지 가야 되느냐, 얼마나 높이 올라가야 되느냐 하는 것이다. 그래서 보리회향에서 제일 중요한 것이 해탈이다. 보살은 해탈을 해야 된다는 것이다. 그 다음에는 진여회향眞如廻向인데 2번, 5번, 8번이다. 부처는 태양 같은 존재인데 8번의 진여회향은 봄의 태양이라 보고 5번은 여름의 태양, 2번은 가을의 태양이라 본다. 그래서 그 가운데 가장 중요한 것이 5번이다. 5번 무진공덕장회향無盡功德藏廻向이다. 태양의 열이 한없이 많다는 것이다. 중생을 도와주는데 무엇을 가지고 도와주느냐는 것인데 결국 태양의 힘으로 도와주는 것이지 다르게 도와줄 수는 없다는 것이다. 보살은 아무 것도 가진 것이 없기 때문이다. 그러니까 결국 태양의 힘으로 도와주어야 중생을 살릴 수 있다. 지금은 석유도 때고 가스도 때고 석탄도 때고 하지만 앞으로 석유, 석탄 다 없어지면 태양을 직접 받아서 쓰는 수밖에 길이 없다. 그래서 태양열을 생각하면서 5번을 본다. 태양은 무진장이다. 태양은 절대 없어지거나 식거나 그런 것이 없다. 그래서 태양이 있는 곳에는 나무가 자란다. "소기선근所起善根"이다. 좋은 뿌리를 일으킨다는 것이다. 좋은 뿌리라 해도 좋고 좋은 나무라 해도 좋다. 부처가 있는 데는 나무가 자꾸 자라는 것이다.
　다시 한 번 무진공덕장회향에 대해 복습하고 정리해 본다.

25.9 무진공덕장회향無盡功德藏廻向

25.9.1 불자佛子 운하위云何爲 보살마하살菩薩摩訶薩 무진공덕장회향無盡功德藏廻向.

보살마하살의 무진공덕장회향이란 무엇인가.

불자佛子 차보살마하살此菩薩摩訶薩 이참제일체以懺除一切 제업중장諸業重障 소기선근所起善根 (참제중장懺除重障)

첫째는 참제중장懺除重障이다. 우선 가리고 있는 구름이 없어져야 된다. 우리가 참회하고 우리의 모든 죄악을 제거해 버린다. 회개한다는 것이다. 중장重障, 무거운 장애, 죄악이라는 것이다. 회개하고 모든 죄악을 제거해버린다. 우선 하나님을 만나려면 그것부터 해야 된다. 회개하고 예수를 믿어야지 회개는 안 하고 믿으면 아무 쓸데가 없다. 그래서 첫째가 참제중장이다.

예경삼세일체제불禮敬三世一切諸佛 소기선근所起善根 (예경제불禮敬諸佛)

2번째는 예경제불禮敬諸佛이다. 부처님을 예배하고 존경하라는 것이다. 그렇게 해야 나무가 자란다.

권청일체제불설법勸請一切諸佛說法 소기선근所起善根 (권청설법勸請說法)

3번째는 권청설법勸請說法이다. 설법을 권청하는 것이다. 태양더러 열을 보내주십시오, 빛을 보내주십시오 하고 권청을 하는 것이다. 그렇게 해야 나무가 자란다.

문불설법聞佛說法 정근수습精勤修習 오부사의悟不思議 광대경계廣大境界 소기선근所起善根 (문불오계聞佛悟界)

4번째는 문불오계聞佛悟界이다. 부처님의 설법을 듣는 것이다. 햇빛을 받는다는 것이다. 그래서 문불설법해서 이 세계가 어떤 세상인지 그것을 깨닫게 된다. 문불오계라는 것이다. 그래야 나무가 자라게 된다.

어거래금於去來今 일체제불一切諸佛 일체중생一切衆生 소유선근所有善根 개생수희皆生隨喜 소기선근所起善根 (중선수희衆善隨喜)

5번째는 중선수희衆善隨喜다. 과거, 미래, 현재의 모든 부처, 부처만이 아니라 일체 중생이 속에 아주 착한 뿌리를 가지고 있다. 부처만 뿌리를 가지고 있는 것이 아니라 모든 중생이 다 착한 뿌리를 가지고 있다. 실유불성悉有佛性이다. 모든 중생이 다 착한 것을 가지고 있다. 그래서 중생과 같이 기뻐한다. 모든 중생들이 다 착한 씨앗을 가지고 있다. 맹자孟子로 말하면 성선설性善說이다. 그 중생들과 같이 기뻐하는 것이다. 중생을 따라서 기뻐하는 것이다.

거래금세去來今世 일체제불一切諸佛 선근무진善根無盡 제보살중諸菩薩衆 정근수습精勤修習 소득선근所得善根 (살근득선薩勤得善)

6번째는 살근득선薩勤得善이다. 부처에 대해서는 다 말했으니까 그만하고, 보살이 열심히 수행을 해서 선에 도달한다는 것이다.

삼세제불三世諸佛 성등정각成等正覺 전정법륜轉正法輪 조복중생調伏衆生 보살실지菩薩悉知 발수희심發隨喜心 소생선근所生善根 (전

륜조복轉輪調伏)

　7번째는 전륜조복轉輪調伏이다. 제불이 정각을 해서 설법을 한다. 그래서 중생들을 감화시킨다. 그것을 보살이 알기 때문에 한없이 따라서 기뻐한다. 그래서 나무가 자꾸 자란다. 설법하는 것을 '전륜轉輪'이라 한다. '조복調伏'이란 모든 중생들이 다 감복을 해서 감화를 받는다는 것이다.

　삼세제불三世諸佛 종초발심從初發心 수보살행修菩薩行 성최정각成最正覺 내지시현乃至示現 입반열반入般涅槃 반열반이般涅槃已 정법주세正法住世 내지멸진乃至滅盡 어여시등於如是等 개생수희皆生隨喜 소유선근所有善根 (정법미륵正法彌勒)

　8번째는 정법미륵正法彌勒이다. 삼세제불이 부처가 되어야겠다 하고 입지를 하고 보살행을 닦는다. 그래서 진리를 깨닫고 많은 설법을 하고 열반에 들어간다. '반열반般涅槃'이란 온전한 열반이다. 그러니까 기독교로 말하면 하늘나라로 갔다는 이런 뜻도 있고 현실적으로 말해서 죽었다는 뜻도 있다. 부처가 죽는 것을 보통 열반에 들었다고 말하는 것이다. 요전에는 해탈이라 번역했는데 내용은 해탈이고 현실적으로는 죽는 것을 말한다. 그러니까 소위 무정각無情覺이다. 죽었는데 죽은 후에 어떻게 되는가. 정법이 세상에 가득 차게 되었다.
　정법正法이란 보통 석가가 죽은 뒤 5백년을 정법이라 한다. 그리고 상법像法이라 하면 그 다음 천 년이다. 그리고 말법末法이라 하면 그 다음 만 년이다. 정법이란 불법을 가르치고 불법을 실천하고 불법을 보여주는 것이 다 있는 시대다. 교教와 행행과 증証이 다 있는 것이다. 교란 가르치니까 배우는 것이고, 그 다음에 자기가 실천하는 것이니까 행이다. 그 다음에는 자기가 불법이 되고 마는 것으로 증이다. 자기가 불법이 되어 가지고 다른 사람에게 보여주는 것이다. 그래서 교행증教

行証인데 정법이란 이 교행증이 다 있는 시대다. 상법像法이란 부처가 된 사람이 없는 때요 말법末法이란 실천하는 사람도 없다는 것이다. 말법이 되면 모두 배우는 것뿐이지 실천하는 사람이 없다. 말법이 지나가면 그 다음에는 멸진滅盡이다. 그만 불법이라는 것이 다 없어지고 만다. 그러니까 가르치는 것도 없는 것이다. 그래서 정법, 상법, 말법이 지나 멸진이 되어 가지고 그 다음에 미륵이 나온다는 것이다.

미륵이란 미래에 나타나는 부처다. 미륵은 도솔천에 있다. 그러니까 다 없어지면 미륵이 다시 나타나서 또 다시 이 세상을 교화한다는 것이다. 그래서 "개생수희皆生隨喜", 모든 중생과 같이 기뻐하고 그래서 "소유선근所有善根", 나무가 자꾸 자라게 된다. 물론 이렇게 해석하는 것은 내 해석이다. 왜 다 없어지는데 기뻐하느냐는 것이다. 다 없어지는데 기뻐한다는 것은 말이 안 되는데 왜 그랬을까. 그것은 이 도솔천에는 미륵이 살고 있으니까, 미륵이 세상을 내려다보고 "이것 안 되겠다, 내가 내려가서 구원해야겠다" 그렇게 해서 미륵이 나타난다는 것이다.

25.9.2 불자佛子 보살마하살菩薩摩訶薩 이제선근以諸善根 여시회향시如是廻向時 보입일체普入一切 불국토고佛國土故 일체불찰一切佛刹 개실청정皆悉淸淨.

보살이라는 나무가 자꾸자꾸 자라나면 온 세계가 깨끗해진다는 것이다.

보지일체중생계고普至一切衆生界故 일체보살一切菩薩 개실청정皆悉淸淨.

그리고 보살만이 아니라 모든 중생이 다 자라나니까 모든 국토가 깨끗해진다.

보원일체普願一切 제불국토諸佛國土 불출흥고佛出興故 일체법계
一切法界 일체불토一切佛土 제여래신諸如來身 초연출현超然出現.

그리고 온 국토만 깨끗해지는 것이 아니라 부처님이 여기저기 나타
나서 온 우주에 가득 차게 된다는 것이다.
다음은 십무진장十無盡藏이라는 것이다. 열 가지가 무진장이다.

25.9.3 보살마하살菩薩摩訶薩 주차회향住此廻向 득십종무진장得
十種無盡藏 하등위십何等爲十.

열 가지 무진장이란 무엇인가.

소위득견불무진장所謂得見佛無盡藏 어일모공於一毛孔 견아승지제
불見阿僧祇諸佛 출흥세고出興世故 (견불見佛)

첫째가 견불見佛무진장이다. 부처가 나타나는 것이다. 해가 뜬다는
것이다. 한없는 부처님이 이 세상에 나타나게 된다. 하나의 털구멍 속
에도 무한한 부처님이 나타나게 된다. 화엄사상의 핵심인 일즉일체一
卽一切라는 것이다. 하나가 있으면 전체가 다 그 속에 포함되는 것이
다.

득입법무진장得入法無盡藏 이불지력以佛智力 관일체법觀一切法 실
입일법고悉入一法故 (입법入法)

두 번째는 입법入法무진장이다. 빛이 나타난다는 것이다. 빛의 세계
로 들어가는 것이다. 화엄 3조三祖인 법장法藏은 이것을 이법理法무진
장이라 했다. 법장은 『탐현기探玄記』를 써서 의상義湘에게 보내 수정
을 받았다. 의상이 지엄智儼 다음에 화엄의 3조가 될 것인데 신라로

돌아오는 바람에 법장이 3조가 된 것이다. 그래서 나는 법장의 말이라
하면 언제나 의상의 말이나 같다고 그렇게 생각한다. 법장은 관일체법
觀一切法이란 말에서 관觀 대신에 이理라는 글자를 써서 '이법理法'이
라 한 것이다. 나도 관법觀法이라 할까 생각하다가 입법入法이라 했는
데 이법理法, 관법觀法, 입법入法, 다 같은 말이다. 빛이 가득 차서 우
리가 빛을 보게 된다는 것이다. 모든 만물을 보게 되는 것이다. 관일체
법이다. 또 모든 만물은 내 눈 속에 들어오니까 한 법 속에 모든 것이
다 들어간다는 것이다.

**득억지무진장得憶持無盡藏 수지일체불소설법受持一切佛所說法 무
망실고無忘失故 (지법持法)**

셋째는 지법持法무진장이다. 억지憶持란 기억한다는 말이다. 우리가
맨 처음에 목사님을 만나면 견불見佛이다. 그래서 교회에 다니면 입법
入法이다. 교회에 가서 이런저런 말을 들으니까 지법持法이다. 그래서
부활이니 십자가니 하는 이야기들을 듣는데 그것들이 다 지법이다. 그
래서 지법이라 하는 것인데 총摠자를 붙여서 총지摠持라 하면 다라니
라 하는 것이다. 다라니란 제일 중요한 말이 다라니다. 기독교에서 가
장 중요한 말이 무엇인가 할 때 나 같으면 「갈라디아서」 2장 20절이
다. 다들 그렇게 자기에게 제일 중요한 말들이 있게 된다. 그것 때문에
밤낮 생각하게 된다. 유교라면 공자의 "조문도석사가의朝聞道夕死可
矣", 아침에 도를 들으면 저녁에 죽어도 좋다 하는 그런 말을 한 번 들
으면 일생 이것이 빠지지 않는다. 왜 아침에 도를 들으면 저녁에 죽어
도 좋은가. 도라는 것이 무엇인가. 우리가 자꾸 생각하게 된다. 그런
것을 다라니라 한다. 가장 중요한 말이 우리 속에 남아 가지고 계속 생
각하는 것이다. 소위 개념이라는 것이다. 우리의 생각 속에 밤낮 걸려
있는 것이다. 성경말씀 속의 좋은 말들이 언제나 걸려있다. 그래서 그
것이 떨어지지 않는다. 그런 것을 개념이라 한다. 생각이 걸려있다는
것이다. 그런 것을 지법이라 한다. 하나님의 말씀이 자꾸자꾸 우리 속

에 걸려있는 것이다. 법장은 그것을 '지교持教'라 했다. 가르침이 걸려있다는 것이다. 그래서 대개 같은 말이다. 부처님의 설법을 들었는데 그 가운데서 잊을래야 잊을 수 없는 그런 것이 있다. 사람의 마음이란 이상한 것이다. "무망실고無亡失故", 잊을래야 잊을 수가 없는 것이다.

득결정혜무진장得決定慧無盡藏 선지일체불소설법비밀방편고善知一切佛所說法秘密方便故 (비법秘法)

4번은 비법秘法무진장이다. 기독교면 기독교, 불교면 불교, 그 속에는 특별히 결정혜決定慧라는 것, 가장 중요한 지혜가 있다. 그 지혜가 무엇인가? 말하자면 불교의 비밀이다. 나는 그래서 비법秘法이라 했다. 법장은 이것을 '해문解文'이라 했다. 기독교에도 비밀이 있고 유교에도 비밀이 있다. 어디나 비밀이 있다. 아침에 도를 들으면 저녁에 죽어도 좋다 하는 그 도가 무엇인가 하면 비밀이다. 그 비밀, 노하우 know-how를 알면 저녁에 죽어도 좋다, 이렇게 된다. 그런 비법이다. 법장은 해문이라 했다. 문文이라 하는 것은 진리라는 뜻이다. 그러니까 진리를 풀었다는 것이다. "득결정혜得決定慧", 가장 결정적인 지혜를 얻었다. 기독교로 말하면 십자가, 그것이 결정혜다. 십자가라고 하는 것이 기독교의 가장 핵심적인 진리가 된다. 그것이 기독교의 비밀방편이다. 우리가 십자가를 알면 기독교는 다 아는 것이다. 철학으로 말하면 형이상학이다. 형이상학이란 보이지 않는 것이다. 그렇지만 언제나 있는 것이 형이상학이다. 그래서 비법, 비밀방편, 그것을 우리가 꿰뚫어 알면 된다. 생각하는 것은 왜 생각하는가. 이 비법을 알려고 생각하는 것이다.

득해의취무진장得解義趣無盡藏 선지제법리취분제고善知諸法理趣分齊故 (분법分法)

5번은 분법分法무진장이다. 철학으로 말하면 이것은 인식론이라 할 수 있다. 4번이 형이상학이라면 5번은 인식론이다. 그러니까 그 비밀을 알면 그 다음에는 모든 철학의 구조를 알게 된다. 그 구조를 알아서 차근차근 다른 사람에게 가르치면 그것이 소위 가르침이다. 그래서 분법分法이라 했는데 법장은 '오취悟趣'라 했다. 취지를 깨달았다는 것이다. 취지를 인식한 것이다. 나는 분법이라 했는데 진리를 차례차례 분별해서 알려줄 수 있다는 말이다.

득무변오해무진장得無邊悟解無盡藏 이여허공지以如虛空智 통달삼세일체법고通達三世一切法故 (달법達法)

　6번은 달법達法무진장이다. 법장은 '증법證法'이라 했다. 4번이 형이상학, 5번은 인식론이라 하면 6번은 윤리학이다. 내가 실천해서 거기에 그만 통달하고 만 것이다. 달법達法이다. 아까 말로 하면 증증의 세계가 된 것이다. 알고 실천하다가 되고 만 것이다. 그래서 달법이다.
　이렇게 법이라는 것이 다섯 개가 있다. 법을 기독교로 말하면 말씀이다. 말씀 속에 들어가게 되고, 말씀을 가지게 되고, 말씀을 깨닫게 되고, 말씀을 가르치게 되고, 말씀이 되고 만다. 그러니까 햇빛에서 얻어 들은 것이 법이다. 우리가 하나님을 믿고 가지는 것이 무엇인가 하면 말씀이다. 석유나 석탄이나 다 말씀이다. 그 말씀에서 우리가 힘을 얻는 것이지 다른 데서 힘을 얻는 것이 아니다. 그러니까 석유니 석탄이니 가스니 다 말씀이다. 그 말씀에서 힘을 얻어 우리는 자동차도 굴리고 불도 때고 그러는 것이다. 그래서 옛날부터 5법이라 해서 아주 중요한 것이다. 입법入法, 지법持法, 비법秘法, 분법分法, 달법達法이다. 제일 중요한 것이 비법이다. 말씀의 비밀을 깨닫는 것이다. 그렇기 때문에 우리는 생각을 하는 것이다. 그리고 분법, 그 비밀을 알아서 다른 사람에게 가르치는 것이다. 그렇게 가르치다가 거기에 그만 자기가 통달하고 마는 것이다. 그래서 달법이다. 입법을 해서 지법을 하다가 그 지법이 깨치면 비법이 되고 그 비법을 가르치면 분법이 되고 분법을 통하면 달법이 된다. 이것이 다 말씀에 관한 것이다. 그 말씀을 얻음으로 해서 힘이 차게 된다.

득복덕무진장得福德無盡藏 충만일체제중생의充滿一切諸衆生意 불가진고不可盡故 (덕충德充)

7번은 덕충德充무진장이다. 말씀을 얻음으로 해서 힘이 꽉 차게 된다. 법장은 '공덕功德'이라 했는데 공덕이나 덕충이나 힘이 꽉 찬다는 것이다. 그러고 우리 속의 어리석은 생각이 다 없어지고 만다.

득용맹지각무진장得勇猛智覺無盡藏 실능제멸일체중생우치예고悉能除滅一切衆生愚癡翳故 (멸치滅痴)

8번은 멸치滅痴무진장이다. 모든 어리석음이 다 빠져나가고 만다. 법장은 '효오曉悟'라 했다.

득결정변재무진장得決定辯才無盡藏 연설일체불평등법演說一切佛平等法 영제중생令諸衆生 실해료고悉解了故 (중해衆解)

9번은 중해衆解무진장이다. 모든 중생이 다 알 수 있도록 가르치는 것이다. 무엇을 가지고? '변설辯說', 쉬운 말을 가지고 모든 중생이 다 알아듣게 그렇게 이야기한다. 그래서 법장은 변설이라 했다.

득십력무외무진장得十力無畏無盡藏 구족일체 보살소행具足一切菩薩所行 이리구증以離垢繒 이계기정而繫其頂 지무장애일체지고至無障碍一切智故 (계정繫頂)

마지막 10번은 계정繫頂무진장이다. 아주 힘을 얻어서 보살이 해야 할 것을 다 했다. '증繒'은 비단이다. "이구증離垢繒", 때가 없는 비단, 하얀 비단으로 이마를 둘러맸다. 법사法師가 되었다는 것이다. 이제는 모든 지혜에 대해서 하나도 걸림이 없이 다 알게 되었기 때문이다. 진리의 스승이 되었다는 것이다. 법사가 된 것인데 법사가 되면 챔피언들에게 무슨 띠를 주듯이 인도 사람들은 흰 비단으로 머리를 어떻게 매어주었던 모양이다. 우리가 가끔 텔레비전에서 무슨 "수리수리 마하수리" 하면서 나오는 도사라는 사람을 보면 머리에 무엇을 두르고 나오는 것을 볼 수 있다. 이처럼 법사가 되면 하얀 비단을 매주어서 법사가 되었다는 표시를 한 것이다. 그래서 계정繫頂이다. 이마에 비단을 맸다는 것이다. 법장은 이것을 '성과成果'라 했다. 결국 이것이 십무진장의 결과라는 것이다.

25.9.4 보살성취심심력菩薩成就深心力 보어제법득자재普於諸法得自在 이기권청수희복以其勸請隨喜福 무애방편선회향無碍方便善廻向.

보살이 깊은 힘을 가지고 아주 자유자재하게 되었다. 그래서 언제나 다 같이 기뻐하고 복을 받게 되었다. 그래서 아무 걸림이 없는 방편으로 하나님께 돌아간다.

보살여시심청정菩薩如是心淸淨 선근회향제군생善根廻向諸群生 보욕령기성정도普欲令其成正道 구족료지제불법具足了知諸佛法.

보살은 이와 같이 마음이 깨끗하다. 그래서 자기의 착한 행실을 가지고 모든 중생을 도와준다. 그래서 결국은 부처가 되기를 바라고 모든 불법을 알기를 바란다.

일체제법인연생一切諸法因緣生 체성비유역비무體性非有亦非無 이어인연급소기而於因緣及所起 필경어중무취착畢竟於中無取着.

모든 법은 인연으로 자꾸자꾸 발전한다. 인간의 본체라고 하는 것은 있다고 할 수도 없고 없다고 할 수도 없다. 인연에 따라서 나무가 자꾸 자라는 것이다. 그래서 큰 나무, 아무 집착이 없는 큰 나무로 자란다.

소유일체 허망견所有一切虛妄見 실개기사무유여悉皆棄捨無有餘
이제열뇌항청량離諸熱惱恒淸涼 주어해탈무애지住於解脫無碍地.

내가 가진 일체의 허망한 생각을 하나도 남김없이 다 버렸다. 그래서 머리가 아프던 것이 머리가 시원해졌다. 그래서 일체에서 자유로운, 일체 걸림이 없는 자유인이 되었다.

25.10 불괴회향不壞廻向

이것은 가을빛이다. 열매가 맺혀서 다시는 깨뜨릴 수 없는 그런 성과를 얻게 되었다는 것이다.

25.10.1 보살마하살菩薩摩訶薩 이여시등以如是等 선근공덕善根功德 회향일체지廻向一切智 원상견제불願常見諸佛 친근선우親近善友.

보살마하살이 이렇게 좋은 큰 나무로 자라서 또 모든 지혜에게 바치는데 그래서 언제나 부처를 만나는 것, 그것이 소원이다. 그리고 언제나 좋은 친구와 만나는 것, 그것이 소원이다. 언제나 좋은 선생님을 만나고 좋은 친구를 만나는 것, 그것이 인생에 가장 행복한 것이라는 말이다.

여시수집如是修集 무량공덕無量功德 개위성숙皆爲成熟 일체중생一切衆生 무유퇴전無有退轉 무유휴식無有休息 무유피염無有疲厭 무유집착無有執着.

이렇게 우리가 실력을 길러 가지고, 그 실력으로 모든 중생들을 자꾸 성숙하게 될 수 있도록 가르친다. 뒤로 물러가지 않고, 휴식도 없고, 피곤하지도 않고, 집착도 없고. 이렇게 노력해 간다. 일체 중생을 성숙하게 하기 위해서 이렇게 노력해 간다는 것이다. 가르친다는 것이 그것이다.

이제심상離諸心想 무유의지無有依止 영절소의永絶所依 원리어아遠離於我 급이아소及以我所 여실법인如實法印.

쓸데없는 생각 다 떠나고, 남에게 의지할 생각 다 집어치우고, 남에게 의지할 생각을 끊어버리고, 나라고 하는 생각을 떠나고, 내 것이라고 하는 것을 떠나고. 그래서 현실적인 법인法印을 가진다.
법인이라 하는 것은 삼법인三法印이다. 제행무상諸行無常, 제법무아諸法無我, 열반적정涅槃寂靜이다. 제행무상은 과학이고 제법무아는 철학이고 열반적정은 종교다.

인제업문印諸業門 득법무생得法無生 주불소주住佛所住 관무생성觀無生性 인제경계印諸境界.

그러니까 과학, 철학, 종교를 가지고 모든 업문業門을, 모든 나쁜 것을 없이하고, "득법무생得法無生", 생사가 없는 법을 얻고, 다시 말해서 진리를 깨닫고, "주불소주住佛所住", 부처가 사는 곳에 같이 살면서, "관무생성觀無生性", 생사가 없는 인간의 본질을 꿰뚫어 보고, "인제경계印諸境界", 모든 경계에 사는 모든 중생들에게 도장을 찍어준다. 중생들을 해탈하게 해준다는 것이다.

25.10.2 불자佛子 보살마하살菩薩摩訶薩 이제선근以諸善根 여시회향시如是廻向時 수수생사雖隨生死 이불개변而不改變 구일체지求一切智 미증퇴전未曾退轉.

보살마하살이 모든 선근을 가지고 이렇게 회향할 때, 비록 생사를 따르더라도 변하지 않고 일체지를 구하여 물러가지 않는다.

재어제유在於諸有 심무동란心無動亂 실능도탈悉能度脫 일체중생一切衆生 불염유위법不染有爲法 불실무애지不失無碍智 보살행위菩薩行位 인연무진因緣無盡.

어떤 환경에 있어서도 마음이 흔들리지 않고, 일체 중생에서 능히 벗어나고, 이 세상의 법에 물들지 않고, 무애한 지혜를 잃지 않고, 보살의 수행을 인연에 따라 계속해 간다.

세간제법世間諸法 무능변동無能變動 구족청정具足淸淨 제파라밀諸波羅蜜 실능성취悉能成就 일체지력一切智力.

이 세간의 모든 문제에 걸려서 변동하는 것이 없고, 그래서 깨끗함을 얻어서, 모든 파라밀로 나아가서, 일체지력을 성취한다. 결론은 이것이다. 일체지력을 성취한다는 것이다. 그래서 선생이 되는 것이다.

25.10.3 보살여시菩薩如是 이제치암離諸癡闇 성보리심成菩提心 개시광명開示光明 증장정법增長淨法 회향승도廻向勝道 구족중행具足衆行.

보살이 이렇게 모든 어리석음에서 벗어나서 보리심을 완성하고, 빛을 열어서 깨끗한 세계를 더 넓히고, 최고의 도에 돌아가서 모든 중행을 구족한다.

보살이득불괴의菩薩已得不壞意 수행일체제선업修行一切諸善業 시고능령불환희是故能令佛歡喜 지자이차이회향智者以此而廻向.

보살이 이렇게 깨지지 않는 뜻을 얻고, 일체 선업을 수행한다. 그래서 부처님을 기쁘게 만드는데 지자智者들은 이것을 가지고 부처님께 돌아간다.

요지중생개망상了知衆生皆妄想 어피일체무분별於彼一切無分別
이능선별중생근而能善別衆生根 보위군생작요익普爲群生作饒益.

모든 중생들이 망상에 빠져서 그들이 이 세상의 모든 것에 대해서 분별할 수 없다는 것, 중생들은 제대로 분별하지 못한다는 것을 확실히 알고, 그래서 중생의 뿌리를 잘 알아서, 모든 중생을 위해서 이익이 갈 수 있도록 도와준다.

보살수습제공덕菩薩修習諸功德 광대최승무여비廣大最勝無與比
요달체성실비유了達體性悉非有 여시결정개회향如是決定皆廻向.

보살이 제공덕을 수습해서 비할 수 없는 최고의 경지에 도달한다. 나라고 하는 것이 공空이라는 것, 그것을 깨닫고 나를 온 중생을 위해 돌려준다.

전심구호어일체專心救護於一切 영기원리중악업令其遠離衆惡業
여시요익제군생如是饒益諸群生 계념사유미증사繫念思惟未曾捨.

모든 중생들을 모두 구호하고 여러 가지 악업에서 떠나게 해주고, 여러 중생들을 이롭게 해주고, 그래서 사유 계념을 절대 버리지 않게 한다. 깊이 생각하게 한다는 것이다.

다음은 마지막으로 10번 등법계무량회향等法界無量廻向이다. 하늘나라와 똑같은 무량한 무엇을 가지고 모든 중생을 도와준다는 뜻이다.

25.11 등법계무량회향等法界無量廻向

25.11.1 불자佛子 차보살마하살此菩薩摩訶薩 이법시위수以法施爲首 발생일체청정백법發生一切淸淨白法 섭수취향攝受趣向 일체지심一切智心.

보살마하살이 진리를 가르치는 그런 사람이 되려면 어떻게 해야 하는가. 아까 흰 비단을 머리에 두른다고 했는데, 이 전에도 법사라는 것은 흰 비단을 머리에 두른 사람이라는 것이 나오는데, 이 법사에게서는 깨끗한 진리가 솟아 나와야 된다. 창조적 지성이 되어야 한다. 그래서 자기를 찾아오는 모든 인텔리들을 다 받아들여야 한다.

수승원력殊勝願力 구경견고究竟堅固 성취증익成就增益 구대위덕具大威德 의선지식依善知識 심무첨광心無諂誑 사유관찰思惟觀察 일체지문一切智門 무변경계無邊境界.

그 사람들을 다 구원해주겠다는 그런 기원이 아주 굳어야 한다. 그 사람들이 자꾸 커져서 나중에는 큰 나무가 될 수 있도록 그렇게 도와주어야 한다. 모든 인텔리들과 일체 거짓이 있으면 안 된다. 언제나 열심히 관찰하고 생각하고 모든 것을 아느라고 힘을 써야 된다. 이것이 소위 가르치는 사람들의 태도다.

25.11.2 작시념언作是念言 아당보어我當普於 일체세계一切世界 위제중생爲諸衆生 정근수습精勤修習 득편법계무량자재신得遍法界無量自在身.

이렇게 생각할 때 어떤 나가 되어야 하는가. 나는 어디 가서든지 중생들을 위해서 열심히 공부해서 법계에 가득 찬 한없는 자유로운 나가 되었으면 좋겠다. 진리를 깨달아서 무엇이나 설명할 수 있는 그런 사람이 되었으면 좋겠다는 것이다.

득편법계무량광대심得遍法界無量廣大心 구등법계무량청정음성구等法界無量淸淨音聲 현등법계무량중회도장現等法界無量衆會道場.

법계에 가득 찬 한없는 마음을 가지고, 이 법계에 가득 차는 깨끗한 음성을 가지고 모든 사람이 모여있는 강당으로 갔으면 좋겠다. 강당에 가서 설법을 할 때 깨끗한 목소리로 했으면 좋겠다.

수등법계무량보살업修等法界無量菩薩業 득등법계무량보살주得等法界無量菩薩住 증등법계무량보살평등證等法界無量菩薩平等.

선생의 수업을 다 닦아서, 선생이 사는 경지에 살면서, 모든 보살들이 다 평등하다는 것을 보여주었으면 좋겠다.

학등법계무량보살법學等法界無量菩薩法 주등법계무량보살행住等法界無量菩薩行 입등법계무량보살회향入等法界無量菩薩廻向.

그래서 법계에 가득 차 있는 한없는 보살법을 배우고, 법계와 같은 무량한 보살행을 닦아서, 법계와 같은 무량한 보살이 되어 일체 중생을 도와주었으면 좋겠다. 결국 선생이 되는 사람들이 갖는 같은 소원이다.

25.11.3 불자佛子 보살마하살菩薩摩訶薩 이법시등以法施等 소집선근所集善根 위장양일체선근고회향爲長養一切善根故廻向.

보살마하살이 자꾸자꾸 가르치면 남만 자라는 것이 아니라 자기도 자라게 된다. 그래서 큰 나무가 되어, 모든 선근을 잘 길러서 모든 중생들에게 돌렸으면 좋겠다.

위엄정일체불찰고회향爲嚴淨一切佛刹故廻向 위성취일체중생고회향爲成就一切衆生故廻向 위령일체중생개심정부동고회향爲令一切衆生皆心淨不動故廻向.

이 세계를 아주 장엄하고 깨끗한 세계로 만들어서 모든 중생을 다 성숙하게 만들어 주고, 그래서 모든 중생에게 돌렸으면 좋겠다. 그래서 모든 중생들이 그 마음이 깨끗해서 움직이지 않게 되기까지 돌보아 주었으면 좋겠다.

위령일체중생개입심심불법고회향爲令一切衆生皆入甚深佛法故廻向.

모든 중생들이 깊은 진리의 세계에 들어가기까지 돌보아 주었으면 좋겠다.

25.11.4 불자佛子 보살마하살菩薩摩訶薩 이제선근以諸善根 보위일체중생普爲一切衆生 여시회향이如是廻向已 부이차선근復以此善根 욕보원만연설欲普圓滿演說 일체청정행법력고회향一切淸淨行法力故廻向.

보살마하살이 일체 선근을 가지고 일체 중생을 위해서 이렇게 돌보아 주는데 이 선근을 가지고 어떤 것을 원하게 되는가. 일체 청정행을 설명하는 말의 힘으로 꽉 채웠으면 좋겠다. 말에 힘이 있었으면 좋겠다는 것이다. 선생은 말에 힘이 없으면 선생 구실을 못하는 것이다. 선생은 언제나 빛과 힘이 있어야 된다. 힘이란 말의 힘이다. 그것을 여기서는 법력이라 했다. 일체 청정행을 연설할 수 있는 법력을 가득 채워가졌으면 좋겠다는 것이다. 말에 힘이 좀 생겼으면 좋겠다는 것이다.

욕성취청정행위력欲成就淸淨行威力 득불가설불가설법해고회향得

不可說不可說法海故廻向.

그래서 청정행을 성취하는 위력을 가지고 말할 수 없이 말할 수 없는 진리의 세계를 만들었으면 좋겠다. 아주 청정행을 성취할 수 있는 위력을 가지고 진리의 세계를 만들었으면 좋겠다는 것이다. 대통령이면 대통령이 청정행을 성취할 수 있는 힘을 가지고 우리 나라를 깨끗한 세계로 만들었으면 좋겠다. 그것이 우리의 소원이다. 선생이라면 말에 힘이 있는 선생이 되었으면 좋겠다. 대통령이 되었으면 정말 정치적인 힘을 가졌으면 좋겠다. 그래서 청정행을 성취할 수 있는 힘을 가지고 불가설불가설 불가설불가설의 법해法海를 이루었으면 좋겠다.

욕어일일법해欲於一一法海 구족무량등법계청정지광명고회향具足無量等法界淸淨智光明故廻向.

그 진리의 세계는 어떤 세계라야 하는가. 한량없이 법계에 가득 차는 지혜의 빛으로 가득 찼으면 좋겠다. 우리 나라가 어떠했으면 좋겠는가. 법계와 같은 한없는 청정 지혜의 빛으로 가득 찼으면 좋겠다. 그러니까 선생은 말에 힘이 있어야 되고 대통령은 정치력의 힘이 있어야 된다. 우리 온 한국은 깨끗하고 빛나는 그런 빛으로 꽉 찼으면 좋겠다. 내년 월드컵 축구시합에 외국 사람들이 우리 나라에 와서 한국은 깨끗하다는 그런 인상을 받고, 한국은 정말 깬 나라다, 광명한 나라다, 한국 사람들은 누구를 만나도 깼다, 그렇게 되어야 한다. 깨끗하다는 말에는 두 가지 뜻이 다 있다. 청정하다는 뜻과 깼다는 뜻이 다 있다. 한국 사람은 어디 가든지 깨끗하다 깬 사람이다 하는 이런 말을 들을 수 있었으면 좋겠다. 이것이 소원이다.

25.11.5 불자佛子 보살마하살菩薩摩訶薩 우이차선근又以此善根 여시회향如是廻向 소위이주법계무량주회향所謂以住法界無量住廻向.

그렇게 되려면 어떻게 해야 되는가. 하늘나라에서 살아야 된다. 하늘나라에 속한 백성이 되어 가지고 이 세상에 와서 사는 그런 사람들이 되어야 한다. 언제나 하늘에 속한 사람이 되어 가지고 이 세상에 와서 일하는 그런 사람이 되어야 한다. 하늘에 속한 사람이 된다는 것이 하나님을 사랑한다는 말이고 이 세상에 와서 일한다는 것은 이웃을 사랑한다는 것이다. 그러니까 하나님을 사랑하고 이웃을 사랑한다는 말은 속하기는 하늘에 속했지만 살기는 이 세상에서 산다는 것이다. 이것이 「십회향품」의 결론이다. 우리는 어디에 속해야 하는가. 하늘나라에 속해야 한다. 살기는 어디에서 살아야 하는가. 이 세상에서 살아야 한다. 법계에 속해 있으면서 이 땅에서 한없이 오래 사는 그런 사람이 되어야 한다.

이주법계 무량신업회향以住法界無量身業廻向 이주법계 무량어업회향以住法界無量語業廻向 이주법계 무량의업회향以住法界無量意業廻向.

하늘나라에 속해 있으면서 있는 힘을 다해서 일해야 한다. 이 땅에 하나님 나라를 건설하기 위해서 있는 힘을 다해야 한다. 우리가 하늘나라에 속해 있으면서 이 세상에 와서 하나님의 말씀을 한없이 전하면서 이 세상 사람들을 깨우쳐 주어야 한다. 하늘나라에 속하면서 한없이 깊은 생각을 가지고 이 세상 사람들을 도와주어야 한다.

이주법계 무량색평등회향以住法界無量色平等廻向 이주법계 무량여래중회도장평등회향以住法界無量如來衆會道場平等廻向.

하늘나라에 속해 있으면서 이 세상의 모든 진리를 깨우쳐 주는 일을 도와야 한다. 색色이란 색수상행식色受想行識이라는 오온五蘊이다. 하늘나라에 살면서 이 교회에 와서 모든 대중을 똑같이 부처와 같이 되게 해주기 위해서 우리는 노력해야 된다. 도장道場이란 교회를 말한다. 교회에 모인 중생들을 평등각平等覺, 다 꼭 같이 깨우쳐주기 위해서 우리는 이 사람들을 도와주어야 한다.

결론이 이것이다. 하늘나라에 속하면서 이 세상에 와서 이 세상 사람들을 도와주어야 한다는 것이다.

25.11.6 보살성취법지혜菩薩成就法智慧 오해무변정법문悟解無邊正法門
위법광명조어사爲法光明調御師 요지무애진실법了知無碍眞實法.

보살은 법지혜를 성취해서 정법문을 깊이 깨달아 가지고 법의 광명을 가지고 모든 사람들을 잘 다루는 그런 선생이 되어야 한다. 그렇게 되려면 아주 걸림 없는 진실법을 깨달아야 한다.

보살능어일념경菩薩能於一念頃 근등중생무수불覲等衆生無數佛
우부어일모단중又復於一毛端中 진섭제법개명견盡攝諸法皆明見.

보살은 한 생각 속에서도 중생을 구제할 수 있는 한없는 부처님을 보아야 된다. 하나의 털끝 속에서도 모든 만물을 다 들여다 볼 수 있어야 한다.

과거미래급현재過去未來及現在 소유일체제선근所有一切諸善根
영아상수보현행令我常修普賢行 속득안주보현지速得安住普賢地.

과거, 미래, 현재, 모든 선근을 가지고 보현과 같은 세계로 올라가서 보현이 사는 아름다운 세상 속에 같이 살아야 된다.

일체중생유가수一切衆生猶可數 삼세심량역가지三世心量亦可知
여시보현제불자如是普賢諸佛子 공덕변제무능측功德邊際無能測.

모든 중생들은 셀 수가 있고 삼세의 모든 마음도 알 수가 있지만 이 같은 보현의 모든 제자들의 그 공덕은 한이 없어서 측량할 수가 없다.

2001. 11. 4.

제26. 십지품十地品

십지품 강해(1)

현실적인 데서부터 이상적인 것으로 갔다가 다시 이상적인 데서 현실적인 것으로 온다. 그래서 이상적 현실이 되는 것인데 여기서도 지금 마찬가지다. 땅에서 수미산須彌山 꼭대기 33천天으로 올라갔다가 야마천夜摩天, 도솔천兜率天을 거쳐 타화자재천他化自在天으로 올라간다. 그래서 결국 현실적인 것에서부터 이상적인 것으로 올라갔다가, 다시 이상적인 데서부터 현실적인 데로 내려오는 이런 것이다. 땅이라는 현실에서부터 이상으로 올라갔다가 이상에서 다시 현실로 내려오는 것이다. 그래서 이상적 현실이 되는 것이다. 현실에서 이상으로 하는 이것은 정正과 반反인데 그것이 아우프헤벤aufheben이 되어서 합슴이 되어 가지고 다시 현실로 내려오는 것이다. 이것은 헤겔G.W.F. Hegel(1770-1831)의 『법철학』 서문에 나오는 것인데 변증법이라는 것이 이것이다. 이상적 현실이라는 말 대신에 정반합이라는 말을 쓴다. 오늘은 마지막 십지十地에 도달했다는 것이다. 그래서 다시 현실로 돌아오는 그런 날이다.

26.1 이시爾時 세존世尊 재타화자재천왕궁마니보장전在他化自在天王宮摩尼寶藏殿 여대보살중與大菩薩衆 구구俱

이때 세존이 타화자재천 왕궁의 마니보장전에서 큰 보살 대중들과 함께 있었다. '타화자재천他化自在天'이란 다른 사람을 변화시키기 위해서 자기가 마음대로 변화되는 세계다. 바울의 말로 하자면 가난한 사람에게는 가난하게, 부자를 만나면 부자처럼, 아이들을 만나면 아이들에 맞게, 그렇게 해서 상대방을 변화시키기 위해서 나 자신이 변화해 가는 것이다. 상대방과 나를 언제나 같은 수준으로 만들어 가는 것이다. 예수님께서 하늘에서 살지만 우리 땅에 있는 사람들을 살리기 위해서 땅으로 다시 내려오는 그런 사상이다. 다른 사람을 변화시키기 위해서 자기도 다른 사람 있는 데까지 변화해서 내려오는 그런 경지다. 그것이 타화자재천이다. 야마천이 있고 그 위에 도솔천이 있고 도솔천 위에 또 하나가 있고 그 다음에 나오는 것이 타화자재천이다. 타화자재천에 갔는데 거기에 마니보장전이라는 궁전이 있다. 마니주는 자기 마음대로 할 수 있는 구슬이다. 경복궁에 가서 보면 왕이 앉았던 자리 위에 용이 있는데 용이 입에다 구슬을 하나 물고 있다. 그 구슬이 마니주다. 마음대로 할 수 있는 여의주라는 것이다. 그러니까 '타화자재他化自在', 자재는 자유라는 말이나 같은 말이니까 마음대로 자기를 변화시킬 수 있다는 것이다. 타화자재천에 올라갔는데 그 궁전의 이름이 마니보장전이다. 거기에 많은 큰 보살들과 같이 있었다. 큰 보살을 보살마하살이라 한다.

기명왈其名曰 금강장보살金剛藏菩薩 보장寶藏 연화장蓮華藏 덕장보살德藏菩薩 등等 삼십칠명三十七名.

그 큰 보살들의 이름은 금강장보살金剛藏菩薩이다. 지난번에는 금강당보살金剛幢菩薩이었는데 여기서는 금강장보살이다. '장藏'이란 태장胎藏이라 해서 어머니의 뱃속 같은 것, 요새로 말해서 자궁이다. 태장에서 애기가 열 달 동안 커 가는 것이다. 그래서 나중에는 세상 밖으로 나온다. '금강金剛'이란 가장 빛나고 강하다는 것이다. 언제나 부처는 가장 빛나고 가장 강한 사람이다. 쉽게 말하면 지행일치라는 것이다. 가장 빛난다는 것이 지이고 가장 강하다는 것이 행이다. 그래서 부처라 하는 것은 언제나 지행일치다. 양명학陽明學에서 심즉리心卽理, 지행일치知行一致, 치양지致良知라 하는데 뱃속에서 자꾸 어린애가 자라서 나중에는 밖으로 나오게 된다. 그렇게 해서 나오면 부처다. 그런데 그 부처가 되어 가는 마지막 과정이니까 금강장金剛藏이다. 금강이라는 부처가 마지막 열 달 동안 거기에서 사는 곳이다. 그래서 금강장이다. 창고라는 장藏인데 말하자면 어머니 뱃속이라는 것이다. 사람 속에는 누구나 다 불성佛性이 있다. 불성이 무엇인가? 금강金剛이다. 우리의 속이라는 것이 장藏이다. 사람은 그래서 누구나 다 금강장보살이라는 것이다. 왜? 이 속에 다 불성이 있으니까. 이 불성을 키우기만 하면 누구나 다 성불成佛이 된다. 그래서 이 금강장보살이다. 그 다음에 보장보살, 연화장보살, 덕장보살, 이렇게 큰 보살들이 37명이 있었다.

26.2 이시爾時 금강장보살金剛藏菩薩 승불신력承佛神力 입보살대지혜광명삼매入菩薩大智慧光明三昧.

그때 금강장보살이 부처님의 특별한 은혜를 입어서, 특별한 힘을 받아서, 보살대지혜광명삼매에 들어갔다. 삼매라는 것은 기독교로 말하면 기도다. 깊은 명상에 들어갔다는 것이다. 어떤 명상인가? 대지혜광명이라 하는, 최고의 지혜를 나타낼 수 있는 깊은 명상 속에 들어갔다.

이시爾時 시방제불十方諸佛 각신우수各申右手 마금강장보살정摩金剛藏菩薩頂

이때 많은 부처님들이 바른 손을 펴서 금강장보살의 머리에 손을 얹었다. 기독교로 말하면 안수기도를 했다는 것이다.

마정이摩頂已 금강장보살金剛藏菩薩 종삼매기從三昧起 보고일체보살중언普告一切菩薩衆言

안수기도가 끝난 후에 금강장보살이 그 기도에 깨어나서 거기에 있는 많은 보살들에게 말했다.

제불자諸佛子 제보살諸菩薩 원선결정願善決定 무잡無雜 불가견不可見 광대여법계廣大如法界 구경여허공究竟如虛空 구호일체중생救護一切衆生.

여러분, 여러분이 해야 될 가장 중요한 것이 무엇인가 하면 여러분이 부처가 되어야 하겠다 하는 그런 원을 결정決定, 확실하게 가져야 된다. 요새로 말하면 입지立志라는 것이다. 어떻게 해서든지 내가 부처가 되어야겠다 하는 그런 의지를 확실히 가져야 된다. 담배를 끊겠다 하면 담배를 끊겠다는 확실한 의지를 가져야 된다. "원선결정願善決定"이다. 무엇이나 좋은 일을 하겠다고 소원을 가졌으면 확실한 의지를 가져야 된다. 그래서 흔들리지 않고 마지막까지, 성불하기까지 가야 된다. 입지라는 것인데 이것이 제일 중요하다. 쉽게 말하면 인생의 목적을 확실히 정하는 것이다.

 그런데 요새 우리의 특징이 무엇인가 하면 다 목적을 상실한 것이다. 무엇이 되겠다 하는 것이 없다. 기껏 목적이라야 무슨 학교 선생이 되겠다거나, 무슨 경찰이 되겠다거나, 높이 올라가야 기껏 장관이 되겠다거나 그런 것들인데, 그런 것들은 인생의 목적이라고 할 수 없는 것들이다. 그런 사이비한 목적에 사람들이 빠져서 진짜 인간이 앞으로 무엇이 되어야 할 것인가 하는 그 목적을 상실하고 만 것이다. 그것을 자기상실이라 한다. 그 진짜 목적을 가져야 된다. 칸트Immanuel

Kant(1724-1804)의 말로 하면 "인격을 목적으로 대하지 수단으로 대하지 말라"는 것이다. 그 인격이 목적이 되어야 한다. 그 인격이라 하는 것을 여기서는 부처라 하는 것이다.

부처라는 것은 별것이 아니다. 인격이라는 것을 부처라 한다. 진짜 사람다운 사람이 되겠다 이것이 인간의 목적이다. 그것을 기독교에서는 하나님의 아들이라 하고 불교에서는 부처라 하고 유교에서는 성인聖人이라 한다. 다 같은 것이다. 그 목적을 확실히 정하라는 것이다. 그것이 원선결정이다. 원선결정이라는 말이 불교에서는 굉장히 중요한 말이다. 그런 목적이 없으면, 목적이 없는데 가기는 어떻게 가는가. 부산이라면 부산이라는 목적을 정해야 가지 목적도 없는데 어디를 가겠는가. 그래서 공자孔子(552-479 B.C.)는 "십오十五에 지우학志于學"이라 한다. 공자는 열 다섯에 나는 무엇이 되겠다 하는 뜻을 세웠다. 왕양명王陽明(1472-1528)은 열 두 살에 뜻을 세웠다. 그러니까 그 뜻을 세운다는 것, 이것이 굉장히 중요한 것인데 이것을 원선결정이라 한다.

그 원선결정, 그것이 정말 순수해야 된다. 그래서 그것은 경찰이 되겠다 장관이 되겠다 그런 것이 아니다. 정말 보이지 않는 것이다. 기독교로 말하면 하나님의 아들이 되겠다 이렇게 결정을 해야 된다. 그래서 "무잡無雜 불가견不可見"이다. 그래서 "광대여법계廣大如法界", 한없이 크고 넓어서 마치 진리의 세계와 같다. 그러니까 진리를 깨닫겠다고 하는 것이 목적이 되어야 한다. "구경여허공究竟如虛空", 그래서 내가 무엇이 되는가 하면 허공이 된다는 것이다. 허공이 되어야 한다. 하나님의 아들이 되어야 한다. 온 인류를 포섭할 수 있는 그런 사람이 되어야 한다. 허공이 되어서 결국 무엇을 하자는 것인가. "구호일체중생救護一切衆生", 일체 중생을 구원하는 것이다. 그것이 인생의 목적이 되어야 한다. 일체 중생을 구호하기 위해서는 내가 무엇이 되어야 하는가. 나는 허공이 되어야 한다. 마음이 가난한 자는 복이 있나니 천국이 저희의 것이다. 온 세상 사람들을 다 포섭할 수 있는 큰 마음을 가져야 된다는 것이다.

불자佛子 하등위何等爲 보살마하살지지菩薩摩訶薩智地 일자一者
환희지歡喜地 이자二者 이구지離垢地 삼자三者 발광지發光地 사자四
者 염혜지焰慧地 오자五者 난승지難勝地 육자六者 현전지現前地 칠
자七者 원행지遠行地 팔자八者 부동지不動地 구자九者 선혜지善慧地
십자十者 법운지法雲地.

보살마하살이 깨달아야 할 그 경지가 어떤 것인가? 그래서 십지十地라는 것이 나온다. 1번 환희지, 2번 이구지, 3번 발광지, 4번 염혜지, 5번 난승지, 6번 현전지, 7번 원행지, 8번 부동지, 9번 선혜지, 10번 법운지다. 이것을 십지라 한다.

26.3 금강장보살金剛藏菩薩 설차보살說此菩薩 십지명이十地名已
해탈월보살解脫月菩薩 이송문以頌問 금강장보살왈金剛藏菩薩曰

금강장보살이 이 십지의 이름을 설명하자 해탈월보살解脫月菩薩이 금강장보살에게 물었다.
해탈월보살, 요전에 우리가 해, 달, 나무라 했는데, 그 달에게 제일 중요한 것이 해탈이다. 무착무박無着無縛이라는 해탈이다. 달의 특징은 하늘 높이 떠 올라가는 것이다. 하늘 높이 뜨지 않으면 달이 아니다. 해탈월보살이 금강장보살에게 다음과 같이 물었다.

하고정각인何故淨覺人 염지공덕구念智功德具
설제상묘지說諸上妙地 유력불해석有力不解釋.

당신처럼 깨끗하고 깨달은 사람, 지적으로 깊이 생각한 사람이요, 덕으로 깊은 공이 있는 사람, 달리 말하면 빛과 힘인데, 지적으로 당신처럼 깊이 연구한 사람이고, 그리고 실천을 또 보통 실천한 사람이 아닌, 그러니까 지와 행을 다 갖춘 당신이 금강장보살 아닌가. 그런데 당신

이 지금 십지라고 하는 최고의 묘한 경지, 최고의 신비한 경지를 말하고서는 아직도 당신은 힘이 넘치는데 왜 그것을 좀더 설명해 주지 않는가? 십지에 대해서 좀더 설명을 해달라고 부탁을 하는 것이다.

　　금강장보살金剛藏菩薩 설송언說頌言
　　보살행지사菩薩行地事 최상제불본最上諸佛本
　　현시분별설顯示分別說 제일희유난第一希有難.

금강장보살이 대답했다. 보살이 가는 십지라는 이것은 최상의 세계다. 최고의 "제불본諸佛本", 모든 부처님들이 뿌리박고 있는 근본의 땅이다. 그런데 그것을 하나하나 나눠서 말한다고 하는 것은 "제일희유난第一希有難", 최고로 어려운 일이다. 그렇게 설명한다고 하는 것이 쉽지가 않다는 것이다. 늘 그렇다. 그것은 체득이 되어야 되는 것이지 그것은 우리가 논리적으로 이해될 수 있는 세계가 아니다.

　　해탈월보살解脫月菩薩 설송언說頌曰
　　차중무제구此衆無諸垢 지해실명결志解悉明潔
　　승사무량불承事無量佛 능지차지의能知此地義.

해탈월보살이 말했다. 여기 모인 모든 보살들은 이젠 모두 죄에서 속함을 받은 깨끗한 사람들이다. 그러니까 그 의지도 굳고 이해력도 강하다. 그래서 밝고 깨끗한 최고의 보살들이다. 지금까지 많은 부처님들을 모시고 섬기면서 배운 사람들이다. 그러니까 능히 이 십지 정도는 알 수 있는 사람들이다. 말하자면 자기들을 좀 무시하지 말고 설명해 달라는 것이다.

　　금강장보살金剛藏菩薩 설송언說頌曰
　　유행미구해미득有行未久解未得 수식이행불수지隨識而行不隨智
　　문차생의타악도聞此生疑墮惡道 아민시등고불설我愍是等故不說.

금강장보살이 말했다. 너희들은 다 안다고 하고 다 했다고 하지만 너희의 아는 것은 아직 멀었고 너희들의 행이라 하는 것은 아무 것도 아니다. 그러니까 행行의 세계로 보아도 멀었고 해解의 세계로 보아도 멀었다. 너희들은 기껏 지식적으로 알고 지식의 세계에서 아는 것을 실천하는 정도다. 그러니까 아직도 최고의 지혜의 세계에서 아는 것이 아니다. "불수지不隨智", 지혜의 세계에서 아는 것이 아니다. 만일 너희들이 여기에 관한 설명을 들으면 이해가 안 되어 의심나는 것이 많을 것이다. 그러면 그만 너희가 자기도 모르게 악도에 떨어지게 되고 만다. 그러니까 지금 너희를 위해서 말하지 않는 것이다. 내가 너희를 불쌍히 여겨서, 내가 지금 말하면 너희들이 이해 못하고 도리어 너희들에게 손해날까봐 그래서 말 안 하는 것이다.

해탈월보살解脫月菩薩 설송언說頌曰
선재불자원연 설善哉佛子願演說 취입보리제지행趣入菩提諸地行
시방일체 자재존十方一切自在尊 막불호념지근본莫不護念智根本.

해탈월보살이 말했다. 정말 당신은 한없이 훌륭한 제자인데 제발 좀 설명해 주십시오. 그래서 우리도 좀 진리의 세계에 들어가서 그 높은 경지를 올라갈 수 있도록 도와주십시오. 물론 우리가 부족하지만 시방에 있는 모든 선생님들, 모든 부처님들께서 우리의 지근본智根本을 도와주지 않을 리가 있겠습니까. 모두 우리를 도와주실 것 아닙니까. 우리는 부족하지만 성령의 도우심으로 우리가 알 수 있지 않겠습니까. 그러니까 제발 좀 설명해 주십시오. 이렇게 세 번씩이나 간청을 하는 것이다.

26.4 이시爾時 세존世尊 종미간從眉間 출청정광명出淸淨光明.

이때 세존이 정말 이 사람들을 도와주기 위해서 미간에서 깨끗한 광명이 나왔다. 깨끗하다는 것은 강하다는 것이고 광명이란 빛이다. 빛과 힘이 같이 있는 것이다. 그래서 빛도 주고 힘도 준다. 태양이라 하면 태양은 우리에게 빛도 주고 한없는 힘도 준다. 그래서 석가가 이 사람들을 도와주려고 빛과 힘을 내놓았다. 성령이라 해도 성령은 빛도 되고 힘도 된다.

이시爾時 금강장보살金剛藏菩薩 욕령대중欲令大衆 증정신고增淨信故 설송왈說頌曰

이때 금강장보살이 대중들로 하여금 그들의 깨끗한 믿음을 증가시키기 위해서 이렇게 이야기했다.

여공중조적如空中鳥跡 난설난가시難說難可示
여시십지의如是十地義 심의불능료心意不能了

하늘을 나는 새의 발자취처럼 그것은 설명할 수도 없고 그것을 보여 줄 수도 없다. 하늘을 나는 새를 그림으로 그리기도 어렵고 설명하기도 참 어렵다는 것이다. 정말 이 십지의 뜻이라고 하는 것은 우리의 마음과 우리의 뜻을 가지고는 이해하기 어려운 것이다.

무량불신력無量佛神力 함래입아신咸來入我身
차처난선시此處難宣示 아금설소분我今說少分.

그런데 부처님의 한없이 신통한 그 힘으로 우리들의 몸에 들어오게 그렇게 해주시겠다니, 정말 하나님의 은혜가 그처럼 한이 없으시니, 이것은 정말 말하고 보여주기 어렵지만 내가 조금 설명을 한 번 해보 겠다. 이렇게 해서 십지에 대한 설명을 시작하는 것이다.

26.5 환희지歡喜地

26.5.1 생환희生歡喜

환희지에는 사실 세 가지가 있다. '생환희生歡喜', 기쁨을 나오게 하는 그 원인이 무엇인가? 기쁨을 나오게 하는 그 이유가 무엇인가 해서 생환희 20종種이라는 것이 있는데 그것들은 다음과 같다.

(1) 염제불고念諸佛故   (2) 염제불법念諸佛法
(3) 염제보살念諸菩薩   (4) 염보살행念菩薩行
(5) 염파라밀念波羅蜜   (6) 염살지승念薩地勝
(7) 염살불괴念薩不壞   (8) 염교화중念敎化衆
(9) 염중득익念衆得益   (10) 염입방편念入方便
(11) 이세간계離世間界   (12) 근일체불近一切佛
(13) 이범부지離凡夫地   (14) 근지혜지近智慧地
(15) 단악취고斷惡趣故   (16) 여중작지與衆作止
(17) 견여래고見如來故   (18) 생불경계生佛境界
(19) 입평등성入平等性   (20) 원리포외遠離怖畏

1번 염제불고念諸佛故에서부터 10번 염입방편念入方便까지 모두 '염念'이란 글자가 붙어 있다. '염'이란 생각한다는 뜻이다. 부처님을 생각하고 법을 생각하고 보살을 생각하고 그렇게 다 생각한다는 것이다. 이렇게 다 생각하는 것인데, 이 생각하는 것이 언제 끝이 나는가 하면 17번 견여래고見如來故, 여래를 보기만 하면 생각은 다 없어지고 만다. 외국에 가 있는 아들을 밤낮 생각하다가 그 생각이 언제 끝나는가 하면 외국에 있던 아들이 와서 만나면 생각이 다 없어지고 마는 것이다. 그러니까 이 열 가지가 17번 속에 다 없어지고 만다. 이것이 견여래見如來다. 또 그 다음에 나오는 11번 세간을 떠난다, 12번 부처님께 가까이 간다, 13번 범부의 세계를 떠난다, 14번 모든 지혜 있는 데 가까이 간다, 15번 악취를 끊는다, 16번 중생들과 같이 있다 하는 이런 모든 것은 행행의 세계다. 앞의 열은 생각하는 세계이고 그 다음은 행의 세계인데 이것은 어디에 가서 끝나는가 하면 18번 생불경계生佛境界다. 부처님의 경계에 도달하면 그만 다 끝나고 만다. 그래서 19번은 입평등성入平等性이고 20번이 원리포외遠離怖畏다. '입평등성'이 되면 모든 무서움이 다 없어지고 만다. 그러니까 결국 견여래見如來, 생불경계生佛境界, 입평등성入平等性이 되면 다 되는 것이다. 이것이 무엇인가 하면 요전에 십회향十廻向이라 할 때 태양, 달, 중생이라 했는데 '견여래' 하는 것은 태양이다. 그리고 '생불경계' 하는 것은 중생이다. 그리고 '입평등성' 하는 것은 달이다. 그러니까 해와 달과 중생이다. 그것이면 다라는 것이다. 그러니까 우리가 「십회향품」에서 계속 한 내용이 이것뿐이다. 햇빛을 받아들여야 하는데 해를 보는 순간 모든 생각은 다 없어지고 마는 것이다. 그리고 내가 달이 되어서 하늘에 올라가서 거울처럼 밝아지면 그 다음에는 더 무엇을 할 것이 없는 것이다. 그래서 그 다음에는 중생 속에 들어가서 내가 부처가 되면 더할 나위가 없는 것이다. 그러니까 이 세 가지가 전에 말한 십회향 속에 다 들어가는 것이니까 나는 그것들을 다 빼버렸다. 지금까지 한 것이니까 더 설명할 것이 없다 해서 뺀 것이다. 그 다음에 십대서원十大誓願이다. 십대서원이 무엇인가? 법장法藏은 『탐현기探玄記』에서 다음과 같이 십대서원을 정리했다.

26.5.2 십대서원十大誓願

(1) 공양원供養願   (2) 수지원受持願
(3) 법륜원法輪願   (4) 수행원修行願
(5) 성숙원成熟願   (6) 승사원承事願
(7) 정토원淨土願   (8) 불리원不離願
(9) 이익원利益願   (10) 정각원正覺願

이렇게 십대서원이 나오고 그 결론으로서 다음 열 가지가 나온다.

(1) 공경공양일체제불恭敬供養一切諸佛
(2) 원지일체제불법願持一切諸佛法
(3) 어일체처於一切處 일시이전륜一時而轉輪
(4) 원일체보살행願一切菩薩行 수행수행修行受行
(5) 원일체중생願一切衆生 아개교화我皆敎化
(6) 시방무량종종부동十方無量種種不同 지개명료智皆明了
(7) 무량불토無量佛土 보개청정普皆淸淨
(8) 상공집회常共集會 불상사리不相捨離
(9) 행보살행行菩薩行 신어의업身語意業 실부당연悉不唐捐
(10) 원어일체세계願於一切世界 성정각成正覺

이것을 십대서원과 연결해서 읽어본다. (1) 공경공양일체제불恭敬供養一切諸佛, 이것은 공양원供養願이라 보면 된다. (2) 원지일체제불법願持一切諸佛法, 모든 불법을 받아들인다는 것이니까 이것은 수지원受持願이라 하면 된다. 불법을 받아서 가진다는 것이다. (3) 어일체처於一切處 일시이전륜一時而轉輪, 어디서나 언제나 전법륜轉法輪이다. 절간에 가서보면 맨 꼭대기에 동그라미를 많이 해 놓았는데 그것은 법륜法輪이라는 것이다. 법의 바퀴를 굴린다는 것이다. 기독교로 말하면 설교한다는 말이다. 그러니까 3번은 법륜원法輪願인데 여기서도 가서 설교하고 저기에 가서도 설교하고 밤낮 설교한다는 것이다. 그러니까 8만 4천이 나오는 것이다. 요한 웨슬레John Wesley(1703-96)는 설교를 4만 번이나 했다고 한다. 이런 것이 다 전법륜이라는 것이다. 그런데 그 설교라는 것이 굉장히 중요한 것이다. 기독교에서는 설교라 하는데 여기서는 설법이라 한다. 그래서 세상에 남을 도와주는 것 가운데 최고로 남을 도와주는 것이 무엇인가 하면 법보시法布施다. 다른 사람에게 진리를 깨닫게 해주어서 그 사람으로 하여금 부처가 되게 만들어주는 것이다. 그 이상 더 그 사람을 도와주는 일은 없다. 이것은 무슨 밥을 한끼 먹였다든가 잠을 재워주었다든가 그런 것과는 다른 것이다. 그러니까 법보시가 최고의 보시다. 다른 사람을 깨우쳐 주어서 그 사람이 진리를 알아 가지고 그 사람이 부처가 되게 그렇게 도와주는 것을 법보시라 한다. 그러니까 보시 중에는 법보시가 제일 중요하니까 전륜轉輪이라 하는 이것이 얼마나 중요한 지 모른다. 그래서 3번은 법륜원이다. (4) 원일체보살행願一切菩薩行 수행수행受行, 이것은 모든 보살들이 자기의 길을 가는 것이다. 그래서 이것은 수행원修行願이다. (5) 원일체중생願一切衆生 아개교화我皆教化, 모든 백성들을 내가 다 가르치고 그 사람을 감화시키고 그 사람을 변화시킨다. 어떤 사람으로 만드는가. 그 사람을 성숙한 사람으로 만든다. 그래서 이것은 성숙원成熟願이다. (6) 시방무량종종부동十方無量種種不同 지개명료智皆明了, 이것을 법장法藏은 승사원承事願이라 했다. 마치 바다에 많은 물고기들이 우글거리며 돌아다닐 때 우리가 그것을 잡으려면 그물을 던져서 그물 속의 물고기들을 다 잡으면 된다. 그렇게 하지 않으면 한 마리나 잡지 다 잡을 수는 없다. 이런 그물을 여기서는 인드라 망이라 한다. 그 그물을 쳐서 다 잡는다는 것이다. "시방무량종종부동十方無量種種不同", 이 세상에 있는 모든 사람들이 다 다르다는 것이다. "지개명료智皆明了", 그런데 지智라고 하는 그물로 다 잡을 수 있다. 베드로에게 사람을 낚는 어부가 되게 한다고 했는데 그 그물이 무슨 그물인가 하면 이 지라고 하는 그물이다. 진리라고 하는 그물이다. 혹은 복음이라는 그물이다. 그 그물로 우리는 다 잡을 수가 있다. 그 모든 사람들을 받들어서 섬기는 그런 사람이 된다. 그래서 법장은 승사원이라 했다. 모든 사람들을 다 받들어서 섬긴다는 것이다. 그물로 다 잡는다 하면 말이 좀 좋지 않으니까 그보다 모든 사람들을 다 받들고 섬겨서 하늘나라에까지 인도해 간다는 말이다. 그래서 그것을 승사원이라 했다. (7) 무량불토無量佛土 보개청정普皆清淨. 부처님의 나라는 한없이 깨끗하다. 하늘나라라는 것인데 그것을 정토淨土라 한다. 그래서 정토원淨土願이다. (8) 상공집회常共集會 불상사리不相捨離, 언제나 부처님의 집회에 나가서 깨닫기까지는 절대 떠나지 않는다. 그래서 이것은 불리원不離願이라 했다. (9) 행보살행行菩薩行 신어의업身語

意業 실부당연悉不唐捐. 보살행을 행해서, 내 몸, 내 말, 내 생각, 이것들이 다 깨끗해져서, 내 몸을 본 사람은 마음에 평안을 얻는다. 내 말을 듣는 사람은 큰 지혜를 갖게 된다. 그리고 내 생각에 따르는 사람은 번뇌에서 벗어나게 된다. 그렇게 되어서 "실부당연悉不唐捐", 무엇이나 허사가 되지 않는다. 다 무엇인지 만족하게 얻어 가진다는 것이다. 그러니까 선생님을 보기만 해도 벌써 마음이 놓인다. 선생님의 말을 들을 때 무엇인가 깨달아지는 것이 많다. 그리고 선생님의 생각을 같이 실천해 가노라면 무엇인지 자꾸 내가 높아지는 것 같다. 보살들은 그런 식으로 많은 사람들을 도와준다는 것이다. 그것을 여기서는 이익원利益願이라 했다. 많은 사람들을 이롭게 해준다는 것이다. (10) 원어일체세계願於一切世界 성정각成正覺, 그래서 모든 사람들이 깨달을 수 있도록 그렇게 만들어 준다. 그래서 이것은 정각원正覺願이라는 것이다. 이것이 십대서원이라는 것이다.

그리고 사홍서원四弘誓願이라는 것이 있다. 중생무변서원도衆生無邊誓願度, 번뇌무진서원단煩惱無盡誓願斷, 법문무량서원학法門無量誓願學, 불도무상서원성佛道無上誓願成이다. 사홍서원과 십대서원을 서로 대충 맞춰볼 때 십대서원의 (1) 공양원供養願 (2) 수지원受持願 (3) 법륜원法輪願은 "법문무량서원학"에다 맞출 수 있다. 그리고 (5) 성숙원成熟願 (6) 승사원承事願 (7) 정토원淨土願은 "중생무변서원도"에 맞추면 된다. 5번은 모든 중생들을 가르쳐야 되겠다는 것이고 6번은 모든 중생들을 다 인도해서 받들어 섬겨야겠다는 것이고 7번은 그 사람들을 다 하늘나라에까지 인도해야겠다는 것이다. 그러니까 이 셋을 모두 "중생무변서원도"라고 할 수 있다. 그리고 (4) 수행원修行願 (8) 불리원不離願 (9) 이익원利益願은 "불도무상서원성"이라 맞추면 대충 비슷하다고 본다. 그리고 맨 마지막으로 (10) 정각원正覺願은 "번뇌무진서원단"이다. 정각正覺하는 순간에 번뇌가 끊어지고 말기 때문이다. 그러니까 『화엄경』의 십대서원이 먼저 나온 것인지 아니면 사홍서원이 먼저 나온 것인지 잘 모르지만 아마 『화엄경』이 먼저 나왔을지 모르겠다. 그러니까 십대서원이라 하는 것을 전부 요약하면 요새

부르는 사홍서원이 되고 마는 것이다. 그래서 불교에서 하는 모든 기원祈願이 무엇인가 하면 이 네 가지라는 것이다. 맨 처음에 "중생무변서원도", 이것이 제일 중요한 것이다. 아까로 말하면 이것이 목적이다. 부처가 되겠다고 하는데 왜 부처가 되겠다고 하는가 하면 "중생무변서원도" 하기 위해서다. 그렇게 하려면 "번뇌무진서원단"이 있어야 되고 "법문무량서원학"이 있어야 되고 결론으로 "불도무상서원성"이 되어야 한다. 그러니까 우리가 요전에 육파라밀六波羅蜜을 요약하면 보시布施·지계持戒·선정禪定·지혜智慧라고 했다. 불교라고 하는 것이 모두 이것이다. 보시라는 것은 "중생무변서원도"다. 그리고 지계라는 것은 "번뇌무진서원단"이다. 그리고 선정이라 하는 것은 "법문무량서원학"이다. 그리고 지혜라 하는 것은 "불도무상서원성"이다. 이 네 가지가 불교의 전체라고 본다. 보시가 있어야 되고 지계가 있어야 되고 선정이 있어야 되고 그리고 지혜가 있어야 된다. 우리가 요전에 한 것이 이것이다. 그러니까 중생을 구원하기 위해서는 지계, 선정, 지혜가 있어야 된다. 그것이 전부다. 이것이면 불교는 다인데 그것을 이렇게도 말해보고 저렇게도 말해보고 하는 것이다. 그러나 내용은 이것이 다다. 그래서 언제나 "중생무변서원도", 이것이 목적이다. 그러니까 환희지歡喜地라고 하는 이것이 맨 처음에 나오니까 맨 밑바닥이 나올 줄 아는데 그것이 아니라 제일 높은 것이다. 환희지가 제일 높은 것이다. 기쁨이란 최고에서 나오는 것이다. 소위 법열法悅이니까. 그러면 언제 사람이 법열이 되는가. 모든 중생을 구원했을 때 법열이 있는 것이지 의과대학에 다닐 때 법열이 있는 것도 아니고 인턴이나 레지던트로 있을 때 법열이 있는 것도 아니고 의사가 되었을 때 법열이 있는 것도 아니다. 결국은 자기가 자기 손으로 환자를 고쳐주어서 허준처럼 쓰러졌던 환자가 벌떡 일어서서 일어나 걸어다닐 때, 그때가 최고의 기쁨이다. 그것이 환희지다. 그러니까 환희지라는 것이 어디에서 나오는가 하면 보시에서 나온다. 보시라는 것이 무엇인가. 병자를 고쳐서 벌떡 일어나게 해 주는 것, "중생무변서원도", 그것이 목적이다. 6년 의과대학, 4년 레지던트, 그렇게 지계, 선정해서 가장 지혜로운 의사

제26. 십지품十地品 95

가 되는 것이다. "불도무상서원성"이란 의사가 되는 것이다. 최고의 의사가 되었다는 것이다. 그렇게 최고의 의사가 되기 위해서는 "법문무량서원학"이다. 의학에 대해서 알아야 된다. 그리고 "번뇌무진서원단", 의학에 있어서 실수가 없어져야 된다. 그래서 이 두 가지가 끝이 나야 "불도무상서원성", 의사가 된다. 그러니까 앞의 두 가지는 방편이고 무엇이 되는가 하면 되는 것은 "불도무상서원성"이다. 그래서 목적은 "중생무변서원도"다. 이 목적을 위해서 우선 "번뇌무진서원단" 해서 "법문무량서원학" 해 가지고 "불도무상서원성"이 되어야 한다. 의사가 되는 것이다. 의사가 되어서 하는 것이 무엇인가. "중생무변서원도"라는 것이다.

언제나 이것이다. 이것을 이명섭 선생이 요전 논문(미발표 논문)에서 카알라일Thomas Carlyle(1795-1881)을 인용해서 확실하고 멋있게 뽑아놓았다. 그러니까 물 속에 들어가도 시간을 초월해서 올라온다. 그리고 영원한 세계로 날아간다. 영원한 부정, 그 다음에는 무관심의 중심, 그 다음에는 영원한 긍정이라 했다. 그러니까 제일 중요한 것이 무엇인가 하면 영원한 부정이다. 그래서 몰두해 들어가면 그것이 영원한 부정이다. 그래서 붕 뜬다. 올라오는 것이다. 붕 뜨기만 하면 그 다음에는 어디나 마음대로 갈 수가 있다. 그것을 우리가 "일도출생사一道出生死 일체무애인一切無碍人"이라 했다. 제일 중요한 것이 몰두해 들어가는 일이다. 그래서 나라고 하는 것이 없는 세계까지 간다. 무아無我의 세계로 가는 것이다. 그렇게 무아의 세계까지 가면 붕 뜨게 된다. 붕 뜨기만 하면 그 다음에는 어디나 갈 수가 있다. 그러니까 지계, 선정이라는 것은 몰두해 들어가는 것이다. 그리고 지혜라는 것은 붕 뜨는 것이다. 그렇게 되면 보시, 어디나 갈 수 있다. 이것이다.

이것이 영(0), 하나(1), 무한(∞)이다. 몰두해 들어가서 영이 된다. 내가 없어지는 것이다. 그 다음에는 붕 뜬다. 그리고 무한이 된다. 하여튼 나는 영이라는 것은 플러스 마이너스 해서 제로가 영이다. "일음일양위지도一陰一陽謂之道." 플러스와 마이너스가 합해서 제로가 된다. 지계와 선정으로 몰두하는 것이 영이다. 몰두해 들어가서 내가 없어지는 것이 영이다. 그래서 "마음이 가난한 자는 복이 있다"하는 것이다. 같은 말이다. 그래서 붕 뜨는 것이 하나라는 것이다. 광속과 우주선의 속도가 같아지는 것이 하나다. 이 선생님은 논문에서 $1/\sqrt{1-(V/c)^2}$이라 했다. 여기서 v는 우주선의 속력이고 C는 광속이다. 우주선의 속도와 광속의 속도가 같아지면 무한이 된다. 나는 무엇인지 잘 모르지만 아인슈타인 Albert Einstein(1879-1955)의 특수상대성 이론에서 이것을 로렌츠-피츠제럴드 수축률이라 한다고 했다. 우주선의 속도와 광속이 같아지면 이 수축률이 제로가 되어 우주선 안에서의 시간은 무한대로 된다는 것이다. 그것이 소위 사차원의 세계라는 것이다.

공(0), 하나(1), 무한(∞)이라는 것인데 공을 『주역周易』에서는 사차원이라 한다. 그리고 하나라는 것은 오차원이고 무한이라 하는 것을 육차원이라 한다. 64괘라 하는 것이 육차원에 속하는 것이다. 시간·공간이 곱해지는 것이 사차원이다. 육차원은 신의 세계이고 오차원은 그리스도의 세계, 성인의 세계이고 사차원이 되면 현인의 세계다. 현인과 성인과 신의 세계다. 이것이 『주역』에서 말하는 세계다. 그러니까 신의 세계는 무한의 세계요 성인의 세계는 최고의 세계요 현인의 세계는 자기가 없는 세계다. 그러니까 전체는 이것이다. 플러스 마이너스가 합해서 제로, 하나, 그리고 무한이다. 여기서 제일 어려운 것이 플러스 마이너스가 합해서 제로가 되는 것이다. 불교로 말하면 선정과 지계가 합해서 제로가 되는 것이다. 공자로 말하면 "발분망식發憤忘食"이다. 선정이란 발분이라는 것이고 지계는 망식이라는 것이다. 그래서 선정, 지계를 공자로 말하면 발분망식이다. 그리고 "낙이무우樂而無憂"다. 그래서 "부지노지장지不知老之將至"가 된다. 발분망식이 참 좋은 말이다. 금식기도도 좋지만 금식기도라 하면 머리 속에 딱 무엇이 오지 않고 금식할 걱정부터 앞선다. 그래서 공자의 발분망식이란 말이 좋다. 그런데 사람은 다 발분하기는 쉬운데 망식이 되기 어렵다. 뉴턴Isaac Newton(1642-1727) 같은 사람은 발분망식을 했다. 에디슨Thomas Edison(1847-1931)도 발명을 할 때면 발분망식을 했다. 에디슨이 발명할 때 마지막 한 주일은 밥을 갖다 넣어주어도 밥 먹을 줄을 모른다. 마지막 사흘은 밥도 안 먹고 잠도 안 자고 그렇게 하다가 전기를 발명하게 되었다. 우리 보통 학자들은 발분까지는 하는데 그것이 망식하는 세계까지 가야 된다. 망식하는 세계까지 가야 예수도 되고 석가도 되고 공자도 된다. 그래서 "발분망식"이다. 그래서 "낙이무우", 붕뜨는 것이다. 이제 의사가 된 것이다. 몰두해서 붕 떴다. 그래서 이제 "부지노지장지." 어디나 갈 수 있다. 내가 무한이 되고 말았다.

이것이 인생의 비결이다. 카알라일의 『의복철학(Sartor Resartus)』이란 이것을 말하자는 것이다. 카알라일은 칸트와 괴테를 전공한 사람이다. 칸트의 실천이성과 순수이성 이 둘을 합치자는 것이다. 칸트가 말하는 것은 사람이 무엇을 알 수 있는가, 사람은 무엇을 할 수 있는가, 그리고 사람은 무엇을 바랄 수 있는가, 그래서 사람은 무엇인가 하는 네 가지다. 칸트가 사람은 무엇인가 할 때, 카알라일은 괴테의 파우스트에서 사람이라는 것을 찾아내려고 한다. 인간은 무엇인가. 인간은 의사다. 인간은 무엇을 바랄 수 있는가. 모든 사람들을 다 구원하는 그것을 바랄 수 있다. 그렇게 하기 위해서 사람은 무엇을 해야 되는가. 우선 진리를 알아야 된다. 말하자면 이것이 『순수이성비판』이다. 진리를 알아야 된다 하는 말이 칸트로 말하면 하나님을 알아야 된다는 것이다. 그리고 그 다음에는 『실천이성비판』이다. 이 땅에 목적의 왕국을 세워야 된다는 것이다. 그래서 결국 칸트로 하면 『순수이성비판』과 『실천이성비판』, 『이성의 한계 안에서의 종교』, 『판단력비판』이라는 것이다. 나도 카알라일의 『의복철학』을 여러 번 읽어보았는데 『의복철학』의 핵심은 이것이다.

카알라일은 불교는 전혀 모르는 사람이다. 칸트와 괴테하고만 주로 파 가지고 그것 한 권 쓰는데 6년이 걸렸다고 한다. 산골에 들어가서 열심히 썼는데 정말 명작이다. 그런데 그 핵심은 공(0), 하나(1), 무한(∞)이라는 것이다. The Everlasting No, Center of Indifference, The Everlasting Yea, 이렇게 카알라일은 정리를 해 놓았다. 누구든지 그것을 읽어보면 참 알기 쉽게 그렇게 해 놓았다. 우리의 육체라는 것은 하나의 옷에 불과하다는 것이다. 우리가 죽는다는 것은 하나의 옷을 벗는 것에 불과하다는 것이다. 나 자신은 하나님께 돌아가는 것이다. 그것이 소위 카알라일의 『의복철학』이다.

26.5.3 불자佛子 보살마하살菩薩摩訶薩 수순여시隨順如是 대비대자大悲大慈 이심중심以深重心 범시소유凡是所有 일체능시一切能施 금은마니金銀摩尼 혈육골수血肉骨髓 개무소석皆無所惜 위욕구호爲欲救護 일체중생一切衆生.

보살마하살이 모든 인생을 구원하기 위해서 아주 자비의 덩어리가 되었다. 그래서 깊고 무거운 마음으로 자기가 가지고 있는 것 전부를 다 내어줄 수가 있다. 예를 들면 금은, 마니, 혈육, 골수 등등 다 줄 수가 있다. 다 주면서 하나도 아까운 것이 없다. 왜? 일체 중생을 구하기 위해서 다 주었기 때문이다. 이것이 예수의 십자가라는 것이다. 인류를 구원하기 위해서 자기 몸을 다 내 주었다. 혈육골수를 다 내 주었다. 내 살은 먹을 것이요 내 피는 마실 것이라는 말이다. 이렇게 다 내어주고서 일체 중생을 구호하는 것이다. 이것이 환희지歡喜地의 핵심이다. 그래서 법장은 환희지를 '수보시修布施'라 했다. 보시가 환희지의 핵심이라는 것이다. 법장이 환희지의 핵심을 찌른 것이다. 보통 같으면 십대서원이 핵심이라 할 수도 있고 20종환희 이것이 핵심이라 할 수도 있는데 법장이라는 사람은 정말 도통한 사람이니까 환희지의 핵심을 수보시라고 한 것이다. 보시라는 이것이 핵심이라 한 것인데 그것은 정말 '아멘' 할 수밖에 없는 것이다.

불자佛子 보살菩薩 발여시대원이發如是大願已 즉득則得 이익심利益心 유연심柔軟心 수순심隨順心 적정심寂靜心 조복심調伏心 적멸심寂滅心 겸하심謙下心 윤택심潤澤心 부동심不動心 불탁심不濁心.

보살이 십대서원을 발하고 나면 이런 마음을 가지게 된다. 즉 이익심, 유연심, 수순심, 적정심, 조복심, 적멸심, 겸하심, 윤택심, 부동심,

불탁심이다. 이익심利益心이란 지난번 십대서원 가운데 9번 이익원利益願의 "행보살행行菩薩行 신어의업身語意業 실부당연悉不唐捐"이었다. 유연심柔軟心은 대충 3번 법륜원法輪願의 "어일체처於一切處 일시이전륜一時而轉輪"에 해당한다고 해 둔다. 그리고 수순심隨順心은 4번 수행원修行願의 "원일체보살행願一切菩薩行 수행수행受行"이라 보고, 적정심寂靜心은 2번 수지원受持願의 "원지일체제불법願持一切諸佛法", 조복심調伏心은 5번 성숙원成熟願의 "원일체중생願一切衆生 아개교화我皆敎化", 적멸심寂滅心은 10번 정각원正覺願의 "원어일체세계願於一切世界 성정각成正覺", 겸하심謙下心은 1번 공양원供養願의 "공경공양일체제불恭敬供養一切諸佛", 윤택심潤澤心은 6번 승사원承事願의 "시방무량종종부동十方無量種種不同 지개명료智皆明了", 부동심不動心은 8번 불리원不離願의 "상공집회常共集會 불상사리不相捨離", 불탁심不濁心은 7번 정토원淨土願의 "무량불토無量佛土 보개청정普皆淸淨"이라는 것으로 본다. 결국 이 열 가지 마음이 어디서 나오는가 하면 십대서원이라는 열 가지 원願에서 나오는 것이다.

약인집중선若人集衆善 구족백정법具足白淨法 공양천인존供養天人尊 수순자비도隨順慈悲道 다희다애다락多喜多愛多樂 역부다정신亦復多淨信.

사람들이 선은 모아야 되고 희고 깨끗한 법, 진리를 구족해야 된다. 하늘과 사람이 다 존경할 수 있는 부처님을 공양하면 자비의 도에 수순하게 된다. 제일 중요한 것은 자비다. 그 자비가 어디서 나오는가 하면 "공양천인존供養天人尊"에서 나온다. 그 "공양천인존"은 어떻게 된 것인가. "약인집중선若人集衆善 구족백정법具足白淨法", 이 둘이 합해서 된 것이다. "공양천인존"이라는 나무에서 나오는 것이 "수순자비도隨順慈悲道"다. "공양천인존"이라는 나무는 "약인집중선 구족백정법"이라는 두 가지가 합해서 제로가 되어 나온 것이다. 그래서 언제나 제로, 하나, 무한이라는 이 그림이다. 이것이 핵심이다. 그래서 "약인집중선약인집중선集衆善 구족백정법具足白淨法 공양천인존供養天人尊 수순자비도隨順慈悲道". 이 네 마디 속에 다 들어간다. 정말 이 사람들은 어떻게 이렇게 머리가 정리가 되었는지 다만 이 네 마디 속에 불교의 일체를 다 집어넣고 만다. 이것 하나만 알면 앞으로 더 할 것도 없다.

그렇게 되어야 "다희多喜 다애多愛 다락多樂", 기쁨도 나오고 사랑도 나오고 즐거움도 나온다. "역부亦復 다정신多淨信", 또 깨끗한 것도 나오고 믿음도 나오고 다 나온다.

극대용맹심極大勇猛心 급이경약심及以慶躍心 상행대자민常行大慈愍 항유신공경恒有信恭敬 참괴공덕비慚愧功德備 일야증선법日夜增善法.

이렇게 되려면 어떻게 해야 되는가 다시 한 번 거꾸로 말하는 것이다. 그렇게 되려면 악을 제거하는 "극대용맹심極大勇猛心"이 나와야 된다. 그리고 "급이경약심及以慶躍心", 선에 뛰어드는 그런 마음을 가져야 된다. 그러니까 거악去惡하는 마음과 적선積善하는 마음을 가져야 된다는 것이다. 같은 말을 거꾸로 해보는 것이다. 그래서 "상행대자민常行大慈愍", 언제나 다른 사람을 사랑하려는 마음을 가져야 한다. 그렇게 하려면 "항유신공경恒有信恭敬", 언제나 믿음과 공경을 받을 수 있는 사람이 되어야 한다. 그렇게 되려면 또 "참괴공덕비慚愧功德備", 언제나 내가 덕이 모자라지 않나 부끄러워해야 된다. 그리고 "일야증선법日夜增善法", 언제나 선을 증가하기 위해서 밤낮으로 애써야 된다. 꼭 같은 말인데 이렇게 보고 말하고 저렇게도 보고 말하는 것이다. 공. 하나, 무한이라는 것인데 공이라는 것에서부터 말해보기도 하고 무한이라는 것에서부터 말해보기도 하는 것이다.

항기대원심恒起大願心 원견어제불願見於諸佛 호지제불법護持諸佛法 섭취대선도攝取大仙道 여시발대원如是發大願 심유연조순心柔軟調順.

사람이란 언제나 원이 있어야 되는데 그 원이 무엇인가 하면 부처님을 만나야겠다는 원이다. 선생님을 가져야겠다는 그런 생각을 가져야 한다. 그러니까 부처님이라는 말 대신에 선생님이라 해도 같은 것이다. 선생님을 가져야 "호지제불법護持諸佛法", 많은 강의를 들을 수 있다. 불법을 가지게 된다는 것이다. 그래서 "섭취대선도攝取大仙道", 보살의 길을 걸어가게 된다. 그러니까 불법을 가진다는 것은 지의 세계이고 보살의 길을 걷는다는 것은 행의 세계다. 그렇게 해서 선생님의 강의를 들어야 무엇인지 좀 알게 되고 또 실천하려고 하는 의욕도 생기게 되고 그래서 지행을 하게 된다는 것이다. 이렇게 큰 원을 내게 되면 "심유연조순心柔軟調順", 마음이 유연해지고 조복해지고 수순해진다. 아까 말한 열 가지 마음이 나오는 것이다.

능신불공덕能信佛功德 관찰어중생觀察於衆生 여시상수습如是常修習 일야무해권日夜無懈倦 선근전명정善根轉明淨 여화련진금如火鍊眞金.

그래서 부처님의 공덕을 믿게 된다. 부처님을 따르게 된다는 말이다. 부처님을 따르게 되면 그 다음에는 중생이 보인다. 내가 누구를 도와주어야 되나 그런 상대가 보이기 시작하는 것이다. "여시상수습如是常修習", 이렇게 언제나 훈련을 하면 "일야무해권日夜無懈倦", 밤낮 게으름이 없이 정진하게 된다. 그래서 "선근전명정善根轉明淨", 좋은 선의 뿌리가 더욱더 밝고 깨끗하게 자라게 된다. 그래서 내가 어떤 사람이 되어야 하는가. "여화련진금如火鍊眞金", 용광로 속에 들어가서 잡된 찌꺼기는 다 떨어져 나가고 마지막에 순금만 남아서 녹아 내리는 그런 사람이 되어야 한다. 『장자莊子』에 나오는 "참만고일성순參萬古一成純"이라는 말이다. 용광로 속에 들어가서 깨끗한 하나의 순금이 되어서 나오는 것이다. 이것이 소위 불도佛道라는 것이다. 불도라는 것이 무엇인가. 오랜 세월 이렇게 수습을 하고 고행을 하면서 무엇이 되자는 것인가 하면 일성순一成純, 순수한 하나의 사람이 되자는 것이다. 그것이면 다지 더 무엇이 있겠는가.

　아어지의중我於地義中 약슬기소분略述其少分 약욕광분별若欲廣分別 억겁불능진億劫不能盡.

　내가 지금 환희지에 대해서 조금 말했는데 많이 말하겠다고 하면 억만 년을 말해도 다 말할 수가 없을 것이다. 이렇게 결론을 지었다.

2001. 11. 11.

십지품 강해(2)

환희지歡喜地의 핵심은 보시라는 것이고 이구지離垢地의 핵심은 지계라는 것이다. 그리고 발광지發光地의 핵심은 선정이다. 그리고 4번 염혜지焰慧地는 다음에 사념처四念處라는 말을 할 터인데 결국 지혜라는 것이다. 그러니까 보시布施·지계持戒·선정禪定·지혜智慧 이렇게 된 것이다.

그리고 5번 난승지難勝地라는 것은 관사제觀四諦라 했는데 이것은 성문이라는 것이다. 귀가 뚫린 사람이 성문이다. 그 다음에 6번 현전지現前地라는 것은 십이지인연十二支因緣인데 이것은 연각이다. 이것은 여러 번 나왔다. 성문의 핵심은 사제四諦를 아는 사람이고 연각의 핵심은 십이지인연을 마스터한 사람이다. 그리고 7번의 원행지遠行地는 보살행을 말하는 것이고 8번의 부동지不動地는 불타라는 것이다. 보살의 핵심은 파라밀波羅蜜을 마스터한 사람이고 불타의 핵심은 정토淨土에 들어간 사람이다. 결국 이것들은 성문·연각·보살·불타를 말하는 것이다.

이렇게 해서 이제 9번의 선혜지善慧地와 10번의 법운지法雲地라는 두 개가 남았는데 이것들을 또 전체로 보면 지계, 선정, 지혜, 보시가 된다. 그러니까 1번 환희지에서 4번 염혜지까지가 하나의 지계가 되고, 5번 난승지에서 8번 부동지까지가 하나의 선정이 되고, 그래서 9번 선혜지가 선혜善慧니까 지혜가 되고, 10번 법운지의 법운法雲이 보시가 되는 것이다. 법의 구름이니까 하늘에 떠다니는 진리의 구름이다. 모든 산천초목들에게 비를 내려주는 것이 구름이다. 진리의 단비를 퍼 부어주는 것이다. 그것이 법보시法布施라는 것이다. 결국 마지막에 보시로 끝나는 것이다. 그러니까 지계, 선정, 지혜, 보시 이렇게 된다. 이것이 십지十地라는 것이다.

이것을 유교로 말하면 1, 2, 3, 4번은 심心이라 할 수 있다. 또 4, 5, 6, 7, 8번은 성性이라 할 수 있다. 그리고 9, 10번은 천天이라 할 수 있다. 맹자孟子의 "진심盡心 지성知性 지천知天"이다. 혹은 "존심存心 양성養性 사천事天"이라 말하기도 한다. 그러니까 유교의 가는 길은 심心, 성性, 천天이다. 불교도 중국으로 들어오면 또 이것을 쓰지 않을 수 없다. 그러니까 직지인심直指人心 견성성불見性成佛 이렇게 나온다. 중국의 철학은 한마디로 심心자와 성性자라 이렇게 보아야 할 것이다. 우리가 여기서 1, 2, 3, 4번은 심이고 5, 6, 7, 8번은 성이고 9, 10번은 천이다. 결국 이것은 마음을 다하고 뜻을 다하고 성품을 다해서 너희 하나님을 존경하고 이웃을 네 몸같이 사랑하라는 것이다. 이것이 기독교로 말하면 율법이라는 것이다. 마음을 다하고 뜻을 다하고 성품을 다해서 하나님을 사랑하고 이웃을 네 몸과 같이 사랑하라. 그것이 율법이라고 하는 것이다.

십지十地와 십파라밀十波羅蜜 :

(1) 환희지歡喜地 성취무상成就無上 자리리타행自利利他行 초증성처初証聖處 다생환희고多生歡喜故
(2) 이구지離垢地 이능기오심離能起誤心 범계번뇌구등犯戒煩惱垢等 청정계구족고淸淨戒具足故
(3) 발광지發光地 수문사수등隨聞思修等 조법현현고照法顯現故
(4) 염혜지焰慧地 불망번뇌신不忘煩惱薪 지화능소고智火能燒故
(5) 난승지難勝地 득출세간지得出世間智 방편선교方便善巧 능도난도고能度難度故
(6) 현전지現前地 반야행유간般若行有間 대지현전고大智現前故
(7) 원행지遠行地 선수무상행善修無相行 공용구경功用究竟 능과세간이승能過世間二乘 출세도고出世道故
(8) 부동지不動地 보행순숙報行純熟 무상무간고無相無間故
(9) 선혜지善慧地 무애력설법無碍力說法 성취이타행고成就利他行故
(10) 법운지法雲地 득대법신得大法身 구족자재고具足自在故

같은 것인데 여기서는 십지十地를 십파라밀十波羅蜜이라 했다. 십파라밀이란 1.보시布施 2.지계持戒 3.인욕忍辱 4.정진精進 5.선정禪定 6.지혜智慧 7.방편方便 8.원願 9.력力 10.지智라는 것이다. 육파라밀에 넷을 더해서 십파라밀을 만든 것이다. 그러니까 끄트머리는 결국 부처가 되는 것인데 부처가 된다는 말을 지의 완성, 기독교로 말해서 말씀이 육신이 되었다는 것이다. 말씀이 육신이 되었다 하는 말을 여기서는 법신法身이라 한다.

그래서 10번 법운지法雲地란 어떤 것인가 할 때 "득대법신得大法身 구족자재고具足自在故"라 한다. "득대법신得大法身", 말씀이 육신이 되었다. 말씀이 육신이 되어 우리 가운데 거하시매 우리가 그 영광을 보니 하나님 독생자의 영광이라 하는 그런 사고다. 그래서 독생자의 특성이 무엇인가. "구족자재具足自在"라는 것이다. 자유의 화신이 되었다는 것이다. "득대법신 구족자재." 이것이 결론이다. 이것에 가기 전이 선혜지인데 그것은 력力이다.

9번의 선혜지善慧地인데 이것에 대해 "무애력설법無碍力說法 성취이타행고成就利他行故"라 한다. 무슨 력力을 얻었는가 하면 무애력無碍力이다. 아무 것에도 걸림이 없는 힘이다. 그 힘을 가지고 무엇을 하는 것인가. 설법을 하는 것이다. 모든 사람을 깨우치는 것이다. 그래서 "성취이타행成就利他行", 다른 사람을 이롭게 하는 행을 완성하는 것이다.

8번의 부동지不動地는 "보행순숙報行純熟 무상무간고無相無間故"라 한다. 부동지는 십파라밀의 원願이라는 것이다. 어떤 소원을 가지는가. "보행순숙報行純熟", 지와 행이 무르익는 것이다. 지와 행이 무르익어야 하나가 되지 무르익지 않으면 하나가 안 된다. 남자와 여자는 무르익어야 하나가 되지 무르익기 전에는 하나가 안 되는 것이다. 그래서 언제나 성숙이라야 된다. 칸트의 비판철학도 그것이다. 합리론과 경험론이 무르익어야 비판철학이 되지 그렇지 않으면 비판철학이 안 되는 것이다. "보행순숙"이다. 지와 행이 무르익어서 "무상무간無相無間", 더 알 것도 없고 더 행할 것도 없는 그런 세계가 되는 것이다. 그렇게 되어야 이제 흔들리지 않는 절대의 경지에 도달한 것이다.

7번의 원행지遠行地는 "선수무상행善修無相行 공용구경功用究竟 능과세간이승能過世間二乘 출세도고出世道故"라 한다. 원행지는 방편方便이라는 것이다. "선수무상행善修無相行", 무상의 행을 잘 닦아서 "공용구경功用究竟", 결국 무위無爲의 공덕을 끝내는 것이다. 노자老子로 말하면 무위자연無爲自然이 되는 것이다. "능과세간이승能過世間二乘", 성문·연각을 지나서 "출세도出世道", 보살·불타의 세계로 넘어간다.

6번의 현전지現前地는 "반야행유간般若行有間 대지현전고大智現前故"라 한다. 현전지는 십파라밀의 지혜智慧라는 것이다. 지혜를 반야般若라 한다. 지혜를 닦기 위해 하나하나 이치를 따져가는 것이다. 이것은 주자朱子(1130-1200)가 말한대로 하나씩 하나씩 계속 연구해 가면 맨 마지막엔 한꺼번에 활연관통豁然貫通하게 되어 전체를 알게 된다는 것이나 꼭 같은 말이다. "반야행유간般若行有間", 하나씩 하나씩 계속 연구해 가면 나중에는 활연관통해서 대지大智가 현전現前하게 된다. 이것이 지혜라는 것이다.

5번의 난승지難勝地는 "득출세간지得出世間智 방편선교方便善巧 능도난도고能度難度故"라 했다. 난승지 이것은 십파라밀의 선정禪定이라는 것이다. 난승지, 이기기 어려운 땅이라는 말인데 "득출세간지得出世間智", 세간의 지혜를 초월해야 된다는 것이다. 이것이 선정의 의미이다. 세간의 지혜를 초월해서 "방편선교方便善巧", 가장 좋은 방편을 다해서 "능도난도能度難度", 건져주기 어려운 것을 건져줄 수 있는 그런 세계다. 선정이란 별것이 아니라 한마디로 말해서 일좌불기一坐不起다. 딱 앉으면 일어서지 않는 것이다. 그래서 견성성불見性成佛, 자기의 본성을 꿰뚫어보고 그래서 자기가 부처가 되는 그 세계에까지 가는 것을 선정이라 한다.

4번의 염혜지焰慧地는 "불망번뇌신不忘煩惱薪 지화능소고智火能燒故"라 한다. 염혜지는 십파라밀의 정진精進이라는 것으로 계속해서 노력해 가는 것이다. "불망번뇌신不忘煩惱薪", 우리의 번뇌라는 것은 백

팔번뇌 정도가 아니라는 것이다. 한없이 많은 번뇌의 장작이 계속 쫓아온다. 그래서 그것을 지혜의 빛을 가지고 불살라 가는 수밖에 길이 없다.

3번의 발광지發光地는 "수문사수등隨聞思修等 조법현현고照法顯現故"라 했다. 발광지는 십파라밀의 인욕忍辱이라는 것이다. 참고 견디는 것이다. 이 세상을 사바세계라 하는데 사바세계란 참지 않으면 못 견디는 세계라는 것이다. 참아야 된다는 것이 발광지다. "수문사수등隨聞思修等", '문聞'은 성문이고 '사思'는 연각이고 '수修'는 보살이다. 성문, 연각, 보살을 지나서 "조법현현照法顯現", 불타의 세계가 나타나기까지 참아야 된다. 그러니까 계속 참아야 된다는 것이다.

2번의 이구지離垢地는 "이능기오심離能起誤心 범계번뇌구등犯戒煩惱垢等 청정계구족고淸淨戒具足故"라 했다. 이구지는 십파라밀의 지계持戒라는 것이다. 모든 더러움을 떠나는 것이다. 오심誤心, 오해하는 마음이다. 우리는 자꾸 오해하기 쉽다. 오해에서 많은 어려움이 생기는 것이다. 서로 오해해서 많은 어려움이 생긴다. 그리고 범계犯戒, 법을 지켜야 되는데 법을 지키지 않아서 또 많은 어려움이 생긴다. 번뇌煩惱, 쓸데없는 걱정 근심 때문에 또 어려움이 생기는 것이다. 그리고 구垢, 때라는 것, 기독교로 말하면 죄라는 것, 죄 때문에 많은 어려움이 생겨난다. 그래서 이런 것들을 떠나서 청정淸淨, 깨끗해지는 것이다. 그렇게 깨끗해져서 구족具足, 자기가 만족할 수 있는 그런 세계로 가게 하는 것, 그것이 지계라는 것이다.

1번의 환희지歡喜地는 "성취무상成就無上 자리리타행自利利他行 초증성처初証聖處 다생환희고多生歡喜故"라 한다. 환희지 이것은 십파라밀의 보시布施라는 것이다. 환희지란 무엇인가. "성취무상成就無上 자리리타행自利利他行"이다. 자기도 이롭고 다른 사람도 이롭게, 네 몸같이 다른 사람을 사랑하라는 것이다. 자기만 이롭게 하는 것도 아니고 다른 사람만 이롭게 하는 것도 아니다. 자기도 이롭고 남도 이롭게 하는 것이다. 그래서 "초증성처初証聖處", 처음으로 자기가 깨끗해졌다는 것을 깨닫게 되는 것이다. 그래서 거기에서 나오는 것이 "다생환희多生歡喜", 한없는 기쁨이 나온다. 기쁨이라는 것이 어디에서 나오는가. 깨닫는 데서 나온다. 깨닫는 데서 나오는 기쁨이다. 법열法悅이다. 진리를 깨닫는데서 기쁨이 나온다. 그래서 법열이라 혹은 각희 覺喜라는 말을 한다. 기독교로 말하면「고린도 전서」13장 6절의 진리와 함께 기뻐한다는 것이다. 언제나 기쁨이란 진리와 함께 기뻐하는 것이다. "초증성처 다생환희", 자기가 처음으로 깨달았다는 그것을 인증을 하게 되어 거기에서 기쁨이 나왔다는 것이다.

이제 본문으로 가서 이구지를 읽어본다. 이구지는 더러운 것에서 떠난다는 것이다. 아까 말한대로 지계라는 것이다.

26.6 이구지離垢地

26.6.1 제보살문차諸菩薩聞此 최승미묘지最勝微妙地 기심진청정 其心盡淸淨 일체개환희一切皆歡喜.

모든 보살이 제1번의 환희지라 하는 최고의 미묘한 경지에 관해서 듣고 그 마음이 다 깨끗해져서 모든 사람들이 다 기쁨에 넘치게 되었다. 이것이 환희지의 결론이다.

해탈월보살解脫月菩薩 지중심청정知衆心淸淨 낙문제이지樂聞第二 地 소유제행상所有諸行相.

해탈월보살은 모든 중생들의 마음을 알고 질문을 했다. 사람들의 마음이 다 깨끗해져서 이제 제2의 경지는 어떤 것인지 듣기를 원한다는 것을 알았다. 그래서 해탈월보살은 그 중생들을 위해 질문을 한 것이다. 대답하는 사람은 금강장보살이고 묻는 사람은 해탈월보살이다. 금강장이 해라면 해탈월은 달이다. 달이 물어보면 해가 대답하는 식이다. 해탈월보살의 질문에 금강장보살이 다음과 같이 대답했다.

불자佛子 보살菩薩 욕입제이지欲入第二地 당기십종심심當起十種深心.

여러분, 여러분이 제2지에 들어가기 위해서는 다음의 열 가지 마음을 내야 된다.

소위所謂 정직심正直心 유연심柔軟心 감능심堪能心 조복심調伏心 적정심寂靜心 순선심純善心 부잡심不雜心 무고연심無顧戀心 광심廣心 대심大心.

앞으로 십지까지 계속해서 이 열 가지 마음이 나오는데 그 가운데 제일 중요한 것이 첫째 정직심正直心, 정직한 마음이다. 세상에서 가장 강한 것이 정직이기 때문이다. 언제나 기둥도 정직해야 무거운 돌을 올려놓을 수 있지 조금이라도 비뚤어지면 쓰러지고 만다. 그런데 정직만 하면 온 우주가 내려 눌러도 아무렇지 않은 것이다. 십자가의 뜻 가운데 하나도 정직이다. 여기서도 제일 강조하는 것이 정직이다. 칸트의 실천이성에서 제일 강조하는 것도 정직이다. 정직한 마음을 가져야 거기에서 유연심柔軟心, 부드러운 마음도 나오게도 되고 감능심堪能心, 참을성도 나오게 되고 남을 조복할 만한 마음도 나오게 되고 적정의 마음도 나오게 되고 순선한 마음도 나오게 되고 부잡심도 나오게 되고 애착이 없는 마음도 나오게 되고 넓은 마음도 나오게 되고 대심大心도 나오게 된다. 핵심은 정직이다.

26.6.2 삼취정계三聚淨戒

삼취정계라 해서 섭률의계攝律儀戒, 섭선법계攝善法戒, 섭중생계攝衆生戒라는 세 가지가 나온다. '섭攝'이란 붙잡았다는 뜻이다. 무엇을 잡았는가. 섭률의계, 계명, 율법, 십계명을 잡았다는 것이다. 율법律法이나 율의律儀나 같은 말이다. 그 다음에는 섭선법계, 좋은 진리를 붙잡았다는 것이다. 기독교로 예를 들면 주기도문을 붙잡았다는 것이다. 그 다음에는 섭중생계다. 그래서 중생들에게 율법을 지켜야 되고 주기도문을 살아야 되는 그런 것을 가르쳐야 된다 해서 그것을 삼취정계라 했다. 삼취정계라 하면 불교에서는 다 아는 말이다.

(1) 섭률의계攝律儀戒
성자원리일체살생性自遠離一切殺生 성불투도性不偸盜 성불사음性不邪淫 성불망어性不妄語 성불양설性不兩舌 성불악구性不惡口 성불기어性不綺語.

성性이란 타고난 바탈이다. 사람이 타고난 것을 바탈이라 한다. 배급을 받아서 타고 났다는 것이다. "성자원리일체살생性自遠離一切殺生", 사람은 타고나기를 일체 살생을 멀리 떠나고 싶어한다. 누구나 소를 잡아주니까 먹지 누가 잡아먹어라 하면 먹을 사람은 하나도 없을 것이다. 누가 닭이라도 갖다 주면 잡을 사람이 없어 야단이다. 사람은 누구나 살생을 싫어하게 타고 난 것이지 살생을 좋아할 사람은 없다. 백정도 누가 되고 싶어서 되겠는가, 먹으려고 하니까 할 수 없이 백정이 된 것이다. 사람은 타고나기를 살생을 싫어하는 것이다. "성불투도性不偸盜", 또 사람은 타고나기를 남의 물건 도적질하기를 좋아할 사람이 없다. 다 도적질하기를 싫어한다. "성불사음性不邪淫", 또 사람은 타고나기를 음란한 것 좋아할 사람이 없다. "성불망어性不妄語", 사람은 타고나기를 망어를 좋아하는 사람은 없다. "성불양설性不兩舌", 사람은 타고나기를 거짓말하는 것을 좋아할 사람은 없다. "성불악구性不惡口", 사람은 타고나기를 다른 사람을 나쁘게 욕하는 것을 좋아할 사람은 없다. "성불기어性不綺語", 사람은 타고나기를 아첨하는 말 좋아할 사람이 없다. 사람은 이렇게 아첨한다거나 남을 악하게 욕한다거나 거짓말한다거나 괜히 하루종일 쓸데없는 말을 하는 망어라는 것, 그런 것을 좋아할 사람은 본래 없다는 것이다. 그러니까 사람의 본성은 선하다는 것이다. 이런 것을 성선설性善說이라 한다. 사람은 본래가 선하지 누구든지 악하게 되기를 원하는 사람은 없다는 것이다.

(2) 섭선법계攝善法戒
우차상품又此上品 십선업도十善業道 수치청정修治清淨 심광무량고心廣無量故 구족비민고具足悲愍故 방편소섭고方便所攝故.

언제나 좋은 생각을 많이 해야 된다는 것이다. 언제나 사람은 깨끗한 것을 좋아하니까 밤낮 씻어야 된다. 마음이란 본래가 허공이다. 마음은 본래가 허공인데 자꾸 좁아져서 주먹만해진 것이지 본래는 허공이다. 그러니까 본래의 허공 같은 마음을 가져야 된다. 그래서 다른 사람의 불행을 슬퍼하고 다른 사람을 가엾게 여기는 그런 마음을 또 가져야 된다. 그래서 네 가지 방편을 붙잡아야 된다. 사섭행四攝行이라는 것이다. 사섭행이란 별 것이 아니고 보시布施, 애어愛語, 이타利他, 동사同事, 이 네 가지를 사섭행이라 한다. 보시는 다른 사람을 도와준다는 것이고 애어는 다른 사람을 위로해준다는 것이고 이타는 다른 사람을 이롭게 해준다는 것이고 동사라는 것은 다른 사람과 고락을 같이한다는 것이다. 다른 사람이 괴로워할 때 같이 괴로워하고 우는 사람과는 같이 울고 웃는 자와는 같이 웃고 그렇게 희로애락喜怒哀樂을 같이한다는 것이다. 이런 것을 동사라 한다. 사섭행이라 하는 것을 여기서는 방편소섭方便所攝이라 했다.

발생대원고發生大願故 불사중생고不捨衆生故 희구제불대지고希求諸佛大智故 정치보살제지고淨治菩薩諸地故 정수일체제도고淨修一切諸度故 성보살광대행成菩薩廣大行.

큰 원을 내는데 어떤 원인가. "불사중생고不捨衆生故", 한 사람이라도 중생을 버리지 않겠다는 것이다. 한 사람이라도 도와주겠다는 것이다. "희구제불대지고希求諸佛大智故", 아주 희귀한 부처님의 큰 지혜를 나도 가져야 되겠다는 것이다. "정치보살제지고淨治菩薩諸地故",

그렇게 해서 결국 보살의 경지에 오르기 위해서 노력을 하는 것이다.

보살의 경지에 오르기 위해서 몇 가지를 해야 되는가. 육파라밀이다. "정수일체제도고淨修一切諸度故", 보시 · 지계 · 선정 · 지혜라는 일체 제도를 다 이루어 가는 것이다. 그러고 "성보살광대행成菩薩廣大行", 보살의 모든 행을 완성해서 불타가 되는 것이다.

이것을 보통 사섭행 십파라밀이라 한다. 사섭행과 십파라밀이 내용이다. 나는 여기서 이렇게 간단하게 했지만 원문에는 길게 설명이 되어 있다. 그런데 그 설명의 내용이 무엇인가 하면 사섭행과 십파라밀이라는 것이다. 우리는 이렇게 생각하면 된다.

이 다음에는 중생에게 알려줄 것이 무엇인가 하는 것이다. 나쁜 짓 하면 지옥 간다는 그것을 알려주어야 한다.

(3) 섭중생계攝衆生戒

불자佛子 차보살마하살此菩薩摩訶薩 우작시념又作是念 십불선업도十不善業道.

그래서 나쁜 짓을 하면 어떻게 되는가 해서 열 가지가 나온다. 열 가지를 다 쓰지 않고 한두 개만 썼다.

상자上者 지옥인地獄因 중자中者 축생인畜生因 하자下者 아귀인餓鬼因.

제일 나쁜 놈은 어디로 가는가 하면 지옥에 간다. 그 다음은 축생이다. 개, 돼지 같은 짐승이 된다. 그 다음에는 아귀가 된다. 이것이 소위 육도윤회六道輪廻에 나오는 것이다. 육도윤회라는 것은 결국 좋은 짓 하면 하늘로 올라가는 것이고 웬만하면 사람이 되는 것이고 그렇지 않으면 축생이니 아귀니 그렇게 떨어진다는 것이다.

약생인중若生人中 득이종과보得二種果報 일자단명一者短命 이자다병二者多病.

만일 사람으로 태어난다 해도 나쁜 짓을 하면 두 가지 결과를 얻게 된다. 하나는 단명이고 또 하나는 병이 많다.

불자佛子 십불선업도十不善業道 능생차등能生此等 무량무변無量無邊 중대고취衆大苦聚.

나쁜 짓을 많이 하면 한없는 고통 속에 빠지게 된다. 나는 이렇게 한 마디로 쓰고 말았다. 그런데 본문에는 열 가지가 또 다 나온다.
　이상이 소위 삼취정계三聚淨戒라는 것이다. 그래서 결국 지계持戒의 결과는 어떤 것인가?

26.6.3 불자佛子 차보살마하살此菩薩摩訶薩 부어일체중생復於一切衆生 생이익심生利益心 안락심安樂心 자심慈心 비심悲心 연민심憐愍心 섭수심攝受心 수호심守護心 자기심自己心 사심師心 대사심大師心.

모든 중생으로 하여금 다시 다른 사람을 이롭게 하는 마음, 안락하게 하는 마음, 사랑하는 마음, 남의 고통을 슬퍼하는 마음, 동정하는 마음, 받아들이는 마음, 지키는 마음, 자기심自己心, 선생이 되는 마음, 더 가르치는 마음을 가지게 한다. 여기서 자기심은 배우는 마음이라 해 둔다. 자기가 배우는 마음이라 한다. 그러니까 이구지가 끝나면 이런 마음을 가지게 된다는 것이다. 그래서 총괄로 다음과 같이 말한다.

질직유연급감능質直柔軟及堪能 조복적정여순선調伏寂靜與純善
　속출생사광대의速出生死廣大意 이차십심입이지以此十心入二地.

질직質直, 유연柔軟, 감능堪能, 조복調伏, 적정寂靜, 순선純善, 아까 말한 열 가지 마음이다. 그래서 생사를 벗어나서 넓은 뜻을 가지게 되는 것이다. 이 열 가지 마음을 가져야 이지二地에 들어가게 된다.

**주차성취계공덕住此成就戒功德 원리살생불뇌해遠離殺生不惱害
역리투도급사음亦離偸盜及邪淫 망악괴리무의어妄惡乖離無義語.**

십계를 지켜야 된다. 살생을 멀리하고 번뇌와 해치는 것을 없이하고 도적질하는 것을 없이하고 사음邪淫을 없이하고 아까 말한 망어, 악구, 그리고 괴리乖離라는 이간질하는 것, 그리고 쓸데없는 말, 뜻 없는 말을 자꾸 하는 그런 것을 떠나야 된다.

**지옥축생수중고地獄畜生受衆苦 아귀소연출맹염餓鬼燒然出猛焰
일체개유죄소치一切皆由罪所致 아당리피주실법我當離彼住實法.**

그래서 나쁜 짓을 하면 지옥, 축생이 되어 많은 고통을 받는 것이고 아귀가 되어 불에 타는데 더 뜨거운 불길이 쏟아져 나오는 것이다. 그러니까 아귀라는 것을 심리적으로 말하면 화내는 것이다. 자기 속에서 화가 자꾸 터져 나오는데 그렇게 되면 나중에는 남을 죽이기도 하고 그렇게 된다. 그러니까 아귀라고 한다. 그래서 "일체개유죄소치一切皆由罪所致", 모든 것이 다 죄 때문에 그렇게 되는 것이지 죄가 없으면 어찌 그렇게 되겠는가. "아당리피주실법我當離彼住實法", 그래서 우리는 언제나 그런 죄에서 벗어나서 정말 정직하게 법을 지키고 사는 그런 사람이 되어야 하지 않느냐.

**부견군생수중고復見群生受衆苦 전쟁증익대비심轉更增益大悲心
범우사지부정해凡愚邪智不正解 상회분한다쟁송常懷忿恨多諍訟.**

중생들이 고통을 받는 것을 보고 불쌍히 여기는 마음이 나오게 되어야 된다. 그래서 어리석은 사람들은 빗나간 지혜를 가지고 있기 때문에 똑바로 이해하지를 못한다. 그리고 밤낮 화내고 언제나 한에 맺혀서 밤낮 싸우게 된다.

　　보살주차집공덕菩薩住此集功德 견무량불함공양見無量佛咸供養
　　억겁수치선갱명億劫修治善更明 여이호락연진금如以好樂鍊眞金.

보살은 이런 사람들을 구원하기 위해서 공덕을 쌓아야 된다. 많은 부처님을 보고서 그들을 공양해야 되고 그래서 오랫동안 쌓고 닦아 선을 축적해서 나중에는 지혜와 함께 선도 밝아지게 그렇게 되어야 된다. 그래서 마치 오랜 용광로 속에서 나 자신이 녹아 가지고 나는 없어지고 그리스도만 남게 그렇게 되어야 한다. 그래서 순금이 나올 수 있게 되어야 한다. 우리가 그리스도와 함께 십자가에 못 박혀 죽었으니 이제 내가 사는 것이 아니요 그리스도가 내 안에 산다는 것이다. 기독교로 말하면 그런 말이다. 소위 연진금鍊眞金이다.

　　일체세간이익자一切世間利益者 소수보살최승행所修菩薩最勝行
　　여시제이지공덕如是第二地功德 위제불자이개연爲諸佛子已開演.

모든 세간을 이익되게 하는 사람, 그것이 보살의 가장 높은 행동인데 이렇게 제2의 공덕을 여러분을 위해서 내가 지금까지 설명을 했다.
　이것은 그렇게 복잡한 것이 없으니까 좀 쉽다. 그러니까 악을 제거하라는 것이다. 이것을 아는 것은 문제가 안 되는데 실제 악이 제거가 되었는지가 문제다. 악이 제거가 잘 안 된다. 번뇌를 우리가 벗어나야 되는데 아까도 그랬지만 번뇌가 계속 장작불처럼 타오르니까 이 번뇌를 벗어나기가 참 어려운 것이다. 그것을 이제 벗어나려면 보통 어려운 것이 아니다.

2001. 11. 18.

십지품 강해(3)

26.7 발광지發光地

발광지의 핵심은 선정禪定이라는 것이다. 보시, 지계에 이어 선정이다.

26.7.1 불자득문차지행佛子得聞此地行 **보살경계난사의**菩薩境界難思議 **미불공경심환희**靡不恭敬心歡喜 **산화공중위공양**散華空中爲供養.

불자가 제2의 세계를 가고 정말 보살의 경계라고 하는 것은 상상할 수 없으리만큼 어려운 세계라는 것을 알고, 그 보살의 세계를 공경하지 않을 수가 없다는 그런 생각을 가지고서 기쁨을 얻게 되었다. 그래서 그 보살을 위해서 하늘 위에 꽃을 높이 뿌리면서 그 보살의 덕을 찬양했다.

대선소유시계법大仙所有施戒法 **인욕정진선지혜**忍辱精進禪智慧
급이방편자비도及以方便慈悲道 **불청정행원개설**佛淸淨行願皆說.

보살의 길이라고 하는 것은 보시, 지계, 인욕, 정진, 선정, 지혜, 방편, 자비도, 불청정행, 원이라는 열 개가 있다. 십파라밀이라는 것이다.

26.7.2 이시爾時 **금강장보살**金剛藏菩薩 **고해탈월보살언**告解脫月菩薩言 **욕입제삼지**欲入第三地 **당기십종심**當起十種深心.

이때 금강장보살이 해탈월보살에게 말하기를 이 발광지에 들어가려면 또 열 가지 마음이 있어야 된다고 했다.

청정심清淨心 안주심安住心 염사심厭捨心 이탐심離貪心 불퇴심不退心 견고심堅固心 명성심明盛心 용맹심勇猛心 광심廣心 대심大心.

열 가지 마음 중에서 가장 중요한 것이 청정심清淨心이다. 깨끗한 마음이다. 청정심만 되면 그 다음에는 안주심安住心도 나오게 된다. 마음이 깨끗하면 무슨 걱정 근심이 있겠는가. 그래서 편안한 것이다. 염사심厭捨心, 즉 미래의 욕망을 버릴 수도 있다. 이탐심離貪心, 현재의 욕구를 떠날 수도 있다. 불퇴심不退心은 보살의 도에서 물러서지 않는 것이다. 견고심堅固心은 계속 참고 견디는 것이다. 그래서 명성심明盛心, 밝고 성한 지혜를 얻게 된다. 용맹심勇猛心은 용감하게 악을 버리는 것이다. 그리고 모든 사람을 포섭하고 도와주는 마음이 광심廣心 대심大心이다. 이렇게 열 가지인데 다 청정심 속에 들어간다고 보면 될 것이다.

보살菩薩 관일체유위법觀一切有爲法 여실상如實相 무상無常 고苦 부정不淨 불안은不安隱 패괴敗壞 불구주不久住.

'실상實相', 있는 대로 이 세상의 모든 일을 보니까, 세상만사의 현실세계를 그대로 보니까, 여기서 '법法'이라는 말에는 진리라는 뜻도 있고 만물이라는 뜻도 있고 실재라는 뜻도 있고 여러가지 뜻이 있는데 그때그때 맞춰서 번역하면 된다. 이 현실세계를 우리가 들여다보니까 현실세계는 어떤 것인가. 흔히 하는 말로 인생은 어떤 것인가 하는 말이다. 인생은 어떤 것인가 하면 '무상無常'이다. 허무하다는 말이다. 인생이 허무하다. 칠십 년 팔십 년 살아보아도 인생은 허무하다, 그렇게 느끼는 수가 참 많다는 것이다. 그것을 보통 무상이라 한다. 인생이 허무하다는 것이 무엇인가. 정말 뜻이 없는 것 같다는 말이다. 의미가 없는 것 같다. 살 가치가 없는 것 같다. 정말 허무하다. 그리고 '고苦', 괴로움뿐이다.

그리고 '부정不淨', 더러운 것뿐이다. 세상이 자꾸 더러워진다. 세상이 자꾸 괴로워진다. 세상이 자꾸 허무해진다. 이런 것이 우리가 인생에 대해서 느끼는 하나의 느낌이라 할 수 있다. 그런 것을 다른 말로 할 때는 '불안不安'이다. 이 세상이 자꾸 불안하다. 그리고 '패괴敗壞', 요새로 말해서 공포다. '불구주不久住', 요새로 말해서 절망이다. 세상은 자꾸 불안하고 공포에 차 있고 절망뿐이다.

이런 것이 요새 현대인의 느낌이라는 것이다. 불안과 공포와 절망, 이것은 이 사람들에게 늘 나오는 말이다. 사법인四法印이라 해서 일체개고一切皆苦, 괴롭다는 것이다. 그리고 제행무상諸行無常이다. 허무하다는 것이다. 그리고 더럽다는 것이다. 소위 상락아정常樂我淨이다. '고苦'라고 하는 것은 낙樂이 없다는 것이니까 사법인을 상락아정이라 볼 수 있다. 상락아정이 없는 것이다. 나중에 사념처四念處라 해서 또 나오지만 이것이 밤낮 하는 소리다. 인생은 허무하다는 것이다. 인생은 괴롭다. 인생은 더럽다. 그리고 제법무아諸法無我. '아我'라는 것은 자유라는 말이다. 내 마음대로 되는 것이 아무 것도 없다. 먹을 것도 없고 잠자리도 없고 옷도 없고 아무 것도 없다 이렇게 된다.

그래서 이 네 가지를 보통 사전도四顚倒라 한다. 사람이 그만 뒤집히고 말았다. 발로 걸어 다녀야 되는 데 머리 꼭대기로 다니게 되었다. 그래서 무엇이고 되는 것이 하나도 없다. 뒤집히고 만 것이다. 그러니까 보통 사전도라고 한다. 허무하다, 괴롭다, 더럽다, 답답하다. 자유가 없으니까 기가 막히고 답답하다 그렇게 말하는 것이다. 언제나 기가 막힌 것뿐이고 더러운 것뿐이고 괴로운 것뿐이고 또 뜻이 없다. 살 의미가 없다. 허무한 것이다. 이 네 가지를 이 사람들은 언제나 한꺼번에 말하는 것이다. 그래서 인생이라 하는 것이 그만 전도인생顚倒人生이다. 거꾸로 사는 인생이라는 것이다. 기독교에서는 그냥 죄인이라 그러는 것인데 불교에서는 죄인이라는 것을 거꾸로 사는 사람들이 죄인이라 한다.

그래서 팔정도八正道라는 정도가 나온다. 바로 살아야 된다는 것이다. 바로 살아야 힘이 있는데 거꾸로 사니까 그만 아무 힘이 없는 허무하고 나약한 이런 인생이 되고 말았다는 것이다. 그래서 여기서 밤낮 주장하는 것이 무엇인가 하면 사람은 바로 살아야 되는데 거꾸로 살고 있다는 것이다. 사전도다. 사념처라 하는 것도 다 같은 말이다.

그래서 "불안은不安隱 패괴敗壞 불구주不久住." '패괴敗壞' 란 썩어서 문드러졌다는 말이다. '불구주不久住'는 오래 살 수가 없게 되었다는 것이다. 불안하고 썩어 문드러져서 오래 살 수가 없게 되었다.

26.7.3 보살菩薩 생십종애민심生十種哀愍心.

이 세상이라 하는 것은 무상無常, 고苦, 부정不淨이라 했다. 그래서 보살은 이 중생들을 불쌍히 생각하는 그런 마음을 가지게 되는데 그 불쌍하게 생각하는 마음이 열 가지가 있다.

견제중생見諸衆生 고독무의孤獨無依 빈궁곤핍貧窮困乏 삼독화연三毒火然 제유뇌옥지소금폐諸有牢獄之所禁閉 번뇌조림煩惱稠林 항소복장恒所覆障 불선관찰不善觀察 무선법욕無善法欲 실제불법失諸佛法 수생사류隨生死流 실해탈방편失解脫方便.

모든 중생들을 보니 고독하고 친구가 없다. 많은 사람들 속에 지내면서도 친구가 없이 지낸다는 것이다. 그리고 가난하고 고생을 많이 한다. 그리고 탐진치貪嗔痴라는 삼독三毒에 불타고 있다. 그래서 감옥속에 갇혀있는 것이나 같다. 번뇌가 아주 무성해서 그 번뇌 속에 덮여 있다. 그래서 자기 속에 있는 깨끗한 본심을 잘 보지 못한다. 자기 속에 있는 불성을 깨닫지 못한다는 것이다. 그래서 좋은 법을 붙잡고 가려고 하는 의지가 없다. 그래서 저절로 모든 불법을 잃게 되고 생사의 흐름에 빠지게 된다. 그래서 해탈하는 방편을 잃게 된다. 그런 것을 보살이 슬퍼한다는 것이다.

십지를 십파라밀로 말하면 1번의 환희지는 보시가 되고 2번의 이구지는 지계, 3번의 발광지는 인욕이다. 인욕이란 모든 고통을 참는 것이다. 그런데 우리가 이것을 간추려서 보시·지계·선정·지혜라 이렇게 볼 때는 3번의 발광지는 선정에 해당하는 것이다. 그래서 선정이라 하는 말이 자꾸 나온다.

　본래는 정선定禪이다. 그러니까 이것을 정선이라 하기도 하고 좌선坐禪이라 하기도 하고 참선參禪이라 하기도 한다. 일본에서는 좌선이라 하는데 한국에서는 참선이라 한다. 그러니까 '선禪'이라 하는 것은 디야나dhyana라 하는 것이다. 그리고 '정定'이라 하는 것은 삼마디samadhi라는 것이다. 보통 이것을 한문자로 쓸 때는 삼매三昧라 한다. 삼매와 정려靜慮 혹은 삼매와 적정寂靜이라 번역한다. 전에 『원각경』을 배울 때 삼마디samadhi, 삼마파티samapatti, 디야나dhyana, 그렇게 말했는데 삼마디라 할 때는 등지等持라 번역하고 삼마파티라 할 때는 등지等止라고 했다. '지持'는 붙잡았다는 것이고 '지止'는 도달했다는 것이다. 그러니까 삼마파티는 삼마디보다 더 깊이 들어간 것이다. 그래서 결국 디야나에 간 것이다. 쉽게 말하면 이 등지等持에서 '등等'이라 하는 것은 신심평등身心平等이라는 뜻이다. 신심평등이라 해도 좋고 신심통일身心統一이라 해도 좋다. 정신을 집중하는 것이다. 그리고 '지持'라고 하는 것은 총지摠持라는 것이다. 집중을 해서 어떤 경지까지 도달하는 것이다. 그것이 등지等持라는 것이다.

　집중해서 어떤 데 열중해 들어간다. 혹은 몰두해 들어간다. 몰두해 들어가서 어디까지 들어가면 우리가 늘 말하는 붕 떠오르게 된다. 물 속에 머리를 박고 어디까지 들어가면 붕 떠올라 온다. 보통은 계정혜戒定慧라 말할 때 정定은 몰두해 들어가는 것이다. 그래서 혜慧가 되면 붕 뜨는 것이다. 이렇게 계정혜라는 삼학三學으로 말할 때는 정定은 몰두해 들어가는 것이다. 계戒는 뛰어들기 위해서 옷을 다 벗어치우는 것이고, 정定이란 물 속에 몰두해 들어가는 것이다. 몰두해 들어가서 붕 뜬다 하면 그것을 혜慧라고 한다. 그래서 보통 계정혜라고 한다.

　이것을 다른 말로 할 때는 지관止觀이라 한다. '지止'라고 하는 것은 어느 한 곳에 몰두해 들어가서 붕 떴다는 것이고 붕 떴다 하면 보이니까 '관觀'이다. 그래서 지관이라는 말도 많이 쓴다. 지관 다시 말해서 정혜定慧인데 삼마디라는 이것이 계戒이고 삼마파티라는 이것이 정정이고 디야나라는 이것은 혜慧라고 볼 수도 있다. 그러니까 계정혜다. 다 집어치우고 몰두해 들어가서 붕 떴다 이렇게 생각할 수 있다. 삼마디, 옷을 다 벗어치우고, 삼마파티, 몰두해 들어가서, 디야나, 붕 떴다는 것이다. 그러니까 크게 말할 때 계정혜라는 것인데 우리가 정정 속에서 또 조그맣게 말할 때도 삼마디, 삼마파티, 디야나, 그렇게 말할 수 있다.

무엇이든지 깊이 들어갔다가 어떻게 팍 떠서 나오는 것, 말하자면 하이데거 Martin Heidegger(1889-1976)의 시간성時間性이라는 것이다. 장래將來, 기재既在, 현존現存이라 하는 것이다. 장래는 삼마디요, 기재는 삼마파티, 현존은 디야나. 하이데거로 말하면 그것이다. 시간성이라는 것이다. 결국 사람이 언제 시간을 초월할 수 있는가. 열중해 들어가는데 시간을 초월하고 만다. 그때는 시간가는 줄 모르는 것이다. 그러니까 그때 시간을 초월하는 것이다. 사차원의 시간이다. 시간이 안 가는 세계다. 요전에 말한 공空이라 하는 세계다. 무無의 세계다. 그러니까 무無, 하나(1), 무한無限이라 했는데 무의 세계가 그것이다. 시간이 안 가는 세계다. 우리가 요전에 야마夜摩는 시간이라는 말이라 했다. 야마천夜摩天이란 시간이 안 가는, 시간을 초월한 세계라 했다. 그러니까 우리가 천국이라 할 때 천국이란 시간을 초월한 세계다.

우리가 영혼불멸이라 하면 죽은 후에도 그냥 살아간다는 것이다. 그러니까 영생이라 할 때 희랍 사람들이 생각하는 영생은 영혼불멸이다. 죽은 후에도 계속 살아간다는 것인데 이것은 시간을 늘리는 것이다. 장시長時다. 계속 살아간다는 것이다. 그런데 기독교에서 말하는 영생은 시간을 초월한다는 것이다. 그러니까 이 세상을 살면서도 시간을 초월하고, 죽어서도 시간을 초월한다. 그래서 살아도 살고 죽어도 사는 것이다. 나는 생명이요 나는 부활이다. 생명이요 부활이다 하는 이것이 무엇인가 하면 시간을 초월한 세계다. 그러니까 희랍철학과 기독교가 싸워서 결국 기독교가 희랍철학을 누르고 서방 세계를 지배하게 된 것은 결국 시간을 계속하는가 아니면 시간을 초월하는가 그것이다. 시간을 초월하는 것과 시간을 계속하는 것인데 결국 시간을 초월하는 것이 이기게 되고 만다. 그러니까 기독교의 특징은 시간을 계속하는 것이 아니라 시간을 초월한다는 것이다. 여기서의 생각들도 다 시간을 초월한다는 생각이지 시간을 계속한다는 생각이 아니다.

『화엄경』에서 천국이라고 생각하는 것이 세 가지다. 욕계欲界, 색계色界, 무색계無色界라는 것이다. 수미산이 있고 그 위에 도리천이 있고 그 위에 야마천이 있고 그 위에 타화자재천이라 하는 것이 있는데 이 타화자재천은 욕계에서 가장 높은 세계다. 욕계에서 더 올라가면 색계가 되고 색계에서 더 올라가면 무색계가 된다. 욕계라 하는 것은 사람이 죽은 후에도 아직 맛있는 것이 먹고 싶다, 잘살고 싶다, 그런 것이 많이 남아 있는 세계다. 그러니까 천국에 가서 보니까 무슨 맛있는 음식이 많이 있고 길가의 나무에는 맛있는 과일들이 가득하고, 이런 것들을 자꾸 생각하는 그런 세계를 욕계라 한다. 그런데 조금 더 올라가서 그런 생각들이 완전히 떨어지진 않았지만 이젠 정말 떡으로 사는 것이 아니라 말씀으로 산다 하는 좀더 정신적으로 올라간 그런 세계를 색계라 한다. 그리고 그 다음에는 욕심이라는 것이 완전히 없어지고 정말 영적으로 살게 된다 하면 그것을 무색계라 한다. 그러니까 욕계라 하는 것은 사람이 채 철이 못 든 단계다. 그러다 좀더 철이 들고 올라가면 욕계에서 색계로 색계에서 무색계로 된다. 물론 욕계에 들어가려 해도 참선이 많이 필요하다고 보아야 되겠지만 보통은 욕계에 들어가려면 그런 수양보다는 선을 붙잡고 악을 제거하는 것이 필요하다. 그래서 보통 일반 사람들이 가는 곳이 욕계다. 일반 사람들이 언제 그렇게 주저앉아서 참선할 기회가 있겠는가? 그러니까 될 수 있는 대로 착하게 살자 해서 그렇게 살면 사람들이 욕계에 가는 것이다. 그런데 중이 되어서 절간으로 들어가 참선을 많이 한다 하면 결국 색계에 간다. 참선 가운데도 더 높은 참선을 많이 한 사람, 우리 한국 사람으로 말하면 성철性徹 같은 그런 사람은 무색계로 갈 것이다. 말하자면 보통 사람들은 욕계로 가는 것이고 좀더 수도를 많이 한 사람은 색계로 가고 진짜 높은 수도를 한 사람은 무색계로 간다는 것이다.

오늘 나오는 말들은 색계로 가는 이야기다. 그 색계로 가는데 참선이 굉장히 중요하다는 것이다. 그런데 이 참선 가운데는 네 가지 등급이 있다. 1선禪, 2선, 3선, 4선이다. 참선參禪이라는 것은 중국 사람들의 말로 하면 '중中'이다. "희로애락미발위지중喜怒哀樂未發謂之中"이다. 그것을 불교에서는 참선이라 한다. 참선하는데 네 단계가 있는데 그 네 단계의 특징이 각각 출입出入, 심사尋伺, 희우喜憂, 고락苦樂이라는 것이다. 출입出入이란 참선하는데 들어갔다 나왔다 하는 것이라 해도 좋고 또는 자기 숨을 들이쉬었다 내쉬었다 하는 것이라 해도 좋다. 참선하는데 숨을 천천히 쉰다. 코끝은 자기 배꼽과 일치되도록 하고 눈은 거의 감고 숨을 하나 둘 천천히 아주 천천히 쉬게 하는 것이다. 그래서 출식입식出息入息이라 해도 좋고 절간 속에 들어갔다 나왔다 하는 것이라 해도 좋다. 우선 좌우간 동작이 있어야 된다. 그리고 참선하는데 누가 찾아오는 경우도 있고 누가 엿보는 경우도 있다. 심사尋伺라는 것이다. 그 다음에는 걱정, 기쁨이다. 참선하고 있으면 자꾸 어떤 소식이 올 것이다. 그렇게 되면 걱정도 되고 기쁘기도 한다. 참선하려 해도 자꾸 어떤 생각이 들어오는 것이다. 그러니까 희우喜憂라는 걱정, 기쁨이다. 그리고 참선하려면 결가부좌로 앉아서 하니까 무릎도 아프고 괴롭다. 육체적 정신적 괴로움이 있을 것이고 또 어떻게 보면 낙樂도 있을 것이다. 이렇게 해서 이 사람들은 참선을 방해하는 요소로 8가지를 잡은 것이다. 출입出入, 사람이 자꾸 들락날락하는 것, 심사尋伺, 찾아오고 구경하는 것, 희우喜憂, 무엇인지 자기 속에 걱정 근심이 있고 기쁨이 있는 것, 고락苦樂, 고통이 있고 즐거움이 있는 것, 이런 여덟 가지를 제거해야 된다.

그러니까 제1단계는 출입을 제거한 것이다. 사람들이 들락날락하는 것을 막는 것이다. 2단계는 누가 찾아오거나 엿보지 못하게 하는 것이다. 3단계는 모든 걱정과 기쁨을 제거하는 것이다. 4단계는 고락을 제거하는 것이다. 『중용』에서는 희로애락이다. "희로애락미발"이 "중"이다. 이것이 참선이다. 그래서 이것을 일체 없이해서 나중에는 마음이 정말 고요해지고 평등해지고 깨끗해지고 그래서 일체 번뇌가 없어지는 그런 세계로 가면 그것이 디야나라는 것이다. 그래서 이렇게 네 단계로 출입, 심사, 희우, 고락, 이런 것들을 떼어버리는 것이다. 그래서 마지막 4선에 가면 평등자각平等自覺이다. 심신心身이 평등해지고 자기가 부처라는 것을 자각한다. 그러니까 견성성불見性成佛이 되는 것이다.

일본 사람들은 좌선坐禪이라 하는데 '좌坐' 란 무엇인가 하면 일좌불기一坐不起다. 딱 앉았으면 몇 시간이고 일어서지 않는 것이다. 몇 시간이 아니라 몇 해고 앉아서 몰두해 가면 그것이 일좌불기다. 그러다가 '선禪' 이라 하는 견성성불, 별을 발견한 것이다.

무엇을 열심히 공부해서, 논문이라도 쓰려면 이것을 보고 저것을 보고 열심히 보게 되는데, 그렇게 해서 논문이 완성되었다 하면 그것이 견성성불이다. 무엇이거나 우리가 그것을 열심히 해서 그것이 나중에 결론이 나오면 그것이 디야나라는 것이다. 그러니까 붕 뜨는 것이다. 논문을 쓰기 위해 이것도 보고 저것도 보고 그러다가 마지막에 논문을 시작했다 하면 그것이 등지等持요 논문이 거의 다 되었다 하면 그것은 등지等止요 그래서 결국 논문이 통과되었다 하면 그것이 디야나다. 우리가 사는 것이 전부 그것이지 다른 것이 없다. 아파트 하나 사려고 열심히 애끼고 애껴서 은행에 예금을 하고 그래서 은행융자를 받아서 아파트를 샀다 하면 등지等持다. 나중에 빚 다 갚고 내 집이 되었다 하면 디야나가 된 것이다. 우리가 사는 것이 다 이것이지 이것 아닌 것이 어디 있겠는가. 학자니 정치가니 하는 것도 다 그것이다. 김대중도 대통령 한 번 되려고 얼마나 애를 썼는가. 애를 쓰다가 대통령이 되었으면 그것이 디야나다.

그런 과정을 우리가 삼마디, 삼마파티, 디야나, 그렇게 말하는데 여기서는 그런 과정을 네 단계로 올라갔다는 것이다. 그래서 맨 마지막에 평등자각平等自覺이다. 3선禪에서는 기쁨을 떠나고 낙을 얻는 것이다. 2선에서는 선정에 의지해서 기쁨과 낙을 얻는 것이다. 1선에서는 악을 떠나서 기쁨과 낙을 얻는 것이다. 이렇게 맨 처음에는 악을 떠나는 단계이고 그 다음에는 기쁨과 낙이 있는 단계이고 그 다음에는 기쁨을 떼어버리는 단계이고 그 다음에는 기쁨도 낙도 다 떼어버리는 그런 과정이다. 이렇게 차차 올라간다는 것이다.

26.7.4 보살菩薩 유각유관有覺有觀 주초선住初禪 무각무관無覺無觀 주제이선住第二禪 유념정지有念正知 주제삼선住第三禪 사념청정捨念淸淨 주제사선住第四禪.

보살이 "유각유관有覺有觀"이면 초선初禪이다. 유각유관이란 무엇인가? 아까 심사尋伺라고 했는데 이것을 각覺과 관觀이라 했다. 『60화엄경』에서는 '심사' 라 이렇게 되어 있는데 『80화엄경』에서는 '각관覺觀' 이라 했다. 같은 내용인데 글자를 그렇게 썼다. 그러니까 유각유관이면 초선인데 "무각무관無覺無觀"이면 2선禪이다. 맨 처음에는 출입出入만 없어지고 심사尋伺는 있는 것이다. 그러다 두 번째 단계가 되면 심사가 없어지는 것이다. 그래서 2선이 되면 무각무관이다. 제3선은 "유념정지有念正知"다. 기쁨이 떨어져 나가는 과정이다. 그리고 제4선은 "사념청정捨念淸淨"이다. 즐거움마저도 떨어져 나간 과정이다. '사捨' 라는 것은 기쁨과 즐거움을 다 떼어버리는 것을 말한다. '념念' 이라는 것은 자기의 불성을 자각하는 것이다. 그래서 마지막에는 '청정淸淨' 에 도달하게 되는 것이다. 그러니까 1선에서는 출입이 금지되는 것이고 2선에서는 들여다보거나 찾아오는 것이 금지되는 것이고 3선에서는 기쁨과 슬픔이 금지되는 것이고 4선에서는 고통과 즐거움이 금지되는 것이다. 그래서 차차 깊어지는 과정을 이렇게 말한 것이다. "유각유관有覺有觀"에서 "무각무관無覺無觀"으로 무각무관에서 "유념정지有念正知"로 유념정지에서 "사념청정捨念淸淨"으로 이렇게 된다. 그러니까 4선에서는 즐거움이 떨어져 나간 것이고 3선에서는 기쁨이 떨어져 나간 것이고 2선에서는 찾아오는 그런 것이 떨어져 나간 것이고 1선에서는 출식입식出息入息이 떨어져 나간 것이다.

무색계無色界	비상비비상지非想非非想地		
	무소유지無所有地		
	식무변지識無邊地		
	공무변지空無邊地		
색계色界	4선禪	고락苦樂	평등자각平等自覺
	3선禪	희우喜憂	이희묘락離喜妙樂
	2선禪	심사尋伺	정좌희락定坐喜樂
	1선禪	출입出入	이악희락離惡喜樂

다음은 무색계無色界라는 것이다. 무색계에도 4단계가 있다. 공무변지空無邊地, 식무변지識無邊地, 무소유지無所有地, 비상비비상지非想非非想地이다. "공무변지空無邊地"란 무엇인가. 허공이 하도 넓고 그래서 자유자재로 다닐 수 있게 되었다는 것이다. "식무변지識無邊地"란 어디나 다 알 수 있지 모를 데는 하나도 없다는 것이다. 그래서 활달이다. "무소유지無所有地"는 일체가 고요한 곳이지 고요하지 않은 곳이 없다는 것이다. 적정寂靜이다. 그 다음 "비상비비상지非想非非想地"는 심신心身이 다 평등해지고 안정해져서 생각도 없고 생각 아닌 것도 없다. 생각과 생각 아닌 것을 다 초월했다. 그래서 이것을 제일 꼭대기라 한다. 일본 사람들은 유정천有頂天이라는 말을 쓴다. 맨 꼭대기라는 뜻이다. 그래서 여기까지 올라가는 것이 이 사람들의 소원이다. 이렇게 무색계에 네 가지가 있는데 여기서는 식무변지와 무소유지라는 두 개만 나왔다. 천국에 올라갔는데 맨 처음에는 공무변지요 그 다음은 식무변지 그 다음에 무소유지 그 다음에는 비상비비상지이다. 그런데 이런 것은 우리와 별로 상관이 없다. 우리는 거기에 갈 이치도 없고 갈 수도 없다. 그래서 '비상'이나 '비비상'이나 우리와 상관이 없다. 하여튼 이 사람들은 천국을 이런 식으로 등분을 한다는 것이다. 그래서 올라가는데 올라가는 방법이 참선이다. 왜 참선을 자꾸 하는가

하면 천국에 가기 위해서 참선을 한다는 것이다.

그런데 참선이라 하는 것을 요새로 말하면 무엇이라 할까. 내 생각으로 말하면 우리가 과학을 한다, 철학을 한다, 종교를 한다, 예술을 한다 하는 이런 것이 결국 참선이라는 것이다. 달리 말하면 인의예지仁義禮智라는 것이다. 주자朱子가 말하는 성리학性理學이다. 성리학이라는 것이 결국 참선이라는 말이나 같은 말이다. '성性'이라 하는 것이 삼마디요 '리理'라고 하는 것이 디야나다. 몰두해서 나중에는 깨달음에 도달하는 것이다. 그것이 성리性理다. 그러니까 성리란 인의예지를 말한다. 인의예지를 현대적으로 말하면 종교, 철학, 예술, 과학이다. 우리가 하는 것이 그것이다. 우리가 문화라 하는 것은 보통 종교, 철학, 예술, 과학을 말하는데, 거기에 우리가 몰두해 들어가는 것이다. 거기에 몰두해 들어가는 것이 우리의 삶이다. 그래서 이 네 가지도 결국 우리가 몰두해 들어가서 나중에는 붕 뜨는 것, 그런 것을 생각해도 된다. 그러니까 천국이라는 것이 다른 것이 아니고 우리가 몰두해 들어가서 붕 떠올라오면 거기가 천국이라는 말이다. 그것이 시간을 초월하는 것이다.

그래서 나는 맨 처음에 과학 그 다음에는 철학 그 다음으로 종교 그 다음에는 예술이라 이렇게 생각한다. 이렇게 몰두해 들어가는 것이다. 몰두해 들어가서 더 깊어지면 붕 뜨게 되는 것이다. 그것이 디야나다. 그래서 과학이 끝나고 철학이 끝나고 종교가 끝나고 예술이 끝나는 것이다. 일생 살아보니까 그것뿐이다. 과학 하느라 애쓰다가 '아, 과학이라는 것이 이런 것이로구나' 하게 되고, 또 철학 하느라 애쓰다가 '아, 철학이란 이런 것이로구나' 하고 요령을 붙잡게 되고, 또 종교 하느라 애쓰다가 '아, 종교의 요령은 이것이다' 하고 붙잡게 되고, 예술을 하느라고 애쓰다가 '아, 예술의 요령은 이것이다' 하게 된다. 그래서 우리의 현실로 말하면 과학, 철학, 종교, 예술에 몰두해 들어가는 것, 그것이 결국 색계色界라는 것이다. 그러다가 그 다음에는 그것을 넘어서니까 여기처럼 '초超' 자가 이렇게 붙는다. 초공무변지超空無邊地, 초식무변지超識無邊地, 초무소유지超無所有地, 초비상비비상지超非想非

非想地, 이렇게 넘어서는 세계가 된다. 그러니까 과학도 해보다가 '아, 이것이로구나' 하고 자기가 넘어서게 된다. 물론 거기에 계속 깊이 들어가는 사람도 있지만 '대충 이것이로구나' 하고 넘어서고, 그 다음에는 철학으로 들어간다. 그래서 '철학이란 또 이런 것이로구나' 하고 넘어선다. 그 다음에는 종교로 들어간다. 그래서 '아, 종교란 이런 것이로구나' 하고 넘어선다. 그 다음에는 예술로 들어가서 '아, 예술은 이런 것이로구나' 하게 된다. 일생을 그렇게 살아가는 것이다. 그것이 시간을 초월하는 것이지 무슨 다르게 어떻게 시간을 초월하겠는가. 인생이 즐겁다는 것이 그것이지 그것이 없으면 인생이 즐겁다는 것이 어디 있겠는가.

그러니까 참선이란 요새말로 하면 과학, 철학, 종교, 예술에 몰두하는 것인데 색계라는 이것은 거기에 들어가는 세계이고 무색계라는 이것은 거기에서 나오는 세계라 그쯤 생각해도 되지 않을까 한다. 이것은 내 생각이다. 책에는 이런 말이 없다. 그렇지만 나는 그런 것이 아닐까 그렇게 생각하는 것이다.

26.7.5 초일체식무변처超一切識無邊處 초일체무소유처超一切無所有處 득무량신통력得無量神通力 득견다불見多佛 영제중생令諸衆生 사리탐욕捨離貪欲 보시애어布施愛語 이행동사利行同事.

철학도 초월하고 종교도 초월한다. 그러니까 여기 "초일체식무변처超一切識無邊處" 전에는 "초일체공무변처超一切空無邊處"가 있고 "초일체무소유처超一切無所有處" 다음에는 "초비상비비상처超非想非非想處"가 있는 것이다. 그래서 "득무량신통력得無量神通力", 신통력을 얻는 것이다. 과학이라면 과학의 기술력이 발달하는 것이다. 철학으로 말하면 철학을 정치에 이용하는 것이다. 그래서 민주주의니 공산주의니 그렇게 된다. 학문의 힘이, 혹은 기술이, 혹은 정치력이, 자꾸 그렇게 나오는 것이다. 그런 것을 무량신통력이라 한다. 그래서 거기에 전문가들이, 요새로 말하면 박사들, 정치인들이 많이 나오게 된다. 그 전

문가들이 나와서 세상을 이렇게도 하고 저렇게도 하는 것이다. "득견
다불得見多佛"이다. 그래서 모든 중생으로 하여금 이기주의를 집어치
우고 다 같이 살자 해서 서로 도와주고 서로 위로해주고 서로 이롭게
해주고 또 다 같이 사는 일에 우리가 몰두해 간다. 그것이 세상이지 다
른 것이 무엇이 있겠는가. 그러니까 결국 우리가 하는 일은 역시 이것
이다. 사선정四禪定을 지나고 무색정無色定을 넘어서는 일이다. '정
定'이란 정신을 통일하는 것이다. 사선정은 색계의 정신을 통일하는
것이고 무색정은 무색계의 정신을 통일하는 것이다. 그래서 선정禪定,
무색정無色定이라 그렇게 표현한다.

26.7.6 청정안주명성심淸淨安住明盛心 염리무탐무해심厭離無貪無害心
견고용맹광대심堅固勇猛廣大心 지자이차입삼지智者以此入三地.

이것은 십종심十種心에서 나왔다. 이런 열 가지 마음을 가져야 제3
지에 들어갈 수 있다. 제3지라 하는 것은 염혜지焰慧地로 선정禪定의
세계다.

관제유위여중병觀諸有爲如重病 우비고뇌혹소전憂悲苦惱惑所纏
삼독맹화항치연三毒猛火恒熾然 무시시래불휴식無始時來不休息.

유위有爲란 현실세계를 말한다. 현실세계를 보니까 마치 중병에 걸
린 것 같다. 그리고 온갖 근심 걱정에 매여져 있다. '전纏'이란 매여져
있다는 뜻이다. 서로 잡아먹으려고 탐진치貪瞋痴가 막 불붙는다. 언제
부터 이렇게 되었는지 모르지만 한없는 옛날부터 이렇게 바글거리면
서 살고 있다.

번뇌전복맹무목煩惱纏覆盲無目 지락하열상법보志樂下劣喪法寶
수순생사포열반隨順生死怖涅槃 아응구피근정진我應救彼勤精進.

번뇌에 사로잡혀서 그만 눈이 다 멀었다. 뜻과 즐거움이 다 낮아지고 천해져서 좋은 보배는 다 잃었다. 그래서 그냥 생사에 끌려다니길 좋아하지 거기에서부터 벗어나야겠다는 이런 생각은 오히려 무서워한다. 아편을 먹는 사람들이 아편이 끊어지는 것을 무서워하듯이 제대로 되는 것을 무서워한다. 그래서 나는 그런 사람들을 구하기 위해서 열심히 노력을 한다.

장구지혜익중생將求智慧益衆生 사하방편령해탈思何方便令解脫
불리여래무애지不離如來無礙智 피복무생혜소기彼復無生慧所起.

그래서 내가 붕 뜨게 되면 그 다음에는 내가 전문인이 되어서 중생들의 모든 병을 고쳐주게 된다. 어떻게 하면 그 사람들을 고쳐주고 어떻게 하면 그런 사람들을 해탈하게 할 수 있는가 그런 생각을 하게 된다. 그래서 여래의 걸림이 없는 지혜를 얻어서 그 사람들도 생사를 넘어선 지혜를 가지고 살 수 있게 만들어 주어야겠다.

문이여리정사유聞已如理正思惟 획득사선무색정獲得四禪無色定
사등오통차제기四等五通次第起 불수기력이수생不隨其力而受生.

그렇게 해서 이치대로 바르게 사는 그런 법을 듣고서 사선四禪과 무색정無色定을 획득한다. 즉 과학도 철학도 종교도 예술도 열심히 획득해서 결국 사등오통四等五通이 나와야 된다. 소위 자비희사慈悲喜捨라 하는 것을 사등四等이라 한다. '자慈'는 다른 사람에게 기쁨을 주는 것이다. '비悲'는 다른 사람의 고통을 없이해주는 것이다. '희喜'는 다른 사람이 잘 되는 것을 보고서 기뻐하는 것이다. 의사가 환자의 병이 나은 것을 보고 같이 기뻐하는 것이다. 다른 사람이 즐거워하는 것을 보고 같이 즐거워하는 것이다. 그리고 '사捨'는 다른 사람과 나 사이에 아무런 애증愛憎이 일어나지 않고 평화로운 마음이 되는 것이다. 애증이 없는 평화로운 마음이 '사捨'라는 것이다. 이런 자비희사를 사등심四等心 혹은 사무량심四無量心이라 한다. 자慈도 무량이고 비悲도 무량이고 희喜도 무량이고 사捨도 무량이다. 또 사등심四等心이라 할 때는 저 사람과 내가 평등함을 느낀다는 것이다. 나만 건강한 것이 아니라 저 사람도 건강해지고 나만 기쁜 것이 아니라 저 사람도 기쁘게 된다. 그래서 사등심이라 한다.

오통五通이란 신통神通이라는 말인데 신족神足, 천안天眼, 천이天耳, 타심他心, 숙명宿命을 오통이라 한다. 여기에 누진漏盡을 더하여 육통六通이라 하기도 한다. 신족神足은 발이 신통해졌다는 것이다. 마음대로 걸어 다니는 것이다. 앓던 사람이 일어나서 마음대로 걸어다니고 뛰기도 한다는 것이다. 자유롭게 다닐 수 있게 되었다는 것이다. 천안天眼은 눈이 밝아진 것이다. 과학을 한다 하면 과학의 눈을 뜨게 된다. 과학의 눈이 밝아진 것이다. 또 종교를 한다 하면 귀가 밝아진다. 천이天耳이다. 그리고 타심통他心通은 다른 사람의 마음이 대개 짐작이 간다는 것이다. 말 안 해도 대개 마음을 알 수 있다는 것이다. 그리고 숙명통宿命通이란 저 사람이 죽어서 어디로 갈 지 짐작이 간다는 것이다. 저 사람은 죽어서 천국에 가겠다 혹은 지옥에 갈 것이다 짐작이 간다. 그것을 오통이라 하는데 육통이라 할 때는 누진통漏盡通이 하나 더 들어간다. 일체의 번뇌가 다 없어졌다는 것이다. 기독교로 말하면 죄사함을 받았다는 말인데 그것을 불교에서는 번뇌가 다 끊어졌다고 한다. 열반적정涅槃寂靜이다. 번뇌가 다 없어졌다는 것을 열반적정이라 한다. 그래서 육신통 혹은 오신통이라 하는데 여기서는 오신통이라 나왔다.

그러니까 눈도 뜨게 되고 귀도 열리게 되고 코도 열리게 되고 입도 열리게 되는 것을 신통이라 한다. 우리가 말하는 것도 사실 신통한 것이다. 어린애가 아빠, 아빠 하다가 말하기 시작하는 것을 보면 신통하지 않는가. 그러니까 신통하다는 것은 정신이 깼다는 말이다. 정신이 깨고 정신이 이제 통한다는 것이다. 저 사람과 내가 이제 마음으로 통한다, 정신이 통한다 하는 이것이 신통이라는 것이다. 그래서 "불수기력이수생不隨其力而受生", 이제는 옛날의 살던 방식이 아니라 과학의 힘, 철학의 힘, 종교의 힘, 이런 힘으로 살게 되는 것이다.

일체중생보이익一切衆生普利益 피제보살최상행彼諸菩薩最上行
여시소유제삼지如是所有第三地 아의기의이해석我依其義已解釋.

그래서 일체 중생으로 하여금 모두 이익을 얻게 한다. 그것이 보살들의 최고의 행동이다. 이렇게 제3지까지 올라가는 것을 내가 지금 이렇게 해석한 것이다.

발광지發光地의 가장 중요한 점은 선정禪定이다. 정신을 통일해서 결국 붕 뜨는 것이다. 주자학朱子學으로 말하면 성리학性理學이다. '성性'이라 하는 종교, 철학, 예술, 과학 등에 깊이 들어가서 나중에는 거기에서 붕 떠오르면 그것을 '리理'라고 한다. 그래서 성리학이나 선정이나 다 같은 말이다. 우리가 공부한다는 것이 다 이것이다. 그래서 이 제3지라는 것이 상당히 중요한 것이다. 발광지다. 그래서 인간의 문화의 빛이 빛나게 된다.

2001. 11. 25.

십지품 강해(4)

26.8 염혜지焰慧地

제3지는 선정의 세계인데 이번에는 정말 지혜의 세계로 들어가는 것이다. 요전에도 말했지만 중요한 것은 지계持戒, 선정禪定이다. 지계, 선정이 되어 붕 뜨게 된다. 그래서 의사면 의사라는 전문가가 된다. 그 전문가가 된 것을 염혜지焰慧地라 한다. 지혜의 불꽃이 다른 모든 사람의 번뇌를 모두 태워줄 수 있을 만큼 그렇게 실력 있는 사람이 된 것이다. 그것이 염혜다.

26.8.1 불자문차광대행佛子聞此廣大行 가락심묘수승법可樂深妙殊勝法 심개용열대환희心皆勇悅大歡喜 보산중화공양불普散衆華供養佛.

이렇게 참선이라고 하는 것이 아주 대단한 행동인데 이렇게 해서 나중에 붕 뜨게 되면 한없이 기쁜 일이다. 그래서 불자는 이렇게 대단한 행동이면서 한없이 기뻐하게 되는 이런 제3지에 대한 이야기를 듣고 진리의 세계라는 것이 정말 더 깊고 더 신비하고 더 높다는 것을 알게 되었다. 그래서 마음에 얼마나 용기가 생기고 기쁨이 생겼는지 모른다. 그러니까 참선을 해서 천국에까지 올라갔다는 그런 말을 들으니 자기가 얼마나 기쁜지 모르겠다는 것이다. 그래서 너무 고마워서 부처님께 꽃을 바치고 부처님을 찬양했다. 결국 기쁨을 표시한다는 말이다.

용맹대심해탈월勇猛大心解脫月 청금강장언불자請金剛藏言佛子 종차전입제사지從此轉入第四地 소유행상원선설所有行相願宣說.

그런데 "용맹대심해탈월勇猛大心解脫月", 용감하고 큰 마음을 가진

해탈월보살이 금강장보살에게 이렇게 말했다. 이제부터 제4지에 들어가야 되는데 그 4지라고 하는 세계는 어떤 세계인지 그것을 좀 말해달라. 그랬더니 금강장보살이 말했다.

욕입제사염혜지欲入第四焰慧地 당수행십법명문當修行十法明門.

이 4지에 들어가려면 열 가지 진리의 밝은 문을 통과해야 된다. 그래서 십문十門이라는 열 가지가 나온다. 열 가지 문이라 하는 것이 무엇인가.

관찰중생계觀察衆生界 법계法界 세계世界 허공계虛空界 식계識界 욕계欲界 색계色界 무색계無色界 광심신해계廣心信解界 대심신해계大心信解界.

먼저 이 중생계를 알아야 된다는 것이다. 이 현실 세계가 어떤 것인지 우선 그것을 알아야 된다. 그 다음은 법계法界, 이상세계가 어떤 것인지 그것도 알아야 된다. 그 다음은 세계世界, 여기서 세계라는 것은 우주라는 말이나 마찬가지다. 요전에 세계해世界海라는 말이 있었다. 수미산 꼭대기 올라가면 칠산七山 팔해八海라는 그런 세계가 있다고 했다. 그것이 하나의 세계다. 그런 세계가 천 개가 모이면 중세계中世界다. 중세계가 천 개가 모이면 대세계大世界다. 그렇게 겹겹이 모이고 또 모이고 해서 나중에는 삼천대천세계三千大天世界가 된다. 삼천대천의 세계란 달의 세계, 화성의 세계, 무슨 은하수의 세계, 이렇게 한없이 많은 세계다. 요새로 말하면 우주라는 말이다. 그 다음에는 그 우주를 초월한 절대계, 하나님이 계신 데, 거기를 허공계虛空界라 한다. 허공계는 텅 비어서 공간이라는 그런 것이 아니다. 공간이라 할 때는 그냥 공계空界라 하고 허공계는 이 우주를 초월한 세계다. 기독교로 말하면 하나님이 계시는 그 절대의 세계다. 그리고 식계識界는 지식의 세계, 생각하는 세계다. 그것도 한없이 많다. 보통 우리는 5식, 6

식, 7식, 8식 하는데 그렇게 우리가 생각하는 세계도 또 많다. 그것이 식계다.

그 다음에는 욕계欲界, 색계色界, 무색계無色界가 있는데 욕계에는 야마천, 도솔천, 화락천, 타화자재천이 있다. 야마천에서는 2천년의 수명이 있고, 도솔천에서는 4천년, 화락천에서는 8천년, 타화자재천에서는 1만 6천년의 수명이 있다.

그리고 색계에 가면 1선禪, 2선, 3선, 4선으로 올라간다고 되어 있다. 맨 아래인 1선에서는 이악희락離惡喜樂, 악을 떠나서 나오는 희락이다. 그 다음에 2선에서는 정생희락定生喜樂, 선정에 의해서 생기는 희락이다. 그 다음 3선에서는 이희묘락離喜妙樂, 기쁨을 떠나 아주 신비한 즐거움에 처하는 그런 것이다. 그리고 4선에까지 가면 그런 것들이 다 없어지고 평등자각平等自覺 하게 된다는 것이다.

그런데 또 1선은 출입出入하는 것이 없다고 한다. 그리고 2선은 심사尋伺, 찾아오거나 구경하는 사람도 없고, 3선은 희우喜憂, 기쁘거나 근심하는 그런 것이 없고, 4선은 고락苦樂, 괴롭거나 즐겁거나 하는 그런 것이 없다고 하는데 모두 참선의 경지가 깊이 들어가는 그런 것을 말하고 있다.

그 다음이 무색계無色界다. 무색계에 가면 맨 아래가 공무변지空無邊地다. 그 다음으로 식무변지識無邊地, 무소유지無所有地, 비상비비상지非想非非想地라 한다. 공무변지는 허공자재虛空自在. 식무변지에서는 활달闊達이다. 마음이 활달한 것이다. 무소유지는 적정寂靜이다. 마음이 적정에 들어간 것이다. 마지막 비상비비상지에서는 평등안정平等安定이다. 몸과 마음이 다 평등하고 안정한 것이다. 그리고 공무변지에서는 수명이 2만년이고 식무변지에서는 4만년이고 무소유지에서는 6만년이고 비상비비상지에서는 8만년이라 한다.

그 다음에는 광심신해계廣心信解界다. 넓은 마음을 가지고 서로 믿고 이해하는 세계다. 그 다음은 대심신해계大心信解界다. 큰 마음을 가지고 서로 믿고 이해하는 세계다. 이런 모든 세계를 알아야 된다. 의사로 말하면 안과도 알아야 되고 치과도 알아야 되고 내과도 알아야 되고 이렇게 다 알아야 그것이 의사지 그렇지 않으면 의사라고 할 것이 없다는 말이다. 그러니까 이런 많은 것들, 정신의 세계, 물질의 세계, 생물의 세계, 광물의 세계, 유기체, 무기체 할 것 없이 다 알아야 된다는 것이다.

26.8.2 37도품道品

제3 발광지는 십파라밀로 말해서 보시布施, 지계持戒, 인욕忍辱이라는 인욕이라 했다. 그런데 제4지 염혜지는 정진精進의 세계다. 그래서 정진이라는 말이 자꾸 나온다. 의사가 되려면 의과대학도 나와야 되고 인턴도 해야 되고 레지던트도 해야 되고 다 해야 된다. 그런 것을 불교에서는 37도품道品이라 한다. 37개의 등급을 올라가야 의사가 되지 그렇지 않으면 의사가 못된다는 것이다. 37도품이란 사념처四念處, 사정근四精勤, 사신족四神足, 오근五根, 오력五力, 칠각지七覺支, 팔정도八正道를 말한다. 그러니까 37도품이란 오경실현도悟境實現道, 깨달음의 세계를 어떻게 실현하는가 그 방법을 말한 것이다. 먼저 사념처란 무엇인가.

(1) 사념처四念處
신身 : 부정不淨   정淨   청정淸淨   로老
수受 : 고苦   락樂   희락喜樂   병病
심心 : 무상無常   상常   불변不變   사死
법法 : 무아無我   아我   자유自由   생生

사념처四念處는 신身, 수受, 심心, 법法이다. '신身'이란 몸이 더럽지 않은지 그것을 자꾸 생각하는 것이다. 그리고 '수受'는 내가 느끼는 것이 괴로움을 느끼지 않는가 생각하는 것이다. '심心'이란 내 마음이 언제나 불변한가. 내 마음이 어제와 오늘 이랬다 저랬다 자꾸 변하지는 않는가. '법法'이란 여러 가지로 쓰여지는 데 크게 말할 때는 우주 만물이다. 보통 존재라고 한다. 그 다음에는 무슨 진리라든가 교리라든가 학설이라든가 이런 것들을 말할 때 법이라 한다. 크게 말해서 법은 존재와 진리 두 가지로 생각할 수 있다. 여기서는 지금 존재라는 것이다. 나라고 하는 존재다. 나라고 하는 존재가 제대로 나라고 하는 구실을 하느냐는 것이다. 그러니까 사념처란 내 몸이 깨끗한가, 내 마음이 괴롭지나 않는가, 내 정신이 깨어있는지 아닌지, 그리고 나 자체라고 하는 것이 제대로 나라고 하는 구실을 하고 있는가, 그 네 가지를 언제나 생각해 보는 것이다. 내 몸이 깨끗한가 아닌가. 내 마음이 괴로운가 즐거운가. 내 정신이 언제나 깨어있는가 깨어있지 않는가. 나라고 하는 것이 제대로 주체노릇을 하고 있는가. 이 네 가지를 언제나 생각하라는 것이 사념처다. 그런데 그것이 공연히 자기가 깨끗하다 이렇게 생각해도 안 되고 자기는 밤낮 즐겁다 이렇게 생각해도 안 되고 자기는 불변한다 이렇게 생각해도 안 되고 자기가 제일 잘났다 이렇게 잘못 생각해도 안 된다. 이렇게 잘못 생각하면 그것을 사전도四顚倒라 한다. 사전도가 되면 그것은 아니라는 것이다. 그러니까 내가 잘났다 해도 안 되고 나는 불변이다 해도 안 되고 나는 언제나 즐겁다 해도 안 되고 나는 깨끗하다 이렇게 생각해도 안 된다. 내가 부처가 되어야 영원히 깨끗한 것이고 영원히 즐거운 것이고 영원히 변함이 없고 영원히 자유롭다. 그러니까 사념처란 사전도라는 이것을 버리고, 즉 내가 쓸데없는 생각으로 내가 잘났다, 영원하다, 즐겁다, 깨끗하다 하는 이런 생각을 버리고, 정말 진리를 깨달은 후에 진리와 함께 하는 사덕四德이라야 된다. 그래서 마음이 깨끗한 자는 하나님을 본다고 하는 깨끗함과 진리와 함께 기뻐하는 기쁨과 언제나 살아도 살고 죽어도 사는 영원함과 언제나 진리가 자유롭게 하리라 하는 진리 안에서의 자유다. 진리를 깨달은 후에 자유, 진리를 얻은 후에 불변不變, 진리와 함께 기쁨, 진리와 함께 깨끗, 이런 세계까지 가자는 것이 소위 사념처라는 것이다. 보통 세상 사람들이 말하는 "노세 노세 젊어서 노세" 하는 그런 즐거움이 아니고 진리와 함께 기뻐하는 즐거움이다. 화장을 잔뜩하고 나와서 깨끗하다는 그런 깨끗이 아니고 마음이 정말 깨끗한 깨끗함이다. 밤낮 잘먹고 잘산다는 그런 잘사는 것이 아니고 영원히 잘사는 것이다. 그리고 이 '나'는 돈이나 좀 있다고 뽐내는 그런 '나'가 아니고 완전한 자유를 얻은 영원한 '나'다. 그러니까 사념처란 이 네 가지를 생각할 때 이런 망상에 빠지지 말고 진짜 깨끗함과 진짜 기쁨과 진짜 불변과 진짜 자유를 얻게 되어야 한다. 청정淸淨, 희락喜樂, 불변不變, 자유自由다.

그러니까 불교의 가장 핵심적인 것이 이 네 가지다. 일체개고一切皆苦, 제행무상諸行無常, 제법무아諸法無我, 열반적정涅槃寂靜이다. 그래서 고苦라는 것, 무상無常이라는 것, 무아無我라는 것, 정淨이라는 것이다. 이 네 가지를 가지고 이렇게도 말하고 저렇게도 말하는 것이다. 우리는 이것을 어떻게 따로 외는가 하면 여기에 생로병사生老病死를 붙여보는 것이다. 그래서 늙으면 자꾸 더러워지니까 신신身에다 늙는 것, 로老를 붙였다. 늙으면 피부에 이렇게 자꾸 검은 점이 생기는데 병원에서 물어보니까 태양광선이 강하게 되면 피부가 타서 이렇게 검은 점이 된다는 것이다. 그러니까 늙으면 자꾸 이렇게 부정不淨하게 된다. 그리고 병이 나면 누구나 괴로운 것이다. 그리고 사람은 죽으니까 무상이다. 그리고 사람이 태어났을 때는 갓난애니까 자기라는 것을 주장할 수가 없다. 그래서 이렇게 생로병사 네 가지를 붙여서 생각하는 것이다. 늙으면 자꾸 더러워지니까 자주 씻어야 되겠다 그래서 나도 더러워지지 않으려고 매일 목욕을 한다. 그리고 병이 나면 괴로운데 이것은 어찌할 수 없는 것이다. 병나면 아픈 것이다. 그리고 죽으면 무상한 것이지 어떻게 할 수가 없다. 그리고 이 세상에 났다 하면 아버지 어머니 다 있는데 내가 나다 그럴 수가 없다. 그러니까 옛날 운문雲門은 석가가 뱃속에서 나오면서 "천상천하유아독존天上天下唯我獨尊"이라 했다는 그 말을 듣고 말하기를 "내가 그 옆에 있었더라면 그 새끼를 그냥 박살을 내서 맷돌에 갈아 개밥에나 던져주었을 터인데 그것을 살려두었다가 이렇게 불교라고 하는 굉장한 갈등이 나와서 사람들을 고생하게 만들었구나" 했다는 그런 이야기가 나온다. 그러니까 애초에 나라고 하는 것은 무아無我지 잘난 나는 아니다. 그래서 생로병사라 이렇게 생각하면, 무상無常이라는 것도 그럴 듯하고 무아라고 하는 것도 그럴 듯하고 부정不淨이라 하는 것도 그럴 듯하고 고苦라 하는 것도 그럴 듯하다 하게 된다. 그러니까 고苦라는 말 대신에 무락無樂이라 하면 상락아정常樂我淨이 없다는 것이 된다. 그래서 이런 것을 기초로서 알아야 이것을 가지고 다른 것을 풀어갈 수가 있다. 그래서 이것이 아주 불교의 근본이라는 것이다.

사념처는 신身, 수受, 심心, 법法이라 했는데 '신身'은 자꾸 부정해지게 된다는 것이고, '수受'라고 하는 것은 괴롭다는 것이고, '심心'이라 하는 것은 무상하다는 것이고, '법法'이라 하는 것은 무아라는 것이다. 그래서 정淨을 찾게 되고 락樂을 찾게 되고 상常을 찾게 되고 아我를 찾게 된다는 것인데 그것을 잘못 생각하면 사전도四顚倒라고 한다. 그런데 확실하게 청정淸淨, 희락喜樂, 불변不變, 자유自由를 얻게 되면 그것을 사덕四德이라 한다.

(2) 사정근四精勤
  미생제악발심정단未生諸惡發心正斷 (불생不生)
  이생제악발심정단已生諸惡發心正斷 (단斷)
  미생제선발심정행未生諸善發心正行 (생生)
  이생제선발심정행已生諸善發心正行 (장長)

그 다음은 사정근四精勤이다. 먼저 "미생제악발심정단未生諸惡發心正斷"이다. 모든 악이 나오지 않았을 때 악이 나오지 않도록 아주 있는 힘을 다해서 노력해야 된다는 것이다. 그 다음은 "이생제악발심정단已生諸惡發心正斷"이다. 이미 악이 나왔을 때는 그것을 끊어버려야 된다. 그 다음은 "미생제선발심정행未生諸善發心正行"이다. 모든 선이 아직 나오지 않았을 때는 선이 나오도록 열심히 노력해야 된다. 그리고 "이생제선발심정행已生諸善發心正行"이다. 선이 나왔을 때는 더 나오도록 노력해야 된다. 그래서 불생不生, 단斷, 생生, 장長이다. 선善이 안 나왔을 때는 나오도록 하고 나왔을 때는 더 나오도록 해야 된다.

(3) 사신족四神足 정의신통정依神通
　　욕欲 원願
　　근勤 력力
　　심心 념念
　　관觀 혜慧

　그 다음은 사신족四神足이다. 사신족에서 '족足'이란 선정禪定이라는 말이고 '신神'이란 신변神變이라는 말이다. 그래서 정의신통정依神通이다. 선정에 의지해서 아주 신통한 경지에 들어간다는 것이다. 그래서 '신神'은 변變이라는 뜻이고 '족足'이란 정정이라는 뜻이다. 그래서 신변선정神變禪定이다.
　먼저 욕원欲願, 부처가 되겠다는 서원을 가진다. 그렇게 하고 근력勤力, 노력을 해야 된다. 정진精進이다. 그리고 심념心念이다. 몰두해야 된다. 그래서 관혜觀慧, 정말 붕 뜨게 되는 경지까지 가야 된다.

(4) 오근五根 단번뇌입열반斷煩惱入涅槃 방편方便
　　신信
　　근勤
　　념念
　　정定
　　혜慧

　그 다음은 오근五根이다. 신信, 근勤, 념念, 정定, 혜慧라는 것이다. 이것은 번뇌를 끊어버리고 열반에 들어가는 방편으로서 오근을 말한다는 것이다. 그래서 믿음, 노력, 생각, 선정, 관혜觀慧라는 것이다.

(5) 오력五力 파악입선破惡入善
    신信
    근勤
    념念
    정定
    혜慧

그 다음에는 오력五力이다. 신信, 근勤, 념念, 정定, 혜慧로 오근五根이나 같은 것인데 이것은 악惡을 깨뜨리고 선善에 들어가는 방법이라는 것이다. 파악입선破惡入善이다.

(6) 칠각지七覺支
    념念   불망不忘
    택법擇法   혜택慧擇(진위眞僞)
    정진精進   불퇴不退
    희喜   법열法悅
    의猗(경안輕安)   신경身輕
    정定   불란不亂
    사捨   불편不偏

그리고 칠각지七覺支다. 칠각지에서 '지支'라는 것은 도울 조助라는 뜻으로 깨달음을 도와주는 방편이라는 말이다. 일곱 가지 깨달음을 도와주는 방편이다.
먼저 '념念'이다. 언제나 부처가 되겠다는 생각을 절대 잊으면 안 된다. 불망不忘이다. 언제나 목적이 뚜렷해야 된다는 것이다. 그 다음은 '택법擇法'이다. 진짜와 거짓이 있는 가운데서 정말 좋은 법을 택해야 된다. 그리고 '정진精進 불퇴不退'다. 정진해서 물러서지 않아야 된다. '의猗 경안輕安'이다. 언제나 심신이 가벼워야 된다. 그리고 '정定

불란不亂', 정신이 집중되어야 한다. 그리고 '사捨'는 사념청정捨念淸淨이다. 희락을 버리고 평등자각에 들어간 세계다. 불편부당不偏不黨이요 평등자각의 세계다.

(7) 팔정도八正道
정견正見 정사正思 정어正語 정업正業 정명正命 정진正進 정념正念 정정正定

그 다음은 팔정도다. 팔정도는 락樂에 머물지도 않고 고苦에 머물지도 않고 고락苦樂을 초월한 세계, 중中이라는 세계다. 거기에서 정견正見, 진리를 자각한다. 올바른 견해를 가진다는 것인데 각覺이나 마찬가지다. 이것이 목적이다. 그 정견을 이루기 위해서 정사正思, 정어正語 정업正業, 생각도 바르게 가져야 하고 말도 바르게 해야 되고 몸가짐도 바로 해야 된다. 그래서 정명正命, 내 생활 전체가 바르게 되어야 하고, 정진正進, 각을 얻기 위해서 올바른 방편을 가지고 노력해야 되고, 정념正念, 정견을 잊지 않고 언제나 생각해야 된다. 그래서 정정正定, 언제나 깊이 생각하며 살아야 된다. 선정禪定이다.

이렇게 해서 사념처四念處, 사정근四精勤, 사신족四神足 12개와 오근五根, 오력五力 10개, 그리고 칠각지七覺支와 팔정도八正道 15개를 합해서 소위 37도품道品이 된다.

전체 내용을 계戒 · 정定 · 혜慧 · 보시布施라 할 때 이 가운데 37도품이라 하는 것은 올라가는 세계로 지혜智慧라는 것이다. 공(0), 하나(1), 무한(∞)이다. 하나를 나무라 생각해서, 햇빛은 내려오고 물은 올라간다 하는 것이 공이다. 그리고 무한이라는 것은 나무에 많은 열매가 맺히는 것이라고 그렇게 생각한다.

그래서 제5지, 제6지, 제7지, 제8지, 이렇게 올라간다고 할 때는 계戒라고 하지 않고 성문이라 한다. 같은 내용인데 제5지 난승지難勝地를 계라고 하는 대신 성문이라 한다. 그리고 제6지 현전지現前地라 하면 연각이라 하고 제7지 원행지遠行地는 보살이라 하고 제8지 부동지

不動地는 불타라 한다. 이렇게 해서 또 제5지, 제6지, 제7지, 제8지가 나온다.

그런데 이것을 현대식으로 번역하면 어떻게 번역하는 것이 가장 좋을까 해서 나는 성문을 과학이라 생각하고 연각은 철학이라 생각하고 지혜는 종교라 생각하고 보시는 예술이라 그렇게 생각한다. 내가 마음대로 생각해서, 나로서 이해하기 쉽게 그렇게 생각해보는 것이다. 내가 해보니까 처음에는 과학을 하게 되었다. 그러다가 그 다음에는 철학을 하게 되고, 그 다음에는 종교를 하게 되고, 이제는 마지막으로 예술을 하느라고 하고 있다. 그러니까 이것은 내가 살아온 차례니까 나는 이렇게 생각하는 것이다. 여러분은 여러분 마음대로 정해도 좋다. 자기에게 알려지는 대로 생각하면 된다. 나는 성문(지계)을 소리라 하고 연각(선정)을 빛이라 하고 지혜를 힘이라 하고 보시는 숨이라 한다. 소리, 빛, 힘, 숨이다. 과학, 철학, 종교, 예술이다.

숨이란 말숨이라는 것이다. 숨에는 목숨, 말숨, 우숨, 다 들어가는데 우선 말숨(말씀)이라는 것이다. 보시 가운데 가장 큰 것이 법보시法布施니까 우선 말숨부터 생각해야 된다. 말숨이 기초라는 것이다. 어린 애가 나와서 말하는 것이 처음이라는 말이다. 그래서 이런 틀을 가지고 설명을 한다.

1번 환희지歡喜地라 하는 것은 보시, 2번 이구지離垢地라 하는 것은 지계, 3번 발광지發光地라 하는 것은 선정, 빛이라 하는 것, 그리고 4번 염혜지焰慧地는 지혜라는 것이다. 지혜라는 것은 내용으로 보면 힘이다. 힘이니까 37도품道品이다. 도道란 힘쓰는 것이 도다.

근정진勤精進 발심정단發心正斷 근정진勤精進 발심정행發心正行 수행정진정修行精進定 수행정진근修行精進根 수행정진력修行精進力 수행정진각분修行精進覺分 수행정사유修行正思惟.

"근정진勤精進 발심정단發心正斷 근정진勤精進 발심정행發心正行", 이것은 사정근四精勤이다. 악이 안 나왔을 때는 안 나오도록 해야 되고 나왔으면 끊어버려야 된다. 이것이 소위 정단正斷이다. 선善이 안 나왔으면 나오게 하고 나왔으면 더 나오도록 해야 된다. 이것이 소위 정행正行이다. 여기서 계속 나오는 말이 근勤과 정진精進이다. 도의 세계이기 때문이다. 도의 세계는 올라가는 세계다. 올라가는 세계니까 노력해야 되고 정진해야 되고 계속 참고 올라가야 된다. 그래서 소위 인욕 정진이라는 것이 계속 붙어 다닌다. 우리가 속초에서 설악산을 보았다 하는 그것은 빛의 세계다. 그런데 설악산 꼭대기에 올라간다 하는 것은 힘의 세계다. 힘의 세계니까 그것은 정말 인욕 정진이다. 그래서 꼭대기까지 가야 된다. 이것을 보통 우리는 도의 세계라 한다. 꼭대기에 올라가면 혜慧가 된다. 지금 올라가는 세계니까 계속 근, 정진 이런 말들이 자꾸 나온다.

"근정진 발심정단 근정진 발심정행"이다. 그 다음이 "수행정진정修行精進定", 이것은 사신족四神足이다. 사신족이라는 세계도 수행, 정진 이것이다. 산꼭대기로 올라가는 세계다. 그 다음은 "수행정진근修行精進根"이다. 이것은 오근五根이다. 그리고 "수행정진력修行精進力", 이것은 오력五力이다. 그리고 "수행정진각분修行精進覺分", 이것은 칠각지七覺支다. 그리고 "수행정사유修行正思惟", 이것은 팔정도八正道다. 이렇게 37도품이 끝났다.

수행여시공덕修行如是功德 여시이득윤택심如是而得潤澤心 유연심柔軟心 조순심調順心 이익안락심利益安樂心 무잡염심無雜染心.

그래서 계속 올라가 꼭대기에 도달했다는 것이다. 그리고 올라가 보니 이제 마음이 아주 뿌듯하다는 것이다. 이제는 마음이 부드러워졌다. 마음이 조화롭고 마음이 순하게 되었다. 이제는 어떻게 하면 다른 사람을 이롭게 하고 편안하게 할까 그것을 생각한다. 그래서 마음이 깨끗해졌다.

구상상승법심求上上勝法心 구수승지혜심求殊勝智慧心 구일체세간심救一切世間心 공경존덕무위교명심恭敬尊德無違敎命心.

이제 최고의 진리에 도달하게 되었다. 최고의 지혜를 이제 얻게 되었다. 꼭대기에 올라갔다는 것이다. 그래서 "구일체세간심救一切世間心", 아래를 죽 내려다보면서 모든 사람을 안내할 수 있게 되었다. 그래서 "공경존덕恭敬尊德", 윗사람을 공경하고, "무위교명無違敎命", 선생님의 가르침에 틀림이 없다. 선생님의 가르침 그대로 오니까 꼭대기까지 왔다는 말이다.

수소문법개선수행심隨所聞法皆善修行心 작의수행시作意修行時 득불휴식정진得不休息精進 부잡염정진不雜染精進 불퇴전정진不退轉精進 광대정진廣大精進.

선생님이 하라는 대로 선생님의 말씀을 듣고 계속 잘 수행해 왔다. 이렇게 수행할 때에는 쉬지 않고 올라가야 된다. 다른 생각하지 말고 올라가야 된다. "불퇴전정진不退轉精進", 뒤로 물러나지 않고 올라가야 된다. "광대정진廣大精進", 계속 넓고 크게 올라가야 된다.

성취일체중생成就一切衆生 선분별도비도정진善分別道非道精進.

그래서 모든 중생들도 같은 길을 좇아오라고, 그것을 확실히 알려줄 수 있게끔 길을 잘 알면서 정진해서 올라가야 된다. 나만 올라가는 것이 아니다. 내 뒤로 또 많은 후배들이 올라와야 된다. 그래서 그것들을 다 할 수 있도록, 모든 중생들이 다 따라 올라올 수 있도록, 누구나 이 길을 찾아올 수 있도록, 그렇게 하면서 올라가야 된다. 산에 올라가면 길에 표식을 해두듯이 선善을 분별하게 하는 것이다. 그래서 이 길로 가면 절벽이고 이리 가야 바른 길이다 하고 표식을 붙이면서 올라간다. 이 길을 따라 올라오는 사람들이 실수하지 않도록 그렇게 하면서 올라가야 된다. 그래서 후배들도 다 이 길로 올라오도록 그렇게 노력하며 올라가는 것이다. 이렇게 해서 37도품이 끝났는데 이것은 올라가는 것이다.

26.8.3 시등염지증세력始登焰地增勢力 생여래가영불퇴生如來家永不退 어불법승신불괴於佛法僧信不壞 관법무상무유기觀法無常無有起.

이렇게 제4 염혜지에까지 올라오니까 정말 힘이 버쩍버쩍 나온다. 산꼭대기에 올라온 것이다. 여기가 부처님이 계신 곳이다. 그러니 이제 다시는 여기서 뒤로 후퇴하면 안 되겠다. 그리고 불법승佛法僧 삼보, 불이나 법이나 승을 믿고서 이제는 깨지지 않는다. 그리고 무상無常이니 공空이니 그런 것을 이제는 다 꿰뚫어볼 수 있게 되었다.

보살근수불해태菩薩勤修不懈怠 즉득십심개구족卽得十心皆具足 전구불도무염권專求佛道無厭倦 지기수직도중생志期受職度衆生.

계속 올라가야 된다. 그러기 위해 게으르면 안 된다. 올라가 보니까 열 가지 마음을 다 구족할 수 있다. 그래서 불도라는 것을 계속 올라가는데 싫증내거나 피곤해 하거나 그러면 안 된다. 그리고 나도 이제는 산악인이 되었으니 처음으로 산에 올라오는 모든 사람들을 구해주기 위해서 기약을 한다. 나도 이제 산악인이 되었다는 것이다. 요새 자원봉사자가 되듯이 산악인이란 직분에 뜻을 냈다. 나도 이제 산악인이지 않느냐. 그래서 나도 이제 산에 올라오는 모든 후배들을 구해주기 위해서 기약을 해도 되지 않느냐는 것이다.

보살주차구공덕菩薩住此具功德 이지방편수행도以智方便修行道 불위중마심퇴전不爲衆魔心退轉 비여묘보무능괴譬如妙寶無能壞.

이 5지에까지 올라오면 정말 실력이 대단해진 것이다. 그래서 올라오는데 어떻게 올라와야 된다, 어떤 방편을 써야 된다, 어떻게 걸어와야 된다 하는 그런 것들을 다 알게 되었다. 그래서 마귀에게 마음이 퇴전되지 않도록, 도중에서 단절되지 않도록, 올라가다가 못 가겠다 그렇게 되지 않도록 해야 된다. 그런 것들이 다 유혹이다. 꼭대기 올라가면 무엇 하느냐, 이제 그만 내려가자 하는 그런 사람들도 많다. 설악산에서 천당폭포를 가는데 도중에서 그만 두는 사람들이 참 많다. 올라가다 보면 앉아서 이제 그만 올라가고 말자 하는 사람이 참 많다. 그러니까 마귀들에게 마음이 퇴전되지 않게 하고 올라가라는 것이다. 꼭대기에 올라가면 거기에는 신비한 보배가 있다. 신비한 보배라는 것은 각覺의 세계라는 것이다. 올라가면 다 보인다. 그것이 소위 공空의 세계라는 것이다. 전체가 다 보이는 세계다.

**여시보살제사지如是菩薩第四地 소행청정미묘도所行淸淨微妙道
공덕의지공상응功德義智共相應 아위불자이선설我爲佛子已宣說.**

이렇게 제4지가 끝났는데 계속 더 올라가야 된다. 지금까지 뜻과 지혜를 다 합쳐서 내가 이렇게 설명을 했다.

이렇게 해서 1지, 2지, 3지, 4지로 한바퀴를 돌았다. 이제 5지, 6지, 7지, 8지, 또 한바퀴를 도는 것이다. 제5지는 난승지라는 것이다.

26.9 난승지難勝地

난승지難勝地, 여기까지 올라오려면 굉장히 어렵다는 말이다. 여기서 내 문제를 해결해야 되는데 내 문제를 해결한다는 그것이 굉장히 어렵다는 것이다. 그래서 난승지라 했다. 아까는 이구지離垢地라 했는데 여기서는 난승지라 한다. 난승지의 핵심은 소리라는 것이다. 성문이다. 소리는 누구의 소리인가. 선생의 소리다. 그러니까 무엇이 어려운가 하면 선생을 만나기가 어렵다는 것이다. 병으로 비유하면 좋은 의사를 만나야 되는데 좋은 의사를 만난다는 것이 굉장히 어렵다. 사실이 그렇다. 허준 같은 의사가 어디 그렇게 여기저기 있겠는가. 그러니까 허준 같은 의사를 만나는 것이 보통 어려운 일이 아니다. 그래서 언제나 천재일우千載一遇, 천 년에 한 번 만날까 말까 하리만큼 어렵다는 것이다. 선생을 만나기가 그렇게 어려운데 선생을 만나기만 하면 다 된다. 영어공부를 한다 할 때 미국 사람 하나 붙잡으면 다 된다. 그런데 미국 사람 붙잡기가 한국에서 쉬운 일인가. 그래서 선생을 만나기가 굉장히 어려운데 선생을 만나면 해결이 되는 것이고 선생을 못 만나면 해결이 안 된다는 것이다. 그러니까 선생이라는 것이 여기서는 제일 중요하다. 선생을 만나면 이길 수 있는 것이고 선생을 못 만나면 이길 수가 없는 것이다. 이것이 소위 난승지라는 것이다. 선생을 만나야 된다는 이것이 여기서의 첫 번째 핵심이다.

두 번째 핵심은 고집멸도苦集滅道의 사제四諦라는 것이다. 우선 '고苦'라는 것이 무엇인가. 쉽게 말하면 내 문제라는 것이다. 우선 내 문제가 무엇인지 그것을 알아야 된다. 내 문제를 모르면 선생을 찾아가게 되지 않는다. 그래서 내 문제가 무엇인지 그 문제의식이 확실해야 된다. 그래서 그 문제를 선생님에게 가서 말해야 된다. 그것이 고라는 것이다. 그 다음은 '집集'이다. 자기 문제를 말하면 선생님은 그 문제에 대한 의견을 가지고 있다. 내가 가서 문제를 말하면 선생님은 그 문제의 근원을 발견하게 된다. 나는 가서 감기라 해도 선생님은 그것을 감기가 아니고 암이라 그렇게 발견할 수 있어야 된다. 내가 아무리 감기라 해도 선생님은 그것이 아니라 하고 무엇인지 하여튼 더 심각하게 내 문제에 대해 말하게 된다. 그래서 '멸滅'이다. 내 문제를, 내 병을 고칠 수 있어야 된다. 내 문제를 해결해 줄 수 있어야 된다. 그리고 그 해결하는 방법을 선생님은 제시할 수 있어야 된다. 그래서 이것이 가장 중요한 것이다.

우리가 병에다 비유하는 것이 가장 알기가 쉬운데 자기가 병을 앓는다 하면 우선 의사를 찾아가야 한다. 그것이 고라는 것이다. 아프다고 해서 집에만 가만히 있는 것이 아니다. 의사를 찾아가야 된다. 의사를 찾아가면 의사는 진찰을 해서 이것은 췌장암이라 그렇게 진단을 한다. 요전에 친구 하나가 췌장암으로 세상을 떠났는데 그 병은 고치기가 굉장히 어렵다고 한다. 그 병은 췌장암이라 그렇게 발견해야 된다. 그 다음에는 그것을 고쳐야 된다. 친구는 병을 고치지 못하고 말았지만 그래도 어떻게 하면 될 것 같아서 한 일 년 동안은 방법을 썼다. 그러나 종래 못하고 말았다. 그렇게 못하는 것도 있지만 위암 같은 것은 거의 고친다고 한다. 암이 있는 데를 잘라버리기만 하면 된다고 한다. 그래서 의사가 하는 일은 집集과 도道다. 원인을 발견해서 그것을 어떻게 처리하느냐 하는 것이 집과 도라는 것이다. 그리고 내가 해야 될 것은 이 고통에서부터 벗어나 건강하게 되는 것이다. 멸이다. 그래서 이 고집멸도라는 것이 중요하다. 내 병을 좋은 의사를 만나서 고치게 되었다는 것이다. 그것이 고집멸도라는 것이지 다른 것이 아니다.

그러니까 고집멸도가 되기 위해 제일 중요한 것이 무엇인가 하면 좋은 의사를 만나야 된다는 것이다. 그러니까 좋은 선생이라야 되는데 세상에는 돌팔이가 많지 진짜 선생을 만나기가 어렵다. 그래서 여기서는 선생이라는 것이 강조가 되는 것이고 또 선생을 왜 만나야 되는가 하면 고집멸도라는 것 때문에 선생을 만나야 된다는 것이다. 난승지의 핵심은 이것이 전부다. 병을 고치는 것도 어렵지만 선생을 만나는 것도 어렵다는 이 두 가지가 핵심이다.

26.9.1 보살문차승지행菩薩聞此勝地行 어법해오심환희於法解悟心歡喜 공중우화찬탄언空中雨華讚歎言 선재대사금강장善哉大士金剛藏.

제4 염혜지의 세계를 가고 나서 그 세계까지의 이치는 이제 다 알게 되었다. 그래서 마음이 한없이 기뻤다. 그랬더니 공중에서 꽃비를 뿌려주면서 아주 찬송하는 노래 소리가 들려왔다. 정말 금강장보살 네 말이 옳구나. 그러니까 자기 마음이 기쁘면 온 세계가 다 기쁜 것처럼 느껴지는 것이다.

자재천왕여천중自在天王與天衆 문법용약주허공聞法踊躍住虛空
보방종종묘광운普放種種妙光雲 공양여래희충편供養如來喜充遍.

하늘의 자재천왕과 모든 천중들이 이 진리를 듣고서 너무도 좋아서 허공에 살면서 여러 가지 빛깔의 신비한 구름들을 나타내 주었다. 그리고 여래에게 공양을 해서 기쁨으로 충만하게 했다.

천제채녀주천악天諸采女奏天樂 역이언사가찬불亦以言辭歌讚佛
실이보살위신고悉以菩薩威神故 어피성중발시언於彼聲中發是言.

하늘에 있는 신들과 천사들이 하늘의 음악을 연주하고 또한 언사와 노래로 부처님을 찬양했다. 모두가 보살의 위신을 가지고서 그 소리 가운데서 이런 말을 했다.

시시대사해탈월是時大士解脫月 부청무외금강장復請無畏金剛藏
제오지중제행상第五地中諸行相 유원불자위선설唯願佛子爲宣說.

이때 대사 해탈월이 금강장 보살에게 이렇게 말했다. 이제부터 제5지를 설명해 주세요. 우리들을 위해서 이야기를 좀 해 주세요.
지금까지는 제4지가 끝났다는 축하연이고 이제부터 제5지가 나오는 것이다.

26.9.2 욕입제오난승지欲入第五難勝地 어과거불법於過去佛法 평등청정심平等清淨心 미래불법未來佛法 평등청정심平等清淨心 현재불법現在佛法 평등청정심平等清淨心

제5 난승지에 들어가려면 과거의 법을 알아야 된다. 지금까지 죽 내려온 과학사도 알아야 된다. 그리고 또 미래법도 알아야 된다. 앞으로 있을 미래에 대해서 예견도 해야 된다. 그리고 또 현재법, 현재의 모든 과학도 알아야 된다. 그래서 모든 학문을 알아야 된다는 것이다. 이렇게 10가지 평등청정심이 나온다.

계평등청정심戒平等淸淨心 심평등청정심心平等淸淨心 제견의회除見疑悔 평등청정심平等淸淨心 도비도지道非道智 평등청정심平等淸淨心 수행지견修行智見 평등청정심平等淸淨心 어일체보리분법於一切菩提分法 상상관찰上上觀察 평등청정심平等淸淨心 교화일체중생敎化一切衆生 평등청정심平等淸淨心.

다시 계정혜戒定慧가 또 나온다. 계戒, 무엇을 조심해야 되는지 알아야 된다. 심心이란 정定이나 마찬가지로 깊이 생각해야 된다는 것이다. 그리고 혜慧가 나와야 되는데 혜가 나오기 위해서는 "제견의회除見疑悔", 내가 가진 의심이라든가 이런 것을 다 없이해야 된다. 그리고 바른 길과 잘못된 길, 이런 것도 우리가 알아야 된다. 지금까지의 지견智見을 가지고 실천한 것도 우리가 인정을 해야 한다. 그래서 "일체보리분법一切菩提分法", 이렇게 하면 되겠다 하는 그 순서에 따라서 계속해야 한다. 그리고 "상상관찰上上觀察", 실험 관찰을 다 해보아야 된다. 그래서 "교화일체중생敎化一切衆生", 일체 중생을 살려낼 수 있는 그런 경지에까지 도달해야 한다.

그러니까 과학으로 말하면 최고의 과학자가 되는 것이고 의사로 말하면 최고의 의사가 된다는 것이다.

26.9.3 주차제오지이住此第五地已 이선수보리분법以善修菩提分法 관찰조명상상지觀察照明上上地 염지력소지고念智力所持故 득불퇴전심得不退轉心.

그래서 이 제5지에 있으면서 어떻게 했으면 되겠다는 그 순서에 따라 잘 닦아가야 된다. 그래서 더 높은 세계를 관찰하고 실험하고 또 관찰하고 실험하고 그렇게 연구하면서 올라가야 한다. 그리고 생각도 많이 해야 되고 지식도 많이 가져야 되고 기술도 많이 있어야 된다. 그래서 여러 가지 지식과 기술을 소지해야 된다. 그리고 언제나 앞으로 앞으로 계속 나아가야 된다.

여실지如實知 고집멸도성제苦集滅道聖諦 선지속제善知俗諦 선지제일의제善知第一義諦 선지상제善知相諦 선지차별제善知差別諦 선지성립제善知成立諦 선지사제善知事諦 선지생제善知生諦 선지진무생제善知盡無生諦 선지입도지제善知入道智諦 선지여래지성취제善知如來智成就諦.

그래서 구체적인 현실에 도달했을 때, 결국 "고집멸도성제苦集滅道聖諦", 문제를 해결해 주어야 된다. 맨 처음, 병이 어떤 것인지, 그 병의 원인이 무엇인지, 병이 나기 전에는 어떠했는지, 어떤 방편으로 어떤 순서로 고쳐가야 될지, 그래서 어떻게 하면 완전히 병을 고칠 수 있을 지, 이렇게 고집멸도를 또 한 번 생각해 보는 것이다. 그리고 또 다시 병이 어떤 것인지 알아보아야 된다. 병이 왜 났는지 그 원인을 또 알아보아야 한다. "선지진무생제善知盡無生諦", 병이 나기 전에는 어떠했는지 그것도 알아야 한다. 어떤 방법으로 고쳐야 될지 그것도 또 알아보아야 한다. 그래서 결국 "여래지성취如來智成就", 허준 같은 의사가 되어야 한다. 이렇게 계속해서 고집멸도에 관한 이야기가 나왔다.

26.9.4 불자佛子 보살마하살菩薩摩訶薩 득여시제제지이得如是諸諦智已 여실지如實知 일체유위법一切有爲法 허망사위虛妄詐僞 광혹우부誑惑愚夫.

보살마하살이 이렇게 다 알고 보면 이 세상에서 병을 고친다고 하는 것들이 다 엉터리가 많다는 것이다. 잘못해서 죽이기도 하고 또는 속이기도 한다. 어리석은 사람들을 그만 잘못해서 죽이거나 내버리거나 하고 만다.

차제중생此諸衆生 수여시고受如是苦 아금위피我今爲彼 일체중생一切衆生 독일발심獨一發心 영제중생令諸衆生 필경청정畢竟淸淨 획득여래십력獲得如來十力 무애지혜無㝵智慧.

그래서 중생들이 아주 고통을 많이 받는다. 의사들도 실수를 많이 한다고 한다. 세브란스에서 오래 일하던 분인데 칠십이 되어 잔치한다고 오라고 해서 가보니까 그 분이 말하기를 자기가 의사를 하면서 남의 뱃속에 가위를 놓아두고 그만 실로 꿰매기를 일곱 번이나 했다고 한다. 그래서 의사도 처음 서툴 때는 실수를 많이 하는구나 하고 알았다. 의사도 정말 오래 해야 의사가 된다. 올라가고 올라가서 37단이 되어야 의사가 되지 하루아침에 의사가 되는 것은 아니다.

모든 사람들이 고통을 받고 있다. 나는 그 사람들을 위해서 정말 허준 같은 의사가 되겠다. 그렇게 열심을 내서 모든 중생들을 정말 깨끗하게 고쳐주겠다. 그러기 위해서 내가 해야 될 것이 무엇인가. 허준 같은 실력과 허준 같은 지혜를 가져야 되겠다. 이것이 소위 선생의 내용이다. 이렇게 되어야 진짜 선생이지 그렇지 않으면 선생이라고 할 수가 없다.

26.9.5 불자佛子 차보살此菩薩 이여시지혜관찰以如是智慧觀察 소수선근所修善根 구호일체중생求護一切衆生 이익일체중생利益一切衆生 안락일체중생安樂一切衆生 애민일체중생哀愍一切衆生 성취일체중생成就一切衆生 해탈일체중생解脫一切衆生 섭수일체중생攝受一切衆生 이제고뇌離諸苦惱 보득청정普得淸淨 입반열반入般涅槃.

보살은 이와 같은 지혜로 정말 실력을 길렀는데 그 결과 일체 중생을 구호하고 일체 중생을 이익되게 하고 일체 중생을 안락하게 하고 일체 중생을 애민하고 일체 중생을 성취하게 하고 일체 중생을 해탈시키고 일체 중생을 섭수하고 일체 중생의 고뇌를 떠나게 하고 일체 중생을 청정하게 하고 일체 중생을 완전한 열반에 들어가게 한다. 완전한 열반, 완전히 병에서 벗어나게 하는 것이다.

불자佛子 보살菩薩 주차제오난승지住此第五難勝地 명위名爲 염자念者 지자智者 유취자有趣者 참괴자慚愧者 견고자堅固者 각자覺者 수지자隨智者 수혜자隨慧者 신통자神通者 방편선교자方便善巧者 무염족자無厭足者 불휴식자不休息者 불피권자不疲倦者 위타근수자爲他勤修者 근구불해자勤求不懈者 발의능행자發意能行者 종종선업자種種善業者 상근수습자常勤修習者 대존중공경법자大尊重恭敬法者 심무장애자心無障碍者 일야원리여심자日夜遠離餘心者.

보살이 이 난승지, 병원에서 최고의 의사가 되려면 어떻게 해야 되는가. 생각하는 의사, 아는 의사, 발전하는 의사, 부끄러워할 줄 아는 의사, 자신 있는 의사, 깨달은 의사, 지절를 좇는 의사, 혜慧를 좇는 의사, 신통하게 고치는 의사, 아주 좋은 방편을 쓰는 의사, 싫어하지 않는 의사, 휴식하지 않는 의사, 피곤해하지 않는 의사, 남을 위해서 부지런히 닦는 사람, 그래서 절대 게으름이 없는 사람, 뜻을 냈으면 실천하는 사람, 여러 가지 좋은 일을 많이 하는 사람, 언제나 닦는 사람, 정말 진리를 존중하고 공경하는 사람, 마음에 아무 것도 걸리는 것이 없는 사람, 밤낮 다른 생각은 안 하는 사람이라야 된다.

여시근수행시如是勤修行時 이보시以布施 교화중생敎化衆生 이애어以愛語 이행동사利行同事 교화중생敎化衆生 시현색신示現色身 교화중생敎化衆生 연설제법演說諸法 교화중생敎化衆生 현대신통력現大神通力 교화중생敎化衆生.

이렇게 계속 노력해 가노라면 다른 사람을 능히 구원할 수 있다. 그래서 다른 사람을 살려낼 수 있다. 언제나 환자에게는 좋은 말로 또 도와주는 말로 또 그 사람과 고락을 같이하는 마음으로 그래서 언제나 자기 몸을 나타내고 언제나 병에 대해서 잘 설명을 해주고 언제나 신통력을 나타내서 모든 중생들을 살려낸다.

　　차보살此菩薩 위이익중생고爲利益衆生故 세간기예世間技藝 미불해습靡不該習.

이 보살은 모든 중생을 이익되게 하기 위해서 세간의 기술과 예능을 다 닦아서 닦지 않는 것이 없다. 그래서 아주 완전히 기술을 체득했다. 이렇게 해야 좋은 의사, 좋은 선생이 된다. 좋은 선생이 되기가 절대 쉽지 않다는 것이다. 이렇게 노력해야 좋은 선생이 되지 그저 쉽게 사범학교나 졸업했다고 해서 선생이 되는 것이 아니다. 이 난승지는 선생이 되기가 그렇게 어렵다는 것, 그리고 정말 병을 고친다는 것이 그렇게 어렵다 하는 것을 말한다. 난승지란 이기기가 참 어렵다는 말이다. 그래서 난승지라 했다.

　　26.9.6 보살사지이청정菩薩四地已淸淨 사유삼세불평등思惟三世佛平等 계심제의도비도戒心除疑道非道 여시관찰입오지如是觀察入五地.

보살이 이 제4 염혜지를 끝내고 삼세불 평등을 생각하고 계戒, 심心, 제의除疑, 도道, 비도非道 이것들을 다 관찰하고 제5 난승지에 들어왔다.

　　요지사제개여실了知四諦皆如實 선지세제승의제善知世諦勝義諦
　　상제차별성입제相諦差別成立諦 사제생진급도제事諦生盡及道諦.

여기서 제일 중요한 것이 고집멸도苦集滅道 사제四諦를 아는 것이다. 그래서 "세제世諦, 승의제勝義諦, 상제차별성입제相諦差別成立諦", 즉 고집멸도를 또 한 번 말하는 것이다. 그리고 "사제생진급도제

事諦生盡及道諦", 즉 사제事諦, 생제生諦, 진제盡諦, 도제道諦, 이것도 또 고집멸도를 말하는 것이다.

　　내지여래무애제乃至如來無碍諦 여시관제수미묘如是觀諦雖微妙
　　미득무애승해탈未得無碍勝解脫 이차능생대공덕以此能生大功德.

그래서 허준처럼 이제는 걸리는 것이 없는 그런 경지까지 가야 된다. 그 경지까지 가야 정말 신통하고 미묘한 그런 경지가 된다. 아직도 그런 경지에 못간 사람은 더 열심히 노력을 해서 실력을 길러야 한다.

　　지자주차난승지智者住此難勝地 공나유불역청법供那由佛亦聽法
　　여시묘보마진금如是妙寶磨眞金 소유선근전명정所有善根轉明淨.

정말 허준 같은 사람이 되어야 이런 세계에서 능히 이길 수가 있다. 그렇게 되기 위해서는 많은 선생님에게 계속 배워야 된다. 그래서 자기가 진짜 만병을 고칠 수 있는 구슬을 가져야 된다. 자기의 실력이 정말 밝고 깨끗하게 그렇게 허준같이 되어야 한다.

　　여시제오난승지如是第五難勝地 인중최상진실도人中最上眞實道
　　아이종종방편력我以種種方便力 위제불자선설경爲諸佛子宣說竟.

이렇게 꼭대기에 올라가면 그것이 사람으로서는 최고의 진실한 길이다. 과학이라는 것이 최고의 진실한 길이다. 그 길 이외에 진실한 길이 없다. 내가 여러 가지 방편력을 써서 여러분을 위해 이렇게 설명을 했다.

2001. 12. 2.

십지품 강해(5)

26.10 현전지現前地

제5 난승지難勝地에 대해서 소리, 선생님의 소리라고 하면, 제6 현전지現前地는 빛이다. 하나님의 빛인데 이것이 어려운 것이다. 보통 선생님을 만나기가 쉬운 것 같지만 진짜 선생님을 만나기는 정말 어렵다. 그런데 진짜 선생님을 그냥 만나기만 하고 있으면 빛의 세계로 들어가는가? 그것은 아니다. 언제나 강을 건너갈 때는 뗏목을 타야 하지만 강을 다 건너가고 나면 뗏목을 버려야 한다. 이 속에는 그런 비밀이 들어가 있다. 그러니까 선생을 좇아갈 때는 착실하게 좇아가야 한다. 좇아갈 때는 착실하게 좇아가야 하지만 그러나 어떤 경지에 가게 되면 과단果斷이다. 아주 딱 떨어져야 된다. 떨어지지 못하면 육지에 올라갈 수가 없다. 그러니까 뗏목을 타야 되는 것도 사실이지만 뗏목을 떠나야 되는 것도 사실이다. 사람으로서는 어려운 그런 고비가 있는 것이다. 착실과단着實果斷이다. 그래서 소리의 세계에서 빛의 세계로 넘어가는 것인데 이것이 참으로 어렵다. 하여튼 이것을 안 넘어가면 안 되니까 넘어가야 된다. 넘어가기 전까지는 정말 선생을 찾아야 한다. 자꾸 말하지만 나도 많은 부흥사들을 수없이 좇아다녔다. 그리고 일본에 가서는 무교회無敎會 선생들 내촌감삼內村鑑三이라든가 흑기黑崎라든가 시내원矢內原이라든가 등정藤井이라든가 학전鶴田이라든가 많은 선생들을 좇아 다녔다. 그리고 한국에 와서 또 여러 선생님들을 만나다가 나는 다석多夕 유영모柳永模(1890-1981)라는 선생님을 만나게 되었다. 유영모가 내게 있어서는 최고의 선생이었다. 내가 늘 말하지만 선생님을 만나서 6년을 배웠다. 그런데 역시 빛으로 들어갈 때는 선생님과는 영원히 헤어지게 되었다. 선생님과 작별을 하고 그 다음에는 나 혼자 가게 되었다. "아금독자왕我今獨自往"이다. 그러니까 "절기종타멱切忌從他覓 초초여아소迢迢與我疎", 남만 따라다니다가는 안 된다는 것이다. 그래서 "아금독자왕"이다. 자기가 자기의 길을 걸어가게 될 때, "처처득봉거處處得逢渠", 빛을 받게 되는 것이다. 그래서 난승지에서 현전지까지 가기가 상당히 어려운 것이다. 난승지라는 것은 선생을 만나는 것이고 현전지라는 것은 하나님이 나타나는 것이다. 선생은 아직도 보이는 세계인데 하나님은 보이지 않는 세계다. 그러니까 보이지 않는 하나님을 만난다는 것이 보통 어려운 일이 아니다. 예수님이 세례요한에게 세례를 받다가 하나님을 만났다든가, 사도 바울이 다메섹 도상에서 그리스도를 만났다든가 하는 이런 세계가 현전지라는 것이다. 이것이 근본경험이라는 것이다. 이것은 현실세계에 있는 것을 만나는 것이 아니라 실재세계에 있는 분을 만난다는 것이다. 그래서 이 현전지라 하는 것이 굉장히 중요한 것이다. 그저 현전지가 아니다. 기독교로 말하면 하나님이 나타나신 것이다. 하나님이 나타난 것을 우리는 빛이라 한다.

나는 언제나 하나님이 나타난다 하는 것은 빛이라 하고 그리스도가 나타난다 하는 것은 힘이라 하고 성령이 나타난다 할 때는 숨이라 한다. 그래서 6지는 현전지요 7지는 원행지遠行地, 산꼭대기 올라가는 것이다. 힘이라는 것이다. 그래서 8지는 꼭대기에 올라가서 한숨 쉬는 숨쉬는 세계다. 그래서 빛, 힘, 숨이다. 그러니까 『십지품十地品』에서 가장 어려운 것은 제5 난승지, 제6 현전지, 제7 원행지, 제8 부동지다. 상당히 고차원의 세계다. 그리고 『화엄경』에서 가장 높은 세계다. 그 이상 높은 것은 없다.

그러니까 지금 50지地를 해오는 것인데 십신十信, 십주十住, 십행十行, 십회향十廻向, 십지十地이다. 이렇게 50지를 해오는데 십지가 마지막이다. 그래서 최고의 경지다. 이 세계를 이해한다고 하는 것이 『화엄경』을 이해하는 가장 핵심적인 것이다. 그러니까 이런 것이 없으면 『화엄경』이라는 것이 아무 것도 아니다. 이런 것이 있으니까 『화엄경』이 경전의 핵심이라는 것이다. 기독교도 마찬가지다. 하나님을 만난다든가, 그리스도를 만난다든가, 성령을 만난다든가 하는 그런 것이 있으니까 기독교가 최고라는 것이지 만일 그런 것이 없다면 기독교가 최고라 할 것이 아무 것도 없다. 우리가 『화엄경』에 매력을 느끼는 것도 역시 이런 데가 있으니까 매력을 느끼는 것이다.

제5 난승지, 제6 현전지, 제7 원행지, 제8 부동지, 이것은 또다시 신해행증信解行証의 되풀이라고 할 수 있다. 신해행증이라는 것을 더 깊이 또 한 번 말하는 것이다. 그러니까 제5지는 성문이라는 것이고 제6은 연각이라는 것이고 제7은 보살이고 제8은 불타라는 것이다. 그래서 신해행증이라 해도 좋고 성문·연각·보살·불타라고 해도 좋다.

난승지難勝地	성문聲聞	사제四諦	과학
현전지現前地	연각緣覺	12인연十二因緣	철학
원행지遠行地	보살菩薩	파라밀波羅蜜	종교
부동지不動地	불타佛陀	십신十身	예술

요새 식으로 말해서 과학, 철학, 종교, 예술이라고 해도 좋다. 과학이라는 것을 가지면 인생의 많은 고苦 가운데 하나만은 없이할 수가 있다. 병이 났다 하면 의사한테 찾아가면 그 병을 고칠 수가 있다. 그러니까 과학을 가지면 고의 일부분은 고칠 수가 있다. 그러나 내가 가진 고의 전체를 고칠 수는 없다. 내가 가진 고의 전체를 고치는 것은 철학이라야 된다. 그러니까 과학은 부분적인 문제를 해결할 수 있지만 전체적인 문제는 해결할 수가 없다. 현전지라 하는 것은 철학의 세계다.

이 현전지를 알기 쉽게 하기 위해서 양명학陽明學으로 말해본다. 양명학의 핵심은 세 가지다. 치양지致良知라는 것, 지행일치知行一致라는 것, 그리고 심즉리心卽理라는 것이다. 이 세 가지가 양명학의 핵심이다. 맨 처음에 왕양명王陽明은 치양지를 했다. 양지良知란 무엇인가. 양명은 양지를 조화적造化的 정령精靈이라고 말했다. 우주를 창조하는 하나님이라는 뜻이다. 그래서 치양지란 하나님에게 도달했다는 것, 하나님을 만났다는 것이다. 어떻게 하나님에게 도달하게 되었는가? 양명은 언제나 백사천난百死千難 끝에 하나님께 도달하게 되었다고 한다.

오늘의 현전지라 하는 것이 하나님을 만난다는 것인데, 그 하나님을 만나기 전에 난승지다. 백사천난을 겪고서 하나님을 만나게 되지 그저 만나게 되지 않는다. 그러니까 난승지 다음에 현전지가 나오는 것이다.

그런데 무엇을 하나님에 비유해야 좋을지 모르겠지만 오늘은 그냥 태양이라 해 둔다. 양명이 "양지良知 만고일일萬古一日"이라 했으니까, 이렇게 언제나 양지를 태양에다 비유했으니까 태양이라 해 둔다. 백사천난이라 하는 것은 올라가는 세계다. 그래서 맨 꼭대기에 도달해서 태양을 직접 보게 되는 것이 현전지다. 따라서 부목맹구浮木盲龜라는 이야기나 마찬가지다. 바다 밑에 살던 거북이 바다 밑바닥에서부터 올라와서 뗏목에 붙어 있다가 결국 뗏목의 구멍과 거북의 배꼽눈이 마주쳐서 결국 태양을 보게 되었다는 것이다. 이것이 늘 진리를 깨달았다는 상징으로 쓰인다. 그러니까 백사천난 끝에 양명이 올라와서 치양지, 태양을 만나게 되는 것이다.

그래서 양명은 지행일치라 했는데 여기서는 생사일여生死一如라는 것이다. 생사生死를 다른 말로 하면 시간과 공간이다. 혹은 더 알기 쉽게 말하면 정신과 육체라는 것이다. 생사라는 것이 밑에서는 서로 멀리 떨어져 있다. 그런데 올라가서 꼭대기가 되면 하나가 된다.

올라가는 것을 시간이라 보면 시간관時間觀에는 직선적인 시간관, 원형적 시간관, 나선형의 변증법적 시간관이 있다. 정반합正反合으로 올라가는 것이 변증법적 시간관이다.

그러니까 밑에서는 생사라는 것은 서로 멀리 떨어져 있어서 생은 좋고 사는 싫다 하게 된다. 생사가 갈려서 서로 미워하는 것이다. 생은 사를 싫어하고 사는 생을 싫어한다. 이렇게 서로 갈려서 싫어하는 것을 모순矛盾이라 한다. 모순의 갈등인데 이 모순의 갈등에서 결국 고苦라는 것이 나온다. 우리가 지금 남북이 서로 떨어져 있으니까 자꾸 문제들이 나오는 것이다. 그래서 6.25가 나오고 여러 고통이 나오는 것이다.

사람이 팔이라도 잘리면 커다란 고통이다. 서로 붙어서 통일이 되면 아무렇지도 않은데 상처가 나면 고통이다. 상처라는 것은 서로 분열이 되었다는 것이다. 분열이 되면 고통이고 통일이 되면 평안이다. 언제나 문제는 그것이다. 그러니까 밑에서는 시간과 공간이 분열이 되어 있다. 육체와 정신이 분열이 되어 있다. 지와 행이 분열이 되어 있다. 그래서 주자朱子는 "선지후행先知後行", 우선 알아야 되지 않느냐? 알고 나서 행해야 되지 않느냐 한다. 이렇게 지와 행이 분열되어 있는 것이다. 그런데 양명은 그것을 반대하고 나온 것이다. 이렇게 분열이 되어 있는데 차차 위로 올라갈수록 자꾸 사이가 좁아진다. 그래서 꼭대기가 되면 지행知行이 일치되고 만다. 정신과 육체가 일치되고 만다. 시간과 공간도 일치되고 만다. 생사도 일치되고 만다.

그러니까 밑에서는 동과 서로 멀리 떨어져 있다. 극동極東과 극서極西라 하면 굉장히 먼 것이다. 그런데 위로 올라가면 올라갈수록 자꾸 가까워진다. 그래서 꼭대기에서는 동서가 일치된다. 복판 가운데 서면 동서가 하나로 되어 동이라 할 수도 없고 서라고 할 수도 없다.

그래서 무동무서無東無西가 되는 것이다. 무생무사無生無死가 되는 것이다. 지知와 행行이 하나가 된다. 지즉행知卽行이다. 지와 행이 마주 붙은 세계, 거기는 지도 아니고 행도 아니다. 그렇게 된 거기를 중국 사람들은 중中이라 하고 보통 『주역周易』에서는 그것을 도道라고 한다. 중이 되면 동도 아니고 서도 아닌 것이다. 그래서 "일도출생사一道出生死"다. 거기는 생도 아니고 사도 아니다. 물이란 수소도 아니고 산소도 아니다. 그러니까 중이라 하면 그것은 동도 아니고 서도 아니다. 그것은 지도 아니고 행도 아니다. 지를 초월하고 행을 초월한 것이다.

이렇게 초월했다는 것을 말할 때 언제나 없을 무無자를 쓰는데 그것은 없다는 뜻이 아니라 초월했다는 뜻이다. 인도 사람들은 공空이라 하는 데 중국 사람들은 무라고 한다. 무라고 하건 공이라 하건 그것은 없다는 허무虛無가 아니라 진공묘유眞空妙有다. 진공묘유라는 것이지 없다는 것이 아니다. 지와 행이 없다는 것이 아니라 지와 행을 초월했다는 것이다. 그러니까 초월적 지요 초월적 행이다. 그러니까 무란 진공묘유를 아는 것이다.

아무튼 무無란 초월했다는 것이다. 생사도 초월했고 시간·공간도 초월했고, 정신·육체도 초월했고, 지와 행도 초월한 것이다. 그 초월한 세계가 중中이라는 세계요 또는 달리 말해서 도道라는 세계다. "일도출생사." 그래서 지행합일知行合一이라는 말이나 지즉행知卽行이라는 말이나 무지무행無知無行이라는 말이나 다 같은 말이다. 그래서 『화엄경』에서는 무無라는 말을 자꾸 쓰는 것인데 사실 양명으로 말하면 지행일치라는 말이다.

하여튼 초월한 것인데 초월해서 어디까지 올라갔는가 하면 꼭대기까지 올라간 것이다. 꼭대기에 올라가니까 치양지致良知가 되는 것이다. 꼭대기에 올라가서 보니까 태양이 지은 모든 만물이 다 아름답게 피어 있다. 그렇게 되면 태양이라는 것은 심心이 되고 모든 만물은 리理가 되는 것이다. 심즉리心卽理가 되는 것이다. 이것이 소위 왕양명의 세계인데 이것이 또한 『화엄경』의 세계라는 것이다. 그러니까 『화엄경』이나 왕양명이나 찾아 들어가 보면 이렇게 비슷한 데가 많다.

또 만일 에베레스트로 비유하면 에베레스트 꼭대기에 얼음이 꽉 차 있는데 이것은 청정淸淨이라는 것이다. 그리고 산은 아주 장엄莊嚴하다. 그래서 청정장엄이다. 그렇게 얼음이 꽉 차면 양자강이니 하는 강물이 흘러내려 온 대지가 곡식으로 꽉 차게 된다. 그렇게 되면 그것을 심즉리心卽理라 할 수 있다. 심心이라는 것은 중심이다. 중심에 얼음이 꽉 차면 그 얼음이 녹아내려 모든 대지에 오곡 백화가 무르익게 되는 것이다. 그것이 심즉리라는 것이다. 이것을 또 『화엄경』으로 말해서 유심연기唯心緣起, 청정장엄淸淨莊嚴, 대방광大方廣이라는 것이다.

꼭대기에 올라만 가면 동東이니 서西니 다 꼭 같은 평등이 되고 만다. 밑에서는 남존여비男尊女卑라 야단치지만 꼭대기만 되면 남도 없고 여도 없고 다 하나님의 자녀들이다. 다 평등이 되고 만다. 그것을 무의 세계, 공의 세계라 한다. 진공묘유眞空妙有의 세계라는 것이다. 하여튼 무無라 하건 공空이라 하건 다 꼭대기에 올라온 세계인데 여기에 올라오면 태양을 마주보는 세계다. 그러니까 현전지라 하는 것은 이렇게 태양이 나타나는 세계다. 기독교로 말하면 하나님이 나타나는 세계다. 하나님의 앞에 나서면 내가 무無가 되고 만다. 내가 무이면서 동시에 유有가 된다. 「로마인서」 12장 1절에 "너 자신을 하나님의 산 제물로 바쳐라", 그래서 내가 무다. 내가 무가 되면서 동시에 새로운 사람이 된다. 유가 된다. 그리고 "하나님의 선하시고 기뻐하시고 온전하신 뜻이 무엇인지 분별하도록 하라", 이렇게 된다. 그러니까 언제나 무가 되었다가 유가 되는 것이다. 나라고 하는 것이 없어야 새로운 것이 나온다. 나는 없어지고 새로운 나가 되는 것이다. 그렇게 되는 세계가 꼭대기라는 것이다. 이렇게 태양이 나타난 꼭대기, 그것을 현전지라 한다.

26.10.1 보살기문제승행菩薩旣聞諸勝行 기심환희우묘화其心歡喜雨妙華 방정광명산보주放淨光明散寶珠 공양여래칭선설供養如來稱善說.

보살이 이미 제5 난승지에 대해 다 들었다. 그래서 그 마음에 기쁨이 차서 꽃으로 비를 뿌리듯 뿌려준다. 깨끗한 빛을 비쳐준다. 그리고 아주 보배로운 구슬을 뿌려준다. 그래서 여래에게 공양을 해서 여래의 좋은 말씀을 칭찬한다.

무량천녀공중주無量天女空中住 공이낙음가찬불共以樂音歌讚佛 음중실작여시언音中悉作如是言 불어능제번뇌병佛語能除煩惱病.

그런데 한없이 많은 천녀들이 공중에 사는데 즐거운 음악을 가지고 부처님을 찬양한다. 그 음악소리 가운데 무슨 노래가 들리는데 그 노래소리는 결국 어떤 말인가 하면 부처님의 말씀이다. 그 말씀을 들으니 모든 번뇌의 병이 다 없어지는 것 같다. 그러니까 이것은 지금 제5지의 결론이다. 이제 제6으로 가는 것이다.

26.10.2 육입제육현전지欲入第六現前地 당관찰십평등법當觀察十平等法 소위일체법무상所謂一切法無相 무체무생무성無體無生無性.

제6 현전지에 들어가려면 평등이라는 것을 알아야 된다. 그러니까 꼭대기에 올라오기만 하면 지행합일이 된다는 것이다. 지와 행이 평등이 되는 것이다. 남자와 여자가 평등이 되는 것이다. 법 앞에서 모든 사람이 다 평등하다는 것이다. 이것이 소위 로마법의 기초다. 사람은 하나님 앞에 서면 다 평등해지고 마는 것이다. 그래서 우선 제일 중요한 것이 평등법을 알아야 된다는 것이다. 그래서 상相을 초월하고 체體를 초월하고 생生을 초월하고 성性을 초월한다. 분열되었던 모든 것이 다 없어지고 통일이 된 세계가 되었다.

본래청정本來淸淨 무희론無戲論 무취사無取捨 적정寂靜 여환여몽如幻如夢 여영여향如影如響 여수중월如水中月 여경중상如鏡中像.

그래서 "본래청정本來淸淨"이다. 아주 깨끗한 세계다. 무엇이 그렇게 깨끗한가. 얼음이 그렇게 깨끗하다. 몇 만 년 몇 억 년 된 얼음인데 그것이 그렇게 깨끗하다. 아마 에베레스트에 올라가 보면 그럴 것이다. 알프스에 올라가서 보았는데 얼마나 깨끗한지 아주 투명한 유리보다 더 깨끗했다. 융프라우에 올라가면 얼음 속에 정거장이 있다. 수정궁이라 하는데 정말 거기에 가서 보면 다 얼음인데 나는 거기에서 본래청정이라는 것을 알았다. 꼭대기에 올라가면 깨끗하다. 그러니 "무희론無戲論", 엉뚱한 소리 하지 말라. 거기에 가면 "무취사無取捨", 취할 것도 버릴 것도 없다. "적정寂靜", 언제나 모든 번뇌를 끊어버리고 아주 고요하고 깨끗한 경지다. 정말 그 세계야말로 해탈한 세계로 속俗의 세계가 아니다. 밑은 속俗의 세계지만 꼭대기는 선仙의 세계다. 밑의 골짜기는 복잡한 세계인데 꼭대기의 선의 세계는 하나뿐으로 간단한 세계다. 그러니까 적정이다. 그 세계는 정말 환幻이요 몽夢 같다.

아주 꿈을 꾸는 듯한 극락의 세계라는 말이다. 그리고 그림자, 산울림, 물 속의 달, 거울 속의 모습 같다.

여염여화如焰如化 유무불이有無不二 평등平等 여시관일체법如是觀一切法 자성청정自性淸淨 수순무위隨順無違.

양염陽炎이란 아지랑이다. 봄날의 아지랑이를 양염이라 하는데 아지랑이 같다는 것이다. 거기는 유有도 아니고 무無도 아니다. 유무를 초월한 세계다. 그래서 평등한 세계다. 일체를 이렇게 보는 "법法 자성청정自性淸淨", 내 본질이 그대로 깨끗한 것이다. 이것은 소위 성선설性善說이나 같은 것이다. 물이란 본래 깨끗한 것이지 더러운 물이란 본래 없는 것이다. "일체법一切法 자성청정自性淸淨", 나만이 아니라 모든 만물이 다 깨끗한 것이다. 하나님이 우주를 만들 때 우주가 다 깨끗한 것이지 어디 더러운 데는 없다. 다 깨끗한데 더러운 데가 어디인가 하면 서울이다. 사람 사는 데가 더러운 것이지 사람이 없는 데는 깨끗하다. 지금이라도 사람만 들어가지 않으면 다시 깨끗해진다. 이 자연이라는 것은 비가 오면 깨끗해진다. 비라는 빗자루로 쓰는 것이다. 그래서 자꾸 깨끗하게 만드는 것이 자연이다. 자연自然, 스스로 불타는 것이다. 그래서 언제나 깨끗한 것이다. 그런데 사람만이 더러운 동물이다. 호랑이도 깨끗하다. 호랑이는 똥도 약으로 쓴다. 동물은 다 깨끗한 것인데 사람만이 더러워진다. 왜 이렇게 더러워지는지 모른다. 기독교에서는 죄 때문에 이렇게 더러워졌다고 말한다. 일체가 깨끗한 세계인데 거기에는 "수순무위隨順無違", 일체 어긋남이 없다. 춘하추동이 제대로 돌아가는 것이다.

득입제육현전지得入第六現前地 득명리수순인得明利隨順忍 미득무생법인未得無生法忍.

그래서 제6 현전지에 들어갈 수 있는데 거기에 가면 정말 밝고 깨끗한 세계에 편안하게 살 수 있게 된다. '인忍'이라고 하는 것을 지금은 그냥 편안하게 살 수 있게 된다고 그렇게 해 둔다. 아직도 무생법인無生法忍은 채 가지 않았다. 무생법인은 다음에 나오니까 그때 설명하기로 한다.

26.10.3 불자佛子 삼계소유三界所有 유시일심唯是一心 여래어차如來於此 분별연설分別演說 십이유지十二有支 개의일심皆依一心.

『60화엄경』에서는 "삼계허망三界虛妄 단시일심但是一心"이라 되어 있는데『80화엄경』에서는 "삼계소유三界所有 유시일심唯是一心"이라 했다. 그러니까 실차난타實叉難陀(Siksananda, 652-710)는『60화엄경』의 이런 번역을 보고도 다시 이렇게 고친 것을 보면 자기 속에 무엇인지 다른 생각이 있어서 그렇게 했을 것이다. 그래서 나는 이것을 좋게 해석하는 것이 좋다고 본다. 이 우주라는 것은 누가 지었는가. 하나님이 지었다. 일심一心을 기독교식으로 해석하면 그렇게 된다. 그런데 사람이라는 것이 어떻게 되었는가. 사람이 더러워진 것이다. 왜 이렇게 더러워졌는가. 망심妄心 때문이다. 그러니까 진심인가 망심인가 그것이다.

우리가 전에『법화경』을 하면서 "심오전법화心悟轉法華 심미법화전心迷法華轉"이라 했다. 마음이 깨면 이 우주를 다 움직일 수 있다. 그런데 마음이 그만 잘못되면 이 우주에 끌려다니고 만다. 사람이 노예가 되고 만다. 깨면 주인이 되는데 정신이 나가면 그만 노예가 되고 만다. 일심, 같은 마음인데 깨면 주인이 되고 나가면 노예가 된다. 일심은 다 일심이다. 이런 것을 심리학적으로 분석해 들어갈 때는 아뢰야식阿賴耶識(alaya vijnana)이라 한다. 그런데 왜 이렇게 되었는지는 모른다. 하나에서 왜 둘이 나왔는지 그것은 영원한 수수께끼다. 하여튼 진심, 망심이라 해도 좋고 또는 심오心悟와 심미心迷라 그렇게 말해도 좋다.

언제나 성문이라 할 때는 사제四諦라고 나오고 연각이라 할 때는 언제나 십이지인연十二支因緣이 나온다. 십이지인연을 말할 때는 반드시 석가가 진리를 깨달았을 때 무엇을 보고 깨달았나 하면 십이지인연을 보고 깨달았다고 한다. 그래서 언제나 연각이라 할 때는 12인연이 늘 나오는 것이다.

 12인연이라는 것이 무엇인가? 무명無明, 행行, 식識, 명색名色, 육처六處, 촉觸, 수受, 애愛, 취取, 유有, 생生, 노사老死. 맨 처음이 무명無明 행行이다. 보통 불교에서 무명 행이란 전생을 말한다. 그 다음은 현생을 말하는 것이고 생生 노사老死는 내생을 말한다. 전생이란 아버지, 할아버지 이렇게 쭉 올라가는 것인데 기독교로 말하면 "태초에" 하는 말이다. 태초에 아담이 그만 눈이 멀어서 선악과를 따먹었기에 결국은 실낙원, 지옥으로 떨어졌다는 것이다. 그런데 왜 선악과를 따먹었는가 하면 악마가 유혹을 해서 그랬다는 것이다. 악마가 유혹을 했는데 눈이 멀어서 거기에 그만 걸려들어 선악과를 따먹고는 에덴동산에서 떨어지고 말았다 기독교로 말하면 그렇게 되는데 불교에서는 그냥 간단하게 무명행이라 한다. 무명 때문에, 눈이 멀어서, 그만 떨어지고 말았다. 가다가 자동차 사고가 났는데 다리가 없어졌다 하면 앞으로 일생 동안 얼마나 고통에 시달리겠는가. 그러니까 그 고苦라는 것이 어디에서 나오는 것인가 하면 다리가 없어져서 나오는 것이다. 그 다리는 왜 없어졌는가. 무명 때문이다. 자동차를 운전해 가다가 그만 깜박 졸았다. 깜박 졸았는데 가서 부딪혔다. 그래서 다리가 없어지고 말았다. 거기에서 고통이 나온 것이다. 그래서 무명이란 요새로 말해서 깜박했다는 것이다. 불교에서는 홀연忽然이라 한다. 깜박해서 그렇게 되었다. 그러니까 깜박해서 그렇게 되었건 사탄이 나와서 그렇게 되었건 하여튼 자기의 일생이 그만 망가지고 만 것이다. 그것이 말하자면 기독교의 원죄原罪라는 것이다. 여기로 말하면 원고原苦다. 아담과 하와가 그랬던지 우리 아버지 어머니가 그랬던지 하여튼 눈이 멀어서 그만 깜박한 것이다. 그래서 내가 나오게 된 것이다. 누가 눈이 멀었건 하여튼 눈먼 놈이 하나 있어서 깜박해서 그만 인생이라고 하는 것이 나오게 된 것이다. 그래서 이것을 무명행이라 한다. 그래서 쭉 인생이 나온다. 그 다음에 나오는 이것을 뱃속에 있을 때라고 말하는 사람도 있고 우리의 어렸을 때라고 하는 사람도 있는데 어떻게 보아도 좋다. 우리는 식識을 가지고 있는데 식이라고 하는 것이 촛불 같아서 희미한 불이다. 태양 같은 불이 아니다. 희미한 불을 가지고 의식을 가지고 살아가는 것이다. 그래서 저것은 산이다, 저것은 곱다, 저것은 밉다 하면서 살기 시작한다. 식識 명색名色이다. 명색이란 객관의 세계이고 식이란 주관의 세계이다. 불교에서는 식의 세계를 낮은 세계라고 보는 것이다. 낮은 생활을 하게 되는 것이다. 그리고 육처六處란 안眼, 이耳, 비鼻, 설舌, 신身, 의意, 보통 육근六根이라 하는 것이다. 이것은 우리의 감각의 세계이고 우리 정신의 내용이다. 촉觸이라는 것은 색色, 성聲, 향香, 미味, 촉觸, 법法, 육경六境이라 하는 것이다. 말하자면 대상이다. 주관에 대한 대상이다. 눈에 대해서는 색, 귀에 대해서는 소리, 코에 대해서는 향, 입에 대해서는 맛, 몸에 대해서는 촉, 뜻에 대해서는 법이다. 이것이 육처와 촉이다. 그리고 수受라는 것은 오온五縕이라는 것. 색色, 수受, 상想, 행行, 식識이다. 물건의 세계, 감각, 생각, 실천, 주체, 이런 소위 주관과 객관의 일치다. 그것이 수의 세계이다. 그러니까 식識 명색名色을 어린애의 시절이라면 촉觸 수受는 어느 정도 자란 시절이다. 그러고 거기에서 주관 객관이 나오면 벌써 고등학생 정도는 되는 세계다. 그러고 그 다음에는 애愛, 사랑한다고 한다. 대학이나 대학을 졸업하고 남녀가 결혼하는 세계다. 그 다음에는 취직을 하고 돈을 벌고 그러면서 아이들을 길러간다. 이것이 현생의 세계다. 그리고 어린애를 낳으면 어린애는 또 이런 것을 다 갖게 된다. 무명행으로 어린애를 낳는 것이다. 그러고 어린애를 낳으면 어린애는 이런 것을 다 겪고 늙어서 죽게 된다. 그렇게 해서 부모대가 끝나고 자식대가 시작하고 또 끝나고 시작하고 이렇게 해 간다. 이것을 소위 유전문流轉門이라 한다. 자꾸 흘러가고 흘러가서 그렇게 몇 천 년이고 간다는 것이다.

"십이유지十二有支 개의일심皆依一心", 여기서 일심은 아까 말한 일심이 아니다. 여기서의 일심은 무명에서 나온 일심이다. 그러니까 우리는 진심과 망심 두 가지를 다 알아야 된다. 우리가 환경을 더럽히는 것은 진심에서 나오는 것은 아니다. 그것은 정신 나간 사람들이 하는 짓이니까 그것은 망심이다. 그러나 망심이라 해서 마음 아닌 것은 아니다. 마음은 마음이다. 하나님이 창조하시는 것도 일심이고 우리처럼 이렇게 더럽히는 것도 일심인데 하나님이 창조하실 때는 진심이고 우리가 더럽힐 때는 망심이다. 그 망심 때문에 이렇게 더러워지게 되었다는 것이다. 그래서 마음은 마음이다. 물은 물이다. 깨끗해도 물이고 더러워도 물이다. 물이 아닐 수는 없다. 이것을 소위 아뢰야식이라 한다. 물은 물이다. 하나님께서는 깨끗한 물을 만들어주었는데 그것을 자꾸 더럽게 만들었다는 것이다.

수사탐욕隨事貪欲 여심공생與心共生 어행미혹於行迷惑 시무명是無明 십이유지十二有支 명위삼고名爲三苦.

무슨 일을 할 때마다 자꾸 거기에 탐욕이 붙는다. 그래서 나쁜 마음, 망심이 자꾸 나온다. 그리고 잘못된 길로 자꾸 가게 된다. 그것이 무명이다. 그래서 12가지 인연인데 전생도 고苦요 금생도 고요 내생도 고다. 계속 인간은 고생밖에 할 것이 없다는 것이다. 그래서 그것을 삼고三苦라고 한다.

차중무명행此中無明行 내지육처乃至六處 시행고是行苦 촉수觸受 시고고是苦苦 여시괴고餘是壞苦.

그래서 무명행無明行에서부터 육처六處까지를 행고行苦라 하고 촉수觸受를 고고苦苦라 하고 여시餘是를 괴고壞苦라 한다. 그런데 나는 이렇게 하기보다는 무명無明 행行을 행고行苦라 하고 식識에서 유有까지의 8개를 고고苦苦라 하고 나머지 생生 노사老死 두 개를 괴고壞苦라 그렇게 본다. 그래서 전생도 고통이요 금생도 고통이요 내생도 고통으로 우리가 전해주는 것은 고통뿐이라는 것이다.

여기까지가 유전문流轉門이고 이제부터 나오는 것은 환멸문還滅門이다. 어떻게 하면 이 고에서부터 벗어날 수 있는가 하는 이야기다. 그러니까 지금까지는 아담의 이야기였다. 이제부터 말하려고 하는 것은 그리스도의 이야기다. 언제나 이렇게 먼저 아담의 이야기가 있어서 다 죽게 되었다 이렇게 나오고 여기에 그리스도가 나와서 또 다시 살게 되었다 한다. 이것을 환멸문이라 한다. 멸이라 하는 것은 모든 고통이 사라진 낙원이다. 낙원으로 돌아간다는 것이 환멸문이다. 먼저는 실낙원이고 그 다음에 복락원이다.

26.10.4 무명멸無明滅 행멸자行滅者 시삼고단是三苦斷.

망심의 세계에서 벗어나 꼭대기에 가야 "생사멸生死滅 무명멸無明滅 행멸行滅" 다 멸하게 된다. 여기 꼭대기에 온 것인데 여기에 와야 그리스도의 세계다. 무명멸이다. 아담이 지은 죄를 그리스도가 멸해버리고 만다는 것이다. 또 아담 때문에 지옥에 떨어진 것을 그리스도가 다시 천국으로 끌어올리고 만다. 이것을 불교로 말하면 "무명멸無明滅 행멸行滅"이라는 것이다. 그래서 아담도 없어지고 말고 실낙원도 없어지고 만다. "무명멸無明滅", 무명이 없어지고 마니까 각覺의 세계가 된 것이다. 그리스도가 나타난 것이다. 그리고 "행멸行滅", 지옥이 없어지니까 천국이 된 것이다. 이것이 아주 중요한 것이다. "무명멸 행멸", 그래서 "삼고단三苦斷"이다. 원죄의 고통이나 내가 겪을 고통이나 우리 후손들이 겪을 고통이나 일체의 고통이 다 없어지고 만다. 이것이 핵심이다.

관제연기觀諸緣起 지무아무인무수명知無我無人無壽命 자성공自性空 무작자무수자無作者無受者 즉득공卽得空 해탈문현재전解脫門現在前.

그래서 "관제연기觀諸緣起", 이것이 또 중요한 말이다. 이것이 있으면 저것이 있고 이것이 없으면 저것이 없고 이것이 생기면 저것이 생기고 이것이 멸하면 저것이 멸한다. 이것이 연기緣起라는 것이다. 이것이 있으면 저것이 있다. 아빠가 있으면 엄마가 있고 아들이 있으면 아빠가 있다. 남편이 없으면 아내도 없고 아빠가 없으면 아들도 없다. 다 상대개념이라는 것이다. 이것을 요새 물리학으로 말할 때 상대성 원리라 한다. 상대성 원리는 시간이 있으면 공간이 있다. 우리는 지금 시간·공간이 따로 떨어져 있는데 사차원의 세계에 가면 시간·공간이 붙어있다. 유전문은 삼차원의 세계요 고통의 세계인데 환멸문은 사차원의 세계요 극락의 세계다. 이 사차원의 세계를 실존철학에서는 실존이라 하고 또 화이트헤드Alfred North Whitehead(1861-1947) 같은 철학자는 유기체철학이라 한다. 유기체란 머리가 있으면 발이 있고 눈이 있으면 코가 있고 이렇게 다 한 몸이라는 것이다. 가족으로 말하면 아빠가 있으면 엄마가 있고 언니가 있으면 동생이 있고 다 한 가족이라는 것이다. 그러니까 아까처럼 깜박해서 내 다리가 없어졌다 이렇게 말할 수도 있지만 또 버스를 타고 가다가 운전수가 깜박하면 거기에 타고 있던 사람 모두 다 다리가 없어질 수 있다. 이렇게 보면 버스 속이 하나의 공동체가 된다. 이것이 유기체라는 것이다. 그러니까 누구 하나 정신이 깨어 있으면 자동차 타고 있는 사람 모두 아무렇지 않다. 일즉일체一卽一切요 일체즉일一切卽一이다. 이것이 하나의 공동체 세계라는 것이다. 이것을 우리는 소위 유기체라고 한다. 그리고 실존이 있는데는 진리가 있고 진리가 있는데는 실존이 있다 이렇게 되면 그것은 실존철학이다.

그런데 보통은 이것이 안 된다. 지知면 지로 행行이 따라붙지 않는다. 그런데 지가 있으면 행이 있다 이렇게 되면 지행일치知行一致라는 것이다. 그렇게 되면 사차원의 세계가 된다. 그래서 양명학의 세계는 사차원의 세계라는 것이다. 진리를 깨달았으면 반드시 거기에 도덕이 있는 것이고 도덕이 있으면 반드시 거기에 행복이 있는 것이다. 이렇게 되면 그것은 지덕복知德福 일치가 된 것이다. 그래서 소크라테스의 세계는 사차원의 세계가 된 것이다. 이렇게 언제나 이것이 있으면 저

것이 있다 하는 이것은 사차원의 세계다. 시간이 있으면 공간이 있다. 태양은 입자이면서 파동이다. 입자와 파동은 모순인데 이것이 동시에 있다. 입자이면서 파동이라는 것인데 이것을 화이트헤드는 현실존재, Actual entity라고 말한다. 하여튼 모순이 통일이 되어 있는 것이다. 태양 자체가 하나의 모순의 통일체라는 것이다. 입자이면서 동시에 파동이다. 그러니까 어떻게 말하면 하얗고 까맣다. 이렇게 된다. 이것이 소위 모순의 자기통일이라는 것이다. 사람이라는 것이 그런 것이다. 입 속에는 알칼리인데 위로 내려가면 산성이다. 알칼리와 산성이 통일이 되어 있는 것이 사람이다. 모순의 자기통일이다. 그런데 이 통일이 안 되면 여기에 고통이라는 것이 생긴다. 피곤하다는 것은 왜 피곤한가. 심신의 불통일 때문이다. 정신과 육체가 통일이 안 되면 아주 피곤하다. 그런데 정신과 육체가 통일이 되면 피곤이라는 것을 모른다. 분열이 되면 고통이고 통일이 되면 즐거움이다. 사차원의 세계란 통일이 된 세계이다. 시간과 공간이 통일이 되어 있다. 지와 행이 통일이 되어 있고 생과 사가 통일이 되어 있다. 정신과 육체가 통일이 되어 있다. 우리가 하나님을 만나면 어떻게 되는가. 우리의 정신과 육체가 통일이 되고 만다. 건강한 육체와 건강한 정신이 되고 마는 것이다.

내가 늘 말하는 35세 되던 해 3월 17일 오전 9시 5분이다. 그것이 현전現前이라는 것이다. 현전을 당하고 보니 어떻게 되었는가. "나알 알나"가 되었다. 나를 아는 것이 동시에 앓다 낫는 것이 되었다. 이것이 사차원의 세계라는 것이다. 시간과 공간이 일치되고 만 것이다. 나를 아니까, 이것은 정신이다. 앓다가 나았다. 이것은 육체다. 정신과 육체의 통일이 된 것이다. 이것이 평등이라는 것이다.

"관제연기觀諸緣起", 이것은 사차원의 세계를 꿰뚫어 보게 되었다는 말이다. 사차원의 세계를 꿰뚫어보니까 "지무아무인무수명知無我無人無壽命"이다. 운전수나 손님이나 다 한 식구라는 것이다. 내가 죽으면 운전수도 죽고 운전수가 죽으면 나도 죽고 다 같이 죽는 것이다. 동생 동사同生同死다. 무아무인無我無人이다. 나도 없고 운전수도 없다. 한 목숨이요 무수명無壽命, 사는 것 죽는 것이 하나다. '수壽'는 사는 것이고 '명命'이란 죽는 것이다. 그러니까 여기서 '무無'라는 것은 초월했다고 이렇게 보면 된다. 나를 초월하고 남을 초월하고 생을 초월하고 사를 초월했다. 그래서 자성공自性空이다. 다 초월했다. 그래서 다 같이 있는 것이다. 진공묘유眞空妙有다. 진공眞空, 운전수도 나도 다 없다. 있는 것은 무엇인가. 우리가 다 같이 산 것이다. 이런 것을 소위 자성공이라 한다. 그래서 "무작자무수자無作者無受者", 운전수도 없고 손님도 없다. 다 같다. 그래서 다 같이 한 식구가 되어서 이 어려운 고통을 벗어난 것이다. 어떻게 하니까? 현재전現在前이다. 하나님 앞에 서니까. 하나님 앞에 섰다는 것은 무엇인가. 꼭대기에 올라왔다는 것이다.

관제유지觀諸有支 개자성멸皆自性滅 필경해탈畢竟解脫 여시如是 입공무상이入空無相已 무유원구無有願求.

여러 가지 갈래가 있는데 그 한 가지 한 가지를 다 초월해야 된다. 그래서 결국 우리는 고통에서 벗어나게 된다. 이런 것을 무상해탈無相解脫이라 한다. "입공무상이入空無相已." 여기서 공空은 있어도 되고 없어도 된다. "공무상이空無相已", 그리고 "무유원구無有願求", 가지고 싶은 것이 아무 것도 없다. 그래서 이 사람들은 언제나 공空, 무상無相, 무원無願이라 한다.

유제대비위수唯除大悲爲首 교화중생敎化衆生 즉시卽時 득무원해탈문得無願解脫門 현재전現在前.

자비심을 머리로 삼아서 모든 중생을 가르친다. 나만 즐거운 것이 아니라 모든 중생을 다 즐겁게 해야 된다. 왜? 한 몸이니까. 유기체이니까. 한 식구니까. 그러니까 나만 편안하면 됐다는 것이 아니다. 그래서 교화중생敎化衆生이 필요한 것이다. 그래서 이제는 더 바랄 것이 없는 그런 해탈의 세계에 들어가는 것이다. 어떻게 하면? 하나님을 만나게 되면, 현재전現在前이다. 언제나 이렇게 현재전이라는 것이 붙어다닌다.

그래서 공空, 무상無相, 무원無願인데 공空이라 하면 이것은 기독교로 말해서 사랑이다. 무상無相이란 불변이다. 변화가 없다는 것인데 기독교로 말하면 믿음이다. 그리고 무원無願은 원이 없는 것이다. 무원이란 기독교로 말해서 희망이다. 믿음과 소망과 사랑인데 이것이 복락원의 세계라는 것이다. 우리가 다시 회복한 세계는 믿음이 있고 희망이 있고 사랑이 있는 세계다. 가정에서 우리가 느끼는 것은 무엇인가. 온 식구가 서로 믿는 믿음이 있고, 또 아이들이 자꾸 자라서 소망이 있고, 또 꽉 차 있는 사랑이다. 이런 집안이 천국이고 또 꼭대기에 올라간 거기에서는 일체가 천국이다.

여기서 중요한 것은 우선 하나님 앞이라는 그것 하나가 먼저 중요하다. 그리고 하나님 앞에 가면 어떻게 되는가. 일체가 평등이 된다. 평등이 되면 어떻게 되는가. 아까 말한대로 시간과 공간이 언제나 같이 있는 것이다. 그것을 여기서 연기緣起라고 했다. 여기서 우리는 지금 배울 것이 많다. 이 조그만 글 가운데 실낙원과 복락원이 다 들어가 있다. 그래서 왜 실낙원인가. 무명행無明行 때문이다. 왜 복락원인가. 관연기觀緣起 때문이다. 관연기라는 것, 사차원이라는 말인데, 석가는 누구인가 하면 관연기한 사람이다. 사차원에 도달했던 사람이 석가라는 말이다. 무명행 때문에 실낙원이 된 것이고 관연기 때문에 복락원이 되는 것이다. 그래서 우리는 어떤 세계에 들어가는가. 공, 무상, 무원이다. 사랑과 믿음과 희망의 세계로 들어가게 된다. 그러니까 여기 나온 글이 굉장히 좋은 글이다. 간단한 글이지만 이 글을 여러분이 잘 관찰하면 정말 이런 좋은 것들이 『화엄경』에 있구나 하고 알게 될 것이다. 아마 왕양명도 이런 글을 보고서 말한 것인지도 모르겠다. 현전지現前地라는 이것이 참 좋다. 이것이 철학이다.

26.10.5 보살원만오지이菩薩圓滿五地已 관법무상역무생觀法無相亦無生 무생무멸본청정無生無滅本淸淨 무유희론무취사無有戲論無取捨.

보살이 제5지 난승지를 끝내고 나서 무상역무성無相亦無性의 법을 관觀하게 되었다. 무상무성無相無性이란 꼭대기의 세계다. 꼭대기에 올라가면 동도 아니고 서도 아니다. 꼭대기에 가면 무동무서無東無西요 무생무멸無生無滅이요 무상무성無相無性이다. 다 꼭대기에 왔다는 말이다. 쉽게 말하면 지행합일의 세계다. "무생무멸본청정無生無滅本淸淨 무유희론무취사無有戱論無取捨", 모두 상대를 초월했다는 그 소리다.

요달삼계의심유了達三界依心有 십이인연역부연十二因緣亦復然
생사개유심소작生死皆由心所作 심고멸자생사진心苦滅者生死盡.

심心이란 무엇인가? 우주를 창조한 것이 심이다. 일심一心이다. "일체유심조一切唯心造(작作)." 우주는 심이 창조했다는 것이다. 그런데 12인연이라는 것도 또한 심이 창조한 것이지 다른 이가 아니다. 다 같은 심이다. 에덴동산을 만든 것도 심이요 에덴동산에서 떨어진 것도 심이다. 하나는 진심眞心이고 하나는 망심妄心이다. 깨끗한 물이나 더러운 물이나 다 물인 것처럼 심은 다 심이다. 그러니까 "요달삼계의심유了達三界依心有"의 심도 심이고, "십이인연역부연十二因緣亦復然", 십이지인연도 심이다. 그래서 "생사개유심소작生死皆由心所作"이다. 지금 에덴동산에서 떨어져 내려온 것도 심이다. 생사가 무엇인가 하면 에덴동산에서 떨어져 내려온 것이다. 그런데 다시 에덴동산으로 돌아가는 것도 심이다. "심고멸자생사진心苦滅者生死盡." 그러니까 여기 심이 네 번 나온다. 진심, 망심, 망심, 진심으로 네 번 나온다.

치지육처시행고癡至六處是行苦 촉수증장시고고觸受增長是苦苦
소여유지시괴고所餘有支是壞苦 약견무아삼고멸若見無我三苦滅.

12인연이란 무엇인가. 무명無明 행行, 이것은 행고行苦다. 그 다음 식識 명색名色.., 취取 유有 하는 것은 고고苦苦다. 그 다음 생生 노사

老死 하는 것은 괴고壞苦다. 행고行苦, 고고苦苦, 괴고壞苦. 이것들은 죽 타락해 가는 것인데 타락해서 그 결과는 고통뿐이라는 것이다. 그런데 "약견무아삼고멸若見無我三苦滅"이다. 이것도 심은 심인데 이것은 진심이다. 그 전에 행고, 고고, 괴고는 망심이고 "약견무아삼고멸" 하는 심은 진심이다. 만약 내가 없다는 세계를 알면 삼고멸三苦滅이다. 모든 고통은 다 없어지고 만다. 꼭대기는 삼고멸이고 밑의 세계는 삼고로 가득한 세계다. 하나는 삼차원의 세계요 하나는 사차원의 세계다. 하나는 무명無明의 세계이고 하나는 각覺의 세계, 관觀의 세계다.

여시보관연기행如是普觀緣起行 무작무수무진실無作無受無眞實.

연기행緣起行이란 각覺의 세계를 말한다. 이런 관觀의 세계는 "무작무수무진실無作無受無眞實"이다. 상대를 초월한 세계라는 말이다. 그런데 다음은 타락한 세계를 말한다.

여환여몽여광영如幻如夢如光影 역여우부축양염亦如愚夫逐陽焰.

이것은 다 그림자 같은 망심의 세계를 말한 것이다. '양염陽焰'이란 아지랑이를 뜻하는 말이다. 마치 아지랑이를 좇아서 뛰어다니는 것처럼 어리석은 사람들의 세계는 고통뿐이라는 것이다.

심심미묘난견지甚深微妙難見知 성문독각무능료聲聞獨覺無能了
여시보살제육지如是菩薩第六地 아위불자이선설我爲佛子已宣說.

그러니까 꼭대기의 세계는 보통 사람으로서는 참으로 올라가기 어려운 세계라는 것이다. 성문이나 연각 정도 가지고는 안 된다는 것이다. 거기에까지 가려면 그래도 보살행이라야 된다. 보살이나 되고 불타나 되어야 거기에까지 가게 되지 성문 연각 가지고는 안 된다는 것이다. 이렇게 해서 제6지 현전지가 끝난다는 것이다.

현전지란 무엇인가? 말하자면 속초에 가서 대청봉을 한 번 쳐다보는 세계, 그것이 현전지라는 것이다. 대청봉이 우리 앞에 탁 나타났다는 것이다. 이것이 소위 연각의 세계요 철학의 세계라는 것이다. "너 자신을 알라"하는 세계이다. 대청봉이 곧 나 자신이라는 말이다.

이렇게 현전지가 끝났으니까 이번에는 제7지로 가야 된다. 이제는 속초에서부터 대청봉까지 걸어서 올라가야 된다. 열심히 올라가야 된다. 그래서 대청봉까지 올라가면 이제 제7 원행지遠行地가 끝난다.

이 원행지가 며칠 걸릴지 모른다. 그런데 사실 인간이란 일생 걸리는 것이다. 『논어論語』에 보면 증자曾子가 말하길 "사불가이불홍의士不可以不弘毅 임중이도원任重而道遠"이라 했다. 임무는 막중하고 그 길은 멀다는 것이다. "기사이후이其死以後已 원행호遠行乎?" 죽은 후라야 끝나는 것이니 멀지 않느냐? 이렇게 증자가 말하는 "멀지 않느냐"하는 이것이 원행지다. 그리고 "인이위기임仁以爲己任 불역중호不亦重乎?" 인仁이 되어야 그 책임이 끝나는 것이니 막중하지 않는가? 이것은 말하자면 부동지不動地라는 것이다. 그러니까 공자의 세계로 말하면 제7지는 행行이고 제8지는 인仁이라는 것이다.

2001. 12. 9.

십지품 강해(6)

26.11 원행지遠行地

26.11.1 요달승의지자재了達勝義智自在 성취공덕백천억成就功德百千億

제7지 원행지遠行地는 속초에서부터 대청봉까지 올라가는 세계다. 모든 어려움을 이기고 올라가는 것이다. 승의勝義라는 것이 그것이다. 만 가지 고난을 이기고 올라간다. 올라가서 도달하는 곳이 어디인가. 지자재智自在다. 올라가서 보면 보이지 않는 데가 없다. 다 보인다. 그래서 지智라고 한다. 그런데 어디나 다 보이니까 지자재다. 그러니까 "요달승의지자재了達勝義智自在"하는 것은 꼭대기에 올라간 세계다. 올라가고 또 올라가서 지자재하는 세계에 도달한 것이다. 그렇게 도달하려면 한없는 노력이 필요하다. 한없는 공덕이 있어야 거기에 올라가게 되지 그저 쉽게 되지 않는다. 공덕이 백천억百千億이다. 그래야 거기에까지 올라가지 그저 쉽게는 못 올라가는 것이다.

그러니까 필요한 것은 한없는 노력이다. 대청봉이야 얼마 안 되지만 에베레스트를 올라간다고 하면 굉장히 멀다. 그래서 원행지다. 그리고 또 멀기도 하지만 에베레스트는 8,848m나 되니까 한없이 높기도 하다. 멀고 높은 그런 곳을 올라가려면 한없는 힘을 써야 되고 한없는 열정을 다해야 된다. 그리고 한없는 고난을 겪어야 된다. 결국 높은 고高의 세계에 올라가려면 역시 고苦가 필요한 것이다. 고苦는 고高야, 높이 올라가려면 고생을 많이 해야 된다는 말이다.

인중연화무소착人中蓮華無所着 위리군생연심행爲利群生演深行

많은 사람이 있지만 연꽃 가운데 연꽃이라 할 분이 석가다. 석가만이 그 꼭대기에까지 올라갈 수 있다. 석가는 모든 중생을 이롭게 하기 위해서 그 깊고 높은 산꼭대기를 계속 올라간다는 것이다.

산은 높기도 하지만 높은 산이 되면 될수록 깊기도 하다. 그래서 연심행演深行이다. 깊은 골짜기를 그냥 펼쳐가면서 올라간다는 말이다. 모든 중생을 위해서 올라가는데 그 모든 중생이란 어떤 중생인가?

이견일체제세간以見一切諸世間 탐에치화상치연貪恚癡火常熾然

온 세상을 내려다보니까 중생들의 세계는 탐진치貪瞋癡의 불이 밤낮 불붙어있다. 그래서 화택火宅이라 한다. 사람은 불붙은 집이라는 말이다. 탐욕貪慾과 치정癡情과 진에瞋恚의 불이 붙어있는 집이다. 그 불을 꺼주기 위해서 지금 올라가는 것이다.

어제상념실개리於諸想念悉皆離 발기대비정진력發起大悲精進力.

불이 완전히 꺼지게 되려면, 사람들이 완전히 자기 속에서 탐진치의 생각이 떠나버리게 되려면, 그 탐진치의 불보다 더 강한 불이 일어나야 된다. "대비정진력大悲精進力", 더 크고 더 비장한, 더 강한 불이 일어나야 이 불이 꺼진다. 더 쉽게 말하면 이열치열以熱治熱이다. 열을 가지고 열을 다스리는 것이다.

감기 열은 무슨 열을 가지고 다스리는가 하면 아스피린을 가지고 다스린다. 아스피린은 석탄으로 만들었다. 석탄에서 뽑아 만든 아스피린으로 불을 때면 40도까지 올라간다. 그런데 감기 열은 38도까지 올라간다. 감기가 들면 계속 38도의 열이 난다. 그런데 거기에 아스피린의 불을 피우면 그만 감기의 열이 들어가고 만다. 이것이 이열치열이다.

그러니까 탐진치의 불을 끄기 위해서 더 강한 불이 필요하다. 그렇게 더 강한 불을 위해서 올라가는 것이다. 이열치열以熱治熱, 이고치고以苦治苦다. 이 고통을 끝나게 하기 위한 더 큰 고통을 받기 위해서 꼭대기로 올라가는 것이다. 왜 산에 올라가는가. 그 목적은 고통 때문이다.

이 고통은 왜 필요한가. 번뇌의 고통을 없이하기 위해서다. 그것을 위해서 올라가는 것이다.

이런 것을 기독교에서는 십자가라 한다. 인간의 고통을 제거하기 위한 더 강한 고통, 그것이 십자가의 고통이다. 그런데 십자가라는 말을 불교에서는 파라밀波羅蜜이라 한다. 기독교의 십자가를 불교에서는 십파라밀十波羅蜜이라 하는데 파라밀이란 도피안渡彼岸이라는 말이다. 그런데 기독교에서는 십자가의 도道다. 건너갈 '도渡'나 길 '도道'나 마찬가지다. 여기에서 저기로 강을 건너간다고 하면 건너갈 '도渡'가 되지만 산꼭대기를 올라간다고 생각하면 길 '도道'가 된다. 그러니까 건너간다는 말이나 올라간다는 말이나 다 마찬가지 말이다.

그런데 그 건너가는 길이 굉장히 멀다는 것이다. 길을 건너가면서 우리가 붙잡아야 될 것이 무엇인가. 고품를 붙잡아야 된다. 고를 해결하기 위해서 고를 붙잡아야 되는데 그 둘이 같은 것이 아니다. 하나는 감기의 고요 하나는 아스피린의 고다.

기독교로 말하면 인류의 고통을 없이하기 위해서는 하나님의 고통이 필요하지 인간의 고통을 가지고는 안 된다. 그러니까 예수는 하나님이라야 되지 사람이 되면 안 된다. 그래서 예수는 마땅히 성령으로 잉태되어야 하고 또 예수는 마땅히 죽으면 부활하여야 된다. 왜 그렇게 되어야 하는가. 예수는 신인神人이기 때문이다. 신의 고통을 가지고야 사람의 고통을 제거할 수 있지 사람의 고통을 가지고는 사람의 고통을 제거할 수 없는 것이다. 그러니까 감기의 열을 다른 장질부사 같은 병의 열을 가지고 고칠 수 있는가 하면 아니다. 반드시 아스피린의 열을 가지고야 감기의 열을 제거할 수 있다. 기독교로 말하면 인간의 열을 가지고는 안 되고 신의 열을 가져야 된다는 것이다.

예수가 성령으로 잉태되었다고 하면 여러분은 그것이 말이 되느냐 하겠지만 그것은 종교가 무엇인지 몰라서 그런 것이다. 종교란 언제나 이열치열이다. 다스리는 열은 하나님의 열이라야 되지 사람의 열을 가지고는 치료할 수가 없다. 그러니까 예수는 반드시 신이라야 된다. 예수가 아무리 "나는 사람이라."해도 "아닙니다, 당신은 신입니다." 이렇게 되어야지, "옳습니다, 당신은 사람입니다"하게 되면 그것은 안 된다. 그래서 예수는 반드시 신이라야 된다. 왜? 신이라야 아스피린이 되기 때문이다. 사람이 되면 그것이 안 되기 때문이다. 아스피린을 가져야만 감기는 제거될 수 있는 것이다. 감기열은 유기열有機熱이지만 아스피린은 무기열無機熱이다. 하나는 무의 열이고 하나는 유의 열이다. 유와 무다. 이렇게 다른 것이다. 하나는 무상無相의 세계요 하나는 유상有相의 세계다.

이렇게 보면 왜 기독교에서 예수가 성령의 역사로 잉태해야 되는지 알 수 있지 않는가. 기독교는 이렇게 신의 열을 말하는데 불교에서는 신을 인정하지 않으니까 불타의 열이라 한다. 부처님의 고통이라야 된다. 기독교에서는 예수가 십자가에서 한없는 고통을 받았다고 그렇게 하는데 불교에서는 석가가 파라밀을 위해서 한없는 고통을 받았다고 한다. 그래서 석가의 불상 가운데는 해골만 남은 모습의 불상이 있다. 그 한없는 고통 때문에 인류의 고통이 없어지는 것이지 그 고통이 없었으면 이 고통이 해결되지 않는 것이다. 이것 때문에 불교가 종교가 되는 것이다. 만일 석가가 고통을 안 받았으면 그것은 종교라 할 것이 없다. 그러니까 원행지의 핵심은 고통이다. 그저 고통이 아니라 아스피린의 고통이다.

26.11.2 욕입제칠원행지欲入第七遠行地 당수십종방편혜當修十種方便慧

방편혜方便慧란 무엇인가. 기독교로 말하면 예수 그리스도라는 것이다. 예수 그리스도가 종교의 핵심이다. 철학의 핵심은 하나님이다. 현전지現前地란 하나님이 나타나는 것이다. 그런데 종교의 핵심은 예수 그리스도가 핵심이다.

소위 수선수공무상무원삼매所謂雖善修空無相無願三昧 이자비불사중생而慈悲不捨衆生

예수 그리스도라는 것은 무엇인가. 말씀이 육신이 된 것이다. "수선수공무상무원삼매雖善修空無相無願三昧", 한마디로 말씀이다. "자비불사중생慈悲不捨衆生", 이것은 육신이다. 말씀이 육신이 된 것이다. "공空 무상無相 무원無願", 이것은 하나님을 사랑했다는 것이고, "자비불사중생慈悲不捨衆生", 이는 이웃을 내 몸같이 사랑하는 것이다. 이렇게 해도 마찬가지다. 이런 것을 우리는 보통, 말씀이 육신이 되었다고 한다. 이데아Idea가 만물이 되었다는 플라톤의 이데아 학설이나 다 같다. 이것을 불교에서는 신즉자연神卽自然이라 한다. 이데아가 만물이 된 것이다. 말씀이 육신이 된 것이다. 그러니까 예수 그리스도가 무엇인가 하면 "공무상무원삼매空無相無願三昧 이자비불사중생而慈悲不捨衆生"이다.

수득제불평등법雖得諸佛不等法 이락상공양불而樂常供養佛

이것은 또 "진리가 너희를 자유롭게 하리라"하는 말이다. 진리로 자유롭게 된 것, 진리는 지知, 자유는 행行이니까 말하자면 지행일치知行一致다. 다 같은 말이다. 말씀은 지, 육신은 행, 그래서 말씀이 육신이 되었다는 것도 지행일치다.

수입관공지문雖入觀空智門 이근집복덕而勤集福德

"관공지觀空智", 이것도 한마디로 말하면 지다. "근집복덕勤集福德", 이것은 행行이다. 결국 이것도 지행일치다. 소크라테스로 말하면 지덕복智德福 일치라는 것이다.

수원리삼계雖遠離三界 이장엄삼계而莊嚴三界.

마지막 이 말이 제일 멋있다. "수원리삼계雖遠離三界", 비록 이 세상을 멀리 떠났지만, 이것도 달리 말하면 지라는 것인데, "장엄삼계莊

嚴三界", 이 삼계를 한없이 장엄하게 빛낸다. 그러니까 이것도 지행일 치다. 삼계를 멀리 떠났지만 이 삼계를 장엄하게 빛낸다. 이것은 태양의 상징이다. 여기서 멀리 떠나 있지만 모든 만물을 자라나게 하는 것이 무엇인가 하면 태양이다. 멀리 떠나 있는 것, 이데아 혹은 말씀인데, 이 모든 만물을 길러내는 것은 누구인가 하면 태양이다. 그래서 말씀이 육신이 된 것이다.

그러니까 신즉자연神卽自然이라고 하나, "말씀이 육신이 되었다"고 하나 다 마찬가지다. 예수가 멀리 떠나면 그리스도인데 여기에 있으면 예수다. 그래서 "예수 즉 그리스도"다. "예수 즉 그리스도", 말씀이 육신이 되었다는 말이다. 그러니까 예수의 심볼은 무엇인가 하면 태양이다. 보통 예수님을 '의義의 태양'이라 한다. 그런데 불교에서는 의라는 말을 쓰지 않고 석가를 '지혜의 태양'이라 한다. 태양인데, 태양이 만일 멀리 떠나지 않고 우리 가까이 왔다고 하면 어떻게 되는가. 모두 타서 죽고 만다. 그런데 멀리 가 있는 태양이니까 모든 만물을 깨나게도 하고 자라게도 하고 열매를 맺게도 한다. 그리고 여름이면 비도 내리게 하고 겨울에는 눈도 내리게 한다. 그러니까 언제나 말씀이 육신이 되는 것이다. 이것이 태양이라는 것이다.

종교의 핵심이 무엇인가. 아스피린이라는 것, 이것이 종교의 핵심이다. 그러면 종교의 핵심이 되는 그 사람은 어떤 사람인가. 태양 같은 사람이라야 된다. 이것이면 다다. 그러니까 예수 그리스도라는 말이다. 그러면 십자가라는 것은 무엇인가. 파라밀이다. 그래서 다음에 나오는 것이 파라밀이다.

26.11.3 차보살此菩薩 어염념중於念念中 상능구족常能具足 십파라밀十波羅蜜 소유선근所有善根 위구불지爲求佛智 시여중생施與衆生.

내가 가진 선한 모든 것을 가지고 불지佛智를 구하기 위해서 중생들에게 다 베풀어 준다.

시명단나파라밀是名檀那波羅蜜 능멸일체제번뇌열能滅一切諸煩惱
熱 시명시라파라밀是名尸羅波羅蜜.

그것을 단나檀那 파라밀이라 한다. 단나 파라밀이란 보시布施 파라
밀이라는 말이다. 일체 번뇌열을 다 없이해 주는 이것은 시라尸羅 파
라밀이라 한다. 지계持戒를 인도말로 시라Sila라고 한다. 지계持戒 파
라밀이다.

자비위수慈悲爲首 불손중생不損衆生 시명是名 찬제파라밀羼提波
羅蜜 구승선법求勝善法 무유염족無有厭足 시명是名 비리야파라밀毗
梨耶波羅蜜.

자비를 머리로 해서 중생을 해롭게 하지 않는 이것은 찬제羼提 파라
밀이라 한다. 찬제 파라밀이란 인욕忍辱 파라밀이다. 좋은 법을 구해
서 만족하지 않음이 없는 이것은 비리야毗梨耶 파라밀이라 한다. 비리
야Virya는 정진精進이라는 말이다.

일체지도一切智道 상현재전常現在前 미상산란未嘗散亂 시명선나
파라밀是名禪那波羅蜜 능인제법무생무멸能忍諸法無生無滅 시명반야
파라밀是名般若波羅蜜.

모든 지혜와 길이 언제나 앞에 나타난다. 그래서 산란하지 않다. 이
것은 선나禪那 파라밀이다. 선나Dhyana란 선정禪定이다. "능인제법
무생무멸能忍諸法無生無滅", 이것은 무생법인無生法忍이라는 말인데
앞으로 자주 나오게 된다. 생사를 초월한 진리를 인식했다는 것이다.
혹은 생사를 초월한 진리를 깨달았다는 말이다. 생사를 초월한 진리를
깨달은 것, 그것을 반야般若 파라밀이라 한다. 반야Prajna는 지혜라
는 말이다.

이렇게 여섯 개면 다 된 것인데 『화엄경』에서는 무엇이나 열 개로 늘리는 버릇이 있으니까 다음에 또 네 개를 덧붙인다.

능출생무량지能出生無量智 시명 방편파라밀是名方便波羅蜜 능구상상승지能求上上勝智 시명원파라밀是名願波羅蜜.

무량지無量智를 출생하게 하는 것, 그것을 방편方便 파라밀이라 한다. 앞에서 나온 방편해方便解라는 것이 여기에 속한다. 최고의 지혜를 얻게 되는 것, 그것을 원願 파라밀이라 한다.

일체이론급제마중一切異論及諸魔衆 무능저괴無能沮壞 시명역파라밀是名力波羅蜜 여실료지일체법如實了知一切法 시명지파라밀是名智波羅蜜.

모든 이단이나 악마에 무너지지 않는 것, 그것을 힘의 파라밀, 역力 파라밀이라 한다. 일체 사실을 있는 그대로 깨달아서 아는 것, 그것을 지智 파라밀이라 한다.

그러니까 모두 열 개의 파라밀인데 그 가운데 마지막 네 개는 집어치워도 된다. 그리고 여섯 가운데서도 인욕忍辱 파라밀, 정진精進 파라밀 두 개는 전체에 붙는 것이니까 이것도 없어도 된다. 그래서 제일 중요한 것이 지계持戒, 선정禪定, 지혜知慧, 보시布施라는 넷이다. 이것이면 다다.

석가의 지계는 무엇인가. 일식一食이다. 선정을 해서 무엇을 했는가. 일좌一坐라는 것이다. 그리고 지혜를 해서 무엇을 했는가. 일인一仁이다. 혹은 일불一佛이다. 인仁이나 불佛이나 마찬가지인데 불을 유교식으로 하면 인이라는 것이다. 일인이 되어서 무엇을 했는가. 일언一言이다. 일언이라는 이것에서 『팔만대장경』이 나온 것이다. 일언을 하는 데 걸린 시간은 45년이다. 일인이 되는데 걸린 시간은 일 년이다. 선정하는데 걸린 시간은 49일이다. 지계하는 데는 6년이 걸렸다. 이것이 석가의 일생이다. 이것이 소위 원행遠行이라는 것이다. 일생을 가는 것이다. 80세 죽는 그날까지 가는 것이다. 그래서 원행이라는 것이다.

이렇게 일생을 가는데 어떤 고통을 가졌는가. 일식·일좌·일인·일언이다. 일식이란 성문이다. 일좌는 연각이다. 일인은 보살이다. 일언은 불타다. 그래서 과학, 철학, 종교, 예술이다. 과학으로는 생의 고통을 없이하는 것이고 철학으로 병의 고통을 없이하는 것이고 종교로 죽음의 고통을 없이하는 것이고 예술로 늙는 고통을 없이하는 것이다. 그래서 결국 생로병사生老病死의 고통을 없이하는 것이다. 생로병사의 고통을 없이하기 위해서 과학, 철학, 종교, 예술의 고통을 가지는 것이다. 과학, 철학, 종교, 예술의 고통이 없이는 생로병사의 고통은 영 없이할 수 없는 것이다. 그러니까 과학, 철학, 종교, 예술의 고통이 아스피린이라면 생로병사의 고통은 감기라는 것이다. 법은 이것뿐이다. 그러니까 석가는 어떤 사람인가 하면 석가는 그 당시에 과학, 철학, 종교, 예술의 화신化身인 것이다. 예수도 마찬가지다. 과학, 철학, 종교, 예술의 화신이 예수다. 그 아스피린이 인생의 모든 고통을 없이하는 것이다. 이것을 우리는 십자가라고 하는 것이다. 기독교에서는 십자가라 하는데 불교에서는 십파라밀이라 한다. 결국 제일 필요한 것은 고苦라는 것이다. 그 말씀이 육신이 되어야 한다는 것이다. 아스피린이 감기의 열을 치료하는 것이다. 유기물有機物이 무기물無機物과 연결이 되는 것이다.

과학의 고통으로 생의 문제를 해결한다. 지금 과학자들이 암을 얼마나 많이 연구하겠는가. 그 많은 학자들의 고통과 고통이 쌓이고 싸여서 암이라는 고통이 없어지는 것이지 그런 고통이 없이 암이 어떻게 없어지겠는가. 철학을 공부하는 사람은 또 얼마나 많겠는가. 종교를 위해 일생을 바친 사람들, 예술을 위해서 일생을 바친 사람들은 또 얼마나 많은가. 그런 사람들의 고통이 이 중생들의 고통을 제거해 가는 것이지 그런 사람들의 고통이 없다면 무엇으로 이 고통을 제거해 가겠는가.

그러니까 예수 믿는다는 것은 단순히 예수 개인의 문제가 아니다. 예수라는 사람은 무슨 유태교의 화신이 아니라 인류 문화의 화신이다. 인간은 그 문화를 통해서 인간이 되는 것이다. 말씀이 육신이 되는 것이다. 말씀이라는 문화가 없으면 사람이라는 육신이 안 되는 것이다.

　물론 사람이 문화를 창조하는 것도 사실이다. 그런데 칸트가 말한 대로 문화가 사람을 창조하는 것도 또한 사실이다. 우리가 이 문화 속에 들어왔으니까 사람 비슷하게 되어가지 만약 우리가 말도 없는 강아지들 세상 속에 태어났으면 어떻게 되겠는가. 강아지들과 무슨 말을 하겠는가.

　다행히 우리는 유교도 알고 도교도 알고 불교도 알고 기독교도 아는 세상에서 살게 되었다. 우리가 이런 문화계에 들어왔으니까 지금 우리가 사람이 되어 가는 것이다. 우리는 과학도 알고 철학도 알고 종교도 알고 예술도 알고 하는 이런 문화 속에 들어 왔으니까 사람이 되어 가는 것이지 이런 문화가 없는 곳에 태어났다면 사람되기 어려운 것이다.

　그러니까 역시 문화가 사람을 만드는 것이다. 우리는 이것을 확실히 인정하지 않을 수 없다. 그래서 그 문화를 위해서 애쓰는 사람들, 종교가, 예술가, 철학자, 과학자, 이런 사람들의 한없는 고통, 그 고통으로 인해서 우리는 지금 전차도 탈 수 있고 아스피린도 먹을 수 있게 되었는데, 그 모든 고통을 다 합해서 우리는 십자가의 고통이라 한다.

　예수는 인류를 대표하는 것이니까 예수 속에는 아인슈타인도 들어가고 베토벤도 들어가고 칸트도 들어가고 그렇게 다 들어가서 그것이 하나의 예수다. 우리는 그 예수를 믿는 것이다. 그러니까 일즉일체一卽一切요 일체즉일一切卽一이다. 예수를 믿는다는 말은 인류 문화 일체를 믿는다는 말이다. 우리의 문화 일체를 한마디로 예수님, 이렇게 표현하는 것이다. 그렇게 믿을 때 내가 사람이 되는 것이다. "누구든지 나를 믿는 자는 멸망하지 않고 영생을 얻으리라." 사람이 된다는 그 소리다.

26.11.4 불자佛子 보살菩薩 주차지住此地 선정무량신업무상행善

淨無量身業無相行 선정무량어업무상행善淨無量語業無相行 선정의업
무상행善淨意業無相行 고득무생법인광명故得無生法忍光明.

보살이 있는 힘을 다해서 산으로 올라간다는 말이다. 또 있는 말을 다해서 산으로 올라간다는 것이다. 또 있는 생각을 다해서 산으로 올라간다는 것이다. 산으로 올라가면 무엇인가. "득무생법인광명得無生法忍光明"이다. 생사를 초월한 진리를 깨닫는 그런 빛을 가지게 된다.

26.11.5 불자佛子 차보살此菩薩 득여시삼매지력得如是三昧智力 이대방편以大方便 수시현생사雖示現生死 이항주열반而恒住涅槃.

보살이 이 세상에 나오기는 나오지만, 예수님이 이 세상에 오기는 오지만, 살기는 언제나 하늘나라에서 산다. 예수는 하늘에 속한 사람이지 이 땅에 속한 사람이 아니라는 것이다.

수시수순일체세간雖示隨順一切世間 이상행일체출세간법而常行一切出世間法.

비록 이 세상에 와서 십자가를 지지만 하늘에 올라가 다시 부활하는 몸으로 태어난다.

차보살此菩薩 십파라밀중十波羅蜜中 방편파라밀方便波羅蜜 편다偏多 여비불수餘非不修 단수력수분但隨力隨分 제칠원행지第七遠行地.

이 보살은 십파라밀 중 방편 파라밀이 많았고 다른 파라밀은 별로 많지 않았다. 다만 힘에 따라, 분分에 따라 사람은 누구나 이렇게 일생 원행지를 가게 마련이다.

기독교로 말하면 밤낮 교회에 다니는 것이 원행지다. 뱃속에서부터

다녀서 죽기까지 다니는 것이다. 이것이 원행지다.

26.11.6 제일의지삼매도第一義智三昧道 육지수행심만족六地修行心滿足 즉시성취방편혜卽時成就方便慧 보살이차입칠지菩薩以此入七地.

"제일의지삼매도第一義智三昧道", 이것은 지금 산꼭대기를 알았다는 말이다. "육지수행심만족六地修行心滿足", 이것은 현전지를 말하는 것이다. 그리고 "즉시성취방편혜卽時成就方便慧", 이것은 십자가라는 것이다. 그래서 보살이 제7지 원행지에 들어온 것이다.

관찰차법득명료觀察此法得明了 광위군미흥이익廣爲群迷興利益
입중생계무유변入衆生界無有邊 불교화업역무량佛敎化業亦無量.

이 법을 확실하게 알았다. 대청봉을 확실히 알았다는 것이다. 그래서 모든 중생을 이롭게 하기 위해 아스피린을 가지고 중생계에 들어간다. 불교 속에는 아스피린이 한없이 많다.

보살근구최승도菩薩勤求最勝道 동식불사방편혜動息不捨方便慧
일일회향불보리一一廻向佛菩提 염념성취파라밀念念成就波羅蜜.

보살이 산꼭대기까지 올라가는데 모든 방편을 다 들고 올라간다. 하나하나 부처님과 마주 앉아서 파라밀을 완성해 간다.

초지반연공덕만初地攀緣功德滿 이지리구삼쟁식二地離垢三諍息
사지입도오순행四地入道五順行 제육무생지광조第六無生智光照.

올라가는 것은 사실 초지에서부터 시작한 것이다. 환희지에서부터 올라가기 시작한 것이다. 이구지도 올라가는 길이다. 발광지도 올라가는 길이다. 염혜지도 올라가는 길이다. 난승지도 올라가는 길이다. 현전지도 올라가는 길이다.

칠주보리공덕만七住菩提功德滿 종종대원개구족種種大願皆具足
이시능령팔지중以是能令八地中 일체소작함청정一切所作咸淸淨.

제7 원행지 여기까지 올라온 것이다. 그래서 점점 우리의 소원이 이루어져 가는 것이다. 이것이 끝나면 이제 8지로 올라간다. 8지에 가면 일체가 깨끗해지고 만다.

세간소유중기예世間所有衆技藝 경서사론보명료經書籌論普明了
선정삼매급신통禪定三昧及神通 여시수행실성취如是修行悉成就.

이 세상에 있는 모든 기술, 예술, 과학, 철학 이것들을 다 알게 되었다. 그래서 깊이 생각을 해 가지고 나중에는 정말 신통하는 세계까지 가게 된다. 그래서 우리의 수행을 완성해 가는 것이다.

차시보살원행지此是菩薩遠行地 방편지혜청정도方便智慧淸淨道
일체세간천급인一切世間天及人 성문독각무능지聲聞獨覺無能知.

이것이 원행지라는 것인데, 이것이 방편이요 지혜요 청정의 도라는 것이다. 이것은 이 세상 사람이나 하늘이나 누구나 다 가야 되는 길이다. 이것은 성문이나 연각 가지고는 알 수 없는 높은 세계다.

2001. 12. 16.

십지품 강해(7)

26.12 부동지不動地

26.12.1 입일체법入一切法 본래무생本來無生 무기무상無起無相 무성무괴無成無壞 무진무전無盡無轉 무성위성無性爲性.

맨 꼭대기에 올라와서 생사를 초월하고 만 것이다. 상대를 초월한 것이다. 중中이라는 것이다. 더 올라갈 데가 없다. 거기가 꼭대기다. "무성위성無性爲性", 노자로 말하면 무위자연無爲自然이다. 이것이 예술의 세계다. 목적 없는 합목적성이다.

초중후제初中後際 개실평등皆悉平等 무분별無分別 여여지지소입처如如智之所入處.

꼭대기에 올라오면 맨 처음에 온 사람이나 중간에 온 사람이나 나중에 온 사람이나 다 마찬가지다. 하늘나라에 들어가면 다 마찬가지지 무슨 맨 처음에 갔다고 다른 것이 없다. 거기에는 무슨 분별의 세계가 아니다. 거기에는 정말 통일의 세계다.

이일체離一切 심의식분별상心意識分別想 무소취착無所取着 유여허공猶如虛空.

거기는 모든 심의식이나 분별상을 떠난 세계다. 취取도 없고 착着도 없다. 산꼭대기에 올라가면 허공밖에 없다.

입일체법入一切法 여허공성如虛空性 시명是名 득무생법인得無生法忍.

종당 어디까지 올라가는가. 허공성虛空性에까지 들어가는 것이다. 무아에까지 가는 것이다. 이것을 무생법인無生法忍이라 한다. 생사를 초월한 진리를 깨달은 세계라고 한다.

26.12.2 불자佛子 여생범세如生梵世 욕계번뇌欲界煩惱 개불현전皆不現前 주부동지住不動地 역부여시亦復如是 일체심의식행一切心意識行 개불현전皆不現前.

이런 하늘나라에 태어나면 이제는 욕계 번뇌 이런 것들은 다 없어져 나타나지 않는다. 여기가 부동지인데 이제는 심의식이니 행이니 하는 상대적인 것들은 다 없어져 나타나지 않는다.

차보살마하살此菩薩摩訶薩 보살심菩薩心 불심佛心 보리심菩提心 열반심涅槃心 상불현기尙不現起.

그리고 또한 보살심이니 불심이니 보리심이니 열반심이니 이런 것도 다 필요가 없어 나타나지도 않는다.

황부기어세간지심況復起於世間之心.

그런데 하물며 세상의 마음이 다시 나타나겠는가.

26.12.3 불자佛子 보살菩薩 주차제팔지住此第八地 이대방편선교지以大方便善巧智 소기무공용각혜所起無功用覺慧 관일체지지소행경觀一切智智所行境.

이것이 제8 부동지인데 대방편大方便이 있고 선교지善巧智가 있다. 이것이 예술의 세계다. 그림을 그리거나 음악을 하거나 도자기를 굽거나 무엇이나 대방편과 선교지가 있어 "소기무공용각혜所起無功用覺

慧", 아무렇게 해도 걸작이 나온다. 되는대로 해도 걸작이 나와야 그것이 예술의 세계가 된다. 아무 노력도 하지 않았는데도 걸작이 나온다. 그러니까 예술의 세계는 맨 마지막에 나오는 것이 최고의 걸작이다. 석굴암이 나오기까지 많은 습작이 있었을 것이다. 그런데 그것들은 다 없어지고 말았고 맨 마지막에 나온 그 하나가 걸작이다. 그러니까 예술의 세계는 언제나 부동지다. 맨 마지막의 세계다.

난곡蘭谷 김응섭金應燮 선생도 글씨를 써서 이 집 저 집 다니면서 팔았는데 마지막엔 정말 부동지에 이르렀다. 부동지에 이르고 보니 그 전에 그려서 팔았던 것들은 다 엉터리였다. 그래서 다시 돈을 주고 되사왔다. 그리고 필요한 사람들에게는 다시 그려주었다. 그러니까 습작들은 아무리 많아도 다 쓸데없는 것이다. 걸작이 나와야 되는데 걸작이란 마지막 부동지에 가야 걸작이 되지 그 중간의 원행지라 하면 그것은 습작이지 아직 아니다. 마지막이 제일 중요하다.

차보살此菩薩 부기지명復起智明 교화중생敎化衆生 소위所謂 선지중생신차별善知衆生身差別 선분별중생신善分別衆生身 선관찰소생처善觀察所生處 수기소응隨其所應 이위현신而爲現身 교화성숙敎化成熟.

그 경지는 "진리가 너희를 자유롭게 하리라" 하는 경지다. 그래서 지혜가 한없이 밝아져 중생을 교화하는데 중생들이 어떤 생각을 하는지 잘 안다.

중생들이 어떻게 사는지, 어디서 사는지 잘 안다. 중생들의 요구에 응해서 자기 몸을 나타낸다. 그래서 그 사람들이 정말 잘 알도록 가르쳐 준다.

26.12.4 불자佛子 차보살此菩薩 원리일체遠離一切 신상분별身想分別 주어평등住於平等.

이런 사람 저런 사람 일체 분별이 없다. 누구나 다 꼭 같이 생각한다.

평등이다.

차보살此菩薩 지중생신知衆生身 국토신國土身 업보신業報身 성문신聲聞身 독각신獨覺身 보살신菩薩身 여래신如來身 지신智身 법신法身 허공신虛空身.

중생이 어떤 생각을 가지고 있는지 다 안다. 그 나라 사람들이 어떤 생각을 하는지 다 안다. 열심히 노력하여 어떤 결과를 얻게 되는 지도 다 안다.
여기나온 중생신, 국토신, 업보신, 성문신, 독각신, 보살신, 여래신, 지신, 법신, 허공신, 이것들을 십신十身이라 한다.

우지又知 중생심지소락衆生心之所樂 능이자신能以自身 작중생신作衆生身 국토신國土身 내지허공신乃至虛空身 수제중생隨諸衆生 소락부동所樂不同 즉어차신則於此身 현여시형現如是形.

중생이 무엇을 좋아하는지 다 안다. 그래서 자신이 중생신衆生身이 된다. 유치원생을 만나면 보모가 유치원생이 된다는 것이다. 초등생을 가르칠 때는 선생이 초등생이 된다. 그래서 그 몸이 마치 그림자처럼 쫓아다니게 된다.
부처의 십신 가운데 중생신, 국토신, 업보신, 성문신, 독각신, 보살신, 이 여섯 가지를 화신化身이라고 한다. 그리고 7번째 여래신은 보통 보신報身이라 한다. 그리고 마지막 세 개인 지신, 법신, 허공신을 법신法身이라 한다. 화신, 보신, 법신이다. 그런데 학생에 따라 그렇게 변해서 응한다 할 때는 화신이라 하지 않고 응신應身이라 한다. 그러니까 우리가 『원각경』을 배울 때 거기 나타나는 부처님들은 응신이고 『법화경』을 배울 때 거기 나타나는 부처님은 보신이고 지금 『화엄경』에 나타나는 부처님은 법신으로 이렇게 삼신이다. 이 삼신을 열 개로 늘리면 십신이 된다. 십신이란 이 우주의 주인이라는 것이다. 결국 십신이란 자신이다. 자신 만만한 하나의 주체다. 한국으로 말하면 대통령이다. 주체성이다.

26.12.5 불자佛子 보살菩薩 성취여시신지이成就如是身智已 득명자재得命自在 심자재心自在 재자재財自在 업자재業自在 생자재生自在 원자재願自在 해자재解自在 여의자재如意自在 지자재智自在 법자재法自在.

그래서 십신이 끝나면 자재自在가 나온다. 명령할 수 있는 자유가 나온다. 대통령이 되면 명령할 수 있다. 심자재心自在, 생각할 수 있는 자유다. 가난한 사람들에게 무엇을 갖다 주어라 할 수도 있고, 너는 무슨 장관을 해라 할 수도 있고, 너는 무엇을 먹고 살아라 할 수도 있고, 네 소원이 무엇인지 들어주마 할 수도 있고, 이해할 수 있는 자유도 가질 수 있고, 마음대로 할 수 있는 자유도 가질 수 있고, 알 수 있는 자유도 가질 수 있고, 법을 만들 수 있는 자유도 가질 수 있다.

이것을 십자재十自在라 한다. 대통령이 되면 열 가지 자유를 가질 수 있다는 것이다. 그래서 불타의 가장 중요한 것이 무엇인가 할 때 십신, 십자재라 한다. 불타가 되면 주인이 되어 마음대로 할 수 있는 자유를 가진다. 진리를 깨달았으니까 자유로울 수가 있다. 주인이 될 수 있고 자유로울 수 있다. 이것이 불타의 핵심이고 그것이 동시에 예술의 핵심이다. 화가라면 그림에 아주 자신이 생겨야 된다. 그래서 자기의 경지를 개척해 놓고 마음대로 그림을 그릴 수 있어야 한다. 그것이 아까 말한 "무공용각혜無功用覺慧"라는 것이다.

그러니까 부동지에서 제일 중요한 것은 십신十身이라는 것이다. 그리고 꼭 같은 말인데 십자재十自在라는 것이다. 자재라는 말이나 자유라는 말이나 같은 말이다. 십신이 되면 자유로운 것이다. 그러니까 우리가 더 극단적으로 말하자면 십신의 신身을 신神이라 해도 된다. 신神이 되면 자유가 된다. 우리가 그렇게까지는 생각 안 해도 하여튼 십신, 십자재라는 것이다.

맨 밑에는 중생신衆生身이다. 중생의 주인이다. 신이란 주체이니까 중생신이란 중생의 주인이다. 그 다음은 국토신國土身이다. 국토의 주인이다. 그리고 업보신業報身은 노력을 한 결과 도달할 수 있는 그 경지를 말한다. 그 다음은 성문신聲聞身이고 그 다음은 독각신獨覺身 혹은 연각신緣覺身이다. 독각신이나 연각신이나 같은 말이다. 그리고 보살신菩薩身이다. 여기까지가 원행지遠行地로서 산에까지 올라간 것이다. 그 다음 여래신如來身이 되어야 산꼭대기에 올라와서 섰다는 것이다. 보살신까지는 화신化身 혹은 응신應身이라 한다. 그리고 여래신은 보신報身이 된다. 지금까지 노력한 결과 얻어진 몸이라는 것이다.

『원각경』의 부처님은 응신이고 『법화경』의 부처님은 보신이고 『화엄경』의 부처님은 법신이다. 그러니까 여래신까지는 우리가 이미 『원각경』, 『법화경』에서 끝난 것이고 지금 『화엄경』에서 제일 중요한 것은 다음 세 가지가 가장 중요한 것이다. 지신智身, 법신法身, 허공신虛空身이다. 그래서 여기에는 자재自在라는 말이 다 붙어있다. "명자재命自在, 심자재心自在, 재자재財自在, 업자재業自在, 생자재生自在, 원자재願自在, 해자재解自在, 여의자재如意自在, 지자재智自在, 법자재法自在." 이것들을 어디에다 갖다 붙이느냐 하면 나는 명자재를 허공신에다 붙이고 심자재는 여래신에 붙이고 재자재는 국토신, 업자재는 업보신, 생자재는 중생신, 원자재는 성문신, 해자재는 독각신, 여의자재는 보살신에다 갖다 붙인다. 심자재는 여래신, 지자재는 지신, 법자재는 법신, 그리고 맨 앞에 있는 명자재가 허공신이다. 이것은 내 생각이니까 여러분들은 또 여러분 생각대로 갖다 붙이면 된다.

십신 가운데 지신, 법신, 허공신, 이 세 가지 신이 가장 중요하다. 중요하다고 하는 점이 무엇인가 하면 소위 "무공용각혜無功用覺慧"라는 것이다. 그러니까 여기서부터가 진짜 자유라는 것이다. 물론 중생신도 중생의 세계에서는 자유다. 그렇게 모두가 다 자유지만 다 올라간 여기서부터가 진짜 자유다. 어느 정도 자유인가 하면 하늘을 날 수 있는 자유다. 하늘을 날 수 있는 자유로 지신, 법신, 허공신, 이 세 가지다. 그런데 지신보다도 법신이 더 크고 법신보다도 허공신이 더 크다. 우리가 『장자莊子』에 보면 소요유逍遙遊라는 것이 있는데 그것이 여기서 말하는 "무공용각혜"나 마찬가지다. 소요유는 무위無爲라는 말인데 무위란 자유라는 말이다. 그래서 노자는 무위자연無爲自然이라는 말을 한다. 노자의 무위자연이 장자에 와서 소요유라는 말로 바뀐 것이다. 무위자연, 이것을 공자로 말하면 "칠십에 종심소욕불유구從心所慾不踰矩"라 하는 것이다. 되는대로 해도 진리를 넘어서지 않는다. 결국 유교의 끄트머리가 무위자연이 되고 만다. 이 무위자연을 장자는 소요유라 했다. 그러니까 이것이 최고의 세계다.

지신智身, 법신法身, 허공신虛空身이다. 이것을 장자는 어떻게 설명하는가. 맨 처음에 나오는 조그만 새들의 이야기가 나오는데 이것은 지신을 말한다. 대표적인 것이 척안斥鷃이라는 새다. 척안이 어떤 새인지 잘 모르지만 물오리라 해도 좋고 독수리라 해도 좋다. 하여튼 우리가 보는 하늘 위에서 날아다니는 새다. 독수리가 하늘에 떠서 내려다보다가 쥐나 토끼가 있으면 그냥 내려와서 잡아 올리는 그런 세계다. 그런데 그런 독수리만 해도 얼마든지 날아다니고 유유자적悠悠自適하는 세계다. 그것이 지신智身의 세계다.

그런데 법신法身의 세계가 되면 그것은 새라고 하지 않고 장자는 열자列子의 이야기를 한다. 열자가 한 열흘씩 휘휘 날아다니다가 돌아온다는 것이다. 이런 열자의 세계는 바람을 타고 다니는 것이다. 새로 말하면 기러기 같은 것이다. 기러기가 저 북쪽에서 남쪽으로 날아가는데 아주 높이 떠서 날아간다. 얼마나 높이 뜨는지, 높이 떠서 비행기가 제트기류를 타고 가듯이 기류를 타고 날아간다. 본문에 보면 "여선입해인풍제如船入海因風濟"라는 말이 나온다. 배가 바다에 들어가서 붕 떠가지고 바람을 만나면 하룻밤에 천 리를 갈 수도 있다는 것이다. 법신의 세계가 그런 것이다. 바다에서 해류를 타고 가듯이 새는 기류를 타고 가는 것이다. 그러니까 새가 움직여서 가는 것이 아니라 가만히 있어도 가는 것이다. 그런데 한 시간에 얼마씩 가는가 하면 200km씩 간다. 자동차로 빨리 달려도 100km인데 새는 배나 빨리 간다. 그렇게 가니까 얼마 안 걸려서 바로 남쪽에 도달하는 것이다. 그런 세계를 법신이라 하는데 장자는 그것을 열자로 비유한 것이다.

그런데 이 법신보다도 더 큰 세계가 허공신虛空身이다. 장자는 이것을 붕鵬새로 비유했다. 붕새는 하늘 높이 올라가는데 구만 리를 올라간다. 구만 리를 올라가서 "절운기絶雲氣", 바람이니 구름이니 다 끊어졌다. 그래서 "부청천負靑天", 푸른 하늘을 등지고 최고로 올라갔다. 그런데 북극에서 남극까지 가는데 얼마나 걸렸는가 하면 여섯 달을 갔다. 그리고 매일 하루 한 번씩 동에서 서로 산보를 한다. 이것이 소요유라는 것이다. 그러니까 사실은 붕새가 아니라 태양이다. 태양도 장자의 머리 속에서는 하나의 새처럼 생각된 것이다. 태양인데 태양은 무엇이 태양이 되었는가. 장자로 말하면 북해에 있는 '곤鯤'이라는 조그만 물고기가 이렇게 큰 붕새가 되었다는 것이다. 요새로 말하면 북해의 물고기는 별이라는 것으로 별이 태양이 되었다는 말이다. 이것이 장자가 소요유에서 말하는 이야기다.

별이 태양이 되었다. 그러니까 허공신이란 별의 세계다. 별이나 달이나 해나 다 허공에 떠 있는 몸인데 다 자기가 움직이는 것이 아니다. 기독교로 말하면 하나님의 힘으로 움직이는 것이다. 과학으로 말하면 만유인력으로 움직이는 것이다. 그것이 허공신이다. 그런데 열자로 비유된 법신의 세계는 기류의 힘으로 움직이는 것이다. 그리고 작은 새들로 비유되는 지신의 세계는 자기 날개의 힘으로 움직이는 것이다. 장자는 이렇게 세 계단을 말했는데 『화엄경』에서는 그것을 지신, 법신, 허공신이라 했다.

지신의 세계는 의식적으로 움직이는 것이다. 법신은 무의식적으로 움직이는 것이다. 자기가 움직이는 것이 아니라 기류의 힘으로 움직이는 것이다. 그리고 허공신이 되면 초의식적으로 움직이는 것이다. 유의식적, 무의식적, 초의식적, 나는 이렇게 해석한다.

예술의 세계라는 것이 무엇인가. 유의식에서 무의식으로 가서 나중에 초의식으로 가는 최고의 경지가 예술의 세계다. 그래서 베토벤의 월광곡은 초의식에서 나온 것이라 했다. 릴케의 시 가운데도 이런 것들이 많이 있다.

나는 예술을 잘 모르지만 서예의 세계에서도 소견所見, 법안法眼, 공관空觀이라 한다. 소견所見이란 자신의 세계로 한 금 한 금 보면서 맞았는지 확인하며 쓰는 세계다. 그 다음은 법안法眼의 세계다. 법안이란 내 힘으로 쓰는 것이 아니라 법으로 쓴다는 것이다. 내가 사는 것이 아니라 그리스도가 산다고 하는 것이나 마찬가지다. 내 힘으로 쓰는 것이 아니라 법으로 쓰는 것이다. 왜 중봉中鋒으로 쓰라고 하는가 하면 내가 쓰는 것이 아니라 법으로 써라는 말이다. 그래서 붓을 중정中正으로만 딱 해 놓으면 아무리 써도 힘이 안 든다는 것이다. 그냥 저절로 써진다. 그것을 법필法筆이라 하기도 하는데 법신의 세계다. 그렇게 쓰면 하루종일 써도 힘든 줄 모른다. 법法이라는 글자를 보면 삼수변(氵)에 갈 거去자다. 해류나 기류처럼 그 흐름을 타고서 가는 것이니까 아무 힘든 줄을 모른다. 그것이 법안이라는 것이다. 그보다 더 올라가면 허공신이다. 그것을 공관空觀이라 한다. 그러니까 서예를 해 보면 소견에서 법안을 지나 공관으로 가게 된다.

다른 예술은 잘 모르지만 그것들도 맨 처음에는 의식적으로 하다가 나중에는 무의식적으로 하게 되고 또 초의식적으로 하게 되는 그런 것이 있지 않겠는가. 처음에는 의식적으로 글을 쓰다가 무의식적으로 글을 쓰게 되고 무의식적으로 글을 쓰다가 또 초의식적으로 글을 쓰게 되는 수가 있다. 『성경』에서도 예수님이 "이것은 내가 말한 것이 아니라 하나님이 말했다" 하는 것이 있는데 이것이 초의식의 세계라는 것이다.

지신, 법신, 허공신이다. 법신이란 어떤 힘을 타고서 흘러가는 것이다. "진리가 너희를 자유롭게 하리라" 하는 것은 법신의 세계다. 진리라고 하는 것을 타면 그냥 자유롭게 가는 것이다. 그러니까 법신이다. 공자도 "종심소욕불유구從心所慾不踰矩"라 했는데 내 마음대로 해도 진리를 벗어나지 않는다 하는 그것이 법신의 세계다. 그런데 그 법신의 세계를 또 하나 넘어서면 그것은 말하자면 초월의 세계다.

그래서 장자는 세 가지, 어떻게 하면 무위無爲의 세계에 들어갈 수 있는가. 유위有爲를 버려야 된다. 유위라고 하는 것이 무엇인가. 이름, 공功, 자기라는 것이다. 그래서 "지인무기至人無己 성인무명聖人無名

신인무공神人無功"이다. 지신, 법신, 허공신이라는 것을 말하기 위해서 장자는 지인至人, 성인聖人, 신인神人이라는 말을 한 것이다.

결국 십신에서 말하고자 하는 것이 자유인데 자유를 이렇게 세 단계로 말했다. 자기 힘으로 자유로운 것, 바람의 힘으로 자유로운 것, 그리고 나중에는 신의 힘으로 자유로운 것이다. 이렇게 자유를 세 단계로 말했는데 여기서는 이것이 가장 중요한 내용이다.

차보살지지此菩薩智地 명위名爲 부동지不動地 불퇴전지不退轉地 난득지難得地 동진지童眞地 생지生地 성지成地 구경지究竟地 변화지變化地 역지지力持地 무공용지無功用地.

동진지童眞地, 이것은 예술의 세계라고 본다. 어린이처럼 순진하고 순수한 세계다. 그것은 생지生地라는 창조적 지성의 세계요 성지成地의 성숙한 세계요 구경지究竟地라는 최고의 세계다. 그 다음은 종교의 세계라고 해 본다. 그것은 변화지變化地, 자기 자신을 변화시키는 세계요 역지지力持地, 힘을 얻는 세계다. 그리고 무공용지無功用地, 내 힘으로 사는 것이 아니라 하나님의 힘으로 사는 세계다.

26.12.6 선이성취고先已成就故 보살菩薩 여시입대승회如是入大乘會.

이미 이렇게 성취하면 보살은 대승의 세계에 들어간 것이다. 이제 대승이라는 것이 어떤 세계인지 알 수가 있다. 대승의 세계란 기류를 타는 세계다. 기류를 타고 가는 그것을 대승회大乘會라 했다. 법신의 세계다. 그 다음이 허공신이다.

획대신통獲大神通 방대광명放大光明 입무애법계入無碍法界.

허공신이 되면 신의 힘으로 움직이지 내 힘으로 움직이는 것이 아니다. "획대신통獲大神通"이다. 그런데 아무리 돌멩이라도 올라가서 10

만km, 40만km 올라가면 이상하게도 빛이 되고 만다. 달이라는 것이 그것이다. 땅에서 흙덩이가 올라갔는데 45만km만 올라가면 빛이 되고 만다. "방대광명放大光明"이다. 왜 그런가. "입무애법계入無碍法界", 하늘에 올라갔기 때문이다.

지세계차별知世界差別 시현일체示現一切 제대공덕諸大功德 수의자재隨意自在.

거기에 올라가면 차별을 다 알 수가 있다. 그리고 모든 공덕을 다 마음대로 나타낼 수가 있다.

선능통달善能通達 전제후제前際後際 보복일체普伏一切 마사지도魔邪之道 심입여래深入如來 소행경계所行境界.

그리고 과거나 미래나 다 알 수가 있다. 영원한 생명이라는 말이다. 그래서 모든 악마를 물리칠 수가 있다. 그것이 여래가 깊이 들어간 경계이다.

어무량국토於無量國土 수보살행修菩薩行 이능획득以能獲得 불퇴전법不退轉法 시고설명是故說名 주부동지住不動地.

한없이 넓은 국토에서 보살행을 해 가지고 불퇴전법을 획득한 것이다. 이것을 부동지에 산다고 한다. 부동지란 산꼭대기라는 말이다.

차보살此菩薩 십파라밀중十波羅蜜中 원파라밀願波羅蜜 증상增上 여파라밀餘波羅蜜 비불수행非不修行 단수력수분但隨力隨分.

이 보살은 십파라밀 가운데서 원願 파라밀을 최고로 했는데 그것은 모든 소원이 완성된 세계다. 다른 파라밀을 행하지 않는 것은 아니지만 적당히 붙였다.

26.12.7 칠지수치방편혜七地修治方便慧 선집조도대원력善集助道大願力 부득인존소섭지復得人尊所攝持 위구승지등팔지爲求勝智登八地.

7지 원행지는 "수치방편혜修治方便慧"다. 7지에서는 잘 모아야 되는데 길을 가는 것이니까 도를 모아야 되고 힘을 합쳐야 된다. 그래서 8지가 되면 인존人尊, 부처가 나와야 된다. 그래서 최고의 지혜로써 8지에 올라간다.

공덕성취항자민功德成就恒慈愍 지혜광대등허공智慧廣大等虛空
문법능생결정력聞法能生決定力 시즉적멸무생인是則寂滅無生忍.

지금까지 한 모든 노력은 다 성취가 되었다. 꼭대기에 올라가면 다 성취가 된 것이다. 이제는 모든 사람들에게 사랑을 베풀 수 있는 세계가 되었다. 지혜는 광대하여 허공 같다. 그래서 허공신이라 한다. 법을 들으면 그것을 실천할 수 있는 힘이 나온다. 빛에서 힘이 나온다. 빛과 힘이 하나가 된 세계다. 이렇게 되면 해탈을 해서 생사를 초월한 진리를 깨닫게 된 것이다.

보살주자묘지지菩薩住玆妙智地 즉획광대신통력則獲廣大神通力
일념분신편시방一念分身遍十方 여선입해인풍제如船入海因風濟.

여기가 "묘지지妙智地", 묘지의 땅이다. 묘지에 대해서는 다음에 다시 나온다. 십지十地가 끝나면 11지 12지가 또 나오는데 등각等覺과 묘각妙覺이다. 11지, 12지라 그렇게 하지 않지만 붙인다면 11지가 등각이요 12지가 묘각이다. 등각과 묘각에 대해서는 다음 장에 다시 나온다.

허공신이 되면 신통력을 가지게 된다. "광대신통력廣大神通力"이다. 그래서 한 생각 하나의 몸을 가지고 어디나 갈 수가 있다. 마치 배가 바다의 해류를 타고 바람을 만나면 천 리나 만 리를 한꺼번에 달릴 수 있는 것이나 같다. 이것이 소위 무공용지無功用地라는 것이다. 무공용각혜無功用覺慧다. 내 힘으로 사는 것이 아니라 법의 힘으로 사는 것이다. 내 힘으로 사는 것이 아니라 진리의 힘으로 사는 것이다. 내 힘으로 사는 것이 아니라 성령의 힘으로 사는 것이다. 다 같은 말이다. 여기서는 이 비유가 가장 좋다. 배는 육지에서는 꼼짝 못한다. 바다에 가서 떠야 된다. 바다에 가서 떠 있기만 해도 안 된다. 바람을 만나야 된다. 순풍을 만나야 그대로 달릴 수 있다.

중생국토업보신衆生國土業報身 종종성인지법신種種聖人智法身
허공신상개평등虛空身相皆平等 보위중생이시작普爲衆生而示作.

중생신, 국토신, 업보신, 종종성인種種聖人, 지신, 법신, 허공신, 다 같이 자유다. 모두가 다 중생을 위해서 있는 것이지 자기를 위해서 있는 것은 아니다. 모두 무아無我의 세계다.

소유불법개성취所有佛法皆成就 지계부동여수미持戒不動如須彌
십력성취부동요十力成就不動搖 일체마중무능전一切魔衆無能轉.

여기까지 되면 이제 소유불법은 다 성취가 되었다. 지계가 수미산처럼 꼼짝도 안 한다. 십력十力이란 진리를 깨닫는 힘에서 시작해서 마지막 열 번째는 누진漏盡이라 해서 모든 죄에서부터 벗어나는 그런 힘을 말한다. 십력을 성취해서 동요하지 않는다. 그래서 어떤 악도 나를 어떻게 할 수가 없다.

보살주차제팔지菩薩住此第八地 다작범왕천계주多作梵王千界主
연설삼승무유궁演說三乘無有窮 자광보조제중혹慈光普照除衆惑.

범왕梵王이란 하늘의 왕이다. 천계에 있는 왕이 범왕이다. 범왕이나 천계에 있는 주주가 다 한 목소리로 삼승에게 한없는 연설을 한다. 사랑의 빛을 널리 비춰서 모든 미혹에서부터 벗어나게 한다.

지知라고 하는 것은 여기까지 오면 최고로 오른 것이다. 이제부터는 사랑의 힘으로 넘어가는 것이다. 그런데 8지를 했으니까 9지는 지신의 세계이고 10지는 법운지法雲地라 해서 그것이 또 법신의 세계다. 그 다음에 등각, 묘각이 나오니까 그것은 허공신의 세계다. 이렇게 연결이 된다.

26.13 선혜지善慧地

여기서의 핵심은 사무애지四無碍智라는 것이다. 선혜善慧라는 것이 무엇인가 하면 최고로 좋은 지혜라는 말인데 그 지혜는 바로 사랑하는 지혜다. 9번부터 사랑에 대해서 나오기 시작하는데 10번이 되면 완전히 사랑의 세계다. 사무애지란 무엇인가. 법무애지法無碍智, 의무애지義無碍智, 사무애지辭無碍智, 낙설무애지樂說無碍智다. 법이라 하면 부처님의 말씀이다. 기독교로 말하면 복음이다. 복음이라 하건 설법이라 하건 다 법이다. 하나님의 말씀이다. 하나님의 말씀이란 진리니까 우선 진리를 깨달아야 된다는 것이다. 다른 사람을 사랑하려면 우선 진리를 깨달아야 된다. 그 다음에는 진리를 깊이 생각해야 된다. 그것이 의무애지義無碍智다. 그 다음에는 말을 쉽게 해야 된다. 사무애지辭無碍智다. 그래서 지식을 전하는 것이 아니라 기쁨을 전해야 된다. 낙설무애지樂說無碍智다. "불역열호不亦說乎아", '열說'이나 '낙樂'이나 거의 같이 쓰인다. 기쁨을 전하는 것이다. 우선 진리를 깨달아야 된다. 전체적인 파악이 되어야 한다. 우리가 선혜지善慧地를 볼 때 우선 선혜지 전체가 무엇을 말하고자 하는지를 알아야 된다. 먼저 전체적인 파악이 되고 나서 다음에 또 하나하나 깊이 생각해야 된다. 석가가 한 말 그것은 되는대로 한 말이 아니다. 『화엄경』을 용수龍樹가 썼다면 용수가 되는대로 쓴 것이 아니다. 다 깊이 생각해서 쓴 말이니까 우리도 깊이 생각해서 들어야 한다. 장자도 깊이 생각했고 용수도 깊이 생각했는데 깊이 생각할 때 어떤 공통점이 나타나는가 하면 아까 지신智身, 법신法身, 허공신虛空身이라 했는데 그것들이 다 깊이 생각하면 나타나는 현상이다. 그러니까 '의義'라고 하는 것은 깊이 생각한다는 말이다.

고려시대에는 철학을 오의학奧義學이라 했다. 물론 오의학이란 우파니샤드Upanishad을 번역해서 나온 말이다. 하여튼 오의학인데 오의奧義란 깊이 생각한다는 뜻이다. 깊이 생각하는 것이 철학이지 깊이 생각하지 않으면 철학이 안 된다. 철학은 따라 외는 것이 아니라 생각하는 것이 철학이다. 그 다음은 '사辭'다. 말을 고르는 것이다. 정말 꼭 맞는 말을 골라 써야 된다. 그것이 참 힘들다.

우리가 요전에도 빛, 힘, 이것은 말이 제대로 되었는데 그 다음에 숨이라 했지만 이것은 아직도 무엇인지 조금 부족하다. 거기 딱 맞는 말을 골라야 되는데 그것이 참 어렵다. 그래서 '사辭'라는 것은 말씀을 골라 쓸 사辭라는 것이다. 말씀을 누구나 알 수 있게 골라야 한다. 빛이라 하면 누구나 알고 힘이라 하는 것도 누구나 아는데 숨이라 하면 잘 알기가 어렵다. 누구나 알게 말을 골라야 된다. 그러니까 쉽게 말해야 된다는 것이다. 깊이 생각해서 쉽게 말해야 된다. 그 결론은 무엇인가. 듣는 사람이나 말하는 사람이나 속에서 기쁨이 터져 나와야 된다. 무슨 서로 알았다 정도 가지고는 안 된다. 진리는 언제나 "진리와 함께 기뻐하며"하는 것이 있어야지 "기뻐하며"하는 것이 없으면 진리가 안 된다. 법의 세계, 진리의 세계는 언제나 법열法悅이 따라야 된다. 그래서 낙설樂說이라는 것이 중요하다.

26.13.1 일체지견무상존一切知見無上尊 기신보방대광명其身普放大光明 조요피제무량토照耀彼諸無量土 실사중생획안락悉使衆生獲安樂.

전체를 아는 최고의 선생님, 아까 말한 허공신이다. 그런 허공신이 되면 빛을 발하게 된다. 태양이나 별이나 달이 되면 빛을 발하게 된다. 온 세계를 비치게 된다. 그래서 모든 사람들로 하여금 평안과 기쁨을 가지게 만든다.

심여허공예시방心如虛空詣十方 광설불도오군생廣說佛道悟群生
불리일찰예중토不離一刹詣衆土 여월보현조세간如月普現照世間.

마음은 언제나 텅 비어서 허공과 같아 어디나 다 갈 수가 있다. 불도를 넓게 말해서 모든 군생을 깨닫게 해준다. 한 나라를 떠나지 않고도 어디나 갈 수가 있다. 마치 달처럼 온 세상을 비칠 수가 있다.

26.13.2 이시爾時 금강장보살金剛藏菩薩 고해탈월보살언告解脫月菩薩言 불자佛子 보살마하살菩薩摩訶薩 이여시무량지以如是無量智 사량관찰思量觀察.

이때 금강장보살이 해탈월보살에게 말했다. 한없는 지혜를 가지고서 온 중생들에 대해 깊이 생각하고 관찰을 해라.

욕갱구전승적멸해탈欲更求轉勝寂滅解脫 부수습여래지혜復修習如來智慧 입여래비밀법入如來秘密法.

그래서 "전승적멸해탈轉勝寂滅解脫", 번뇌에서 벗어나고 자유를 얻게 하는 것, 그렇게 모든 죄에서 벗어나 자유를 얻게 하기 위해서는 더 공부를 해야 된다. 그래서 여래의 비밀법까지 알아야 된다.

관찰부사의대지성觀察不思議大智性 정제다라니삼매문淨諸陀羅尼三昧門 구광대신통具廣大神通 입차별세계入差別世界.

그래서 아주 신비한 큰 지성까지도 잘 알아야 된다. "정제다라니삼매문淨諸陀羅尼三昧門." 다라니陀羅尼란 무엇인가. 빛, 이렇게 한마디로 딱 말하는 그것을 다라니라 한다. 사무애지四無碍智라 하면 법法, 의義, 사辭, 낙樂, 이렇게 한마디로 딱 알아야 되는데 이런 것을 다라니라 한다. 삼매三昧란 깊이 생각한다는 것이다. 그래서 광대신통廣大神通에까지 가야 된다. 그렇게 되어야 차별세계에 들어갈 수 있다.

수력무외불공법修力無畏不共法 수제불전법륜隨諸佛轉法輪 불사대비본원력不捨大悲本願力 득입보살제구선혜지得入菩薩第九善慧地.

실력을 길러야 되고 용기를 길러야 되고 보통 사람이 아는 진리가 아닌 독특한 진리인 불공법不共法을 깨달아야 된다. 그래서 모든 부처가 설법을 하듯 설법을 해야 된다. 왜 설법을 해야 되는가. 대비大悲, 중생들을 사랑하기 위해서다. 그것이 우리의 근본 소원이다. 온 세계를 다 잘살게 만들자는 것이 우리의 근본 소원이다. 그 소원을 버리지 않았기 때문에 우리가 이렇게 해야 된다는 것이다. 그래서 제9 선혜지까지 올라온 것이다.

26.13.3 주차지이住此地已 요지중생了知衆生 제생제행차별諸生諸行差別 교화조복敎化調伏 영득해탈令得解脫.

선혜지에 올라왔으면 중생들을 다 알아야 된다. 그래서 그 사람들을 가르쳐야 된다. 그래서 그 사람들에게 자유를 얻게 만들어 주어야 한다.

불자佛子 차보살此菩薩 선능연설善能演說 성문승법聲聞乘法 독각승법獨覺乘法 보살승법菩薩乘法 여래지법如來地法 각어기승各於其乘 이득해탈而得解脫.

허공신, 법신, 지신, 그 아래가 성문신, 독각신, 보살신, 여래신이다.

성문이면 성문의 경지에 들어가고, 독각이면 독각의 경지에 들어가고, 보살이면 보살의 경지에 들어가고, 그렇게 각각 그 세계에 들어가야 된다. 그렇게 해서 그 사람들에게 진짜 번뇌에서 떠나서, 기독교로 말하면 죄에서 벗어나서 완전한 자유를 얻게 만들어야 한다. 그래서 다음에 사무애지四無碍智가 나온다.

　법무애지法無碍智 지일체여래어력무소외知一切如來語力無所畏 불공불법不共佛法 대자대비大慈大悲 변재방편辯才方便 전법륜일체지지수증轉法輪一切智智隨證.

　첫째 법무애지法無碍智다. 먼저 전체적인 윤곽을 붙잡아야 된다. 일체 여래의 말과 힘, 용기, 특성, 대자대비의 사랑, 말재간, 방편, 어떻게 잘 설명하는가 하는 방편 그리고 설법이다.
　그래서 누구나 알 수 있게, 모든 사람이 알 수 있게, 그리고 깨달을 수 있게 해야 된다. '증證'은 증득證得이니까 깨닫는다는 말이다. 누구나 알 수 있고 깨달을 수 있게 가르쳐야 된다는 것이다.

　의무애지義無碍智 지여래知如來 수팔만사천중생隨八萬四千衆生 심행근해차별음성心行根解差別音聲.

　의무애지義無碍智다. 여래가 팔만 사천 중생의 마음, 행동, 근기, 이해력의 차별을 따라서 소리를 질렀다. 누구나 다 알 수 있도록 그렇게 가르쳤다는 말이다. 그렇게 하려면 깊이 생각해야 된다. 그러니까 의무애지는 한마디로 말해서 깊이 생각해야 된다는 말이다.

　사무애지辭無碍智 수일체중생행隨一切衆生行 이여래음성차별설以如來音聲差別說.

　사무애지辭無碍智다. 일체 중생이 사는 곳이면 어디나 가서 여래의 음성을 가지고 차별해서 말했다. 독일 사람에게는 독일말로 하고 미국 사람들에게는 미국말로 하고 사투리를 쓰는 사람에게는 사투리로 해서 다 알아듣게 해야 된다. 그러니까 한마디로 말하면 쉽게 말해야 된다는 것이다. 누구나 알아들을 수 있도록 쉽게 말하라는 것이다.

낙설무애지樂說無碍智 수중생신해隨衆生信解 이여래지以如來智 청정행淸淨行 원만설圓滿說.

낙설무애지樂說無碍智다. 모든 중생들이 다 믿고 이해하게끔 여래와 같은 지혜, 여래와 같은 깨끗한 삶, 언제나 이런 삶이 뒷받침 되어야 한다. 응신의 배후에는 보신이 있어야 되고 보신의 배후에는 법신이 있어야 된다. 종교의 배후에는 도덕이 있어야 되고 도덕의 배후에는 철학이 있어야 된다. 여래지如來智는 철학이요 청정행淸淨行은 도덕이고 원만설圓滿說 이것은 종교다. 이렇게 세 가지가 겹쳐야 기쁨을 전할 수 있지 그렇지 않으면 기쁨이 전해지지 않는다.

차보살此菩薩 십파라밀중十波羅蜜中 역파라밀力波羅蜜 최승最勝 여파라밀餘波羅蜜 비불수행非不修行 단수력수분但隨力隨分.

이 보살은 십파라밀 중에서 역력 파라밀을 최고로 했다. 다른 파라밀을 수행하지 않은 것은 아니고 모두 적절하게 했다.

26.13.4 무량지력선관찰無量智力善觀察 최상미묘세난지最上微妙世難知 보입여래비밀처普入如來秘密處 이익중생입구지利益衆生入九地.

무량의 지력을 가지고 잘 관찰을 해야 된다. 최고의 세계에 올라가면 미묘해서 보통 세상 사람들은 알기가 어렵다. 여래의 비밀처로 들어가서 중생들을 이롭게 하는 이것이 제9지다.

제근종종하중상諸根種種下中上 선후제등무량별先後際等無量別
해성낙욕역부연解性樂欲亦復然 팔만사천미부지八萬四千靡不知.

중생이 다양하니 깊이 알아야 된다. 전생이 어떤지 후생이 어떤지 다 알아야 된다. 그 사람의 성질, 그 사람의 욕심이 어떤지 하는 것도 다 알아야 된다. 그래서 팔만 사천 중생들의 세계를 알지 못하는 것이 없다. 다 알아야 된다는 것이니까 깊이 생각하라는 말이다.

약욕삼천대천계若欲三千大千界 교화일체제군생敎化一切諸群生
여운광포무불급如雲廣布無不及 수기근욕실령희隨其根欲悉令喜.

삼천대천세계 모든 중생을 다 교화하려면 마치 구름이 온 세상을 덮는 것처럼 중생들의 마음에 다 기쁨이 넘치도록 그렇게 기쁨을 전해야 한다.

주어차지위법왕住於此地爲法王 수기회유무염권隨機誨誘無厭倦
일야견불미증사日夜見佛未曾捨 입심적멸지해탈入深寂滅智解脫.

여기서 사는 것이 법왕이다. 모든 사람들이 다 자유롭게 되기까지 노력하는 일에 싫증을 내지 않는다. 그래서 자기 혼자 하면 어려우니까 매일매일 부처님과 같이 한다. 그래서 모든 사람들이 깊이 생각을 해서 정말 번뇌의 세계에서 벗어날 수 있도록 그렇게 만들어 준다.

차시제구선혜지此是第九善慧地 대지보살소행처大智菩薩所行處
심심미묘난가견甚深微妙難可見 아위불자이선설我爲佛子已宣說.

이것이 제9 선혜지인데 대지보살大智菩薩이 가는 곳이다. 그 세계는 얼마나 깊고 미묘하던지 보통 사람들은 들여다보기 어려운 곳이다. 그래서 나는 여러분에게 이렇게 설명을 했다.

26.14 법운지法雲地

26.14.1 불가사의보살중不可思議菩薩衆 역재공중대환희亦在空中大歡喜 구연최상열의향俱然最上悅意香 보훈중회령청정普熏衆會令淸淨.

신비한 보살들이 공중에서 크게 기뻐한다. 가장 큰 기쁨의 향기를 불피우고 있다. 그래서 청중이 있는 온 집회가 다 깨끗하게 된다.

어일모공방광명於一毛孔放光明 보멸세간번뇌암普滅世間煩惱闇 국토미진가지수國土微塵可知數 차광명수불가측此光明數不可測.

하나하나 털구멍에서 빛이 나온다. 그래서 번뇌의 암흑을 비춘다. 국토가 수없이 많은데 국토가 많은 만큼 또한 빛도 많다.

26.14.2 차삼매此三昧 현재전시現在前時 유대보연화有大寶蓮華 홀연출생忽然出生 기화광대其華廣大 차보살此菩薩 좌피대연화좌시坐彼大蓮華座時.

삼매에서 일어나 보니 커다란 연꽃이 피어 있다. 연꽃이 홀연 나타났는데 그 꽃이 광대하여 이 보살은 그 연꽃 가운데 앉았다.

어양족하於兩足下 방백만아승지광명放百萬阿僧祇光明 보조시방普照十方 제대지옥諸大地獄 멸중생고滅衆生苦.

이때 보살의 양 발바닥에서 백만 아승지 광명이 나왔다. 그래서 그 빛이 널리 비치는데 지옥에까지 들어가 지옥에 사는 죄수들의 모든 고통을 다 없이해 주었다.

　비여대해譬如大海 능안능수능섭능지能安能受能攝能持 일대용왕一大龍王 소주대우所霆大雨 이시무량광대기고以是無量廣大器故 주법운지보살住法雲地菩薩 역부여시亦復如是.

　마치 바다가 한없이 커서 용왕이 퍼붓는 모든 빗물을 다 받아들이듯이 그 마음이 한없이 넓고 큰 법운지보살이 그 큰 그릇을 가지고 온 세상 사람들을 다 돌보아 준다.

　26.14.3 차보살此菩薩 십파라밀중十波羅蜜中 지파라밀智波羅蜜 최위증상最爲增上 비여대해譬如大海 이십종상以十種相.

　이 보살은 십파라밀 중 지智 파라밀을 가장 최고로 했다. 비유하자면 큰 바다와 같이 열 가지 덕을 가지고 있다.
　십신十身이 나왔고 사무애지四無碍智가 나왔는데 이제는 십종상十種相이라는 십덕十德이다. 덕德이란 사랑의 힘을 말한다. 사랑을 바다로 비유한다. 바다에는 어떤 모습이 있는가?

　(1) 차제점심次第漸深
　바다는 점차 깊어진다. 사랑은 자꾸자꾸 깊어지는 것이다.

　(2) 불수사시不受死屍
　바다는 시체를 받지 않는다. 사랑에는 죽음이 없다는 말이다. 잘 모르지만 바닷물은 짜니까 시체가 썩지 않는다고 한다. 바람이 불면 밀려서 며칠이면 대개 다시 육지로 올라온다고 한다. 시체는 육지에 올라와야 썩기도 하고 그래서 없어지지 바다에서는 안 된다. 그래서 바다는 시체를 받지 않는다는 것이다.

(3) 여수입중餘水入中 개실본명皆失本名

모든 강물에서 물이 흘러들어 오지만 바다에 이르면 이름이 다 없어진다. 한강이나 낙동강이나 다 마찬가지다. 사랑은 무명無名이라는 것이다.

(4) 보동일미普同一味

바닷물은 다 짠맛으로 맛이 같다.

(5) 무량진보無量珍寶

바다에는 한없는 보배들이 많다.

(6) 무능지저無能至底

바다는 한없이 깊어서 밑바닥에 도달할 수가 없다.

(7) 광대무량廣大無量

바다는 한없이 크고 바닷물은 한없이 많다.

(8) 대신소거大身所居

바다에는 큰 물고기들이 살고 있다.

(9) 조불과한潮不過限

바다의 조수는 언제나 일정하게 들어오고 나간다. 시간이 언제나 거기에 있다.

(10) 보수대우普受大雨 무유영일無有盈溢

아무리 큰 비가 내려도 바다는 넘치는 법이 없다. 또 아무리 가뭄이 들어도 바다가 마르는 법은 없다. 영원하다는 것이다.

26.14.4 보살행菩薩行 역부여시亦復如是

보살행도 또한 이와 같다.

소위환희지所謂歡喜地 출생대원出生大願 점차심고漸次深故

이 비유를 통해 다시 한 번 십지十地를 설명한다. 환희지란 무엇인가. 대원大願을 내서 자꾸 깊어지는 것이다.

이구지離垢地 불수일체파계시고不受一切破戒屍故

이구지란 무엇인가. 일체 죽음을 받아들이지 않는 것이다.

발광지發光地 사리세간가명자고捨離世間假名字故

발광지는 무엇인가. 가짜 이름은 다 없어지는 것이다.

염혜지焰慧地 여불공덕與佛功德 동일미고同一味故

염혜지는 무엇인가. 부처님이나 공덕이 같은 맛이다.

난승지難勝地 출생무량出生無量 방편신통方便神通 세간소작世間所作 중진보고衆珍寶故

난승지는 무량 보배가 있는 곳에 이르기가 어렵다는 것이다.

현전지現前地 관찰연생觀察緣生 심심리고甚深理故

현전지는 인연을 보아 깊고 심오한 진리를 깨닫는 세계다.

원행지遠行地 광대각혜廣大覺慧 선관찰고善觀察故

원행지는 광대각혜로 잘 관찰하는 것이다.

부동지不動地 시현광대示現廣大 장엄사고莊嚴事故

부동지는 광대하고 장엄한 에베레스트 꼭대기까지 올라간 것이다.

선혜지善慧地 득심해탈得深解脫 행어세간行於世間 여실이지如實而知 불과한고不過限故

선혜지는 해탈시키는 것인데 진리로 해탈시킨다.

법운지法雲地 능수일체能受一切 제불여래諸佛如來 대법명우大法明雨 무염족고無厭足故.

법운지는 모든 진리를 다 받아들여도 모자라지 않는다는 것이다.

26.14.5 초지원수이지계初地願首二持戒 삼지공덕사전일三地功德四專一
　　오지미묘육심심五地微妙六甚深 칠광대혜팔장엄七廣大慧八莊嚴

초지는 원願의 시작이요 둘째는 지계요 셋째는 공덕이고 넷째는 전일專一이고 다섯째는 미묘한 것이고 여섯째는 깊고 깊은 것이고 일곱째는 광대한 지혜요 팔지는 장엄이다.

구지사량미묘의九地思量微妙義 출과일체세간도出過一切世間道
십지수지제불법十地受持諸佛法 여시행해무진갈如是行海無盡竭.

구지는 "사량미묘의思量微妙義", 깊이 생각하라는 것인데 세상의 도를 훨씬 넘어서 깊이 생각하는 것이다. 십지는 모든 불법을 수지受持해서 행하는데 바다처럼 영원한 것이다.

십행초세발심초十行超世發心初 지계제이선제삼持戒第二禪第三
행정제사성취오行淨第四成就五 연생제육관천칠緣生第六貫穿七

십행十行, 세상을 넘어 발심하는 것이 첫째요 지계는 둘째요 선禪은 셋째요 행의 깨끗함이 넷째요 성취는 다섯째요 연생緣生은 여섯째다. 여섯째 현전지는 이렇게 자꾸 인연의 '연緣' 자와 연결이 된다. 제7은 원행지인데 '관천貫穿', 꼭대기까지 끌고 가는 것이다.

제팔치재금강당第八置在金剛幢 제구관찰중조림第九觀察衆稠林
제십관정수왕의第十灌頂隨王意 여시덕보점청정如是德寶漸淸淨.

제8은 부동지不動地인데 금강당이고 제9는 모든 중생을 구원하는 것이다. 제10 법운지法雲地는 왕이 되어 모든 사람들에게 진리의 비를 뿌려주는 것이다. 그래서 덕德의 보물이 더욱 더 깨끗해졌다.

이렇게 십지十地 법운지가 끝났다. 법운지란 십덕十德인데 한마디로 하면 사랑이다. 사랑이 한없이 깊다는 그 한마디를 하기 위해서 이렇게 바다와 연결시켜 말한 것이다.

전체로 보면 52위位인데 지금까지 10신信, 10주住, 10행行, 10회향廻向, 10지地 이렇게 50위位를 했다. 『60화엄경』에서는 타화자재천他化自在天, 이 자리에서 등각等覺 묘각妙覺에 대해 각각 다섯 개씩 말하고 끝난다. 그런데 『80화엄경』에서는 장소를 바꾼다. 다시 보광명전普光明殿이라는 곳으로 장소를 바꾸어서 『60화엄경』에 없는 십정十定이라는 것이 하나 더 나온다. 그러니까 십정이라는 것 하나와 등각에 대해서 다섯 개, 묘각에 대해서 다섯 개, 이렇게 모두 열 한 개가 더 나오고 나서 끝난다. 그리고 나서 「이세간품離世間品」이 나온다. 그러니까 앞으로 이 열 한 장을 더 해야 52위라는 것이 끝나게 된다. 지금까지 50위를 했는데 앞으로 열 한 장을 더해야 52위가 끝난다.

2001. 12. 23.

제27. 십정품十定品

십정품 강해(1)

등각묘각等覺妙覺

석가가 보리도장菩提道場에서 처음 성불한 다음 가까운 강가에 있는 보광명전普光明殿으로 가서 강의를 했다. 그것이 맨 처음 설법이다. 그 다음에는 수미산須彌山 꼭대기에 있는 도리천忉利天으로 올라가고 이어서 야마천夜摩天, 도솔천兜率天, 타화자재천他化自在天에까지 올라갔다가 다시 보광명전으로 돌아온다.

처음에 보광명전에서 시작하여 타화자재천에까지 올라갔다가 다시 보광명전으로 되돌아온 것이다. 처음이 본각本覺인데 맨 끄트머리 시각始覺으로 갔다가 시각과 본각이 합치는 것이다. 보광명전을 시골이라 한다면 처음부터 시골에 줄곧 살던 사람이 서울에 잠깐 왔다가 또 다시 시골로 돌아갔다는 것이다. 그래서 본각과 시각을 합친 그 세계를 여래如來라 한다. 다시 제자리로 돌아온 것인데, 본각이라는 것을 십종속질법十種速疾法, 어떻게 하면 내가 입장을 얻을 수 있는가 이렇게 생각할 때 철인들의 사상이 우리들에게 굉장히 도움이 된다는 것이다. 하이데거 하나만 붙잡으면 우리가 하이데거의 입장에 같이 서서 하이데거와 같이 볼 수가 있다. 내가 칸트의 입장에 서면 내가 칸트와 같이 눈이 높아질 수가 있다. 무엇이나 내가 한 사람만 붙잡으면 내가 굉장히 높아질 수 있다. 이것이 소위 속질법速疾法이라는 것이다. 입장을 얻기 위해서는 그 방법밖에는 없다.

십종법인十種法印:
(1) 평등선근平等善根   (2) 법신法身
(3) 주불이법住不二法   (4) 관찰경계觀察境界
(5) 요달법계了達法界   (6) 성취십력成就十力
(7) 주무쟁住無諍   (8) 교화중생敎化衆生
(9) 선교의善巧義   (10) 여불평등如佛平等

십종법인十種法印이란 무엇인가. (1) 평등선근平等善根, 누구나 다 착한 뿌리를 가지고 있다는 것이다. (2) 법신法身, 누구나 다 법신이다. 누구나 다 생각하는 사람이라는 말이다. (3) 주불이법住不二法, 누구든지 다 불이법不二法, 상대를 초월한 세계에 살 수가 있다. (4) 관찰경계觀察境界, 누구든지 다 자기의 나라를 관찰할 수 있다. (5) 요달법계了達法界, 누구든지 다 진리의 세계를 깨달을 수 있다. (6) 성취십력成就十力, 누구든지 다 열 가지 힘을 성취할 수 있다. (7) 주무쟁住無諍, 누구나 다 싸우지 않을 수 있다. (8) 교화중생敎化衆生, 누구든지 다 중생을 교화할 수 있다. (9) 선교의善巧義, 누구든지 옳은 말을 할 수가 있다. (10) 여불평등如佛平等, 누구든지 평등한 세계에 살 수가 있다. 이런 것을 법인法印이라 하는데 어찌 보면 법인이란 하나의 입장을 얻은 것이라 볼 수 있다. 입장을 얻은 사람들이 법인이다.

근본지根本智라 하기도 한다. 본각이나 근본지나 같은 말이다. 이제 제7회인데 장소는 다시 보광명전으로 돌아온 것이다.

 인생이란 무엇인가. 왔다가 가는 것이다. 왔다가 가면 거기다. "왔다가", 이것을 여래如來라 하고, "간다" 하는 것은 선서善逝라 한다. 가는 것도 잘 가야지 잘못 가면 지옥에 떨어지고 만다. 잘 가야 거기에 간다. 플라톤으로 말하면 이데아Idea의 세계로 가는 것이다. 이데아의 세계에서 왔다가 다시 이데아의 세계로 간다. 이데아의 세계를 불교에서는 여여如如라 하기도 하고 혹은 진여眞如라고 하기도 한다. 진리의 세계다. 이데아의 세계에서 왔다가 또다시 이데아의 세계로 가는 것이다. 이데아의 세계에 가면 언제나 '일시一時', 한 때다. 백 살을 살았건 천 살을 살았건 거기에 가면 언제나 한 때다. 그러니까 일시성불一時成佛 혹은 동시성불同時成佛이라는 말을 많이 한다. 본래가 부처였는데 이것이 빙빙 돌아다니다가 다시 이데아로 가니까 또 부처다. 이것을 일시성불이라 한다. 키엘케골Soren Kierkegaard(1813-55)은 동시同時라는 말을 쓴다. 동시성불이다. 거기에 가면 다 동시다. 그런 것을 일시성불 혹은 동시성불이라 한다. 그래서 불교에서는 이 세상이 꿈이었다는 말을 많이 쓴다.

 어떤 청년이 과거를 보기 위해 서울로 가는데 도중에 저녁이 되어 여관에 들렀는데 거기에 어떤 노인이 묵고 있었다. 그 노인이 묻기를 어디 가느냐 해서 서울로 과거보러 간다고 하자 그럼 저녁 전에 이 목침을 베고 한잠 자며 쉬라고 해서 잠을 잤다. 꿈속에서 그 젊은이는 과거에 합격하고 출세해서 장관도 하고 그렇게 인생을 한바퀴 잘살다가 죽었다. 그런데 그가 꿈에서 깨어보니 아직도 밖에서는 밥을 짓고 있었다. 꿈속에서 일생을 한바퀴 돌았는데 그 시간이 밥 한 번 짓는 시간도 안 걸린 것이다. 우리는 이것을 한단지몽邯鄲之夢이라 한다. 한단邯鄲이라는 시골에서 꿈을 꾸었는데 그 꿈에 일생을 산 것이다. 그래서 불교에서는 인생은 꿈이라는 그런 말을 많이 한다.

 하나의 꿈이다. 그래서 여기서는 '환幻'이라는 말을 많이 쓴다. 천년을 살건 만 년을 살건 이것은 하나의 꿈이라는 것이다. 우리가 꿈속에서 날아다니기도 하고 누구를 만나기도 하고 하지만 깨 보면 꿈이라는 것이다. 일시성불一時成佛이다. 깨보면 아직도 일시一時다. 가마솥의 밥이 채 익지도 않았다. 그런 일시인데 그 동안에 자기는 꿈속에서 일생을 살고 온 것이다.

보광명전에서 떠났다가 다시 보광명전에 돌아왔는데 '보광명普光明'이라는 것이 결국 각覺이라는 것이다. 보광명전을 떠났다가 도리천이니 야마천이니 돌아다니다가 다시 보광명전으로 돌아와 보니 일시라는 것이다. 결국 일생을 돌아다니다 돌아와 보니 아직 밥이 채 익지도 않았다 하는 한단지몽의 이야기나 같은 이야기다.

제7회에는 11품이 있다. 이때 강의한 내용이 열 한 개라는 것이다. 그것들은 다음과 같다.

(1) 십정품十定品
(2) 십통품十通品
(3) 십인품十忍品
(4) 아승지품阿僧祇品
(5) 여래수량품如來壽量品
(6) 보살주처품菩薩住處品
(7) 불부사의법품佛不思議法品
(8) 여래십신상해품如來十身相海品
(9) 여래수호광명공덕품如來隨好光明功德品
(10) 보현행품普賢行品
(11) 여래출현품如來出現品

석가가 강의를 11번 했다는 것인데 이중에서 「십정품十定品」에서 「보살주처품菩薩住處品」까지 여섯 개는 등각이라 하고 「불부사의법품佛不思議法品」에서부터 「여래출현품如來出現品」까지의 다섯 개는 묘각이라 한다. 그래서 제목이 등각묘각이다.

등각等覺과 묘각妙覺은 무엇이 다른가. 각覺이란 부처라는 뜻이다.

인도의 부처라는 말을 한자로는 각覺이라 한다. 그래서 등각이란 부처와 같아졌다는 것이고 묘각이란 부처보다 나아졌다는 것이다. 누가? 제자들이다. 유교로 말하면 공자의 말 가운데 "당인불양사當仁不讓師"다. 인仁에 대해서는 선생님께 양보할 수가 없다. 결국 선생하고 같아져야 된다는 말이다. 이것이 소위 등각이라는 것이다. 인仁이라는 것을 불교로 말하면 불佛이다. 불佛이나 인仁이나 같은 글자라 했다. 사상채謝上蔡(1050-1103)라는 성리학자가 그렇게 풀이했다. "당인불양사", 인仁에 대해서는 선생님에게 양보할 수 없다. 선생님과 같아져야 된다. 선생님과 같아져야 그것이 진짜 제자라는 것이다. 그런데 묘각이란 선생보다 낫다는 것이다. 공자의 말로 하자면 "기자승어부其子勝於父"라는 말이다. 효자는 어떤 사람이 효자인가. 아버지보다 나아야 효자지 아버지보다 못하면 효자가 아니라는 말이다. 영어를 선생님보다 더 잘해야 그것이 진짜 제자라는 식이다. 아버지보다 낫다, 이렇게 되면 그것을 묘각이라 한다. 그렇게 되어야 그것이 진짜 아들이다. 그러니까 제자가 선생과 같아지면 등각이라 하고 선생보다 나아지면 묘각이라 한다. 그래도 물론 제자는 제자다.

 불교에서는 이런 것을 또 적조寂照와 조적照寂이라는 말로 설명한다. 등각을 조적照寂이라 하고 묘각을 적조寂照라고 뒤집는데 불교에서는 이런 짓을 잘한다. 조적照寂이란 어떤 것인가 하면 헬리콥터 같은 것이다. 공중에 떠 있기는 떠 있는데 공중에 떠 있기 위해서는 프로펠러가 자꾸 돌아가야 된다. 자꾸 돌아가야 떠 있지 돌아가지 않으면 떨어지고 만다. 벌새라는 것이다. 벌새가 꿀을 빨기 위해 가만 떠있으려면 날개짓을 계속해야 된다. 이런 것을 소위 유공용有功用이라 한다. 그런데 독수리는 날개를 펴고 가만 있어도 떠 있다. 이것은 무공용無功用이다. 유공용과 무공용이다. 떠 있긴 떠 있는데, 부처는 부처인데, 하나는 계속 움직여야 떠 있는 것이고 하나는 가만 있어도 떠 있는 것이다. 손자孫子의 병법兵法으로 말하자면 백 번 싸워서 백 번 이기는 그것은 등각이다. 그런데 싸우지 않고도 이기면 그것은 묘각이다. 이기는 것은 같지만 백 번 싸워 백 번 이기는 것은 유공용이다. 그런데

제27. 십정품十定品　　223

싸우지 않고 이기는 것은 무공용으로 이긴 것이다. 이런 차이다. 그래서 유공용이면 조적照寂이라 하고 무공용이면 적조寂照라 한다. 등각과 묘각은 이런 차이다.

『주역周易』 "뇌풍항雷風恒"에서 "능변여상能變如常"이라는 말을 했다. 자꾸 움직여야 고요하다. 우레와 바람인데, 번개가 치고 바람이 몰아치는 이것이 능변能變이다. 그래야 항恒이다. 그대로 있는 것이다. 건강으로 말하면 신진대사가 자꾸 일어나야 내 건강이 유지가 되지 신진대사가 안 되면 그냥 쓰러지고 만다. 병이란 신진대사를 못하게 하는 것이 병이다. 그러니까 병이 들어서 신진대사를 못하게 되면 그냥 쓰러지게 된다. 계속 신진대사가 되어야, 운동하던 사람은 계속 운동을 해야 건강이 유지되지 그렇지 않으면 그만 쓰러지고 만다. 그런 것을 보통 능변여상이라 한다. 계속 노력해야 건강이 유지된다. 그런 세계를 등각이라 한다. 계속 운동을 해야 같아진다는 것이다.

그런데 독수리는 가만 있어도 떠 있다. 이런 것을 노자는 무위자연無爲自然이라 한다. 아무 것도 하지 않아도 가만 떠 있다. 이런 것을 도道라고 한다. 그래서 장자는 「소요유逍遙遊」에서 말한다. 열자列子는 아직도 바람을 타고 있으니 안 됐다는 것이다. 그런데 묘각은 아무 것도 안 해도 된다는 것이다.

지난번 십지十地에서 십신十身이 나왔다. 마지막이 지신智身, 법신法身, 허공신虛空身이다. 법신이란 아직도 젯트 기류를 타야 된다는 것이다. 새가 기류를 타면 하루에 천 리도 간다. 그런데 아직도 이렇게 기류를 타고 가면 법신이다. 그런데 우주선이나 별처럼 아무 것도 타는 것이 없이 움직이면 공신空身이다. 혜성은 아무 것도 타지 않고 마음대로 움직인다. 그런 것을 공신이라 한다. 이것이 소위 묘각이라는 것이다. 그러니까 11품이라는 것은 십지를 다시 보충 설명하는 것이라 하는 사람도 있다.

무공용無功用인가 유공용有功用인가. 무공용을 노자는 무위자연이라 한다. 무위자연의 경지를 적조寂照라 하고 유공용이 되면 조적照寂이라 한다. 불교에는 이런 문구가 많다.

요전에 "려처정驢覷井 정처려井覷驢"를 말했다. "려처정驢覷井", 당나귀가 우물 속을 들여다본다. 이것을 뒤집으면 "정처려井覷驢." 우물이 당나귀를 들여다본다. 당나귀가 우물을 들여다보는 것은 등각이고 우물이 당나귀를 들여다보는 것은 묘각이다. 하나는 공용功用이고 하나는 무공용無功用이다. 하나는 법신法身이고 하나는 공신空身이다. 법신은 아직도 법法이라는 것을 타야 된다. 법을 타지 않으면 되지 않는 세계다. 그런데 공신이 되면 법을 타지 않아도, 법을 깨뜨려도 아무 문제가 안 된다. 보통 붓글씨 쓰는 사람은 법을 지켜야 된다. 꼭 법에 맞춰 써야 된다. 그런데 정말 명필이 되면 법 같은 것은 다 집어치우고 만다. 그래서 아무렇게 써도 그대로 다 멋이 있다. 추사秋史 김정희金正喜(1786-1856)가 그런 것이다. 추사는 되는대로 막 썼다. 걸레를 가지고 쓰기도 하고 칡뿌리를 가지고 쓰기도 하고 그렇게 막 써도 그것들이 다 멋이 있다는 것이다. 그렇게 되면 그것은 공신이다. 붓글씨에서는 그것을 공관空觀이라 한다. 공관이 되면 그것이 묘각이다. 정말 멋이 있다는 것이다. 법안法眼이라면 아직도 법신이다. 법대로 써야지 법을 떠나면 글씨가 보기 싫어진다. 체본體本을 놓고 법에 따라 쓰면 아주 멋이 있는데 체본을 떠나서 제 멋대로 써 놓으면 속기가 들어가서 보기 싫어진다. 그런데 공관이 되면 속기가 없다. 하늘 꼭대기에 어디 속기가 있겠는가. 절운기絶雲氣, 기氣라는 것이 다 없어지고 만다. 그냥 허공虛空이다. 그래서 허공신虛空身이다. 글씨를 한 점 한 점, 한 획 한 획 보면서 똑바로 쓰는 그것은 소견所見이라 한다. 그것이 지신智身의 세계다. 그것을 오래 하다 넘어서면 그 다음에는 법신法身이 된다. 나는 지금 법신에 가 있다. 한 칠 년을 쓰고 지신이 끝났다. 그리고 한 십 년을 더 쓰니까 법신이 되었다. 이제 내가 가야 할 곳이 공신空身이다. 공신에 가야 마음대로 쓰게 된다. 언제나 이렇게 삼 단계다. 그래서 등각 묘각이다. 조적照寂 적조寂照라는 것이다.

지금까지 십지를 했는데 「십정품十定品」은 십일지十一地라고 한다. 십지를 지나서 하나 더 올라간 것으로 보는 것이다. 십지에서 했던 것은 무엇인가?

십지十地 득출세대비지得出世大悲智.

'비悲'는 사랑이요 '지智'는 지혜로 '대비지大悲智'라는 말은 필로소피아philosophia라는 말이나 같은 말이다. 어떤 필로소피아인가 하면 '출세出世', 이 세상을 초월하자는 필로소피아다. 그래서 이 세상의 번뇌를 끊었다, 해탈했다는 것이다. 불佛이라는 것이 그것이다. 세상을 한 번 초월해보자는 것이다. 요새로 말하면 초능력을 얻자는 것이다. 그러니까 십지까지 내용은 이 세상을 한 번 초월해보자는 것이다. 물 속에 들어갔다가 물에서 떠 올라오는 것이다. 우선 물에서 떠 올라와야 된다. 그런데 십일지에서 하자는 것은 무엇인가.

십일지十一地 처세대비지處世大悲智.

이제 물에서 떠 올라와 둥둥 떠다니게 되면 무엇을 해야 되는가. 이제는 119구조대가 되어서 물에 빠진 사람들을 구원해야 된다. 왜 수영을 배우는가 하면 물론 나도 물에 빠지지 않아야 되겠지만 정말 목적이 있다면 물에 빠진 사람들을 구원해주기 위해서다. 구원해준다는 것이 '처세處世'다. 구원해주기 위한 '대비지大悲智'다. 철학으로 말하면 "출세대비지出世大悲智"는 순수이성비판이고 "처세대비지處世大悲智"는 실천이성비판이다. 출세인가 처세인가 십지와 십일지의 차이가 그것이다. 출세出世와 처세處世, 한자의 묘미가 이런 데 있다. 한자가 아니면 이런 묘미를 내기가 어렵다. 조적照寂이냐 적조寂照냐 하는 것도 마찬가지다. 한문자가 우리에게 주는 멋이다. 다음도 마찬가지다.

출세비지불과出世悲智佛果 처세지비보현행處世智悲普賢行.

또 '비지悲智', '지비智悲' 이렇게 바꿔놓았다. 이것은 『중용中庸』에 나오는 성명誠明의 문제나 같은 것이다. 비悲에서 지智로 가느냐 지智에서 비悲로 가느냐는 것이다. 필로스philos에서 소피아sophia로 가느

냐 소피아에서 필로스로 가느냐는 것이다. 그러니까 '비지悲智'는 지
知의 세계요 '지비智悲'는 행行의 세계라는 것이다. 하나는 순수이성
이고 하나는 실천이성이다. '비지悲智', 모든 노력을 다해서 지智에 도
달하는 것인데 그것이 '불과佛果', 부처가 되었다는 말이다. 각覺을 했
다는 말이다. 이제는 지知가 끝났다는 말이다. 깨달았다는 것이 무엇인
가. 이제는 더 알 것이 없다는 말이다. 그래서 이제부터는 '처세處世'
다. 세상에 나가서 '지비智悲', 지금까지 아는 모든 지혜를 가지고 다
른 사람들을 구원하는 것이다. 비지悲智는 의학박사라면 지비智悲는
의사다. 박사와 의사의 차이다. 하나는 비지悲智요 하나는 지비智悲인
데 비지悲智를 불佛이라 하고 지비智悲를 보현행普賢行이라 한다.

보광명대지普光明大智 여일체중생與一切衆生 동일체성同一體性 능
일체能一切 무부지야無不知也.

보광명普光明 대지大智와 일체 중생이 동일체성同一體性이다. 속이
같다는 말이다. 석가나 우리나 다 꼭 같다는 것이다. 석가 속에도 불성
佛性이 있고 우리 속에도 불성이 있고 다 꼭 같다. 그런데 석가는 그것
을 닦은 사람이고 우리는 아직 닦지 않은 사람이라는 그 차이다. 공부
한 사람이나 공부 못한 사람이나 속에 있는 가능성은 다 꼭 같은 것이
다. 그 가능성을 현실화한 사람은 학자가 되는 것이고 현실화 못시키
면 무식한 사람으로 지내는 그 차이다. 동일체성이다. 그 본성은 어떤
것인가. "능일체能一切 무부지無不知", 모르는 것이 없이 다 안다는
것이다. 사람은 다 알 수 있는 본성을 가지고 있다는 것이다. 그런데
그것을 갈고 닦아야 된다.

이십지불과이전행以十地佛果已前行 보현행普賢行 유자리리타지
심有自利利他之心 이구출세해탈以求出世解脫.

십지까지가 불과佛果인데 십지 이전에 보현이 닦던 행실, 불타가 되

제27. 십정품十定品 227

기 전의 보살행이다. 그러니까 보현행이 두 가지가 나온다. 부처 되기 전에 보살행이라는 보현행과 부처가 되고 난 후의 보현행이다. 그런데 부처가 되기 전의 보현행 그것은 "자리리타지심自利利他之心"이다. 자기도 살고 남도 살리겠다는 그런 마음을 가지고 보살행을 했다. 그런데 부처가 되었다. 그 다음에 행하는 것이 십일지행이다.

십일지행十一地行 불구자기해탈不求自己解脫 순시이생지행純是利生之行.

이제는 "불구자기해탈不求自己解脫"이다. 자기가 해탈할 필요는 없어졌다. 순수하게 중생들을 이롭게 하겠다는 생각뿐이다. 이것을 조금 더 지나치게 말하면 모든 사람이 다 부처가 되기 전에는 자기는 절대 부처가 되지 않겠다는 것이다. 보현행을 이런 식으로 표현하는 것이다. 이것이 소위 소승小乘과 대승大乘의 차이다. 소승이란 자기가 부처가 되면 된다. "자리리타심自利利他心"이다. 보통 이것을 아라한阿羅漢이라 한다. 그런데 대승이 되면 자기는 모든 사람이 다 부처가 되기까지 자기는 부처가 되지 않겠다는 것이다. 모든 사람이 다 버스에 타기까지는 자기는 버스에 타지 않겠다는 것이다. 자기는 맨 마지막에 버스를 타겠다는 것이다.

말하자면 공동체 의식이 강해진 것이다. 그 전에까지는 공동체 의식이 별로 없다. 내가 잘나면 되는 것이다. 그런데 대승이 되면 나만 잘나서는 안 된다. 전체가 잘나야 된다. 우리도 나만 건강하다 그러면 안 된다. 우리 가족들이 다 건강해야 된다. 나만 잘살면 안 된다. 우리 국민 전체가 다 잘살아야 된다. 복지국가 사상이 그것이다. 다 잘살아야지 나만 잘살면 안 된다. 나만 잘살자는 것이 자본주의다. 가난해도 좋다 다 같이 살자. 이것은 공산주의다. 어찌보면 공산주의가 조금 더 앞서있는지도 모른다. 다 같이 잘살자는 것이다. 대승불교의 핵심이 여기에 있다. 이것이 보살사상이다. 보살행 혹은 보현행이다. 요堯임금이 위대하다는 것이 무엇인가. 모든 백성들이 다 기와를 올리기 전에는 자기 궁전에 기와를 올리지 않겠다는 것이다. 그것이 소위 요堯 순舜의 정치철학이다. 그것을 소위 무위지치無爲之治라 한다.

간디Mohandas K. Gandhi(1869-1948)의 사상도 그것이다. 인도 사람들이 다 옷을 입기까지는 자기도 옷을 입지 않겠다는 것이다. 그래서 간디는 밤낮 벌거벗고 다녔다. 그것이 보살사상이다. 영국 왕이 간디를 만나자고 하니까 간디는 평소처럼 벌거벗고 갔다. 그랬더니 영국에서 왕실에 들어가려면 예복을 입어야 된다고 했다. 그러자 간디가 말했다. 인도 사람들에게 모두 예복을 해준다면 나도 예복을 입고 들어가겠지만 그렇지 않다면 나는 그냥 가겠다고 했다. 그래서 할 수 없이 그냥 들어가라 해서 처음으로 영국 왕이 벌거벗은 놈과 앉아서 얘기를 했다는 것이다. 이 간디의 사상이 보살사상이다. 모든 사람이 다 부처가 되기까지 자기는 보살로, 보현으로 있겠다는 것이다. "불구자기해탈不求自己解脫"이다. 부처가 되지 않겠다는 것이다.

"순시이생지행純是利生之行", 나는 그냥 보살로 좋다는 것이다. 이 보살행이라는 것이 대승불교의 특징이다. 전체가 같이 사는 공동체 의식이 보살사상이다. 요새 철학으로 말하면 유기체有機體사상이다. 한 몸이니까 다 같이 튼튼해야지 발만 튼튼하면 무엇하겠는가. 눈, 코, 귀, 다 건강해야지 어느 하나만 건강해서는 안 된다. 이런 것이 유기체 사상이다. 이런 것을 대승사상이라 한다. '승乘'이라는 것은 배라는 것이다. 큰 배에 같이 타고 간다는 것이다. 살면 같이 살고 죽으면 같이 죽는다는 것이다.

부처가 되기는 되었는데, 십지가 끝났으니까 출세해탈出世解脫은 했는데, 자기는 보살이지 부처라는 말을 쓰지 않겠다는 것이다. 다 되긴 되었는데 자기는 아니라는 것이다. 교수가 되었는데 석사로 교수하는 사람도 있고 박사로 교수하는 사람도 있다. 보현행이란 석사로 교수하는 것이다. 자기는 박사가 안 되겠다는 것이다. 제자들이 다 박사가 된 다음에 박사가 되겠다는 것이다. 이사무애법계理事無碍法界가 아니라 사사무애법계事事無碍法界다. 모든 사람들이 다 부처가 되어야 자기도 부처가 되겠다는 것이다. 이사무애법계는 자기만 박사고 다른 사람들은 아직 석사, 학사다. 그런데 사사무애법계가 되면 다른 사람들이 다 박사가 되기까지 자기는 박사가 안 되겠다는 것이다. 하나 더 높은 것이다. 적조寂照, 묘각妙覺이다.

 한 몸이라는 것이다. 일승一乘이다. 즉심성불卽心成佛 또는 일심성불一心成佛이다. 한 몸이다. 한 몸이 되어 다 같이 알아야지 어느 누구만 알아서는 안 된다. 그러니까 강의도 쉽게 해야 된다. 쉽게 해서 다 알아야지 어렵게 해서 박사들만 알게 하고 다른 사람들은 모르게 하면 안 된다. 이것이 한 몸 사상이다. 유기체사상이다. 그러니까 언제나 나 혼자라는 그런 생각을 하면 안 된다. 그렇게 되면 아직도 "자리리타지심自利利他之心"이다. 그런데 '다 같이'라는 이런 생각이면 "순시이생지행純是利生之行"이다. 억지로 말하면 "자리이타自利利他"는 등각이요 "순시이생지행純是利生之行"은 묘각이다. 하나는 유공용有功用이고 하나는 무공용無功用이다.

 27.1 이시爾時 세존世尊 시성정각始成正覺 이일체지자재신통력以一切智自在神通力 현여래신現如來身 청정무애淸淨無碍 무소의지無所依止 구대위덕具大威德.

 이때 세존이 시성정각始成正覺을 했다. 그래서 "일체지一切智 자재신통력自在神通力"이다. 일체지는 어떻게 되는가? 근본지가 되어야 일체지가 된다. 뿌리를 알아야 줄기나 가지나 잎이나 다 안다. 뿌리를 모르면 다 알 수가 없다. 언제나 일즉일체一卽一切다. '일一'이란 근본이란 것이다. 근본을 알아야 다 알게 된다. 철학에서 "너 자신을 알라"고 한다. 나 자신을 알아야 남을 알지 나를 모르고는 남을 알 수가 없다. 십지까지는 나를 아는 것이고 그 다음부터는 남을 아는 것이다. 그러니까 십지 없으면 십일지도 안 나온다. 반드시 근본지가 있어야 일체지가 있다. 그래서 일체지란 근본지를 말한다. 그런데 자재신통력이다. 근본지만 가져도 안 된다. 그것을 실천할 수 있는 힘이 있어야 된다. 일체지가 순수이성이라면 신통력은 실천이성이다. 그래서 언제나 지행일치가 되어야 한다. 지만 가지고는 안 된다. 행이 되어야 한다. 아무리 미술대학을 졸업했다고 해도 작품을 할 수 있어야지 그것을 못하면 미술대학은 무엇하겠는가. 작품을 한다 할 때는 반드시 신통력이 나와야 한다. 일체지 자재신통력이다. 그래서 여래신如來身이 나타나게 된다. 지행일치가 되어야 여래신이 된다. 본각本覺, 시각始覺이 합해야 여래신이 된다. 본각, 시각이란 다른 것이 아니라 본각이란 지라는 것이요 시각이란 행이라는 것이다. 지행일치가 되어야 여래신이 되는 것이다. 의사도 학문이 있고 의술이 있어야 된다. 인턴, 레지던트 과정의 학문이 있고 의술이 합해져야 의사가 되지 그렇지 않으면 의사가 안 된다.

　여래신의 특징은 무엇인가. "청정무애淸淨無碍"다. 『주역周易』으로 말하면 무극無極(0) 태극太極(·) 양의兩儀(∞)다. 양의(∞)는 둘이라는 것이 아니라 무한이라는 것이다. 영은 무극이고 1은 태극이다. 그리고 양의, 이것은 몇 천 개, 몇 만 개, 무한대로 나갈 수 있다. 사상四象이 되고 팔괘八卦가 되고 64괘가 되고 얼마든지 무한으로 나갈 수 있다. 청정淸淨 장엄莊嚴 이실법계理實法界의 풍만豊滿이라는 것이다. 1은 에베레스트요 0은 산꼭대기에 덮인 얼음이고 ∞는 인더스강, 갠지스강 등 얼마든지 흘러내리는 강물이다. 「화장세계품華藏世界品」에서 8,000m 이상 되는 봉우리 33개가 있는데 얼마나 장엄한지 모른다고 했다. 그런데 거기에 얼음이 가득 덮여서 반짝거리면 얼마나 청정한지 모른다. 청정장엄淸淨莊嚴이다. 그리고 거기에서 인도로 중국으로 한없이 많은 물이 흘러내린다. 그것이 말하자면 풍만이다. 그러니까 ∞을 대방광大方廣이라 하면 1은 불佛이고 0은 화엄華嚴이다. 이것을 다른 말로 하면 유심연기唯心緣起, 불佛, 이실법계理實法界라 했다. 목적은 이실법계라는 이상세계를 건설하자는 것이다. 유기체라는 것도 마찬가지다. 복지세계를 건설하자는 것인데 그렇게 하기 위해서는 부처님이 나와야 된다는 것이다. 기독교에서는 그리스도가 나와야 된다는 것이다. 유교에서는 요堯 순舜이 나와야 된다. 성인聖人이 나와야 된다는 것이다. 요 순이 되려면 어떻게 해야 되는가. 유심연기唯

心緣起다. 하나님을 만나야 된다. 요점은 그것이다. 하나님을 만나야 그리스도가 되고 그리스도가 나와야 하늘나라가 온다는 것이다. 하늘나라 혹은 이상세계다. 아무리 『화엄경』이 복잡해도 속 내용은 그것이다. 언제나 공, 하나, 무한이다. 이것만 잃지 않으면 다 그 속에 있다. 그러니까 공이라 하는 것은 화엄이고 하나는 불이고 무한이란 대방광이다.

"청정무애", 아주 깨끗하고 걸림이 없다. 이것은 『주역』으로 말해서 무극無極이란 것이다. "무소의지無所依止", 아무 데도 의지하는 데가 없다. 독립해 있다는 말이다. 8,800m로 높이 올라 서 있다는 것이다. 소위 장엄이라는 것이다. 그리고 한없이 물이 흘러내린다. 대방광이다. "구대위덕具大威德"이다. 『화엄경』의 핵심이 또 여기에 다 들어가 있다.

소위무상所謂無相 여십불찰與十佛刹 미진수보살마하살微塵數菩薩摩訶薩 구구俱 기명왈其名曰 금강혜보살金剛慧菩薩 보안경계지장엄보살普眼境界智莊嚴菩薩.

그래서 소위 무상無相이다. 무상이란 묘상妙相이나 같은 말이다. 한없이 신비하다는 말이다. 한없이 신비하고 한없이 장엄하고 한없이 청초하다. 아무렇게 표현해도 좋다. 무無자니까 무엇이나 다 들어간다. 그런데 보통 무상이라 하는 것은 유상有相과 무상無相을 초월한 평등각平等覺이라 한다. 그러니까 무상이라 하지만 이것은 유무 대립의 무가 아니다. 유무 대립을 넘어선 평등공平等空이 무상이다.

"일도출생사一道出生死", 생사를 넘어선 그것이 일도一道다. 노자의 도道라는 것이 이것이다. 이것은 절대의 세계다. 그것을 보통 평등이라 한다. 거기에는 무슨 차별이라 하는 것이 없다. 전에도 나는 남녀차별이 아니라 남녀평등이라 했다. 평등이라야 일이 되지 차별해서 아들만 낳게 되면 어떻게 되겠는가. 아들만 낳아서 여자가 모자란다고 하는데 이렇게 되면 안 된다. 언제나 차별이 없는 평등이라야 된다. 나는 너보다 낫다는 이런 생각은 안 된다. 나와 너는 꼭 같은 것이다. 동일체성同一體性이다. 누구나 꼭 같다. 내가 너보다 잘난 것은 하나도 없다. 다 꼭 같다. 대통령과 문지기가 꼭 같다. 대통령도 월급쟁이요 수위도 월급쟁이로 꼭 같지 다른 것은 아무 것도 없다. 언제나 이렇게 해서 평등이라야 한다. 그래서 평등 공신空身이다. 법신法身보다 더 높은 공신이 되었다. 그러니까 무상이란 이렇게 한없이 높은 공신의 세계, 묘각의 세계를 말하는 것이다. 그런 세계를 가려면 언제나 평등이라야 된다. 평등각이다. 평등각의 세계가 무상이다.

그래서 그런 대승의 세계는 "미진수微塵數 보살마하살菩薩摩訶薩"이다. 보살이라 하면 소승에서도 있을 수 있지만 대승에서는 보살마하살이다. 큰 사람이다. 이름을 부르면 금강혜보살金剛慧菩薩이다. '금金'이란 지知요 '강剛'이란 행행이라는 것이다. 지행知行이 일치된 세계가 '혜慧'라는 것이다. 금강혜보살이다. 그런데 이렇게 무슨 혜慧보살, 무슨 혜慧 보살 하고 30명이 나온다. 그 다음에 보안경계지장엄보살普眼境界智莊嚴菩薩인데 이렇게 또 무슨 보살 무슨 보살 하고 보살들이 70명이 나온다. 모두 백 명이 나오는데 나는 다 집어치우고 여기 하나만 예를 들었다. 이렇게 간단하게 하려다 조금 더 보충하자 해서 또 조금 써왔다.

'정정定'이란 무엇인가. 육파라밀六波羅蜜에서 말하는 선정禪定이다. 선정이란 삼매三昧라는 것인데 삼매란 무엇인가. 『원각경圓覺經』에서 삼마디samadhi, 삼마파티samapatti, 디야나dhyana라는 말을 했다. 이 셋을 한꺼번에 말할 때 그냥 삼매라 한다. 참선參禪의 선禪이란 디야나를 번역해서 나온 말이다. 그러니까 디야나를 보통 선禪이라 한다. 그리고 보통 삼마디라 하는 것은 삼매라 한다. 그리고 삼마파티는 정수正受라 한다. 이렇게 셋인데 이 삼매라는 것을 기독교로 말하면 기도나 같은 말이다. 그래서 말하자면 「십정품十定品」이란 기도문이다.

그런데 중국불교가 되면 기도의 내용이란 글로 적는 것이 아니라는 것이다. 불립문자不立文字다. 그리고 교외별전敎外別傳이다. 가르치는 것이 아니다. 기도의 내용은 무엇인가. 직지인심直指人心이다. 자기 속에 있는 자기 자신의 근본을 꿰뚫어보는 것이다. 이것을 소위 자심내증自心內證이라 한다. 자심自心, 자기의 근본을 내증內證, 자기 속에서 증득證得한다, 꿰뚫어본다는 것이다. 그리고 견성성불見性成佛이다. 모든 만물의 본질을 알아내는 것이다. 일즉일체一卽一切라는 것이다. 자기의 근본을 알면 그 다음에는 이 우주 만물의 모든 본성을 다 알아낼 수 있다. 그렇게 되어야 그것이 선생이다. 이렇게 되니까 선의 세계에는 그저 화두話頭라는 것 하나만 있지 내용이라는 것이 거의 없다. 부처가 무엇인가 할 때 그저 잣나무다 하고 말지 더 말하는 것도 없다. 왜 잣나무인가 하는 속 내용은 저 혼자 생각해 보라는 것이다. 너 혼자 생각해서 알아내야지 이렇고 저렇고 설명해서 알면 무엇하겠느냐는 말이다. 그러니까 철학이란 배우는 것이 아니라 생각하는 것이다. 생각은 누가 하는가. 제가 하는 것이다. 제가 생각했으면 되었지 이렇다 저렇다 말할 필요도 없고 글로 적어 놓을 필요도 없다.

『60화엄경』을 번역한 사람은 각현覺賢이라는 불타발타라佛馱跋陀羅(Buddhabhadra, 359-429)라고 한다. 불타발타라가『화엄경』을 번역하면서「십정품」은 빼버리고 말았다. 그런데『80화엄경』이 되면 실차난타實叉難陀(Siksananda, 652-710)라는 사람이 번역했는데 이것을 집어넣었다.『60화엄경』에서는 이것이 없다. 왜 이런 것을 두느냐는 것이다. 어느 것이 옳을지 모른다. 우리도 빼고 그냥 가는 것이 좋을지 보고 가는 것이 좋을지 모르겠다. 그러니까 선이라는 것, 기도라는 것은 내 속에서 하는 것이지 그것은 누가 말하고 누가 듣고 하는 그런 것이 아니라는 것이다. 그래서『60화엄경』에서 불타발타라는 이것을 빼버렸다. 그래서『60화엄경』에서는「십지품十地品」다음에 11품이 아니라「십정품」이 빠진 10품이 있다. 그것이 더 좋은지도 모른다. 주자朱子의 선생 되는 대혜大慧라는 스님은 선불교의 대표적인 서적인『벽암록碧巖錄』에 대해 이것도 태워버리지 무엇하러 두느냐 하고『벽암록』을 불사르고 말았다 한다. 아주 철저한 불립문자不立文字, 교외별전敎外別傳으로 나오면 그렇게 된다. 그러니까 우리는『60화엄경』에는 이「십정품」이 없다는 것을 알고 이것을 보아야 한다.「십정품」이라는 이것은 본래 비밀인데 이것이 이렇게 글로 나온 것이라 이렇게 보면 된다.

2002. 3. 3.

십정품 강해(2)

27.2 이시爾時 보안보살普眼菩薩 합장合掌 백불언白佛言 세존世尊 보현보살普賢菩薩 성취기하成就幾何 삼매해탈三昧解脫.

이때 보안보살이 합장을 하고 부처님께 말씀을 사뢰어 말했다. 세존이시여, 보현보살은 어떤 삼매를 성취했기 때문에 해탈을 했습니까?

보현보살은 11품의 주인공이다. 보현보살은 어떤 삼매를 성취했는가? 나는 내용을 줄이느라고 생략했는데 삼매 이름이 나온다. 사자분신삼매獅子奮迅三昧라는 것이다. 사자獅子는 사자師子라 쓰기도 한다. 선생님이라는 뜻이 있는 것이다. 또한 승리자라는 뜻도 있다. 그래서 사자獅子라 하기도 하고 사자師子라 하기도 한다. 사자분신삼매다. 이것이 여기에 나오는 삼매다.『화엄경』에서 제일 중요한 세 가지 삼매로 먼저 해인삼매海印三昧, 그 다음에는 화엄삼매華嚴三昧, 그리고 지금 여기서 분신삼매奮迅三昧가 나온다.『화엄경』속에서는 이 세 가지 삼매가 가장 유명하다. 이 밖에 염불삼매念佛三昧 등도 나오지만 이 세 가지가 가장 중요한 것이다.

사자분신삼매獅子奮迅三昧란 무엇인가. "사자분신獅子奮迅 보진전모普震全毛." 사자가 화를 내면 "보진전모普震全毛", 아주 널리 진동을 하고 온 몸의 모든 털을 다 일으켜 세운다. 전모全毛라는 것을 더 아름답게 하기 위해 금모金毛라는 표현도 쓴다. 같은 뜻인데 표현을 더 아름답게 한 것뿐이다. 그래서 금모사자金毛獅子라 한다. 물론 금모는 사자의 갈기만을 말하는 것이 아니냐 하는 사람들도 있지만 뜻은 그런 뜻이 아니다. 사자가 한 번 화를 내면 온 몸의 털을 다 일으켜 세운다는 뜻이다. "사자분신 보진금모", 어떤 사람은 보진普震이란 표현이 너무 약하다고 해서 "발진금모發震金毛"라 하기도 한다. 그런데 분명하게 말하자면 "보진전모普震全毛"다. 사자가 한 번 화를 내면 온 몸의 털이 모두 바짝 일어선다는 것이다.

이것을 달리 말하면 보현보살의 원願, 보현원普賢願이라는 것이다. 온 세상 사람이 다 부처가 되기 전에는 자기는 부처가 안 된다는 이것이 보현보살의 원이다. 이것은 감리교의 만인구원설이나 마찬가지다. 온 세상 사람들이 다 구원받기 전에는 나는 구원 안 받는다. 기독교로 말하면 십자가의 보혈로 모든 사람들이 다 구원을 받는다는 것이다. 다 같은 사상으로 보살사상이라는 것이다. 자기 혼자 구원받고 족하다는 것이 아니라 전체가 다 구원을 받기 전에는 자기는 구원받지 않겠다. 전체가 다 잘살기 전에는 자기는 잘살지 않아도 좋다. 요새로 말해서 복지사상이다. 복지국가를 만들어서 전체가 다 잘살아야지 나 혼자 부자고 다른 사람이 다 가난하면 뭐 하겠느냐는 것이다. 이런 사상을 분신삼매라 한다. 이것이 소위 대승사상大乘思想이다. 전체가 다 같이 잘살자는 것이다. 보현보살은 이런 분신삼매를 통해서 해탈을 했다는 것이다.

　보안普眼 보현보살普賢菩薩 금현재차今現在此 여응청피汝應請彼 피당위여彼當爲汝 설기삼매說其三昧 자재해탈自在解脫.

　보안아, 보현보살은 지금 여기에 있으니 너는 응당 그 보현보살에게 부탁을 해라. 그 사람이 마땅히 너를 위해서 자기의 삼매에 대해서 잘 말해줄 것이다.

　이시爾時 보안普眼 주편구멱周遍求覓 백불언白佛言 세존世尊 아등我等 금자今者 유미득견猶未得見 보현보살普賢菩薩.

　그때 보안이 주위를 빙 둘러보면서 어디에 보현보살이 있는지 찾아보았다. 그리고 부처에게 말했다. 저희들이 지금 보현보살을 찾아보았는데 아무리 찾아도 보이지 않습니다.
　보안보살에게 왜 보현보살이 보이지 않는가? 보안보살은 지금 십지十地에 속한 사람이다. 그런데 보현보살은 십일지十一地에 속해 있는

사람이다. 전에 말하기를 "욕궁천리목欲窮千里目 갱상일층루更上一層
樓", 한 층 더 올라가면 천 리가 더 내다보인다고 했다. 보현보살은 지
금 한 층 더 올라간 사람이다. 그러니까 십지에 사는 사람은 십일지에
있는 보현을 볼 수가 없는 것이다. 십지에서는 아무리 찾아보아도 십
일지에 있는 보현이 보이지 않는 것이다. 그러니까 보현이 다시 내려
와야 보이지 내려오기 전에는 볼 수가 없다. 예수가 하늘에서 내려와
야 우리 눈에 보이지 예수가 그냥 하늘에 있으면 안 보인다.

**불언佛言 보현보살普賢菩薩 이금강혜以金剛慧 보입법계普入法界 어
일체세계於一切世界 무소행무소왕無所行無所住 자재신통自在神通.**

부처님이 말씀했다. 보현보살은 금강혜를 가지고 널리 법계에 들어
간 사람이다.

『금강경金剛經』이라는 책이 있는데 책 이름을 좀더 길게 말하면 "금
강반야경金剛般若經"이다. 더 길게 말하면 "능단금강반야경能斷金剛
般若經"이다. '능단能斷', 금강반야를 가지고 능히 끊어버린다. 번뇌
를 끊어버리는 것이다. 기독교로 말하면 죄를 끊어버리는 것이다. 십
자가를 가지고 죄를 끊어버린다. 십자가라는 말 대신에 금강저金剛杵
를 가지고 번뇌를 끊어버린다고 한다.

인도의 주신이 인드라Indra인데 인드라의 하는 일은 비를 내리게 하
는 일이다. 농업국가에서 가장 중요한 일이 비가 오는 것이다. 인드라
신이 금강저를 가지고 때리면 번개가 번쩍하고 우레가 우르르 울리며
비가 내린다. 그러니까 금강저는 망치 같기도 하고 칼 같기도 하다. 번
개는 칼 같고 우레 소리는 망치로 때리는 것 같다. 그래서 망치와 칼을
겸한 것이 금강저라고 해야 할 것이다. 금강저의 모습은 절구공이 같
다. 그래서 추사 김정희는 붓글씨를 쓸 때 금강저법이라는 것을 발견
했다. 독특한 추사의 글씨를 추사체라고 하는데 추사가 글씨 쓰는 방
식은 과거와는 달리 금강저법이라는 새로운 방식으로 글씨를 썼다. 금
강저법이란 다른 것이 아니라 붓에 먹을 묻힌 다음 절구공이 모양으로

붓을 구부려서 쓰는 것이다. 이것을 소위 역필逆筆이라 한다. 역필로 쓰는 것이다. 지금 내가 쓰는 것이 금강저법의 역필이다. 잘 쓰지는 못했지만 역필로 쓴 것이다. 추사 글씨를 보면 엉터리같이 쓴 것도 많다. 그렇지만 그 쓴 법이 다 역필이다. 역필이 되면 힘이 있다. 추사의 글씨에는 어느 것이나 다 힘이 있다.

'능단能斷'이니까 칼이라 해도 좋다. 끊을 때는 칼이 있어야 된다. 번개라는 것을 칼날이라 보는 것이다. 인드라 신은 칼도 가지고 있고 망치도 가지고 있는데 이 칼과 망치가 금강이다. '금金'이란 빛난다는 것이고 '강剛'이란 한없이 세다는 것이다. 한없이 빛나고 한없이 세다. 지강지대至剛至大한 것이다. 그것을 말할 때 금강이라 한다. 금강반야金剛般若, '반야'는 지혜다. 지혜의 칼이다. 우리가 무엇을 판단할 때 지혜로 판단한다. 그러니까 "금강반야경"이다. 아주 빛나고 아주 강한 지혜를 가지고 번뇌라고 하는 우리의 죄를 끊어버리는 것이다. 금강반야라고 하는 것을 기독교에서는 십자가라, 십자가의 사랑이라 한다. 기독교는 십자가의 사랑을 내세우는데 불교에서는 금강반야라는 지혜를 내세운다. 십자가와 금강저의 차이다.

『금강반야경』에서 제일 강조하는 것이 공空이다. 그러나 『금강반야경』, 주로 『금강경』이라 하는데, 『금강경』에서는 공이라는 말은 한 글자도 나오지 않는다. 그렇지만 『금강경』의 핵심 사상은 공이라는 사상이다. 공이라는 사상이 불교의 사상이다. 번뇌라는 것이 어디에서 나오는가 하면 집착에서 나온다는 것이다. 그 집착을 끊어버려야 되는데 무엇으로 끊는가 하면 금강검金剛劍으로 끊는다는 것이다. 금강검이라는 것은 금강지혜다. 금강혜金剛慧로 집착을 끊어버리는 것이다. 그래서 『금강경』에서 가장 유명한 말이 "응무소주이생기심應無所住而生其心"이다. '주住'라는 것이 집착이다. 그러니까 집착 없는 데서 그 마음을 내라는 것이다. 이것을 간단히 표현할 때는 어떻게 표현하는가 하면 무사지사無思之思다. 생각 없는 데서 생각하라는 말이다. 그래서 나도 책을 내면서 제목을 『생각 없는 생각』이라 했다.

이런 표현이 많다. 소크라테스는 무지지지無知之知라 한다. 아무 것도 아는 것이 없는 앎이다. 장자는 무용지용無用之用이라 하고 노자는 무위지위無爲之爲라 한다. 이런 것을 보통 즉비卽非의 논리라 한다. 나는 나 아닌 것이 나라는 것이다. 이것이 나라 하고 가슴을 치면 그것은 가슴이지 나가 아니다. 가슴이 나가 아니라 가슴 아닌 것이 나다. 가슴 아닌 내 정신이 나지 가슴이나 배나 발이나 그런 것은 나가 아니다. 정신이 나다. 하나님은 보이지 않는 것이 하나님이지 보이면 하나님이 아니다. 그렇게 되면 우상이 되고 만다. 그래서 즉비의 논리에 의하면 나 아닌 그것이 나라는 것이다. 나 아닌 것, 그것이 나다. 물질이 나가 아니라 정신이 나라는 소리다. 이런 것들은 하나의 틀이다. 그러니까 즉비의 논리라고 하나 공이라고 하거나 "응무소주이생기심"이라고 하거나 무사지사無思之思라 하거나 무지지지無知之知라 하거나 다 같은 말이다.

결국 금강지金剛智의 지가 어떤 지인가? 무분별지無分別智라는 것이다. 분별지分別智는 생각하는 지다. 그런데 무분별지는 생각할 것이 없는 지다. 분별을 초월한 지라는 것이다. 분별을 초월한 지, 쉽게 말하면 스피노자Baruch Spinoza(1632-77)가 말하는 직관지直觀知다. 내가 그냥 만났는데 생각할 것이 무엇인가. 직관지, 생각할 것이 없이 그냥 아는 것이다. 이 직관지를 여기서는 근본지根本智라 한다. 근본지란 무분별지요 직관지라는 것이다. 그러니까 근본지를 할 수 있는 나, 그것이 소위 법신이다. 쉽게 말하면 정신이라는 말인데 정신이란 보통의 정신이 아니고 조금 더 높은 정신이다. 그 높은 정신, 그것이 소위 법신이다.

그 높은 정신이 되어야 직관지가 가능하다. 그것을 우리가 보통 말할 때는 근본경험이라 한다. 혹은 순수경험이라 한다. 내가 있어서 경험이 있는 것이 아니라 경험이 있어서 내가 있다는 경험이다. 내가 있어서 경험이 있는 것은 분별지다. 그런데 경험이 있어서 내가 있다 하는 그 경험은 무분별지다. 무분별지가 있은 후라야 그때 내가 있는 것이다. 그때의 나라는 것은 법신이지 육신의 나가 아니다. 그러니까 보통 육신의 나, 이것은 분별지다. 그런데 근본지라는 것은 누가 곱다 밉다 그런 것이 아니고 곱다 밉다를 초월한 지다. 기독교로 말하면 하나님을 만나는 것이다. 바울로 말하면 그리스도를 말하는 것이다. 그리스도는 곱다 밉다가 아니다. 그 그리스도를 만나는 것이 근본지라는 것이다. 그 그리스도를 만나는 바울, 그가 곧 법신이다. 또 어찌 보면 바울이 만난 그리스도도 또한 법신이다. 그러니까 『화엄경』에서는 법신이 우주에 꽉 차 있다고 한다. 따라서 그리스도가 오늘 여기에도 있다는 것이다. 우리의 분별지 때문에 보지 못해서 그렇지 우리가 직관지를 가지면 여기서도 우리는 그리스도를 만날 수 있다는 이런 식의 사고방식이다. 그러니까 『금강경』의 이야기는 여기서의 이야기나 다 같은 이야기다. 요는 한층 더 높은 지를 갖자는 것이다. 근본지, 근본경험, 또는 순수경험, 이런 경험을 하고서 과학도 하고 철학도 해야 되지 않느냐는 말이다.

그래서 "관법신觀法身 견일체세간법見一切世間法", 그리스도를 만난 후에 과학도 하고 철학도 해야 되지 않느냐. 근본지라는 뿌리를 가진 후에 과학도 하고 무엇도 하고 다 해야 되지 않느냐는 것이다. 결국 그 이야기다. 그래서 언제나 말하는 것이 일즉일체一卽一切다. '일즉一卽', 하나님을 만난다는 말이다. 하나님을 만나서 우리 죄가 다 사함을 받고, 불교로 말하면 금강지를 가지고 번뇌를 다 끊어버리고 아무 욕심 없는 사람이 되는 것이다.

제일 첫째로 중요한 것이 사람이 되는 것이다. 그런 사람이 되어서 다음에 학자도 되고 의사도 되고 정치가도 되어야지 강아지들이 모여서 경선競選을 하면 무엇하겠나. 그러니까 우선 사람이 된 다음에 경선을 하든 무엇을 하든 해야 되지 강아지들끼리 모여서 아무리 경선을 하면 무엇하겠는가. 세파드니 복슬이니 강아지들이 경선을 해서 복슬이가 대통령이 된다고 한들 그것이 무엇이 되겠는가. 개판밖에 될 게 없지 않는가. 그러니까 "관법신觀法身", 사람이 된 후에, "견일체세간법見一切世間法", 의사가 되어도 좋고 장사를 해도 좋고 과학을 해도 좋고 다 해도 좋다. 일一이 된 다음에 일체一切가 있어야 한다. 일一이라 하는 이것이 무분별지다. 그리고 일체 하는 것은 분별지다. 그러니까 "관법신" 하고서 "견일체세간법"이다. 과학을 해도 되고 철학을 해도 되고 농사를 해도 되고 정치를 해도 되고 무엇이나 좋다. 이야기는 그런 이야기다.

"이금강혜以金剛慧 보입법계普入法界", 금강혜를 가지고 정말 진리의 세계에 들어가는 것이다. 무분별지를 가지고 진리의 세계에 들어간다는 말이다. 그 진리의 세계에 들어가고 나야 "어일체세계於一切世界", 이 현실세계에서 "무소행無所行", 끌려다니는 것도 없고 "무소왕無所往", 빠져드는 것도 없고, "자재신통自在神通", 마음대로 하게 된다. 사람이 된 후에야 과학을 해도 마음대로 할 수 있고 철학을 해도 마음대로 할 수 있지 근본이 안 되면, 사람이 채 되기도 전에 과학을 하면 뭐 하느냐는 것이다. 근본을 가져야 무엇이나 할 수 있다.

무유동전無有動轉 지어법계至於法界 구경변제究竟邊際.

그래서 "무유동전無有動轉", 넘어지거나 끌려다니거나 그런 것이 절대 없다. 그래서 온 세상을 다 진리의 세계로 만들 수가 있다. 예수 같은 사람이 나와야 땅 끝까지 복음이 전해진다. "지어법계구경변제至於法界究竟邊際", 복음이 땅 끝까지 전해진다는 말이다. 땅 끝까지 진리의 세계가 된다는 말이다. 언제나 한 사람 진리를 깨달은 사람이 있어야 다른 사람이 다 깨닫게 되지 한 사람이 깨닫지 못하면 어떻게 되느냐는 것이다. 그러니까 예수 하나가 나왔다는 것이 굉장한 사건이라는 것이다. 정말 B.C. A.D.라는 기원 전후로 갈릴 만큼 굉장한 사건이다.

시시是時 보안普眼 문불차어聞佛此語 여제보살與諸菩薩 구俱 시時 정례頂禮 구청득견求請得見 보현대사普賢大士.

이때 보안보살은 부처님의 이러한 말씀을 듣고 다른 보살들과 같이 인사를 올렸다. 보이지 않는 보현대사에게 오체투지五體投地라는 경례를 올린 것이다. 우리가 밤낮 보이지 않는 하나님께 예배를 드리는 것이나 마찬가지다.

이시爾時 보현보살普賢菩薩 즉이해탈신통지력卽以解脫神通之力 여기소응如其所應 위현색신爲現色身.

그랬더니 보현보살이 신통한 힘을 가지고 그 예배에 보답하듯 그 색신色身을 나타냈다. 보현보살이 11층에서 10층으로 내려왔다는 말이다.

금피일체今彼一切 제보살중諸菩薩衆 개견보현皆見普賢 친근여래親近如來 어차於此 일체보살중중一切菩薩衆中 좌연화좌坐蓮華座.

그랬더니 모든 보살들이 다 보현보살을 보게 되었다. 보현보살은 "친근여래親近如來", 여래와 아주 가까이 했다. 예수님이라 하면 하나님의 아들이라 하는 말이나 같은 말이다. 보현보살은 여래 가까이 사는 사람이다. 보현은 모든 보살들 가운데 연화좌에 앉았다. 보현보살이 강의를 위해 강단에 올라가서 앉았다는 말이다.

이시爾時 여래如來 고보현보살언告普賢菩薩言 보현普賢 여응위汝應爲 보안급차회중普眼及此會中 제보살중諸菩薩衆 설십대삼매說十大三昧.

이때 여래는 보현보살에게 말했다. 보현아, 보안과 여기 모인 모든 보살들에게 열 가지 삼매에 대해 설명해 주어라. 「십정품十定品」인데 십정의 '정定'은 삼매라는 말이니까 열 가지 삼매다.

영득선입令得善入 성만보현成滿普賢 소유행원所有行願.

그래서 누구나 잘 들어가서 보현이 가진 소원을 완성하고 만족시키게 하라.

보현의 소원이란 모든 세상 사람들을 다 잘살게 만들어 주겠다는 것이다. 그것을 분신삼매奮迅三昧라 했다. 사자가 한 번 성을 내면 모든 털이 다 일어선다는 것인데, 이와 마찬가지로 한 사람 깬 사람이 나오면 모든 사람이 다 깬다는 것이다. 일즉일체一卽一切라는 것이다. 이화대학에서 김활란金活蘭(1899-1970) 박사 한 사람이 박사가 되니까 그 다음에 수많은 박사가 나온다는 것이다. 그러니까 한 사람이 깨는 것이 굉장히 중요하다. 한 사람이 깨면 다 깬다. 그러니까 보현보살이 이 분신삼매를 열 가지로 설명한다는 말이다.

제보살마하살諸菩薩摩訶薩 설차십대삼매고說此十大三昧故 영과거보살령過去菩薩 이득출리已得出離.

이 열 가지 삼매를 잘 설명했기 때문에 과거 보살들이 "이득출리已得出離", 아주 뛰어나게 되었다. 한글 번역을 보니까 떠나왔다는 것이 아니라 뛰어났다고 번역을 했다. 성적이 우수해서 금메달을 탔다는 것이다.

현재보살現在菩薩 영득출리令得出離 미래보살未來菩薩 당득출리當得出離.

그리고 현재의 보살도 뛰어났다. 또 미래의 보살도 뛰어날 것이다.

하자위십何者爲十 일자一者 보광대삼매普光大三昧 이자二者 묘광대삼매妙光大三昧 삼자三者 차제편왕제불국토대삼매次第遍往諸佛國土大三昧 사자四者 청정심심행대삼매淸淨深心行大三昧 오자五者 지과거장엄장대삼매知過去莊嚴藏大三昧 육자六者 지광명장대삼매智光明藏大三昧 칠자七者 요지일체세계불장엄대삼매了知一切世界佛莊嚴大三昧 팔자八者 중생차별신대삼매衆生差別身大三昧 구자九者 법

계자재대삼매法界自在大三昧 십자十者 무애륜대삼매無碍輪大三昧.

무엇이 열 가지 삼매인가? 첫째는 보광대삼매普光大三昧다. 둘째는 묘광대삼매妙光大三昧다. 셋째는 차제편왕제불국토대삼매次第遍往諸佛國土大三昧 넷째는 청정심심행대삼매淸淨深心行大三昧 다섯째는 지과거장엄장대삼매知過去莊嚴藏大三昧 여섯째는 지광명장대삼매智光明藏大三昧 일곱째는 요지일체세계불장엄대삼매了知一切世界佛莊嚴大三昧 여덟째는 중생차별신대삼매衆生差別身大三昧 아홉째는 법계자재대삼매法界自在大三昧 열째는 무애륜대삼매無碍輪大三昧다.

차십대삼매此十大三昧 제대보살諸大菩薩 내능선입乃能善入 거래현재去來現在 일체제불一切諸佛 이설당설현설已說當說現說 약제보살若諸菩薩 애락존중愛樂尊重 수습불해修習不懈 즉득성취則得成就 여시지인如是之人 즉명위불則名爲佛.

이것이 열 가지 대삼매인데 모든 대보살들이 이 삼매에 잘 들어가면 과거, 미래, 현재의 모든 부처님들이 했던 과거의 말씀, 미래의 말씀, 현재의 말씀을 보살들이 다 좋아하고 기뻐하며 존중하게 된다.
부처님이 한 모든 말씀이라야 온 세상 사람들이 다 잘살게 하자는 것이지 다른 것이 아니다. 그러니까 모든 보살들이 그 부처님의 말씀에 다 동의한다는 것이다.
그래서 열심히 도를 닦고 게으르지 않으면 정말 이상세계를 성취할 수 있다. 이렇게 이상세계를 성취시킬 수 있는 사람을 일러 부처라고 한다.
언제나 같은 말이다. 대방광불화엄大方廣佛華嚴이다. 화엄이란 유심연기唯心緣起, 불佛, 이실법계理實法界라 했다. 이실법계란 이상세계를 말한다. 언제나 어떻게 하면 이상세계를 만드는가, 어떻게 하면 온 세상 사람들이 잘살게 만드느냐는 것이다. 그렇게 하기 위해서는 불佛이 있어야 된다. 철인이 나와야 된다는 말이다. 철인이 나오면 이상세계가 된다. 어떻게 하면 철인이 되는가. 유심연기, 하나님을 만나야 된

다. 하나님을 만나야 철인이 되지 하나님을 만나지 못하면 철인이 못
된다. 소크라테스는 말했다. 절대자에 부딪히지 않으면 철인이 될 수
없다. 철인이 나와야 이상세계가 된다. 그러니까 플라톤의 이상국가와
꼭 같은 소리다.

약보살若菩薩 입차삼매入此三昧 득법계력得法界力 득무변지得無邊
智 득자성청정장得自性淸淨藏 개오일체開悟一切.

보살이 이 삼매에 들어가서 정말 진리의 힘을 얻고 진리의 지혜를 얻
고 진리의 가슴을 가지게 되면 그것이 부처다. 그래서 모든 사람을 다
깨달을 수 있게 해준다. 모든 사람을 다 부처로 만들 수 있다는 말이
다. 사람들을 다 잘살 수 있게 할 수 있다. 언제나 같은 소리다.『화엄
경』이라 하면 대방광불화엄大方廣佛華嚴이다. 대방광大方廣이란 이상
세계인데 어떻게 하면 이상세계가 되는가. 철인이 나와야 된다. 철인
은 어떻게 나오는가. 근본지를 가져야 된다. 절대자와 만나야 된다. 하
나님과 만나야 모든 집착이 끊어지기 때문이다. 하나님을 만나야 모든
번뇌가 없어지고 모든 죄가 사라지는 것이다. 그런 사람이 나와야 무
슨 게이트gate니 하는 모든 게이트가 다 없어지지 그렇지 않으면 게이
트 때문에 못 견딘다. 그러니까 제일 중요한 것이 근본지라는 것이다.
근본지가 되어야 불佛이 되는 것이고 불이 되어야 이상세계가 된다.

다음에 열 가지 삼매에 대해 나온다. 우선 삼매란 무엇인지에 대해서
다시 복습해 본다.『원각경』을 할 때 삼마디samadhi, 삼마파티sama-
patti, 디야나dhyana라 했다. 삼마디란 거울 같은 것이라 했고 삼마
파티는 나무 같은 것, 디야나는 종鍾 같은 것이라 했다. 삼마디는 정신
통일이다. 제일 먼저 정신통일이 가장 중요한 것이다. 그 다음은 삼마
파티다. 이것은 정신의 독립이다. 정신이 독립해야 된다. 그 다음에 중
요한 것은 디야나로 정신의 자유다. 언제나 통일, 독립, 자유라는 것이
다. 거울이라 하면 통일, 나무라 하면 독립, 종이라 하면 자유를 말하

는 것이다.

그래서 나는 언제나 빛, 힘, 숨이라 한다. 거울은 빛이라 하고 나무는 힘이라 하고 좋은 숨이라 한다. 빛과 힘은 잘 되었는데 숨이라 하는 것은 아직도 더 좋은 말이 생각이 안 나서 그냥 숨이라 한다. 빛은 진리라는 말이고 힘은 도道라는 것이고 숨은 생명이라는 것이다. 진리와 도와 생명이다. 그런데 소크라테스는 언제나 지덕복智德福이라 한다. 이화대학 교식으로 말하면 진선미眞善美다. 하여튼 진선미라고 하건 지덕복이라 하건 자기가 요령을 잡아야 된다. 요전에는 이것을 무극無極, 태극太極, 양의兩儀라 했다. 무극이라는 공(0)과 태극이라는 일(1)과 양의라는 무한(∞)이다. 0, 1, ∞, 이것이 핵심이다. 삼마디, 삼마파티, 디야나라는 것이다. 정신통일, 정신독립, 정신자유라는 것이다.

이런 것을 공자의 말로 할 때는 먼저 "발분망식發憤忘食"이다. 발분해서 밥 먹는 것도 잊어버린다. 이것을 기독교에서는 금식기도禁食祈禱라 한다. 망식이 아니라 금식이고 발분이 아니라 기도라는 것이다. 그런데 금식기도라는 것보다는 발분망식이라는 말이 더 우리 가슴에 와 닿는다. 발분망식을 하면 어떻게 되는가. 요령이 잡히는 게 있다. 이것을 나는 수영에 비유한다. 물 속에 머리를 집어넣으면 붕 떠오르게 된다. 붕 떠올라온다는 그것을 "낙이불우樂而不憂"라 한다. 물에 뜬 다음에는 물에 빠질 수가 없으니까 기쁨이 되고 근심 걱정 할 것이 없다. 그러고 어디나 갈 수가 있다. 물에 뜬 다음에는 어디든지 갈 수가 있다. 그것을 공자는 "부지노지장지不知老之將至"라 한다. 이것이 공자의 말 가운데 가장 재미있는 표현이다.

사람이 무엇을 하든 아주 몰두를 하면 붕 떠올라오게 된다. 요령이 잡힌다는 말이다. 몰두를 하면 요령이 잡힌다. 붓글씨에서 금강저법金剛杵法을 말했는데 나도 붓글씨에 몰두했더니 붕 떠올랐다. 요령이 잡힌 것이다. 그래서 이제는 아무렇게나 써도 금강저법으로 쓰게 되었다. 무엇이나 마찬가지다. 열심히 하면 요령이 잡히게 된다. 요령이 잡히면 그 다음에는 무엇이나 마음대로 할 수 있다.

여러분들은 모두가 다 이런 경험을 한 사람들이지 경험하지 않은 사람은 하나도 없다. 밥하는 것도 열심히 하면 요령이 잡히고 장 담그는 것도 열심히 하면 요령이 잡히고 김치 담그는 것도 다 요령이 잡힌다. 요령이 잡히면 좀 짜게도 할 수 있고 좀 싱겁게도 할 수 있고 이런 김치도 담글 수 있고 저런 김치도 담글 수 있고 다 할 수 있다. 자기 마음대로 할 수가 있다. 자유라는 것이다.

열 가지 중에서 1번 보광대삼매, 2번 묘광대삼매, 3번 차제편왕제불국토대삼매, 4번 청정심심행대삼매는 삼마디요 5번 지과거장엄장대삼매, 6번 지광명장대삼매, 7번 요지일체세계불장엄대삼매는 삼마파티요 8번 중생차별신대삼매, 9번 법계자재대삼매, 10번 무애륜대삼매, 이것은 디야나다. 그러니까 맨 처음에는 몰두하는 것이고 그 다음에는 요령이 잡히는 것이고 그 다음에는 자유가 되는 것이다. 그것을 나는 무극無極, 태극太極, 양의兩儀라 했다. 무극이란 아무 것도 없다는 말이 아니라 몰두하는 것이다. 몰두하다가 요령이 탁 잡혔다 하면 그것이 태극이다. 그래서 자기 마음대로 할 수 있게 되었다 하면 그것이 양의, 무한이라는 것이다. 무한, 이것이 자유다. 무극, 이것은 몰두하는 것이다. 그리고 태극, 이것은 요령이 잡히는 것이다. 무극이란 없다는 것이 아니라 몰두한다는 말이다. 장사를 하거나 농사를 짓거나 무엇이거나 정말 몰두를 해야 된다. 그래서 요령을 딱 잡아야 된다. 요령이 잡힌 다음에는 그것을 마음대로 할 수 있어야 된다. 돈 버는 것도 몰두를 하면 나중에 돈 버는 요령이 잡히게 된다. 돈 버는 요령이 잡히면 돈도 마음대로 벌 수가 있는 것이다.

그러니까 일생에서 제일 중요한 것이 이 세 가지다. 그런데 보통 사람들은 다 자유를 원하면서도 삼마디, 삼마파티를 하지 않는다. 그리고 자꾸 자유만 찾는다. 요새 대학생들은 신입생 환영회라고 술을 바가지로 마신다고 한다. 그래서 너무 마셔서 그 자리에서 죽기도 한다. 요령이라도 잡고 나서 술은 나중에 마셔도 되지 않는가. 졸업생도 아니고 신입생이 술 마시다 죽으면 그것은 무엇인가. 우리나라 사람들은 왜 이런 나쁜 짓을 따르는지 모르겠다.

맨 처음에 중요한 것이 몰두하는 것이다. 대학에 가서도 자기 전공이면 전공에 몰두해야 된다. 그런데 우리 대학은 몰두하는 대학이 아니다. 그냥 노는 대학이다. 놀기만 하니까 대학을 졸업해도 요령도 못 잡는다. 요령을 못 잡으니 자유도 없어지고 만다. 그러니까 대학에 들어가서 제일 중요한 일은 몰두하는 것이다. 자기 전공과목에 몰두해야 된다. 자기 전공과목의 책을 적어도 백 권은 읽어야 된다. 시카고 대학에서는 시험이 없고 졸업할 때 한 번만 시험을 본다고 한다. 졸업시험은 그 백 권을 이해했느냐는 것이다. 선생들이 그 백 권에 대해서 질문을 하고 그 질문에 통과하면 그냥 졸업시킨다. 전공을 하려면 적어도 백 권을 읽어야 된다 해서 학교에서는 책 이름만 죽 내 놓는다. 백 권을 읽으라는 것이다. 그래서 백 권을 다 읽고 나면 졸업을 시키는 것이다.

몰두라는 것이다. 무엇이나 몰두해야 된다. 또 몰두만 하면 안 된다. 물에 들어가서 그냥 죽어버리면 안 된다. 위로 떠올라와야 된다. 붕 떠야 된다. 요령을 잡아야 된다는 말이다. 요령을 잡으면 그 다음에는 자연 자유가 온다. 기독교에 대해서도 마찬가지다. 기독교에 대해서 몰두해야 된다. 그저 시간이 되었다고 예배당에만 왔다 가면 안 된다. 그렇게 50년을 다닌들 무엇하겠는가. 11시가 되었다고 나왔다가 와서는 졸고 그러다 간다. 와서 졸고 한잠 자다가 가고 그렇게 50년을 다니면 무엇하겠는가. 기독교라 하면 기독교에 대해서 한 번 몰두를 해야 된다. 몰두를 해서 "아, 기독교라는 것이 이런 것이로구나" 하고 그 요령을 잡아야 된다. 요령을 잡은 다음에는 그가 교회에 다니건 안 다니건 그것은 문제가 아니다. 요령을 잡은 다음에는 자연 자기의 삶이 기독교적으로 되는 것이다. 그래서 삼마디, 삼마파티, 디야나라는 것이 제일 중요하다. 삼마디, 정신통일이란 몰두한다는 말이다. 그래서 정신독립이다. 요령을 잡는 것이다. 그리고 정신자유다. 자기 마음대로 살 수 있게 되는 것이다.

2002. 3. 10.

십정품 강해(3)

27.3 십대삼매十大三昧

27.3.1 이시爾時 보현보살普賢菩薩 승여래지承如來旨 고지언告之言

이때 보현보살이 여래의 뜻을 받들어서 다음과 같이 말했다.

보광명삼매普光明三昧 유십종무진법有十種無盡法 발십종무변심發十種無邊心 유십종입삼매차별지有十種入三昧差別智 유십종입대삼매선교지有十種入大三昧善巧智

보광명삼매란 무엇인가. 십종무진법을 가지고 십종무변심을 내서 십종입삼매차별지를 가지게 되고 십종입대삼매선교지를 갖게 되는 것이다.

주차삼매住此三昧 초과세간超過世間 원리세간遠離世間 시是 제일 보광명대삼매선교지第一普光明大三昧善巧智.

이 삼매에 들어간 사람은 세간을 초월하고 이 속세를 멀리 떠나서 정말 깨끗한 생활을 하게 되는데 그것이 제일의 보광명대삼매라는 것이다.

삼매란 몰두하는 것, 열중하는 것이라 했다. 쉽게 말해서 열심히 무엇을 하는 것이 삼매다. 우리가 그렇게 열중하는 것이 네 가지가 있다. 과학, 철학, 종교, 예술이다. 사람들은 모두 이 네 가지에 몰두한다. 누가 하라고 해서 하는 것이 아니라 저절로 그렇게 하는 그것을 맹자孟子는 성성이라 했다. 성성이란 감성感性, 오성悟性, 이성理性, 영성靈性이다. 이것은 하면 반드시 되는 것이다. 그런데 세상에서 열심히 하는 것이 또 하나 있다. 명命이라는 것이다. 부귀공명富貴功名, 그것을 위해서 열심인 것도 사실이다. 무슨 벼슬하겠다고 애쓰는 그것도 사실이다. 그런데 이런 것은 열심히 한다고 꼭 되는 것은 아니다. 될 수도 있고 안 될 수도 있다. 맹자는 이렇게 하면 꼭 되는 것을 성性이라 하고 아무리 해도 될 수도 있고 안 될 수도 있는 그런 것을 명命이라 했다. 맹자는 명命에 너무 힘쓰지 말라는 것이다. 부자가 되려고 애쓰는 사람이 많지만 한국에 부자가 몇 사람이나 되는가. 그런 것은 확률이 적으니까 너무 애쓰지 말고 하면 꼭 되는 것, 성性이라는 것을 열심히 하라는 것이다. 그렇게 하면 밥은 저절로 나오는 것이다. 돈 벌려고 아무리 따라다녀도 못 버는 수도 있다. 그러나 열심히 공부를 하면 취직해서 월급으로 어느 정도 밥벌이는 할 수 있지 않느냐. 그래서 맹자는 성性에 힘쓰라고 주장하는 것이다. 과학, 철학, 종교, 예술, 이런 우리 속에 있는 본성本性 혹은 자성自性이다. 본래 가지고 있는 것이다. 쉽게 말해서 소질이라 할 수 있다. 우리는 이런 소질을 가지고 있기 때문에 누가 무엇이라 하지 않아도 저절로 하게 되는 그런 무엇이 있다. 그래서 어떤 사람은 과학에 열중하기도 하고 어떤 사람은 철학에 열중하고 어떤 사람은 종교에 열중하고 어떤 사람은 예술에 열중하기도 한다. 그렇게 열중하는 것을 삼매라 한다.

내 경우를 가만 생각해 보면 나는 종교에 열중한 것 같다. 과학은 어느 정도 하다가 그만 두고 철학도 그렇고 예술도 그렇고 그런데 종교만은 일생을 한다. 왜 그렇게 되었는가. 우리 동네에 교회가 있었는데 시골에서 교회를 빼놓고는 문화시설이라는 것이 없었다. 학교도 우리 동네에서 이십 리를 걸어가야 있었다. 그래서 밤낮 교회에 모여 공부하고 예배하고 그랬다. 그래서 나는 종교에 대해서 가장 관심이 많았던 것 같다.

여기서 지금 삼매라 할 때 그 삼매가 어떤 삼매인가 하는 것은 각자 자기 기준으로 생각하면 된다. 우리가 『원각경圓覺經』에서 말한 것처럼 삼매는 속으로 나누어 보면 삼마디, 삼마파티, 디야나라는 셋이다. 삼마디는 등지等持라 해석했다. 삼마파티는 등지等至라 했다. 그리고 디야나라 할 때는 정려靜慮라 했다. 우리가 과학이나 철학이나 예술이나 종교를 한다 할 때 첫 단계가 등지等持다. 그 다음 단계는 등지등지等至, 그 다음 단계가 정려다.

여기서 '등等' 이라는 것은 선생이라 생각하면 된다. 맨 처음에는 선생을 붙잡는 것이다. 선생을 붙잡으면 그 이상 더 열심히 쫓아다니는 것이 없다. 순복음 교회에 가면 조용기 목사를 육십만 명이 따라다닌다. 매일 십만 명씩 모인다. 하루 이틀 모이는 것이 아니라 벌써 몇 십 년째다. 등지等持라는 것이다. 선생님을 붙잡는 것인데 그것이 맨 첫 단계다. 이것은 소위 지지의 세계다.

그 다음은 등지等至다. 선생님과 같아진 것이다. 이제 선생님께 더 배울 것이 없는 단계다. 그러니까 이제 자기 혼자 공부하는 수밖에 길이 없다. 자기 혼자 공부하는 때, 이것을 소위 행행의 세계라 한다. 행의 세계인데 『벽암록』 같은 곳에서는 도道라고 번역하는 때도 있다. 그래서 등지等至라 하지 않고 지도至道라 하기도 한다. 지도무난至道無難이다. 도道에 도달하면 어려울 것이 하나도 없다. 『벽암록』 2장이 조주趙州의 지도무난이라는 것이다. 도에 도달했다. 선생님과 같아졌다는 것이다. 그러면 더 이상 배울 것이 없고 혼자서 열심히 하게 된다. 그것을 소위 삼마파티, 등지等至라 한다.

이제 선생님과 같아졌으니까 그 다음에는 학생들을 생각하게 된다. 정려靜慮라는 것이다. '정靜' 이란 학생이라고 생각하는 것이 좋다. 학생을 언제나 생각하는 것이다. 결국 사람의 일생이란 선생님에게 배우다가 그 다음에는 자기 혼자 열심히 일하다가 마지막에 그 모든 경험을 후배에게 가르쳐 주는 삼 단계라 볼 수 있다. 그것이 인생이지 다른 것이 없다.

우리는 삼십이 되도록 열심히 공부하다가 육십이 나도록 열심히 일하고 그 다음에는 다른 사람을 열심히 도와주는, 가르쳐 주는 그런 일밖에 할 것이 없지 않는가. 키엘케골Soren Kierkegaard(1813-55)의 인생의 삼 단계라 하는 것도 그것이지 다른 것이 아니다. 아는 단계, 행하는 단계, 그 다음에 다른 사람을 도와주는 단계인데 그것을 인仁

이라 한다. 그래서 지知, 행行, 인仁이 인생의 단계다.

이렇게 볼 때 삼마디는 지知요 삼마파티는 행行이요 디야나는 인仁이라 그렇게 생각하면 대충 비슷할 것이다. 따라서 여기 나온 열 가지 삼매라는 것도 이런 식으로 생각한다. 1, 2, 3, 4번은 지知의 세계, 5, 6, 7번은 행行의 세계 그 다음은 인仁의 세계라 본다. 에베레스트 비유로 생각할 때는 맨 처음이 청정이고 그 다음에는 장엄이고 그 다음에는 법계라는 이상세계다. 청정, 장엄, 법계라는 세 가지다.

보광명삼매普光明三昧란 무엇인가. 광명은 빛이라는 것인데 광명을 다른 말로 하면 선생님이다. '보광명普光明', 넓게 가르쳐 주는 선생님이다. 제일 넓게 가르쳐 주는 선생님이 아마 초등학교 선생님일 것이다. 초등학교에서 선생님은 혼자서 안 가르치는 것이 없다. 내 종교생활의 경험으로 말하면 어렸을 때 교회의 목사님이다. 교회에 가면 목사님은 모르는 것이 없이 넓게 가르쳐 주었다. 특히 우리가 많은 인상을 받은 것은 부흥회 목사님이다. 내가 어렸을 때는 일제시대니까 학교에는 한국에 대한 것이 아무 것도 없었다. 그래서 한국 사람을 지도하기 위해서는 목사가 되는 수밖에 길이 없었다. 도산島山 안창호安昌浩(1878-1938)니 고당古堂 조만식曺晩植(1883-1950)이니 다들 교회의 중심 인물들이다. 목사들은 어떻게 하든 한국 사람들에게 애국심을 길러주고 깨워주려고 최선을 다했다. 그때 부흥목사들은 정말 애국자요 민족을 깨우치는 사람들이었다. 그래서 그때는 한국 사람들 가운데 가장 존경받는 사람들이 목사님들, 특히 부흥목사님들이었다. 그런 목사님들의 복음을 전한다고 하는 일이 사실은 애국심을 길러가는 일이다.

그때는 예수라는 것이 문제가 안 되고 밤낮 모세라는 것이 문제가 되었다. 이스라엘 백성을 구원한 모세를 생각하며 우리도 빨리 해방이 되어야겠다는 그런 것을 밤낮 이야기했다. 그리고 애국가를 부르지 못하게 하니까 매주일 "천부여 의지 없어서" 하는 찬송을 불렀는데 곡조가 애국가와 같기 때문이다. 찬송을 부르면서 속으로는 애국가를 부른 것이다. 나라를 사랑하는 사람들의 중심 활동 무대가 교회였다. 교회

밖에는 사람들에게 말할 수 있는 곳이 없었기 때문이다. 그때 우리는 목사나 부흥목사들을 얼마나 존경했는지 모른다. 그래서 나는 1번의 보광명삼매라 하는 것을 그 일제시대 당시의 목사님들, 그런 사람들이 보광명이라 생각한다. 대중을 깨우치고 나라를 독립시키기 위해서 애쓴 사람, 그런 사람들이 보광명이다.

그런 목사님들이 나오면 밤낮 쫓아다니게 된다. 지금도 기억에 남는 목사님은 정동교회의 김종우 목사님으로 김은우 선생님의 아버지다. 그분은 밤낮 산에 가서 기도하고 있는 목사님이다. 삼매라는 것을 어찌 보면 그런 것이라 할 수 있다. 밤낮 기도하는 것이다. 믿음으로 사는 사람이다. 그리고 어떻게 하면 이 한국 사람을 깨우쳐서 독립하게 할까 밤낮 그 생각이다. 그래서 나는 그런 사람들을 보광명삼매라고 생각하면 되지 않는가 한다. 그런 사람들에게는 십종무진법十種無盡法이 있었다.

보普(정편지주正徧智周)
광光(조파미혹照破迷惑)
명明(법불무달法不無達)
삼매三昧(내심자증內心自證)

보普(정편지주正徧智周), 모든 사람들을 다 가르치는 것이다. 대중계몽이다.

광光(조파미혹照破迷惑), 나라를 맡은 사람들이 정신이 나가서 나라도 망하게 되었는데 그 정신이 나간 사람들을 어떻게 깨우쳐줄까 하는 것이다. 이조李朝를 망하게 한 책임은 주로 유교 지도자들이니까 3.1 운동 때 33인 지도자 중에서 유교도는 한 사람도 없다. 불교는 이조의 핵심 세력이 아니니까 33인 중에 두 사람의 불교도가 들어간다. 그리고 새로 나온 수운水雲 최제우崔濟愚(1824-65), 전봉준全琫準(1855-95) 등의 후계자, 말하자면 혁명 세력이 나타난 것인데 그런 사람들이 들어가고 그 다음에 기독교 사람들이 가담하게 되었다. 그래서 기독교에서 16명, 최제우 계통에서 15명, 불교에서 2명이다. 이렇게 해서 33인이 나오게 되었다. 하여튼 그런 것을 조파미혹이라 한다.

명명(법불무달法不無達), 진리가 도달하지 않는 곳이 없다. 땅 끝까지 복음을 전한다는 것이다. 어디나 어떤 시골이든지 교회를 세우고 전도를 하겠다는 그런 열성이 아주 강했다.

"법신근본지위체法身根本智爲體 십무진지등위용十無盡智等爲用 관법신견일체세간법觀法身見一切世間法."

"법신法身 근본지根本智"라는 것은 기독교로 말하면 하나님의 말씀이다. 법신은 하나님, 근본지는 말씀이라 생각하면 된다. 하나님의 말씀이 근본이 된다. "십무진지등위용十無盡智等爲用", 무진지無盡智가 용用이 된다는 것이다. "관법신觀法身 견일체세간법見一切世間法", 우리가 하나님을 보고 이 세상 이치를 알게 된다.

십무진법十無盡法:
(1) 불출현지佛出現智 　(2) 중생변화衆生變化
(3) 세계여영世界如影 　(4) 심입법계深入法界
(5) 선섭보살善攝菩薩 　(6) 보살불퇴菩薩不退
(7) 선관법의善觀法義 　(8) 선지심력善持心力
(9) 주보리심住菩提心 　(10) 주불원력住佛願力

(1) 불출현지佛出現智
선생님들이 자꾸자꾸 나타난다. 지智는 불교식인데 기독교식으로 말하면 하나님의 사랑이다. 하나님의 사랑, 하나님의 은혜로 자꾸 부흥목사들이 나타난다. 일제시대 시무언是無言 이용도李龍道(1901-33)라 하면 유명한 목사다. 그런 유명한 목사들이, 유명한 지도자들이 자꾸자꾸 나타난다.

(2) 중생변화衆生變化

사람들이 자꾸 깨는 것이다. 대중들이 우리도 공부해야겠다 하고 자꾸자꾸 깨는 것이다.

(3) 세계여영世界如影

현실세계라는 것은 그림자 같다. 현실세계는 그리 중요하지 않다는 것은 진리가 중요하다는 말이다.

(4) 심입법계深入法界

진리의 세계로 들어가려고 애쓰는 것이다.

(5) 선섭보살善攝菩薩

진리를 따라가는 사람들을 자꾸 북돋아준다.

(6) 보살불퇴菩薩不退

진리를 따라가는 사람들은 물러남 없이 계속 발전을 한다.

(7) 선관법의善觀法義

진리의 옳은 뜻을 정확하게 관찰하는 것이다.

(8) 선지심력善持心力

정신력을 계속 길러가는 것이다.

(9) 주보리심住菩提心

언제나 진리를 깨닫겠다고 하는 마음을 가지고 사는 것이다.

(10) 주불원력住佛願力

언제나 나라가 독립되기를 바라는 것이다.

이런 것들이 당시의 실정이라 할 수 있다. 이런 실정을 생각해서 지도하는 사람이나 지도받는 사람이나 한 마음이 되어 나라를 위해 열심히 노력하는 그런 것을 십무진법이라 했다. 십무진법이라는 것이 현실이다. "법신근본지위체法身根本智爲體", 하나님의 말씀이 근본이 되어서 하나님의 말씀을 가르치는 사람이 나오고 하나님의 말씀을 받아들이는 사람이 나오고 하나님의 말씀에 열심인 사람이 나오고 하는 이런 것이 소위 보광명삼매라는 것이다. 십무변심十無邊心이라 하는 것도 비슷한 이야기다.

십무변심十無邊心:

(1) 도탈중생度脫衆生　　(2) 승사제불承事諸佛
(3) 공양제불供養諸佛　　(4) 보견제불普見諸佛
(5) 불법불망佛法不忘　　(6) 시현신변示現神變
(7) 불사보리不捨菩提　　(8) 입지미세入智微細
(9) 입부사의入不思議　　(10) 입불중회入佛衆會

(1) 도탈중생度脫衆生
어떻게 하면 이 나라를 구하고 중생을 구하는가 하는 것이다.
(2) 승사제불承事諸佛
모든 선생님을 계승하고
(3) 공양제불供養諸佛
모든 선생님을 공양하고
(4) 보견제불普見諸佛
모든 선생님을 보고
(5) 불법불망佛法不忘
모든 이치를 잊지 않고
(6) 시현신변示現神變
모든 변화를 나타내고
(7) 불사보리不捨菩提
모든 보리를 버리지 않고
(8) 입지미세入智微細
모든 세밀한 것까지 알고
(9) 입부사의入不思議
신비한 경험도 하게 되고
(10) 입불중회入佛衆會
그래서 모든 선생님과 교회가 하나가 된다.
이런 것이 소위 십무변심十無邊心이다. 십무진법十無盡法에서 제일 중요한 것이 "불출현지佛出現智"다. 그런 선생님이 나왔다는 것이 제일 중요하다. 십무변심에서 제일 중요한 것은 "도탈중생度脫衆生"이다. 중생들이 깬다는 것이다. 그리고 십차별지十差別智는 이렇게 하면 이런 결과가 나오고 저렇게 하면 저런 결과가 나오고 서로 영향을 끼쳐간다는 것이다. 그리고 십선교지十善巧智라 하는 것은 모두 올바른 사람이 되기 위해서 노력해 가는 과정이다.

우리나라 교회가 가장 공을 세운 것이 있다면 술 먹지 말라는 것이다. 예수를 믿는다 하면 술을 먹지 않는다, 담배를 안 피운다, 그리고 어떻게든 바른 생활을 하려고 애쓰는 그것을 십선교지라 한다.

십선교지十善巧智 :

이삼천대천세以三千大千世 위일연화爲一蓮華 현신편차연화지상現身徧此蓮華之上 결가부좌結跏趺坐 어기신중於其身中 부현삼천대천세계復現三千大千世界. 기중其中 유백억사천하有百億四天下 일일사천하一一四天下 현백억신現百億身 일일신一一身 입백억백억삼천대천세계入百億百億三千大千世界 어피세계於彼世界 일일사천하一一四天下 현백억백억 보살수행現百億百億菩薩修行 일일보살수행一一菩薩修行 생백억백억결정해生百億百億決定解 영백억백억근본성원만令百億百億根本性圓滿 일일근성一一根性 성백억백억 보살법불퇴업成百億百億菩薩法不退業 의명신토중중중중상입意明身土重重重重相入 편주광대徧周廣大 부어신내현무량신復於身內現無量身 도중생공양제불度衆生供養諸佛.

삼천대천세계가 연꽃이 되고 그 연꽃 위에 부처님이 나타나는데 그 부처님 속에 또다시 삼천대천세계가 나타난다.

연꽃이라는 비유는 무엇을 나타내는가. 삼천대천세계가 모여서 하나가 되고 하나가 되면 그 하나 속에 또 삼천대천세계가 나타난다는 그것을 연꽃으로 상징하는 것이다. 일즉일체一卽一切라는 것이다. 여러 교인들이 모여드는 그것이 삼천대천세계다. 여러 교인들이 모여들어 한 연꽃이 되고 그 연꽃 위에 목사님이 서 있다. 그래서 그 목사님의 말씀이 모든 사람의 마음속에 통하게 된다. 하나에서 전체가 나오고 전체에서 하나가 나온다. 요새로 말하면 일신사상一身思想, 유기체라는 사상이다. 한 몸이라는 것이다. 온 몸이 눈이 되고 또 눈이 온 몸이 된다. "일즉일체一卽一切 일체즉일一切卽一"이다. 일신一身, 또는 일승一乘이다. 한 배를 타고 있으니 하나가 살면 다 살고 하나가 죽으면 다 죽는다. 전체와 하나가 다 같이 돌아가는 것이다. 전체가 하나라는 그것을 표시하기 위해서 언제나 연꽃이라는 상징을 쓴다. 유기체, 하나의 공동체라는 것이다. 교회라 하면 이것도 한 공동체다. 목사가 정신 차리면 교인도 정신 차리게 되고 교인들이 정신 차리면 목사도 정신 차린다. 한 공동체, 그것을 일승一乘사상이라 한다. 일승이라는 그것을 연꽃으로 나타내는 것이다. 삼천대천세계가 연꽃이 되고 연꽃 위에 부처가 앉아있고 그 부처에서 또 삼천대천세계가 나온다. 일체가 일이 되고 또 일이 일체가 된다. 이것을 연꽃으로 비유한 것이니까 그 다음을 죽 읽지 않아도 내용은 다 같은 것이다.

일제시대에는 교회생활을 하면서 부흥회가 주가 되어 백성들을 변화시키는 일을 했다. 우리의 감정을 순화시킨 것이다. 이렇게 감정을 순화시키는 방법, 그것을 믿음이라 한다. 그런데 우리의 이지理智를 순화시키는 방법이 또 있다. 그것을 지知라 한다. 그리고 또 우리의 의지를 순화시키는 방법이 있는데 그것은 보통 행행이라 한다. 그러니까 우리가 믿음으로 구원받느냐 말씀으로 구원받느냐 행함으로 구원받느냐 이렇게 구원받는 방법으로 세 가지가 있다.

그런데 일반 교회에서 보통 쓰는 방법은 우리의 감정을 순화시키는 믿음이라는 것이다. 고난주간이 되면 자꾸 십자가를 생각하게 되고 십자가에 달리신 예수님이 손에 못이 박힐 때 얼마나 아플까, 옆구리가 창에 찔릴 때 얼마나 아플까, 이런 생각을 한다. 내가 서울에 와서 보니 남대문교회 목사님은 계속 울면서 설교했다. 설교하면서 울지 않고 설교하는 법이 없었다. 설교 때 울기로 유명한데 삼십 분간 설교를 한다 하면 삼십 분 내내 울면서 설교한다. 그리고 통성기도를 한다고 할 때는 울고불고 야단이다. 그렇게 소위 카타르시스catharsis를 만드는 것이다. 정서적인 순화를 하는 것이다. 그래서 믿음이라고 하는 것을 강조할 때의 내용은 정서적인 순화다. 이것을 1번의 보광명삼매라고 보면 될 것이다.

대중들을 순화시키는데는 이 방법보다 더 좋은 방법은 없다. 대중들은 지적인 면이 그다지 발달하지 않은 사람들이니까 감정적으로 순화시키는 수밖에 길이 없다. 그래서 대중들을 상대할 때는 그저 "믿으시오" 하는 것이 그래도 제일 효과가 있는 것이다. 또 그런 사람들은 믿기도 잘한다. 의심 낼 줄도 별로 모른다. 십자가에 못 박혔다 하면 그저 못 박힌 줄만 알지 그 이상 다른 생각이 없다. 이상이 보광명삼매라는 것이다.

27.3.2 묘광명삼매妙光明三昧

묘광명삼매妙光明三昧란 무엇인가. 지적으로 파고 들어가는 것이다. 일본의 무교회無敎會 하는 사람들이 기독교를 지적으로 파고 들어가는 사람들이다. 내촌감삼內村鑑三, 등정藤井, 총본塚本, 학전鶴田, 흑기黑崎, 시내원矢內原, 이런 사람들이 계속 『성경』을 연구해서 글을 썼다. 그래서 다들 전집을 냈다. 내촌감삼이라 하면 『내촌전집內村全集』이 44권이다. 다른 사람들도 각각 몇 십 권씩 전집을 냈다. 그렇게 『성경』을 자꾸 연구해서 책을 낸 것이다. 일제시대에 그런 책이 없었으면 목사님들이 아마 설교를 못했을 것이다. 그런 책들이 나와 자꾸 자꾸 『성경』을 해석하게 된 것이다.

무교회에서는 보통 『성경』을 가지고 하는 것이 아니라 꼭 희랍 원문을 가지고 공부했다. 그리고 구약은 히브리어 『성경』을 가지고 공부했다. 주일학교에서 가르치는 것이 희랍어와 히브리어다. 그래서 다 원어 『성경』을 가지고 『성경』의 한마디 한마디가 어떤 의미인지를 파고 들어가는 것이다. 이것이 일본에서의 무교회라는 것이다. 나는 이런 것을 묘광명삼매라고 말하고 싶다.

차보살此菩薩 능입삼천대천세계能入三千大千世界 현삼천대천신現三千大千身 방삼천대천광放三千大千光 현색조세계現色照世界 조복중생調伏衆生 비여일출譬如日出 조칠보산照七寶山 비여환사譬如幻師 작제환사作諸幻事.

그 선생님들은 어떤 선생님들인가. 대개 그 나라에서 지위가 높은 사람들이다. 내가 배운 총본塚本이라는 사람도 그 당시에 농림차관을 했던 사람이다. 학전鶴田이라는 사람은 외환은행의 은행장을 했다. 그러니까 다들 사회적으로 높은 사람들인데 예수를 믿기 시작해서 그런 것들을 다 집어치우고 그때부터 다시 희랍어니 히브리말이니 다 배워서 그 다음에 성경연구를 열심히 해서 조그만 잡지를 냈다. 내가 「사색思索」이라는 잡지를 낸 것도 그 사람들을 흉내낸 것이다. 조그만 잡지를 내서 그것을 한 권에 오십 원씩 팔아서 그것을 가지고 살았다. 그러니까 그 사람들의 사는 것은 한없이 가난했다. 장관도 하고 도지사도 하고 은행장도 하고 했지만 그것들을 다 집어치우고 그것을 하는데 거기에 사람들은 감동을 하게 된다. 믿음이 얼마나 중요하면 저렇게 될까. 다 집어치우고 오직 『성경』만을 위해서 공부하고 간소한 복장으로 나와 강의했다. 그때 그 강의를 듣기 위해서 어떤 사람들은 구주에서 동경까지 오기도 하고 북해도에서도 왔다. 그 사람 강의를 듣기 위해서 온 나라에서 모여들었다. 거기에 모이는 사람들은 대개가 대학생, 교수 등 인텔리들이었다. 그렇지 않으면 그것을 어떻게 알아듣겠는가. 내가 다니던 시내원矢內原이라는 사람도 동경제국대학교 총장이었는데 총장을 하면서 성경강의를 했다. 그러니까 인텔리들만 모여있는 집단이었다. 나는 이런 것을 묘광명삼매라 본다. 이것은 부흥회와는 다른 의미에서 한없이 끌려 들어갔다.

그 사람들의 주장은 나라를 사랑하는 것과 예수님을 사랑하는 것이 같다는 것이다. 예수(Jesus)라 할 때의 'J'와 일본(Japan)이라는

'J'가 같다는 것이다. 일본을 바로 살리지 못하면 예수는 믿을 필요가 없다는 것이다. 국가의식과 신앙이 결부된 것이다. 태평양전쟁이 일어났을 때 그 전쟁을 가장 반대하고 나섰던 사람들이 그 사람들이다. 그래서 그들이 발행하던 잡지도 못하게 되고 총장 하던 시내원은 총장도 못하게 되었다. 가장 학대를 받았던 사람들이 그 사람들이었고 맥아더가 들어와서 가장 등용했던 사람들이 또 그 사람들이었다. 그들은 왜 반대를 했는가. 일본이 침략전쟁을 하면 반드시 망한다는 것이다. 내가 그 사람들에게 가게 된 것도 그 사람들이 한국 사람들에게 가장 동정적이었기 때문이다. 일본이 한국을 점령한 것은 악이라 했다. 일본 사람 가운데 그렇게 말한 사람은 그 사람들뿐이었다. 그래서 함석헌咸錫憲(1901-89), 김교신金敎臣(1901-45) 등도 그들을 따랐는데 김교신은 크라이스트Christ의 'C'와 코리아Corea의 'C'가 일치라 했다. 그래서 당시 일본 경찰들도 한국 사람들 가운데 가장 반일사상을 가진 사람이 김교신이라 했다. 그만큼 애국과 신앙을 일치시킨 사람이었다. 그만큼 우리에게 많은 감화를 주었는데 그런 세계를 묘광명삼매라 보는 것이다. 지적으로 우리를 깨워준 사람들이다.

"능입삼천대천세계能入三千大千世界", 이런 사람들은 아주 높은 벼슬까지 했던 사람들인데 "현삼천대천신現三千大千身", 전도자로 나선 것이다. 그래서 "방삼천대천광放三千大千光", 복음을 진짜로 가르쳐 주었다. "현색조세계現色照世界", 이 세상을 비치고 "조복중생調伏衆生", 우리 모든 사람을 잘 감동시켰다. "비여일출譬如日出 조칠보산照七寶山", 마치 해가 떠서 칠보산을 비치는 것처럼 세상을 비쳤다. 칠보산이란 높은 산이다. 이 사람들은 꼭 사회 지도층을 파고 들었다. 일본에서도 이 사람들의 세계는 사회 지도층의 세계다. 대중을 깨우기 전에 지도자부터 깨야 된다는 것이 이 사람들의 생각이다. "비여환사譬如幻師 작제환사作諸幻事", 마치 요술하는 사람이 요술을 부리듯 그렇게 사람들을 감화시켰다.

27.3.3 차제편왕불국토신통삼매次第遍往佛國土神通三昧

차보살此菩薩 과어동방무수세계過於東方無數世界 과미진수세계過微塵數世界 보살菩薩 어피於彼 불생분별不生分別 심무염착心無染着 불망불실不忘不失 지어구경至於究竟 비여일천자譬如日天子 주행조요周行照耀 주야부주晝夜不住.

　3번은 차제편왕불국토신통삼매次第遍往佛國土神通三昧라는 것인데 나는 이것을 다석多夕 유영모柳永模(1890-1981)로 생각한다. 나로서는 제1계단이 부흥목사 선생님들이었고, 제2계단은 일본의 무교회 선생님들이었고, 세 번째 만난 사람이 유영모 선생님이기 때문이다. 유영모 선생님은 어떤 선생님인가. "차제편왕불국토次第遍往佛國土", 유영모 선생님은 도교의 세계, 불교의 세계, 유교의 세계, 기독교의 세계 정말 여러 세계를 섭렵涉獵했다. 그렇게 전체의 세계를 섭렵해서 그 속에서 자기가 깨달음을 얻었다. "차보살此菩薩 과어동방무수세계過於東方無數世界 과미진수세계過微塵數世界", 유영모 선생님은 불교, 유교, 도교, 기독교 모든 세계를 다 왔다갔다 했다. "보살菩薩 어피於彼 불생분별不生分別", 결국 어느 것이 좋다 어느 것이 나쁘다 그렇게 하지 않고 그 전체를 초월하는 그런 신앙을 가지게 되었다. 분별을 초월한 것이다. "심무염착心無染着", 어느 것에도 집착하지 않는다. 불교에 집착하거나 유교에 집착하거나 그런 것이 없다. "불망불실不忘不失", 어느 것도 다 잊지도 않고 잃지도 않는다. 다 살려내는 것이다. 이것이 말하자면 유영모 선생의 내용이다. 유영모 선생은 다 알면서도 어디나 다 평등했지 어느 것을 특별하게 하는 그런 것이 없었다. 그러면서 불교의 좋은 말씀은 좋은 말씀대로 기독교의 좋은 말씀은 좋은 말씀대로 다 살렸지 어느 것을 특별히 내버린다던가 그런 것이 거의 없었다. "지어구경至於究竟", 그래서 자기의 어떤 세계에 도달했다. "비여일천자譬如日天子 주행조요周行照耀 주야부주晝夜不住", 비유하자면 태양이 어디나 온 세계를 돌아다니면서도 어디에도 머물지 않는 것이나 같다. 온 세계를 돌아다니면서 비치는 것뿐이지 어디 머물려고 하지 않는다.

그래서 나는 신통神通이라 하는 것을 유영모에게 있어서는 도통道通이라 보는 것이 좋겠다. 도에 통했다는 말이다. 도라는 것이 무엇인가. 행行의 세계를 도라 한다. 행의 세계란 소위 의지의 세계다. 의지의 세계란 자기를 극복하는 세계다. 여러분 모두 잘 알듯이 유영모 선생은 언제나 일식一食·일좌一坐·일언一言·일인一仁이다. 탐진치기貪瞋痴欺, 탐욕貪慾과 진에瞋恚와 치정癡情와 거짓이라는 네 가지를 극복하기 위한 방법이다. 이것을 도라고 한다. 도를 실천하려니까 거기에서 얻어지는 것이 의지라는 것이다. 자기가 의지적으로 이것을 해야 되지 의지박약이면 이것이 안 된다.

요새 텔레비전에 담배끊기가 어렵다고 자꾸 나온다. 왜 어려운가. 의지박약 때문이다. 탐진치기, 무엇이나 마찬가지다. 술 먹고 담배 피고 하는 것도 탐貪이다. 진瞋이란 다른 사람들에 대한 불평불만이다. 부부싸움도 다 이것이다. 이런 것을 참지 못하는 것이다. 그러다가 죽이기도 하는 것이다. 치정이란 밤낮 텔레비전에 나오는 사랑이라 하는 것이다. 사랑 사랑 하는 이것을 못 끊는 것이다. 여자에 빠지고 남자에 빠지고 자꾸 빠져서 끊지 못하는 것이다. 기欺라는 것은 거짓말과 속임이다. 거짓말하고 속이는 이런 것들을 다 끊어야 되는데 요새 게이트gate라 하는 것이 다 이것이다. 다 사기다. 그리고 깡패들의 세계가 진瞋이다. 음란한 세계, 인신매매, 이런 것들이 다 치痴다. 그리고 돈 벌겠다고 야단치는 것들이 다 탐貪이다. 세상이 잘못되는 것은 모두 이 네 가지 때문이다. 이런 것들을 모두 바로잡자는 것이 소위 계명誡命이라는 것이다. 그 계명을 실천하는 방법이 일식·일좌·일언·일인이다. '일一'이라 하는 것은 끊는다는 것이다. '단斷'이다. 먹는 문제를 끊어버리고 마는 것이 일식이다. 화나는 문제를 끊어버리고 마는 것이 일좌다. 남녀문제를 끊어버리고 마는 것이 일인이다. 거짓말하는 것을 끊어버리고 마는 것이 일언이다. 먹는 문제를 끊어버리는 것인데 다 끊어버리면 죽고 마니까 최하로 살려둔다 해서 일식이다. 그리고 화나는 문제를 끊어버린다. 절대 화를 안 낸다. 화내는 것처럼 나쁜 것이 없다. 그래서 불평불만이라는 것이 절대 있을 수 없고 언제나 감사

하고 언제나 평화롭게 살아야 된다. 그것을 일좌라 한다. 그 다음에 치정을 끊어버린다. 그것을 일인이라 한다. 그리고 일언이란 거짓을 끊어버리는 것이다. 참말만을 하는 것이다. 이 네 가지가 유영모 선생님의 하는 방법이다. 이것이 세 번째 삼매인데 결국 의지의 세계를 순화시키는 것이다.

27.3.4 청정심심행삼매清淨深心行三昧

차보살此菩薩 지제불신知諸佛身 수등중생수數等衆生 어피일일제여래소於彼一一諸如來所 이일체종종묘향以一切種種妙香 이작공양而作供養 종불분별여래출세終不分別如來出世 급열반상급열반상及涅槃相.
여일중양염如日中陽焰 비유비무非有非無 비여유인譬如有人 종수득오從睡得寤 각시覺時 심불망실心不忘失 입어삼매入於三昧 견불문법見佛聞法 종정이기從定而起 개시연설심심법장開示演說甚深法藏.

4번은 청정심심행삼매淸淨深心行三昧, 자기의 마음이 한없이 깨끗하게 되고 한없이 깊어져서 결국 하나님을 보게 되는 세계다. 이제는 하나님이 선생이 되는 것이다. 기독교식으로 말하면 성령을 받게 된다는 것이다. 성령이 선생이 되는 것이다.
"차보살此菩薩 지제불신知諸佛身 수등중생수數等衆生", 모든 선생님들이 얼마나 많은가 하면 중생들의 수만큼이나 많다. 모든 어린이들에게 천사가 하나씩 내려와 도와주고 있다고 하듯 한 사람 한 사람에게 성령이 붙어서 우리를 도와준다는 것이다. "어피일일제여래소於彼一一諸如來所 이일체종종묘향以一切種種妙香", 하나하나의 선생님에게 감사의 기도를 드린다. "이작공양而作供養", 그래서 선생님을 한없이 존경한다. "종불분별여래출세終不分別如來出世 급열반상급열반상及涅槃相", 세상에 나오고 세상을 떠나고 그런 것은 별로 문제삼지 않는다. 자기 하는 일이 중요하지 살고 죽고 하는 것은 별로 문제되지 않는다. "일도출생사一道出生死"다. "여일중양염如日中陽焰 비유비무非有非無", 마치 대낮에 안개와 같아서 그런 것은 있으나 없으나 문제가 안 된다.

"비여유인譬如有人 종수득오從睡得寤 각시覺時 심불망실心不忘失 입어삼매入於三昧 견불문법見佛聞法 종정이기從定而起 개시연설심심법장開示演說甚深法藏", 어떤 사람이 잠을 자다 깼는데 깨서 잠 속에서 받은 것을 잊지 않고 삼매 속에 들어가서 부처님의 법을 보아서 일어난 후에 다시 그것을 말해 주었다.

이것은 무슨 말인가. 유영모 선생님은 잠 속에서 하나님의 계시를 받는다는 것이다. 계시를 받으면 그것을 가지고 나와서 강의를 하는 것이다. 결국 무의식 속에서 일어난 일을 의식 속에서 말한다는 것이다. 미국에 가서 영어를 못해 애를 쓰다가 마지막에 꿈 속에서 영어를 하니까 깨어서도 영어를 하게 되었다. 무의식 속에서 이루어진 일을 의식 속에서 하게 되는 것인데 이와 마찬가지로 여기서는 하나님의 말씀을 받아 가지고 세상 사람들에게 전해준다는 것이다. 그러니까 꿈 속에서 받은 것처럼 하나님의 가르침을 받아 가지고 그것을 가지고 세상 사람들에게 말해준다. 이것이 소위 하나님의 말씀을 전하게 되었다는 것이다.

언제 그렇게 되는가. 하나님을 만나야 그렇게 된다. 4번은 결국 우리가 하나님을 만나야 하나님께 받은 것을 사람에게 전하게 된다는 것이다. 내가 늘 말하는 3월 17일 오전 9시 5분이다. 오늘이 3월 17일인데 벌써 9시 5분은 지나고 10시가 되었다. 이때의 경험이 소위 청정심심행삼매라는 것이다. 그때 내 마음이 가장 깨끗해서 하나님을 볼 수가 있었던 것이다. 그때 내 마음이 가장 깊어져서 하나님의 말씀을 들을 수가 있었던 것이다. 사람은 이렇게 나중에는 사람의 선생을 떠나서 하나님의 선생, 우리는 성령이라 하는데, 성령의 계시를 받게 되어야 진짜 선생이 된다.

그러니까 배우는데 네 가지가 있다. 처음에는 부흥사에게, 그 다음에는 내촌에게, 그 다음에는 유영모, 그 다음은 성령이다. 이렇게 되면 지의 세계가 끝난다. 그 다음은 행의 세계다. 지금까지는 등지等持의 세계다. 이제 선생을 찾는 것은 다 끝났다. 대학은 끝났고 이제 대학원이다. 이젠 혼자 공부하는 것이다. 이 다음 5, 6, 7번이 나 혼자 공부하는 과정을 말한 것이다.

그러니까 우리가 배우는데는 네 단계까지 가야 되고 또 혼자 공부하는데 세 단계까지 가야 되고 그 다음에 남을 가르치는데 또 세 단계를 가야 된다는 것이다. 그렇게 하면 그것이 내 일생인데 그것을 삼매라 한다. 이렇게 알면 별로 문제가 안 될 것이다.

2002. 3. 17.

십정품 강해 (4)

지난번에 했던 4번까지의 내용을 다시 한 번 요약한다.

(1) 근본위체根本爲體 무진위용無盡爲用 삼천일련三千一蓮 일화삼천一花三千

하나님을 만나는 것이 가장 중심되는 일이다. 이 세상의 모든 일들은 그 다음으로 중요하다. 삼천리 반도 금수강산이 하나의 아름다운 연꽃처럼 독립하기를 바란다. 그것을 위해서 도산 안창호, 고당 조만식, 그 밖의 부흥목사들이 하나의 꽃이 되어서 삼천만 민중을 깨우치는 일을 했다.

(2) 법신체정法身體淨 능현묘광能現妙光 중지무진重誌無盡 불괴본일不壞本日

일본의 내촌감삼內村鑑三(Uchimura Kanzo, 1861-1930)의 후계자들은 그 생활이 너무도 깨끗해서 많은 사람들에게 감명을 주었다. 그 사람들은 잡지를 냈는데 내촌은 매달「성서연구」라는 잡지를 냈다. 그 잡지들이 나와서 나중에는 자기 키보다 높이 쌓이게 되었다. 일제시대에는 우리 목사들이 모두 그것을 보고 공부를 했다. 지금도 그 후계자들은 계속 잡지를 내고 있다. 성서를 보고 자기가 연구한 것을 잡지로 내서 많은 사람들이 돌려보는 것이다. 그래서 일본의 정신이 무너지지 않았다. 일본의 정신과 신앙이 합쳐지는 것이다.

(3) 이성지용理性智用 신통편주身通徧周 법신위체法身爲體 근본지기根本智起

이것은 유영모 선생 이야기다. 깊이 생각해서 YMCA에서 45년 동안 강의를 했다. 선생님은 언제나 걸어다니고, 하루 한끼 먹고, 일찍 자고, 앉을 때는 언제나 무릎을 굴하고 앉았다. 하여튼 신통身通이다. 몸으로 진리를 증거한 것이다. 그래서 자기 몸 자체가 하나의 진리의 몸이 되었다. 선생님의 말씀은 하나님의 지혜를 드러내는 그런 말씀이 되었다.『다석일지 공부』,『다석 유영모 명상록』을 보면 대개 이렇게 짐작할 수 있다.

(4) 이지법신理智法身 무작자재無作自在 몽중소설夢中所說 선설법장善說法藏

하나님을 만나야 나 자신이 진리의 몸이 된다. 그렇게 되어야 힘들이지 않고 자유자재를 얻을 수 있다. 꿈 속에서 들은 바를 대낮에 설교를 한다. 무의식의 세계와 의식의 세계가 일치하는 태도가 나오게 된다.

이상에서 제일 중요한 것은 4번이다. 여러 선생님을 만나다가 직접 하나님을 만나는 경험이다. 그것을 소위 근본지라 한다. 근본지가 되어야 지와 행이 일치하게 된다. 근본지가 되어야 출생사出生死가 된다. 지행일치知行一致가 되는 것이다. 나는 그것을 "나알알나", 자기를 알아야(知) 앓다가 낫는다(行)고 했다. 나알알나. 지와 행의 세계가 일치하는 것인데 그렇게 되기 위해서는 반드시 근본지, 요새말로 근본경험이라는 것이 가장 중요하다.

지금까지는 빛의 세계이고 다음 5번부터는 힘의 세계, 행의 세계다. 3번까지가 빛의 세계라 하고 5, 6, 7번이 힘의 세계라면 4번은 빛과 힘의 세계를 연결시켜주는 하나의 연결고리가 된다. 4번을 통해서 결국 빛과 힘이 하나가 되는 것이다. 지행일치의 역할을 4번이 한다는 말이다. 그러니까 4번이 없으면 빛에서 힘으로 넘어가지 못한다. 그래서 4번이 굉장히 중요한 것이다.

5번에서부터는 힘의 세계다. 힘의 세계란 결국 자기를 이기는 것이다. 빛이란 자기를 아는 것이고 힘이란 자기를 이기는 것이다. 그러니까 '빛'이 있어야 되고 '힘'이 있어야 되고 또 하나가 있어야 된다. 그 것을 무엇이라 해야 될지 확실한 말이 없어서 그냥 '숨'이라 한다. 그런데 여기서는 주로 '샘'으로 되어 있다. '샘'이라 해도 좋은데 그렇게 하면 자유라는 것을 형용하기가 참 어렵다. 그래서 '샘'보다는 '남'이라 해둔다. '남'이라 하면 날아다닌다는 '남'도 되고 샘물이 솟아난다는 '남'도 된다. 그래서 오늘은 '남'이라 해 둔다. '빛', '힘', '남'이다. 글자 한 자를 붙잡아 내는 일이 이처럼 굉장히 어렵고 시간이 걸린다. 오늘은 '샘'이라는 것과 날아다니는 날개를 합쳐서 '남'이라는 한 글자로 해 둔다. 그래서 1, 2, 3은 '빛'이고 5, 6, 7은 '힘'이고 8, 9, 10은 '남'인데 4번은 빛에서 힘으로 넘어가는 과정이라 한다.

5, 6, 7이 무엇인가 하면 내용은 공부하는 것이지 다른 것이 없다. 선생님께 배우다가 그 다음에는 혼자서 공부하는 것이다. 4번까지가 대학이라면 5, 6, 7은 대학원이라 보면 된다. 석사나 박사나 지도교수가 있지만 다 혼자 하는 것이지 누가 가르치는 것이 아니다. 그래서 8, 9, 10은 자기가 교수가 되어서 다른 사람을 지도하게 되는 것이다. 이것을 불교에서는 불佛·법法·승僧이라 한다. 1, 2, 3번은 불이고 5, 6, 7은 법이라 하고 8, 9, 10은 승이라 한다. 염불念佛, 염법念法, 염승念僧이다. 염불, 언제나 선생님을 생각하고, 염법, 학문을 생각하고, 염승, 배우는 학생들을 생각한다. 불교에서는 이 불법승을 삼보三寶라 해서 가장 중요하게 생각한다. 삼마디는 염불이고 삼마파티는 염법이고 디야나는 염승이라 이렇게 해석하면 삼보가 어려울 것이 없다.

27.3.5 지과거장엄장삼매知過去莊嚴藏三昧

차보살此菩薩 능지과거제불출현能知過去諸佛出現 득여시무변차제지得如是無邊次第智.

여기서 중요한 말이 장엄莊嚴이다. 4번에서 나오는 청정淸淨이라는 말과 9번에서 나오는 자재自在라는 말이 중요하다. 『화엄경』의 구조는 유심연기唯心緣起, 불佛, 이실법계理實法界라는 것인데 유심연기 이 것이 청정이고 불은 장엄이고 이실법계 이것은 자재다. 또 대방광大方廣, 불佛, 화엄華嚴이다. 그래서 나는 이것을 언제나 얼음, 에베레스트, 그리고 인더스강, 갠지스강, 양자강 등 한없이 흘러가는 물이라 비유한다. 말하자면 이실법계라는 것은 양자강 주위의 옥토들이고 장엄한 것은 히말라야의 에베레스트이고 청정한 것은 히말라야를 덮고 있는 얼음과 눈이다. 그래서 언제나 청정, 장엄, 자재라는 것을 얼음, 산, 강물로 비유해서 말한다. 빛, 힘, 남이라 하는 것도 마찬가지다. 빛은 청정이고 힘은 장엄이고 남은 자재라는 것이다. 그러니까 이 구조를 여러분이 알아서 이 구조에 맞추면 된다. 내가 하는 말이 전부 그것이지 그것을 벗어나지 않는다. 그래서 어느 때는 삼마디, 삼마파티, 디야나라고 하고 어느 때는 불佛 · 법法 · 승僧이라 하고 어느 때는 심心(유심연기唯心緣起), 불佛, 이리(이실법계理實法界)라고 하나 다 꼭 같은 패턴이다. 우리가 이것만 붙잡으면 알기가 쉽다.

　힘의 세계는 히말라야의 장엄한 세계를 말한다. 대학원 학생으로서 혼자서 공부하는 세계다. 맨 처음에 하는 것이 무엇인가. 지과거장엄장삼매知過去莊嚴藏三昧라는 것이다. 결국 고전을 읽게 되는 것이다.

　나도 35세 되던 3월 17일 이후에는 12년 동안 고전을 읽기로 했다. 두 가지를 하기로 했는데 하나는 행行의 세계로 일식一食 · 일좌一坐 · 일인一仁 · 일언一言이라는 것을 하기로 하고 또 하나는 지知의 세계로 도교, 불교, 유교, 기독교의 고전을 읽는 것이다. 도교는 『노자老子』, 『장자莊子』로 간단하다. 불교는 교종敎宗과 선종禪宗이 있다. 교종 가운데는 『원각경』, 『법화경』, 『화엄경』 등이 있다. 선종이라 하면 중요한 것이 『벽암록碧巖錄』, 『무문관無門關』, 『조주록趙州錄』등 여러 가지가 있다. 불교는 선종과 교종의 고전을 다 읽어야 한다. 유교는 『사서삼경四書三經』이 있고 『근사록近思錄』, 『전습록傳習錄』이 있다. 기독교는 『신약』, 『구약』이다. 이것들을 읽는데 나는 12년을 잡았다. 기독교, 유교, 불교, 도교 각각 3년씩 12년을 잡았다. 고전을 읽는다고 하니까 어려운 한문을 어떻게 읽느냐 하는 사람도 있는데 지금

시중에는 모든 고전들이 다 번역이 되어 있으니까 아주 쉽게 읽을 수 있다. 우리가 『성경』 보는 것이나 마찬가지다. 『화엄경』도 다 번역이 되어 있다. 법정法頂스님이 번역한 것도 있고 무비無比스님이 번역한 것도 있고 다 있다. 『화엄경』은 번역이 되어 있지만 너무 양이 많아서 요령을 잡을 수가 없다. 그래서 나는 지금 요령을 조금 잡아주는 것이다. 고전들이 이렇게 번역이 다 되어 있으니까 고전을 읽는 일이 그렇게 힘든 것이 아니다.

제일 먼저 고전을 읽는 일이 중요하다. 지과거장엄장삼매, 정말 고전들은 장엄하다. 『신약』, 『구약』도 다 장엄해서 정말 히말라야 산이나 비슷하다. 『화엄경』도 장엄하고 『법화경』도 장엄하다. 『사서삼경』도 장엄하고 다 장엄하다. "과거제불출현過去諸佛出現"이란 고전에는 공자도 나오고 예수도 나오고 노자, 장자, 맹자도 나오고 다 나온다는 말이다. "득여시무변차제지得如是無邊次第智", 여러 경전의 세계가 다 나온다는 것이다.

능입불가설겁能入不可說劫 종차삼매기從此三昧起 수십종受十種 불가사의관정법不可思議灌頂法.

그래서 능히 말할 수 없는 시간, 영원한 세계에 도달할 수가 있다. 고전이란 "태초에 말씀이 있으니" 하는 그 말씀들이니까 우리는 그 말씀을 통해서 태초의 영원한 세계에까지 올라갈 수가 있다. 이 고전을 한 번 읽고 나면 우리 속에 있는 번뇌가 아주 깨끗해진다. 요약하면 "과거제법過去諸法 번뇌청정煩惱淸淨"이다. "불가사의관정법不可思議灌頂法"이라는 것이다. 이마에 물을 붓는 것이 '관정灌頂'인데 누구에게 물을 붓는가 하면 기독교에서는 왕과 제사장과 선지자들이다. 그리스도란 "기름부음을 받은 자"라는 뜻이다. 그리스도를 다른 말로 하면 여기서 말하는 관정법灌頂法이다. 그리스도는 왕도 되고 선지자도 되고 제사장도 된다. 사월 초파일 부처님 오신 날이 되면 조그만 부처님을 하나 갖다 놓고 물을 붓는 것이 나온다. 그것이 관정법이라는 것이다. 물을 부어준다는 것은 왕이 되었다는 말이다. 석가가 진리의 왕이 되었다는 것이다. 그래서 진리의 물을 부어준 것이다. 우리도 고전을 읽으면 또 하나의 성인이 될 수 있다는 것이다. 그래서 번뇌가 청정해진다. 우리의 문제가 다 해결된다. 우리의 문제는 고전 속에서 해결할 수 있다. 기독교인이라면 모든 문제를 『성경』 속에서 해결해야지 어디서 해결하겠는가. 그래서 우리가 하나의 진리의 왕이 될 수 있다. 그렇게 되면 어떻게 되는가.

일자一者 변불위의辯不違義 이자二者 설법무진說法無盡 삼자三者 훈사무실訓詞無失 사자四者 낙설부단樂說不斷 오자五者 심무공외心無恐畏 육자六者 어필성실語必誠實 칠자七者 중생소의衆生所依 팔자八者 구탈삼계救脫三界 구자九者 선근최승善根最勝 십자十者 조어묘법調御妙法.

첫째, 우리가 말하는 것이 별로 진리와 어긋나지 않게 된다. 우리가 고전을 읽으면 자꾸 우리 속으로 고전이 들어간다. 그래서 우리는 별로 엉터리 같은 소리는 하지 않는다. 우리가 『논어論語』를 읽지 않고 유교를 말하려면 힘들지만 『논어』를 읽고 나면 별로 벗어나지 않게 말할 수 있다. 기독교도 『구약』, 『신약』을 다 읽고 나서 기독교를 이야기하면 별로 실수하는 것이 없다. 우리가 하는 말들이 고전과 별로 틀리지 않게 된다는 것이 "변불위의辯不違義"라는 말이다. 둘째는 "설법무진說法無盡"이다. 무슨 말을 해도 할 말이 얼마든지 있다는 것이다. 「마태복음」1장부터 매일 한 절씩만 설교를 한다 해도 수십 년 동안 설교할 재료가 나온다. 우리가 「요한복음」을 하는 것만 해도 꽤 오래 되었다. 셋째는 다른 사람을 가르치는데 별로 실수가 없다는 것이다. 공자가 이렇게 말했으니까 너는 이렇게 해야 되지 않느냐 이렇게 가르치니까 실수할 것이 어디 있겠는가. 넷째는 고전을 가르칠 때면 언제나 기쁘다는 것이다. 다섯째는 고전을 설명할 때는 별로 무서움이 없다는 것이다. 고전들은 대개 이천 년 이상이 된 책들이니까 얼마나 강한 책

들인가. 고전을 강의하면 별로 무서울 것이 없다. 여섯째는 고전을 이
야기하면 말이 반드시 진실해서 쓸데없는 허탄한 소리는 안 하게 된다
는 것이다. 일곱째는 고전을 강의하면 사람들이 좋아한다는 것이다.
나도 설교할 때는 차례차례 한다.「마태복음」1장을 했으면 그 다음 주
에는 2장을 설교한다. 내가 대학교회를 맡을 때는 그렇게 죽 해갔더니
사람들이 굉장히 많이 왔다. 재미있는 부분만 뽑아서 해야 되지 않느
냐 그렇게 생각할 수도 있지만 실제로 해보니까 그렇지 않았다. 사람
들이 다음 시간에는 어디를 할 것이라 아니까 자기가 읽어보고 생각해
보고 온다. 그래서 내가 말하면 저 사람은 왜 저렇게 말하는가 그렇게
자기 생각했던 것과 견주어 볼 수도 있고 하니까 사람들이 좋아한다.
여덟째는 그렇게 해서 어지러운 세상에서부터 해탈할 수가 있다는 것
이다. 아홉째는 언제나 착한 사람이 될 수 있다는 것이다. 열째는 언제
나 가르치는 묘리妙理를 깨닫게 된다는 것이다. 이런 것들이 모두 고
전을 공부하는 데서 오는 이익이라는 것이다.

그래서 "삼륜三輪 신통神通 설법說法 기심記心"이라 했다. 삼륜공적
三輪空寂이라는 술어도 있지만 석가가 설법하는 것을 전법륜轉法輪이
라고 한다. 법의 바퀴를 굴려간다는 뜻이다. 법륜을 굴린다. 법륜 가운
데 가장 유명한 것이 삼륜三輪이다. 삼륜이란 석가의 태도, 석가의 말
씀, 석가의 생각, 그것이 굉장히 우수하다는 것이다. 그래서 석가의 모
습을 한 번 보기만 해도 아주 은혜스럽다는 것이 신통神通이다. 그리
고 석가의 말을 들으면 굉장한 호소력이 있다는 것이 설법說法이다.
기심記心이란 마음속에 기억한다는 말이다. 석가의 말을 들으면 우리
마음 속에 깊이깊이 기억이 된다. 석가 자신이 깊이 생각해서 한 말들
이니까 우리 마음 속에도 깊이 와서 닿는 것이다. 그것을 기심이라 한
다. 기심記心, 설법說法, 신통神通이다. 신통을 더 쉽게 말하면 예수님
이 병자를 고쳤다던가 하는 그런 것이 다 신통이다. 하여튼 석가의 몸
으로 나타내는 행동 그것을 신통이라 보면 된다. 여기서는 다 생략했
지만 본문을 보면 이런 내용들이 다 나온다.

능지과거能知過去 제불출현諸佛出現 겁찰劫刹 제불출현諸佛出現 법문法門 이엄자심以嚴自心 근본지根本知 구차별지具差別知 삼륜자 득三輪自得 신통神通 선기불망善記不忘 선설제법善說諸法 차삼매명 此三昧名 과거청정장過去淸淨藏 어일념중於一念中 능입불가설겁能 入不可說劫 무변차제지고無邊次第知故 지과거제불제법知過去諸佛諸 法 제번뇌제청정諸煩惱諸淸淨.

과거의 모든 시대 모든 장소에 나타나신 부처님의 법문이 내 마음을 장엄하게 한다. 또 근본지와 차별지를 모두 갖추게 해서 삼륜을 자득 하니 신통하게 된다. 그래서 잘 기억하고 잊지 않으며 모든 법을 잘 설 하게 되는 것이니 이 삼매의 이름을 과거청정장過去淸淨藏이라 하는 데 한 생각 속에서도 능히 영원하고 무한한 부처의 세계에 들어갈 수 가 있다. 따라서 모든 부처님과 그 모든 부처님의 법을 능히 깨닫게 되 니 모든 번뇌가 곧 청정하게 된다.

27.3.6 지광명장대삼매智光明藏大三昧

차보살此菩薩 주차삼매住此三昧 능지미래能知未來 일체세계一切世 界 기심其心 부입復入 십종지문十種持門.
입법지入法持 행지行持 역지力持 지지智持 대비지大悲持 차별선교 구지差別善巧句持 사자수생법지師子受生法持 지력지智力持 선우력 지善友力持 무주력지無住力持 법력지法力持.
비여일출譬如日出 일광日光 평등平等 무유분별無有分別 여시료지 시如是了知時 영제중생令諸衆生 득십종불공得十種不空 견불공見不空 문聞 동주同住 발기發起 행行 친근親近 원願 선교법善巧法 우법雨 法雨 출현불공出現不空.

5번은 고전을 읽는 것이라면 6번은 자기의 전공이라 생각하면 된다. 과학이 되었건 문학이 되었건 자기가 하는 전공이다. 나는 신학을 했으니까 신학이 내 전공이다. 지광명장대삼매智光明藏大三昧라는 것이다. 자기의 전공을 파고 들어가는 그것을 지광명장대삼매라 한다. 보살이 이 삼매에 거하면 능히 미래의 일체 세계를 알게 된다. 과거도 알게 되지만 미래도 알게 되는 것이다. 그 마음은 또한 십종지문十種持門에 들어가게 된다. 열 가지 전공이 있다는 말이다. 신학으로 말하면 조직신학이 있고 실천신학이 있고 성서신학이 있고 등등 여러 가지가 있다는 것이다. 십종지문이라고 열 가지가 나와 있는데 이것들은 그냥 학문의 전공분야라 생각하고 지나치기로 한다.

십종지문十種持門 :
(1) 불지호념佛持護念   (2) 법변재法辯才
(3) 행출생원만行出生圓滿   (4) 역무최복力無摧伏
(5) 지불법무애智佛法無碍   (6) 비법륜悲法輪
(7) 구문자句文字   (8) 법출니法出泥
(9) 지보살행智菩薩行   (10) 우중생청정友衆生淸淨

다음에는 십종불공十種不空이라는 것이 나온다. 이것은 전공을 통해서 눈이 뚫리고 귀가 뚫리고 그래서 결국 한마디로 말해서 자기의 입장이라는 것이 생기게 되었다는 것이다.

십종불공十種不空 :
(1) 견불공선근見不空善根   (2) 문성숙聞成熟
(3) 주조복住調伏   (4) 기언작통의起言作通義
(5) 행세계청정行世界淸淨   (6) 근단의近斷疑
(7) 원공양성취願供養成就   (8) 법해탈法解脫
(9) 우법주불도雨法住佛道   (10) 출현중생몽조出現衆生蒙照

입장을 얻는다는 것이 상당히 중요하다. 자기의 전공 하나를 통해서 자기의 입장이라는 것이 확실해진다. 그림을 그리는 사람이라면 그림을 그리는데 대해서 확실한 입장을 가지게 된다. 철학하는 사람은 철학 하는데 대해서 입장을 가지게 된다. 무엇이나 자기의 입장을 하나 가지게 되어야 한다.

지광명장자智光明藏者 불리일념不離一念 함삼세겁含三世劫 지명지위장智名之爲藏 일광평등日光平等 무유분별無有分別 능령목견能令目見 종종상種種相 체성평등體性平等 무유분별無有分別 능령보살能令菩薩 지차별상智差別相.

입장을 가지게 되면 "일념삼세一念三世", 과거, 현재, 미래를 다 꿰뚫어 알 수 있게 된다. '장藏'이라는 말은 "불리일념不離一念 함삼세含三世"라는 것이다. 하나의 입장을 가지게 되면 과거, 현재, 미래를 다 알게 되는데 그렇게 아는 것을 '장藏'이라 해석한 것이다. 하나의 입장을 가져야 고전도 알게 되고 미래도 내다볼 수 있게 되고 현재도 볼 수 있고 그렇게 된다. 그러니까 "불리일념不離一念", 일념이란 보통 시간을 많이 말하는데 결국 하나의 순간을 깨달으면 영원을 알 수가 있다는 것이라 해도 된다. 찰나 속에 영원이 있다는 것이다. 이렇게 시간이라 해석해도 되고 공간적으로 해석할 때는 하나의 입장을 가지게 된다는 것이다. 공자는 삼십에 나서 자기의 입장을 가지게 되었다. "삼십이입三十而立"이라 한다. 입장을 가지게 되니까 그 다음에는 "사십이불혹四十而不惑", 흔들림이 없게 된다. 또 "오십이지천명五十而知天命", 이렇게 가게 되는 것이다. 입장을 가지는 것이 중요한데 대개 보면 35세에 입장을 가지게 되는 사람이 많다. 조금 늦은 사람은 40에 갖게 되고 더 늦은 사람은 50에 가진 사람도 있고 또 모세같이 80에 나서 입장을 가진 사람도 있다. 언제든지 자기의 입장을 하나 가져야 통하게 되지 그렇지 않으면 통하게 되지 않는다. 그러니까 '일념一念'이라는 것을 입장이라 해도 좋고 또는 찰나라 해도 좋다. 찰나 속에 영원이 있다. 하나의 입장 속에 온 세상이 다 속해 있다. 이렇게 속해 있다는 그것을 '장藏'이라 한다.

"일광평등日光平等 목견차별目見差別", 해는 언제나 같은 해지만 우리의 눈은 여러 가지 차별을 볼 수 있다. 그래서 빛이 있고 힘이 있어야지 빛이 없이 힘만 있으면 힘은 쓸데가 없다. 일광에는 차별이 없다. 하나님은 선한 자나 악한 자나 다 살려준다. 하나님은 차별이 없는데 우리가 차별을 하는 것이다. 그러니까 평등도 있어야 되고 차별도 있어야 된다. 아이들이 다 꼭 같이 평등이지만 먹이는 음식이나 입히는 옷은 다 달라야 된다. 꼭 같다고 해서 어린애나 큰애나 다 기저귀를 채워주면 안 된다. 사랑은 평등이지만 대접에는 차별이 있어야 된다. 이것이 6번의 지광명장智光明藏이라는 것이다. 십종지문十種持門은 평등이라 하고 십종불공十種不空은 차별이라 해도 좋다. 그래서 평등과 차별이 다 있어야 된다는 것이다. 원리는 하나지만 적용은 한없는 차별이 생기는 것이다.

27.3.7 요지일체세계불장엄삼매了知一切世界佛莊嚴三昧

보살菩薩 주차삼매住此三昧 능차제입동방세계能次第入東方世界 남방서방북방南方西方北方 사유상하四維上下 차제입次第入.

나는 전공이 신학이라 했지만 그 다음에 가르치는 것이 철학이라 철학자들에 대해 많이 알아보았다. 그래서 대개 약 120명의 철학자들에 대해서 그들의 생애를 알아보고 그 사람들의 글이 어떤 글이 나왔는지 읽어보고 했다. 내가「사색思索」이라는 잡지를 내면서 잡지 하나에 한 사람씩 소개하도록 했다. 사색이라는 작은 잡지가 144호까지 나왔는데 어떤 철학자는 몇 호에 걸쳐 소개하기도 해서 각 책마다 한 사람씩은 안 되지만 대략 120명에 대해 그 사람들의 생애와 사상을 알아보았다. 이것이 나로서는 7번 요지일체세계불장엄삼매了知一切世界佛莊嚴三昧라는 것이다.

5번은 고전을 읽는 것이고 6번은 자기의 전공을 공부하는 것이고 7번은 철인들의 생애와 사상을 알아보았다는 것이다. 이것이 내가 공부한 내용이다. 이것이 소위 법法이라는 것이다. 염법念法이다.

요지일체세계불장엄삼매, 많은 철학자들의 세계를 알아보았다는 것이다. "능차제입동방세계能次第入東方世界 남방서방북방南方西方北方 사유상하四維上下 차제입次第入", 이렇게 알아보는 동안에 인도에도 가보고 독일에도 가보고 프랑스에도 가 보았다는 것이다. 데카르트라 하면 프랑스이고 하이데거는 독일이고 석가는 인도요 공자는 중국이니까 이렇게 여기저기 돌아다니면서 그 사람들의 생애와 사상을 알아보았다는 말이다.

개견제불皆見諸佛 출흥어세出興於世 역견제불亦見諸佛 중회운집衆會雲集 역견亦見 종종국토種種國土 종종사업種種事業 견불見佛 무량형상無量形相.

철인들이 세상에 나타났다. 그들의 사상을 알아보고 그 나라가 어떤 나라인지 어떤 사업을 했는지 여러 철인을 보았는데 사람마다 다 달랐다. 타고르는 타고르대로 간디는 간디대로 여러 가지 형상이 있다.

여시견어불신如是見於佛身 부증불감不增不減
이렇게 그 사람들의 사상을 알아보니 한결같이 어떻게 하면 인류를 구원하는가 하는 그런 생각에는 더함도 덜함도 없었다.

비여허공譬如虛空 비여월륜譬如月輪.

비유하자면 마치 허공 같다. 모든 만물을 싸고 있는 허공처럼 그 사람들의 마음속에는 어떻게 하면 인류를 살려줄까 하는 것이 들어있다. 또 비유하자면 달이 언제나 비치는 것처럼 그 사람들은 언제나 어두운 구석을 비치고 있다.

주차삼매住此三昧 성취십종속질법成就十種速疾法 부득십종법인復

得十種法印 득십종수승덕인得十種殊勝德人 비여마니譬如摩尼 어정계중於頂髻中 즉득십법則得十法 즉득십종광대지장則得十種廣大智藏 부득십종최청정위덕신復得十種最淸淨威德身 득십종원만得十種圓滿 득십종불사得十種佛事.

그 사람들의 책들을 읽어보니 그들은 십종속질법十種速疾法을 성취하고 또 십종법인十種法印, 십종수승덕인十種殊勝德人을 얻었다. 마니십법摩尼十法을 얻은즉 십종광대지장十種廣大智藏을 얻고 또한 십종최청정위덕신十種最淸淨威德身, 십종원만十種圓滿, 십종불사十種佛事를 얻었다.

보살능편입菩薩能徧入 시방일체세계十方一切世界 견일체제불見一切諸佛 소유교화장엄所有敎化莊嚴 승사공양承事供養 역견불신력위덕亦見佛神力威德 사자후중회獅子吼衆會 보살견자신菩薩見自身 수지불어受持佛語 주어법신住於法身 보입진여普入眞如.

그 사람들이 세상에 들어가서 민중을 교화한 내용을 보면 상당히 장엄하다. 한마디로 "제불소유諸佛所有 교화장엄敎化莊嚴"이다. 그 사람들의 생애와 그 사람들의 가르침이 장엄하다는 것이다. "주어법신住於法身 보입진여普入眞如", 그 사람들은 진리의 세계에 살고 있고 그래서 언제나 모든 사람으로 하여금 진리의 세계로 끌어들이는 역할을 하고 있다.

십종속질법十種速疾法:
(1) 속증제행速增諸行   (2) 법광法光
(3) 방편方便   (4) 중생업衆生業
(5) 평등지平等智   (6) 여래동주如來同住
(7) 자력慈力   (8) 단의斷疑
(9) 승해勝解   (10) 묘법청정세간妙法淸淨世間

십승十勝:
(1) 무사無師   (2) 장부丈夫   (3) 청정淸淨
(4) 제일第一   (5) 안위安慰   (6) 안주安住
(7) 진여眞知   (8) 무상無想   (9) 법장法藏   (10) 법우法雨

십승十勝이란 내가 아주 큰 선생이 될 수 있다는 것이다. 내가 최고의 선생이 되면 선생이 없어지고 만다. 그 다음에는 제가 생각해서 가르쳐야지 누구에게 물을 데가 없다.

마니십법摩尼十法:
(1) 색상色相   (2) 형체形體   (3) 시현示現
(4) 권속眷屬   (5) 자구資具   (6) 음성音聲
(7) 신통神通   (8) 자재自在   (9) 혜해慧解   (10) 지용知用

진리를 깨닫게 되면 그 사람의 태도와 그 사람의 모습이 젊잖아진다는 것이다.

십광대지장十廣大智藏:
(1) 조요불지照耀佛智   (2) 지수생지知受生智
(3) 작변화지作變化智   (4) 보입불신지普入佛身智
(5) 통달법지通達法智   (6) 보섭정지普攝淨智
(7) 영중생입지令衆生入智   (8) 현현보안지現見普眼智
(9) 자재피안지自在彼岸智   (10) 안주무여지安住無餘智

그래서 아는 것이 자꾸 넓어진다. 아까 말한 대로 이 사람 저 사람 다 읽어보면 아는 것이 자꾸 넓어진다.

십위덕신十威德身:
(1) 조요광명照耀光明   (2) 색상광명色相光明

(3) 조복중생調伏衆生 　(4) 친근화신親近化身
(5) 우화운화雨華雲化 　(6) 작음악作音樂
(7) 자재신변自在神變 　(8) 초과세계超過世界
(9) 청정색신淸淨色身 　(10) 음성언어音聲言語

십위덕신十威德身이란 자기 자신에게 힘이 생긴다는 말이다. 아는 것이 넓어지면 힘도 더 생긴다.

십원만十圓滿: 견불見佛 문법聞法

그래서 나중에는 부처님도 보게 되고 법도 듣게 된다. 원만이란 지혜가 원만해진다는 것이다.

십불사十佛事: 방광명放光明 섭취중생攝取衆生 열반기피염고涅槃起疲厭故

그래서 다른 사람을 가르치는데 조금도 피곤함을 느끼지 않는다.

7번을 한마디로 하면 "주어법신住於法身 보입진여普入眞如"라는 것이다. 이상 5, 6, 7번은 염법念法의 세계라 하겠다. 내가 공부하는 세계다. 고전을 공부하고 전공을 공부하고 철학을 공부하는 것인데 다시 말하면 종교를 공부하고 과학을 공부하고 철학을 공부하는 것이다. 대개 우리가 하는 공부가 그것이다. 여기에 예술을 하나 더하면 더 좋다. 그래서 무엇이건 자기가 열심히 해서 자기의 힘을 길러가는 것이다. 그것이 5, 6, 7번의 세계다.

이 다음에 나오는 것은 선생이 되어서 하는 세계다. 선생의 특징은 자재自在다. 무엇에 대해서건 하나의 입장을 가지고 자유를 얻어야 된다. 그래서 언제나 자유자재自由自在라는 말이 나온다. 자재自在, 자기의 입장을 가지고, 자유自由, 자기 마음대로 하는 것이다. 의사라 하면 의사라는 자기의 입장을 가지고 병을 마음대로 고치는 것이다.

내용을 보면 10번은 비가 오는 것, 9번은 강물이 흘러가는 것, 8번은 샘물이 솟아나는 것, 이런 식으로 생각한다. 8번은 샘물이 솟아나서 몇 사람을 먹이는 것이다. 9번은 강물이 흘러 내려와서 많은 사람을 먹일 수 있는 것이다. 10번은 비가 내려서 온 세상을 살려주는 것이다. "비지행운悲智行雲 일시보복一時普覆", 사랑과 지혜의 구름이 온 세상을 덮었다는 것이다. 그래서 한꺼번에 소나기가 쏟아지는 것이다. 그러니까 온 세계에 영향을 줄 수 있다고 그렇게 되면 10번이 되고, 그 나라에만 영향을 줄 수 있다고 그렇게 되면 그것은 9번이 된다. 한강이라 하면 우리 나라에만 영향을 주지 외국까지 영향을 주는 것은 아니다. 그 다음에 그 지방에만 영향을 줄 수 있다고 그렇게 되면 8번이 된다. 샘물, 강물, 빗물로 비유되는 것이다. 그래서 대표적으로 '샘'이라는 비유를 쓰기도 하는데 자유자재라는 내용을 생각해서 '남'이라는 말로 고쳤다. '남'이라 함은 자유자재와 샘이라는 뜻을 다 합쳐서 표현한 것이다.

'빛', '힘', '남'이라는 것인데 나는 이 세 가지를 어떻게 표현하는가 하면 '나무땜', '불사름', '내가남'이라 한다. '나무땜', 선생님 때문이라는 것으로 빛의 세계다. '불사름', 나의 정신의 불이 살아나기 시작했다는 것으로 힘의 세계다. 그리고 '내가남'이란 생명의 세계를 말한다. 나와 남이 꼭 같다는 것이다. 소위 평등의 사상이다. 내가 지금 여러분에게 『화엄경』을 강의하지만 여러분은 여러분대로 다 자기의 전공이 있다. 여러분이 그 전공을 강의하면 내가 가서 또 들어야 한다. 그러니까 우리가 서로 나누어 먹는 것이지 누가 더 알고 누가 덜 알고 하는 것이 없다. 나와 남이 꼭 같다. 내가 남이다. 그래서 나무를 때면 저절로 불이 살아난다. 불이 살아나면 저절로 내가 난다. 불이 살아나면 연기가 저절로 난다. 그러니까 삼마디에서 삼마파티가 저절로 나오게 되고 삼마파티에서 저절로 디야나가 나오게 된다. 불佛에서 저절로 법法이 나오고 법에서 저절로 승僧이 나온다. 저절로 그렇게 되는 것인데 그것을 소위 무위자연無爲自然이라 한다. 억지로 하는 것이 없고 다 저절로 된다. 나무를 때면 불이 저절로 살아나는 것이고 불이 살아나면 저절로 내가 난다. 공자의 말로 하면 "십오十五에 지우학志于學 삼십이입三十而立", 이것은 '나무땜'이다. "사십이불혹四十而不惑 오십이지천명五十而知天命", 이것은 '불사름'이다. "육십六十에 이순耳順 칠십七十에 불유구不踰矩" 이것은 '내가남'이다. 공자의 일생도 불·법·승, 삼 단계가 저절로 되는 것이지 억지로 노력하는 그런 것이 없다. "십오에 지우학"하면 "삼십이입"하게 되는 것이고 또 "사십이불혹"하면 "오십이지천명"하게 되는 것이다. 그래서 "육십이이순六十而耳順 칠십이불유구七十而不踰矩", 이렇게 저절로 되는 것이지 이것 따로 저것 따로가 아니다. 한 몸이다. 이것이 소위 삼위일체三位一體라는 것이다. 하나님이 있으면 예수는 저절로 나오게 되고 예수가 있으면 성령은 저절로 나오는 것이다. 그러니까 하나님 '나무땜', 예수 그리스도 '불사름', 성령 '내가남', 이것이 저절로 된다.

왜 하나님이라 하고, 예수 그리스도라 하고, 성령이라 하는가. 그것은 다름이 아니라 내가 그렇게 생겼기 때문이다. 내가 빛을 가져야 되고, 내가 힘을 가져야 되고, 내가 숨을 가져야 된다. 내가 그렇게 생겼으니까 저절로 그렇게 될 수밖에 길이 없다. 하나님이 그렇게 되어서 그런 것이 아니라 나 때문에 그런 것이다. 내게 힘을 더해주면 예수 그리스도요, 내게 숨을 더해주면 성령이고, 내게 빛을 더해주면 하나님이다. 그러니까 하나님이 있으면 예수는 저절로 나오고, 예수가 있으면 성령은 저절로 나온다. 무위자연이지 우리가 억지로 만들고 하는 것이 아니다. 나무를 때면 불은 저절로 살고, 불이 살아나면 내가 저절로 난다. 저절로 되는 무위자연의 세계다.

2002. 3. 24.

십정품 강해(5)

　십대삼매十大三昧 중에서 1, 2, 3, 4번은 지知의 세계이고, 5, 6, 7번은 행行의 세계이고, 8, 9, 10번은 인仁의 세계다. 변증법으로 말하면 정正·반反·합合이다. 합의 세계에서 중요한 것은 '성成', 되는 것이다. '성인成仁'이다. 인仁이 되는 것이다. 철인이 되는 것이다. 되는 것이 중요하다. 다음은 십대삼매의 여덟 번째에 대해 읽어본다.

　27.3.8 능현불신도차별신能現佛身度差別身 일체중생차별신삼매一切衆生差別身三昧.

　불신이 되어야 모든 차별신을 구원할 수 있다. 아는 것 가지고는 안 된다는 것이다. 되어야 한다. 된다는 것이 제일 중요하다. 아무리 많이 알고 아무리 많이 행해도 되지 않으면 이것이 안 된다. 아무리 햇볕이 많고 물이 많아도 그 둘이 합하여 나무가 되어야지 나무가 되지 않으면 열매를 맺을 수 없다. 햇빛이나 물을 가지고는 이것이 안 된다. 햇빛과 물이 합해져서 나무가 되어야 한다. 햇빛과 물을 무극無極이라 하고 나무를 태극太極이라 하고 열매를 무한이라 한다. 그래서 공(0), 하나(1), 무한(∞)이다. 여기서 태극이라는 것이 제일 중요하다. 태극이란 되는 세계다. 되는 것이 제일 중요한 것이다. 장자莊子로 말해서 진인이후眞人而後에 진언眞言이라는 것이다. 진인眞人이 되려면 많이 안다고 되는 것이 아니다. 많이 행한다고 되는 것도 아니다. 진인이 되어야 한다. 참사람이 되어야 참말이 나오지 참사람이 되기 전에는 참말이 나오지 않는다. 그러니까 도덕적인 문제가 굉장히 중요하다는 것이다. 도덕의 완성을 보기 전에는 참말이 나오지 않는다. 그래서 언제나 계戒라는 것이 필요하다. 계명을 지켰느냐는 계라는 것이 없이는 진인이 안 된다. 그러니까 도덕적인 완성이 없이는 진언眞言이 안 된다. 태극이 없이는 양의가 안 나오는 것이다. 그래서 되는 것이 제일 중요하다. 오늘의 내용은 그것이다. "능현불신能現佛身 도차별신度差別身", 불신이 되어야 일체의 차별신을 제도할 수 있다. 부처가 되어야 일체의 차별신을 구원할 수 있다. 그러니까 많이 안다고 되는 것이 아니다. 지계持戒, 선정禪定, 지혜智慧, 보시布施, 지혜가 되어야 보시가 된다. 일체 차별신을 구원하기 위해서는 어떻게 해야 되는가. "능현불신能現佛身"이다. 부처가 되어야 한다. "능현불신"이 되어야 "도차별신度差別身"이 된다.

보살菩薩 주차삼매住此三昧 득십종무소착得十種無所着.

보살이 이것을 하기 위해서는 일체의 집착이 없어야 된다.

제일 먼저 돈에 대한 집착이 없어야 된다. 소크라테스Socrates와 소피스트sophist와의 차이가 무엇인가. 소크라테스는 일생 동안 아테네 청년을 가르치면서 돈을 안 받았다. 그런데 소피스트는 돈을 받았다. 플라톤이 소크라테스와 소피스트의 차이가 무엇인가 하면 돈을 받았느냐 안 받았느냐 그 차이라 했다. 그러니까 소피아sophia는 다 같은데 돈을 받았느냐 안 받았느냐에 따라 필로스philos가 달라진다. 필로스는 사랑이다. 엄마는 어린애에게 돈 받고 젖먹이는 것이 아니다. 돈을 받으면 식모요 돈을 안 받으면 엄마다. 엄마가 되어야 필로소피아 philosophia다. 엄마가 아니면 그것은 그냥 소피아지 필로소피아가 아니다. 소크라테스와 소피스트의 차이가 그것이다. 그러니까 돈에 대한 집착이 없어야 된다. 학교에서 돈을 주는데 어떻게 하느냐. 주는 것이야 받아야 되겠지만 거기에 집착이 없어야 한다. 요새 학교 선생들이 월급 올려달라고 데모하고 그러는데 그렇게 되면 안 된다. 선생님은 돈을 줘도 해야 되고 안 줘도 해야 된다. 선생이란 천명天命이요 천직天職이다. 선생이니 목사니 하는 것은 인류의 구세주인데 구세주는 돈을 가지고 구세주가 되는 것이 아니다. 그것은 자기의 천명이요 사명이니까 그냥 하는 것이다. 옛날 서당의 선생님은 돈이라는 것을 몰랐다. 동네 사람들이 쌀을 모아서 사모님께 몰래 갖다 주면 사모님은 그것으로 죽을 끓일 수 있으면 죽을 끓여먹고 죽도 끓일 수 없으면 자기가 나가서 바느질을 한다거나 빨래를 한다거나 그렇게 벌어다가 선생님께 대접했다. 옛날에는 무슨 월급이라는 것이 없었다. 서당 선생님은 선생님이니까. 선생님은 그냥 죽을 먹건 밥을 먹건 굶건 학생들을 배워주면 그만이지 무엇을 받는데 대해서 일체 관심이 없었다. 그것이 소위 "무소착無所着"이라는 것이다. 무소착이 되어야 정말 불신佛身이지 무소착이 되지 않으면 불신이 아니다. 돈을 많이 주면 가고 많이 안 주면 안 간다 그렇게 되면 그것은 선생이 아니다. 무소착의 여러 예가 나와 있지만 제일 중요한 것은 한마디로 이 세상에 대해서 집착이 없다는 것이다. 구체적으로 말하면 소크라테스처럼 돈에 대해서 집착이 없다는 것이다. 그것이 무소착이다.

어차삼매於此三昧 운하입云何入 운하기云何起 종자재하種子在下 과생지상果生地上.

무엇이 들어가고 무엇이 나오는가. 종자가 땅 속에 들어가야 나뭇가지에 열매가 맺힌다.

「요한복음」 12장 24절이다. 밀알 한 알이 땅에 떨어져 썩으면 많은 열매를 맺는다. 땅에 떨어져 썩으면, "종자재하種子在下", 많은 열매를 맺는다. "과생지상果生地上"이다. 선생님은 그냥 자기의 학문에 몰두해야 깨는 학생들이 나온다. 학생들이 공부 안 한다고 야단이지만 그것은 선생님의 문제는 아니다. 선생님은 언제나 자기가 학문에 몰두해서 자기가 깨닫는 것이 중요하지 학생이 공부하느냐 안 하느냐 그것은 문제가 아니다. 학생이 한 명이 오건 두 명이 오건 그것은 문제가 안 된다. 유영모 선생님은 학생이 하나도 안 올 때도 많았다. 그러면 선생님은 두 시간 동안 그냥 앉아 있다가 갔다. 두 시간 가르친다고 약속을 했으니까 두 시간을 앉아 있었다. 한 시간만 앉아 있다 가도 되지만 약속이니까 꼭 두 시간을 기다리다 갔다. 그래서 "요전에 몇이나 왔나요?" 하고 물으면 "한 명도 안 와서 그냥 두 시간 기다리다 갔지" 했다. 이것이 선생이다. 요새 목사들처럼 교인들이 많이 오지 않아서 걱정이라 그렇게 되면 그것은 목사가 아니다. 교인이 한 사람이 오건 두 사람이 오건 그것은 문제가 안 된다. 자기가 최선을 다해 진리를 깨닫고서 나가 앉아서 교인이 오면 전하는 것이고 오지 않으면 안 전하는 것이다. 거기까지가 선생의 책임이다. 많이 오고 안 오고 하는 것은 상관이 없다. 우리나라 교회의 잘못은 많이 오는 것에 대해 관심이 많다는 점이다. 오늘도 부활절 모임을 축구경기장에서 했는데 몇 만 명이 모였다 하면서 경찰 보고와 교회 보고가 다르다. 자꾸 그런 숫자에 놀아난다. 그렇게 되면 그것은 불신佛身이라 할 수도 없고 목사라 할 수도 없다. 목사는 수에 대해 집착이 없어야 한다. 한 사람이 오건 두 사람이 오건 월급을 주건 안 주건 그것이 문제가 안 되어야 한다. 그렇게 되어야 우리는 정말 성인聖人이라 한다. 공자에게 인仁이 무엇이냐 물었다. "학이불염學而不厭", 자기가 배우는데 싫증을 내지 않는다. "교이불권敎而不倦", 선생이란 열심히 공부해서 열심히 가르치는 것뿐이지 한 명이 오건 두 명이 오건 또는 돈을 주건 안 주건 그런 것과는 상관이 없다. 그렇게 되어야 선생이다. 그러니까 선생이 된다는 것이 쉬운 일이 아니다. 일체 집착이라는 것을 떠나야 선생이다. 무엇인지 집착이 붙어있으면 그것은 선생이라 하기 어렵다.

　무엇이 들어가고 무엇이 나오는가. 선생은 땅 속으로 들어가고 학생은 가지 위에 맺혀야 된다. 무엇에 들어가고 무엇에서 나오는가. 의학이라면 의학에 들어가고 법학이라면 법학에 파고 들어야 한다. 무엇이나 자기 전공분야에 파고 들어가서 학생들이 무엇이나 깨달음이 나오면 된다. 자기의 전공에 몰입해서,「십정품十定品」의 '정定'이 몰입한다는 것인데, 그렇게 몰입을 하면 결과가 어떻게 되나 하면 학생들에게 어떤 결과가 나오는 것이다. 무엇으로 들어가서 무엇으로 일어나는가.「요한복음」12장 24절이다. 몰두해 들어가면 인류는 그저 구원이 된다. 예수가 무슨 인류를 구원한 것이 아니다. 예수는 그저 몰두해 들어간 것뿐이다. 몰두해 들어갔는데 인류가 그대로 자꾸 구원을 받는 것이다. 무엇에 들어가서 무엇으로 나오는가. 다음에 그 예들이 나온다.

내신입內身入 외신기外身起 천중입天中入 지옥기地獄起 일체해차
별중생중중입一切海差別衆生衆中入 일체해신중중기一切海神衆中起
안처입眼處入 이처기耳處起 자신입自身入 불신기佛身起.

안으로 들어가서 밖으로 나온다. 하늘로 들어가서 지옥으로 나온다.
"일체해차별중생중중一切海差別衆生衆中"으로 들어가서 "일체해신중
중一切海神衆中"으로 일어난다. 눈으로 들어가서 귀로 나온다. 자신으
로 들어가서 부처로 나온다.

무엇이나 되면 된다. 완전히 자기가 되는 것이 학생이 부처가 되는
비결이라는 것이다. 내가 내가 될 때 학생이 학생이 된다. 내가 내가
되지 못하면 학생이 학생이 되지 못한다. 내가 내가 되는 것이 제일 중
요하다. "자신입自身入 불신기佛身起", 자신이 들어가서 불신이 되어
나온다. 자기가 자기로 되는 것이다. '된다' 는 것, '성成'이라는 것이
중요하다. 내가 내가 되어야 내가 내가 되지 않으면 학생들이 학생
들이 되지 않는다. 요새 학생들이 공부하지 않는다, 학교가 없다 야단
치지만 그 전체에 대해 책임을 누가 져야 하느냐 하면 선생들이 져야
한다. 선생들이 그런 각오가 없으면 학생들을 어떻게 할 수가 없다. 말
을 물로 끌고 갈 수는 있지만 물을 먹일 수는 없다. 학생들이 물을 먹
게 하는 방법은 선생들이 물을 먹는 수밖에 길이 없다. 선생들이 물을
먹으면 학생들도 물을 먹게 된다. 그러니까 언제나 학생의 책임은 선
생이 져야 된다. 나라의 정치는 대통령이 져야 되고 집안 살림의 문제
는 부모가 져야 된다. 언제나 책임지는 이가 따로 있지 모두가 책임져
라 그럴 수는 없다.

주차삼매住此三昧 득십종칭찬법지소칭찬得十種稱讚法之所稱讚.

그렇게 자기 전공에 몰두해 들어가면 칭찬 받을 수 있는 최고의 칭찬
을 받을 수 있게 된다. 결국 여래가 될 수 있다는 것이다.

여래如來 불佛 법사法師 일체지一切智 소의처所依處 도사導師 대도사大導師 광명光明 십력十力 일체현자一切見者.

여래가 되어야 한다. 부처가 되어야 한다. 법사가 되어야 한다. 일체지가 되어야 한다. 소의처所依處, 학생들이 의지할 수 있는 선생이 되어야 한다. 도사導師가 되어야 한다. 대도사大導師가 되어야 한다. 광명이 되어야 한다. 십력十力이 되어야 한다. 일체현자一切見者가 되어야 한다. 이렇게 되어야 한다.

부득십종광명조요復得十種光明照耀 부득십종무소작復得十種無所作.

이렇게 되어야 그 된 사람에게서 빛이 나와 학생들을 비칠 수 있다. 그렇게 되어야 학생들이 별로 힘들이지 않고 일어설 수 있다. 학생들이 저절로 자꾸 공부하게 된다.

비여환사譬如幻師 능현종종차별형상能現種種差別形相 도십종신통피안到十種神通彼岸.

마치 요술쟁이가 꽃도 만들고 비둘기도 만들고 여러 가지 요술을 부리듯 학생들이 모두 그 방면에 통달해서 이상세계, 진리의 세계에까지 갈 수 있게 된다.

선생이 땅 속으로 들어가면 학생들은 저절로 가지에 열매가 맺힌다는 것이다. 결국 이 한마디인데 이것을 이렇게 길게 설명을 했다. 나는 여기서 짧게 했지만 본문에는 한없이 길다. 내용은 한마디다. "종자재하種子在下 과생지상果生地上." 나는 이 말이 참 좋다고 생각한다. 「요한복음」 12장 24절이다. 밀알 한 알이 땅 속에 들어가서 썩지 않으면 한 알 그대로 있고 썩으면 많은 열매를 맺는다. 썩는다는 것은 몰두한다는 것이다. 몰두하면 "과생지상果生地上", 똑똑한 학생들이 많이 나온다. 같은 말을 앞에서는 "능현불신能現佛身 도차별신度差別身"이라 했다. 같은 내용인데 이렇게도 표현하고 저렇게도 표현한 것이다.

27.3.9 법계자재삼매法界自在三昧

법계자재삼매法界自在三昧, 자기의 전공 분야에서는 자유자재로 말할 수 있다. 자기의 전공에는 아주 자신이 있다는 소리다.

보살菩薩 어자신일일모공중於自身一一毛孔中 입차삼매入此三昧.

'모공毛孔'이라는 말이 뜻하는 것은 무엇인가. "불리일념만삼세不離一念滿三世 불리모공주시방不離毛孔住十方 불리자성현천불不離自性現千佛", 찰나 속에 영원이 있다는 말이다. 영원이라는 시간은 장시長時가 아니다. 시간이 길다는 뜻이 아니라 시간을 초월했다는 것이다. 시간을 초월했다는 것은 시간이 가지 않는다는 것이다. 우리가 과학이면 과학에 몰두하고, 철학이면 철학에 몰두하고, 종교면 종교에 몰두하고, 예술이면 예술에 몰두하고, 그렇게 몰두하고 있는 동안에는 시간이 가지 않는다. 붓글씨를 쓰고 있노라면 언제 시간이 가는지 모른다. 시간을 잊어먹고 만다. 그래서 세 시간이고 네 시간이고 훌쩍 지나고 만다. 그런 것을 우리는 시간을 초월한다고 한다. 몰두하는 동안에는 시간이 길어지는 것이 아니라 시간이 없어지고 만다. 쉽게 말하면 시간·공간이 곱해진다는 것이다. 그래서 몰두하는 세계는 사차원의 세계가 된다. '모공毛孔', 털구멍인데 바늘구멍이라 해도 된다. 옛날에 문에다 창호지를 바르고 살았는데 추운 겨울이면 바늘구멍으로 황소바람이 들어온다는 말을 했다. 지극히 적은 것인데 큰 것이 들어갈 수 있다는 말이다. 원자 하나가 깨지는 데 우주가 깨질 수 있다. 그래서 원자탄이 무섭다. 그러니까 "불리일념만삼세不離一念滿三世"는 시간적으로 하는 말이고 "불리모공주시방不離毛孔住十方"은 공간적으로 한 말이다. 하나는 시간을 초월한다고 말하고 하나는 공간을 초월한다는 것으로 말했다. 이런 시간이라는 것은 결국 깨달은 순간이다. 이런 공간이란 입장을 얻은 그 터를 말한다. 자기 입장을 얻으면 그 다음에는 전체가 다 보인다. 그러니까 입장이란 산꼭대기다. 우리가 예술이건 철학이건 그 학문의 세계 꼭대기에 올라만 서면 다 보인다. "불리모공주시방"이다. 우리가 깨닫는다는 말이나 꼭 같이 우리가 입장을 얻었다는 말도 중요하다. 시간으로 말할 때는 깨달았다고 하고 공간적으로 말할 때는 우리가 입장을 얻었다고 한다. 또 하나는 "불리자성현천불不離自性現千佛", 자기를 떠나지 않고서 천불을 나타낼 수 있다. 천불이나 만불이나 다 무한하다는 것이다. 기독교로 말하면 "나를 본 자는 하나님을 보았다"는 것이다.「요한복음」 14장 9절이다. 이것은 인간적으로 표현한 것이다. 제일 중요한 것이 "너 자신을 알라", 자기를 보는 것이다. 자기를 보면 하나님을 볼 수 있다. 나를 본 자는 하나님을 볼 수 있다. 그러니까 "불리일념만삼세", 이것은 시간적으로 초월하는 것이고 "불리모공주시방", 이것은 공간적으로 초월하는 것이고 "불리자성현천불", 이것은 인간적으로 초월하는 것이다. 그런데 이 셋은 따로따로가 아니다. 시간·공간을 합해서 사차원에다 인간을 합해서 오차원이다. 그러니까 시간이 따로 있고 공간이 따로 있고 인간이 따로 있는 것이 아니다. 시간적으로 깨달았다 할 때는 벌써 공간적으로 입장이 얻어진 것이고 공간적으로 입장이 얻어졌다 할 때는 벌써 인간적으로 자기를 본 것이다. 그래서 언제나 이것은 하나이지 셋이 아니다. 삼위일체라는 것이다.

"어자신일일모공중於自身一一毛孔中 입차삼매入此三昧", 이 말은 결국 "불리모공주시방不離毛孔住十方"이나 같은 말이다. 하나에 통하면 전체에 통한다는 것이다. 일즉일체一卽一切라는 것이다.

보살菩薩 능생기십천억能生起十千億 다라니법광명陀羅尼法光明 부유무수공덕復有無數功德.

자기가 깨달으면 십천억다라니법광명을 비칠 수 있다. 또 한없는 공덕을 일으킬 수 있다.

292 화엄경

위동방십천爲東方十千 아승지불찰阿僧祇佛刹 미진수명호微塵數名
號 제불지소섭수諸佛之所攝受.

천 불 만 불 몇 억만 불의 도움을 받을 수 있다.

이신통력以神通力 일체세계一切世界 시현성불示現成佛.

그래서 신통력을 가지고 어디서나 부처가 되었다는 것을 나타낼 수
있다.

득십종해得十種海 득십종수승得十種殊勝 득십종력得十種力 득십
종능得十種能 십종변제十種邊際 능료지불가설일체삼매能了知不可說
一切三昧.

십종해十種海라는 것은 과학의 세계, 철학의 세계 등등 모든 세계를
말한다. 십종해의 맨 처음에 불해佛海, 부처님의 세계라 했다. "득십종
수승得十種殊勝", 그 세계에서도 가장 최고의 세계에까지 올라 설 수
있다. 입장을 가졌다는 것이다. "득십종력得十種力", 한없이 강한 힘
을 가졌다. "득십종능得十種能", 한없는 능력을 가졌다. "십종변제十
種邊際", 한없이 넓은 세계를 가졌다. "능료지불가설일체삼매能了知不
可說一切三昧", 그래서 말할 수 없는 일체를 알게 된다. 통했다는 말이
다. 여기 나오는 십종해니 십종수승이니 십종력이니 다 자세하게 나온
다. 십종해라 하면 부처님의 바다니 법의 바다니 다 나오고 십종수승
이라 하면 중생 가운데서도 최고요 어디서도 최고요 그렇게 열 가지
다 나온다. 십종력이라 하면 정진력도 대단하고 무슨 력도 대단하고
그렇게 힘이 대단하다고 열 가지로 나온다. 십종능력이라 하면 성취하
는 능력도 대단하고 비치는 능력도 대단하고 그렇게 열 가지가 나온
다. 십종변제라 하면 지혜도 대단하고 공덕도 대단하고 수행도 대단하
고 그렇게 열 가지가 나온다. 이 사람들은 무엇이나 이렇게 열 가지를

붙여야 기분이 좋은 사람들이다. 이렇게 열 개씩 갖다 붙였는데 요령 하나 알면 다 아는 것이다.

비여무열대지譬如無熱大池 분별연설종종제법分別演說種種諸法 전어법륜轉於法輪 상불휴식常不休息.

비유하자면 내가 무열대지無熱大池가 되었다는 말이다. 무열대지가 되었다는 것은 무슨 뜻인가. "모공삼매毛孔三昧 지진허공知盡虛空." 바늘구멍으로 황소바람이 들어온다. 조그만 것 하나에 통하면 온 우주에 통할 수 있다. 일즉일체一卽一切, 같은 말이다. "아누달지阿耨達池 사강달해四江達海." "아누달지阿耨達池"는 『반야심경般若心經』에 나오는 "아누다라삼막삼보리阿耨多羅三藐三菩提"라는 말이다. 이 말을 번역하면 무상정편지無上正遍智라 한다. 최상의 보편적이고 필연적인 지혜라는 뜻이다. 이것을 보통으로 말할 때 우리는 진리라 한다. 그러니까 "아누달지"란 진리의 연못이다. 백두산 천지에서 압록강 두만강이 흘러내리듯이 진리의 연못에서, 쉽게 말하면 창조적 지성이 되어서 과학적으로 많은 것들을 발견 발명도 하고 철학적으로 새로운 학설도 내고 종교적으로 엉뚱한 소리도 하고 예술적으로 새로운 작품도 내고 그렇게 된다는 것이다. 결국 선생이란 무엇인가 하면 창조적 지성이다. 창조적 지성이 되어야 "사강달해四江達海", 강물이 사방으로 내려가서 바다까지 임하게 된다. 복음이 땅 끝까지 이르게 된다.

내가 무열대지가 되어서 "분별연설종종제법分別演說種種諸法 전어법륜轉於法輪 상불휴식常不休息", 여러 가지 진리의 말씀을 설하게 되는데 언제나 쉬지 않는다. 강물이 흘러가는데 쉬는 법이 없다. 계속 흘러간다. 이런 것을 기독교에서는 영원한 생명이라 한다. 사람의 머리 속에서 생각이 한없이 쏟아져 나오는 것이다. 『삼일신고三一神誥』에도 그런 말이 나온다. 사람의 머리 속에 신이 와서 앉아 계시는데 그 머리에서 생각이 한없이 흘러내린다. 그것을 소위 무열대지라는 것으로 비유한 것이다.

「요한복음」 7장 38절이다. "너희가 나를 믿으면 너희 속에서 생명의 샘이 강같이 흘러나온다." 생명의 샘이 강같이 흐른다. 이것이 소위 창조적 지성이다. 이런 창조적 지성이 자꾸 많이 나와야 된다. 그래야 그 나라가 깬 나라가 되고 선진국이 된다. 그런 사람들이 많이 안 나오면 후진국이 된다. 계속 물이 흘러내린다. 계속 새로운 생각이 솟아 나온다. 그것이 선생의 모습이다.

맨 처음 8번은 선생이 일체 집착이 없다는 것이고 9번은 선생에게 새로운 생각이 한없이 자꾸 쏟아져 나온다. 그것이 소위 법계자재삼매라는 것이다. 다음이 10번이다.

27.3.10 무애륜삼매無碍輪三昧

무애륜삼매無碍輪三昧, 륜輪은 법륜法輪, 강의한다는 말이니까 강의를 하는데 아무 걸림이 없다는 것이다. 강의가 얼마든지 나온다는 말이다. 왜냐? 부처가 되었기 때문이다.

수기성불雖已成佛 불휴보현不休普賢 제석천인帝釋天人 환작상신還作象身.

부처가 되었다. 부처가 되었는데 보현은 쉬지 않는다. 다 알고도 계속 공부한다는 말이다. 다 알았으면 공부 안 해도 될 것 같은데 계속 공부한다. 부자가 되었어도 계속 아낀다. 내가 아는 한 사람은 부자인데 택시를 타본 일도 없다. 지하철을 타고 다닌다. 언제나 백만장자가 되었어도 계속 아껴야 된다. 아무리 대학자라 해도 계속 공부해야 된다. 그것이 선생의 또 하나의 모습이다. 여기 선생의 자격으로 세 가지가 나왔다. 집착이 없어야 된다. 창조적 지성이 되어야 한다. 그리고 다 알지만 계속 공부해야 된다.

다음에 예가 나온다. "제석천인帝釋天人 환작상신還作象身." 제석이란 희랍 신화의 제우스 같은 존재다. 제우스가 산보를 나갔는데 코끼리가 천인이 되었다. 신선이 된 것이다. 제우스가 실컷 산보하며 놀다가 다시 집으로 돌아가겠다고 하니까 곧장 천인이 되었던 코끼리가 다시 코끼리로 되돌아왔다. 코끼리는 보현의 상징이고 천인은 부처의 상징이다. 부처가 되었어도 코끼리를 떠나지 않는다는 것이다. 이런 것을 소위 "불휴보현不休普賢"이라 한다. 제석천이 집에 가겠다고 하면 언제나 다시 코끼리가 된다. 언제나 모시고 다니지 자기도 천인이 되었다고 해서 뽐낸다 그런 것이 하나도 없다. 코끼리는 쉬지 않는 것이다. 노자의 말로 하면 높이 올라갈수록 낮춘다는 것이다. 『주역周易』으로 말하면 "지산겸地山謙"이다. 산이 땅 속에 들어있다. 언제나 다 알면서도 모르는 체 하는 것이 겸謙이다. 안다고 자꾸 뽐내면 안 된다. 다 알면서도 그냥 모르는 체 하면서 살아가는 것이다.

보살菩薩 입차삼매시入此三昧時 주무애신업住無碍身業 어업語業 의업意業.

언제나 선생에게 중요한 것이 이 셋이다. 몸의 태도, 말하는 태도, 그리고 생각하는 태도다. 생각이 깊어야 되고 말이 쉬워야 되고 또 그 사람의 도덕적 수준이 높아야 된다. 언제나 몸이 중요하다. 그 사람의 태도와 인격과 모습, 그것이 중요하다.

방무애광명放無碍光明 관일체지觀一切智 십종광대十種廣大 원願심心 행行 소취所趣 소입所入 광명光明 출현出現 호념護念 변화變化 도道.

그런 것들이 빛을 발해야 된다. 무엇이나 꿰뚫어 알아야 된다. 철학이면 철학, 종교면 종교, 무엇이나 꿰뚫어 알아야 된다. 그래서 언제나 넓고 큰 소원을 가져야 된다. 보현이 가진 소원이 무엇인가. 모든 사람이 부처가 되기까지는 자기는 부처의 행색을 안 한다는 것이다. 요堯 임금은 모든 백성이 기와집을 짓고 살기까지 자기는 기와를 올리지 않겠다고 했다. 무위지치無爲之治라는 것이다. 이런 것을 보살행이라 한다. 모든 사람이 다 배불리 먹기 전에는 자기는 배불리 먹지 않는다. 엄마는 아이들이 다 배부르기 전에는 먹지 않고 굶는다. 이런 것을 사랑이라 한다. 요새 게이트gate라는 것과는 반대다. 게이트는 자기 혼자 다 먹겠다는 것이다. 노자로 말하면 무위자연이다. 이런 것을 불교에서는 원願이라 한다. 보현이 이런 원을 세웠다 해서 보현원이라 한다. 혹은 더 넓게 말해서 보살원이라 하기도 한다. 결국 보살행이나 보현원이나 다 대승大乘이다. 소승은 자기가 부처가 되면 끝이다. 아라한阿羅漢이면 끝이다. 그런데 대승은 그것이 아니다. 온 백성을 배에 다 태우기 전에는 자기는 타지 않겠다는 것이다. 그것이 소위 대승불교라는 것이다. 그러니까 자기가 어떻게 되겠다는 것이 아니라 남이 다 어떻게 되고 나면 자기도 어떻게 되겠다는 것이다. 그래서 대승에서는 보살이라는 것이 중요하고 소승에서는 부처라는 것이 중요하다. 소승에서는 자기가 부처만 되면 그만이다. 자기만 부자 되면 그만이다. 남은 모른다. 그런데 대승은 그것이 아니다. 다 잘살게 되어야 자기도 잘살게 되지 다 못살면 자기도 못산다. 여기에 소승과 대승의 차이가 있다.

 이렇게 넓고 큰 원願을 가져야 되고 또 마음도 가져야 되고 행실도 가져야 되고 소취所趣, 나아가는 것도 있어야 되고 소입所入, 들어가는 것도 있어야 되고 광명光明, 출현出現, 호념護念, 변화變化, 도도道도 있어야 된다.

비여유인譬如有人 이마니보以摩尼寶 치색의중置色衣中.

 마니보摩尼寶, 혹은 여의주라는 것인데 이것 하나만 있으면 아무 걱정이 없다. 마니보는 장소에 따라 붉은 색도 되고 파란색도 되고 여러 가지로 된다. 그렇지만 마니보의 자성自性, 그 흰색은 영원불변이다. 본질은 변함이 없다. 보현이 아무리 부처가 되었다 해도 보현의 본질은 보살이지 부처가 아니라는 것이다. "불리자성不離自性", 혹은 "불사자성不捨自性"이다. 언제나 자기는 코끼리지 코끼리 이상은 아니다. 그러니까 이것은 보현의 이야기다.

유일련화有一蓮華 기화광대其華廣大 시현여시示現如是 신통경계 무량변화神通境界無量變化.

여기 하나의 연꽃이라는 보살이 있다. 그 꽃이 자꾸 커져 부처가 되었다. 그래서 신통한 경계와 무량한 변화를 드러냈다.

입어일체제불경계入於一切諸佛境界 체성여실體性如實 정안현증淨眼現證 혜안보견慧眼普見.

모든 부처님의 경계에 들어가서도 조금도 손색이 없다. 부처가 된 것이다. 그 사람의 본체도 부처이고 그 사람의 성품도 부처이고 다 여실如實이다. 진짜로 부처가 된 것이다. 그리고 그 사람의 눈은 한없이 깨끗해졌다. 모든 집착이 없어졌다는 말이다. 그 사람의 지혜는 일체를 볼 수 있다. 법계자재삼매다.

성취불안成就佛眼 위세명등爲世明燈 행어지안行於智眼 소지경계所知境界 광능개시미묘법문廣能開示微妙法門.

그 사람은 종당 부처가 된 것이다. 온 세상을 밝게 비치는 등불이 된 것이다. 그 지안智眼을 가지고 자기의 경계에 들어가서 어떤 중생들 앞에서도 아주 신통한 법문을 설할 수 있다. 한마디로 부처가 되었다는 것이다.

유여련화猶如蓮華 자성청정自性淸淨.

그러나 보살처럼 자성청정이다. 언제나 자기는 보살을 지키고 있다는 것이다.
그러니까 앞에 나온 연꽃도 보살이고 여기 나온 연꽃도 보살이다. 연꽃이 커져 부처가 되었지만 그러나 언제나 자성청정, 자기의 본질, 보살의 본질은 지키고 있다.

수지제법雖知諸法 본래상주本來常住 이설일체제유전법而說一切諸流轉法.

부처님이 되면 모든 법을 다 알고 영원히 불변하나 보살이 되면 그것이 아니라 모든 중생을 따라다니면서 알기 쉽게 가르친다.

수지제법雖知諸法 무유조명無有照明 이항광설조명지법而恒廣說照明之法.

부처가 되면 모든 법을 알아서 비칠 것도 없다. 그러나 보살은 그 법을 어두운 세계에 들고 가서 촛불처럼 밝혀준다. 그러니까 부처가 되었지만 보살행을 떠나지 않는다는 그 이야기다.

불자佛子 여여의주如如意珠 수유소구隨有所求 일체개득一切皆得 의개만족意皆滿足.

마치 여의주처럼 누구든지 구하면 누구에게나 다 준다. 겉옷을 달라면 겉옷을 주고 속옷을 달라면 속옷을 다 준다. 그래서 그 사람들이 만족할 수 있도록 도와주어라.

보살菩薩 여시수행보현지행如是修行普賢之行 여시원만보살경계如是圓滿菩薩境界.

보살은 이와 같이 계속 수행한다. 이와 같이 보살의 경계를 원만하게 한다.

비여금강譬如金剛 이불가괴以不可壞 장엄莊嚴 동어불同於佛 광명光明 조복調伏 원음圓音 불국佛國 어언語言 지혜智慧 개오開悟 신통神通 동어불同於佛 약보살若菩薩 동일불同一佛 이하고以何故 불명위불不名爲佛.

결국 금강석처럼 되어 깨지지 않게 되어 장엄하기가 부처와 같고, 광명이 부처와 같고, 조복調伏, 다른 사람들을 가르치는 것이 부처와 같고, 원음圓音이 부처와 같고, 불국이 부처와 같고, 어언語言이 부처와 같고, 지혜가 부처와 같고, 개오開悟가 부처와 같고, 신통이 부처와 같다. 이와 같이 보살이 부처와 같아졌는데 어찌해서 부처라고 하지 않고 보살이라 하는가.

불자佛子 차보살此菩薩 이능수습거래금세일체보살종종행원已能修習去來今世一切菩薩種種行願.

이 보살은 과거, 미래, 현재, 영원히 보살의 여러 가지 행원, 즉 모든 중생이 부처가 되기 전에는 자기는 부처가 안 된다는 그 행원行願 때문에 부처가 안 된 것이다.

입지경계入智境界 즉명위불則名爲佛 어여래소於如來所 수보살행修菩薩行 무유휴식無有休息 설명보살說名菩薩.

지知의 경계로 말하면 부처인데 행行의 세계로 말하면 보살이다. 그래서 언제나 계속 일하고 있는 것이다. 알기 쉽게 말하면 어머니다. 부처는 누가 부처인가. 어머니가 부처다. 그런데 어머니가 하루종일 하는 일을 보면 보살이다. 어머니의 별명이 '성선聖善' 이다. 한없이 거룩하고 한없이 착한 것이 어머니다. 어머니야말로 부처다. 그런데 어머니의 일상사를 보면 어머니야말로 보살이다. 지로 말하면 성선인데 행으로 말하면 보살이다. 집안의 일체 일을 어머니가 한다.

불자佛子 보살마하살菩薩摩訶薩 본신불멸本身不滅 이행원력以行願力 어일체처於一切處 여시변현如是變現.

어머니가 부처는 부처인데 행하는 것은 머슴이다. 어머니는 정말 집에서 제일 높은 데 앉아 있어야 될 것인데 실제로는 맨 밑으로 내려와서 모든 일을 다 한다. 이것이 기독교로 말하면 예수 그리스도라는 사상이다. 하나님의 아들인데 땅에 내려와서 사람의 아들 역할을 하고 있다. 다 같은 말이다. 이런 것을 소위 무애륜삼매라 한다. 모든 사람을 구원하기 위해서 끝없이 노력하는 것이다.

2002. 3. 31.

제28. 십통품十通品

십통품 강해

　육신통六神通인데 『화엄경』에서는 무엇이나 열 가지로 하니까 십신통十神通이다. 안이비설신의眼耳鼻舌身意 이것을 육근六根이라 한다. 육경六境이라 하면 색성향미촉법色聲香味觸法이다. 눈으로 보고 귀로 듣고 코로 맡고 입으로 맛보고 몸으로 부딪히고 뜻으로 생각하는 것이다. 그래서 육근, 육경을 말한다. 그래서 보통 육신통六神通이라 하여 천안통天眼通, 천이통天耳通, 신족통神足通, 누진통漏盡通, 숙명통宿命通, 타심통他心通이라 한다. 그런데 여기서는 천안통, 천이통, 신족통, 누진통을 각각 두 가지로 나눴다. 그래서 이 8가지인데 여기에 숙명통, 타심통을 합하니까 열이 되었다. 1번이 타심통이다. 3번은 숙명통이다. 2번, 4번이 천안통이다. 5번, 7번이 천이통이다. 6번, 8번이 신족통이다. 9번, 10번이 누진통이다.

28.1 선지타심지신통善知他心智神通

타심통他心通이다. 다른 사람의 마음을 안다는 것이다. 우리가 이전에「십정품十定品」을 했는데 선정禪定의 결과가 신통神通이다. 선정에서 신통이 나온다. 물 속에 머리를 집어넣고 깊이 들어가면 붕 뜨게 된다. 붕 뜨는 과정이 신통이라는 것이다. 그리고 신통의 결과가 이 다음에 나오는「십인품十忍品」이다. 붕 뜨면 어디나 갈 수 있다. 어디나 갈 수 있다는 그것이「십인품」이라는 것이다. 순서가 그렇게 되어 있다.「십정품」이라는 선정에서 십신통十神通이 나오고 신통에서 또 십인十忍이 나온다.

지금 이 세계는 십지十地를 넘어서 십일지十一地에 들어간 세계다. 등각等覺의 세계다. 석가의 깨달음과 같은 경지에 도달했다는 것이다. 이렇게 되면 우선 타심통이 된다. 다른 사람의 마음이 들여다 보인다는 것이다. 그렇지 않더라도 물론 눈치 빠른 사람은 다른 사람의 마음을 들여다 본다. 남이 어떤 생각을 하고 있는지 대개 짐작이 간다는 말이다.

불자佛子 보살마하살菩薩摩訶薩 이타심지통以他心智通 지일知一 삼천대천세계三千大千世界 중생심차별衆生心差別.

다른 사람의 마음을 아는 능력이 생긴다. 삼천대천세계, 온 세상에 있는 중생들 모든 사람의 마음을 알 수가 있다.

소위所謂 선심善心 광심廣心 대심大心 순생사심順生死心 성문심聲聞心 성문행심聲聞行心 천심天心 인심人心 지옥심地獄心.

중생들의 마음을 많은 예로 들어 놓았는데 그 가운데 몇 개만 이렇게 적었다.

28.2 무애천안지신통無碍天眼智神通

2번과 4번은 천안통天眼通이다. 2번은 현재의 것이고 4번은 미래의 것이다.

불자佛子 보살마하살菩薩摩訶薩 이무애청정천안지통以無碍淸淨天眼智通 견무량중생見無量衆生 사차생피死此生彼 복상죄상福相罪相.

사람이 마음에 욕심이 없으면 현재의 일을 알 수가 있다. 모든 사람들을 보면 그 사람이 행복한지 또는 불행한지 그것을 알 수 있다. 남의 얼굴을 보면 그 사람이 행복한지 불행한지를 알 수가 있다.

수소적집업隨所積集業 수소수고락隨所受苦樂 실개견지悉皆見之.

그 사람이 지금 나쁜 짓을 하고 있는지 좋은 짓을 하고 있는지 다 알 수 있다. 이 사람들은 업業이라는 말을 많이 한다. 현재 나쁜 짓을 많이 하면 지옥에 들어가고 좋은 일을 많이 하면 내세에 천국에 간다는 것이다. 그래서 업이라 한다. 현재 즐거워하고 있는지 괴로워하고 있는지 현재의 모든 상황을 볼 수가 있다는 것이다.

28.3 지과거제겁숙주지신통知過去際劫宿住智神通

숙명통宿命通이다. 전생前生, 과거를 알 수 있다. 과거에 어떻게 살았는지를 알 수가 있다. 전생설화라 해서 이 세상에 나오기 전에는 무엇이었다 하는 것이다. 최면술 하는 사람들이 최면을 해 놓고 과거를 물어보면 전생에 무엇이었다 또 전생에 무엇이었다 그렇게 말한다는 것이다. 윤회설輪廻說 비슷한 것인데 그런 세계는 과학적으로 알 수 없는 세계니까 말할 수 없는 세계다. 하여튼 우리가 알 수 없는 세계가 많다는 것은 사실이다.

불자佛子 보살마하살菩薩摩訶薩 이숙주수념지통以宿住隨念智通 능지자신能知自身 일체중생一切衆生 숙주지사宿住之事.

자기의 전생도 알 수 있고 남의 전생도 알 수 있다.

소위 모처생所謂某處生 여시명如是名 여시고락如是苦樂 윤회불절輪廻不絶 종종업행種種業行.

어디서 살았는지 이름이 무엇이었는지 또 어떤 고락을 지녔는지 그렇게 계속 윤회해서 살았다. 지금까지 그렇게 나쁜 짓도 하고 좋은 짓도 하고 윤회하며 살았다는 것이다.

이런 윤회설을 진짜라고 하는 사람들이 달라이 라마Dalai Lama다. 달라이 라마가 죽으면 죽는 순간에 다른 사람으로 다시 태어난다는 것이다. 그래서 죽는 순간에 태어난 아이들을 모아다가 달라이 라마가 살았던 집을 보여준다. 그 가운데 어떤 어린이가 전에 자기가 달라이 라마처럼 여기서 살았다 그리고 달라이 라마처럼 무엇을 어떻게 했다 그렇게 말하면 그 사람을 다시 달라이 라마로 한다. 전생의 달라이 라마를 찾아서 다시 달라이 라마로 한다는 것이다. 진짜인지 모르지만 그런 말들이 있다. 말하자면 영혼불멸설이다. 영혼불멸을 믿는 사람들이니까 자기가 죽으면 또 다른 생명으로 태어난다는 것이다. 그래서 인도 사람들은 자기 남편이 죽으면 같이 불 속에 들어가서 타죽는다. 태연자약하게 들어가서 타 죽는다. 영혼불멸을 믿지 않으면 그렇게 될 수 없다. 영혼불멸을 믿고 다음 생에는 무엇으로 태어나고 싶다 그렇게 기원하고 불 속으로 들어간다. 지금 회교도 같은 사람들도 테러 특공대로 가서 죽으면 천국에 들어가서 맛있는 음식 먹고 잘 산다고 그렇게 생각하는 것이다. 그러니까 생각에 따라서 그 사람들의 생활 모습도 다 달라지는 것이다. 기독교에는 영혼불멸이 없으니까 이런 생각을 못하지만 이 사람들은 자꾸 그런 것을 생각한다.

28.4 지진미래제겁지신통知盡未來際劫智神通

이것도 천안통天眼通인데 미래를 안다는 것이다.

불자佛子 보살마하살菩薩摩訶薩 이지진미래제겁지통以知盡未來際劫智通 중생衆生 명종수생命終受生.

사람들이 이 세상에서 죽으면 또 저 세상에 가서 태어난다는 것이다.

업행과보業行果報 적집선근積集善根 적집죄법積集罪法 제불명호諸佛名號 중회설법衆會說法.

이 세상에서 좋은 일 하면 좋은 곳에 태어나고 나쁜 짓 하면 나쁘게 태어난다. 또 태어나면 그곳에 부처님이 계시는데 그 부처님의 이름이 또 있다. 불교에서 앞으로 천 년 후에 태어나는 부처님은 미륵부처님이라 하는 것이나 같은 말이다. 그때 또 부처님을 따라가면 좋은 곳에 태어날 수 있다. 그곳에서도 부처님이 강의를 할 터이니까 부처님의 강의를 잘 듣고 따라야 된다는 그런 말이다.

눈 가운데 특별한 눈이 있는데 second seeing 또는 천리안千里眼이라 한다. 천리 밖을 내다보는 것이다. 집에 앉아서 종로에서 무엇을 하는지 다 내다본다. 그런 눈이 있는데 그것을 천리안이라 한다. 칸트 Immanuel Kant(1724-1804) 당시에 스웨덴보그Emanuel Swedenborg(1688-1772)라는 사람이 그런 사람이었다. 그가 영국에 가서 설교를 하다가 갑자기 멈추고 스웨덴 쪽을 바라보면서 자기 옆집에 불이 났다고 했다. 자기 옆집에 불이 났는데 자기 서재가 탈까봐 걱정이라 했다. 그런데 한참 있다가 이제는 바람이 돌아서 우리집은 아무렇지도 않다 그렇게 말하고 설교를 계속했다. 그래서 영국에서 스웨덴 대사에게 연락해서 알아보라 하니까 그 시간에 꼭 그랬다는 것이다.

칸트가 그것에 대해 논문을 썼다. 그러니까 그런 것도 있는 것이다. 우리 나라에서도 전에 그런 짓으로 돈을 번 사람이 있었다. 종로구 견지동에 있는 조계사는 차경석이라는 차천자가 살던 집이다. 보천교 교주 차경석이 살던 집이 조계사 그 집이다. 일제시대 돈을 많이 벌었던 사람인데 그는 투시透視하는 사람 하나를 붙잡고서 돈을 모아 큰 집을 짓고 살았다.

그 집에 사람들이 찾아오면 자기는 발 뒤에 숨어있고 무엇을 가져왔느냐 물어보고 떡이니 밤이니 가져와서 "잡수세요"하고 내 놓으면 투시하는 그 사람이 떡 속에 들어있는 돌멩이나 벌레 먹은 밤 등을 골라낸다. 그리고 돌이 든 떡을 골라주면서 "이 떡을 먹어보라, 어떻게 천자에게 이런 떡을 해올 수 있느냐" 하고, 벌레 먹은 밤을 골라내서는 "어떻게 벌레 먹은 밤을 가져오느냐" 그렇게 야단을 치니까 사람들이 그만 "아, 보통 사람이 아니구나" 하고 거기에 그만 기절 초풍하게 되었다. 그렇게 꼼짝 못하게 해놓고 나서 너희 집에 논이 얼마 있냐 밭이 얼마 있냐 해서 갖다 바치라 했다. 그래서 갖다 바치면 "내가 앞으로 우리 한국을 해방할 때 너는 부산 시장을 시켜주마, 너는 목천 군수 시켜준다" 그렇게 벼슬자리를 다 팔았다. 내가 어렸을 때 우리 동리 사람도 하나 거기에 가서 벼슬자리 하나를 사왔다. 얼마 있으면 해방이 되는데 그러면 자기는 안주 부사가 된다고 했다. 앞에 있는 논을 팔아가지고 가서 안주부사 자리 사령장 하나를 받아온 것이다. 그래서 해방되기만 기다리고 있었다. 나쁘기는 나쁜 놈이지만 어쨌건 해방된다는 소리를 한 것만은 고마운 일이다. 그런데 그 사람은 그렇게 돈을 벌어서 절반씩 일본 사람과 나눠먹었다. 말하자면 한국 백성들을 착취하는 데 하나의 역할을 한 것이다. 그 사람이 살았던 집이 지금의 조계사다. 그러니까 얼마나 대단하게 살았는지 알 수 있다. 순전히 투시하는 능력 하나 가지고 그렇게 돈을 번 것이다.

왕양명王陽明(1472-1528)도 한 때 투시를 했다. 그래서 이삼십 리 밖에서 찾아오는 사람을 알아보고 사람을 시켜 손님이 오니까 나가서 맞아오라 했다. 십 리 이십 리 밖에 나가서 손님을 맞게 했다. 왕양명에게도 그런 무엇이 있었다. 세상에는 투시하는 사람들이 그렇게 가끔 있다. 옛날 통계로 보면 20만명에 하나 정도가 있다. 보통은 그것을 쓰지 않아서 그렇지 조금 수련을 하면 그런 능력이 나타나는 사람들이 약 20만명에 하나씩은 있다고 한다. 그런 것은 보통 천안이라 하지 않고 천리안이라 한다. 여기서 말하는 천안과는 조금 다르다.

28.5 무애청정천이지신통無碍淸淨天耳智神通

불자佛子 보살마하살菩薩摩訶薩 성취무애청정천이成就無碍淸淨天耳 제불諸佛 소설소시所說所示 개능수지皆能受持.

천이통天耳通이다. 선생님이 강의하는 내용을 다 안다는 것이다.

불망불실不忘不失 위타연설爲他演說 영득오해令得悟解.

강의를 들으면 잊어먹지도 않고 없어지지도 않는다. 우리도 선생님의 강의를 많이 들으면 자꾸 알아진다. 그래서 다 알아졌다 그러면 그것을 천이天耳라 한다. 귀가 뚫렸다는 소리다. 천안天眼은 눈이 뚫렸다는 것이고 천이는 귀가 뚫렸다는 것이다. 사람은 무엇을 오래 하다 보면 뚫리는 것이 있다. 의사들이 병을 오래 고치면 병 고치는 것이 뚫린다. 텔레비전을 보니까 어떤 의사는 위암 수술을 하는데 만 오천 명을 수술했다고 한다. 그런 사람은 눈을 감고도 수술할 것 같다. 만 오천 명을 수술했으니 이제는 뚫렸을 것이다. 우리가 무엇이나 잘 하면 뚫리는 것이다. 그 사람은 만 오천 명 수술을 하면서 몰두해서 했다고 한다. 앞으로도 더 하겠다고 했다. 그렇게 몰두하면 나중에는 뚫리는 것이다. 무엇이나 몰두하면 붕 뚫리게 된다는 것, 이것을 신통神通이라 한다. 천이통은 귀가 뚫려 선생님 강의하는 소리가 다 들린다는 그 소리다.

28.6 무체성무동작왕일체불찰지신통無體性無動作往一切佛刹智神通

　신족통神足通이다. 귀가 뚫리고 눈이 뚫리고 그 다음에 코다. 코는 숨쉬는 것이니까 이것은 기氣와 상관이 있다. 신족통, 걸음걸이를 빨리 걷는 사람도 있다는 것이다. 기체氣體다. 몸이 가벼워져서 빨리 걷는다. 그것을 신족神足이라 하기도 하고 땅을 주름잡는다 하기도 한다. 몸이 가벼워졌다는 말이다. 몸무게와 상관없이 자기가 느낄 때 가볍게 느끼는 것이다. 기운이 충만해서 몸이 가볍게 느껴지면 기체다. 그렇게 되면 신족통이다. 유영모 선생은 개성도 하루에 걸어갔다 오고 인천도 하루에 걸어갔다 왔다. 우리가 생각할 땐 그 사람 다리 아파서 어떻게 하는가 하지만 그 사람은 그렇게 느끼지 않는 것이다. 그냥 가뿐하게 걸어갔다 오는 것이다. 이름을 잊었는데 어떤 사람은 하루에 백두산도 올라갔다 내려온다고 한다. 그런 것을 소위 신족통이라 한다. 몸이 가볍다는 것이다. 유영모 선생은 언제나 무릎을 굴하고 앉아 있었다. 우리는 5분만 앉아 있어도 발 저려서 못 앉아 있는데 10시간이라도 앉아있다. 어떻게 그렇게 앉아있냐고 하면 자기는 둥둥 떠 있다는 것이다. 둥둥 떠서 내려 누르는 것이 없으니까 별로 힘들지 않다는 것이다. 그런 것을 소위 기체라 한다. 선생님이 되면 기체가 되어야 한다. "기체후氣體候 일향만강一向萬康" 해야 된다. 도에 통한 사람이라는 것이다. 자기 몸의 무게를 느끼지 않는 것이다. 절간들을 높은 데 짓는데 기체가 된 사람들은 하루에 두 번 세 번 올랐다 내렸다 해도 아무렇지 않다. 그런데 보통 사람이 그것을 찾아가려면 굉장히 땀을 뺀다. 사람이 기체를 가지느냐 액체를 가지느냐 고체를 가지느냐. 고체를 가진 사람은 차에서 누워가야 된다. 사람은 될 수 있는 대로 가볍게 사는 것이 좋다. 기체로 사는 것이 좋다. 그것을 신족통이라 한다.

　불자佛子 보살마하살菩薩摩訶薩 주무체성신통住無體性神通.

　몸이 가볍다는 것이다. 물론 전에 석가는 보광명전에 가만 앉아서도 도리천에 갔다는 그런 말도 있었다. 그때는 법신이 되어서 그렇다고 설명했다.

문기명이聞其名已 즉자견신卽自見身 재피불소在彼佛所.

부처님이 어디에 오신다는 그 이름만 들어도 곧 부처님을 볼 수가 있고 부처님 계신 곳에 자기도 갈 수가 있다. 부처님이 어디 있다 그러면 곧 달려간다는 것이다.

예배존중禮拜尊重 승사공양承事供養 청법청도聽法請道 무유단절無有斷絶 수보살행修菩薩行 성취대원成就大願.

그래서 부처님을 예배하고 존중하고 부처님을 섬기고 공양한다. 그래서 부처님에게 법을 들려달라고 부탁하고 그래서 계속 부처님의 가르침을 듣고 부처님의 가르침을 실천하고 그래서 대원을 성취한다.
이것은 학생의 입장이다. 선생이 어디 나타났다 하면 찾아가는 것이다. 우리도 어디서 부흥회 한다 하면 밤낮 쫓아다녔다. 그래서 신족통이란 선생님을 열심히 따라 다니는 그런 세계를 말한 것이다.

28.7 선분별일체언사지신통善分別一切言辭智神通

5번과 마찬가지로 천이통天耳通인데 5번이 학생이라면 7번은 선생의 신분이다. 5번이 내용이라면 7번은 외국어를 많이 한다는 그 소리다.

불자佛子 보살마하살菩薩摩訶薩 이선분별일체중생언음지통以善分別一切衆生言音智通.

5번이 강의의 내용을 알아듣는다는 소리고 7번은 서반아어, 영어, 불어 등등 외국어를 많이 한다는 것이다.

지중생知衆生 종종언사種種言辭 천언사天言辭 용언사龍言辭 인급비인언사人及非人言辭.

여러 가지 말을 다 아는데 사람의 말만 아니라 하늘의 말, 용의 말, 여러 가지 말을 안다는 것이다. 그러니까 5번은 내용이고 7번은 여러 가지 종류다.

28.8 무수색신지신통無數色身智神通

신족통神足通인데 6번이 학생이면 이것은 선생이다.

보살菩薩 여시입어법계如是入於法界 능현기신能現其身 작종종색作種種色.

보살이 어떤 전공을 하게 되면 그 다음에는 여기서도 가르치고 저기서도 가르친다. 그래서 언제나 선생으로 나타난다. 초등학교 선생으로도 나타나고 중학교 선생으로도 나타나고 여러 모습으로 나타난다.

수시시현색隨時示現色 불가설음성不可說音聲 개시연창開示演暢 일체법색一切法色 구족일체具足一切 보현행색普賢行色.

언제나 사람들이 알아볼 수 있게 그렇게 말을 하는 것이다. 목소리도 듣기 좋게 말한다. 여러 가지 내용을 재미있게 말한다. 그래서 보현이 사람들을 가르치기 위해 애쓰는 것처럼 자기도 애를 쓴다.
몸이 가벼워서 어디나 쫓아갈 수 있고 또 몸이 가벼워서 어디나 가서 강의할 수 있다. 몸이 가볍다는 것이 신족통의 내용이다. 이것은 코에 속하는 것이다. 귀와 눈과 코다. 그리고 이 다음 9번, 10번은 입에 속한다.

28.9 일체법지신통一切法智神通

차보살此菩薩 수순적멸성隨順寂滅性.

"제행무상諸行無常 시생멸법是生滅法 생멸멸이生滅滅已 적멸위락寂滅爲樂"이다. "일도출생사一道出生死", 출생사出生死의 일도一道, 거기가 적멸寂滅이다. 생사를 초월해서 정말 도에 들어간 세계, 머리를 물 속에 집어넣고 붕 떠올라온 세계, 그 세계가 적멸의 세계다. 그 세계가 즐거운 세계지 물 속에 들어가서 야단칠 때야 숨이 답답해서 어떻게 사는가. 붕 떠올라와야 숨을 쉬게 된다. 그렇게 되면 그것을 적멸의 세계라 한다. 아무 문제가 없는, 고통이 없는 세계다. 그러니까 보통 "단번뇌斷煩惱"라 한다. 삼마디, 삼마파티, 디야나라 할 때 디야나를 보통 단번뇌라 한다. 일체 문제가 해결이 된 것이다. 붕 떠올라왔으니까 일체 문제가 해결되어 아무 걸림이 없다. "일도출생사"가 되면 "일체무애인一切無碍人"이다. 아무 걸림이 없는 그런 세계가 적멸의 세계다. 그것이 정말 즐거운 세계다. 문제가 없고 골치 아픈 것이 다 없어져야 적멸의 세계다. 이것이 소위 공空의 세계 혹은 무無의 세계 기독교로 말하면 천국이다. 천국에 가야 기쁨이 나온다. "수순적멸성隨順寂滅性", 적멸의 세계에 도달했다는 것이다.

불사일체원不捨一切願 견의지법見義知法 흥포법운興布法雲 강주법우降霔法雨.

이젠 모든 소원을 하나도 버릴 것이 없다. 다 들어줄 수 있다. 언제나 옳은 것을 보고 언제나 이치를 알고 그래서 언제나 진리의 구름을 일으켜 세워서 진리의 비를 쏟아놓는다.

수지실상雖知實相 불가언설不可言說 이이방편而以方便 무진변재無盡辯才 수법수의隨法隨義 차제개연次第開演.

진짜 실상은, 하나님의 세계는, 하나님의 나라는 우리가 말할 수 없는 것이다. 그렇지만 한없는 변재辯才를 가지고서 법에 따라서 의義에 따라서 조금씩 조금씩 설명을 한다. 말할 수 없는 세계지만 그것을 여러 방편을 써서 말 잘하는 재간으로 재미있게 조금씩 말해간다는 것이다. 이것은 지금 진리를 가르친다는 그 이야기다.

28.10 입일체법멸진삼매지신통入一切法滅盡三昧智神通

삼매 가운데 멸진삼매滅盡三昧라는 것이 있다. 삼매란 기독교로 말하면 기도하는 것이라 할 수 있고 또는 수양하는 것이라 할 수 있다. 우리가 물 속에 머리를 집어넣는 것으로 붕 뜨는데 어디까지 떠 올라가는가 하는 그것이 문제다. 그런데 천국의 맨 꼭대기까지 올라갈 수 있는 그런 수도 방법이 멸진삼매라는 것이다.

전에 그림을 보면 수미산須彌山이 있고 그 위에 33천 도리천忉利天이 있고 그 위에 야마천夜摩天이니 하는 욕계欲界가 있고 그 위에 색계色界가 있고 그 위에 무색계無色界가 있다. 무색계가 가장 높이 올라간 것이다. 유정천有頂天이라는 맨 꼭대기인데 그 맨 꼭대기에 올라가는 삼매를 멸진삼매라 한다. 그러니까 천국의 제일 높은 데 올라갔다 하는 것이 멸진이다.

불자佛子 보살마하살菩薩摩訶薩 이일체법멸진삼매지통以一切法滅盡三昧智通 불사보살사不捨菩薩事 불퇴보살도不退菩薩道.

멸진삼매로 그렇게 올라갔지만 보살사菩薩事를 버리지 않고 보살도菩薩道를 버리지 않는다. 부처가 되어서도 보살을 버리지 않겠다는 것이나 같은 생각이다. 천국에 올라가서 이제 편안하다 하고 있는 것이 아니라 다시 지옥으로 내려간다. 지옥에 가서 지옥에 있는 사람들을 구원해주는 것이다. 그것이 보살행이다.

수습파라밀修習波羅蜜 불사도중생원不捨度衆生願 부단전법륜사不斷轉法輪事.

거기에 올라가서도 파라밀을 수습修習해서 모든 중생을 구원하겠다는, 모든 중생이 부처 되기까지 부처가 되지 않겠다는 그 보살원普賢願을 버리지 않는다. 그래서 끊임없이 계속 설법을 한다.

마지막 이것은 입에 해당하는 것이다. 가르친다는 것이 다 입에 속하는 것이다. 장자莊子의 말이다. 이철위총耳徹爲聰, 귀가 뚫려야 총聰이라 한다. 목철위명目徹爲明, 눈이 뚫려야 명明이라 한다. 비철위전鼻徹爲顫, 코가 뚫리는 것을 전顫이라 한다. 전顫은 냄새를 잘 맡는다는 뜻이다. 구철위감口徹爲甘, 입이 뚫려야 감甘이라 한다. 무엇을 먹어도 맛있다는 것이다. 심철위지心徹爲知, 마음이 뚫려야 지知라고 하고 지철위덕知徹爲德, 지가 뚫려야 그것을 덕德이라 한다. 내가 유영모 선생에게『장자』를 배울 때 맨 처음 배운 말이 이 말이다. 그 전에는『장자』라는 책 이름도 몰랐다. 그런데 미국에 가서 영어공부를 하니까 이 말이 늘 생각났다.

맨 처음에는 들려야 한다. 그 다음에는 책을 보아야 된다. 보는 것이 그 다음에 필요하다. 그 다음에는 논문을 써야 된다. 쓰는 것이 필요하다. 그 다음에는 말하는 것이 필요하다. 자기 속에 있는 것을 표현해야 된다. 그 다음은 내가 미국에서 경험한 것인데 꿈 속에서 영어를 하니까, 영어로 꿈을 꾸니까 영어라고 하는 것이 뚫렸다. 심철위지라는 것이다. 그래서 영어가 뚫리니까 그 다음에는 미국 사람이 통 무섭지 않았다. 미국 사람만 보면 무서웠었는데 그런 것이 다 없어지고 다 좋아지고 친해졌다. 그런 것을 덕德이라 한다. 지철위덕이다. 미국에서 지내보니까 그랬다. 귀가 뚫리고 눈이 뚫리고 코가 뚫리고 입이 뚫리고 마음이 뚫리고 지가 뚫린다. 이것은 어학에서만 그런 것이 아니고 종교면 종교, 철학이면 철학, 어디서나 이 경험은 있을 수 있다. 맨 처음에 제일 중요한 것이 귀가 뚫리는 것이다. 선생님의 말씀이 들린다는 것이다. 천이天耳라는 말이 있었는데 선생님의 말씀이 들리는 것이다.

나도 유영모 선생님 강의를 3년을 들으니까 대충 들렸다. 3년을 더 들으니까 그 다음에는 다 그 소리가 그 소리다. 밤낮 하는 소리가 다 같은 그 소리다. 그 다음부터는 무슨 들으러 가는 것이 아니다. 들어주러 가는 것이다. 그러니까 유영모 선생 말을 열심히 들은 것은 6년이다. 물론 유영모 선생 강의를 30년을 들었지만 그 이후에는 들어주러 가는 것이다. 다른 사람을 위해서 가는 것이다. 나라도 가서 앉아있어야 또 다른 사람도 섭섭하지 않게 되니까 들어주러 갔지 무슨 내가 들으러 간 것이 아니다.

철학은 한 6년만 들으면 대개 뚫린다. 귀가 뚫리는 것이다. 나는 늘 말하길 과학은 3년만 열심히 하면 뚫리고 철학은 6년 열심히 하면 뚫리고 종교는 12년 열심히 하면 뚫린다고 한다. 나는 도교 읽는데 3년, 불교 읽는데 3년, 유교 읽는데 3년, 기독교 읽는데 3년, 이렇게 대개 요점되는 중요한 경전을 읽는데 12년이 걸렸다. 12년을 걸려서 그렇게 읽지 않으면 종교에 대해서 말할 권리가 없다. 『논어論語』도 읽지 못하고 유교를 말한다는 것이 말이 되는가. 『화엄경』도 읽지 못하고 불교를 말한다는 것이 말이 되는가. 적어도 불교를 말하려면 『법화경』이나 『화엄경』, 『벽암록』 등 저 사람들이 가장 중요하게 생각하는 경전을 우리가 읽어보고서 불교에는 이런 것도 있더라 이렇게 해야지 아무 것도 모르고 말하면 안 된다. 교회에 가면 목사들이 기독교가 제일이라는 말을 하기 위해서 유교는 아무 것도 아니라는 그런 말을 하는데 그런 사람들에게 물어보면 『논어』도 읽지 못한 사람들이다. 『논어』도 읽지 못한 사람은 유교에 대해 말할 자격이 없는 사람이다. 『주역周易』도 하나 모르면서 유교를 말한다는 것은 말도 안 된다. 우리가 무엇을 말하기 위해서는 반드시 중요한 경전을 보아야 된다. 『팔만대장경』을 다 읽어라 할 수는 없지만 선禪에서 중요한 경전인 『벽암록』 정도는 읽어두어야 하고 교敎에서 제일 중요한 『화엄경』 같은 경전을 읽어두어야 한다. 이런 것을 읽지 못하고 불교를 말한다는 것은 말도 안 되는 것이다. 기독교라면 『신약』, 『구약』을 다 읽고서 기독교를 이야기해야지 『신약』, 『구약』 한 번도 못 읽고서 기독교를 말하겠는가. 유교를 말하려면 『논어』, 『맹자孟子』, 『대학大學』, 『중용中庸』의 사서四書와 『주역周易』, 『시경詩經』, 『서경書經』의 삼경三經을 읽고서 유교를 말해야 된다.

심철위지心徹爲知, 우리가 의식의 세계로만 알아서는 안 된다. 무의식의 세계까지 알아야 된다. 그래서 영어를 하려고 해도 꿈 속에서까지 해야 된다. 유영모 선생은 꿈 속에서 시를 지어서 그 시를 갖다 쓰고서 설명하고 그랬다. 꿈 속에서도 시를 짓게끔 되니까 유영모지 그 것 못하면 유영모라 할 것이 없다. 무의식 속에서도 할 수 있게 되어야 한다. 그것이 심철위지라는 것이다. 그래야 정말 알았다 할 수 있지 그렇지 않으면 알았다 할 수가 없다. 그렇게 알아야 지철위덕知徹爲德, 일체 문제가 없어진다. 불안도 없어지고 공포도 없어진다. 『파라밀다심경波羅蜜多心經』을 보면 맨 마지막에 무유공포無有恐怖라고 나온다. 일체 공포가 없어져야 된다. 영어로 꿈을 꾸게 되지 않으면 공포가 없어지지 않는다. 기독교면 기독교에 대해서 공포가 없어져야 된다. 부활이라 해도 십자가라 해도 공포가 없어져야 된다. 공포가 없어지게 되는 것을 덕德이라 한다. 이 덕에까지 가야 된다. 그러니까 무엇 하나 안다고 하는 것이 쉬운 것이 아니다. 공포가 없는 데까지 가야 된다. 그래서 이 여섯 가지가 여간 중요한 것이 아니다.

공자는 여섯 가지를 말할 때 15에 지우학志于學, 30에 입立, 40에 불혹不惑, 50에 지천명知天命, 60에 이순耳順, 70에 불유구不踰矩라 했다. 무엇이거나 다 이렇게 깊이 아는 것이다. 그렇게 되기 위해서 우리가 70년을 사는 것이지 그렇지 않으면 30년 살고 말아도 된다. 그러니까 반드시 시간이 필요하다. 불경이고 사서삼경이고 그런 경들을 하나 읽는데도 한 12년이 걸린다. 그것이 간단히 그렇게 되지 않는다. 그러니까 사람이 70년이건 80년이건 오래 살아서 무엇을 해야지 이것이 쉽게 되지 않는다. 그래서 공자에게 글자 하나 가지고 일생 살 글자가 무슨 글자입니까 하고 물었더니 '어려울 난難' 이라 했다.

사람의 특색이 있다면 아는 것이다. 동물과 다른 것이 그것이다. 그래서 성리학性理學에서는 사람에 대해 허령지각虛靈知覺이라 했다. 사람은 허령지각이다. 사람의 특색은 아는 것이다. 이것이 보통 중요한 것이 아니다. 허령虛靈이 된다는 것은 행行이다. 지각知覺은 지知다. 사람에게 제일 중요한 것은 아는 것과 행하는 것이다. 그런데 안다는 것이 쉽게 되는 것이 아니다. 위암 수술을 만 오천 번 했다고 하는데 그렇게 되면 다 알았다고 할 수 있는가 하면 아니다. 아직도 실수할 수가 있다. 그러니까 신통神通이라는 것, 정말 신통이 되려면 허령이 되어야 한다. 허령지각을 달리 말하면 신통이다. 우리가 신통하게 되려면 오랜 수련을 거쳐서, 오랜 수행을 거쳐서 된다.

이번에 조계종 종정으로 된 사람이 나와서 한마디 하는 것이 무엇인가 하면 하나도 수행이요 둘도 수행이요 셋도 수행이요 그것밖에 없다는 것이다. 그 한마디 하는 것을 보니 그 사람 정말 종정 자격이 있다. 하나도 수행 둘도 수행 셋도 수행이지 다 알았다든가 다 되었다든가 그런 것이 없다. 사람은 계속 올라가는 것이지 끝이라는 것이 없다. 죽은 후에도 또 계속해야 된다. 이것을 우리는 영원한 생명이라 한다. 죽으면 끝나는 것이 아니다. 죽으면 시작이다. 그래서 『대학』에 보면 시종始終이 아니라 종시終始다. 『주역』이라는 것이 무엇인가. 종시다. 끝나면 또 시작하는 것이다. 또 시작하는 것이 결국 신통이다. 죽어서도 또 해야 된다. 사람은 계속 올라가는 것이다. 이것이 소위 영원한 생명이라는 것이다. 계속 올라가는 것이지 다 했다 다 알았다는 그런 것은 없다.

혜능慧能의 제자가 남악南嶽인데 남악의 제자는 마조馬祖다. 방온龐蘊은 마조의 제자다. 다음은 방온거사龐蘊居士가 지은 것이다.

"일일사무별日日事無別 유오자우해惟吾自偶諧
두두비취사頭頭非取捨 처처몰장괴處處沒張乖
주자수위호朱紫誰爲號 구산절진애邱山絶塵埃

"신통병묘용神通幷妙用 운수급반시運水及搬柴"

"일일사무별日日事無別"

매일매일 올라가는 것이다. 하루도 쉬는 날이 없다. 매일매일이 다른 날이 아니다.

"유오자우해惟吾自偶諧"

결국은 내가 내가 되기 위해서 올라가는 것이다. 내가 결국 내가 되는 것이지 다른 것이 되자는 것이 아니다. 나와 내가 같이 즐긴다, 좋아한다는 것이다. 내가 찾는 것이 누구인가. 나를 찾는 것이다. 내가 나를 찾는다. 여러 사람이 사진을 찍었어도 졸업사진에서 보이는 것은 누가 보이는가 하면 내 사진이다. 밤낮 나만 보이지 다른 사람은 보이지도 않는다. 내가 찾는 것은 나뿐이다. 우리가 예수를 믿는 것도 나를 위해서 믿는 것이지 무슨 예수를 위해서 믿는 것이 아니다. 언제나 내가 나를 찾는 것이고 내가 나를 즐기는 것이다. 객체도 나요 주체도 나다. 우리가 진리를 찾는다 하는데 그 진리가 무엇인가 하면 나다. 그러니까 진리를 찾는다는 말을 달리 말하면 나를 찾는다는 것이다. 진리를 찾아서 기쁨을 느끼는 것은 내가 나를 만나서 기쁜 것이다. 세상에서 제일 반가운 것이 무엇인가. 내가 나를 만났을 때 제일 반가운 것이다. "유오자우해惟吾自偶諧", 내가 오직 나를 만났을 때 제일 기쁘다.

"두두비취사頭頭非取捨"

이 사람 저 사람 그것은 하나도 가릴 것이 없다. 모든 사람은 다 같다. 누구는 좋고 누구는 나쁘다 그것은 아니다. 사람은 다 같다.

"처처몰장괴處處沒張乖"

여기는 좋고 어디는 안 좋고 그것이 아니라 어디나 다 좋다. 어디는 긴장되고 어디는 긴장되지 않고 그것이 아니다.

"주자수위호朱紫誰爲號 구산절진애邱山絕塵埃"

'주朱'는 농사꾼이 입는 옷이고 '자紫'는 귀족들이 입는 옷이다. 농사꾼이니 귀족이니 그런 말 하지 말라는 것이다.
산과 언덕 어디나 다 좋다. 진애塵埃를 초월했다.

"신통병묘용神通幷妙用"

인생에게 제일 중요한 것이 신통과 묘용이다. 오늘 우리가 이야기하는 것이 신통인데 언제나 붕 뜨는 것 그것이 제일 중요한 것이다. 붕 뜨면 또 이제 열심히 가야한다. 그것이 묘용이다. 그러니까 신통과 묘용이 제일 중요한 것이다.

"운수급반시運水及搬柴"

물 긷고 땔나무를 한다. 물은 길어다 밥하는 것이다. 장작은 패서 불 때는 것이다. 말하자면 밥 먹고 잠자는 일이다. 세상에서 제일 중요한 것이 밥 먹고 잠자는 것이다. 제일 신통한 것이 있다면 밥 먹는 일이고 제일 묘용이 있다면 잠자는 것이다. 그러니까 밥 잘 먹고 잠 잘 자면 그것이 기체氣體다. 기체가 다른 것이 아니다. 기체가 결국 신통묘용 神通妙用이다.
그런데 밥이 먹히지 않는다, 잠이 오지 않는다 하면 그것은 지옥이다. 천국은 무엇인가. 밥이 맛있고 잠이 잘 온다는 그것이 천국이다. 그러니까 신통묘용이 다른 데 있는 것이 아니라 밥 잘 먹고 잠 잘 자는

데 있다. 이것은 왕양명 배울 때도 한 번 나왔다. 밥 잘 먹고 잠 잘 자는 그것이 신통 묘용이다.

2002. 4. 7.

제29. 십인품十忍品

십인품 강해(1)

　우리가 지금 하고 있는 것이 십지十地 다음에 등각等覺 묘각妙覺이라는 것이다. 그래서 「십정품十定品」, 「십통품十通品」이 나왔고 오늘은 「십인품十忍品」인데 이것들은 등각에 관한 것이다. 조금 더 가면 「불부사의법품佛不思議法品」이 나오는데 거기서부터 묘각에 관한 것이다. 그러니까 등각에 관해서는 「십정품」에서부터 「보살주처품菩薩住處品」까지의 6장으로 되어 있고 묘각에 관해서는 「불부사의법품」에서부터 「여래출현품如來出現品」까지의 5장으로 되어 있다. 등각 묘각에 대해서 모두 11장으로 되어 있는데 그 중의 「십인품」은 세 번째로 나오는 장으로 등각에 관한 것이다. 등각等覺이란 부처와 같다는 것이다. 제자들이 부처와 같아졌다는 말이다. 그런데 더 가면 부처보다 앞서있다는 그런 뜻으로 묘각妙覺이 나온다.
　등각의 핵심은 십정十定, 십통十通, 십인十忍이라는 셋이다. 십정十定은 선정禪定이라는 것으로 머리를 물 속에 집어넣는 것이다. 열심히 무엇을 하나 파고 들어가는 것이다. 십통十通은 신통神通이다. 물 위로 붕 떠올라오는 것이다. 열심히 해서 요령을 잡은 것이다. 그 다음에 십인十忍이란 물 위로 붕 떠서 어디나 갈 수 있다는 것이다. 요령을 잡았으니까 이제 무슨 문제나 해결할 수 있다는 그것을 십인이라 한다.

'인忍'이라는 글자는 여러 가지로 쓰이는데 우선 말씀 언言을 붙여 '인認'이라 생각한다. 인식론認識論이라 할 때의 인認이다. 또 인증認證이라는 뜻도 되고 인욕정진忍辱精進이라는 뜻도 된다. 모든 어려움을 참고 간다는 것이다. 또 어느 때는 인가認可라는 뜻으로 된다. 도장을 찍어 인가를 받는다는 것이나 같은 뜻으로 쓰인다. 이렇게 여러 가지로 쓰이는데 오늘은 먼저 인욕忍辱이라기보다는 인욕忍慾이라 하고 그 다음에 인식認識과 인증認證이라는 뜻 이렇게 세 가지만을 주로 보기로 한다.

붕 떠서 어디나 갈 수 있다. 그래보아야 갈 수 있는 곳은 하늘, 땅, 사람이다. 하늘로 간다 하는 것이 인식認識이고, 땅에 간다 하는 것이 인욕忍慾이고, 사람에게 간다 하는 것이 인증認證이다. 우리가 생각하는 것은 언제나 이렇게 세 가지다. 하늘로 가느냐, 땅으로 가느냐, 사람에게 가느냐. 얼음인가 에베레스트인가 양자강인가. 산인가 물인가 얼음 즉 하늘인가. 언제나 이렇게 셋이다. 심心, 불佛, 법계法界라 해도 마찬가지다. 왕양명으로 말하면 심즉리心卽理, 지행합일知行合一, 치양지致良知라 한다. 기독교로 말하면 성육신, 십자가, 부활이다. 우리가 이런 패턴을 붙잡으면 무엇이나 좀 이해하기가 쉽다. 하늘, 땅, 사람인데 이 천지인天地人이라 하는 것은 『주역』에서 나왔다.

29.1 이시爾時 보현보살普賢菩薩 고제보살언告諸菩薩言 유십종有十種 소위음성인所謂音聲忍 순인順忍 무생법인無生法忍 여환인如幻忍 여염인如焰忍 여몽인如夢忍 여향인如響忍 여영인如影忍 여화인如化忍 여공인如空忍.

이때 보현보살이 모든 보살에게 말했다. 열 가지 인忍이 있는데 음성인음성인音聲忍, 순인順忍, 무생법인無生法忍, 여환인如幻忍, 여염인如焰忍, 여몽인如夢忍, 여향인如響忍, 여영인如影忍, 여화인如化忍, 여공인如空忍이다.

이 가운데 가장 유명한 무생법인은 전에도 나왔다. 모두 열 가지인데 처음 셋은 하늘에 속한 것으로 보고 그 다음 넷은 땅에 속한 것으로 보고 마지막 셋은 사람에 속한 것으로 잡는다.

그리고 언제나 말하지만 성문·연각·보살·불타라는 것이다. 성문은 귀, 연각은 눈, 보살은 코, 불타는 입이다. 듣는 것, 보는 것, 실천하는 것, 증거하는 것이다. 인증認證이라 하는 것이 증거하는 것이다. 인식認識이란 보는 것이다. 인욕忍慾은 실천하는 것이다. 언제나 지知, 행行, 인仁이다. 우선 알아야 되고 그 다음에는 실천해야 되고 그 다음에는 다른 사람에게 증거해야 된다. 언제나 이 세 가지다. 불타라 하면 증거하는 사람이다. 불佛이나 인仁이나 같은 것이다. 보살이라 하면 실천하는 사람이다. 보현행, 보살행, 다 실천하는 사람이다. 연각이라 하면 그것은 깨닫는 사람이고 아는 사람이다. 그래서 지知에 속하는가 행行에 속하는가 인仁에 속하는가 셋이다.

인식認識하는 단계

29.2 음성인音聲忍
문제불소설지법聞諸佛所說之法 불경불포불외不驚不怖不畏 심신오해深信悟解 애락취향愛樂趣向 전심억념專心憶念 수습안주修習安住.

사실 이것은 듣는 문제다. 부처님의 가르침을 듣는 것이다. 우선 듣는 것이 제일 중요하다. 그래서 귀가 뚫려야 한다. 놀라지도 않게 되고 무서워하지도 않게 되고 두려워하지도 않게 된다. 말이 차차 귀에 익는다는 것이다. 그래서 깊이 믿게 되고 이해하게 되고 사랑하게 되고 좋아하게 되고 나아가게 된다. 생각하게 되고 그래서 그 세계에 편안히 가서 앉게 된다. 교회에 오래 다니다 보면 차차 듣는 것이 익숙해지고 교회에 가서 앉는 것이 편안해진다.
「십인품」의 마지막에 다시 한 번 게偈로써 설명해 놓았는데 그 가운데 되는대로 뽑아보았다.

비여세유인譬如世有人 문유보장처聞有寶藏處
이기가득고以其可得故 심생대환희心生大歡喜

어떤 사람이 있는데 보물이 숨어있는 곳이 있다는 소리를 들었다. 교회에 가면 하늘나라가 있다, 천국이 가까이 왔다, 그런 소리다. 보물이 묻혀있는 곳이 있는데 우리가 가서 얼마든지 찾아낼 수 있다. 그 소리를 듣고 마음속에 한없는 기쁨을 가지게 되었다.

청문제불법聽聞諸佛法 심심적멸상甚深寂滅相
문법증용맹聞法增勇猛 공불령환희供佛令歡喜.

부처님의 법, 또는 성경 말씀을 자꾸 듣게 되는데 그렇게 자꾸 듣다 보면 마음속에 기쁨이 자꾸 솟아 나온다. 그래서 들으면 들을수록 더 기운이 나고 또 모두가 기쁨에 넘치게 된다. 듣는데서 기쁨이 나온다. 기쁨은 결국 하나님의 말씀에 있지 다른 데는 없다. 진리와 함께 기뻐한다는 것이다. 법열法悅이다.

29.3 순인順忍
어제법於諸法 사유관찰思惟觀察 평등무위平等無違 수순료지隨順了知 영심청정令心淸淨 정주수습正住修習 취입성취趣入成就.

듣고 나서 생각하는 것이다. 목사님 말씀을 들으면 단순히 생각만 하는 것이 아니라 『성경』을 여기저기 들춰보게도 된다. 들은 다음에는 보는 세계다. "평등무위平等無違", 어떤 말씀이나 다 좋은 말씀이지 어느 것이 더 좋고 덜 좋고 거의 그런 것이 없다. "수순료지隨順了知",

한 절 한 절 따라가면 자꾸 이해가 된다. "영심청정令心淸淨", 내 마음이 자꾸 청정해진다. "정주수습正住修習", 바로 살게 되고 자꾸 익히게 된다. "취입성취趣入成就", 자꾸 더 성취하는 면으로 나아가게 된다.

여유대복인如有大福人 획득진금장獲得眞金藏
수신소응복隨身所應服 조작장엄구造作莊嚴具
수순불소설隨順佛所說 성취차인문成就此忍門
여법이료지如法而了知 역불분별법亦不分別法.

한 걸음 더 나아가서 정말 행복한 사람이 되었다. 순금이 들어있는 항아리를 발견했다. 생각하고 생각하면 우리는 진리를 깨닫게 되는 것이다. 자신에 맞게 모든 금 장신구를 만들 수 있다. 팔찌도 낄 수 있고 가락지도 낄 수 있고 마음대로 할 수 있다. 부처님의 말을 좇아서 정말 깊이 생각해 가면 진리를 그대로 알 수 있게 된다. 분별법을 초월해서 통일법을 알 수 있게 된다. 자꾸 생각해 들어간다는 소리다.

29.4 무생법인無生法忍

"무생법인無生法忍", 생사를 초월한 진리를 깨닫는다. '생生'은 생사生死라는 말이고 '무無'는 초월한다는 뜻이다. 무가 없다는 뜻도 있지만 불교에서는 초월한다는 뜻이 더 많다. '법法'이라는 글자도 여러 가지로 쓰인다. 대개 다섯 가지로 쓰이는데 우선 자연물의 뜻으로 쓰이고, 세상의 법이라는 말로도 쓰이고, 종교의 교리도 법이고, 진리라는 뜻으로도 쓰이고, 또 하나님이라 할 때도 법이다. 법이 이렇게 여러 가지로 쓰이는 데 우리는 그때마다 무엇으로 번역할까 생각해야 된다. 여기서는 진리라는 뜻으로 보는 것이 좋다. 무생법인, 생사를 초월한 진리를 깨달았다. '인忍'은 여기서 인식認識이라는 뜻이다. 깨달았다는 말이다.

불견유소법생不見有少法生 역불견유소법멸亦不見有少法滅.

조그만 물건들이 나온다, 그것도 보지 않게 되고, 또 조그만 물건들이 없어진다, 그것도 보지 않게 된다. 생사를 자꾸 넘어서게 된다는 말이다.

약무생 즉무멸若無生則無滅 무멸 즉무진無滅則無盡 무진 즉이구無盡則離垢 이구 즉무차별離垢則無差別.

생生을 보지 않게 되면 멸滅도 보지 않게 된다. 생사를 초월한다는 것이다. 기독교에서는 이것을 영원한 생명이라 한다. 멸하는 것이 없으면 다하는 것도 없다. 다하는 것이 없으면 더러운 것이 없다. 더러움이 없으면 차별도 없다.

무차별 즉무처소無差別則無處所 무처소 즉적정無處所則寂靜.

차별이 없으면 있는 곳도 없다. 있는 곳이 없는 거기가 적정寂靜이다. "생멸멸이生滅滅已 적멸위락寂滅爲樂", 생사를 초월한 그 세계가 적정 혹은 적멸이다. 적멸이나 적정이나 같은 말이다. "제행무상諸行無常 열반적정涅槃寂靜"이다. 열반이라는 것이 적멸위락의 세계니까 같은 말이다.

적정 즉이욕寂靜則離欲 이욕 즉무작離欲則無作 무작 즉무원無作則無願 무원 즉무주無願則無住 무주 즉무거무래無住則無去無來.

적정의 세계에 가면 욕심이 붙을 데가 하나도 없다. 욕심이 떠나게 되면 특별히 해를 줄 것이 없다. 지의 세계는 진리를 깨달으면 끝이다. 그러니까 지금까지 지의 세계, 인식의 세계를 말한 것이다.

삼십삼천중三十三天中 소유제천자所有諸天子
공동일기식共同一器食 소식각부동所食各不同
보살역여시菩薩亦如是 관찰일체법觀察一切法
실종인연기悉從因緣起 무생고무멸無生故無滅.

33천 도솔천이다. 거기에 천자들이 있는데 한 솥의 밥인데 먹는 양은 조금씩 다르다. 진리를 사랑하는 것은 꼭 같은데 진리에 대한 이해는 조금씩 다 다르다는 말이라 할 수 있다. 보살도 이와 같다. 이 세상의 모든 것을 보면 다 인연에 따라 이 세상 만물은 일어나는 것인데 진리의 세계, 혹은 실재의 세계는 생멸을 초월해 있다.

인욕忍慾하는 단계

29.5 여환인如幻忍

지금까지는 지知의 세계, 인식의 세계라는 것인데 이제부터는 인욕忍慾의 세계다. '인忍'이란 칼 도刀에 마음 심心이다. 마음을 칼로 잘라버리는 것이다. 마음은 어떤 마음인가. 욕심이다. 욕심을 잘라버리는 것이다. 왕양명은 이것을 지행합일知行合一이라 한다. 지행합일이란 욕심을 잘라버린다는 소리다. 양명이 생각하는 것은 왜 지와 행이 갈려있는가 하면 욕심 때문이라는 것이다. 그러니까 욕심을 제거해버리면 지와 행은 하나가 되고 만다. 왜 인격이 분열이 되는가. 욕심 때문이다. 욕심이 없어지면 인격은 통일이 되고 만다. 『화엄경』에서는 심心, 불佛, 법法이라 하는데 양명은 심心 대신에 심즉리心卽理라 하고 불佛 대신에 지행합일이라 한다. 불의 특징이 무엇인가. 욕심이 없다는 것이다. 그리고 법계法界라는 대신에 양명은 치양지致良知라 한다. 양지를 쏟아 붓는다는 말이다. 히말라야에서 얼음이 녹아 내린 양자강 물이 내려와서 모든 논에 물을 쏟아 부어 모든 생명을 살린다. 그것이 소위 왕양명으로 말하면 치양지라는 것이다. 양지良知가 무엇인

가. 조화적造化的 정령精靈이다. 모든 만물을 살리는 근거라는 말이다. 생명의 원동력이다. 그러니까 치양지란 생명의 원동력을 쏟아 붓는다는 말이다. 기독교로 말하면 결국 말씀으로 구원을 얻는다는 말이다. 양명이나 『화엄경』이나 같은 소리다. 양명이 『화엄경』을 읽고나서 그런 소리를 했는지 모르지만 대개 생각하는 것이 비슷하다.

'인忍'이라는 한 글자만 해도 욕심을 제거한다는 뜻이다. 욕심을 칼로 싹 잘라버리는 것이다. 그래서 욕심이 없게 되면 그것이 나다. 욕심이 있으면 아직 그것은 나가 아니다. 욕심이 없어져야 나다. 인욕이다. 욕심을 잘라버리는 것이다. 사람의 욕심이 몇 가지나 있는가. 대개 네 가지로 본다. 제일 근본적인 것이 식욕이다. 모든 경제문제, 사기니 뇌물이니 하는 것들이 다 여기서 나온다. 요새 우리 사회의 모든 문제는 여기에 속하는 문제다. 그리고 또 텔레비전에서 밤낮 사랑이니 하는 문제는 색色의 문제다. 그 다음은 지知의 문제다. 대학을 가느냐 유학을 가느냐 영재교육을 하느냐 다 지의 문제다. 그 다음은 이름에 관한 문제다. 대통령 후보를 경선한다 어쩐다 하는 것도 다 이름 가지고 하는 문제다. 이회창이니 노무현이니 다 이름 가지고 나오는 문제다. 그런데 식食이나 색色이나 지知나 명名이나 이것들은 다 허깨비라는 것이다. 이것은 불교적 사상이지만 우리도 다 그렇게 생각한다. 술이라 하면 술에 중독되는 사람도 많고 앓는 사람도 많다. 그런데 술을 안 먹는 사람에게는 술 같은 것은 아무 것도 아니다. 술 한 병에 이백만 원이니 어쩌니 하지만 이백만 원을 하건 천 원을 하건 우리에게는 아무 상관이 없다. 술 안 먹는 사람에게는 아무 것도 아니다. 그러니까 불교에서는 허깨비라고 한다. 아무 것도 아닌데 거기에 붙들린 사람은 그것이 대단한 것이다. 죽느냐 사느냐 야단이다. 요새는 담배 이야기가 매일 나온다. 매일 담배 먹으면 죽는다 해도 아직도 어디나 가면 담배다. 죽는 줄 알면서도 끊지 못하고 자꾸 피운다. 중독된 사람에게는 담배가 대단한 것이지만 안 피는 사람에게는 아무 것도 아니다. 그야말로 허깨비다. 허깨비 혹은 꿈이라 한다. 꿈 같은 것이다. 한 번 지나가면 아무 것도 아닌 것인데 그 사람 자신에게서는 그것이 펑장하다. 그

본인에게는 대단하지만 그것과 상관없는 사람에게는 아무 것도 아니다. 그래서 허깨비라 꿈이라 산울림이라 아지랑이라 여러 가지로 말한다. 그것들이 다 무엇인가 하면 욕欲, 욕심이라는 것이다. '욕欲'이란 글자를 보면 골짜기(곡谷)다. 골짜기는 아무 것도 없는 것이다. '흠欠'이란 비어있다는 뜻이다. 욕심이란 아무 것도 아닌 것이다. 밀턴John Milton(1608-74)의 『실낙원』을 보면 사탄이 대단한 것 같지만 마지막에 보면 사탄은 하나의 조그만 도마뱀이지 아무 것도 아니다. 생각해보면 욕심이란 아무 것도 아니다. 그런데 그런 허깨비에 사람들은 홀려서 복권도 사고 무엇도 하고 자꾸 그러다가 망신 당한다. 산에 올라가 보면 일정한 장소에서 매일 도박을 한다. 얼마를 내고 하는지 모르지만 사람들이 한 번 따보겠다고 바글거린다. 카지노에 가보면 초만원이라 한다. 중독 걸린 사람들이 자꾸 그렇게 가는 것이다. 그런데 중독 안 걸린 사람들에게는 아무 것도 아니다. 우리가 전체적으로 보면 욕심에 중독이 걸린다. 중독의 원인이 욕심이다. 어려서부터 교회에 다니면 술도 안 먹게 되고 담배도 안 피게 되고 그래서 중독 걸리는 데서 넘어서게 된다. 그런데 대학만 가게 되면 술 안 먹는 사람도 술을 먹게 해서 죽이기도 한다니 정말 악마의 세상이다. 사탄의 힘이 대단하다. 하지만 사실은 아무 것도 아니다. 아무리 그래도 안 먹으면 된다. 이 세상의 악마가 대단히 큰 것 같지만 생각해보면 도마뱀 정도밖에 안 된다. 그런데 그 도마뱀이 자꾸 커지면 악마도 되고 무엇도 되고 그래서 나중에는 꼼짝도 못하고 끌려다니게도 되고 그런다. 그런 것이 욕이다. 욕이란 허무한 것이다. 욕이 있는 것인가 하면 있는 것이 아니다. 사탄이 있는가. 있는 것이 아니다. 있는 것이 아닌데 도마뱀이 자꾸 커져서 많은 사람들을 괴롭히는 것이다. 남이 괴롭히는 것이 아니라 제가 그렇게 괴롭히는 것이다. 자기가 자기를 구박하고 자기가 자기를 못살게 하고 자기가 자기를 죽인다. 모두 자기가 그렇게 하는 것이다. 그러니까 그 원인이 되는 그 욕을 없이해 버리면 그것이 부처다. 그것을 못하면 중생이다. 욕은 누가 없애야 하는가. 내가 없애야지 다른 수가 없다. 내가 술을 먹지 않고 내가 담배를 피우지 않아야 한다.

병원에 들어가서 고쳐보자 하지만 병원에 들어가면서 담배를 사 가지고 들어가는데 어떻게 하는가. 내가 어떻게 하지 않으면 의사가 어떻게 하겠는가. 이것은 순전히 의지의 세계다. 행의 세계라는 말이다. 의지력이 약하면 그것을 못한다. 딱 끊으면 되는데 그것을 못한다.

인욕, 욕심을 칼로 딱 자르는 것이다. 『대학』을 보면 "단단斷斷"이라는 말이 나온다. 딱 끊고 또 끊고 그래야지 조금씩 조금씩 줄여가서는 안 된다. 끊으려면 단번에 딱 끊고 말아야 한다. 단단이다. 종교의 내용을 한마디로 말하면 단단이라 할 수 있다. 끊으면 되는 것이고 끊지 못하면 안 된다. 제일 중요한 것이 의지인데 의지란 또 도덕의 문제다. 칸트는 세상에서 제일 중요한 것이 선의지善意志라 했다.

4, 5, 6, 7번은 욕慾이라는 것이다. 이것들은 허깨비다. 환幻이다. 환이란 있는 것이 아니라 없는 것인데 우리가 자꾸 있는 것으로 착각하는 것이다. 집도 큰집이 되고 빈집이 되면 우리는 벌써 도깨비라도 있는 것처럼 생각한다. 또 공중묘지라도 가면 오싹오싹해진다. 그런데 있는 것인가 하면 아니다. 있는 것이 아닌데 내가 자꾸 그렇게 생각하는 것이다. 환, 환상이요 허깨비다.

지일체법知一切法 개실여환皆悉如幻 종인연기從因緣起 관일체세간여환觀一切世間如幻 불견중생생不見衆生生 불견중생멸不見衆生滅 불견제법생不見諸法生 불견제법멸不見諸法滅.

이 세상에 사는 것을 보면 다 정말 미쳐서 도깨비를 만나서 산다. 왜 그렇게 되는지, 왜 그런 아지랑이가, 그런 허깨비가, 그런 무지개가 끼는가. 내가 왜 이렇게 술에 중독이 되었는가. 대학에 가서 친구가 억지로 먹여서 먹게 되었는데 자꾸 먹다보니 중독이 되었다. 그렇게 되면 그것을 인연因緣이라 한다. 어떤 원인과 어떤 연緣에 의해서 자꾸 그렇게 된다. 그래서 보통 인연소생因緣所生이라 한다. 무지개라는 것은 잠깐이다. 꽃이 피었다 싶으면 벌써 진다. 이것도 하나의 허깨비다. 잠깐 피었다 사라진다. 조금 있으면 또 파랗게 된다. 잠깐 있다가 또 낙

엽이 진다. 모든 현상이라는 것은 다 하나의 인연이다. 그런데 그런 현상은 생멸生滅의 세계다. 낳다가는 죽고 또 낳다가는 죽는다. 그런데 이 생멸이 없는 세계, 그것을 우리는 실재의 세계라 한다. 기독교로 말하면 하나님의 나라 또는 영원한 생명이라 한다. 영원한 하나님의 나라와 현실적인 생멸의 세계라는 이 두 틈새에서 고민하고 있는 것이 우리라고 볼 수 있다.

이 세상이라는 것이 도깨비 같은 것이다. 이것은 정말 안개요 환상이다. 만일 그렇게만 생각할 수 있다면 중생의 생生이나 멸滅을 안 볼 수도 있게 된다. 또 모든 만물의 생이니 멸이니 이런 것을 안 볼 수도 있다.

변하는 세계는 조그만 세계다. 그런데 태양이라 하면 그것은 변하지 않는 세계다. 하늘에 속한 세계는 다 변하지 않는 세계다. 땅에 붙어있는 것은 다 변하는 세계다. 실재의 세계와 현상의 세계다. 우리는 실재와 현상이라는 이 문제를 생각하는 것이다. 우리는 현상의 세계에 매달릴 수도 있고 또 실재의 세계에 매달릴 수도 있다. 쉽게 말하면 우리는 술에 취할 수도 있고 또 하나님의 성령에 취할 수도 있다. 성령에 취해 살면 술 같은 것은 문제도 안 된다. 우리가 진리에 속해서 살 수도 있고 도박에 빠져서 살 수도 있다. 도박에 빠지면 생멸의 세계에 속한 것이요 진리에 속하면 영원한 세계에서 사는 것이다. 내가 이렇게 할 수도 있고 저렇게 할 수도 있다. 내 맘대로 할 수가 있다. 이것이 자유의지라는 것이다. 우리가 진리의 세계에 속해서 사는 것이 참 편하고 좋다 그렇게 생각하면 우리는 언제나 진리를 사모하게 되고 술은 먹으라 해도 먹고싶지도 않다. 그것은 한없이 쓰고 맛없는 것이지 그것이 무슨 달고 맛있어서 먹지 않고는 못 견디겠다는 그런 것이 전혀 없다. 사람이 바른 길로 가느냐 바르지 못한 길로 가느냐 이 둘로 갈리는 것인데 어렸을 때는 물론 환경의 지배를 많이 받는다. 그러나 조금 더 크면 자기가 결정해야 된다. 자기가 바로 살면 일생을 편하게 살 수가 있고 바로 못 살면 일생이 불행하다.

세간종종법世間種種法 일체개여환一切皆如幻
약능여시지若能如是知 기심무소동其心無所動

세상에서 사는 모든 모습들이 다 허깨비 같다. 그것을 알면 그 마음은 움직이지 않는다.

중생급국토衆生及國土 종종업소조種種業所造
입어여환제入於如幻際 어피무소착於彼無所着.

모든 중생, 국토, 다 허깨비가 만들어 낸 것, 다 허깨비에 들어가고 마는데 그렇게 허깨비라는 것을 알면 우리는 거기에 집착함이 없게 된다.

29.6 여염인如焰忍

'염焰'이란 아지랑이를 말한다. 봄이면 아지랑이가 끼는데 아지랑이가 있는 것인가 하면 있는 것이 아니다. 햇빛과 수증기의 일시적 작용으로 나타나는 것이다. 신기루도 마찬가지다. 신기루가 하늘에 뜨지만 진짜로 바그다드(천국이라는 뜻)가 어디 있겠는가. 없는 것인데 우리는 있는 것처럼 자꾸 망상을 한다.

4번의 여환인如幻忍은 대개 경제문제라 본다. 먹는 문제 이런 데서 오는 소위 '환幻', 허깨비라는 것이다. 그리고 5번의 여염인如焰忍은 남녀문제에서 오는 색色이라고 하는 문제다. 6번의 여몽인如夢忍은 지식, 이념의 문제라 본다. 그리고 7번의 여향인如響忍은 명예의 문제라 이렇게 보면 좋지 않을까 생각한다.

지일체세간知一切世間 동어양염同於陽焰 비여양염譬如陽焰 무유방소無有方所 단수세간但隨世間 언설현시言說顯示 여실관찰如實觀察 요지제법了知諸法 현증일체現證一切 영득원만令得圓滿.

세상 사는 것을 보면 밤낮 사랑 사랑 하면서 사랑에 그만 빠지고 만다. 그런데 사랑이라는 것은 아지랑이 같아서 실지로는 없는 것이다. 그런데 이 세상 사람들이 말하는 것을 들어보면 밤낮 그 소리다. 텔레비전에서 밤낮 사랑이라는 그 소리다. 우리가 정말 정신 똑바로 차리고 사랑이라는 것이 무엇인가 남녀관계라는 것이 무엇인가 그것을 확실히 따져보면 그것이 무엇인지 확실히 알 수가 있다. 그래서 우리가 사랑이라는 것을 초월해야 정말 편안한 세계에 살 수가 있다. 사랑이라는 것도 애愛인가 애착愛着인가 이것이 문제다. 애라 할 때는 하나님도 사랑이다. 그러나 애착이라 할 때는 악마가 애착이다. 같은 사랑을 가지고 악마도 될 수 있고 하나님도 될 수 있다. 그러니까 불교에서는 사랑을 만악의 근본이라 하는데 기독교에서는 사랑을 하나님이 곧 사랑이라 그렇게 말한다. 애냐 애착이냐, 이 둘을 구별하지 못해서 애착으로 가면 지옥이다. 이것도 돈의 문제나 다 같은 것이다. 그런데 돈의 문제는 의지의 문제인데 사랑은 감정의 문제다. 그래서 또 어려운 문제가 된다.

중상여양염衆想如陽焰 영중생도해令衆生倒解
보살선지상菩薩善知想 사리일체도捨離一切倒

사람들의 생각이 그만 아지랑이 같아서 모두 그만 거꾸로 살게 되었다. 전도인생顚倒人生이 되었다. 그래서 남자가 여자에게 빠져놓으면 부모도 모르게 된다. 아버지 어머니는 그만 짓밟히고 말고 자기 애인이 자기의 주인이 되고 만다. 전도인생, 인생이 그만 뒤집히고 만다. 텔레비전을 보면 그런 것들이 많다. 사랑에 미쳐서 지금까지 길러준 부모도 모른다 하고 어떤 사람은 또 사랑하는 사람과 같이 부모를 죽이기도 한다. 보살은 깊이 깊이 생각해서 거꾸로 된 이 세상을 바로잡아야 된다.

원리교만심遠離憍慢心 제멸세간상除滅世間想
주진무진처住盡無盡處 시보살방편是菩薩方便.

교만한 마음을 멀리하고 이 세상의 잘못된 생각을 제거하여 아무리 써도 다 쓸 수 없는 진짜 사랑에 살게 되면 그것이 보살의 사는 법이다.

29.7 여몽인如夢忍

꿈도 없는 것인데 우리가 있는 것처럼 생각하는 것이다. 이것은 지식의 문제 혹은 사상의 문제라고 본다. 이념, 이데올로기의 문제다.

지일체세간여몽知一切世間如夢 비욕계非欲界 비색계非色界 비무색계非無色界 여몽자성如夢自性 여몽집착如夢執着.

이 세상이라는 것은 정말 꿈 같다. 욕계, 색계, 무색계, 거기에는 그런 것이 없다. 꿈을 꾸는 사람은 자기가 꿈을 꾸는 줄도 모른다. 꿈인 줄 알면 깨지만 모르니까 못 깨는 것이다. 술 먹는 사람은 자기가 술에 빠져 있는지 모른다. "여몽자성如夢自性"이다. 꿈에 있으면 자기가 꿈에 있는 줄도 모른다. 그래서 꿈에 더 집착을 하게 된다.

이것은 지知의 문제, 관념의 문제, 사상의 문제다. 이념, 이데올로기의 문제다. 공산주의를 지나놓고 보면 아무 것도 아닌데 지난 70년 동안 공산주의가 세상을 얼마나 무섭게 만들었는지 모른다. 사탄도 그런 사탄이 없다. 소련이 망하고 나니까 아무 것도 아닌데 거기에 그만 미치게 되면 그렇게 된다. 지금 이북에서는 세상에서 제일 좋은 나라가 이북이라 한다. 몰라서 그렇지 세상에서 제일 좋은 세상은 이북이라는 것이다. 그 사람들에게는 수많은 아이들이 굶어죽는 일 같은 것은 문제도 아니다. 하여튼 이념의 세계라는 것이 또 인간을 얼마나 미치게 만드는지 모른다.

보살료세법菩薩了世法 일체개여몽一切皆如夢
비처비무처非處非無處 체성항적멸體性恒寂滅

보살이 이 세상을 살아가는데 일체가 꿈 같다. 처하는 것도 아니고 처하지 않는 것도 아닌, 생멸이 없는 거기가 진짜 적멸의 세계다.

시명여몽인是名如夢忍 인차료세법因此了世法
질성무애지疾成無碍智 광도제군생廣度諸群生.

이 이름을 몽인夢忍이라 한다. 이것을 우리가 확실히 알면 무애지無碍智를 얻을 수 있다. 우리가 무엇에 걸려있으면 유애지有碍智다. 그런데 그것을 넘어서면 무애지에 도달하게 된다. 그렇게 되어야 모든 사람을 행복하게 할 수가 있다.

29.8 여향인如響忍

'향響'은 산울림이다. 메아리는 거기에 누가 있어서 하는 것이 아니다. 메아리라는 그것도 없는 것이다. 없는 것인데 우리는 자꾸 있는 것처럼 느끼게 되고, 느낄 뿐만 아니라 거기에 끌려다니게 되고, 끌려다니는 것뿐만 아니라 거기에 내가 죽게 되고, 나만 죽게 되는 것이 아니라 온 가족이 다 죽게 된다. 이런 현상이다. 욕심이 잉태한즉 죄를 낳고 죄가 장성한 즉 사망이 된다. 아무 것도 아닌 것인데 아무 것도 아닌 그것이 우리를 괴롭히는 것이다. 정신분열이 그것이다. 그런데 그 원인이 무엇인가 하면 한마디로 욕심이다. '욕欲'이라는 글자는 골짜기 곡谷자와 부족하다는 흠欠이 합쳐진 것이다. 아무 것도 없는 것인데 그것이 자꾸 우리를 괴롭히는 원동력이 된다는 말이다.

문불설법聞佛說法 관제법성觀諸法性 수학성취修學成就 도어피안到於彼岸.

이것은 명예의 문제라고 본다. 사람들이 명예 하나를 얻으려고 애를 쓰는 것이다. 신문에 이름이라도 한 번 크게 나면 문제가 된다. 사람들에게 명예욕이라는 것도 대단하다. 이런 명예욕이 있는 사람들은 부처님의 설법을 들어서 현실을 정확하게 관찰하고 계속 노력을 해서 명예욕을 떠나야 된다.

지일체음성知一切音聲 실동어향悉同於響 무래무거無來無去.

모든 세상의 명예는 메아리 같아서 아무 실체가 없다. 오는 것도 아니고 가는 것도 아니다. 명예란 아무 것도 아닌 것이다. 이것들이 모두 인욕忍慾하는 세계인데 이것들을 다시 게송으로 본다.

수행여시행修行如是行 출생광대해出生廣大解
교지제법성巧知諸法性 어법심무착於法心無着

명예욕을 극복하기 위해서 우리가 열심히 노력을 하면 나중에는 광대한 이해를 낼 수가 있다. 그래서 모든 법성法性을 알 수가 있고 일체 세계에 대해서 집착을 하지 않을 수 있다.

보살획차인菩薩獲此忍 정음화세간淨音化世間
선교설삼세善巧說三世 어세무소착於世無所着.

보살이 정말 이 명예욕을 넘어서야 깨끗한 소리를 내고 세상을 감화시킬 수 있다. 그래서 세상을 잘 감화시키면 온 세상이 집착이 없는 그런 세계가 될 것이다.

지금까지 인욕의 세계다. 어떻게 하면 우리가 욕심을 끊어버리는가. 방법은 끊어버리는 수밖에 없다. 끊어버리면 불佛이고 끊어버리지 못하면 악마다.

인증認證하는 단계

인증하는 세계, 불타의 세계다. 1번, 2번, 3번은 성문, 연각의 세계이고 4번, 5번, 6번, 7번은 보살의 세계다. 그리고 8번, 9번, 10번, 이 것들은 불타의 세계다. 불타의 세계는 사람을 살려내는 세계다.

29.9 여영인如影忍

일월어수日月於水 이현기영而現其影 영여유등影與油等 비일비이非一非異 연차차별然此差別 즉비차별卽非差別 별여불별別與不別 무소장애無所障礙.

해와 달이 물에 비치는데 그 그림자가 나타난다. "영여유影與油", 그림자와 기름이 하나도 아니고 둘도 아니다. 이런 차별을 즉비차별卽非差別이라 한다. 나는 나 아닌 것이 나다. 이런 것을 즉비卽非라 한다. 별別과 불별不別 사이에 아무런 걸림이 없다. 기독교로 말하면 말씀이 육신이 되었다는 것이다.

위욕리세간爲欲利世間 전의구보리專意求菩提
이상입법성而常入法性 어피무분별於彼無分別

이 세상을 이롭게 하고자 전심으로 보리를 구하지만 항상 법성法性에 들어가서 일체 분별이 없다. 말씀이 육신이 되었다는 말이다.

세간무변제世間無邊除 지입실제등智入悉齊等
보화제군생普化諸群生 영기사중착令其捨衆着.

세상은 한없이 넓은데 그 모든 것을 다 고루 알 수 있는 지혜를 가졌다. 왜 이렇게 말씀이 육신이 되었는가. 모든 인류를 구원하기 위해서다. 그런 세계에는 일체 집착이라는 것이 없다.

'영影'이란 그림자다. 그림자를 나쁘게 생각하면 그림자가 아무 것도 아닌 것인데 이것을 좋게 생각하면 이것이 부처의 핵심이 된다.

그림자에 대해서 "과수게過水偈"라는 시가 있다. 물을 건너가다가 그림자를 보고 깨달았다고 해서 "도수게渡水偈"라고도 한다. 내용으로 말하면 물 속의 그림자를 보고 진리를 깨달았다는 것이다. 그래서 "수영게水影偈"라고도 한다. 동산양개洞山良价가 지은 것인데 그림자를 가지고 제일 멋있게 지은 글이라 본다.

"절기종타멱切忌從他覓 초초여아소迢迢與我疎
아금독자왕我今獨自往 처처득봉거處處得逢渠
거금정시아渠今正是我 아금불시거我今不是渠
응수임마회應須恁麼會 방득계여여方得契如如."

"절기종타멱切忌從他覓 초초여아소迢迢與我疎"

내가 제일 싫어하는 것은 무엇인가. 다른 사람들을 쫓아다니는 일이다. 다른 사람들에게 가서 구하는 것이 제일 싫다. 다른 사람들에게 가서 한 푼 달라고 구걸하는 사람은 말하자면 거지다. 그렇게 자꾸 다른 사람들에게 거지 노릇을 하면 자꾸 자기 신세가 불쌍해진다. 자기가 자기의 본체와는 자꾸 멀어져 간다.

"아금독자왕我今獨自往 처처득봉거處處得逢渠"

그래서 이제는 내가 돈벌어서 살아야겠다. 그렇게 생각하고 거지를 집어치웠는데 거지를 집어치우니까 여기저기서 돈이 생긴다.

"거금정시아渠今正是我 아금불시거我今不是渠"

돈이 있는 내가 진짜 나지 거지의 나는 진짜 내가 아니다.

"응수임마회應須恁麼會 방득계여여方得契如如"

이렇게 깨달았을 때 그것이 진짜 나의 본심이다.

이 시에서 가장 중요한 것이 '거渠'라는 말이다. 산에서 물을 끌어오는 도랑, 그것을 '거渠'라고 한다. 히말라야 산 꼭대기에서 물을 끌어오는 것이 양자강이다. 그러니까 영원한 생명에서부터 나에게 연결된 물줄기, 그것이 나라는 것이다. 기독교로 말하면 "나는 길이요" 하는 말이다. 하늘과 이 세상을 연결해주는 하나의 길, 그것을 '거渠'라고 한다. 그런데 그 길, 그것이 나다.

그것을 동산이라는 사람은 어디서 깨달았는가. 물을 건너가다가 물에 비친 자기의 그림자를 보고 그것을 깨달았다. 우리는 밤낮 우리 그림자를 보고도 아무 것도 깨닫는 것이 없는데 이 사람은 자기 그림자를 보고 그것을 깨닫게 되었다. 이런 것이 정말 묘하다. 보통으로 보면 아무 것도 아닌데 동산은 그것을 보고 진리를 깨달은 것이다. 뉴턴 Isaac Newton(1642-1727)으로 말하면 사과다. 보통 사람들에게 사과나무에서 사과가 떨어지는 것은 아무 것도 아니지만 뉴턴은 그것을 보고 만유인력을 발견하게 되었다. 우리가 보기에 그림자는 아무 것도 아닌데 동산은 그것을 보는 순간에 진리를 깨닫게 된다. 이런 것을 보통 오도송悟道頌이라 한다. 진리를 깨달은 노래다. 이런 노래가 많이 있지만 나는 이것이 참 좋다.

화엄경 본문을 다시 한 번 읽어본다.

일월어수日月於水 이현기영而現其影

해와 달이 물에 그림자를 띄워놓았다. 월인천강月印千江이다. 아까 인증認證, 인가認可라 했는데 인가認可나 인가인可나 같은 말이다. 천강千江 속에 월인月印을 찍어놓았다. 주자학朱子學에서는 이것을 태극太極이라 한다. 우주 만물 가운데 태극은 없는 데가 없다. 불교에서는 불성佛性이라 한다. 실유불성悉有佛性이다. 불성이 없는 데가 없다. 또 왕양명王陽明(1472-1528)으로 말하면 양지良知라는 것이다. 양지는 없는 데가 없다. 다 같은 생각이다. 기독교에서는 그리스도라 한다. 「갈라디아서」 2장 20절이다. "내가 그리스도와 함께 십자가에 못 박혀 죽었으니 이제는 내가 사는 것이 아니라 그리스도가 내 안에 산다." "월인천강지곡月印千江之曲"이다. 내가 지금 천강千江이다. 내 속에 무엇이 있는가. 월인月印이 있다. 이것을 우리는 하나님의 형상이라 한다. 혹은 그리스도라 한다. 또는 하나님의 말씀이라 한다. 여러 가지로 말하지만 그것이 무엇인가 하면 '거渠'라는 것이다. 소크라테스Socrates(469-399 B.C.)는 "너 자신을 알라" 하는데 너 자신이란 무엇인가. 월인月印 그것이 나 자신이다. 기독교로 말하면 하나님의 형상, 그리스도, 그것이 나 자신이다. "아금불시거我今不是渠", 이제는 내가 내가 아니다. "거금정시아渠今正是我", 그리스도가 나다. 이렇게 참 미묘하게 그렇게 되었다.

영여유등影與油等 비일비이非一非異

기름이라 해도 되고 물이라 해도 되는데 그림자가 떠 있는 물이다. 혹은 거울이다. 물에 비친 그림자, 이것은 하나도 아니고 둘도 아니다. 이것은 율곡栗谷 이이李珥(1536-84)의 "일이이一而二 이이일二而一"이라는 말이다. 율곡의 사상도 결국 이것이다. 하나도 아니고 둘도 아니다. 하나도 아니고 다多도 아니다. 일즉일체一卽一切라 해도 마찬가지다. 다多도 아니고 하나도 아니다.

연차차별然此差別 즉비차별卽非差別

이런 차별을 우리는 즉비차별卽非差別이라 한다. 나는 나 아닌 것이 나다. 나 아닌 것이 누구인가. 그리스도다. 그리스도가 나다. 이런 것을 즉비卽非의 논리라 한다.

별여불별別與不別 무소장애無所障碍.

　별別도 아니고 별別 아닌 것도 아니다. 그 속에는 막힌 것이 없다. 그리스도와 나와의 사이에는 이제 막힌 것이 없다. "그리스도가 내 안에 있고 나는 그리스도 안에 있다. 하나님 안에 그리스도가 있고 그리스도 안에 하나님이 있다." 이것이 「요한복음」 14장 10절이다. 이런 것이 『성경』에서는 제일 중요한 말씀이다. 「갈라디아서」 2장 20절, 「요한복음」 14장 10절, 이런 말씀이 『성경』의 핵심이라 할 수 있다. 하나님은 누구인가. 그리스도는 누구인가. 핵심은 그것이다. "하나님을 알고 그리스도를 아는 것이 영원한 생명이다." 「요한복음」 17장 3절이다. 다 같은 말이다. 우리가 하나님이 누구인지 확실히 알아야 되고 그리스도가 누구인지 그것을 알아야 된다. 하나님은 하늘의 달이요 그리스도는 물에 비친 달 그림자다. 월인月印은 그리스도요 월月은 하나님이다. 그런데 달 없이 그림자 없고 그림자 없이 달이 없다. 하나님 안에 내가 있고 내 안에 하나님이 계신다. 이런 것을 한 번 깊이 생각해서 나는 무엇인가. 나도 월인月印인가. 그것을 생각해서 나도 월인이다. 그렇게 되면 나 자신을 안 것이고 그렇게 못 되면 아직 나 자신을 모른 것이다.

　이런 것을 가지고 생각하고 또 생각하고 그렇게 하는 것을 불교에서는 화두話頭라 한다. 화두니 공안公案이니 참선參禪이니 하는 것이 다 무엇인가 하면 이런 생각을 자꾸 하게 하는 것이다. 기독교에서도 그냥 설교만 하지 말고 이것을 각자 깊이 생각해야 된다. 내가 하나님 안에 있고 하나님은 내 안에 있고, 혹은 그리스도가 내 안에 있고 내가 그리스도 안에 있다. 이런 관계를 본체와 그림자 혹은 실재와 현상이라는 말로 자꾸 설명을 한다. "색즉시공色卽是空 공즉시색空卽是色"이라 해도 마찬가지다.

　내가 내 뿌리를 만나야 된다. 색色이 공空을 붙잡아야 된다. 전구가 언제나 전원에 꽂혀있어야 된다. 전원에 연결되면 불이 되지만 연결이 안 되면 불이 안 된다. 전자석이라 해도 마찬가지다. 전기가 통하면 모두가 달라붙는 자석이 되고 전기가 나가면 아무 것도 아니다. 내가 전기와 통하면 한없는 신통神通이 되고 전기가 나가면 그냥 평범하게 되고 만다. 전기를 가지느냐 못 가지느냐, 우리가 믿음을 가지느냐 못 가지느냐. 믿음을 가지면 나는 한없는 자석이 되고 믿음을 못 가지면 그냥 쇠붙이다. 이런 것이 여기서 핵심이다. 이 말을 들어도 모르는 사람이 참 많을 터인데 깊이 생각해야 된다. 달이 하늘에 있다. 달 그림자가 물에 있다. 더 쉽게 말하면 달 그림자가 물에 있기는 있는데 물에 속한 것이 아니다. 물에 속한 것이 아니라 하늘에 속해 있다. 내가 이 세상에 살기는 사는데 나는 이 세상에 속한 것이 아니다. 나는 하늘에 속해 있다. 우리가 세상에 살기는 살지만, 남들과 같이 밥 먹고 살지만, 그러나 나는 세상에 속한 사람이 아니다. 하늘에 속한 사람이다. 나는 하나님의 자녀지 사탄의 새끼가 아니다. 세상에 살기는 사는데, 그림자가 물에 있기는 있는데, 그림자가 물에 속한 것이 아니다. 하늘의 달에 속해 있다. 그리스도가 이 세상에 살기는 사는데 그리스도는 이 세상에 속한 사람이 아니다. 그리스도는 하늘에 속한 사람이다. 그리스도, 하나님의 형상, 그것이 나다. 그것을 여기서 '거渠'라고 했다. 그것이 나다. 나는 세상에 살지만 세상에 속한 것이 아니다. 나는 하늘에 속해 있다. 이것 하나인데 이것 하나를 이 사람도 몇 십 년을 애쓰다가 이것을 깨닫게 되었다. 그래서 나는 이제 생멸을 초월했다. 무생법인無生法忍이다. 생사를 초월했다. 하늘에 속해 있기 때문이다. 하늘에 속해 있으니까 생사를 초월한 것이다. 땅에 속해 있으면 그냥 생멸이다. 그런데 나는 땅에 속한 것이 아니다. 살기는 땅에서 산다. 왜 사는가. 하나님의 뜻을 이루기 위해서다. 그러나 할 일을 마치면 나는 간다. 하늘에 속해 있으니까 하늘로 간다. 이런 생각인데 이것을 그림자라는 하나를 가지고 이 사람은 깨닫게 된 것이다. 그림자라 하는 것이 허무하다 하면 한없이 허무한 것이지만 또 이것을 생각해보면 한없는 진리가 그 속에 들어가 있다는 것이다.

2002. 4. 14.

십인품 강해(2)

「십인품十忍品」의 열 가지를 왕양명으로 말하자면 1, 2, 3번은 심즉리心卽理, 4, 5, 6, 7번은 지행합일知行合一, 그리고 8, 9, 10번은 치양지致良知라는 것이다. 지난 시간에 4, 5, 6, 7번은 꿈 같다, 허깨비 같다, 아지랑이 같다, 메아리 같다는 그런 것인데 그것들을 모두 부정적인 뜻으로 설명을 했다. 그런데 8번에서는 그림자라는 것을 허무한 것으로 그렇게 부정적으로 생각하지 않고 그림자라는 말 속에는 한없이 깊은 뜻이 있다고 했다. 그래서 동산양개洞山良价의 "수영게水影偈"라는 시를 가지고 설명을 했다. 그림자라는 것이 그냥 보통의 뜻이 아니라 기독교로 말하면 하나님의 형상이요 그리스도라는 뜻이라 했다. 이어서 9번과 10번을 본다.

29.10 여화인如化忍

여기서 '화化' 라는 것을 도깨비라 그렇게 나쁜 의미로 해석할 수도 있지만 그렇게 보지 말고 변화라는 좋은 의미로 적극적으로 해석한다. 변화, 기독교로 말하면 새사람이 되었다, 혹은 거듭났다는 것이다. 이렇게 해석하는 것이 좋겠다.

지일체세간知一切世間 개실여화皆悉如化 어일체세간於一切世間 무소취착無所取着.

이 세상의 모든 것을 아는데 일체가 변화하는 것이다. 이 세상 어디에서나 아무 데도 집착이 없다.

수보살행修菩薩行 이제전도離諸顚倒 명조법성明照法性 평등원만平等圓滿.

보살행을 닦고 뒤집혔던 인생을 바로잡는다. 거듭난 것이다. 그래서 진리의 빛을 드러내며 모든 사람을 평등하고 원만하게 대할 수 있다.

보살관제법菩薩觀諸法 체료실여화諦了悉如化
이행여화행而行如化行 필경영불사畢竟永不捨

보살이 이 세상의 모든 만물을 보니까 일체가 변하고 있다는 그런 것을 깨닫게 된다. 우리의 수도修道가 변화하는 데까지 가야 된다. 우리의 수도가 거듭나는 데까지 가야 된다. 그래서 영원히 버릴 수 없는 절대의 세계에까지 가야 된다.

불이대자비佛以大慈悲 도탈화중생度脫化衆生
도탈역여화度脫亦如化 화력위설법化力爲說法.

부처님께서 대자비를 가지고 이 세상을 초월하여 중생을 변화시키는 데까지 가려고 한다. 거듭난다고 하는 것은 결국 변화한다는 말이다. 변화하는 힘을 가져야 법을 설할 수 있다.

지금까지 이런 식으로 해석한 예는 없다. 그렇지만 우리는 여기서 우리 마음대로 해석해보자는 것이다. 이렇게 해석해야 통하지 그렇지 않으면 통하지 않기 때문이다. 4, 5, 6, 7번은 부정적으로 보고 8, 9, 10번은 적극적으로 해석한다. 지행합일知行合一로 보기 때문에 부정적이 되고 치양지致良知로 보기 때문에 적극적인 해석이 된다. 양명학의 입장에서 해석해보는 것이다.

남악회양南嶽懷讓에 관한 글을 보고 넘어가기로 하자. 선禪을 완성한 사람은 육조혜능六祖慧能이라 한다. 달마達磨가 제1조, 혜가慧可는 제2조인데 혜능은 제6조다. 혜능의 후계자가 남악이다.

"남악회양선례조南嶽懷讓禪禮祖 조왈조曰 하처래何處來 왈曰 숭산嵩山 왈曰 십마물임마래什麼物恁麼來 왈曰 설사일물즉부중說似一物

卽不中 조왈祖曰 환가증수부還可證修否 왈曰 수증즉불무修證卽不無 오염즉부득汚染卽不得 법신무상法身無相 법안무하法眼無瑕 본래무일물本來無一物 하처야진애何處惹塵埃 조왈祖曰 지차불오염只此不汚染 제불지소호념諸佛之所護念 여기여시汝旣如是 오역여시吾亦如是."

"남악회양선례조南嶽懷讓禪禮祖 조왈祖曰 하처래何處來
왈曰 숭산嵩山 왈曰 십마물임마래什麼物恁麼來."

남악회양선사가 육조 혜능을 찾아뵈었을 때 육조가 말했다. "어디서 왔느냐?" 남악이 대답했다. "숭산에서 왔습니다." 숭산에 율종의 큰 절이 있었다. 그러자 육조가 말했다. "무슨 물건이 어떤 모습으로 왔는가?" 쉽게 말하자면 어떤 물건을 도둑질하려고 네가 이렇게 변장을 하고 나타났느냐는 말이다.

"왈曰 설사일물즉부중說似一物卽不中 조왈祖曰 환가증수부還可證修否
왈曰 수증즉불무修證卽不無 오염즉부득汚染卽不得."

남악이 대답했다. "무슨 물건을 도둑질하러 왔다구요? 선생님께서 잘못 보셨습니다." 그러자 육조가 말했다. "네가 도둑질하러 오지 않았다는 것을 증명할 수 있느냐?" 남악이 대답했다. "물론 증명할 수도 있지요. 저는 가족이 없어 아무 것도 도둑질할 필요가 없는 중입니다." "오염즉부득汚染卽不得", 나는 절대 더럽혀질 수 없는 그런 존재라는 것이다. 말하자면 가족이 없는 그런 중인데 내가 무엇하러 도둑질할 필요가 있겠는가 하는 말이다. 이렇게 말하면서 그가 진짜 중이라는 증명을 내놓은 것이라 생각하면 되겠다.

"법신무상法身無相 법안무하法眼無瑕."

남악 자기는 법신法身이지 육신이 아니라는 말이다. 육신이라면 밥을 먹고 옷을 입어야 되니까 도둑질도 하겠지만 법신은 말씀으로 사는 사람이니까 그런 도둑질이 필요가 없는 사람이다. 그리고 "법안무하法眼無瑕", 당신은 육안이 아니라 법안인데, 즉 진리의 눈인데, 법안인 육조 당신의 눈에도 티가 있습니까. 진리의 눈에도 안개가 끼어 보이지 않는 때가 있습니까 하는 말이다. 나는 법신이고 당신은 법안法眼인데 우리가 어떻게 잘못하거나 잘못 보는 일이 있겠습니까. 그래서 "법신무상法身無相 법안무하法眼無瑕", 이것도 유명한 말이다. 당신의 눈이 틀릴 리도 없고 내가 또 잘못될 일도 없습니다.

"본래무일물本來無一物 하처야진애何處惹塵埃."

그래서 "본래무일물本來無一物"이다. 나는 아무 것도 가진 것이 없는 중이다. 그러니 "하처야진애何處惹塵埃", 내가 어디 가서 도둑질할 필요가 있겠는가. "오염즉부득汚染卽不得", 나는 더렵혀질 수 없는 존재니까 깨끗하다는 것이다.

"조왈祖曰 지차불오염只此不汚染 제불지소호념諸佛之所護念 여기여시汝旣如是 오역여시吾亦如是."

육조가 말했다. "더렵혀질 수가 없다는 것, '본래무일물'이라는 것, 이것이 부처님의 근본 생각이다. 너도 그렇고 나도 그렇다. 너도 부처요 나도 부처다."
이렇게 생각해도 되고 또는 도둑질하러 왔느냐 그렇게 하지 않고 "너는 무엇을 배우려고 여기까지 왔느냐"라고 해도 좋다. 무엇을 배우려고 왔느냐 하고 묻자 "선생님은 제가 이미 졸업했다는 사실을 모르십니까?" 하고 대답을 했다. 졸업했는데 배울 것이 무엇이 있습니까 이렇게 생각해도 좋다. 남악은 이제 다 배우고 끝난 사람이지 무슨 학점이 모자라서 학점 따겠다고 온 사람은 아니라는 것이다.
어떻게 해석해도 좋은데 내용은 법신무상法身無相이요 법안무하法眼

無瑕라는 것이다. 졸업했으니까 학점은 이제 필요 없는 사람이고 교수는 이제 더 학점 줄 필요 없이 다 줘서 졸업시켰다는 말이다. 둘 다 법신이고 법안이니까 둘 사이에는 더 이상 거래가 필요 없다. "본래무일물本來無一物 하처야진애何處惹塵埃", 이제는 다 완성해서 정말 거듭난 사람들이지 아직도 무슨 얻어먹으러 다니거나 도둑질하러 다니는 그런 사람이 아니라는 말이다. 완전히 변화한 사람들이다. 그래서 이제는 더렵혀질 수 없는 그런 사람들이다. 학위를 다 딴 사람들이니까 학점이 필요가 없는 사람들이다. 그래서 육조는 남악에게 인가를 하고 남악이 육조의 후계자가 되었다는 그 이야기다. 이렇게 9번은 완전히 거듭난 사람이라 해서 본문의 '화化'라는 글자를 변화로 해석한다.

29.11 여공인如空忍

공空이라는 것도 여기서 텅 비었다는 허공虛空으로 생각하지 말고 진공眞空으로 보는 것이 좋겠다. 허공이라 하면 소극적으로 보는 것이고 진공이라 하면 적극적으로 보는 것이다. 진공이 무엇인가 하면 묘유妙有다.

요일체법계了一切法界 유여허공猶如虛空 무생무멸無生無滅 비정비예非淨非穢 보입일체普入一切 이무변제而無邊際 소유수습所有修習 개실평등皆悉平等 일체일미一體一味.

일체 법계를 깨닫고 보니 그것은 진공인데 생멸을 초월하고 깨끗하고 더러움을 초월하고 일체에 도달해서 한없이 넓다. 그리고 수도를 잘해서 평등에 도달하여 한 몸이요 한 맛인 묘유가 되었다.

이도일체已到一切 심심법처甚深法處 통달일체파라밀도通達一切波羅蜜道 일체겁화一切劫火 불능소不能燒.

이미 가장 깊은 진리의 세계까지 도달했다. 일체 파라밀에 통달해서 열반의 세계에까지 도달했다. 그래서 모든 불, 일체 겁화劫火가 도저히 태울 수 없는 그런 절대의 세계인 진공묘유眞空妙有에까지 갔다.

제십인명관第十忍明觀 중생급제법衆生及諸法
체성개적멸體性皆寂滅 여공무처소如空無處所
지혜여음성智慧與音聲 급이보살신及以菩薩身
기성여허공其性如虛空 일체개적멸一切皆寂滅.

이 10번을 밝게 깨달으면, 진공묘유라는 것을 우리가 밝게 깨달으면, 중생과 제법이, 인생과 자연이, 일체가 적멸위락寂滅爲樂의 세계다. 거듭나서 기쁨의 세계에 살 수가 있다. 진공처럼 아무 것도 없는 것 같지만 지혜와 음성과 보살신菩薩身이 정말 허공처럼 어디나 있다. 그래서 일체가 기쁨과 즐거움으로 충만해 있다.
　이렇게 좋게 해석해야 8, 9, 10번이 되살아난다. 8, 9, 10번은 치양지致良知의 세계라 했다. 내 속에서 양지가 솟구쳐 나오는, 샘물처럼 넘쳐나는 세계다. 그렇게 넘쳐나기 위해서는 8번처럼 말씀이 육신이 되어야 하고 9번처럼 십자가로 죄가 없어져야 되고 10번처럼 부활로 진리가 터져 나오는 그런 세계가 되어야 한다.
　이것으로「십인품」을 끝내는데 마지막으로 남악南嶽이 지은 시 하나를 읽어본다.

"진로형탈사비상塵勞逈脫事非常 긴파승두주일장緊把繩頭做一場
불시일번한철골不是一番寒徹骨 쟁득매화박비향爭得梅花撲鼻香."

"진로형탈사비상塵勞逈脫事非常 긴파승두주일장緊把繩頭做一場"

먼지가 많고 고생이 많은 이 세상을 벗어버린다고 하는 일이 비상한 것이다. 그것은 보통 일이 아니다. 쉬운 일이 아니다. 10번처럼 허공을 벗어버리고 진공이 된다고 하는 것이 쉬운 일이 아니다. 그러니까 바위를 타고 산을 올라가는 사람이 밧줄을 꼭 붙잡고 한 발자국 한 발자국 올라가는 것처럼 힘써야 된다.

"불시일번한철골不是一番寒徹骨 쟁득매화박비향爭得梅花撲鼻香."

한 번 뼈속까지 사무치는 추위를 겪지 않고서는, 뼈속까지 스며드는 엄동설한의 추위를 겪지 않고서는, 어떻게 그 코를 찌르는 매화꽃 향기를 얻을 수 있겠는가.

기독교로 말하면 십자가를 통하지 않으면 어떻게 부활이 있을 수 있겠느냐는 말이다. "대사일번大死一番 절후재소絶後再蘇", 크게 한 번 죽었다가 다시 살아 나와야 된다. 한 번 엄동설한을 겪지 않고는 어떻게 봄날이 있을 수 있겠는가. 사람이 한 번 그렇게 죽을 고비를 넘기지 않으면 어떻게 거듭날 수 있겠는가. 진공묘유가 되려면 한 번 죽었다가 나와야 되지 그렇게 쉽사리 되는 것이 아니다. "대사일번 절후재소"다. 그런 노력이 없이는, "긴파승두주일장緊把繩頭做一場"이라는 그런 노력이 없이 어떻게 에베레스트 꼭대기까지 올라갈 수 있겠는가. 한없는 고난을 겪고서 적멸위락의 세계에 도달하는 것이다. 생멸을 초월하고서야 적멸의 세계에 도달하는 것이다. "생멸멸이生滅滅已 적멸위락寂滅爲樂"이다. 한 번 죽었다 살아나지 않고서야 어떻게 하늘나라에 도달할 수 있겠는가. 그러니까 10번은 그저 진공묘유가 아니고 십자가를 넘어서 부활로, 그렇게 가야 된다는 말이다. 그래서 8번은 성육신, 9번은 십자가, 10번은 부활이라 그렇게 생각하면 대충 의미가 통할 것이다.

2002. 4. 21.

제30. 아승지품阿僧祇品

아승지품 강해

'아阿' 라는 글자는 여러 가지로 번역이 되는데 보통 무無, 비非, 불不이라 번역이 된다. '무無' 라 해서 '없다', 또는 '비非' 라는 '아니다', 또는 '불不', '모른다' 이렇게도 번역이 된다. 달마達磨가 맨 처음 중국에 와서 양무제梁武帝와 만났는데 그때 나온 이야기가 무비불無非不이다.『벽암록碧嚴錄』1장에 나오는 이야기다. 오늘 여기서는 무無와 불不의 이야기가 나온다. 아승지阿僧祇라 하는 것을 법장法藏은 "무수즉수지극無數卽數之極"이라 번역을 했다.

30.1 이시爾時 심왕보살心王菩薩 백불언白佛言 세존世尊 제불여래諸佛如來 연설아승지演說阿僧祇 무량無量 무변無邊 무등無等.

이때 심왕보살이 부처님께 말씀을 드렸다. "모든 선생님들이 아승지에 관해서 한없이 많은 설명을 했습니다." 무無에 대해서 불不에 대해서 비非에 대해서 많은 설명을 했다는 말이다. 즉비卽非의 논리라 하면 그것은 비非에 대한 이야기다. "나무아미타불南無阿彌陀佛"에서 아미타불阿彌陀佛을 다른 한자로 무량수無量壽라 한다. '아阿'를 무無로 번역한 것이다. "아누다라삼막삼보리阿耨多羅三邈三菩提"도 무상정편지無上正遍智라 번역하는데 이때도 무無로 번역한 것이다. 그러니까 무無로 번역할 때도 있고 비非로 번역할 때도 있고 불不로 번역할 때도 있는데 여기서는 "무량無量 무변無邊 무등無等"이라 그렇게 무無로 번역했다. 그렇지만 또 다음과 같이 불不로 표현할 때도 있다.

불가수不可數 불가칭不可稱 불가사不可思 불가량不可量 불가설不可說 불가설불가설不可說不可說.

"불가수不可數"는 셀 수 없이 많다는 말이다. 불가칭, 불가사, 불가량, 불가설, 불가설불가설, 이렇게 불不로 표현했다.

세존世尊 운하아승지내지불가설불가설야云何阿僧祇乃至不可說不可說耶.

"그런데 선생님, 무엇이 아승지의 본 뜻입니까?" 무無가 본 뜻인지 불不이 본 뜻인지 그것을 물어본 것이다.

불언佛言 선남자善男子 일백락차一百洛叉 위일구지爲一俱胝 구지구지俱胝俱胝 위일아유타爲一阿庾多.

부처님이 대답했다. "일백 곱하기 천을 일 구지俱胝라 한다." 구지는 구저라 해도 좋고 구비라 해도 좋다. 어떤 책에서는 구리拘梨라 하기도 했다. 백 곱하기 천, 즉 십만을 인도말로 구지라 한다. "그런데 구지 곱하기 구지는 아유타라고 한다." 백억을 아유타라 한다.

아유타아유타阿庾多阿庾多 위일나유타爲一那由他 불가설불가설不可說不可說 위일불가설불가설전爲一不可說不可說轉.

"아유타아유타, 백억 곱하기 백억은 나유타라 한다." 백에서부터 구지와 아유타를 지나 나유타로 왔는데 여기까지 네 차례 거듭 제곱한 수가 나왔다. 여기까지만 해도 엄청난 수인데 이런 거듭 제곱이 121번째까지 나온다. 그러니까 "불가설불가설不可說不可說"이 120번째 제곱수요 그 다음 121번째가 "불가설불가설전不可說不可說轉"이라는 것이다. "불가설不可說"이라는 수가 얼마나 되는지 잘 모르는데 이도업李道業의 『화엄경사상연구』에는 "10의 5.2승의 120승"이라 설명했다. 그런데 나는 이것도 무슨 말인지 잘 모르겠다. 하여튼 한없이 많은 수라는 것이다. 갠지스 강가의 모래알 같은 수라는 말이다. 말할 수 없이 많은 수라는 것이다.

이것이 말하고자 하는 것은 '다多'라는 것이다. 그런데 아승지, 무無라는 것은 말할 수 없이 많은 수를 말하는 것이 아니라 그 수를 초월한 세계를 말하는 것이다. 이것을 기독교식으로 말하면 장생長生이냐 영생永生이냐 하는 말이다. 오래 살았는가 아니면 영생을 얻었는가. 기독교에서 영생이 무엇인지 모르고 그냥 지나가는 사람들도 많은데 여기서 그 문제를 밝히는 것이다.

"불가설불가설不可說不可說"의 '불不'이라는 것은 무엇이고 무량無量 무수無數의 '무無'라는 것은 무엇인가. 1, 2, 3, 4, 5... 이렇게 나가는 수는 한없이 많다. 그런데 0이라는 것은 수를 초월한 세계다. 영이라는 그릇 속에는 무한히 많은 수가 다 들어갈 수가 있다. 이 영이라는 것은 인도 사람들이 발견했는데 이것을 소위 공空이라 했다. 모든 수의 기초를 공이라 한 것이다. 중국에서는 이 공이라는 수를 발견한 사람이 노자다. 『노자』라는 책 속에 무극無極이라는 말이 나온다. 그래서 주렴계周濂溪(1017-73)는 『노자』의 무극이라는 사상과 『주역』의 태극太極이라는 사상을 합쳐서, 즉 도교와 유교를 합쳐서 무극이태극無極而太極이라는 말을 했다. 이것이 태극기다. 무극을 말한 사람이 노자요 태극을 말한 사람이 공자다. 이 유교와 도교를 무극이태극이라는 말로 합쳐서 근세의 성리학性理學을 만들어냈다.

장생長生인가 영생永生인가. 이것이 오늘의 핵심이다. 그런데 『노자』의 책을 보면 거기서는 "장생불사長生不死"라 했지 영생이라는 말을 쓰지 못했다. 아직 채 영생을 몰랐던 것 같다. 무극이라는 말은 나왔지만 그것이 사상적으로 전개가 안 된 것이다.

장생이라는 것은 "불가설불가설전"이라는 것인데 영생이란 무극이태극이라는 동그라미다. 장생은 직선으로 끝없이 이어지는 것이다. 이것을 생사라 한다. 언제 태어나서 언제 죽었다는 것은 하나의 직선이다. 그것은 아무리 길어도 직선이다. 직선에는 중심이 없다. 그래서 『금강경』에 "과거심過去心도 불가득不可得, 현재심現在心도 불가득不可得, 미래심未來心도 불가득不可得"이라는 말이 나온다. 과거라고 하거나 현재라고 하거나 미래라고 하거나 그것은 불가득不可得이다. 중심이 없다.

덕산德山이라는 사람이 과거심에 점을 찍느냐 현재심에 점을 찍느냐 미래심에 점을 찍느냐, 즉 어떤 마음에 점을 찍느냐는 그런 질문을 받고 생각해보니 점을 찍을 데가 없었다. 그래서 점심點心, 점을 찍어야 되는데 점을 못 찍어서 점심을 못 얻어먹고 나갔다. 이것이 주덕산周德山에 대한 유명한 이야기다.

금강경 박사였던 주덕산이 어디에다 점을 찍겠느냐는 할머니의 질문에 그만 대답을 못하고 말았다. 그래서 그 할머니에게 무릎을 굴하고서 당신은 보통 사람이 아닌 듯하니 나를 좀 도와달라 했다. 그러니까 그 할머니는 "여기서 삼십 리 떨어진 산 속에 용담龍潭스님이 있는데 그 스님에게 가서 알아보시오" 했다.

덕산은 용담스님을 찾아가 밤새도록 가르침을 듣다가 자기 처소로 돌아가려고 방을 나왔는데 밖은 산골이라 한없이 캄캄하고 어두웠다. 그래서 선생님께 촛불을 하나 켜 달라고 부탁을 해서 촛불을 얻어 가지고 막 가려고 하는데 선생님이 그 촛불을 '훅' 하고 꺼버렸다. 그래서 주저앉았는데 덕산은 그 순간에 깨닫게 되었다. 암흑을 뚫고 멀리서 비쳐오는 희미한 별빛을 보게 된 것이다. 빛을 본 것이다. 이것이 결국 심즉리心卽理라는 것이다. 불이 아니라 빛이라는 것을 거기서 깨달은 것이다.

장생과 영생의 차이가 무엇인가. 장생은 불이고 영생은 빛이라는 것이다. 우리는 지금 그 차이를 말하고자 하는 것이다. 장생은 아무리 길어도 중심이 없다. 심즉리가 못되는 것이다. 그런데 영생은 아무리 짧아도 거기에 중심이 있다. 허공을 다 돌아서 동그라미가 되어도 중심이 생기지만 바로 여기서 아무리 작게 그려도 원이 되면 중심이 생긴다.

다음에 공자의 말을 들어본다.

"자왈子曰 사야賜也 여이여위汝以予爲 다학이식지자여多學而識之者與 대왈對曰 연연 비여非與 왈曰 비야非也 여일이관지予一以貫之 자왈子曰 삼호參乎 오도일이관지吾道一以貫之 증자왈曾子曰 유唯 자출문인문왈子出門人問曰 하위야何謂也 증자왈曾子曰 부자지도夫子之道 충서이이의忠恕而已矣."

"자왈子曰 사야賜也 여이여위汝以予爲 다학이식지자여多學而識之者與 대왈對曰 연연 비여非與 왈曰 비야非也 여일이관지予一以貫之"

공자가 말했다. "자공子貢, 너는 내가 많이 배워서 지식이 많은 사람이라고 생각하느냐?" 자공이 대답해서 말했다. "예, 그렇지 않습니까?" 공자가 말하길 "그렇지 않다. 나는 하나로써 꿰뚫은 사람이다."

공자 자신은 무엇을 많이 아는 사람이 아니라 "일이관지一以貫之", 꿰뚫은 사람이라는 것이다. 중심을 꿰뚫은 사람이지 무엇을 그렇게 많이 아는 사람이 아니다. 나는 다생多生이 아니라 영생永生이다. 무엇을 알고 또 무엇도 알고 그렇게 많이 아는 학자, 금강경 박사라는 주덕산 같은 그런 사람이 아니다. 그렇게 많이 아는 사람이 아니라 일이관지다. 일이관지란 점심이란 말이나 같은 것이다. 나는 가운데를 꿰뚫은 사람이다. 심즉리다.
 이런 공자는 영생으로 사는 사람이고 자공은 아직 다생多生이다. 이런 차이가 나타나는 것이다. 이런 의미에서 공자는 영이라는 것을 붙잡은 사람이다. 공을 꿰뚫어 아는 사람이다.

 "자왈子曰 삼호參乎 오도일이관지吾道一以貫之 증자왈曾子曰 유唯"

 공자가 말하였다. "삼아, 내 도는 일이관지다." 증자가 대답했다. "예, 그렇습니다."

 "자출문인문왈子出門人問曰 하위야何謂也 증자왈曾子曰 부자지도夫子之道 충서이이의忠恕而已矣."

 공자가 나가자 문인들이 증자에게 묻기를 "무슨 말입니까?" 증자가 말했다. "선생님의 도는 충서일 뿐입니다."
 증자가 문인들에게 대답하기를 "선생님은 일이관지一以貫之인데 그것을 다른 말로 하면 충서忠恕라는 것이다"라고 설명을 한 것이다. 충서가 무엇인가. 원의 중심과 원주다. 원의 중심을 꿰뚫은 사람이 공자라는 것이다. 증자는 벌써 공자가 영생을 얻은 사람인 것을 알았던 것이다. 결국 공자의 도가 이 한마디로 해서 증자에게로 넘어가게 된다.
 기독교의 핵심도 영생이지 장생이 아니다. 이런 것을 우리에게 알려주자는 것이 「아승지품」이다. 계속해서 본문을 읽어본다.

 30.2 어일미세모단처於一微細毛端處 유불가설제보현有不可說諸普賢 일체모단실역이一切毛端悉亦爾 여시내지편법계如是乃至遍法界.

 털끝이 무엇인가. 중심이라는 것이다. 털끝에 많은 보살들이 있다. 털끝이라는 이것이 태극이고 많은 보현보살들이 무극이라는 것이다. 그러니까 무극이태극이다. 모든 털끝이 다 그렇다. 털끝뿐만 아니라 모든 세계가 다 그렇다.

　**혹부어일모단처或復於一毛端處 불가설겁상안주不可說劫常安住
　여일모단여실연如一毛端餘悉然 소주겁수개여시所住劫數皆如是.**

　하나의 털끝에 한없이 많은 시간들이 있다. 보통은 털끝이라 하지 않고 찰나라고 한다. 찰나 속에 영원이 있다는 소리다. 동그라미 속에 한없이 많은 장시長時가 다 들어간다. 영원회귀永遠回歸다. 니체 Friedrich Nietzsche(1844-1900)의 영원회귀 사상도 그것이 아니겠는가. 직선이면 한없이 길어도 끝이 나지만 동그라미가 되면 수없이 돌아가도 끝이 없다. 동그라미는 아무리 작아도 끝없이 돌아간다. 한없이 긴 시간이 그 속에 다 포함되고 마는 것이다.

　**일모단처대소찰一毛端處大小刹 잡염청정추세찰雜染清淨麤細刹
　여시일체불가설如是一切不可說 일일명료가분별一一明了可分別.**

　'찰刹'이란 나라, 세계를 말한다. 지금 세 번 털끝이라는 말이 나오는 것인데 첫째는 인간적으로 말한 것이고 둘째는 시간적으로 말한 것이고 이 세 번째 것은 공간적으로 말한 것이다. 인간 · 시간 · 공간이다. 그런데 그 속에는 잡염雜染도 들어가 있고 청정淸淨도 들어가 있고 추세麤細도 들어가 있다. 한없이 많은 세계가 다 들어있다. 그것들이 다 털끝 위에 있는 것이다. 털끝이라는 입장 위에 공간이라는 것이 다 들어간다는 말이다.

　**불가언설일체겁不可言說一切劫 찬불가설제공덕讚不可說諸功德
　불가설겁유가진不可說劫猶可盡 불가설덕불가진不可說德不可盡.**

　"불가언설일체겁不可言說一切劫", 이것은 또다시 시간을 말하는 것이다. "찬불가설제공덕讚不可說諸功德", 한없이 많은 인간의 공덕이 거기에 들어간다는 것이다. 그런데 시간은 끝날 수 있을지라도 그 공덕은 끝날 수 없다. 시간과 인간이 곱해진다는 말이다.

일미진중능실유一微塵中能悉有 불가언설연화계不可言說蓮華界
일일연화세계중一一蓮華世界中 현수여래불가설賢首如來不可說.

"일미진중능실유一微塵中能悉有", 이것은 또 공간을 말하는 것으로 조그만 먼지 속에 다 들어간다는 것이다. 거기에는 연화계도 들어간다. 하나하나의 연화계 속에는 현수여래도 다 들어간다. 이것은 또 공간과 인간의 일치를 말하는 것이다.

국토중생급제불國土衆生及諸佛 체성차별불가설體性差別不可說
여시삼세무유변如是三世無有邊 보살일체개명현菩薩一切皆明見.

국토니 제불이니 체성차별體性差別은 한없이 많다. 여시삼세如是三世는 끝이 없다. 그런데 보살은 일체를 다 꿰뚫어 안다. 이것은 시간과 인간과 공간이 또 한 통이라는 말이다.

칸트가 이데Idee를 말할 때 신神, 자유, 영생이라 했다. 우리는 이것들이 다 따로따로 있는 것으로 생각하기 쉬운데 그것이 아니라는 것이다. 신이 그대로 영생이고 자유다. 시간과 공간과 인간이 하나라는 것이다. 시간 곱하기 공간 곱하기 인간이다. 시간을 일차원, 공간을 삼차원, 인간을 이차원이라 해서 『주역』에서는 육차원을 말한다. 시간·공간·인간을 다 곱하고 만 것이다. 그래서 『주역』은 육차원의 세계를 말한다.

털끝이니 무엇이니 말하는 것은 영원을 가르치자는 것이다. 찰나 속에 영원이 있다. 털끝 속에 무한이 있다. 그리스도 속에 하나님이 있다. 기독교로 말하면 그리스도와 찰나와 입장이 하나라는 것이다. 영생이라는 것은 시간과 공간과 인간이 하나가 된 것이다. 그것을 점심이라 한다. 유영모 선생은 그것을 '가온찍기'라 했다. 군, 가온찍기다. 가온찍기라는 말은 무극이태극無極而太極이라는 말이다.

오늘은 무극이태극, 영생이라는 것이다. 즉 찰나 속에 영생, 혹은 털끝 속에 무한, 혹은 그리스도 안에 하나님, 그런 것을 문제삼은 것이다. 그것이 신앙의 세계라는 것이다. 그것을 불교에서는 각覺의 세계라 한다.

그런데 "불가설불가설不可說不可說", 이것은 각覺의 세계가 아니다. 한없이 많은 지식의 세계지 그것은 깨달음의 세계가 아니다. 깨달음의 세계란 무엇인가. 일이관지一以貫之가 깨달음의 세계다. 무엇을 많이 아는 것이 아니다. 몇 개를 알아도 그것이 하나로 꿰어야 된다. 영어 단어를 많이 알아도 우리가 영어를 마음대로 할 수 있는가 하면 아니다. 어떤『성경』은 단어 9백개를 가지고「창세기」부터「묵시록」까지 다 번역해 놓았다. 단어 9백개만 알면 무슨 말이든지 다 할 수가 있다. 왜 그렇게 될 수 있는가 하면 그 이유가 일이관지다. 단어 9백개를 꿰뚫으면 무슨 말이라도 다 할 수가 있는 것이다.

그러니까 많이 안다는 학자學者와 꿰뚫은 각자覺者는 다른 것이다. 학자는 단어를 5만개나 안다 하는 사람인데 각자란 단어 9백개를 가지고 무슨 말이라도 할 수 있다는 사람이다. 각자의 세계는 자유의 세계인데 학자의 세계는 자유라고 할 수 없는 것이다. 영생이란 자유의 세계다. 자유의 세계이면서 그것은 또한 신의 세계다. 그런데 장생이라는 세계, 그것은 인간의 세계요 번뇌의 세계다. 자유가 없는 세계다.

장생과 영생의 차이가 무엇인가.「아승지품」에서는 이것을 말하자는 것이다. 그래서「아승지품」이라는 것도 상당히 중요한 장이다. 이것 하나만 알아도 우리는『화엄경』의 핵심을 아는 것이다. 우리는 깨닫는가, 아는가, 이것이다. 구슬이 서 말이라도 꿰어야 보배인데 우리는 서 말을 가지고 있으면서 그냥 주머니에 넣고 다니는가, 아니면 실에 꿰었는가. 영생과 장생의 차이다. 이것을 문제삼는 것이 아승지품이다.

2002. 4. 21.

제31. 여래수량품如來壽量品

여래수량품 강해

「아승지품阿僧祇品」다음이 「여래수량품如來壽量品」과 「보살주처품菩薩住處品」인데 이것들이 모두 하나로 연결된 것이다. 「여래수량품」을 인간이라 하면 「아승지품」은 시간이고 「보살주처품」은 공간이라는 것이다. 「아승지품」에서는 장생長生인가 영생永生인가 하는 문제를 말했다. 영생의 특징은 중심이 있다는 것이다. 장생은 중심이 없다. 과거, 현재, 미래로 끝없이 간다. 요새로 말하면 영생은 시간성時間性이고 장생은 시간이다. 영생이란 결국 정신적으로 사는 것이다. 정신을 붙잡고 사는 것이다. 그런데 장생은 오래 사는 것이다. 직선적인 시간관이다.

31.1 이시爾時 심왕보살마하살心王菩薩摩訶薩 어중회중於衆會中 고제보살언告諸菩薩言

이때 심왕보살이 중생들의 모임 가운데서 여러 보살들에게 말했다.

불자佛子 차사바세계此娑婆世界 석가모니불찰釋迦牟尼佛刹 일겁一劫 어극락세계於極樂世界 아미타불찰阿彌陀佛刹 위일일일야爲一日一夜.

여러분, 이 사바세계 즉 석가모니불이 계시는 나라에서의 일겁一劫은, 극락세계 즉 아미타불이 계시는 나라에서의 하루가 됩니다.

사바세계를 참아야 산다는 뜻으로 인토忍土라 한다. 이 세상은 오래 살아도 늘 괴롭다. 괴롭지 않은 때는 없다. 그래서 언제나 참고 살아야 된다는 것이다. 그래서 인토, 사바세계라 하는데 고생하면서 사는 세계라는 말이다. 십 년을 살건 백 년을 살건 계속 고생이지 고생 아닌 때는 없다는 것이다. 하루하루가 계속 고생이라는 것이다. 이 인토에서 어떻게 살아야 하는가를 가르치러 온 사람이 석가모니불이다. '찰刹'이란 나라, 국가라는 뜻이다. '일겁一劫'이란 천 년이고 만 년이고 계속 오래 사는 것이다. 한없이 긴 시간이다. 아미타불은 극락세계의 주인이다. 그렇게 사바세계에서 천 년을 살아보았자 극락세계에서 하루를 사는 것만 못하다는 것이다.

극락세계일겁極樂世界一劫 여시차제如是次第 내지과백만乃至過百萬 아승지세계阿僧祇世界 최후세계일겁最後世界一劫 어승연화세계현승불찰於勝蓮華世界賢勝佛刹 위일일일야爲一日一夜.

이런 식으로 같은 이야기가 계속된다. 극락세계의 천 년은 어떤 세계의 하루만 못하고 또 어떤 세계의 천 년은 어떤 세계의 하루만 못하다는 것이다. 이런 식으로 수십 개가 연결되어 있다.

보현보살普賢菩薩 급제동행及諸同行 대보살등大菩薩等 충만기중充滿其中.

그 하루의 세계에는 보현보살 및 모든 보살들이 다 같이 사는데 그 가운데 기쁨이 충만해 있다.

이런 하루가 제일 중요하다. 그래서 『벽암록』 6장에 나오는 운문雲門의 말을 본다.

"운문운雲門云 십오일이전불문十五日已前不問 여십오일이후汝十五日已後 도장일구래道將一句來 자대운왈自代云曰 일일시호일日日是好日."

운문이 말했다. 15일 이전에 대해서는 묻지 않겠다. 15일 이후에 대해서 한마디 해 보라.

15일 이후라 해도 되고 백 년, 천 년 이후라 해도 된다. 죽 계속되는 장시長時에 대해서 무엇이라 한마디 해보라는 것이다.

그런데 아무도 답변하는 이가 없으니까 스스로 답변해서 하는 말이 "일일시호일日日是好日"이라 했다. 하루하루가 다 기쁨으로 충만한 날이 되어야 그것이 제일 좋은 날이다. 결국 영원한 하루를 사는 것, 영생이 제일이라는 것을 가르쳐 주는 것이다.

달마達磨가 죽게 되었을 때 제자들이 너무 슬퍼서 몹시 울었다. 그러자 달마가 눈을 뜨고 제자들을 보면서 "너희들은 왜 이렇게 슬퍼하느냐, 내가 얼마나 더 오래 살았으면 좋겠느냐?" 하고 물었다. 한 제자가 "선생님께서 80년만 더 사셨으면 좋겠습니다" 하고 대답했다. 그 다음 제자는 "선생님께서 일 년만 더 사셨으면 좋겠습니다" 했다. 그 다음 제자에게 물어보니까 그가 대답하기를 "선생님께서 하루만 더 사셨으면 좋겠습니다" 했다. 그리고 맨 마지막으로 혜가慧可에게 물으니까 혜가는 "한 시간만 더 살았으면 좋겠습니다" 했다. 그러니까 달마는 맨 처음 대답한 사람에게 말하길 "너는 내 피부를 얻었다" 했다. 그 다음 사람에게는 말하길 "너는 내 살을 얻었다" 하고 그 다음 사람에게는 "너는 내 피를 얻었다" 하고 말했다. 그리고 맨 마지막 혜가에게는 "너는 내 골수를 얻었다" 하고 말하였다.

한 시간만 살았으면 좋겠다고 말한 혜가가 달마의 핵심을 붙잡았다는 것이다. 왜 그런가? 팔십 년 속에도 춘하추동春夏秋冬이 있고 일 년 속에도 춘하추동이 있고 하루 속에도 춘하추동이 있고 한 시간 속에도 춘하추동이 있다. 한 시간 예배보는 시간 속에 춘하추동이 있다. 찬송하고 기도하고 『성경』보고 설교하는 이것이 춘하추동이다. 예배가 언제부터 시작되었는지 모른다. 예수 나오기 훨씬 전부터 예배보기 시작한 것인데 예배보는 것은 찬송하고 기도하고 『성경』보고 설교하는 일이다. 『성경』을 본다는 것이 봄(춘春)이고 설교한다는 것은 여름(하夏)이고 찬송 부른다는 것은 가을(추秋)이고 기도한다는 것은 겨울(동冬)이다. 춘하추동이다. 이렇게 한 시간 속에도 춘하추동이 있고, 하루 속에도 춘하추동이 있고, 일 년 속에도 춘하추동이 있고, 일생 속에도 춘하추동이 있다. 그러니까 춘하추동이란 원圓이라는 말이다. 춘하추동의 중심에는 반드시 태양이 있다. 태양이 있으니까 춘하추동이라는 원이 돌아가지 태양이 없으면 돌아가지 않는다. 이 태양과 춘하추동을 합쳐서 영생을 설명하고자 하는 것이다.

석가의 일생은 6년 고행苦行, 49일 선정禪定, 35세 성불成佛, 45년 설법說法이다. 달리 말해서 일식一食 · 일좌一坐 · 일인一仁 · 일언一言이다. 6년 일식, 49일 일좌, 35세 일인, 45년 일언이다. 이것이 석가의 춘하추동이다. 인仁이라는 글자나 불佛이라는 글자는 같은 것이다. 그래서 일인을 성불로 본 것이다. 석가는 설법을 중심으로 하니까 이렇게 되는데 내가 전에 유영모 선생님께 써서 바칠 때는 일식 · 일언 · 일좌 · 일인이라 했다. 인仁을 남을 사랑하는 일이라 본 것인데 내용은 같은 것이다. 학교 선생이라면 가르치는 일이니까 낮의 일인을 일언이라 해도 된다. 그런데 보통 사람들은 하루종일 일하는 것이니까 일을 중심으로 해서 낮에는 일인이라 한다. 그리고 밤에는 깊이 생각하는 것이니까 일언으로 해도 좋다. 이때 일언이란 깨달음이다. 일좌라는 것은 공부하는 것이고 일식이란 밥 먹는 것이다. 그래서 하루가 일식 · 일언 · 일좌 · 일인 이렇게 되는데 일인과 일언을 바꿔서 생각해도 된다. 이것들을 자기에게 맞게 하면 되는 것이다.

일하는 것은 누구나 일한다. 잠자는 것도 누구나 잠잔다. 언제나 일식과 일좌가 문제다. 아침에 일어나서 공부한다는 것, 절간에서는 3시에 일어나서 공부한다. 아침에 공부하는 것이고 저녁에 밥 먹는 것인데 보통 이것이 잘 안 된다. 아침부터 밥 먹고 낮에도 밥 먹고 저녁에도 밥 먹고 밤에도 밥 먹고 그래서 춘하추동이 아니라 온통 가을로 때우는 사람들이 많다.
　밤에는 깊이 자야 한다. 유영모 선생이 늘 말하길 밤에는 칼로 찔러도 모를 만큼 깊이 자라는 것이다. 그리고 저녁때는 맛있게 기껏 먹어라. 그리고 아침에는 깊이 생각하라. 그리고 낮에는 다른 사람들을 위해서 열심히 일해라. 다른 사람들을 위해서 일할 수도 있고 또는 가르칠 수도 있다. 가르친다 하면 낮을 일언으로 보고 일한다 하면 낮을 일인이라 할 수 있다. 이것이 말하자면 하루에 춘하추동을 사는 것이다. 그런데 그것이 그렇게 힘들다는 것이다.
　나도 처음에 유영모 선생이 하루 한끼 먹고 산다고 할 때 그것이 굉장하게 생각되었다. 내가 유영모 선생에게 끌려다닌 것도 한끼 먹는다는 것 때문이다. 어떻게 한끼 먹고 사는가. 그것이 굉장히 매력이 있어 끌려다녔는데 나도 어느 때 한끼를 먹기 시작했다. 한끼를 먹기 시작해서 지금 거의 오십 년을 한끼 먹고 있다. 그런데 한끼를 먹어보니까 간단하고 편하고 아무렇지도 않다. 다 버릇이다. 호랑이나 사자는 한끼를 먹는다고 한다. 곰처럼 여섯 달 동안 아무 것도 먹지 않고 사는 동물들도 있다. 고래도 반 년 동안 아무 것도 먹지 않는다. 그렇게 동물마다 다른데 옛날부터 한끼 먹는 것을 호식虎食이라 했다. 범은 하루 한끼를 먹는다 해서 그런 말이 나왔다.
　하여튼 이런 한끼 먹는다 하는 것도 하나의 습관이다. 중국에 가서 보니까 13억 인구가 다 두끼를 먹는다. 열 시에 아침 먹고 저녁에 먹는다. 아침에 조반은 간단하게 먹는다. 꽈배기 튀긴 것 한두 개에 또장이라는 콩국 한 그릇 먹으면 끝이다. 열 시쯤 그렇게 조반을 간단하게 먹고 열심히 일한 다음 저녁때 가야 밥을 먹는다. 이것들이 다 하나의 습관이다. 그렇게 먹고 살아도 어제 중국 사람들이 나와서 축구하는 것을 보니까 우리와 똑같이 잘 싸우지 두끼 먹는다고 해서 못하는 것이 아니다.

하나의 습관인데 한 번 습관이 되면 그것을 끊기가 참 어렵다. 담배 피우는 것이 습관이 되어놓으면 담배 끊는 일이 참 어렵다. 담배 피지 않는 사람들에게 담배는 아무 것도 아니다. 그렇게 아무 것도 아닌 것을 가지고 괴로워한다. 세상에는 그런 일이 많다. 밥도 담배나 마찬가지로 하나의 습관이다. 세끼 먹는 습관이 되면 세끼를 먹어야지 그렇지 않으면 큰일나는 줄 안다. 그런 것이 소위 집착이다. 술이면 술, 그런 것에 한 번 집착을 하면 거기에서 벗어나기가 참 어렵다. 해탈하기가 참 어려운 것이다. 텔레비전에서 밤낮 남녀의 사랑이라 나오는데 그것도 다 하나의 집착이다. 혼자 사는 사람들에게 남녀는 아무 문제도 아니다. 그런데 남녀라는 것에 한 번 집착을 해 놓으면 그 다음에는 죽자 사자 야단이다. 아무 것도 아닌데 우리가 한 번 집착을 하면 거기가 정말 사바세계라는 것이다. 인토忍土가 되는 것이다.

나도 일식을 하기 시작해서 45년이 지났는데 다른 사람이 보면 굉장히 대단한 것으로 생각하는데 대단할 것도 없고 아무 것도 아니다. 버릇이 그렇게 되면 된다. 술 안 먹는 것이 대단할 것이 무엇인가. 안 먹으면 안 먹는 것이다. 집착에서 벗어나면 그것은 아무 것도 아니다. 일식이라는 것도 해보면 아무 것도 아니다. 그런데 한끼 먹는 맛이란 기쁨이 충만한 것이다. 밥먹기 싫다든가 반찬이 싫다든가 그런 것이 하나도 없다. 반찬 없이 밥만 먹어도 그렇게 맛이 있다. 24시간을 굶었다가 먹으니까 얼마나 맛있는지 모른다. 한없이 맛있다. 극락이라는 말이 나왔는데 이것이야말로 극락이다.

밤에 한 번 잔다. 유영모 선생은 밤에 4시간을 잤다. 그리고 일어나면 20시간 동안 졸리는 것도 없고 아무 것도 없다. 유영모 선생은 그렇게 4시간만 자고나서 깨면 그만이다. 그 다음 20시간은 계속 책을 보아도 그만이고 강의를 해도 그만이다. 하여튼 4시간도 좋고 8시간도 좋고 한 번 깊이 자서 모든 고단을 풀어버린다. 이것이야말로 천국이다. 극락이 무엇이겠는가. 잠이 극락이다. 깊이 자면 그것처럼 좋은 것도 없다.

아침에 일어나서 공부하는 재미, 과학이나 철학이나 문학이나 종교나 무엇이나 좋다. 무엇이나 공부하는 그 재미처럼 좋은 것도 없다. 우리도 『화엄경』을 공부한지 벌써 1년이 넘었지만 매 시간마다 그렇게 재미있다. 그러니까 여러분들이 오고 또 오지 재미가 없다면 어떻게 오겠는가. 『화엄경』만이 아니다. 모든 경전들, 천 년 이상 된 책들은 다 재미있다. 이천 년 이상 된 책들은 더 재미있다. 오래 된 책들은 무엇인지 재미가 있으니까 그렇게 오래 있지 재미가 없다면 누가 그것을 읽겠는가. 그래서 고전이 되면 될수록 재미있다.

내가 늘 하는 소리지만 내가 영국에 가서 제일 많이 가는 곳이 대영 박물관인데, 거기에 유물이 수만 점 있는데 그 가운데서 제일 좋은 것은 삼천 년 전의 작품인 이집트의 람세스 3세 조각상이다. 람세스 3세의 머리 하나를 거기에 갖다 놓았는데 재료는 자색으로 된 화강암이다. 하여튼 그 작품 하나를 보면 다른 것은 볼 생각이 안 난다. 우리가 아무리 상다리가 부러질 만큼 음식이 많아도 그 가운데서 우리가 맛있는 것 하나 먹으면 다른 것은 다 쓸데없다. 김치찌개 하나 있으면 그것이 최고지 다른 무슨 접시, 무슨 접시 해봐야 그만 못하다. 그와 마찬가지로 카르낙 신전에 있는 그 람세스 3세의 조각품을 한 번 보면 미켈란젤로니 레오나르도 다빈치니 그런 것들은 문제도 안 된다. 어떻게 3천년 전에 그런 걸작이 나왔는지 모르겠다. 우리 나라에서는 석굴암에 가서 석굴암 부처님을 한 번 보면 다른 절간에 있는 부처님들은 다 보나마나다. 하나를 붙잡으면 다른 것들은 다 그 속에 들어가고 만다. 일즉일체一卽一切다. 나도 유영모 선생 하나 붙잡으니까 그 속에 칸트니 헤겔이니 다 들어갔다. 그래서 그 하나를 붙잡는 것이 제일 중요하다. 대영 박물관에 가서 동양 것으로 가장 좋은 것은 중국 수隋나라 때 옥돌로 만든 부처상이다. 크기가 약 20미터쯤 된다. 그것 하나 보면 중국에서 온 무슨 도자기니 하는 다른 것들은 볼 생각도 안 난다. 당唐나라 이전인 수나라 때인데 그때의 조각품 하나가 대영 박물관에 가 있는데 그것이 그렇게 멋있다. 그러니까 그 다음부터는 대영 박물관에 가서 보는 것이 간단하다. 람세스 3세 한 번 보고 수나라 때 부처님 한 번 보면 끝이다. 처음에는 거기 있는 것들을 다 보느라고 돌아다녔는데 나중에는 돌아다닐 필요도 없다. 우리가 최고를 한 번 맛보면 다른 것은 다 필요 없다. 우리가 『화엄경』 같은 이런 것을 한 번 맛보면 다른 책들은 맛이 없다. 아무리 사서삼경四書三經이라지만 『논어』 한 번 맛보면 다른 것은 볼 맛이 없다. 『성경』에서 「요한복음」을 한 번 맛보면 바울의 「로마인서」니 하는 다른 것은 보기도 싫다. 최고 하나를 맛보면 다른 것들은 아무 것도 없다. 우리가 그런 최고를 한 번 맛보고 사는 것, 그것이 극락이라는 것이다. 극락을 어디서 맛보는가. 봄이면 꽃 속에서, 여름이라 하면 바다에서, 가을이라 하면 단풍에서, 겨울 그러면 눈이다. 설경雪景, 단풍, 바다, 꽃, 이것이면 최고지 무엇이 더 있겠는가.

금년 봄에는 꽃들이 더 요란하게 많이 피었다. 나는 안산에 올라가는데 안산 전체가 꽃 천지다. 요새는 녹음이 또 어떻게 그렇게 아름다운지 한없이 아름답다. 가을의 단풍, 또 한없이 아름답다. 겨울의 눈, 한없이 아름답다. 춘하추동이라는 것이 한없이 아름답다. 그것이 극락이지 극락이 또 어디 있겠는가. 금강산도 눈이 아름다운 것이고 단풍이 아름다운 것이고 녹음이 아름답고 꽃이 아름다운 것이지 금강산이라고 별것인가. 거기에 꽃도 없고 눈도 없다면 사막이지 어떻게 금강산이겠는가. 우리는 일 년 속에도 그렇게 살면 좋고 또 일생도 그렇게 살았으면 좋겠지만 그것이 다 어렵다. 그러니까 그 근거를 하루 속에서 가져야 한다. 하루 속에서 정말 맛있게 먹고, 깊이 자고, 좋은 책을 재미있게 읽고, 좋은 일을 힘차게 하고, 그렇게 하면 하루라는 것이 극락이지 어디 사바세계가 있겠는가. 극락을 어디서 보아야 되는가 하면 하루 속에서 보아야 된다.

일인一仁, 즉 일이라는 것이 하나의 사랑이 되어야 한다. 일이 노동이 아니라 하나의 창조적인 일이 되어야 한다. 창조적인 것을 일이라 한다. 노동이란 할 수 없이 노예생활 하는 것이 노동이다. 일과 노동을 갈라놓은 사람이 헤겔G.W.F. Hegel(1770-1831)이다. 칼 막스Karl

Marx(1818-83)도 일하는 세계로 만들어보려다가 그만 노동하는 세계로 되고 말았는데 그것이 공산주의라는 것이 아니겠는가. 일이라는 것이 제대로 되어야 극락이다.

그러니까 우리가 중심을 잡아야 되는데 중심을 잡는다는 것은 일식·일언·일좌·일인이라는 넷이다. 밥을 맛있게 먹자. 잠을 고소하게 자자. 책을 뜻있게 읽자. 일을 너그럽게, 일을 사랑으로 하자. 그래서 일 속에 기쁨이 넘쳐야 한다. 그래서 기쁨이 그 가운데 충만하게 그렇게만 살면 된다.

이것은 우리가 만들면 된다. 영생이란 우리가 만드는 것이고 장생이란 자연적으로 그렇게 되어 있는 것이다. 자연적으로 그렇게 되어 있는 장생을 우리는 시작과 끝을 붙여서 동그라미로 만들어 하나의 중심을 잡아야 된다. 중심을 잡으면 언제나 돌아가게 된다. 그래서 하루를 살면 그것으로 족하지 내일 또 내일. 그렇게 살아서 천 번 만 번 아승지阿僧祗를 살아보아도 그것이다. 하루가 기쁨이라면 하루의 기쁨이나 천 년 만 년의 기쁨이나 다 마찬가지 기쁨이지 기쁨에 다른 것이 있을 수 없다. "일일시호일日日是好日"이다. 하루 속에서 한없는 기쁨을 찾아야 된다. 그래서 『벽암록』 속에서 "일일시호일"이라는 이 6장이 특별히 유명한 장이다.

"일일시호일"이다. 여기에 설두雪竇라는 사람이 다음과 같이 송頌이라는 하나의 찬송을 붙였다.

"설두송雪竇頌 거각일념득칠거각一拈得七 상하사유무등필上下四維無等匹
서행답단류수성徐行踏斷流水聲 종관사출비금적縱觀寫出飛禽跡."

"거각일념득칠거각一拈得七 상하사유무등필上下四維無等匹"

'일一'이란 장생이고 '칠七'이란 영생이다. 칠은 완전수다. 장생이라는 것을 버리고 영생에 살자는 것이다. 그렇게 되면 어떻게 되는 것인가. '상하사유上下四維'란 동서남북과 위아래를 말하는데 우주라는 뜻이다. 우주가 한없이 아름답다는 말이다.

"서행답단유수성徐行踏斷流水聲 종관사출비금적縱觀寫出飛禽跡."

사뿐사뿐 걸어가서 흘러가는 물소리를 끊는다. 인생이라는 것이 한없이 신비하다는 말이다. 신통神通이라는 것이다. 눈을 뜨고 보니까 날아가는 새의 발자취도 마음대로 그림으로 그려낼 수 있는 그런 묘용妙用을 사람은 할 수가 있다.

신통神通 묘용妙用을 말하는 것이다. 우리는 한없이 신통하고 한없는 묘용을 할 수가 있다는 것이다. 보통 해석을 그렇게 하는데 나는 어떻게 해석하는가?

"함개건곤涵蓋乾坤 절단중류截斷衆流 수파축랑隨波逐浪", 이것을 운문삼현雲門三玄이라 한다. "함개건곤涵蓋乾坤", 온 건곤이 아주 흠뻑 젖었다. "절단중류截斷衆流", 마치 모세가 홍해바다를 가르고 건너가듯이 흘러가는 물을 끊어버렸다. "수파축랑隨波逐浪", 파도를 따라서 물결을 쫓아간다. 이것을 운문삼현이라 하는데 운문의 모든 사상을 다 합쳐보면 이것이 된다는 것이다. 그래서 나는 이 셋을 가지고 다시 설두의 송을 해석한다.

"상하사유무등필上下四維無等匹", 이것은 함개건곤이다. "서행답단류수성徐行踏斷流水聲", 이것은 절단중류다. "종관사출비금적縱觀寫出飛禽跡", 이것은 수파축랑이라 본다. 이렇게 보면 여기서 어떤 해석이 나오는가. "함개건곤", 우주는 전체가 하나요, 그 가운데 인생은 모든 죄악을 벗어난 아주 지선至善이 될 수 있다는 것이다. "절단중류", 그렇게 된 인생은 모든 사회에 대해서 한없이 좋은 일을 해낼 수가 있다. 이렇게 해서 결국 전체, 개체, 사회라는 관점에서 해석을 한다. 제일 중요한 것은 하나가 되는 일이다. 우주는 하나지 둘이 아니다. 그 가운데 인생은 정말 절단중류, 중류를 절단할 수 있는, 술도 끊고 담배도 끊고 밥도 끊고, 그렇게 끊을 수 있는, 악도 끊고 죄도 끊을 수 있는, 그런 존재라는 것이다. 그래서 "지어지선止於至善"이다. 사람은 지선至善에 도달할 수 있는 존재라는 것이다. "서행답단유수성"이다. 모든 악을 끊고 지선으로 돌아갈 수 있는 그런 인생이다.

"수파축랑", 사람에게는 누구나 다 좋은 소질이 있다. 그 좋은 소질을 얼마든지 다 개발해서 키워갈 수 있는 그런 능력이 사람에게는 있다. 그 능력을 도와줄 수 있는 것이 또 인생이다. 다른 사람들을 사랑한다는 것이 무엇인가. 다른 사람에게 있는 소질을 발견해서 그것을 완성시켜 가는 것이다. 견성성불見性成佛이다. 견성성불하게 해 주는 것이다. 그것이 사람이다. 자기 자신이 지선이 될 수 있을 뿐만 아니라 또한 남도 지선이 될 수 있도록 도와줄 수 있는 그것이 사람이다. 그렇게 되기 위해서 사람의 근본이 하나라는 것을 알아야 된다. 나와 남이 따로 있는 것이 아니다. 본래가 하나다. 내가 잘되면 남도 잘되고 남이 잘되면 나도 잘된다. 이렇게 하나의 세계다. "일일호일日日好日", 영원한 하나의 세계지 갈라지고 분단된 세계가 아니다.

"함개건곤涵蓋乾坤", 건곤乾坤이란 하나다. 하늘과 땅은 하나지 하늘은 위에 있고 땅은 아래 있다고 해서 서로 갈려있는 것이 아니다. 언제나 하늘은 땅으로 내려오고 땅은 하늘로 올라가서 하늘과 땅은 언제나 하나다. "절단중류截斷衆流", 모든 잘못은 우리가 끊어버리면 된다. 아편이건 술이건 끊으면 된다. 끊지 못하면 밤낮 거기에 끌려다닌다. 그것은 남의 노예가 되어 그런 것이 아니다. 자기가 자기를 노예로 만든 것이다. 그래서 밤낮 끌려다닌다. 자기가 끌려다니지 않게 되어야 한다. 그것을 독립이라 한다. 그러니까 함개건곤은 통일이라는 말이다. 하나의 세계다. 본래 우주라는 것, 자연이라는 것, 인생이라는 것은 하나의 세계다. 그래서 보통 이것을 통일이라 한다. 그리고 끊어야 독립이다. 그렇게 되어야 혼자 설 수 있다. 독립이 되면 얼마든지 다른 사람을 도와줄 수 있다. 그것을 우리는 자유라 한다. 이렇게 요새로 말하면 통일, 독립, 자유라는 말인데 이것을 운문으로 말하면 함개건곤, 절단중류, 수파축랑이라는 것이다.

"수파축랑隨波逐浪"이란 말은 해석하려면 참 어렵다. 그런데 설두의 "종관사출비금적縱觀寫出飛禽跡"이라는 이런 글이 나오니까 이것을 보아서 그것이 무슨 말인지 짐작할 수 있다. 다른 사람의 재간, 그것이 비금적飛禽跡이다. 그것을 사출寫出할 수 있는 그런 기술, 그리고 그런 기술을 볼 수 있는 그런 눈이다. 그런 재간, 그런 기술, 그런 눈, 이것이 합해져서 이 세상은 자유의 세상이 되는 것이다. 수파축랑, 사람의 소질에 따라서 그 사람의 재간을 마음껏 발휘하게 해 주는 것이다. 그러니까 수파축랑은 남에 대해서 하는 말이고 자기에 대해서 하는 말은 "중류절단衆流截斷"이다. 자기의 약점을 없이하는 것이다. 그리고 내가 본래 알아야 될 것은 무엇인가. 우주는 본래 하나라는 것이다. 우주도 하나요 세계도 하나지 이것이 쪼개진 세계가 아니다. 이렇게 아는 것이 믿음이다. 중류절단, 이것이 소망이다. 그리고 수파축랑, 이것은 사랑이다. 기독교로 말하면 믿음과 소망과 사랑인데 그것을 운문으로 말하면 삼현三玄이라는 것이다. 사람은 세 가지 신비를 가지고 있다. 전체가 하나라는 신비, 자기가 해탈할 수 있는 신비, 그리고 남을 길러낼 수 있는 신비다. 이 세 가지 신비를 삼현이라 한다. 이 세 가지를 가지면 "일일호일日日好日"이다. 호일好日 아닌 때가 없다.

잠잔다는 것이 통일이다. 아침에 공부한다 하는 것은 중류절단이다. 낮에 일한다 하는 것은 수파축랑이다. 그렇게 해서 전체 하루가 일일호일이 되게 되면 이것이 극락이지 어디에 극락이 있겠는가. 그러니까 우리는 이 세상이 고생이니까 이 세상을 집어치우고 하늘로 가야 되겠다 그렇게 생각하지 말고 하늘로 가기 전에 여기서부터 하늘로 살아야 된다. 여기서 실컷 연습하고 하늘로 가면 더 좋지 않겠는가. 여기서부터 하늘로 살아야 된다. 우리는 하늘에 속해 있다는 소리가 그 소리다. 여기서부터 우리는 일일호일이다. 그러다 거기 가면 그때 진짜 일일호일이 되겠지. 일일호일, 참 좋은 말이다. 하루하루가 충실한 하루여야 한다.

밥 먹고 저도 모르게 소화가 되어야 그것이 사는 것이다. 그리고 잠은 실컷 자야 된다. 피곤이 다 풀리도록 자야지 아직도 피곤이 남아있다 그러면 그것은 굿모닝이 못된다. 밤낮 배드모닝이다. 아침에 탁 깨면 정신이 팍 들어서 자기가 제일 좋아하는 책들, 이천 년이 넘은 이런 책들을 들여다보고 있노라면 정말 뜻이 무궁무진하다. 한마디만 보더라도 뜻이 무궁무진한데 그런 것을 깊이 들여다보고 있으면 한없이 행복하다. 그렇게 하고 선생이라면 우리가 학교에 가서 어떻게든 학생들을 도와주어야겠다, 그런 마음을 먹고 가르치면 가르치는 것이 얼마나 행복한지 모른다. 무슨 일을 해도 그렇다. 그 사람을 어떻게든 도와주고 살려주어야겠다, 키워주어야겠다, 혹은 보태주어야겠다, 그러면 하는 일이 그대로 기쁨이다. 돈을 벌기 위해 일한다 그것처럼 비참한 것은 없다. 돈을 벌기 위해서 일하는 것이 아니고 정말 이 세상을 극락으로 만들기 위해서 일한다, 그렇게 생각하면 일하는 것처럼 기쁨이 없다. 지옥이라면 돈 때문에 지옥이다. 돈 때문에 무엇을 한다 그러면 다 노예지 자유가 아니다. 그러면 일이 아니라 노동이다.

　우리는 하루를 사는 것이 다 기쁨이 될 수 있도록 할 수 있다. 일을 해도 남을 도와주기 위해서 일해야겠다. 돈을 받으면서 일해도 남을 위해서 일한다, 그렇게 되면 그것도 기쁘다. 그래서 일일호일이다. 저녁, 밤, 아침, 낮, 하루하루가 기쁨으로 충만하게 된다. 그렇게 우리는 만들어 내야 한다. 그렇게 만들 수 있다. 그렇게 만드니까 인생이지 그렇게 만들지 못하면 인생이라 할 수가 없다.

2002. 4. 28.

제32. 보살주처품菩薩住處品

보살주처품 강해

32.1 이시爾時 심왕보살마하살心王菩薩摩訶薩 어중회중於衆會中 고제보살언告諸菩薩言

심왕보살마하살이 중생들의 모임 가운데서 여러 보살에게 말했다.

불자佛子 동방유처東方有處 명선인산名仙人山 종석이래從昔已來 제보살중諸菩薩衆 어중지주於中止住 현유보살現有菩薩 명금강승名金剛勝

동방 어떤 곳에 선인산仙人山이라는 산이 있다. 그 산에는 옛날부터 많은 보살들이 살고 있는데 거기에 가르치는 선생님이 금강승金剛勝이라는 보살이다.

여기권속與其眷屬 제보살중諸菩薩衆 삼백인구三百人俱 상재기중常在其中 이연설법而演說法.

그 금강승이라는 보살에게는 언제나 삼백 명의 사람들이 와서 배운다. 그 삼백 명 속에 있으면서 진리를 가르쳤다.

동북방유처東北方有處 명청량산名淸凉山 종석이래從昔已來 제보살중諸菩薩衆 어중지주於中止住 현유보살現有菩薩 명문수사리名文殊師利 여기권속與其眷屬 제보살중諸菩薩衆 일만인구一萬人俱 상재기중常在其中 이연설법而演說法.

동북방에는 또 청량산淸凉山이라는 산이 있다. 거기에도 옛날부터 많은 보살들이 살고 있는데 거기에서 가르치는 선생님은 문수사리다. 문수보살은 일만 명 가운데 있으면서 진리를 가르쳤다.

청량산은 중국의 산서성에 있는 산인데 법장法藏(643-712)이 여기에서 살았다. 법장 다음은 징관澄觀(738-839)이다. 징관이 청량산에 들어가서 『화엄경소華嚴經疏』 60권을 저술했다. 그리고 청량산에서 많은 강의도 하고 그러니까 사람들이 그를 청량이라 불렀다. 그래서 청량대사淸凉大師가 되었다. 청량산은 산서성에 있는 오대산이다. 청량산의 봉우리가 다섯이다. 가운데 봉우리가 제일 중요한데 거기에 언제나 문수보살이 와서 계신다고 한다. 우리나라 사람 자장慈藏이 거기에 가서 공부하고는 한국에 돌아와 한국의 청량산을 찾았다. 그래서 찾은 곳이 오대산이다. 오대산에 와서 거기에 절간을 짓고 거기에 문수보살을 섬겼다. 지금도 거기에 불교 대학원이 세워졌는데 옛날부터 거기에 유명한 스님들이 많이 살았다. 말하자면 영산靈山이라 할까 소위 우리로 말하면 성소聖所라는 것이다. 사람이란 어디서나 성소를 가지고 있게 마련이다. 이스라엘 사람들에게는 예루살렘이 하나의 성소다. 중국 사람들은 청량산이 하나의 성소다.

해중유처海中有處 명금강산名金剛山 진단국震旦國 유일주처有一住
處 명나라연굴名那羅延窟 종석이래從昔已來 제보살諸菩薩 어중지주
於中止住.

　바다 속 어떤 곳에 산이 있는데 금강산이다. 우리나라 금강산이 이것
이다. 금강산 복판 가운데 봉우리가 비로자나봉이다.『화엄경』의 주가
되는 불이 비로자나불이다. 거기에서 일만 이천 명이 배우고 있다고
하는데 금강산에 일만 이천 봉이 있다. 그래서 우리 한국 사람들은 한
국의 중심이 금강산에 있다고 한다. 중국 사람들이 오대산을 지성소라
고 생각하는 것처럼 우리 한국 사람들은 금강산을 지성소至聖所로 생
각했다. 거기에 있는 스님이 법기法起라는 사람인데 결국 금강산에는
법기가 강연한다고 이런 식으로 생각하는 것이다. 어디나 이런 지성소
를 하나 만들고 거기에 많은 사람들이 모여드는 그런 것을 말하는 것
인데 우리로 말하면 교회다. 교회에 많은 사람들이 모여서 계속 공부
한다는 그런 것을 생각하면 된다.
　설봉雪峰은 덕산德山의 제자다. 설봉의 제자는 운문雲門이다. 덕산,
설봉, 운문으로 내려가는 것인데 설봉이라는 사람은 한 때 진리를 깨
닫지 못해서 한없이 고민했다. 같은 덕산의 제자로 설봉의 형이라 할
수 있는 사람이 암두巖頭다. 설봉은 암두와 같이 어디를 가다가 오산
진이라는 나루터에 도달했을 때 홍수가 나서 강을 건너갈 수가 없었
다. 그래서 물이 내려갈 때까지 한 일 주일 묵으면서 지내게 되었다.
어느 집에 들어가 묵게 되었는데 암두라는 사람은 밤만 되면 깊이 잠
이 들었다. 암두에게는 언제나 일일호일日日好日이다. 그런데 설봉 자
기는 한없이 괴롭다. 사바세계다. 암두는 영생永生에서 사는 사람이고
설봉은 장생長生에서 사는 사람이다. 그래서 한없이 괴롭다. 밤에 잠
은 안 오고 그래서 참선을 하고 앉아있었다. 옆에서 암두는 코를 골면
서 자는데 자기는 신경쇠약에 걸려 잠도 못 자고 있다. 한없이 기가 막
히고 괴로웠다. 그래서 하루는 암두에게 물었다. 형은 어떻게 그렇게
팔자가 좋아서 잠을 잘 자는가? 나는 잠이 안 와서 큰일이다. 그러니

까 암두가 묻기를 너는 무엇 때문에 그러느냐고 했다. 설봉이 대답하기를 진리를 한 번 깨달아보았으면 좋겠다고 했다. 그러자 암두는 너는 무엇을 진리라고 생각하는지 네 속에 있는 말을 한 번 해보라고 했다. 그래서 설봉은 이런 말 저런 말을 해보았다. 그런데 설봉이 일일호일이라 그러면 암두는 말하길 그것은 운문의 말이 아니냐 하고 또 설봉이 무슨 말을 하면 암두는 그것은 또 아무개 말이 아니냐 했다. 예를 들어 주체적인 진리라는 말을 한다면 그것은 키엘케골의 말이 아닌가. 이렇게 설봉의 말마다 그것들은 아무개 말이고 또 아무개 말이 아니냐 그렇게 대답했다. 그러면서 암두가 말했다.

"종문입자從門入者 불시가진不是家珍"

문으로 들어온 것은 집안의 보물이라 할 수가 없다. 바깥에서 들어온 것은 진짜 보배가 될 수 없다. 그것은 다 남의 것이지 제 것이 아니라는 말이다. 은행에 돈이 아무리 많아도 그것은 나와 아무 상관이 없는 것이나 마찬가지다.

"설봉왈雪峰曰 타후여하즉시他後如何卽是"

그러자 설봉이 말했다. 앞으로 나는 어떻게 해야 되는가. 여지껏 나는 남의 것으로 살았는데 앞으로는 어떻게 살아야 되는가.

"암두왈巖頭曰 타후약욕파양대교他後若欲播揚大敎 일일종자기흉금――從自己胸襟 유장출래流將出來."

암두가 말했다. 앞으로 네가 불교를 정말 넓게 전도를 하려고 한다면 말 하나하나가 자기의 가슴속에서 터져 나오는 그런 말이라야 되지 않겠느냐.
 자기의 가슴속에서 터져나오는 그런 말이라야 다른 사람을 움직일 수 있지 남의 이야기 가지고는 안 된다는 것이다. 유영모 선생은 이것을 '제소리'라 했다. 제소리라야지, 네가 창조적 지성이 되어야지 다른 사람의 것을 가지고는 안 된다는 말이다. 자기 속에서 터져나오는 것이 샘물이지 다른 사람에게 들은 것은 안 된다. 우리가 밤낮 교회에 다니면서 들어도 그 말을 가지고는 안 된다. 내 속에서 터져나오는 말씀이라야 그것이 하나님의 말씀이지 목사의 말을 백만 마디 알아도 그것은 하나님의 말씀이 아니다. "종자기흉금從自己胸襟 유장출래流將出來", 자기의 가슴속에서 터져나오는 그것이라야 다른 사람을 움직일 수 있다. 설봉은 이 말에 그만 크게 깨닫게 되었다. 그래서 설봉도 자기 속에서 터져나오는 제소리를 가지게 되었다. 그러자 설봉의 문하에 천 오백 명의 제자들이 모여들었다고 한다.

다음은 『전습록傳習錄』에 나오는 왕양명의 말이다.

"여기위수경무원지당수與其爲數頃無源之搪水 불약위수척유원지정수不若爲數尺有源之井水 생의불궁生意不窮."

깊이가 몇 길이나 되지만 근원이 없는 저수지의 물보다는 오히려 몇 자 안 되지만 근원이 있는 샘물을 가지는 것이 더 낫다. 근원이 있는 우물물, 이것은 영생이고 저수지물은 장생이다. 우물물은 중심에서 계속 나온다. "생의불궁生意不窮"이다. 생명의 샘물이 끝이 없다.

선생은 어떤 사람이 선생이 되어야 하는가? 생명의 샘이 솟아나오는 사람, 제소리가 나오는 사람이 선생이 되어야 한다. 유영모 선생의 특징이 무엇인가 하면 제소리라는 것이다. 그 사람밖에는 모를 말들이 나오는 것이다. '꼭대기'라 하면 우리는 그저 꼭대기로만 아는데 유영모 선생님은 하나님에게 가서 닿았다는 뜻이다. 말하자면 "함개건곤涵蓋乾坤", 이것을 유영모 선생은 '꼭대기'라 한 것이다. 이렇게 유영모는 자기 속에서 우러나오는 그런 말을 가지고 있었다. 그것을 우리는 제소리라 한다.

지금 세 번째 단계에서는 어떻게 하면 우리가 선생이 될 수 있는가 하는 것이다. 그런데 선생이 있는데 거기가 영산靈山이다. 영산이 있어서 선생이 있는 것이 아니라 선생이 있는데 거기가 영산이다. 거기가 지성소다. 퇴계退溪 이황李滉(1501-70)이 사는 거기가 도산서원陶山書院이다. 그러니까 도산서원이 유명한 것이 아니라 퇴계가 유명한 것이다. 그래서 세 번째 단계에서는 신선神仙이 있으면 거기가 영산이 된다는 것이다. 신선이 있으면 영산이고 신선이 없으면 아무 것도 아니다. 사람이 있으면 거기가 지성소다. 사람이 없으면 거기는 아무 것도 아니다. 이런 내용을 말하는 것이 32장의 「보살주처품」이다. 30장의 「아승지품」은 장생인가 영생인가 하는 문제다. 31장 「여래수량품」에서는 기쁨이 충만한 하루, 일일호일日日好日이라는 것이다. 이렇게 「아승지품」, 「여래수량품」, 「보살주처품」, 세 장을 생각해보면 참 좋은 장이다. 다 동그라미를 말하는 것이다. 샘터라는 것도 동그라미다. 장생인가 영생인가 하는 문제인데 그것을 이 세 장에서 각각 시간적, 공간적, 인간적으로 설명해본 것이다.

2002. 4. 28.

제33. 불부사의법품佛不思議法品

불부사의법품 강해(1)

묘각妙覺

 십지十地 다음이 등각等覺과 묘각妙覺이다. 지금까지 등각에 관해서 6개의 장이 나왔고 이제부터 5개의 장에 걸쳐 나오는 내용은 묘각에 관한 것이다.
 등각은 선생님과 같아져야 된다는 것이다. 그래야 훌륭한 제자라는 것이다. 그런데 묘각이란 선생님보다 더 나아야 된다는 것, 그래야 훌륭한 제자라는 것이다.
 오늘은 묘각妙覺의 '묘妙'라는 글자를 신비하다는 뜻으로 본다. 『노자』에 나오는 '현묘玄妙'라는 것이다. 신비하고 또 신비하다는 것이다. "현지우현玄之又玄 중묘지문衆妙之門"이다. 신비하다는 것인데 신비하다는 말은 알 수 없는 것이라는 말이다. 오늘 제목이 묘각이다.
 「불부사의법품佛不思議法品」에서 "부사의不思議"란 생각할 수 없다,

알 수 없다는 뜻이다. 알 수 없는 법인 진리를 깨닫는 것, 그것이 "불부사의법佛不思議法"이다. 알 수 없는 진리를 깨달은 사람이 부처다. 부사의에 대한 해석을 읽어본다.

"상심불능급불사想心不能及不思 정식명언불능급불의情識名言不能及不議."

"상심불능급想心不能及", 그것을 불사不思라 한다. 우리가 느낄 수도 없고 알 수도 없고 이름지을 수도 없고 말할 수도 없고 미칠 수도 없는 그것을 불의不議라 한다. "부사의不思議"라는 것이 무엇인가. 불사不思와 불의不議인데 불사는 "상심불능급"이고 불의는 "정식명언불능급情識名言不能及"이다.

"여래지용如來智用 비식심망정사려소지非識心妄情思慮所知 고식멸정매고識滅情昧 정지현전正智現前 명위부사의名爲不思議."

여래의 지智와 용用은 식심識心, 망정妄情, 사려思慮를 가지고 알 바가 아니다. 식심으로도 알 수 없고, 망정으로도 알 수 없고, 사려를 가지고도 알 수 없는 것이다. 그러니까 식識은 멸해버려야 되고 정情은 없어져야 된다. 그래야 진짜 지智가 나타나게 된다. 그것을 이름해서 부사의不思議라 한다. 지금까지 부사의에 관한 해석이다.

"청연화장보살青蓮華藏菩薩 고연화장보살告蓮華藏菩薩 명근본지明根本智 원명圓明 청정淸淨 무염無染."

지금 「불부사의법품」에서 말하는 주인공은 청연화장보살이다. 청연화장보살이 연화장보살에게 말하는 것이다. 즉 선생은 청연화장보살이고 학생은 연화장보살이다. 선생에게 '청青'이라는 글자가 하나 더 들어간 것인데 그렇다면 '청青'이란 무엇인가. 근본지를 밝힌다는 것

제33. 불부사의법품佛不思議法品 379

이다. 근본지가 원명圓明하다. 근본지가 밝고 원만하다. 청정淸淨하고 무염無染이다. 깨끗해서 일체 오염이 없다. 마음이 깨끗한 자는 하나님을 볼 것이다. 하나님을 볼 수 있는 눈, 그것이 근본지라는 말이다. 그런데 불교에서는 하나님을 본다는 그런 말을 하지 않고 깨닫는다고 한다. 자기를 깨닫는 것이 근본지라는 것이다. 근본지가 원명하고 청정무염한 것을 밝히는 것이다.

그런데 연화장보살은 어떤 경지인가 하면 아직도 차별지라는 것이다. 학생은 차별지요 선생은 통일지다. 그러니까 분별지와 통일지의 관계다. 학생은 아직도 과학자요 선생은 철학자다. 철학자가 과학자에게 설명을 해 가는 것이다. 그래서 결국 과학이 하나 더 올라가면 철학이 되는 것이다.

부사의不思義의 내용은 팔상八相, 불사佛事, 용건법勇健法이라는 셋이다. 팔상八相이란 하천下天, 탁태託胎, 강세降世, 출가出家, 항마降魔, 성도成道, 전륜轉輪, 열반涅槃이라는 여덟 가지다. 불사佛事는 상생上生, 강신降神, 현생現生, 출가出家, 성도成道, 전륜轉輪, 위의威儀(지혜), 기행起行(자재), 기용起用(무애), 열반涅槃(해탈)이라는 열 가지다. 용건법勇健法은 신명불괴력身命不壞力, 모공용지력毛孔容持力, 모지대산력毛持大山力, 정용자재력定用自在力, 상편연법력常徧演法力, 덕상항마력德相降魔力, 원음편철력圓音徧徹力, 심무장애력心無障碍力, 법신미밀력法身微密力, 구족행지력具足行智力이라는 열 가지다.

지금 청연화장보살이 강의를 하고 듣는 사람은 연화장보살인데 강의자는 근본지요 듣는 자는 차별지다. 철학자가 과학자에게 강의를 하는 것이다.

「불부사의법품」, 알 수 없는 진리를 깨우쳐 준다는 것이 「불부사의법품」이다. 근본지란 무엇인가 하면 그것은 알 수 없는 진리다. 그것을 깨우쳐주는 것이다. 알려주는 것이 아니라 깨우쳐준다. 각覺이다. 각이란 아는 것보다 하나 더 높은 세계다. 지식보다는 지혜라는 것이다.

지혜라는 것은 깨닫는 것이지 아는 세계가 아니다.

33.1 이시爾時 대회중大會中 유제보살有諸菩薩 작시념作是念 제불국토諸佛國土 운하부사의云何不思議 제불본원諸佛本願 운하부사의云何不思議

이때 큰 모임 가운데 여러 보살이 있었는데 그들이 이런 생각을 했다. 제불국토는 "운하부사의云何不思議", 어찌하여 헤아릴 수 없는가. "운하부사의"에 대해 보통 번역이 이렇게 되어 있는데 이렇게 생각하기보다는 "무엇이 알 수 없는 것인가 말해보라" 이렇게 번역하는 것이 좋겠다. 무엇이 알 수 없는 것인지 그것을 한 번 말해보라는 것이다.

우리가 알 수 없는 것은 무엇인가. 나라는 것이다. 나는 알기가 어렵다. 남을 알기는 쉬운데 나를 알기는 어렵다. 눈이 밖으로 달려있으니까 밖은 잘 보이는데 속은 안 보인다. 그래서 알 수 없는 것이 무엇인가 하면 한마디로 해서 나다. 좀더 크게 말하면 인생이라는 것이다. 우리가 알 수 없는 것이 인생이라는 것이다. 결국 우리가 알려고 하는 것은 인생이라는 것, 나를 알고자 하는 것이다. "너 자신을 알라"는 말도 있지만 우리가 정말 알고 싶은 것은 자기를 알고 싶은 것이다.

그런데 나를 알래야 알 수가 없으니까 어떻게 해야 되는가. 알 수 없는 나를 알기 위해서는 거울을 놓고서 들여다보는 수밖에 길이 없다. 우리는 거울이라는 것을 '경經'이라 한다. '경經'은 거울 경鏡이나 같은 것이다. 거울을 통해서 우리를 보아야 된다. 기독교로 말하면 『성경』인데 『성경』이란 별것이 아니고 예수의 생애를 그린 것이 『성경』이다. 그래서 더 확실히 말하면 예수가 우리의 거울이다. 우리가 왜 예수를 알아야 되는가. 나를 알기 위해서다. 불교로 말하면 부처가 내 거울이다. 노자로 말하면 도道가 내 거울이다. 결국 거울이란 무엇인가 하면 선생님이 거울이다.

어떻게 하면 연화장이 자기를 알 수 있는가. 청연화장을 통해서 알 수 있지 다른 길은 없다. 그래서 선생님이 제일 중요하다. 선생님을 만나면 자기를 보는 것이고 못 만나면 못 보는 것이다. 그래서 제일 중요한 것이 성문이라는 것이다. 선생님의 말씀을 들어야 된다는 것, 선생님을 만나야 된다는 말이다. 그래야 자기가 자기를 알 수 있다. 그것이 결국 연각이다. 맨 처음에 귀가 필요하다. 선생님을 알아야 되니까 맨 처음에 필요한 것이 귀다. 그래서 선생님을 알게 되면 자기를 알게 되는데 그것이 각覺이다. 그러니까 『성경』을 본다 하는 것도 결국 선생님을 보는 것이다. 우리가 지금 『화엄경』을 보는데 『화엄경』의 내용이 무엇인가 하면 법신法身이다. 법신이 누구인가 하면 선생님이다. 선생님을 보아야 자기를 알게 되니까 선생님을 보는 것, 선생님을 아는 것, 그것이 제일 중요하다. 불교로 말하면 부처를 알아야 된다. 그런데 제일 알 수 없는 것이 무엇인가 하면 부처라 한다. 가장 알 수 없는 것이 나라는 것이다. 내가 누구인가. 나는 부처다. 결국은 그렇게 된다. 부처가 누구인가. 부처가 나다. 기독교로 말하면 그리스도가 누구인가. 그것이 나다. 어떻게 말해도 다 같은 말이다. 요는 "부사의不思議", 제일 알기 어려운 것이 무엇인가 하면 나라는 것이다. 그 나를 어떻게 하면 알 수 있는가. 나를 알기 위해서는 선생님을 만나보는 수밖에 길이 없다. 여기서도 선생님이 누구인가 하면 부처라는 것이다. 부처를 아는 것이 자기를 아는 방법이다. 부처가 누구인가 하면 결국 나다. 선생님을 통해서 자기를 안다는 말이다. 결국 내가 내가 아니라 선생님이 나다. "아금불시거我今不是渠 거금정시아渠今正是我", 내가 내가 아니고 선생님이 나다. 그래서 기독교에서는 예수를 믿어야 된다고 하고 불교에서는 부처를 알아야 된다고 한다. 왜 그런가 하면 자기를 알기 위해서다.

팔상八相이란 무엇인가. 부처님의 일생을 팔상이라 한다. 불사佛事라는 것도 부처님의 일생이다. 팔상이나 불사나 결국 같은 것이다. 용건법勇健法은 건강법이라는 것인데 그 건강법을 실천해 낸 사람이 누구인가 하면 그것도 또 부처님이니까 다 같은 이야기다. 다 같은 이야기를 이렇게도 말해보고 저렇게도 말해보는 것이다.

결론은 무엇인가. 결국 장생長生이 아니라 영생永生이라는 것이다.

장생이라면 알기가 쉬운데 영생이라는 것은 알기가 어렵다. 영생이 되기 위해서는 '가온찍기', 중심을 잡아야 된다. 중심을 잡아야 전체를 알지 중심을 잡지 못하면 알 수가 없다. 중심을 잡는다는 그것을 유영모 선생은 '가온찍기'라 했다. 불교로 말하면 점심點心이다. 어느 마음에 점을 찍느냐. 과거심인가 현재심인가 미래심인가. 과거심, 현재심, 미래심, 그것은 장생이다. 거기에 점을 찍으면 안 된다. 원圓의 중심에 점을 찍어야지 선분에는 중심이 없다. 언제나 원의 중심을 잡아야 된다. 그래서 무극이태극無極而太極이다. 원의 중심에 점을 찍으면 그것이 태극점이다. 태극점을 찍으면 무극은 저절로 된다. 이것을 또 "일체즉일一切卽一 일즉일체一卽一切"라 한다. 빙상 스케이팅 하는 것을 보니까 한 여자가 다른 선수 위로 거꾸로 올라서는데 처음에는 손을 잡고 머리를 맞대고 거꾸로 서서 스케이팅을 하다가 나중에는 두 손을 다 놓고 마음대로 빙상을 달리는 것이다. 그런데 가까이 비춰주는 화면을 보니까 위에 있는 여자도 생글생글 웃고 있고 아래 있는 여자도 생글생글 웃고 있었다. 왜 그렇게 될 수 있는가 하면 중심을 잡았기 때문이다. 중심을 잡으면 아무리 빙판에서 돌아다녀도 아무렇지 않은 것이다. 그런데 중심을 못 잡으면 땅에서도 쓰러진다.

깨달았다는 것이 무엇인가. 자기의 중심을 잡는 것이다. 그런데 그 중심을 잡기가 참 어렵다는 것이다. 점심이란 무엇인가. 중심을 잡았다는 말이다. 북한산 비봉 밑에 있는 절간에 가면 부처가 손으로 자기 심장을 가리키고 있다. 그것은 점심點心, 중심을 잡으라는 것이다. 제일 중요한 것이 점심이다. 점심을 시간으로 말하면 12시다. 태양이 나무와 일자가 되면 12시인데 그렇게 되면 일체 그늘이 없어진다. 죄라는 것이 없어지고 만다. 내가 하나님 안에 있고 하나님이 내 안에 있다. 범아일여梵我一如가 되고 만다. 이것이 소위 가온찍기라는 것이다. 가온찍기가 되어야 영원한 생명이다. 영원한 생명이란 오래 살았다는 이야기가 아니다. 일일호일日日好日이다. 다만 하루를 살아도 정신을 차리고 살면 그것이 영생이다. 80년, 90년, 100년 오래 사는 것이 영생이 아니다. 그것은 장생이다. 하루를 살아도 정신이 깨서 사는 것이 영생이다. 내용은 이것인데 이것을 또 여러 가지로 설명해 보는 것이다. "하나님께서 세상을 이처럼 사랑하사 독생자를 주셨으니", 이것이 가온찍기다. "누구든지 저를 믿으면 멸망하지 않고 영생을 얻으리라", 영생이다. 독생자를 주셨으니, 이것이 가온찍기다. 그래서 누구든지 저를 믿으면 멸망하지 않고 영생을 얻는다. 결국 무극이태극無極而太極이다. 『주역』으로 말하면 무극無極, 태극太極, 양의兩儀다. 영(0), 하나(1), 무한(∞)이다. 하나를 영으로 나누면 무한이 된다. 카알라일Thomas Carlyle(1795-1881)의 『의복철학(Sartor Resartus)』의 핵심이 이것이다.

영, 하나, 무한인데 『화엄경』으로 말하면 유심연기唯心緣起, 불佛, 이실법계理實法界라는 것이다. 이것이 또 "화엄경"이다. '화華'의 유심연기, '엄嚴'의 불, '경經'의 이실법계다. 또는 대방광大方廣, 불佛, 화엄華嚴이다. 비유로 말하면 얼음, 에베레스트, 갠지스강이다. 산은 에베레스트처럼 얼음이 덮일 수 있게 높은 산이라야 된다. 그래야 장엄한 것이다. 흰눈으로 덮여야 깨끗한 것이다. 청정무염淸淨無染이다. 청정淸淨, 장엄莊嚴, 자재自在다. 자재란 한없이 넘치는 것이다. 말하는 내용은 다 같은 것인데 그날그날 재료만 달라지는 것뿐이다. 뼈대는 다 같다. 근본지는 다 같다는 말이다. 내가 말하고자 하는 것은 언제나 같은 것이다. 공, 하나, 무한이다. 기독교로 말하면 성육신, 십자가, 부활이다. 이것이 기독교의 핵심 교리다. 이 셋이 핵심이다.

그런데 들어도 들어도 안 들리는 것이 이것이다. 암만 들어도 무슨 소리인지 모른다. 왜 그런가. 알 수 없는 것이기 때문이다. 알 수 없는 것이니까 아무리 알려고 해도 모른다. 어떻게 해야 되는가. 깨야 된다. 깨지는 때가 있게 된다. 돌을 망치로 암만 내리쳐도 깨지지 않다가 계속해서 내리치면 딱 깨지는 때가 있다. 그렇게 딱 깨지는 때가 있지, 칠 때마다 조금씩 조금씩 깨져서 백 번을 내리치면 깨진다는 그런 것이 아니다. 계속 안 깨지고 있다가 어느 때 가서 딱 깨진다. 가온찍기라는 것이다. 가온찍기에 가서 딱 깨진다. 그래야 알지 그 전에는 모른다. 그러니까 백 번 들었다고 아는 것도 아니고 천 번 들었다고 아는 것도 아니다. "나는 이십 년을 들었는데 아직도 모른다" 할 수 있는데 이십 년이니 삼십 년이니 그것이 문제가 아니다. 장시長時가 아니다. 언제나 영생永生이라는 것이다. 그러니까 한 순간에 아는 사람도 있다. 노자와 공자는 만나는 순간에 벌써 알았다. 그렇게 가온찍기라야 되지 오래 들었다고 해서 되는 것이 아니다. 얼마나 오래 들었느냐는 그것과는 다른 것이다. 오래 들어서 아는 그것은 지식인데 이것은 지식이 아니라 지혜다. 어느 때라도 가온찍기라야 된다.

    알 수 없는 것이 무엇인가. 제불국토諸佛國土를 알 수 없다. 불교용어로 국토해國土海, 세계해世界海라는 말이 있다. '해海'는 넓고 크다는 뜻이다. 세계는 보통 사람들도 배우면 어느 정도 알 수 있는 것이다. 그런데 '국토國土'라는 것은 전혀 알 수 없는 것이다. 불교에서 국토라는 말은 독특한 용어다. 전혀 알 수 없는 것이다. 그래서 자내증自內証이라 한다. 석가가 '자自', 스스로, '내內', 속으로, '증証', 깨달은 것이다. 석가가 자기 속으로 깨달았다. 그러니까 이것은 석가만이 알 수 있지 다른 사람은 일체 알 수 없다. 석가가 깨닫고 나서 14일인지 얼마 동안 가만히 삼매에 들었다. 가만히 해인삼매海印三昧에 들었는데 이것은 도저히 다른 사람에게 말할 수도 없고 말해야 알 수도 없다. 알 수 없는 세계다. 그래서 이것을 어떻게 하나. 그렇게 하다가 14일 만에 "그럼 한 단을 낮춰서 보현을 보고 강의를 좀 하게 하자" 했다. 그러니까 『화엄경』에서 석가는 아무 소리도 안 하고 가만 앉아있는 것이다. 보현을 시켜서 말하게 하는 것이다. 보현이 말하면 누가 아는가? 보살만이 안다. 보살 이하 되는 이승二乘들은 모른다. 결국 『화엄경』은 보살을 위해서 내놓은 경이라 한다. 그러니까 『화엄경』이 굉장히 어려운 경이라는 것이다. 그래서 보통 최고의 경전이라 한다. 알 수 없는 것, 그것을 자내증이라 한다. 오로지 부처와 부처의 친구만이 알 수 있다. 유불여불唯佛與佛이다. 부처가 되어야 알 수 있지 부처가 안 되면 모른다는 것이다. 기독교로 말하면 예수가 되어야 알지 그렇지 않으면 모른다는 것이다. 그런 것들이 많다. 떡 다섯 덩이로 오천 명을 먹였다고 하는데 그것은 예수가 아니면 모른다. 다른 사람은 어떻게 그렇게 되었는지 알 수가 없다. 그러니까 부처만이 알지 다른 사람은 절대 모르는 그 세계를 국토라 한다. 그래서 맨 처음에 알 수 없는 것이 무엇인가 할 때 국토라는 것이 나온다. 국토란 무엇인가. 결국 석가가 깨달은 그 내용을 국토라 한다. 그 내용이 너무 신비하고 너무 황홀해서 어떻게 말할 수가 없다. 단테가 천국에 가서 보니 너무 황홀해서 말할 수가 없었다. 말할 수 없는 세계다. 불가사의다. 그것이 무슨 꽃 같다거나 풀 같다거나 그러면 말하겠는데 이것은 그것이 아니고 빛의 세계다. 빛의 세계라 말하기도 어려운 세계다. 해와 달도 빛을 잃는 그런 세계다. 말할 수 없는 세계니까 결국 말하지 못하는 것이다. 그러니까 석가는 『화엄경』이 다 끝나도록 가만 앉아서 해인삼매에 들어가 있는 것이다. 그런 석가의 도움을 받아서 보현이 한 단을 낮춰서 말하는 것이다. 한 단을 낮춰서 말해도 그것은 보살 정도는 되어야 알아듣지 보통 성문이나 연각은 모른다는 것이다. 성문·연각·보살·불타를 차례차례 다 알게 해주는 경전을 『법화경』이라 한다. 석가가 죽기 전에 맨 마지막에 설한 것이 『법화경』이라 한다. 그런데 『화엄경』은 깨닫는 순간에 한 주일 혹은 두 주일이라 하는데 그 두 주일 안에 말한 것이다. 깨달은 순간에 말한 것이기 때문에 보통 사람은 그것을 알아듣기 어렵다는 것이다.

무엇을 알 수 없는가? 국토를 알 수 없다. 그리고 "제불본원諸佛本願", 부처님의 원이 무엇인지 알 수 없다. 보현의 원은 모든 사람들이 부처가 되기 전에는 자기는 부처가 안 된다는 것이다. 『법화경』에서 아미타불의 원願이 나왔는데, 아미타불은 옛날에 법장法藏이라는 보살로 있을 때 48가지 원을 냈다. 그 가운데서 18번이 염불왕생念佛往生이다. "나무아미타불"하고 한 번만 부르면 천국에 간다는 것이다. 정성스레 "나무아미타불"을 불러야 되는 것도 아니다. 그저 욕하느라고 한 번 불러도 된다는 것이다. "갓뎀 지저스 크라이스트(God damn, Jesus Christ)", 그렇게 욕하느라고 부처님을 한 번 부르기만 해도 천국에 간다는 것이다. 칭명왕생稱名往生이다. 이것이 염불왕생이다. 보현은 모든 사람이 부처가 되지 않으면 자기는 "불취정각不取

正覺", 부처가 되지 않겠다는 것이다. 이것이 보현원普賢願이다. 법장의 원은 사람들이 부처님 이름을 한 번만 불러도 누구나 천국에 간다는 염불왕생이다. 기독교로 말하면 모든 사람이 다 구원받을 수 있다는 만인구원설이다. 이것이 가장 쉬운 길이라는 것이다. 한 번 욕만 해도 천당에 간다니까 이것 이상 쉬운 것이 어디 있겠는가. 이렇게 해서 모든 사람을 다 구원하겠다는 것이다. 좋은 사람은 말할 것도 없고 악한 사람도 다 구원해줘야 된다는 것이다. 의인은 말할 것 없고 악인이야 더 구원해야 될 것이 아닌가. 그래서 모든 사람을 다 구원하자는 대자대비大慈大悲다. 그런 사상이 소위 『법화경』의 사상이다. 원願에는 또 우리가 잘 아는 사홍서원四弘誓願이 있다.

하여튼 알 수 없는 것이 무엇인가 하면 부처님의 본원本願, 근본 원이 무엇인지 그것을 알 수가 없다는 것이다. 그것이 두 번째 알 수 없는 것이다.

제불종성諸佛種性 운하부사의云何不思議 제불출현諸佛出現 운하부사의云何不思議 제불신諸佛身 운하부사의云何不思議

"제불종성諸佛種性"인데, 종성種性에는 습종성習種性, 성종성性種性, 도종성道種性, 성종성聖種性, 등각종성等覺種性, 묘각종성妙覺種性이 있다. 오늘부터 하는 것이 묘각종성이다. 묘각종성이 제일 높은 세계다. 지난 시간까지 했던 것이 등각종성이고 그 전에 나왔던 것이 성聖인데 성聖이란 불타, 도道는 보살, 성性은 연각, 습習은 성문이라는 것이다. 성문·연각·보살·불타·등각·묘각, 이렇게 죽 올라가는 것을 종성이라 한다. 그 종성이라는 것이 무엇인지 그것을 알기가 참 어렵다.

"제불출현諸佛出現", 어떻게 부처가 이 세상에 나타났는가. 이것을 보통 "일대사인연一大事因緣"이라 한다. 예수가 어떻게 세상에 오게 되었는가. 부처가 어떻게 이 세상에 오게 되었는가. 이것이 보통 문제가 아니라는 것이다. B.C.와 A.D.가 갈라지는 큰 사건이라는 것이다.

그런 것을 보통 "일대사인연"이라 한다. 보통 사건이 아니라 천지개벽天地開闢의 큰 사건이다. 그런데 그것을 알기가 어렵다는 것이다.

"제불신諸佛身"인데 불신佛身에는 언제나 법신法身·보신報身·응신應身이 있다. 석가는 응신이다. 석가가 이 세상에 오기 전에 4억 8천년 동안 계속 수양을 했다는 이것이 보신이다. 그 보신이 오기 전에 48억년 이상 계속 생각했다는 이것이 법신이다. 그러니까 석가가 태어나서 80년 살다가 죽었다는 그것이 다가 아니라는 것이다. 그 전에 4억 8천년이 있고 그 전에 또 48억년이 있다. 그러니까 영원한 생명이지 그저 80년이 아니라는 것이다. 그것이 소위 불신이라는 것이다.

제불음성諸佛音聲 운하부사의云何不思議 제불지혜諸佛智慧 운하부사의云何不思議 제불자재諸佛自在 운하부사의云何不思議

"제불음성諸佛音聲." 석가가 강의하는 소리다. 그 소리는 정말 금진옥성金振玉聲이라 할 만큼 아주 똑똑하다는 것이다. "제불지혜諸佛智慧"다. 예를 들어 고집멸도苦集滅道라 하면 우선 고苦라는 것, 세상이 괴롭다는 것을 알아야 된다. 그리고 그 원인이 무엇인지 찾아서 제거해야 된다. 그래서 완전히 모든 고의 뿌리를 뽑아버려야 된다. 그래서 없어져야 된다. 그것이 멸滅이다. 그것을 위해서 계속 노력해 가야 된다. 이런 것들이 다 합친 것이 지혜라는 것이지 그저 괴롭다고 아는 그것이 지혜가 아니다. 지혜는 지행일치知行一致의 세계지 지知의 세계만이 아니다. 깨닫는다는 것은 지행일치의 세계라는 말이다. 그러니까 지혜, 그것을 알기가 참 어렵다는 것이다.

"제불자재諸佛自在." 『반야파라밀다심경般若波羅蜜多心經』에 관자재觀自在라고 나온다. 관자재란 진리를 깨닫는 것을 말한다. 그리고 용자재用自在란 진리를 마음대로 해설할 수 있는 것을 말한다. 자재에는 이렇게 관자재와 용자재가 있는데 그것을 또 알기가 어렵다.

제불무애諸佛無碍 운하부사의云何不思議 제불해탈諸佛解脫 운하 부사의云何不思議.

무애無碍라는 말은 여러 번 나왔다. 이사무애법계理事無碍法界, 사사무애법계事事無碍法界. 이理와 사事가 걸림이 없고 사事와 사事가 걸림이 없다. 이것을 보통 원융무애圓融無碍라 하는데 그것을 또 알기가 어렵다는 것이다.
　마지막으로 "제불해탈諸佛解脫"이다. 어떻게 우리가 육체를 벗어버리는가. 어떻게 우리가 육체를 벗어버리고 왕생往生할 수 있는가. 그것이 또 알기가 어렵다는 것이다.

　이렇게 알 수 없는 것을 열 가지 들었다. 이 열 가지 알 수 없는 것을 알기 위해서 우리는 석가의 일생을 알아보아야 된다는 것이다.
　우선 부처님의 팔상八相이 무엇인지 알아본다. 팔상은 하천下天, 탁태託胎, 강세降世, 출가出家, 항마降魔, 성도成道, 전륜轉輪, 열반涅槃이라는 여덟 가지다. 팔상의 첫째는 하천下天이다. 석가는 하늘에서 내려온 사람이지 땅에서 난 사람이 아니다. 그러니까 석가는 생사生死가 아니라 여래선서如來善逝다. 왔다가 가는 사람이다. 왔다가 가는 것이니까 영생永生이다. 생사는 장생長生이다. 석가는 왔다가 가는 사람이지 났다가 죽는 사람이 아니다. "일도출생사一道出生死"요 "일체무애인一切無碍人"이다. 그 다음은 탁태託胎라는 것이다. 인생의 배를 빌린 것이다. 그래서 강세降世, 세상에 내려왔다. 석가는 땅에서 난 것이 아니라 하늘에서 땅으로 내려왔다는 것이다. 세상에 내려와서 한 일이 무엇인가. 출가出家, 왕궁을 떠났다. 그리고 항마降魔, 오랫동안 자기와 싸웠다. 마귀와의 싸움인데 마귀는 누가 마귀인가 하면 자기가 마귀다. 자기와의 싸움에서 자기를 이긴 것이다. 그래서 성도成道, 진리를 깨닫고 부처가 되었다. 진리를 깨닫고 한 일이 무엇인가. 전륜轉輪이다. 『팔만대장경』을 설법했다. 그렇게 하고 열반涅槃이다. 다시 하늘나라로 돌아간 것이다. 그러니까 석가의 일생이란 왔다가 가는 것이다. 결국 우리가 알아야 될 것이 무엇인가. 나는 무엇인가. 나도 왔다 가는 사람인가 아니면 났다가 죽는 사람인가. 이것을 알아야 된다. 그래서 우리가 자꾸 생각해보다가 났다 죽는 사람은 내가 아니라는 것이다. 카알라일의 말대로 이것은 의복衣服이다. 나 자신은 무엇인가 하면 왔다 가는 것이다. 왔다 가는 그 증거가 무엇인가. 그 증거를 내 속에서 잡는 것, 그것을 우리는 가온찍기라 한다.

우리가 많이 생각해야 될 것은 무엇인가. 나는 죽으면 끝이라 이렇게 생각하면 안 된다. 의인은 하늘나라에서 그 얼굴이 해와 같이 빛난다. 기독교에서는 이렇게 하늘나라에 간다는 생각은 많이 하는데 내가 하늘에서 왔다는 그런 생각은 좀 덜 한다. 그런데 불교에서는 "왔으니까 가는 것이지 오지 않았다면 어떻게 가느냐" 그렇게 생각한다. 왔다는 것을 기독교로 말하면 크리스마스라는 것이다. 다 크리스마스지 그냥 땅에서 나온 것이 아니다. 그래서 나는 세상에서 살지만 세상에 속해 있는 것은 아니다. 우리가 신앙생활을 해 보면 자꾸 그런 생각이 든다. 나는 땅에서 살긴 살지만 땅에 속해 있는 것이 아니다. 나는 하늘에 속해 있다. 나는 하늘나라의 시민이다.「에베소서」 2장에 나오는 내용이다. 『주역周易』의 건괘乾卦 5효爻의 내용도 이것이다. 우리는 하늘에 속해 있는 것이지 세상에 속해 있는 것은 아니다. 살기는 세상에서 살지만 속하기는 하늘에 속해 있다. 그런 생각을 자꾸 해가노라면 나는 원圓이지 선線이 아니라는 것이다. 불교의 핵심 사상이 그것이다. 이것을 한 번 강조해 보자는 것이 소태산小太山 박중빈朴重彬(1891-1943)의 원불교圓佛敎다. 우리는 선이 아니라 원이라는 것이다. 그러니까 소태산의 말도 옳은 말이다. 그것을 원圓이라 하기도 하고, 또는 공空이라 하기도 하고, 또는 무無라 하기도 한다. 공이란 모든 수의 근원 수다. 공은 없는 것이 아니라 모든 수의 뿌리가 되는 것이다. 근본지라는 것이다. 그것이 영이라는 것이고 혹은 무라는 것이다. 기독교로 말하면 영靈이다. 영이니 무니 공이니 다 이것을 말하는 것이다.

다음에 불사佛事라는 것이다. 팔상八相이나 같은 것인데 그것을 불사라고 할 때는 열 가지로 말한다. 즉 상생上生, 강신降神, 현생現生,

출가出家, 성도成道, 전륜轉輪, 위의威儀(지혜), 기행起行(자재), 기용起用(무애), 열반涅槃(해탈)이라는 열 가지다. 상생上生이란 위에서 났다는 것이다. 강신降神이다. 신이 되어서 위에서 내려와야 된다는 것이다. 그래서 현생現生, 세상에 나와야 된다. 그리고 출가出家를 했다. 그리고 성도成道를 하고 전륜轉輪을 했다. 그리고 위의威儀, 기행起行, 기용起用, 열반涅槃인데 이것들은 앞에서 나온 지혜智慧, 자재自在, 무애無碍, 해탈解脫이라는 것을 다른 말로 바꾼 것뿐이다.

다음에 건강법이라는 열 가지가 용건법勇健法이다. 즉 신명불괴력身命不壞力, 모공용지력毛孔容持力, 모지대산력毛持大山力, 정용자재력定用自在力, 상편연법력常徧演法力, 덕상항마력德相降魔力, 원음편철력圓音徧徹力, 심무장애력心無障碍力, 법신미밀력法身微密力, 구족행지력具足行智力이라는 열 가지다. 신명불괴력身命不壞力, 신명은 깨뜨릴 수 없다는 것이다. 모공용지력毛孔容持力, 바늘구멍 같은 속에 우주가 다 들어갈 수 있다. 모지대산력毛持大山力, 털끝에 큰 산을 올려놓아도 꿈적도 안 한다. 정용자재력定用自在力. 상편연법력常徧演法力, 언제나 법력으로 연설한다. 덕상항마력德相降魔力, 자기 힘으로 마귀를 이겼다. 원음편철력圓音徧徹力, 목소리가 대단하다. 심무장애력心無障碍力, 마음에 걸림이 없다. 왜 그렇게 되었는가. 법신미밀력法身微密力, 법신이 되었기 때문에 그렇다는 것이다. 구족행지력具足行智力, 그것은 지혜와 행을 합친 것이지 지智만 있는 것이 아니다.

지금 내가 말하는 것이 한없이 쉬우면서도 한없이 어렵다. 이것이 특징이다. 한없이 쉬울수록 또 한없이 어려운 것이고 한없이 어려울수록 한없이 쉬운 것이다. 언제나 이렇게 한없이 쉽다는 것과 한없이 어렵다는 것이 같이 붙어 다닌다. 내가 언제나 생각하는 것은 하얗게 눈이 덮인 히말라야의 에베레스트인데 거기에서 한없이 물이 쏟아져 나온다는 것이다. 전륜轉輪, 성도成道, 항마降魔라 하는 것도 이것이다. 언제나 무극無極, 태극太極, 양의兩儀라는 셋이다. 공(0), 하나(1), 무한(∞)이다. 우리가 계속해서 공부하고 있는 것이 태극기를 공부하고 있는 것이다. 무극, 태극, 양의라는 것이다.

중국 사람들이 삼천 년 전에 이런 생각을 했다는 것, 인도 사람들도 삼천 년 전에 이런 생각을 했다는 것이다. 뿐만 아니라 희랍 사람들 유태 사람들도 삼천 년 전에 이런 생각을 했다는 것인데 이것은 정말 대단한 것이다. 그후 삼천 년 동안은 이것을 계속 발전시켜 가는 것뿐인데 이것은 더 이상 발전될 것도 모자랄 것도 없다. 이것이면 다다. 그러니까 삼천 년 전이라고 하는 것은 인류의 문화사에 있어서 최고의 세계다. 그때가 없었다면 사람이 사람노릇하기가 어려울 것이다. 역시 그때 이런 생각을 했기 때문에 사람이 사람답게 된다고 할 것이다.

그러니까 나는 누구인가. 사람은 무엇인가. 무극, 태극, 양의가 사람이다. 무극은 머리, 태극은 몸, 양의는 사지라 해도 된다. 사람은 머리가 있어야 되고 몸통이 있어야 되고 손발이 있어야 된다. 이것이 사람이다. 이 세 가지를 갖춰야 사람이다. 머리 없는 사람이 있을 수 없고 몸이 없는 사람이 있을 수 없고 사지 없는 사람이 있을 수 없다. 결국 나를 찾는 것인데 공, 하나, 둘이라는 이것이 나다. 공을 빛이라 하고 하나는 힘이라 하고 둘은 숨이라 한다. 그래서 나는 언제나 빛, 힘, 숨이라 한다. 우리가 찾는 것은 언제나 이것이다. 빛이라 하면 진眞, 힘이라 하면 선善, 숨이라 하면 미美다. 사람은 무엇을 알 수 있는가, 사람은 무엇을 할 수 있는가, 사람은 무엇을 바랄 수 있는가. 결국 사람이란 무엇인가. 이것이 칸트의 철학이다. 서양철학이 다 이것이다. 동양철학도 다 이것이지 다른 것이 없다. 우리가 도덕 도덕 하지만 이것이지 다른 것이 없다. 장자는 빛을 더 중요하게 생각한 것이고 공자는 힘을 더 중요하게 생각한 것이고 석가는 숨을 더 중요하게 생각한 것으로 조금씩 중요하게 생각한 것이 다르지 내용은 다 같은 것이다. 같은 것이라 함은 요는 다 나를 찾는 것이라는 말이다. 나는 누구인지 그것만 알면 되는 것이다.

2002. 5. 5.

불부사의법품 강해(2)

"부사의不思議", 우리가 알 수 없는 것이 무엇인가. 알 수 없는 것은 자기라는 것이다. 그래서 자기를 알아보려고 노력하는 내용이 「불부사의법품佛不思議法品」이다.

우리가 나를 아는 방법이 무엇인가. 부처님을 아는 것이 곧 나를 아는 것이다. 그리스도를 아는 것이 곧 나를 아는 것이다. 그러니까 그리스도를 알았다는 말은 나를 알았다는 말이나 같은 말이다. 그래서 우리는 자꾸 그리스도의 일생을 연구해보고 그러는 것이다.

33.2 소위所謂 일체제불一切諸佛 어일념중於一念中 실능시현悉能示現 무량세계無量世界.

일즉일체一卽一切라는 것이다. 하나를 알면 다 안다는 것이다. 산꼭대기에만 올라가면 다 보인다. 산꼭대기가 태극점이라는 것이다. 혹은 중심이다. 우리가 중심만 붙잡으면 전체를 알 수가 있다. 우리가 대통령이 되면 온 나라의 일을 다 알 수가 있다. 장관이 되면 전체의 일은 모르지만 자기 부의 일은 다 알 수가 있다. 결국 꼭대기에만 올라가면 다 보이는 것이니까 일즉일체다. 중심을 잡는 것이다. 중심을 잡으면 몸 전체가 튼튼하게 된다.

비행기가 중심을 잡으면 몇 천 리도 날아가지만 중심을 잃으면 그만 떨어지고 만다. 무엇이나 마찬가지다. 중심을 잡는다는 것이 가장 중요하다. 종교라면 종교의 중심을 잡아야 되고 과학이라면 과학의 중심을 잡아야 되고 예술이라면 예술의 중심을 잡아야 된다. 무엇이나 중심을 잡으면 전체가 드러나게 된다.

그래서 "어일념중於一念中", 이 말은 "중심을 잡으면"하는 말이나 같은 말이다. 중심을 잡으면 전체의 세계를 다 알 수가 있다. 태극만 붙잡으면 무극은 다 된다는 그 소리다.

그래서 다음에 석가의 여덟 가지 즉 팔상八相에 대해 이렇게 저렇게 말하는 것이다.

종천래하從天來下 보살수생菩薩受生 출가학도出家學道 성등정각 成等正覺 전묘법륜轉妙法輪 교화중생敎化衆生.

하늘에서 내려왔다. 부처는 하늘에서 내려왔다 다시 하늘로 올라간 다. 여래여거如來如去라는 것이다. '여여'라는 진여眞如의 세계에서 왔다가 다시 진여의 세계로 돌아가는 것이다. 플라톤의 이데아Idea나 같은 생각이다. 이데아의 세계에서 왔다가 다시 이데아의 세계로 돌아 간다. 기독교에서는 하늘로 간다는 말은 많이 하는데 하늘에서 왔다는 말은 별로 안 한다. 그런데 예수만은 하늘에서 왔다가 하늘로 간다는 것이다.

팔상의 하나가 하늘에서 왔다가 하늘로 간다는 것이다. 그 다음은 "보살수생菩薩受生"이다. 우리의 전신前身이 보살이라는 것이다. 보살 로 있다가 여기에 부처가 되기 위해 왔다는 것이다. 다음에 연화장蓮 華藏 세계라는 이야기가 나오지만 결국은 비로자나불이 보살로 살던 세계가 연화장 세계라는 것이다. 그러니까 연화장 세계에서 몇 천 년 을 살다가 여기 오는 것이지 금시 온 것이 아니라는 말이다. 우리가 여 기 오기까지는 수없이 많은 시간이 걸린 것이다. 과학적으로 말하면 진화설이나 비슷한 것이다. 수없이 많은 진화를 거쳐서 아메바가 사람 까지 되는 것이지 그저 간단하게 사람이 되는 것이 아니다. 그래서 니 체Friedrich Nietzsche(1844-1900)는 인간이 5억년을 거쳐 이런 사 람이 되었으니까 앞으로 5억년을 더 지나면 사람이 초인超人이 될 것 이라 그런 생각을 했다. 그러니까 진화한다는 생각처럼 보살이 부처가 되기 위해서 여기 왔는데 여기에 오기까지 수억 년 동안 진화 노력을 했다는 것이다. 그래서 보살수생이다. 우리의 전신이 다 보살이라는 것이다. 보살인데 부처가 되기 위해서 여기에 왔다.

그런데 부처가 되려면 그저 될 수가 있는가. 출가出家를 해야 된다.

그래서 석가는 29세에 출가를 했다. 그 다음에 학도學道, 도도를 배웠다. 진리를 배웠다. 그리고 나중에 "성등정각成等正覺"이다. 등정각等正覺을 보통 "아누다라삼막삼보리阿耨多羅三藐三菩提"라 한다. 진리를 깨닫게 되었다는 말이다. 진리를 깨달은 다음에는 "전묘법륜轉妙法輪"이다. 최고의 강의를 했다는 것이다. 그래서 "교화중생敎化衆生"이다. 많은 사람들을 가르친 것이다.

종종불신種種佛身 종종장엄種種莊嚴 청정중생淸淨衆生 종종행해種種行解.

불신佛身이라 함은 보통 십신十身이다. "종종불신種種佛身", 여러 가지 불신으로 변화를 해서 발전을 해 갔다는 말이다. 그래서 "종종장엄種種莊嚴", 그때 그때마다 장엄했다는 것이다. 그리고 "청정중생淸淨衆生", 중생들을 깨끗하게 만들고 또 "종종행해種種行解", 행행과 해해, 지행일치라는 것이다. 이상이 팔상에 대한 이야기다.

33.3 소위일체제불所謂一切諸佛 일가부좌一跏趺坐 편만시방무량세계遍滿十方無量世界 설일의구說一義句 실능개시일체불법悉能開示一切佛法.

한 번 딱 앉으면 우주에 꽉 찬다. 우리가 딱 앉아서 나라는 것이 없어지면 우주와 내가 하나가 되고 마니까 우주에 꽉 차고 마는 것이다. 그래서 석가는 가만 앉아서 도리천에도 가고 야마천에도 가고 그렇게 하는 것은 법신이 우주에 꽉 차서 그렇다는 것이다. 결국 나가 없다는 이야기다. 나가 있으면 이것뿐인데 나가 없어지면 우주와 하나가 되고 마니까 우주에 꽉 차고 만다. 가부좌는 양 발바닥이 나오도록 앉는 것이다. 불교에서는 가부좌인데 유교에서는 무릎을 굴하고 앉는 정좌正坐다. 우리가 온돌에 앉아있을 때는 가부좌가 어려우니까 한쪽 발바닥만 위로 나오게 해서 반가부좌로 앉는 것이다. 한 번 가부좌를 하고 앉으면 우주에 꽉 차게 된다. 그리고 한마디 속에 일체의 불법을 다 말할 수 있다.

이것도 다 일즉일체一卽一切나 같은 말이다. 십자가라 하면 십자가라는 한마디 속에 기독교가 다 들어가고 만다. 또는 사랑이라 하면 사랑이라는 말 속에 기독교가 다 들어갈 수 있다. 무엇이나 한마디 속에 다 집어넣을 수가 있다. 시삼백詩三百을 일언이폐지一言以弊之하면 사무사思無邪라. 이렇게 무엇이나 한마디로 다 말할 수 있다. 그러면 중심을 잡은 것이다. 요령을 잡았으니까 한마디로 말할 수 있지 요령을 못 잡았으면 그것이 안 된다.

방일광명放一光明 실능편조일체세계悉能遍照一切世界.

빛을 한 번 발하면 온 세계를 다 비칠 수가 있다. 이것은 지혜를 말하는 것이다. 지혜를 내기 시작하면 온 우주를 꽉 채울 수도 있다. 컴퓨터를 하나 연구해 놓으면 온 세계가 다 컴퓨터의 세계가 되고 만다.

어일신중於一身中 실능시현일체제신悉能示現一切諸身 어일처중於一處中 실능시현悉能示現 일체세계一切世界.

한 몸 속에 온 우주를 다 포함시킬 수도 있다. 한 고장에서 모든 세계를 다 나타낼 수도 있다.

어일지중於一智中 실능결료일체제법悉能決了一切諸法 무소괘애無所罣礙 어일념중於一念中 실능편왕悉能遍往 시방세계十方世界.

하나의 지혜 속에 일체의 모든 법을 결정하여 아무 걸림이 없다. 하나의 생각 속에 어디나 갈 수가 있다.

어일념중於一念中 실현여래悉現如來 무량위덕無量威德 어일념중
於一念中 심무잡란心無雜亂.

하나의 생각 속에 한없는 공덕을 다 나타낼 수 있다. 한 생각 속에 모
든 어지러움을 가라앉힐 수 있다.

어일념중於一念中 여거래금與去來今 일체제불一切諸佛 체동무이
體同無二 시위십是爲十.

한 생각 속에 과거, 미래, 현재의 모든 부처와 하나가 될 수 있다. 기
독교로 말하면 그리스도와 내가 하나가 될 수 있다. 모든 부처님과 내
가 하나가 될 수 있다. 이렇게 열 가지다. 결국 하나를 붙잡으면 다 붙
잡을 수 있다는 것이다. 요령을 잡으면 된다는 말이다.

33.4 십종불사十種佛事

불자佛子 제불세존諸佛世尊 어일체세계於一切世界 일체시一切時
유십종불사有十種佛事 하등何等 위십爲十.

불자여, 모든 부처님들에게는 언제나 어디서나 열 가지 불사佛事가
있는데 그 열 가지 불사란 무엇인가?

일자一者 약유중생若有衆生 전심억념專心憶念 즉현기전則現其前

첫째, 온 세상 사람들이 나를 열심히 생각하면 내가 그 앞에 나타날
수 있다. 아까는 일즉일체一卽一切인데 이번에는 일체즉일一切卽一이
다. 그런데 다 같은 소리다. 언제나 일체즉일과 일즉일체 이 두 가지를
알아야 된다. 이것이 『화엄경』의 핵심이다. 달 밑에 이슬이 있고 이슬
속에 달이 있다. 이것을 알아야 되는데 이것은 알아지는 것이 아니니

까 깨닫는다고 한다.「요한복음」14장 10절 "나는 하나님 안에 있고 하나님은 내 안에 있다.", 『성경』 속에서 제일 중요한 말이 그 말이다. "일즉일체 일체즉일"을 기독교로 말하면「요한복음」14장 10절이다. 예수의 깨달음이란 결국 그것이다. 그것은 우리가 안다고 하기 어려운 것이니까 깨닫는다고 한다. 모든 중생이 "전심억념專心憶念", 열심히 기도하면, "즉현기전則現其前", 그 앞에 나타난다. 두세 사람이 모여서도 열심히 기도하면 내가 거기에 있다는 예수의 말이나 다 같은 사상이다.

이자二者 약유중생若有衆生 심불조순心不調順 즉위설법則爲說法

둘째, 모든 중생들의 마음이 흩어지면 곧 가서 마음이 통일되도록 가르쳐 준다.

삼자三者 약유중생若有衆生 능생정신能生淨信 필령획득무량선근必令獲得無量善根

셋째, 중생들이 정말 깨끗한 믿음을 가지게 되면 그 사람들에게 착한 뿌리, 선근을 심어준다.

사자四者 약유중생若有衆生 능입법위能入法位 실개현증悉皆現證 무불료지無不了知

넷째, 중생이 법위法位에 올라가면 그들을 인정해주고 모르는 것이 없도록 만들어 준다.

오자五者 교화중생敎化衆生 무유피염無有疲厭

다섯째, 모든 사람들을 교화하는데 싫증이 안 난다.

육자六者 유제불찰遊諸佛刹 왕래무애往來無㝵

여섯째, 진리의 세계라면 어디나 간다.
종교라면 종교에 들어가고 과학이라면 과학에 들어가고 철학이라면 철학에 들어간다. 무엇이나 진리의 세계라면 싫어하지 않고 어디나 간다.

칠자七者 대비불사일체중생大悲不捨一切衆生

일곱째, 자비를 절대 버리지 않고 모든 사람들을 다 구제해 준다.

팔자八者 현변화신現變化身 항부단절恒不斷絶

여덟째, 우리 자신을 계속 변화 발전시켜서 끊어지지 않는다.

구자九者 신통자재神通自在 미상휴식未嘗休息

아홉째, 그래서 신통한 세계까지 간다. 자유자재하기까지 계속 노력한다.

십자十者 안주법계安住法界 능편관찰能遍觀察 시위십是爲十.

열째, 법계, 진리의 세계에 딱 앉아서 온 세계를 돌보고 있다. 이상이 열 가지 불사佛事이다.

33.5 소위일체제불所謂一切諸佛 일일정상一一淨相 개구백복皆具百福 개실성취일체불법皆悉成就一切佛法 일체선근一切善根 일체공덕一切功德.

언제나 깨끗한 모습을 가지고, 모든 백복을 다 갖추고 불법을 성취하고 선근을 성취하고 공덕을 성취한다.

교화중생敎化衆生 중생작주衆生作主 청정불찰淸淨佛刹 일체지지一切智智 색신상호色身相好 평등정법平等正法 현입열반現入涅槃.

중생을 교화하여 중생이 주인이 되게 한다. 그래서 모든 부처님의 나라를 깨끗하게 만든다. 모든 지혜를 다 알고 모습을 좋게 만든다. 정법을 평등하게 하고 열반에 들어간다.

33.6 십종광대불사十種廣大佛事

팔상八相을 좀더 세밀하게 해서 부처의 열 가지 이력이 무엇인지 십불사十佛事를 말한다.

불자佛子 제불세존諸佛世尊 유십종광대불사有十種廣大佛事 무량무변無量無邊 불가사의不可思議.

부처의 열 가지 불사는 한이 없고 아주 신통해서 알 수 없다.

소위일체제불所謂一切諸佛 어진허공편법계於盡虛空遍法界 일체세계도솔타천一切世界兜率陀天 개현수생皆現受生 수보살행修菩薩行.

"어진허공편법계於盡虛空遍法界", 허공과 법계인데 한마디로 하늘나라다. 그런데 그 하늘나라도 많이 있다. 연꽃 위에 20층의 하늘나라가 있는데 그 가운데 13층이 사바세계라 했다. 그런 세계가 백 열 개가 모여 하나의 세계를 이루고 있는데 그것들이 또 수억 개가 있다고 했다. 그러니까 연화장 세계에 꽃들이 무수히 많은데 그 꽃 하나하나가 다 하늘나라다. 그래서 수없이 많은 하늘나라가 있다. 요새 뒷산에 가면 아카시아가 한창인데 꽃 하나하나가 다 하늘나라다. 그것이 진선미성眞善美聖이니까 하늘나라다. 이것을 연꽃을 가지고 비유를 했지만 우리야 연꽃이건 장미건 어디나 다 진선미성이 있으면 하늘나라다. 하여튼 하늘나라가 많이 있는데 그 가운데서 석가가 보살행을 어디서 했는가 하면 도솔천이다. 도솔천에서 태어나 보살행을 했다는 것이다.

작대불사作大佛事 위설원만일승爲說圓滿一乘 보개제도普皆濟度 영출생사令出生死 시위是爲 제일광대불사第一廣大佛事.

그래서 거기에서 부처가 되었는데 원만일승圓滿一乘을 가르쳤다. 그리고 많은 사람들을 제도하고 생사에서 나오게 했다.

그러니까 석가가 이 세상에 오기 전에 했던 경력이다. 최면술을 해보면 태어나기 전 경력이 수십 대까지 올라간다는 것이다. 그런 것을 보면 우리가 전생에 무엇이었다 하는 것을 대개 짐작할 수도 있다. 사실인지는 모르지만 하여튼 최면술 하는 사람들은 그렇게 말한다. 이 사람들은 전생이라는 것을 인정하는 것이다. 석가가 전생에 이렇게 살았다 하는 것이 제1불사다.

불자佛子 일체제불一切諸佛 종도솔천從兜率天 강신모태降神母胎 이구경삼매以究竟三昧 관수생법觀受生法 여환여화如幻如化.

석가는 도솔천에 있다가 이 사바세계로 내려와 어머니 뱃속을 거쳐 태어났다. 석가의 어머니는 마야부인이다. 어떻게 모태에 들어가게 되었는가. 마야부인이 깊이 잠든 틈새로 들어갔다. "구경삼매究竟三昧", 아주 깊이 잠든 세계다. 구경삼매로 수생법受生法에 따라 거기에 들어간 것이다. "여환여화如幻如化", 꿈처럼 들어갔다. 어떻게 그렇게 들어가게 되었는지 신비하다는 말이다. 기독교에서는 마리아가 성령의 인도함을 받아 잉태했다고 한다. 여기서는 그냥 꿈처럼 그렇게 들어갔다고 한다.

 여래이시如來爾時 재모태중在母胎中 위욕이익爲欲利益 일체세간一切世間 종종시현種種示現 이작불사而作佛事 시위是爲 제이광대불사第二廣大佛事.

 여래가 그때 모태에 들어가서 이 세상을 이롭게 하기 위해 열심히 자라났다. 그렇게 열 달 동안을 보냈다는 것인데 그것이 두 번째 불사다. 그럼 세 번째 불사는 무엇인가.

 불자佛子 일체제불一切諸佛 일체생지一切生智 개이명결皆已明潔 이이생법而以生法 유도군미誘導群迷 영기개오令其開悟.

 부처가 이 세상에 나온 것은 목적이 있어서 나왔다. 그래서 아주 깨끗하게 모든 중생을 깨닫게 하기 위해서 나왔다. 목적이 확실해서 이 세상에 나왔다는 것이다.

 위중생고爲衆生故 시탄왕궁示誕王宮 이대정진以大精進 시현종종신통示現種種神通 신업身業 청정淸淨 어업語業 상수지혜이행常隨智慧而行.

 그래서 왕궁에 태어났는데 왕의 궁전에 났어도 열심히 공부했다. 그리고 잘하는 것도 아주 많았다. 몸도 건강했다. 말도 아주 지혜롭게 했다.

 의업심심意業甚深 무유장애無有障碍 이시방편以是方便 이익중생利益衆生 시위是爲 제삼광대불사第三廣大佛事.

 그리고 생각도 한없이 깊이 했다. 그래서 걸림이 없었다. 이런 방편으로써 모든 중생들을 이롭게 했다. 이상이 세 번째 불사다.

불자佛子 일체제불一切諸佛 시처종종示處種種 장엄궁전莊嚴宮殿 관찰염리觀察厭離 사이출가捨而出家.

석가는 궁전에서 났지만 궁전을 별로 좋아하지 않았다. 그래서 궁전을 버리고 출가했다.

욕사중생欲使衆生 요지세법了知世法 개시망상皆是妄想 영어불소令於佛所 식제선본植諸善本 이지혜안以智慧眼 견진실의見眞實義.

출가해서 산으로 간 이유가 무엇인가. 중생들로 하여금 이 세상을 알게 하기 위해서다. 이 세상이란 어떤 세상인가. 모두 다 정신 나간 세상이다. 그래서 선생님 밑에서 좋은 본본을 배웠다. 그래서 지혜롭게 눈을 떠서 진리가 무엇인지 알게 되었다.

영득출리永得出離 장위세간長爲世間 지혜고당智慧高幢 시위是爲 제사광대불사第四廣大佛事.

그래서 이 잘못된 허망한 생각을 영원히 떠나 정말 지혜로운 사람이 되었다. 이것이 네 번째 불사다.

불자佛子 일체제불一切諸佛 구일체지具一切智 보리수하菩提樹下 성최정각成最正覺 성취일체成就一切 공덕승법功德勝法.

석가는 많은 것을 배운 후에 보리수 밑에서 혼자 깊이 생각했다. 6년 고행, 49일 선정, 35세 성불이다. 결국 보리수 밑에서 진리를 깨달았다. 그래서 잘사는 그 방법을 알아냈다.

일체중생一切衆生 심지락욕心之樂欲 실선료지悉善了知 이작불사而作佛事 시위是爲 제오광대불사第五廣大佛事.

일체의 중생이 무엇을 좋아하는지 그것을 다 알게 되었다. 그것이 다섯째 불사다.

불자佛子 일체제불一切諸佛 전불퇴법륜轉不退法輪 영일체중생令一切衆生 정법안고淨法眼故.

그 다음에는 가르치기 시작했다. 45년 설법이다. 모든 중생들로 하여금 법안을 가지게 하기 위해서 그렇게 했다.

일체제불一切諸佛 이여시등以如是等 무량무수無量無數 백천억나유타百千億那由他 법륜法輪.

그래서 『팔만대장경』이라는 수많은 강의를 했다.

수제중생隨諸衆生 심행차별心行差別 이작불사而作佛事 불가사의不可思議 시위是爲 제육광대불사第六廣大佛事.

중생에 따라서 그에 맞게 가르쳤다. 초등학생이면 초등학생에 맞게 대학생이면 대학생에 맞게 그렇게 가르쳤다. 그렇게 가르친 것이 여섯째 불사다.
어떻게 그렇게 많은 강의를 했는지 그것도 이상한 일이다. 석가는 무슨 강의 준비를 해서 강의한 사람은 아니다. 물이 흐르듯 계속 내려가는 것이다.

불자佛子 일체제불一切諸佛 입어일체入於一切 왕도성읍王都城邑 어일체세계중於一切世界中 수제중생隨諸衆生 심지소락心之所樂.

여러 도시 여러 나라를 돌아다니면서 모든 중생의 즐거워하는데 따라서 가르쳤다.

이본원력以本願力 대자비력大慈悲力 일체지력一切智力 방편교화
方便敎化 실령조복悉令調伏 시위是爲 제칠광대불사第七廣大佛事.

그런데 본원력, 자비력, 지력을 가지고 가르쳤다. 그래서 모두 진리
에 순복하게 만들었다. 이것이 일곱째 불사다.

불자佛子 일체제불一切諸佛 혹주아란야처或住阿蘭若處 혹주일일
或住一日 혹주일월或住一月 혹주일년或住一年 내지乃至 주불가설겁
住不可說劫 위제중생爲諸衆生 이작불사而作佛事 시위是爲 제팔광대
불사第八廣大佛事.

산 속의 조용한 곳에 들어가서 하루 동안, 한달 동안 혹은 일 년 동
안 한없이 오랜 시간 중생들을 위해서 깊이 기도했다. 그것이 제8 불
사다.

불자佛子 일체제불一切諸佛 시생청정是生淸淨 선근지장善根之藏
영제중생令諸衆生 어불법중於佛法中 생정신해生淨信解 제근조복諸
根調伏.

자기 속에 선의 뿌리를 가지고 중생들로 하여금 깨끗한 믿음과 이해
를 가지게 해서 자기 속의 모든 악을 끊어버리게 했다.

영리세간永離世間 근구불도勤求佛道 심무해퇴心無懈退 실주여래
悉住如來 청정금계淸淨禁戒 이작불사而作佛事 시위是爲 제구광대불
사第九廣大佛事.

그리고 이 세상의 악에서 영원히 떠나 불도를 구하고 마음에 게으름
이 없고 여래의 금계禁戒를 지키도록 그렇게 가르쳤다. 이것이 9번째
불사다.

불자佛子 일체제불一切諸佛 입열반시入涅槃時 영제중생令諸衆生 비호연모悲號戀慕 잉여중생仍與衆生 선근구족善根具足 복덕원만福德圓滿 시위是爲 제십광대불사第十廣大佛事.

마지막으로 석가는 열반에 들었다. 죽었다는 말이다. 부처에게는 생사가 없는데 왜 죽었는가. 중생들을 가르치기 위해서 죽었다. 부처 자체는 생사가 없는데 사람들을 가르치기 위해서 죽었다는 것이다. 석가가 죽었다는 소리를 듣고 그때야 정신이 번쩍 들어 깨게 하기 위해서 죽는 것이지 실제로 죽는 것은 아니라는 것이다. 왔다 가는 사람인데 어떻게 죽겠는가. 깨우치기 위해서 죽었다. 사람들이 슬퍼 울부짖고 연모하고 그래서 사람들로 하여금 정신을 차리고 '복덕원만' 하게 하기 위해서 죽는 것이다.

나고 죽는 것도 다 하나의 방편이라는 것이다. 불신佛身에는 변화가 없는데 하나의 방편으로 세상에 나오기도 하고 또 죽기도 한다. 기독교에서 예수도 세상에 나오기도 하고 십자가에 달리기도 하고 부활하기도 하는데 다 우리를 깨우기 위해서 그러는 것이지 다른 것은 없다. 이렇게 우리를 깨우치기 위해서 부처는 열 가지를 보여주었다는 것, 이것이 십불사十佛事라는 것이다.

33.7 용건법勇健法

불자佛子 제불세존諸佛世尊 유십종有十種 무이행자재법無二行自在法 유십종有十種 주일체법住一切法

부처는 둘이 없는 하나의 자재법을 실천했다. 또 일체법에 주住할 수 있는 실천을 했다.

유십종有十種 지일체법知一切法 진무유여盡無有餘 유십종력有十種力.

조금도 남김 없이 법을 다 알고, 다 살고, 다 행하였다. 그래서 결론으로 나오는 것이 유십종력有十種力이다. 십종력이란 용건법을 말한다. 요새로 말하면 건강법이다.

편어삼천대천세계遍於三千大千世界 일시구하一時俱下 불능령불不能令佛 심유경포心有驚怖 시위제불是爲諸佛 제일대第一大 나라연당용건법那羅延幢勇健法.

삼천대천세계가 한꺼번에 무너져도, 혹은 삼천대천세계에 벼락이 떨어져도, 또는 원자탄이 떨어져도 부처님의 마음은 꼼짝도 안 한다. 벼락이 떨어져도 아무렇지 않다는 것이다. 이것이 첫째 나라연당那羅延幢 용건법이다.

'나라연那羅延'은 금강불괴金剛不壞, 금강석처럼 강하고 굳어서 깨뜨릴 수 없다는 것이다. 그렇게 깨뜨릴 수 없는 용건법을 부처는 실천했다. '나라연' 이라는 뜻은 제석역사帝釋力士다. 도리천을 제석천帝釋天이라 하는데 도리천에 있는 힘센 장수들이 금강불괴라는 것이다. 그러니까 어떻게 해서 건강을 유지해 가는가 하는 건강법인데 건강한 정신과 건강한 육체가 다 합쳐진 건강법이다.

온 세계가 무너져도 꿈쩍도 안 한다는 그것을 동양 사람으로 말하면 "지천명知天命"이다. 천명을 알면 온 세상이 무너져도 꼼짝도 안 한다는 것이다. 그래서 『성경』에서도 모든 것이 다 무너져도 하나님의 말씀은 무너지지 않는다고 한다. 동양에서는 천명을 알면 아무 것도 무서울 것이 없다고 한다. 누가 공자를 죽이려 할 때 공자는 "나는 천명을 가지고 있는 사람인데 어떻게 나를 죽이겠는가" 했다. 천명은 아무리 해도 해칠 수가 없다는 말이다.

안중근安重根(1879-1910) 의사는 국명國命을 가지고 가서 이등방문을 쏴 죽였다. 물론 붙잡혀 죽을 것을 다 알면서도 그렇게 했다. 그래서 눈 하나 깜짝 안 하고 그냥 죽었다. 윤봉길尹奉吉(1908-32) 의사도 다 마찬가지다. 그런 사람들은 자기의 사명을 가지고 있으니까 그 사명만 있으면 무서울 것이 아무 것도 없다.

그러니까 첫째 용건법이라는 이것을 정신적으로 생각하면 우리가 천명을 가졌다는 것이고 또 육체적으로 생각할 때는 우리가 깊이 잠들었다는 것으로 보면 된다. 유영모 선생은 4시간을 깊이 잤다. 4시간만 깊이 자면 나머지 20시간이 깨끗하다는 것이다. 그런데 4시간은 칼로 찔러도 모르게 잔다. 벼락이 떨어지고 하늘이 무너져도 문제가 안 된다. 그러니까 건강법의 제일 중요한 것은 깊이 자는 것이다. 나폴레옹은 하루 두 시간을 잤다고 한다. 두 시간을 자고 하루종일 싸워도 아무렇지 않다는 것이다. 왜 그렇게 되는가 하면 깊이 자기 때문이다. 심리학자들의 말도 12시나 1시 이전에 잠자는 한 시간이 그 이후에 2시간 자는 것이나 같다고 한다. 심리학적으로 그렇게 나와있다. 그런데 요새 텔레비전 때문에 1시 이후에 자니까 잠이 다 부족하게 되었다. 그런데 산골 절간 같은 곳에 가면 대개 9시부터 잔다. 9시에 자면 대개 3시면 깬다. 그래서 6시간을 자는데 실컷 자는 것이다. 그렇게 깊이 자면 2시간을 자도 되고 4시간을 자도 된다. 요는 얼마나 깊이 자느냐는 그 질에 있다. 『장자』에도 깊이 자는 것이 최고의 건강법이라 한다. 세상에서 제일 나쁜 것이 잠 못 자는 것이다. 약을 먹어야 잔다는 이것이 제일 나쁘다. 잠만은 깊이 자야 된다. 사람은 72일 동안 밥을 안 먹어도 산다. 그렇지만 사람이 열흘동안 잠을 안 자면 죽는다. 밥 먹는 것보다도 잠자는 것이 더 중요하다는 말이다. 그런데 사람들이 보통 잠을 안 자고 올나이트 한다고 하는데 그것이 가장 어리석은 짓이다. 건강에 가장 중요한 것은 잠자는 것이다. 잠을 실컷 자면 건강의 절반은 되었다 할 것이다. 그래서 첫째 용건법은 정신적으로 말해서 천명을 가지는 것이고 육체적으로 보면 잠을 깊이 자는 것이다.

불자佛子 일체제불一切諸佛 어일모공於一毛孔 지어이소持於爾所 일체세계一切世界 진미래겁盡未來劫 혹행혹주或行或住 불생일념不

生一念 노권지심勞倦之心 시위제불是爲諸佛 제이대第二大 나라연당
용건법那羅延幢勇健法.

　도산島山 안창호安昌浩(1878-1938) 선생을 예로 들어 말하면 밥을 먹어도 나라 생각, 잠을 자도 나라 생각, 밤낮 나라 생각이다. 이것이 말하자면 두 번째 용건법이다. 육체적으로 말하면 한 번 아침에 깨어나면 전혀 피곤을 모르고 하루종일 간다는 것이다.
　첫째는 마음이고 둘째는 생각이고 셋째는 일이라 생각하면 된다. 그래서 밥을 먹건 일을 하건 나라를 생각한다는 것이 2번이다. 그리고 보통 사람으로 말하면 한 번 깨면 다시는 졸리는 일이 없는 깨끗한 정신으로 일한다는 것이라 생각하면 되겠다.

　불자佛子 일체제불一切諸佛 일일모공一一毛孔 실치이허悉置爾許 대금강산大金剛山 지이허산持爾許山 유행시방遊行十方 무유휴식無有休息 역불노권亦不勞倦 시위제불是爲諸佛 제삼대第三大 나라연당용건법那羅延幢勇健法.

　셋째 이것은 말하자면 일하는 것이다. 나라를 위해서 일한다는 것인데 나라를 위해서라면 무슨 일이라도 문제가 안 된다는 것이다.
　그러니까 마음, 생각, 일, 이렇게 생각해서 첫째는 사명을 가지는 것, 둘째는 나라를 어떻게 하면 잘 되게 할 것인가 생각하고, 그래서 셋째는 구체적으로 어떻게 일을 하는가, 이렇게 차차 구체적인 것으로 나온다고 생각하면 된다.
　"유행시방遊行十方", 유영모 선생은 서울 안에서는 밤낮 걸어다니고 아무 것도 타지 않았다. 인천에도 걸어갔다 오고 개성에도 걸어갔다 왔다. 소위 기체氣體라는 것이다. 몸이 가볍다는 말이다.
　이 세 번째는 걸어다닌다는 것, 금강산을 지고라도 걸어다닐 수 있다는 것으로 "유행시방遊行十方 무유휴식無有休息"이다.

불자佛子 일체제불一切諸佛 일좌식이一坐食已 결가부좌結跏趺坐
경전후제經前後際 불가설겁不可說劫 입불소수入佛所受 부사의락不
思議樂 이불신심而佛身心 증무로권曾無勞倦 시위제불是爲諸佛 제사
대第四大 나라연당용건법那羅延幢勇健法.

네 번째는 일좌식一坐食이라는 것이다. 열 가지 가운데서 이것이 제
일 핵심이다. 석가의 6년 고행이라는 것이 일식一食이다. 그리고 49일
선정禪定이라는 것이 일좌一坐다. 석가의 내용이 결국 일식 일좌다.
그러고 35세 성불成佛이다. 핵심은 언제나 일식 일좌다. 기독교로 말
해서 금식 기도다. 금식 기도가 기독교의 핵심이다. 그런데 요새 기독
교에서 금식 기도하는 사람이 없으니까 기독교는 없어지고 만 것이다.
핵심은 다 놓치고 만 것이다. 유교에서는 그것을 중화中和라 하는데
다 같은 것이다. 기독교에서는 금식 기도, 불교에서는 일식 일좌, 유교
에서는 치중화致中和라 한다. "천지위언天地位焉 만물육언萬物育焉"
이다. 이것들이 대개 다 같은 것이다.

일식 일좌다. 일좌는 정좌 혹은 가부좌인데 스님들은 죽을 때도 가부
좌를 하고 죽는다. 앉아서 죽으니까 중의 관은 네모나게 해서 앉아 있
는 채로 관에 넣어 그대로 화장하게 한다. 그만큼 가부좌를 중요하게
생각하는데 이것이 무엇인가 하면 독립정신이다. 언제나 독립해서 살
아야겠다는 것이다. 그것을 강조하기 위해서 앉아 죽는 것이다. 그러
니까 불교의 핵심이 무엇인가 할 때 독립정신이다. 우리 한국에서 제
일 나쁜 것이 사대주의다. 독립정신이 없는 것이다. 유영모 선생이 오
산학교에 교장으로 가서 맨 처음에 한 일이 교장이 앉는 의자의 등받
이를 잘라버렸다. 절대 기대는 법이 없다는 것이다. 만해萬海 한용운
韓龍雲(1879-1944)은 만주에서 팔에 총을 맞았는데 죽지는 않았다.
그래서 총알을 빼내는 수술을 받게 되었다. 그런데 마취를 해서 총알
을 빼내자고 하자 한용운은 말하기를 "내가 독립운동 하는 사람인데
단 5분이라도 내 정신이 나가면 되겠느냐? 그냥 수술해라" 해서 그냥
총알을 빼내는 수술을 했다. 이것이 다 독립정신이다. 이런 것이 소위

여기서 말하는 가부좌라는 것이다.

  오랜 시간을 지내도 가부좌 속에, 말하자면 삼매 속에, 깊은 즐거움을 가지게 된다. 그리고 심신心身이 고단한 적이 없다.

  군대에 가면 처음에 배우는 것이 차렷이다. 머리 꼭대기와 발이 일직선으로 꼭 들어맞게 서 있는 것이다. 그렇게만 되면 아무리 오래 서 있어도 아무렇지 않다는 것이다. 기둥이 똑바로 서 있으면 아무리 오래 지나도 아무렇지 않은데 기둥이 조금이라도 기울어져 있으면 지탱할 수가 없다. 그런데 기둥이 곧바로 서 있으면 아무렇지 않다. 그래서 군대에서 제일 먼저 하는 것이 차렷인데 차렷을 한 달쯤 하면 어느 정도 곧바로 서게 된다. 그러면 보초를 몇 시간 서 있어도 아무렇지 않게 된다. 옛날 사람들이 공부한다 할 때 차렷부터 배워줬다. 똑 바로 앉아서 공부를 하면 열 시간을 해도 아무렇지 않다. 그래서 좌법坐法이라는 것이 제일 중요하다. 요새 학생들이 몸이 뚱뚱해지고 허약해지고 허리가 구부러지고 이러는 것은 다 좌법이 안 되어 그런 것이다. 옛날에는 앉는 법, 좌법부터 배워주고 그것이 되면 책을 읽게 했다. 그래서 유교에서는 정좌법을 배워주고 불교에서는 가부좌법을 배워줬다. 그래서 똑바로 앉으면 십 년을 앉아있어도 아무렇지 않다는 것이다. 사람의 척추가 기둥이니까 이것을 수직으로 만들어서 무거운 머리가 아무렇지도 않게 해야 된다. 그렇게 되면 피곤한 것이 없다. 좌법이 되면 20시간을 앉아있어도 피곤함이 없다. 그래서 옛날 사람들은 정좌를 가르쳤다. 그리고 일식이니까 졸리는 것도 없다. 밥을 먹으면 졸리는데 깨어나서 아무 것도 먹지 않아 위가 비어있으니까 피곤하거나 졸리는 것이 없다. 그래서 20시간을 공부해도 아무렇지도 않다. 그러니까 일좌식이라는 것이 공부하는 법이다. 공부할 때는 뱃속에 아무 것도 넣지 않고 생각만 열심히 하면 된다. 일식 일좌, 그렇게만 되면 아무리 공부해도, 아무리 일해도, 아무렇지 않다는 것이다. 이것이 옛날부터의 건강법이다. 건강법의 핵심이 무엇인가 하면 일좌식이라는 것이다.

불자佛子 일체제불一切諸佛 소전법륜所轉法輪 무유궁진無有窮盡 기중중생其中衆生 개득해료皆得解了 이불언음而佛言音 무변무단無變無斷 무유궁진無有窮盡 시위제불是爲諸佛 제오대第五大 나라연당용건법那羅延幢勇健法.

다섯 번째 이것은 설법이다. 『팔만대장경』을 강의하는 것이니까 무슨 준비하고 하는 것이 아니다. 저절로 자꾸 나오는 것이다. 이것이 다섯 번째 건강법이다. 유영모 선생도 45년 강의를 했다. 나는 마지막 때 가서 들었는데 하여간 계속해서 나온다. 2시간 하겠다고 했는데 가만 내버려두면 4시간도 좋고 5시간도 좋고 10시간도 좋다. 이것이 다섯 번째 건강법이다.

불자佛子 일체제불一切諸佛 개이덕상皆以德相 장엄흉억莊嚴胸臆 유약금강猶若金剛 이능최복而能摧伏 일체마군一切魔軍 개사회심皆使廻心 계수귀의稽首歸依 연후부이然後復以 삼륜교화三輪敎化 영기실발令其悉發 아누다라삼막삼보리의阿耨多羅三藐三菩提意 영불퇴전永不退轉 시위제불是爲諸佛 제육대第六大 나라연당용건법那羅延幢勇健法.

여섯 번째는 한 번 딱 앉으면 6년도 가고 9년도 가는 것으로 금강불괴金剛不壞라는 것이다. 금강불괴가 되어 어떤 악마가 와도 거기에 굴하지 않는다는 것이다. 그래서 "삼륜교화三輪敎化", 몸으로 가르치고 말로 가르치고 생각으로 가르친다. 그래서 모든 사람이 진리를 깨닫고 물러서지 않게 해서 다 부처가 되도록 그렇게 가르치는 것이다. 그것이 소위 부처의 힘이라는 것이다.

불자佛子 일체제불一切諸佛 유무애음有無碍音 일체중생一切衆生 미불개문靡不皆聞 문자구의文字句義 실득해료悉得解了 시위제불是爲諸佛 제칠대第七大 나라연당용건법那羅延幢勇健法.

일곱 번째는 목소리가 아름답다는 것이다. 유영모 선생은 아무리 말해도 목소리가 구슬이 굴러가는 듯 하다. 왜 그렇게 되는가 하면 혀 밑에 옥천이라는 샘이 있는데 거기에서 침이 계속 나온다는 것이다. 그래서 10시간을 말해도 목이 잠긴다거나 그런 일이 전혀 없다. 샘솟듯 침이 계속 나오니까 목소리가 계속 쟁쟁하게 울리는 것이다. 하여튼 앞에 앉아 있으면 침이 튀어 앉아 있기 어려울 정도로 그렇게 침이 나온다. 그러니까 입이 마른다거나 그런 일이 전혀 없이 계속 목소리가 또랑또랑했다. 여기 있는 10가지는 내가 유영모 선생에게서 직접 다 본 것이다.

불자佛子 일체제불一切諸佛 심무장애心無障碍 항선청정恒善淸淨 일체제불一切諸佛 동일체성同一體性 혜선해탈慧善解脫 주어실제住於實際 통달무애通達無碍 일념료달一念了達 개무장애皆無障碍 시위제불是爲諸佛 제팔대第八大 나라연당용건법那羅延幢勇健法.

"심무장애心無障碍", 마음에 걸리는 것이 없다는 것이다. 그래서 "항선청정恒善淸淨", 아무 욕심이 없는 마음이다. "주어실제住於實際." 유영모 선생이 제일 많이 하는 것이 천문학이었는데 그 밖에도 실제로 하는 것이 많았다. 그래서 통달한 것도 많았다. 무엇이나 하기 시작하면 끝을 내서 다 아는 그런 세계가 말하자면 여덟 번째 용건법이다.

불자佛子 일체제불一切諸佛 동일법신同一法身 편주일체遍住一切 청정법계신淸淨法界身 무반연무퇴전영해탈無攀緣無退轉永解脫 구일체지具一切智 보료달신普了達身 시위제불是爲諸佛 제구대第九大 나라연당용건법那羅延幢勇健法.

아홉째는 "동일법신同一法身"이다. 음악이면 음악, 과학이면 과학, 다 하나씩 하는 것을 법신이라 보면 된다. 전공에 통달했다는 것이다. 언제나 깨끗하게 남에게 의지하지 않고 제힘으로 올라간다. '반연攀' 이란 넝쿨식물처럼 의지한다는 것이니까 '무반연無攀緣'이란 의지하는 것이 없다는 말이다. 또 올라가면 계속 올라가지 물러서는 것이 없다. 그래서 무엇이나 자기 하는 것에 통달한다. 어학을 한다 하면 어학에 통달하고 철학을 한다 하면 철학에 통달한다. 무엇이나 통달하는 그런 것이 있는데 그것이 아홉 번째다.

불자佛子 일체제불一切諸佛 등오일체等悟一切 제여래법諸如來法 등수일체等修一切 제보살행諸菩薩行 약원약지若願若智 청정평등淸淨平等 유여대해猶如大海 실득만족悉得滿足 어일체시於一切時 상위중생常爲衆生 연설묘법演說妙法 시위제불是爲諸佛 제십대第十大 나라연당용건법那羅延幢勇健法.

열째는 지행일치다. 아는 것과 행하는 것이 언제나 같다. "유여대해猶如大海", 내용이 하도 풍부해서, "실득만족悉得滿足", 모두가 다 만족을 얻었다. 언제나 그렇게 중생을 위해서 연설했다. 이것이 열 번째 용건법이다.

불자佛子 제불세존諸佛世尊 유십종결정법有十種決定法 속질법速疾法 응상억념청정법應常憶念淸淨法 일체지주一切智住 무량불가사의無量不可思議 불삼매佛三昧 무애해탈無碍解脫.

결정법決定法이란 때에 꼭 맞추는 것이다. 유영모 선생은 45년 동안 강의하면서 일 분도 지각하는 일이 없었다. 속질법速疾法이란 빨리 알 수 있도록 가르치려고 애쓰는 것이다. "응상억념청정법應常憶念淸淨法"이란 언제나 깨끗한 생활을 하려고 애쓰는 것이다. 그리고 언제나 깊이 생각해서 무엇이건 통달해서 가르치는 그런 세계를 살았다.

그래서 열 가지인데 하여튼 열 가지를 다 구체적으로 말할 수도 있지만 제일 중요한 것이 일식, 일좌, 그리고 걸어다니는 것, 깊이 자는 것, 이 네 가지다. 한끼 먹는 것, 깊이 자는 것, 공부하는 것, 운동하는 것이다. 이 네 가지가 가장 중요하고 나머지는 이것들을 보충하는 것이라 보면 되겠다.

2002. 5. 12.

제34. 여래십신상해품如來十身相海品

여래십신상해품 강해

　등각等覺에 대해서 여섯 장이 나왔고 묘각妙覺에 대해서 다섯 장이 나오는데 지난 시간의 「불부사의법품佛不思議法品」에서부터 묘각이다. 오늘은 묘각의 두 번째 장으로 「여래십신상해품如來十身相海品」이다. 앞 장에서의 내용은 나를 알아야 되는데 나라는 것을 알기가 참 어렵다는 것이다. "부사의不思議"라는 것이 그것이다. 나라는 것을 도무지 붙잡을 수가 없다는 것이다. 묘각妙覺인데 '묘妙'란 너무 신비해서 알 수가 없다는 것이다. 무엇이 그렇게 신비한가? 그래서 오늘은 「여래십신상해품」이다.
　십신十身과 십불十佛인데 "구족십신비로사나具足十身毘盧舍那 교화십불화장세계敎化十佛華藏世界"라는 것이다. 제목에서 여래십신如來十身이란 말이 나오고 마지막 줄에 십화장세계十華藏世界라는 말이 나오는 데 십화장세계라는 그것이 다른 말로 하면 십불이다. 그러니까 십신으로 시작해서 십불로 끝나는 것이다.

산꼭대기에 올라갔다 하는 것이 십신十身이다. 그리고 산꼭대기에 올라가서 보면 요새 아카시아꽃이 활짝 피어있는데 아카시아 나무는 크기가 사오십 미터나 된다. 그런데 그 아카시아 나무 전체가 꽃이다. 얼마나 많은 꽃이 피어있는지 모른다. 본문 마지막에 "십화장세계해十華藏世界海 미진수대인상微塵數大人相"이라 했는데 정말 미진수다. 아카시아 나무 전체가 꽃인데 꽃들이 눈이 오듯 떨어진다. 사오십 미터 높이의 아카시아 나무에 가지들이 뻗어 있는데 우리가 만약 그 가지들이 이십 층으로 되어 있다고 하면 각 층마다 아카시아 꽃들이 가득하고 또 이런 아카시아 나무가 수백 수천 그루나 된다. 그래서 산 전체가 하얀 아카시아로 뒤덮여있다. 그런데 이렇게 산 전체가 하얗게 된 세계가 말하자면 화장세계라는 것이다. 꽃으로 꽉 차 있다는 것이다. 전에 화장세계가 한 번 나왔는데 그때 20층이라 했다. 13층이 우리가 사는 사바세계라 했다. 아카시아 나무라면 가지가 20가지라는 것이다. 아카시아 나무는 땅에서 나왔는데 화장세계는 땅이라 하지 않고 연꽃이라 했다. 큰 연꽃에서 화장세계가 나왔다고 했다. 그리고 그 연꽃은 또 향수해香水海라는 바다 위에 있다고 했다. 향수해는 또 풍륜風輪에서 나왔다 했다. 풍륜에서 향수해라는 바다가 나오고 그 바다 위에 연꽃이 있고 연꽃 위에 화장세계가 있다는 것이다. 그때는 화장세계라 하지 않고 세계종世界種이라 했다. 그런데 이런 세계종이 111개라 했다. 111개라 해도 좋고 수천 개라 해도 좋다. 지금 안산에 올라가면 산 전체가 화장세계다.

풍륜이라는 허공 위에 향수해라는 바다가 있고 바다 위에 연꽃이 있고 연꽃 위에 세계종이라는 화장세계가 있다. 대개 구조가 그렇게 되어 있는데 그러니까 화장세계란 연꽃 속에 있는 세계라는 것이다. 연꽃이 상징하는 것은 진선미성眞善美聖이다. 진선미성의 상징이 연꽃이라는 것이다. 연꽃은 필 때 '탁' 하고 순식간에 핀다. 연꽃이 피는 것을 보면 연꽃이 필 때 '탁' 하고 꽃이 피는 소리가 들린다는 것이다. 그런데 이것을 그 사람들은 깨닫는 것의 상징으로 본다. 이것 때문에 연꽃이라는 것이 불교의 상징으로 되고 만다. 다른 꽃들은 그런 것이 없다. 그런데 연꽃은 '탁' 하고 핀다. '탁' 하는 그것을 각覺이라 한다. 진리란 그렇게 '탁' 하고 깨닫는 것이지 차츰 아는 것이 아니다. 그리고 연꽃은 한없이 풍요롭다. 연꽃은 한없이 소담하다. 그리고 연꽃은 빛깔이 한없이 아름답다. 그리고 연꽃은 언제나 진흙에서 나와 물을 건너서 하늘에서 피는 꽃이다. 삼층 꽃이다. 옛날부터 삼층이란 땅에서 중간을 거쳐 하늘에 이른 것을 말한다. 연꽃이 이런 삼층 꽃이다. 또 연꽃은 물 속에 있기 때문에 더럽혀질 수가 없다. 언제나 깨끗하다. 그래서 연꽃은 진선미성을 나타낸다. 성聖이란 깨끗하다는 것이다. 그래서 연꽃은 꽃이 '탁' 피고, 또 아주 소담하고, 또 빛깔이 아주 아름답고, 또 언제나 깨끗하다. 그래서 진선미성을 상징할 때 언제나 연꽃을 갖다 붙이는 것이다.

화장세계가 미진수다. 아카시아 꽃들이 수십 수백억 개라는 말이다. 이것들이 무엇을 상징하는가 하면 하늘의 은하수가, 하늘의 별들이 수없이 많다는 것이다. 그런데 화장세계라 하는 것은 우리의 우주를 말하자는 것이 아니다. 우주를 말할 때는 수미산을 중심으로 하는 세계를 말하는데 화장세계는 우주가 아니라 우주를 넘어선 절대세계를 말하는 것이다. 절대세계, 무위세계無爲世界, 혹은 극락세계다. 기독교로 말하자면 하늘나라다. 하늘나라가 이렇게 되었다는 그런 소리다. 꽃 하나하나 속에는 사람들이 꽉 차 있는데 그 속에는 언제나 부처님이 딱 앉아있다는 것이다. 그러니까 부처님과 같이 있는 사람들의 세계, 이것이 천국이라는 것이다. 천국이 어디 있는가. 부처님과 같이 있는 거기가 천국이다. 그래서 미진수라는 수많은 꽃인데 그 수많은 꽃 속에 다 부처님이 있고 십신 거기에 사람들이 있다. 이것이 소위 하늘나라의 상징이다. 오늘 제일 중요한 것이 십신十身, 십불十佛이다. 그러니까 십신이라는 것은 전에 했는데 중생신衆生身, 국토신國土身, 업보신業報身, 성문聲聞, 연각緣覺, 보살菩薩, 여래如來, 지신智身, 법신法身, 허공신虛空身이다. 누구든지 세상에 태어나면 중생이다. 사람만이 아니라 강아지도 중생이고 모두 다 중생이다. 우리도 동물로 태어났으니까 중생이다. 그런데 우리는 나라를 가지고 있다. 그래서 태어나면 구청에 가서 호적에 올린다. 호적이 있어야 초등학교에도 가지 그렇지 않으면 학교도 못간다. 그러니까 반드시 호적이 있어야 된다. 그 다음에는 공부하고 일하고 그래서 이 세상에서 지위를 차지해야 된다. 그것을 소위 업보라 한다. 학교 선생도 되고 무엇도 되고 한다. 삼십이 나도록 대개 그렇게 한다. 그런데 30쯤 되면 사람들은 대개 문제를 인식하게 된다. 문제가 생긴다. 석가도 29세에 문제가 생겨 출가를 한다. 출가를 해서 어디 가는가. 선생을 찾아가는 것이다. 선생님을 찾아가서 선생님께 질문을 하고 말을 듣고 하는 것을 성문이라 한다. 그래서 귀가 뚫리는 것이다. 그 다음은 눈이 뚫리는 연각이다. 그 다음은 코가 뚫리는 보살이고 그 다음은 입이 뚫리는 여래다. 장자莊子의 말로 "이철위총耳徹爲聰 목철위명目徹爲明 비철위전鼻徹爲顫 구철위감口徹爲甘"이다. 그래서 음악이면 음악, 철학이면 철학, 무엇이나 자기 하는데 대해서 차차 깨 가는 것이다. 그런 세계를 우리는 성문, 연각, 보살, 여래라 한다. 그리고 맨 마지막으로 전체적으로 또 깨야 된다. 그것을 장자는 심철위지心徹爲知라 했다. 그 다음이 지知라는 것이다. 마음이 뚫리는 것이다. 그 다음은 지철위덕知徹爲德이다. 덕德이라는 것을 여기서는 법이라 했다. 그 다음에 덕이 뚫려야 된다. 그래야 인격이 된다. 인격이라는 그것을 여기서는 한마디로 허공이라 했다. 그러니까 십신 가운데 허공신虛空身이라는 것이 최고라는 것이다. 산에 올라가는 것으로 말하면 맨 산꼭대기에 올라간 그 자리가 허공신이라는 것이다. 산꼭대기에 서면 사방을 둘러보아야 아무 것도 걸릴 것이 없다. 전체가 보인다. 이것이 말하자면 일즉일체一卽一切의 세계다. 여기에 올라가면 다 보인다는 것이다. 허공계다. 그러니까 허공이란 최고에까지 올라왔다는 말이다. 석가의 각覺이란 무엇인가 하면 결국 허공신이다. 꼭대기에까지 올라간 것이다. 최고에까지 올라간 것인데 그것이 십신이라는 것이다. 거기가 곧 성불成佛이다.

그 다음에 십불十佛이다. 십불이란 최고에까지 올라갔다가 다시 최저에까지 내려가는 것이다. 왜 내려가야 되는가. 모든 중생을 구원하기 위해서다. 한 번 올라갔다가 한 번 내려가는 것이다. 십불이란 그 내려가는 과정이다. 그러니까 부처의 세계는 두 가지라 할 수 있다. 올라가는 세계와 내려가는 세계인데 올라가는 세계는 십신이라 하고 내려가는 세계는 십불이라 한다. 올라가는데 어디까지 올라가는가. 허공까지 올라간다. 허공이란 무엇인가. 한없이 큰 세계라는 것이다. 한없이 큰 세계에까지 올라가는 것이다. 그리고 내려가는 것은 어디까지 내려가는가. 땅, 바다, 어디까지나 내려가는데 그 세계는 또 한없이 넓은 세계다. 대방광화엄大方廣華嚴이라 했다. 한없이 크고 한없이 넓은 세계다. 한없이 큰 것은 십신이고 한없이 넓은 것은 십불이다.

나라는 것이 무엇인가. 한없이 크고 한없이 넓은 것이 나다. 한없이 크니까 알 수가 없는 것이고 한없이 넓으니까 알 수가 없는 것이다. 그렇게 해서 요전에 말한 부사의不思議가 되고 만다. 너무 크면 어떻게 생각할 수가 없다. 우리가 나무니 집이니 하는 것은 볼 수가 있지만 우주라 하면 어떻게 생각할 수가 없다. 요전에 나온 말로 아승지阿僧祇가 되고 만다. 그래서 나라고 하는 것을 알기 어렵다는 것이다. 그런데 오늘은 나라고 하는 것이 무엇인가 하면 십신과 십불이라는 것이다. 십신이란 한없이 크다는 것이고 십불이란 한없이 넓다는 것이다. 그럼 무엇이 그렇게 큰가 하면 지智라는 것이다. 지라고 하는 것이 결국 각覺에까지 가는데 각에까지 가면 지라는 뭉텅이가 그만 터지고 만다. 터져야 무한이지 그렇지 않으면 무한이 아니다. 그러니까 불교의 핵심은 유한한 세계에서 한 번 터져 나가 무한한 세계에서 한 번 살아보자는 것이다. 달리 말하면 자유라는 것이다. 무한한 세계에 가야 자유지 유한한 세계에 가면 자유라 할 수가 없다. 그러니까 우리가 도덕적으로 말할 때는 자유라 하고 철학적으로 말할 때는 각이라 한다. 그래서 각이란 지적인 꼭대기다.

그 다음에 불佛이란 무엇인가. 불이란 한없이 내려갔다는 것이다. 제일 밑에까지 내려갔다. 밑에까지 내려가서 모든 사람들을 다 구원해야 되기 때문이다. 그래서 이것은 사랑이라 한다. 맨 밑에까지 내려가 있는 것이 사랑이라는 말이다. 노자로 말하면 어머니다. 어머니는 부엌에 있는데 집안에서 제일 밑바닥이 부엌이다. 다른 사람들은 안방에 있고 사랑에 있고 그런데 어머니는 제일 밑바닥인 부엌에 있다. 그리고 어머니는 맛있는 음식은 다 갖다 바치고 제일 못 먹을 음식이나 먹고 또는 다른 사람이 먹다 남은 음식이나 먹는다. 그러니까 맨 밑바닥이라는 말은 달리 말해서 사랑이다.

그러니까 사랑과 지혜다. 필로소피아philosophia다. 나란 무엇인가. 지혜와 사랑이 나다. 그것을 한문자로 할 때는 인仁이다. 인이란 하늘과 땅과 사람이 합해진 글자인데 하늘은 지를 나타내고 땅은 사랑을 나타낸다. 지와 사랑, 하늘과 땅이 합쳐진 것이 무엇인가 하면 그것이 사람이라는 것이다. 지와 사랑이 나라는 것인데 지는 얼마나 큰 지인가 하면 탁 터져나간 지다. 무한한 지다. 인류의 문명이 발달하는데 얼마나 발달하는가. 무한히 발달한다. 앞으로 2,000년이 지나면 계속 또 무엇이 나올 것이다. 한없이 발달하는 것이다. 지의 무한대다. 그리고 또 사랑도 무한이다. 그래서 한없이 크고 한없이 넓은데 한없이 큰 것의 상징은 하늘이고 한없이 넓은 것의 상징은 땅이다. 그 하늘과 땅을 합친 것이 사람이다. 이것을 유교에서는 인이라 한다. 그러니까 인仁이라 하는 말이나 불佛이라 하는 말이나 같은 것이다. 한없이 큰 지혜와 사랑을 가진 것이 불이다. 그래서 다 같은 이야기다. 결국 오늘 이야기가 십신과 십불인데 십신이란 지를 표시하는 것이고 십불이란 사랑을 표시한다. 그래서 지혜와 사랑을 합쳐 필로소피아다. 지를 표시하는 것이 비로사나요 사랑을 표시하는 것은 화장세계다. 그래서 비로사나는 십신이 되고 화장세계는 십불이 된다. 십신과 십불이 합해져서 결국 인仁이 되는 것이다. 그런데 여기서는 인이라 하지 않고 대인大人이라 한다. 그래서 대인상大人相이라는 말이 자꾸 나온다. 사람이란 누구나 다 무엇인가 하면 대인상이다. 대인이라야 사람이지 소인은 아직 사람이 안 되었다는 것이다. 대인이란 인인데 우리말로 어른이다. 얼이라는 것이다.

그러면 십불十佛은 무엇인가. 무착불無着佛, 원불願佛, 업보불業報佛, 지불持佛, 열반불涅槃佛, 법계불法界佛, 심불心佛, 삼매불三昧佛, 성불性佛, 여의불如意佛이다. 무착불無着佛에 대해 "천진이묘天眞而

妙 불속미오不屬迷悟"라 했다. "불속미오不屬迷悟"란 생사에도 속하지 않고 열반에도 속하지 않는다는 말이다. 생사를 초월하고 열반을 초월해야 된다는 말이다. 그렇게 되는 것이 "천진이묘天眞而妙"요 이것이 소위 진각眞覺이다. 우리가 물 속에 머리를 탁 집어넣으면 붕 뜬다고 했다. 그렇게 붕 뜨는 것을 천진이묘라 혹은 진각이라 한다. 그 다음에는 물 속에도 있지 않고 물 밖으로 나가지도 않는다. 물에 둥둥 떠 있다. 이것을 소위 불생불멸不生不滅이라 한다. 생사에 있는 것도 아니고 열반 혹은 적멸에 있는 것도 아니다. 부주생사不住生死요 부주열반不住涅槃이다. 왜 그런가. 물에 둥둥 떠 있어야 물에 빠진 사람을 구할 수 있기 때문이다. 그래서 언제나 물에 떠 있어야 된다는 것을 무착불無着佛이라 한다. 땅에 붙어있는 것도 아니고 물 속에 들어있는 것도 아니다. 무착이다. 불생불멸이다. 물에 둥둥 떠 있다는 것이다.

그래서 원불願佛이다. 물에 빠진 사람들을 건져주어야겠다는 것이다. 그래서 열심히 돌아다니는 것이 업보불業報佛이다. 물에 빠진 사람이 어디 있는가 하고 열심히 돌아다니는 것이다. 그래서 물에 빠진 사람이 있으면 가서 붙잡는다. 그것이 지불持佛이다. 그리고 건져주는 것이 열반불涅槃佛이다. 그래서 땅 위로 건져준다. 구원해주는 것이다. 그것이 법계불法界佛이다. 그래서 그 마음 속에는 물에 빠진 사람을 찾는 것이 전부다. 심불心佛이다. 생각도 그 생각뿐이다. 삼매불三昧佛이다. 그래서 성불性佛이다. 본성本性, 자성自性인데 불변하는 진리다. 불변하는 진리 속에 데려다 주는 것이다. 그러고 마음대로 가서 구원해주는 것이다. 여의불如意佛이다. 누구든지 어디든지 마음대로 가서 교화한다. 구원해준다. 그래서 하나도 못 구하는 것이 없다. 십불이란 사랑이라고 하는 것을 이렇게 열 가지로 표현한 것이다. 그러니까 부처가 열 개가 있다는 말이 아니라 부처의 마음이 그렇다는 것이다. 그것이 소위 화장세계라는 것이다. 부처의 마음 속에 들어있는 세계, 그것이 화장세계다. 비로사나란 무엇인가. 최고의 각에까지 올라간 부처가 비로사나다. 그 비로사나가 되어야 화장세계를 가지게 된다. 비로사나 없이 화장세계도 없다. 그러니까 지혜 없이 사랑이 없고 사랑 없이는 지혜도 없다. 지혜와 사랑이 하나가 된 것, 그것을 인仁이라 한다. 그 인을 여기서는 대인상大人相이라 한다. 대인상이란 달리 말해서 진리와 사랑의 모습이다. 지혜와 사랑의 모습이다. 그런데 여기서는 사람의 모습 가운데 아주 특별한 모습 97개를 골라서 97호상이라 했다. 그 가운데서도 32호상이라 하는 것은 머리에 특별한 모습이 있다는 것이다. 머리에 특별히 좋은 모습 32개가 있다는 것인데 이것은 말하자면 지혜라는 것이다. 머리는 지혜를 표시하는 것이다. 그리고 나머지 65개는 무엇을 말하는가 하면 사랑의 모습이다. 그 사랑의 모습 중에서 맨 끝이 발바닥이다. 그러니까 사랑이라는 것은 맨 밑의 발바닥에 있고 지혜라는 것은 맨 꼭대기 머리에 있다. 그래서 32호상이란 지혜를 나타내고 65호상이란 사랑을 나타낸다. 그래서 사람은 32호상과 65호상이 합해진 것인데 그것이 소위 대인상이다.

34.1 이시爾時 보현보살마하살普賢菩薩摩訶薩 고제보살언告諸菩薩言 불자佛子 금당위여연설今當爲汝演說 여래소유상해如來所有相海.

그때 보현보살이 모든 보살들에게 말했다. 내가 너희들을 위해서 여래가 가지고 있는 그 모습에 대해 설명을 하겠다. '해海'는 바다라는 뜻이 아니라 한없이 크고 넓은 그 모습이다.

불자佛子 여래정상如來頂上 유삼십이有三十二 보장엄대인상寶莊嚴大人相.

부처님의 머리 꼭대기에는 32가지 보배롭고 장엄한 대인상大人相이 있다. 희랍 사람들은 철인哲人이라 하고, 중국 사람들은 성인聖人이라 하고, 인도 사람들은 대인大人이라 하는데 다 같은 것이다. 철인이나 성인이나 대인이나 다 무엇인가 하면 '나'라는 것이다. 내가 철인이고, 내가 성인이고, 내가 대인이지 나를 떠나서 어디 철인이 있고 대인이 있겠는가. 그러니까 대인상이란 내 모습이다. 한없이 큰 것이 나요 한없이 넓은 것이 나다. "너 자신을 알라", 이것인데 그것이 무엇인가 하면 한없이 큰 지혜요 한없이 넓은 사랑이다. 내 속에서 한없이 큰 사랑이 나올 수도 있고 내 속에서 한없이 큰 지혜가 나올 수도 있다. 나는 지혜와 사랑의 덩어리라는 것이다. 그것을 지금 대인상이라 한다.

 기중其中 유대인상有大人相 명광조일체방名光照一切方 보방무량대광명망普放無量大光明網.

 그 가운데 대인상 하나는 광조일체방光照一切方이라는 대인상이다. 일체방, 일체법 혹은 일체 만물을 비치고 비쳐준다는 것인데 이것이 무엇인가 하면 지혜다. 그 지혜를 여기서는 빛이라 하는 것이다. 이름이 광조일체방인데 그 내용은 "보방무량대광명망普放無量大光明網"이다. 비춰주고 비춰주고 그래서 겹겹이 비춰주는 것이다. 그런 것을 우리는 인드라망이니 하는 '망網'이라 한다. 널리 비추어 한없이 큰 빛의 망이다.

 일체묘보一切妙寶 이위장엄以爲莊嚴 보발주편寶髮周遍 유연밀치柔軟密緻.

 그런데 거기에 일체의 보석을 가지고 아름답게 장식했다. 그리고 그 머리에는 아름다운 머리털이 났는데 아주 부드럽고 빽빽했다.

 일일함방一一咸放 마니보광摩尼寶光 충만일체充滿一切 무변세계無邊世界 실현불신悉現佛身 색상원만色相圓滿 시위일是爲一.

 그런데 그 머리카락 한 올 한 올에서 가장 보배로운 빛, 지혜의 빛이 나온다. 그래서 그 빛이 온 세계에 가득 차게 된다. 그리고 나 자신을 드러내는 것이다. 불신佛身이란 다른 것이 아니라 나 자신이다. "색상원만색상圓滿", 그 색깔도 정말 아름답다는 것이다. 이것이 1번이다. 이렇게 97번까지 간다. 이런 말들이 97개가 나오는데 중간을 생략하고 1번 다음에는 33번으로 건너뛰어서 읽어본다.

34.2 불자佛子 여래미간如來眉間 유대인상有大人相 명편법계광명운名遍法界光明雲.

눈썹 사이에 대인상이 있는데 이름이 편법계광명운遍法界光明雲이다. 모든 법계를 비추는 구름이라는 뜻이다. 그러니까 여기서는 눈썹이 구름이 되고 말았다. 지혜를 표시할 때는 빛이라 하고 사랑을 표시할 때는 구름이라 한다. 언제나 그렇다고 할 수는 없지만 대개 그렇다. 눈썹이 왜 있는가 하면 눈을 보호하기 위해서다. 눈썹은 하나의 사랑의 상징이다.

마니보화摩尼寶華 이위장엄以爲莊嚴 방대광명放大光明 구중보색具衆寶色 유여일월猶如日月 동철청정洞徹淸淨.

마니보화로 장식했다. 꽃으로 장식했다는 것이다. 거기에서도 빛을 발하는데 여러 가지 아름다운 빛깔이 나온다. 마치 해와 달 같다. 그리고 아주 깨끗하다.

기광其光 보조시방국토普照十方國土 어중현현일체불신於中顯現一切佛身 부출묘음復出妙音 선창법해宣暢法海 시위삼십삼是爲三十三.

그 빛이 시방국토를 널리 비추는데 그 가운데 일체 불신을 나타낸다. 또 거기에서 아름다운 소리가 나오는데 진리를 전파하는 것이다. 이것이 33번이다.

언제나 사랑이라 할 때 이 사람들의 핵심이라 하는 것은 진리를 선포하는 것이다. 사랑을 보시라 하는데 사랑 가운데 제일 큰 보시가 법보시라는 것이다. 진리를 가르치는 것 이상의 큰 사랑은 없다. 왜 그런가. 그렇게 해야 정말 그 사람이 대인이 되기 때문이다. 다음은 45번이다.

34.3 여래치如來齒 유대인상有大人相 명보현광명운名普現光明雲 일일치간一一齒間 상해장엄相海莊嚴.

이번에는 이다. 이가 없으면 살 수 없을 정도로 이가 소중하다. 부처님의 치아에 대인상이 있는데 이름이 보현광명운普現光明雲이다. 하나하나의 치아 사이가 아주 아름답다는 것이다.

약미소시若微笑時 실방광명悉放光明 구중보색具衆寶色 마니보염摩尼寶焰 우선완전右旋宛轉 유포법계流布法界 미불충만靡不充滿.

웃을 때면 거기에서 빛이 나오는데 아주 여러 가지 보배로운 빛깔들이 나온다. 그리고 거기에서 마니보의 불꽃도 나오는데 바른 편으로 천천히 돌아가서 법계에 다 퍼져서 충만하지 않은 데가 없다.

연불언음演佛言音 설보현행說普賢行 시위사십오是爲四十五.

부처님의 목소리가 또랑또랑하다. 이가 있어야 목소리도 똑똑해진다. 그리고 보현행을 설한다. 이것이 45번이다. 다음은 85번이다.

34.4 여래족하如來足下 유대인상有大人相 명일체보살해안주운名一切菩薩海安住雲.

여래의 발바닥에 대인상이 있는데 이름이 일체보살해안주운一切菩薩海安住雲이다.

색여금강염부단금色如金剛閻浮檀金 청정연화淸淨蓮華 방보광명放寶光明 보조시방普照十方 제세계해諸世界海.

그 빛깔이 금강염부단금金剛閻浮檀金 같다. '염부단閻浮檀'이란 수미산 남쪽에 있는 세계다. '염부제주', '염부단주' 여러 말로 하는데 지금 우리로 말하자면 호주 같은 나라다. 거기에서 나오는 금빛이 아름다운 모양이다. 그래서 그 아름다운 금빛 같다는 것이다. 그리고 깨끗한 연꽃 같다. 거기에서 빛이 나오는데 시방 세계에 널리 퍼진다.

보향염운寶香焰雲 처처주편處處周遍 거족장보擧足將步 향기주류香氣周流 구중보색具衆寶色 충만법계充滿法界 시위팔십오是爲八十五.

보배로운 향기와 아름다운 불꽃이 나와서 여기저기 널리 퍼진다. 그래서 발을 들고 걸어가면 향기가 어디나 진동을 한다. 그리고 보배로운 온갖 색들이 다 있다. 그것들이 법계에 가득 차 있다. 이것이 85번이다.
　발바닥이 대단하다는 것이다. 발바닥이 정말 대단하다. 우리가 발바닥 하나 믿고 가는데 발바닥 없이 어떻게 가겠는가. 다음은 마지막 97번이다.

34.5 여래좌족지단如來左足指端 유대인상有大人相 명현일체불신변운名現一切佛神變雲.

여래의 왼쪽 발가락에 대인상이 있는데 그 이름이 현일체불신변운現一切佛神變雲이다.

부사의불광명不思議佛光明 월염보향月焰普香 마니보염륜摩尼寶焰輪 이위장엄以爲莊嚴 방중보색放衆寶色 청정광명淸淨光明.

아주 신비한 빛, 달빛 같은 불꽃과 널리 퍼지는 향기, 그리고 마니보의 불꽃 바퀴로 아름답게 장엄했다. 거기에서 뭇 보배로운 색깔과 청정한 광명이 나온다.

충만일체充滿一切 제세계해諸世界海 어중시현於中示現 일체제불一切諸佛 급제보살及諸菩薩 연설일체演說一切 제불법해諸佛法海 시위구십칠是爲九十七.

그래서 일체 세계에 가득하다. 그 가운데 일체의 모든 부처와 보살들을 나타내 모든 진리를 연설한다. 사랑의 핵심은 언제나 설법이다. 이것이 97번이다.

불자佛子 비로자나여래毘盧遮那如來 유여시등有如是等 십화장세계해十華藏世界海 미진수대인상微塵數大人相 일일신분一一身分 중보묘상衆寶妙相 이위장엄以爲莊嚴.

비로자나 여래, 이것은 십신十身이라는 것이다. 또 이와 같은 열 가지 화장세계해가 있다. 이것은 십불十佛이라는 것이다. 거기에 수많은 대인상大人相이 있다. 그 하나하나의 모습은 한없이 아름다운 여러 가지 모습으로 장엄했다.

이렇게 97가지가 있는데 그것들을 다 읽으려면 여러 시간이 걸린다. 그래서 나는 서너 개만 꺼내서 이렇게 했는데 요는 간단하다. 32가지는 지혜를 표시하고 65가지는 사랑을 표시한다. 지혜의 핵심은 각覺이고 사랑의 핵심은 설법이다. 내용이 그렇게 되어 있다. 지혜의 핵심은 근본지라 하고 사랑의 핵심은 차별지라 한다. 그래서 근본지, 차별지라 한다.

다음은 성리학性理學의 개조인 주렴계周濂溪(1017-73)가 쓴 "애련설愛蓮說"이다. 중국 사람들도 연꽃을 사랑한다는 것이다.

"여독애련지출어유니이불염予獨愛蓮之出於游泥而不染. 탁청련이불요濯淸漣而不妖. 중통외직中通外直 불만부지不蔓不枝. 향원익청香遠益淸 정정정식亭亭淨植. 가원관이불가설완언可遠觀而不可褻翫焉."

나 홀로 연꽃을 좋아하는데 연꽃은 진흙에서 나와서도 더러움에 물들지 않고 언제나 깨끗하다. 맑고 푸른 물결에 씻기면서도 조금도 요사스런 것이 없다. 더러운 것도 없고 요사스러운 것도 없다. 그리고 중통외직中通外直이다. 중국 사람들이 연꽃을 보고 제일 감탄하는 것은 연꽃 줄기가 중통외직이라는 것이다. 중용中庸을 믿는 사람들이라 보는 것이 조금 다르다. 그래서 제일 감동하는 것은 줄기가 중통이라는 것이다. 대나무는 곧지만 가운데가 막혀있다. 그런데 연꽃 줄기는 곧은 것만이 아니라 속이 터져 있다. 중통외직이다. 우리의 마음이 탁 터져 있고 또 누구에게나 정직하게 대한다. 이 사람들은 지혜와 사랑을 이렇게 표시한다. 마음이 탁 터졌다. 이것이 지혜요 각覺이다. 그리고 누구에게나 정직하게 대하는 것, 진실하게 대하는 것, 이것을 사랑이라 한다. 그래서 중통외직이다.

그리고 "불만부지不蔓不枝", 넝쿨도 아니고 가지도 아니고, "향원익청香遠益淸", 향기는 멀리까지 더욱 깨끗하게 퍼진다. 그리고 "정정정식亭亭淨植", 튼튼하고 깨끗하게 자란다. 연꽃은 멀리서 바라볼 뿐 가서 만지고 놀거나 더럽힐 수가 없다. 『주역』에 나오는 "석과불식碩果不食"이라는 말이나 같은 말이다. 대인상이 되면 감히 가서 건드리지 못한다는 말이다.

다음은 『벽암록』 62장 "운문중유일보雲門中有一寶"에 있는 글이다.
"영광독요靈光獨耀 형탈근진逈脫根塵 체로진상體露眞常 불구문자不拘文字 심성무염心性無染 본자원성本自圓成 단리망연但離妄緣 즉여여불卽如如佛."

사람이 무엇인가 하면 빛과 힘인데 빛이란 지혜라는 말이요 힘이란 사랑이란 말이다. 어머니라 하면 사랑인데 그 사랑은 힘으로 표시된다. 밤낮 어머니는 어린애를 지고 다니면서 힘든 줄을 모른다. 빛과 힘인데 그것을 여기서 "영광독요靈光獨耀"라 했다. 영적인 빛이 홀로 빛난다. 그래서 "형탈근진逈脫根塵"이다. 이 세상을 넘어 아주 훨씬 초월했다. 지혜라는 말이다. "체로진상體露眞常", 언제나 몸이 나타나는데, 힘이 나타나는데 그 힘은 언제나 참되고 영원하다. 그것은 자연이기 때문에 "불구문자不拘文字"다. 글자로 표시할 수가 없다. 어머니의 사랑이 어떻다 하고 문자로 표시할 수가 없다. 그래서 제일 중요한 것은 "심성무염心性無染"이다. 심과 성이 깨끗해야 된다. 종교의 핵심이 이것이다. 심과 성이다. '심心'이란 중심이고 '성性'이란 우리의 재간이다. 존심양성存心養性이다. 양성養性이라 할 때는 감성感性, 오성悟性, 이성理性, 영성靈性이다. 예술, 과학, 철학, 종교, 이런 것을 할 수 있는 힘이 우리에게 있다. 그 힘을 자꾸 길러 가는 것을 양성이라 한다. 그런데 그것은 말하자면 사시四時, 춘하추동春夏秋冬과 같은 것이다. 그 복판 가운데는 언제나 심心이 있어야 된다. 소위 태양이다. 언제나 태양이 있어야 사시가 있지 태양이 없이 사시가 있을 수 없다. 언제나 중요한 것이 심과 성이다. 직지인심直指人心이요 견성성불見性成佛이다. 맨 꼭대기에 올라간 것이 심이고 거기에서 내려가는 화장세계는 성이다. 그러니까 심성을 지혜와 사랑이라 그렇게 생각해도 된다. 심성무염이다. 우리는 언제나 심성을 깨끗하게 가지고 직지인심 견성성불, 이렇게 되어야 한다. 그렇게 되면 "본자원성本自圓成"이다. 우리가 본래 가지고 있는 자성이 원만하게 성숙해진다. 우리 속에 본래 가지고 있는 자성, 소질이 원만하게 성숙해진다. 그렇게 되어 소위 대인상이 된다. 어른이 된다는 말이다. 어른이 되면 "단리망연但離妄緣", 쓸데없는 생각은 멀리 떠난다. 그래서 무슨 생각만 남는가 하면 "즉여여불卽如如佛"이다. 진리 자체만이 남는다. 지혜와 사랑만이 남는다. 결국 대인상이 된다는 말이다.

  오늘은 너 자신을 알라는 것이다. 요전에는 나 자신을 모르겠다는 여덟 가지 혹은 열 가지를 했다. 너무 커서 모르고 너무 넓어서 모르는 것인데 실제로 생각해보면 나 자신이 무엇인가 하면 지혜와 사랑이라는 것이다. 그것이 내 본성이라는 것이다.

2002. 5. 19.

제35. 여래수호광명공덕품
如來隨好光明功德品

여래수호광명공덕품 강해

「여래수호광명공덕품如來隨好光明功德品」인데 지혜와 사랑이 어디서 나오는가 그렇게 다시 또 묻는 것이다. 광명이라 하면 지혜요 공덕이라 하면 사랑이다. 지혜와 사랑이 어디서 나오는가 하면 "수호隨好"에서 나온다는 것이다. 좋아하는데서 나온다는 것이다. 기독교에서는 죄와 죽음이 어디서 나오는가 할 때 욕심에서 나온다고 한다. 욕심이 무엇인가 하면 수호라는 것이다. 좋아한다는 데서 나온다. 나는 술을 좋아한다 하는 거기에서 술 중독이 나온다. 중독이 되면 죽게 된다. 좋아한다는 것 때문에 중독이 나오고 중독에서 죽음이 나온다. 좋아한다는 것을 한마디로 욕심이라 한다. 욕심 때문에 중독이 나오고 죽음이 나온다.

그런데 수호라는 것은 좋은 면으로 말하는 것이다. 힘은 어디에서 나오는가. 빛에서 나온다. 빛은 어디서 나오는가. 여래에서 나오게 된다는 것이다. 여래를 수호하는 데서부터 빛이 나오게 된다는 것이다. 우리가 진리를 깨닫게 되는 것은 선생님을 좋아하는 데서부터 나온다. 진리를 깨닫게 되면 어떻게 되는가. 자기를 이길 수 있는 힘이 생긴다. 그러니까 "여래수호如來隨好", 여래를 좋아하는데서, "광명光明", 빛이 나온다. 달리 말하면 성문에서 연각이 나온다는 것이다. 그래서 석가는 출가해서 선생님을 찾아갔다. 선생님을 찾아가서 많이 배우고, 6년 고행을 하고, 49일 선정을 하고, 그리고 진리를 깨닫게 되었다. 출가란 그저 집을 나왔다는 말이 아니다. 선생님을 찾아갔다는 것이다. 선생님을 좋아하게 되어야 진리를 깨닫는다는 것이 나오게 되고 진리를 깨닫게 되어야 힘이 나오게 된다. 우선 우리는 선생님을 찾는 수밖에 길이 없다. 선생님을 찾다가 진리를 깨닫는 것이지 선생님 없이 저 혼자 가만 앉아 있다가 진리를 깨닫는다는 것은 있을 수 없다. 진리란 인류의 모든 문화 문명의 꽃이기 때문이다.

「여래수호광명공덕품」인데 오늘의 내용은 광명공덕光明功德, 빛의 공덕이다. 빛의 공덕이란 무엇인가. 해설을 읽어본다.

"보리무구무수菩提無求無修 무삼세無三世 불출일찰나不出一刹那 만행개원만萬行皆圓滿 고故 찰나성불刹那成佛 선발보리심先發菩提心 차수호광명공덕此隨好光明功德 명위불승名爲佛乘."

빛이란 무구無求, 무수無修, 무삼세無三世다. 빛이란 무엇을 구할 것도 없고 또 닦을 필요도 없고 또 과거, 현재, 미래로 오래 계속할 것도 없고 그저 반짝하면 된다. "불출일찰나不出一刹那", 반짝하면, "만행개원만萬行皆圓滿", 모든 문제가 다 해결되고 만다. 우리가 진리를 깨달으면 그 순간에 우리의 모든 문제가 다 해결되고 만다. 그래서 "찰나성불刹那成佛"이라 한다. 눈을 감으면 지옥인데 눈을 뜨면 여기가 천국이다. 눈을 뜨는 순간이 반짝하는 순간이다. 그 반짝하는 순간에 "만행개원만"이다. 천국이 되고 만다. 그래서 그것을 찰나성불이라 한다. 반짝할 때 모든 것이 다 해결된다. 그러니까 "선발보리심先發菩提心"이다. 먼저 보리심을 내야 된다. 빛의 마음을 내야 한다. 그 보리심을 내면 거기에 따라서 빛의 모든 공덕이 다 따라온다. "만행개원만"이란 말이나 같은 말이다. 그러니까 여기서 제일 중요한 말이 보리심이다. 이런 것을 간단히 말할 때 불승佛乘이라 한다. '불佛'이란 깨는 것이니까 반짝하는 것이고 '승乘'이란 배에 탔다는 것, 구원을 받았다는 것이다. 반짝하는 순간에 모든 문제가 다 해결되었다 하는 말을 간단히 말해서 불승이라 한다. 반짝하는 동안에 천국이 도래하고 말았다. 그것을 불승이라 한다. 본문을 읽어본다.

35.1 이시爾時 세존世尊 고보수보살언告寶手菩薩言

이때 세존께서 보수보살에게 말했다. 요전에 「아승지품阿僧祇品」에서도 석가가 직접 말하는 것으로 되어 있었는데 오늘 「여래수호광명공덕품」에서도 석가가 직접 말하는 것으로 되어 있다. 왜 그렇게 되었는가 하면 석가가 자기의 전생에서의 이야기를 꺼내기 때문이다. 그래서 다른 사람이 말할 수가 없고 석가가 말하는 것이다.

아위보살시我爲菩薩時 어도솔천궁於兜率天宮 방대광명放大光明 지옥중생地獄衆生.

내가 전생에 보살이었을 때 도솔천궁에 있었다. 언제나 전생을 말하는 것인데 석가가 되기까지 4억 8천년이 걸렸다는 것이다. 그것이 소위 보신報身인데 또 그 보신이 되기까지 48억년이 걸려서 보신이 되었다는 것이다. 이 사람들은 이렇게 자꾸 과거, 과거의 과거를 말한다. 왜 그런가 하면 무엇이나 간단히 되는 것은 없기 때문이다. 무엇이고 오래 공을 들이고 또 공을 들여서 무엇이 되지 쉽게 되는 것은 아니다. 요새 공 차는 사람들을 보는데 공 차는 것도 간단하게 되는 것이 아니다. 우리는 한 1년 하면 되는 줄 알지만 그런 것이 아니다. 무슨 기술이라 하는 것도 간단하게 되는 것이 아니다. 어느 기술이나 백 년, 2백 년 축적된 기술이지 그저 십 년, 이십 년에 되는 것이 아니다. 예술의 세계도 마찬가지다. 그래서 이 사람들은 이렇게 많은 시간을 자꾸 말하는 것이다. 그런데 그 많은 시간의 끄트머리에 깨닫는다고 할 때는 시간이 필요 없다는 것이다. 반짝하는 순간에 다 되고 만다.

도솔천이란 하늘나라인데 이 사람들의 하늘나라는 세 단계로 되어 있다. 욕계欲界가 있고 색계色界가 있고 무색계無色界가 있다. 욕계는 하늘나라 가운데 가장 낮은 단계의 하늘나라다. 도솔천은 야마천의 바로 위에 있다. 이 사람들의 생각을 보면 하늘나라가 있으면 그 밑에 사람이 사는 나라가 있고 그 밑에 아수라가 사는 나라가 있고 아수라 밑에 축생들이 사는 나라가 있고 축생들이 사는 나라 밑에 아귀들이 사는 나라가 있고 아귀들이 사는 나라 밑에 지옥이 있다. 식물의 세계가 있고 동물의 세계가 있고 인간의 세계가 있고 신의 세계가 있다고 생각하는 것처럼 이 사람들은 천天, 인人, 아수라阿修羅, 축생畜生, 아귀餓鬼, 지옥地獄, 이렇게 생각한다. 이렇게 여러 단계로 갈라서 생각한다.

맨 처음에 플라톤은 하늘나라와 사람 사는 나라, 이렇게 갈랐다. 그런데 네오플라토니즘Neoplatonism에 오면 일자一者(The One)가 있고 누스Nous가 있고 프시케Psyche라는 세계가 있고 물질계라는 것이 있고, 이렇게 자꾸 갈라놓는다. 그러고 내려오는 세계가 있고 또 올라가는 세계가 있다. 네오플라토니즘에서 올라가는 세계, 이것을 받아들인 사람이 어거스틴Saint Augustine(354-430)이다. 어거스틴은 네오플라토니즘에 많이 들어가서 『엔네아데스Enneads』라는 작품을 읽게 된다. 거기에서 이런 것을 많이 얻어 가지고 어떻게 하면 올라가는가, 이런 것을 내적 초월이라 하는데, 그 내적 초월을 생각하게 되었다. 불교로 말하면 "반야파라밀다般若波羅蜜多"라는 것이 이것이다. 육파라밀六波羅蜜로 이렇게 올라가는 것이다. 육도六道로 떨어졌다가 육파라밀로 올라간다, 이런 생각을 많이 한다.

여기서는 지금 옛날 도솔천에서 살 때 이런 일이 있었다고 석가가 말하는 것이다. 도솔천궁에서 빛을 발했다는 것이다. 그래서 대개 부처님을 보면 눈썹과 눈썹 사이에 빛이 나오게 되어 있다. 대개 거기에 금강석을 박아놓게 되어 있다. 금강석을 박아서 빛이 쭉 나오게 되어 있다. 빛이 얼마나 멀리 가는가 하면 1만 8천리까지 간다고 한다. 백호白毫에서 빛이 일만 팔천 리를 비춘다는 것이다. 여기서는 빛이 어디까지 갔는가 하면 지옥에까지 갔다.

우사광자遇斯光者 중고휴식衆苦休息 득십종청정안得十種淸淨眼 함생환희咸生歡喜 종피명종從彼命終 생도솔천生兜率天.

그래서 지옥에서 이 빛을 받은 중생들은 그 모든 고통이 다 없어지고 말았다. 이것이 소위 광명공덕이라는 것이다. 지옥에서 빛을 받은 사람들은 모든 고통이 다 없어졌다.
이 사람들의 생각이 무엇인가? 빛의 세계와 어둠의 세계인데 모든 선한 것, 행복한 것, 이런 것들은 다 빛에서 나온다는 것이다. 플라톤 Plato(427-347 B.C.)으로 말하면 이데아Idea라는 것, 선의 이데아라는 것이다. 모든 선과 행복은 다 빛에서 나오고 모든 악과 불행은 어둠에서 나온다는 것이다. 그래서 눈을 감으면 충돌이고 눈을 뜨면 광명이라는 것이나 다 같은 사상이다. 소크라테스Socrates(469-399 B.C.)가 무지無知라 하는 것을 알아야 된다 했는데 무지라는 것이 무엇인가 하면 모든 악의 근원이고 모든 불행의 근원이다. 그래서 이 사람들은 무지라는 것을 가장 싫어하는 것이다. 소위 아폴론Apollon이라는 것이다. 디오니소스Dionysus가 아니라 아폴론이라 해서 광명의 세계를 이 사람들은 좋아한다. 이것이 소위 이데아 철학이요 소크라테스의 철학이다. 소크라테스가 밤낮 "너 자신을 알라" 하는데 무엇을 알라는 것인가 하면 너 자신이 무지라는 것을 알라는 말이다. 너 자신이 지금 가장 불행하고 악하다는 것을 알아야 된다. 그 무지에서부터 해방이 되어야 한다. 그래서 무지를 초월한 빛에 살아야 된다는 것이다. 이것이 소위 이데아의 철학이다.
소크라테스는 무지라 하는데 석가는 무명無明이라 한다. 불교는 모든 악과 불행이 무명에서 나온다는 것이다. 소크라테스는 무지가 모든 악의 근원이라 한다. 그러니까 몰라서 그렇지 알면 절대 나쁜 짓을 안한다는 것이다. 지知를 강조하는 이런 철학이 희랍 철학이다. 희랍이란 나라는 비도 거의 없고 일 년 내내 빛의 세계다. 그래서 괴테 같은 사람도 희랍으로 가서 빛의 세계를 경험했다. 지중해 연안이 기후도 온화하지만 빛이 밝은 그런 세계다. 그래서 희랍의 신전이니 하는 것이 다 빛을 드러내도록 만든 것이다. 석굴암도 빛을 드러내도록 구조가 그렇게 되어 있다. 빛을 중요하게 생각하는 사상이다.

기독교에서는 「요한복음」이 빛을 강조한다. 「요한복음」 8장 12절에 예수님께서 "나는 빛이라" 했다. "빛이 어두움에 비치되 어두움이 이를 깨닫지 못하더라. 태초에 말씀이 있으니", 이 말씀이라는 것부터 벌써 빛이다.

무명, 무지, 이것은 말하자면 어두움이다. 어두움이란 실체가 없다. 어둠이라는 것이 무슨 돌멩이처럼 덩어리 진 것이 아니라 그냥 어두운 것이다. 어둠은 빛만 들어가면 없어지고 만다. 그런 의미에서 어둠을 해결하기란 가장 쉽다. 무슨 실체가 있어야 복잡하고 그럴 것인데 실체가 없으니까 간단하다. 하나의 그림자니까 빛이 들어가면 다 없어지고 만다. 여기서 말하고자 하는 것이 이것이다.

지옥에 빛이 들어오니까 천국이 되고 만다. 그래서 "중고휴식衆苦休息", 모든 고통이 없어진다. 빛의 세계란 무엇인가 하면 눈 뜬 세계란 것이다. "십종청정안十種淸淨眼"이다. 눈을 뜨고 보니 거기가 천국이다. 그러니까 "함생환희咸生歡喜"다.

그래서 거기에서 명命이 끝난 후에는 다시 지옥에서 천국으로 옮겨 온다.

천중유고天中有鼓 차고발음此鼓發音 이고지언而告之言 제천자諸天子 여이심汝以心 불방일不放逸.

하늘에는 커다란 북이 하나 있는데 북이 소리내기를 "하늘에 계신 여러분, 절대 나쁜 생각을 내면 안 된다." 했다. "불방일不放逸", 나쁜 짓을 하면 안 된다. 다시 악에 빠지면 안 된다, 지옥에 빠지면 안 된다는 것이다. 방종하고 타락하면 안 된다.

종제선근種諸善根 친근중선지식親近衆善知識 어피명종於彼命終 내생차천來生此天.

그리고 이제는 빛의 일만 해야 된다. 착한 뿌리를 심어야 된다. 그러기 위해서는 선지식, 선생님에게 언제나 가까이 해야 된다. 그래서 지옥에서 끝나면 천국으로 올라온다. 지옥도 빛만 들어가면 천국이 된다는 사상이다.

35.2 여등汝等 석재지옥昔在地獄 지옥급신地獄及身 비시방래非十方來 단유어여但由於汝 전도악업顚倒惡業 우치전박愚癡纏縛 생지옥신生地獄身 차무근본此無根本 무유래처無有來處.

너희가 지옥에 있었을 때 지옥의 사람이 되었는데 지옥에 빠진 것은 남의 탓이 아니라 네 탓이다. 잘못된 것은 무엇인가. 너의 생각이 거꾸로 된 것이다. 전도인생顚倒人生이다. 그래서 악업惡業, 나쁜 짓을 자꾸 하고 우치愚癡, 어리석고, 전박纏縛, 자기가 자기를 비끌어 맸다. 그것이 우리의 잘못이라는 것이다.

그래서 너 자신을 지옥신으로 만들었다. 그렇다고 해서 그것이 무슨 뿌리가 있는 것도 아니고 밖에서 온 것도 아니다. 다 네 탓이다. 그러니까 네가 지옥에 빠질 수도 있고 네가 천국에 올라갈 수도 있다. 네가 눈을 감으면 지옥이고 네가 눈을 뜨면 천국이다. 다 네 탓이다.

제천자諸天子 비로자나보살毘盧遮那菩薩 위덕력고威德力故 방대광명放大光明 이차광명而此光明 비시방래非十方來 반야파라밀위덕력고般若波羅蜜威德力故.

여러분, 비로자나보살이 특별한 힘으로 온 세상을 빛으로 밝히고 있다. 그 빛도 밖에서 온 것이 아니다. 자기가 자기 속에서 끄집어 낸 것이다.

오늘 방송에서 프랑스 최고의 축구 선수 지단이 왔다고 하는데 지단의 기술도 밖에서 온 것이 아니다. 자기가 자기 속에서 끄집어 낸 것이다. "반야파라밀위덕력般若波羅蜜威德力", 내적 초월이라는 것이다. 자기가 자기 속에서 끄집어 내는 것이다.

35.3 여등汝等 응발아누다라삼막삼보리심應發阿耨多羅三藐三菩提心

여러분 깬 마음을 가져야 된다. 보리심이란 깬 마음이다. 욕심은 거꾸로 된 마음이다. 욕심을 가지면 죽는 것이고 보리심을 가지면 사는 것이다. 폐암으로 죽는 사람이 많다고 하는데 담배를 끊으면 보리심이고 담배를 피면 욕심이다. 담배를 피면 폐암이 되고 폐암이 되면 죽게 된다. 담배를 끊는 것, 그것이 소위 "여래수호광명공덕如來隨好光明功德"이다. 정말 천국의 덕을 보게 된다는 것이다. 끊으면 보리심이고 피면 욕심이다. 그 차이다. 피면 죽고 끊으면 산다. 끊는 순간에 살아나니까 끊으면 불승佛乘이다.

"아누다라삼막삼보리阿耨多羅三藐三菩提", 무상정편지無上正遍智라는 것이다. 위없는 최고의 똑바르고 어디나 통하는 지혜라는 말이다. 대표로 태양이다. 태양은 위없는 자리에 있어 언제나 똑바르고 어디나 빛을 비춰준다. 그러니까 태양 같은 마음, 밝은 마음이 아누다라삼막삼보리다. 태양 같은 마음을 가지고 살아라. 밝은 마음으로 살면 담배를 안 필 것 아닌가. 몰라서 피고 죽지 알면 필 사람이 어디 있겠는가. 소크라테스의 논리로 하면 그렇다. 몰라서 그렇지 알면 안 필 것이다. 우리에게는 잘 통하지 않지만 소크라테스의 논리로 하면 그렇다. 그래서 플라톤은 알면 행은 저절로 쫓아온다고 한다. 어머니 뱃속에서 나올 때 머리만 나오면 몸은 저절로 나온다. 이것이 플라톤이 말하는 이유다. 이런 식의 사고방식으로 지를 굉장히 강조한다. 알면 문제는 다 해결된다. 그래서 보리심을 강조하는 것이다.

정치기의淨治其意 주선위의住善威儀 회제일체업장悔除一切業障 번뇌장煩惱障.

그렇게 알게 되면 행도 다 깨끗해진다. 그리고 모든 더러운 것, 부족한 것, 어두운 것, 악한 것 다 없이 한다.

제천자諸天子 여유파려경如有頗瓈鏡 명위능조名爲能照 청정감철淸淨鑒徹

여러분 여기 큰 거울이 있는데 이름이 능조能照라 하고 아주 잘 비치는 거울이다.

여십세계與十世界 기량정등其量正等 일체산천一切山川 일체중생一切衆生 소유영상所有影像 개어중현皆於中現.

온 세계와 꼭 같은 크기의 거울이다. 우리의 마음을 말하는 것이다. 우리의 마음이란 온 세계와 꼭 같은 크기의 거울과 같다. 그래서 일체 산천과 모든 중생을 다 거기에 비춘다. 그리고 거기에 다 나타난다.

제천자諸天子 어여의운하於汝意云何 피제영상彼諸影像 가득설언可得說言 래입경중來入鏡中 종경거부從鏡去否 답언答言 불야不也

여러분 여러분의 생각은 어떤가. 이 모든 영상이 거울을 깨뜨리고 거울 속으로 들어온 것인가. 거울을 깨뜨리고 나가는 것인가. 그렇지 않지 않느냐. 그러니까 이것들은 그림자라는 것이다. 빛이 있으면 비치는 것이고 빛이 없으면 없어지는 것이다.

제천자諸天子 일체제업一切諸業 역부여시亦復如是 수능출생雖能出生 제업과보諸業果報 무래거처無來去處

사람이 짓는 모든 업도 다 이와 같은 것이다. 우리가 모든 잘못을 저지른다 해도 그것들은 온 데도 없고 간 데도 없다.

당지제업當知諸業 역부여시亦復如是 약여시지若如是知 시진실참회是眞實懺悔 일체죄악一切罪惡 실득청정悉得淸淨.

우리가 다 그런 줄을 알고 자기의 잘못을 끊으면 모든 잘못이 그 자리에서 없어진다.
죄에 대한 설명을 읽어본다.

"죄罪 무자성無自性 종심기從心起 심약멸시心若滅時 죄역망罪亦亡 죄망심멸罪亡心滅 양구공兩俱空 시즉명위진참회是卽名爲眞懺悔."

죄란 무자성無自性이다. 무슨 실체가 있는 것이 아니다. 어둠이 무슨 실체가 있는 것이 아니다. 무자성이다. 그것은 "종심기從心起", 자기 마음에서 나오는 것이다. "심약멸시心若滅時 죄역망罪亦亡", 마음이 없어지면, 자기가 그런 생각을 안 하게 되면 죄도 또한 없어지고 만다. "죄망심멸罪亡心滅 양구공兩俱空 시즉명위진참회是卽名爲眞懺悔", 죄도 없어지고 마음도 없어지고 둘 다 없어지면 이것을 우리는 참회라 한다. 그런 생각도 없어지고 그런 마음도 없어지면 그것을 참회라 한다.

혜가가 달마에게 "마음이 불안하니 마음을 편안하게 해 주십시오"하고 말했다. 마음이란 제가 어떻게 하는 것이지 남이 어떻게 하는 것이 아니다. 그래서 달마가 말했다. "너의 마음을 가져 오너라. 너의 마음을 내가 편안하게 해 주겠다." 그랬더니 혜가는 마음을 갖다 바치기 위해서 찾아보았다. 그리고 말했다. "마음을 찾아보았는데 마음이 없습니다." 그러니까 달마가 말했다. "마음이 없으면 괴로움도 없겠지" 했다. "너의 마음을 안심시켜 주는 일이 이제 끝났구나." 그러니까 너의 마음이 없어지면 그것으로 끝이지 내가 무엇을 어떻게 해주겠느냐는 말이다. 마음이란 마음 먹기에 따라 다른 것이다.

참회란 무엇인가. 내가 이제 술을 끊겠다 하고 안 먹으면 그것이 참회지 다른 것이 아니다.

35.4 이시爾時 제천자諸天子 문설보현聞說普賢 광대회향廣大廻向 회제일체悔除一切 제중장고諸重障故.

이때 모든 사람들이 보현의 말을 듣고 다 마음을 돌렸다. 그래서 자기의 모든 잘못들을 다 없이하고 말았다.

즉견백천억卽見百千億 나유타불찰那由他佛刹 미진수칠보연화微塵數七寶蓮華 일일화상一一華上 개유보살皆有菩薩 방대광명放大光明.

그랬더니 즉시 어둠이 사라지고 빛의 세계가 되었다. 빛의 세계를 연꽃으로 상징한다. 연꽃이 밝게 피었다는 것이다. 그 연꽃마다 다 보살이 있는데 모두 빛을 발하고 있다.

피광명중彼光明中 수중생심隨衆生心 이위설법而爲說法 공양비로자나여래供養毘盧遮那如來 지이산불持以散佛 일체개어一切皆於 불신상주佛身上住.

그 빛 속에서 중생심을 따라서 설법을 하는데 비로자나에게도 연꽃을 바치고 모든 부처님에게도 다 연꽃을 갖다 바쳐 모든 부처님의 몸은 아름다운 연꽃으로 장식이 되었다.

불자佛子 여득초선如得初禪 수미명종雖未命終 견범천처見梵天處 소유궁전所有宮殿 이득수어而得受於 범세안락梵世安樂.

만일 초선初禪의 경지에 도달하면 죽기 전에 하늘나라의 궁전을 볼 수 있고 하늘나라의 즐거움을 맛볼 수 있다.

득제선자得諸禪者 실역여시悉亦如是 보살마하살菩薩摩訶薩 주청정금강전륜왕위住清淨金綱轉輪王位 방마니계放摩尼髻 청정광명清淨光明.

그 밖에 2선禪, 3선 그렇게 도달한 사람도 마찬가지로 하늘나라에 가는데 그런 사람들은 하늘나라에서 높은 왕의 지위에까지 올라갈 수 있다. 거기에 올라가면 자기의 머리에서 빛을 발할 수 있다.

약유중생若有衆生 우사광자遇斯光者 개득보살皆得菩薩 제십지위第十地位 성취무량成就無量 지혜광명智慧光明 득십종得十種 청정안清淨眼 내지乃至 십종청정의十種清淨意 구족무량具足無量 심심삼매甚深三昧 성취여시成就如是 청정육안清淨肉眼.

중생들이 그 빛을 받기만 하면 그 사람도 다 십지위十地位인 금강전륜왕위金綱轉輪王位를 얻을 수 있다. 다 왕이 될 수 있다. 그래서 그 사람에게서도 빛이 나온다. 그 사람도 눈을 뜨게 되고 그 사람도 마음이 깨끗해지고 그 사람도 한없이 깊은 삼매에 들어갈 수 있고 육안까지도 깨끗해진다. 한마디로 말해서 한 사람이 빛을 발하게 되면 다른 사람도 빛을 발하게 되고 또 그 사람이 빛을 보내게 되면 또 다른 사람도 빛을 보내게 되어 빛의 세계가 자꾸자꾸 중중무진으로 겹치게 된다. 축구를 좋아하는 사람이 하나 있으면 다른 사람도 좋아하게 되고 또 좋아하게 되고 자꾸자꾸 좋아하는 사람이 나와서 몇 만 명이 경기장에 모이게 된다. 이렇게 자꾸자꾸 퍼져간다는 것이다. 이것이 빛의 세계다. 빛의 세계가 되면 어둠은 사라지게 되고 빛은 자꾸 퍼지게 된다. 문명이라는 것이 자꾸 퍼져간다.

  백 년 전만 해도 우리는 문명을 거의 모르고 살았는데 요새는 휴대폰 들고 다니지 않는 사람이 거의 없게 되었다. 그런데 무엇이 그렇게 바쁜지 버스를 타는 중에도 전화를 한다. 우리 나라에 바쁜 사람이 너무도 많아졌다. 하여튼 문명이라는 것이 무섭게 퍼져 가는 것만은 확실하다.

2002. 5. 26

제36. 보현행품普賢行品

보현행품 강해(1)

　35장은 빛의 세계인데 이것은 비의 세계, 물의 세계다. 온 세계에 비가 가득 찬 것을 '보普'라고 한다. 비를 맞고서 잘 자라는 것을 '현賢'이라 한다. 보현普賢이란 무엇인가. 비가 온 세상에 쏟아져 만물이 잘 자라는 것을 보현이라 한다.

　인왕산 꼭대기에 부처님이 앉아있다. 선바위라는 것이다. 감리교 신학대학에 가서 인왕산을 바라보면 이 부처님이 딱 앉아있는 것을 볼 수 있다. 인왕仁王이라는 말은 석가라는 말이다. 석가의 뜻이 인왕이라는 것이다. 그런데 그 뒤에 보현봉이 있고 문수봉이 있다. 어떤 절간에 가도 부처님 옆에는 코끼리를 탄 보현과 호랑이를 탄 문수가 있다. 언제나 보현이 앞선다. 평창동 뒷산이 보현봉이다. 보현봉 한 걸음 뒤에 가야 비봉과 연결된 문수봉이다. 그러니까 보현봉이 1번이고 문수봉이 2번이다. 보현이 불교에서는 상당히 중요한 것이다. 언제나 코끼리를 타고 있지 호랑이가 아니다. 말하자면 모든 사람을 살려주는 자비의 상징이다.

　덕주법계왈보德周法界曰普 용순성선칭현用順成善稱賢
　절언성각節言性覺 사나법문舍那法門
　응기설법應機說法 선현법문善賢法門.

"덕주법계德周法界", 온 세상에 비가 퍼붓는 것, 그것을 보普라 한다. "용순성선用順成善", 비를 맞고 모든 나무들이 무럭무럭 자라는 것, 그것을 현賢이라 한다. 이렇게 보면 보현普賢이 무슨 뜻인지 우리는 알 수가 있다.

보현행원普賢行願:

보현은 언제나 열 가지 소원을 가지고 있다.

(1) 예경제불禮敬諸佛, 모든 나무가 잘 자라기를 소원 함.
(2) 칭찬여래稱讚如來, 하늘에서 비가 쏟아져 내리기를 소원 함.
　　불佛은 나무라 하고 여래如來는 비라고 해본다.
(3) 광수공양廣修供養, 모든 산천에 비와 물을 잘 공양해서 바치도록 소원 함.
(4) 참회업장懺悔業障, 비를 막는 가뭄이나 빗길을 막는 방해들을 다 없이하도록 소원 함.
　　물길은 터줘야 되고 가뭄은 없어야 된다. 사막 같은 것이 업장業障이다. 그런 사막을 없이해야 된다.
(5) 수희공덕隨喜功德, 비오는 공덕을 한없이 기뻐하도록 소원 함.
(6) 청전법륜請轉法輪, 물길은 소양강 댐에서부터 논밭에까지 다 닿도록 소원 함.
(7) 청불주세請佛住世, 언제나 산에는 나무가 꽉 차 있도록 소원 함.
(8) 상수불학常隨佛學, 어떻게 하면 나무가 잘 자라는지 그것을 잘

연구하도록 소원 함.
　(9) 항순중생恒順衆生, 모든 생물을 다 살려주도록 소원 함.
　(10) 보개회향普皆廻向, 다 큰 나무로 자라도록 소원 함.
　　조그만 나무들도 다 잘 자라도록 해주는 것이다.

이것이 소위 보현의 열 가지 소원이다. 모든 세상 사람들이 다 생명의 완성을 얻도록, 모든 사람들이 다 잘살도록 하는 그것이 보현의 소원이다.

36.1 이시爾時 보현보살마하살普賢菩薩摩訶薩 부고復告 제보살대중언諸菩薩大衆言

이때 보현보살이 여러 사람들에게 말했다. 비의 공덕에 대해 말하는 것이다.

불자佛子 여향소연如向所演 차단수此但隨 중생근기소의衆生根器所宜 약설여래略說如來 소분경계少分境界 하이고何以故.

아까 빛에 대해 말한 것은 우리의 근기根器의 적당한 바에 따라서 여래의 한 부분에 대해 말한 것인데 왜 그런가. 아까 32호상에 대해 말한 것인데 이제 또 65호상에 대해 말해야 된다는 것이다. 그것을 말하기 위해서 모든 불세존이 이 세상에 나왔다는 것이다.

제불세존諸佛世尊 위제중생爲諸衆生 무지작악無智作惡 계아아소計我我所 집착어신執着於身 전도의혹顚倒疑惑 사견분별邪見分別 여제결박與諸結縛 항공상응恒共相應 수생사류隨生死流 원여래도고遠如來道故 출흥우세出興于世.

중생들을 위해서 모든 불세존이 나왔는데 중생들은 어떠한가? 중생들은 "무지작악無智作惡"이다. 무지는 모든 악과 불행의 근본이다. 무지해서 자꾸 나쁜 짓을 한다. "계아아소計我我所", 자기와 자기 소유만 생각만 한다. 이기주의가 극도에 달했다. 자기만 생각하고 자기 가족만 생각하지 남은 생각 못한다. "집착어신執着於身", 자기라고 하는데 집착을 한다. 불교에서 자비의 핵심은 무아無我다. 자비의 대표적인 예가 물이다. 물의 특징은 자기가 없는 것이다. 자기가 없으니까 이 나무도 살려주고 저 나무도 살려준다. 그래서 불교의 핵심 교리의 하나가 무아라는 것이다. '전도顚倒', 생각이 거꾸로 되어 있다. 자기만 생각하지 남은 생각할 줄 모른다. '의혹疑惑', 남을 다 의심해서 다른 사람들은 다 도둑놈이라 생각한다. '사견邪見', 다른 사람에 대해 잘못된 생각 삐뚤어진 생각을 갖고 있다. '분별分別', 자기와 자꾸 갈라 놓으려 한다. '결박結縛', 다 노예로 만들려고 한다. 남들은 다 잡아먹으려 하고 노예로 만들려 한다. 노예로 만들어서 잡아먹으려 한다. 그래서 "수생사류隨生死流", 생사의 지옥이 계속 돌아간다. 결국 "원여래도遠如來道", 여래의 길과는 너무도 멀다. 물의 세계와는 너무도 멀다. 그래서 물의 진리를 가르치기 위해서 제불세존이 나온 것이다.

물에 대해서 제일 많이 말한 사람이 중국에서 노자老子다. 『노자』 8장에 "상선약수上善若水"라 한다. 제일 좋은 것이 물이다.

36.2 불자佛子 아불견일법我不見一法 위대과실爲大過失 여제보살如諸菩薩 어타보살於他菩薩 기진심자起瞋心者 하이고何以故.

제일 큰 잘못의 법이 하나 있는데 그것이 무엇인가. "기진심자起瞋心者"다. 제일 나쁜 것이 다른 사람을 미워하는 마음이다. 사랑의 제일 반대가 남을 미워하는 것이다. 남을 미워하고 남을 사람으로 여기지도 않는다. 남의 돈 빼앗는 일을 아무 것도 아닌 것으로 안다. 요새 우리나라에 사람 죽이고 돈 뺏는 그런 일이 자꾸 나온다. 이런 것이 진심瞋心이다. 불평불만과 남을 미워하는 것, 화내는 것이 진심이다. 자꾸 깨지는 것은 불이다. 물은 자꾸 모이는 데 불은 자꾸 흩어진다. 불 같은 마음이 진심이다. 불평, 불만, 화내는 것, 남을 미워하는 것이다.

　불자佛子 약제보살若諸菩薩 어여보살於餘菩薩 기진에심起瞋恚心 즉성취卽成就 백만장문고百萬障門故.

　한 번 미워하는 마음을 내면 온 세상을 산산조각으로 만들고 만다. 백만 부스러기로 만들고 만다.

　하등위백만장何等爲百萬障 소위所謂 불견보리장不見菩提障 불문정법장不聞正法障 생부정세계장生不淨世界障 생제악취장生諸惡趣障 생제난처장生諸難處障 원리삼세제불보살종성장遠離三世諸佛菩薩種性障.

　그렇게 산산조각이 되면 진리도 보지 못하게 되고 진리도 듣지 못하게 되고 더러운 세계를 만들어 내게 되고 악마의 세계를 만들어 내게 되고 모든 살기 어려운 세계를 만들어 내게 되고 그래서 모든 부처님의 세계와는 멀리 떨어진 지옥을 만들어 낸다.
　지옥을 만들어 내는 것이 무엇인가 하면 한마디로 진에瞋恚, 미워하는 마음이라는 것이다.

　약기일진에심자若起一瞋恚心者 일체악중一切惡中 무과차악無過此惡.

　만약 한 번 미워하는 마음을 일으키면 모든 악 중에 이보다 큰 악은 없다. 미워하는 마음이 최고의 악이다.

　보살菩薩 영기寧起 백천탐심百千貪心 불기일진不起一瞋 이위해대비以違害大悲 막과차고莫過此故.

여러분은 차라리 백 번 천 번 탐심을 낼지언정 한 번이라도 미워하는 마음을 내면 안 된다. 미워하는 마음처럼 사랑을 해치는 것은 없기 때문이다. 그러니까 세상에 제일 나쁜 것은 미워하는 마음이다. 미워하는 마음 때문에 인류가 멸망하게 된다.

36.3 시고是故 제보살마하살諸菩薩摩訶薩 욕질만족欲疾滿足 제보살행諸菩薩行 응근수應勤修 십종법十種法.

그렇기 때문에 여러분은 빨리 보살행을 만족시켜서 미워하는 마음을 없이해야 한다.

소위所謂 심불기사心不棄捨 일체중생一切衆生 영불비방永不誹謗 일체불법一切佛法 지제국토知諸國土 무유궁진無有窮盡

일체 중생을 하나라도 버리면 안 된다. 일체 중생과 내가 하나가 되어야 한다. 온 인류가 내 식구지 남이 아니다. 그러니까 우리가 같이 살자 하는 그런 말은 비방해서는 안 된다. 무슨 말이든지 환영해야 한다. 국토國土, 이 세계는 하나다.

어보살행於菩薩行 심생신락深生信樂 불사평등허공법계不捨平等虛空法界 보리지심菩提之心

남을 사랑하자 하는 행동에 대해서는 우리가 믿고 따르자. 온 인류는 다 평등하다는 이 마음, 이 사랑의 마음을 우리는 품어야 한다.

관찰보리觀察菩提 입여래력入如來力 정근수습精勤修習 무애변재無㝵辯才

그래서 정말 진리를 보고 힘을 얻어서 열심히 노력해서 이 사상을 펴

가야 한다.

 교화중생教化衆生 무유피염無有疲厭 주일체세계住一切世界 심무소착心無所着 시위십是爲十.

 모든 중생으로 하여금 다 같이 살아야 된다는 그 생각으로 살도록 가르쳐야 한다. 그것을 우리는 싫어하면 안 된다. 일체 세계를 내 것이라 생각하면 안 된다. 이것은 우리 것이지 내 것이 아니다. 우리가 다 하나라는 이것이 보현의 사상이다.

2002. 5. 26.

보현행품 강해(2)

 문수는 지혜요 보현은 사랑이다. 인왕산은 석가를 나타내는데 그 뒤에 문수봉과 보현봉이 있다. 인왕仁王은 석가를 나타낸다. '능能'이란 캔can 혹은 킹king이나 같은 말이다. 한국의 '한韓'이나 같은 뜻이다. 문수는 지혜, 보현은 사랑을 나타내는데 능인能仁은 무엇이라 해야 좋을지 좀더 생각해봐야겠지만 우선 임시로 믿음이라 해 둔다. 석가는 신앙의 대상이기 때문이다. 믿음이라는 것을 또 '밑힘'이라 한다. '밑'은 근본이라는 말이요 '능'은 힘이니까 근본적인 힘, 밑힘이라 한다. 「보현행품」은 자비 사랑을 말하는데 사랑에 있어 가장 나쁜 것이 무엇인가 하면 남을 미워하는 것이라 했다. 미워하면 모든 것이 다 깨진다는 것이다. 그것을 지난번에 백만 장애라 했다.

36.4 여등응환희汝等應歡喜 사리어제개捨離於諸蓋

 여러분은 기뻐하라. 가슴을 막아 덮고 있는 모든 뚜껑을 다 열어놓아라.
 우리가 미워한다는 것은 가슴과 가슴 사이의 열린 길을 막아놓는 것이다. 서로 통하지 못하게 하는 것이다. 외국 손님들에게 친절하라고 하는 것도 우리의 가슴을 열라는 말이다. 뚜껑을 열어라. 막고 있는 장애물을 제거하라는 것이다.

일심공경청一心恭敬聽 보살제원행菩薩諸願行

 한 마음이 되어 지도자의 말을 들어라.
 부산에서 월드컵 행사를 하면서 우리는 질서, 친절, 청결, 이것들을 하자고 길에다 써 붙여 놓았다. 우리 한국 사람들이 친절하고 질서가 있고 청결하다는 것을 보여주자는 것이다. 그래서 이런 말을 가슴 깊이 새겨듣자는 것이다. 그것이 보살의 모든 원행願行이다. 우리 지도자들의 소원이요 또 우리의 현실이다. 한국 사람이라면 누구나 그런 생각을 안 하는 사람이 없다. 친절, 질서, 청결. 그것이 우리의 소원이다.

사유발시원思惟發是願 아당작세등我當作世燈

이런 생각들을 다 가지자. 모두 이런 생각들을 하자. 그리고 우리 한 사람 한 사람이 다 이 시대의 등불이 되자.
온 국민이 이번 기회에 친절하자, 질서를 지키자, 청결하자, 이런 생각을 갖자는 것이다.

구족불공덕具足佛功德 십력일체지十力一切智

그래서 우리의 실력을 이번에 최대한 발휘하자. 그러기 위해서 우리는 우리의 모든 지혜를 다 동원해야겠다.

일체제중생一切諸衆生 탐에치치연貪恚癡熾然

모든 국민들의 친절, 질서, 청결에 반하는 것이 탐과 에와 치다.
탐에치貪恚癡를 보통 탐진치貪瞋痴라 한다. 진에瞋恚는 남을 미워하는 것으로 친절의 반대요 탐은 자꾸 더럽게 만드는 것이니까 청결의 반대다. 그리고 치정은 질서를 안 지키는 것이다. 이것들이 우리가 가진 나쁜 버릇이다. 자꾸 환경을 더럽게 만드는 버릇이 있고 남을 미워하는 좁은 성질이 있어 이 조그만 나라에 지역감정이 있어 서로 통하지 못하는 것이 있다. 이런 것들을 이번에 다 없이하면 어떤가. 이런 것들을 한마디로 탐진치라 하는데 이것들이 친절, 질서, 청결에 반대되는 것이다.

아당실구탈我當悉救脫 영멸악도고令滅惡道苦

이번에 한 번 새 나라가 되어보자. 아주 나쁘고 괴로운 우리의 사회를 새롭게 해보자. 악도惡道에 의해서 고통받는 그것들을 없이해 보자는 것이다.

발여시서원發如是誓願 견고불퇴전堅固不退轉

누구나 이런 생각을 가지자. 결코 이런 생각에서 후퇴하는 일이 없도록 하자.
계속해서 친절, 질서, 청결을 해보자는 것이다.

구수보살행具修菩薩行 획십무애력獲十無碍力

우리 한 사람 한 사람이 모두 지도자가 되어보자. 그래서 서로 마음이 통하는 그런 사회를 만들어보자.

여시서원이如是誓願已 수행무퇴겁修行無退怯

이렇게 마음 깊이 맹서를 하자. 그래서 절대 후퇴하지 말자.

소작개불허所作皆不虛 설명논사자說名論師子

그렇게 되면 정말 거짓이 안 되고 진짜로 그렇게 될 것이다. 그렇게 되면 우리도 정말 사자처럼 힘이 있고 용기가 있는 그런 민족이 될 것이다.

입어여시지入於如是智 수기최승행修其最勝行

이런 지혜, 이런 생각을 하고, 정말 힘을 다해서 실천을 하자.

상작보현업常作普賢業 광도제중생廣度諸衆生

그래서 보현과 같은 이런 일을 하자. 모든 사람이 부처가 되기까지는 자기는 부처가 되지 않겠다는 것이다. 모든 국민이 훌륭한 국민이 되기까지 자기는 계속 노력하겠다. 이런 보현의 업을 우리도 하자. 그래서 우리의 사회를 한 번 새롭게 해 보자.

비여공환사譬如工幻師 시현종종사示現種種事

마치 요술하는 사람이 여러 가지 일을 보여주듯이 우리도 여러 가지 일을 해보자.

기래무소종其來無所從 거역무소지去亦無所至

어디서 왔다 어디로 간다 할 것이 없이 다 같이 힘을 합해서 해보자. 누구만 하고 누구만 혜택을 받고 그런 것이 있으면 안 되겠다는 것이다. 온 국민이 한 마음으로 해보자는 것이다.

보살리미도菩薩離迷倒 심정상상속心淨常相續

지도하는 사람들은 정말 미혹과 전도된 생각을 떠나야겠다. 언제나 마음을 깨끗이 하여 그것들을 계속해야겠다.

교이신통력巧以神通力 도무량중생度無量衆生

나중에는 신통한 경지에까지 갈 수 있도록 잘해야겠다. 그래서 모든 국민들을 구제해야 되겠다.

중생개망기衆生皆妄起 선악제취상善惡諸趣想

　그런데 백성들은 자꾸 잘못된 생각을 하고 자꾸 자기만 잘살겠다는 이기주의로 끌려간다.

　　유시혹생천由是或生天 혹부타지옥或復墮地獄

　어느 때는 하늘 높이 올라갔다가도 어느 때는 지옥 밑으로 떨어지기도 한다.
　백성들이란 언제나 변화무쌍하다. 그러나 지도자만은 절대 그래서는 안 된다는 것이다. 지도자는 언제나 한결같이 가야 된다.

　　여시무량종如是無量種 개오제세간開悟諸世間

　이렇게 여러 가지 방편을 써서 이 세상을 좀 깨워보자.

　　일체지방편一切智方便 변제불가득邊際不可得.

　모든 지혜와 방법을 동원해서 끝없이 노력을 해 가자. 끝없이, 끝없이 발전해 보자.

2002. 6. 2.

제37. 여래출현품如來出現品

여래출현품 강해(1)

　『여래출현품如來出現品』인데 이것이 『60화엄경』에서는 『보왕여래성기품寶王如來性起品』이라 했다. 제목으로 말하면 『60화엄경』이 훨씬 잘 되었다. 『여래성기품如來性起品』인데 이것이 화엄경의 최고봉이다. 히말라야로 말하면 가장 높은 봉우리인 에베레스트다. 히말라야에 8,000미터 이상 되는 봉우리가 많지만 그 가운데 에베레스트가 가장 높은 봉우리다. 우리가 그 동안 이 봉우리 저 봉우리 가봤지만 오늘 이 여래성기라는 봉우리가 가장 높은 봉우리다. 『여래출현품』 혹은 『성기품』이라 하는데 성기性起라는 말이 더 유명한 말이다.

　연기緣起와 성기, 이 둘이 불교의 핵심 사상이다. 연기란 자연 세계의 모든 원인과 결과를 말하는 것이라 볼 수 있는데 성기란 정신세계의 모든 원인과 결과에 대한 이야기다. 그러니까 성성이란 우리가 정신이라 생각하면 될 것이다. 그래서 『화엄경』에서는 『성기품』이 가장 중요한 장이다. 가장 높은 봉우리다. 그래서 보통 성문聲聞이나 연각

緣覺 등은 이것을 알 생각도 말라고 한다. 이것은 보살들이나 알지 그렇지 않으면 모른다는 것이다. 책 속에 그런 말이 나온다. 이것은 그만큼 제일 높고 어렵다는 그런 세계다. 그래서 우리도 방학 전에 이『성기품』을 하고 방학 후에 남은 『이세간품離世間品』과 『입법계품入法界品』두 개를 할 것인데 나머지 두 개는 복습이라 해도 좋고 내리막길로 내려가는 것이라 해도 좋다. 그것들은 별로 설명할 것도 없다.『이세간품』이란 이렇게 해라 저렇게 해라, 즉 실천하라는 것이다. 그리고『입법계품』은 어떤 선생을 붙잡아라, 그 다음에 또 어떤 선생을 붙잡아라, 그렇게 해서 결국 선생이 53명이 나오는 이야기다. 선재동자善財童子가 53명의 선생을 찾아다니는 하나의 이야기다. 그래서 지금까지 우리가 죽 해온 것이 십신十信, 십주十住, 십행十行, 십회향十廻向, 십지十地라는 50인데 이것이 50인의 선생이다. 그 다음 51과 52는 등각等覺과 묘각妙覺인데 그것은 문수와 보현이라 생각하면 된다. 그리고 마지막 53은 석가다. 그러니까 십신에 열 명, 십주에 열 명, 이렇게 50명을 만나고 마지막에 문수를 만나고 보현을 만나서 53번째 석가를 만나는 것이다. 그래서 우리가 읽은 앞장이 52번째의 보현이다. 그리고 지금『여래출현품』이 53번이다. 마지막으로 석가를 만나는 것이다. 그러니까 이것으로 끝이다. 그 다음에는 산을 내려가는 것이니까 해도 되고 안 해도 된다. 그것들은 다음 학기에 가서 대강 보기로 한다. 하여튼 오늘『여래출현품』이 가장 소중한 것이라 생각하고 보면 되겠다. 제목을『여래출현품』이라 했는데 문제를 해결하는 주인공의 이름은 성기라고 한다.

37.1 시時 성기묘덕보살性起妙德菩薩 문보현보살언問普賢菩薩言

그때 성기라고 하는 묘덕보살이, 성기라는 실력 있는 보살이 보현보살에게 물었다.

불자佛子 보살마하살菩薩摩訶薩 응운하지제불여래應云何知諸佛如來 응정등각應正等覺 출현지법出現之法 원위아설願爲我說

불자여, 정등각의 제불여래께서 어떻게 이 세상에 나오게 되었는지 저희를 위해 그 이유를 설명해 주시오.

약유중생若有衆生 득견법신得見法身 개실제멸皆悉除滅 생사지고生死之苦.

만일 중생이 그 법신을 보게 된다면 모두가 다 생사의 고통에서 벗어날 것이오.

석가의 이름을 보통 열 가지로 든다. 불佛, 여래如來, 응공應供, 세존世尊 등 열 개가 있다. 이름은 열 개지만 내용은 하나다. 정등각正等覺이라는 것이다. '정正'은 필연적이라는 것이고 '등等'은 보편적이라는 것이다. 필연적이고 보편적인 진리라는 말도 되고 또는 필연적이고 보편적인 진리를 깨달았다 해도 된다. 한마디로 진리를 깨달았다는 것인데 진리란 어디서나 진리라야 되고 누구에게나 진리라야 되고 언제나 진리라야 된다. 그런 것을 보편적이요 필연적이라 한다. 정등각, 필연적이고 보편적인 진리를 깨달은 사람이다. 그런 사람을 우리는 부처라 한다. 불佛이란 각覺이란 뜻의 인도말이다. 불타佛陀나 불이나 같은 말인데 진리를 깨달았다는 뜻이다. 그런 부처님이 이 세상에 어떻게 나오게 되었는지 그 이유를 우리를 위해 설명해 달라는 것이다. 부처님이 어떻게 왜 오게 되었는지 설명해 달라는 것이다. 질문은 구체적으로 다음 열 가지다.

십문十問:
여래출현지법如來出現之法, 신상身相, 언음言音, 심의心意, 여래경계如來境界, 소행지행所行之行, 성도成道, 전법륜轉法輪, 입반열반入

般涅槃, 견문친근見聞親近 소생선근所生善根.

37.2 여래출현지법如來出現之法

먼저 여래출현지법如來出現之法이란 무엇인가. 여래출현지법에 대한 것인데 이 법이라 하는 것도 또한 열 개가 있다. 그 열 개를 정리하면 다음과 같다.

(1) 대심시발大心始發 (2) 상구승지上求勝志
(3) 하화자비下化慈悲 (4) 이행속원以行續願
(5) 복지불탈福智不脫 (6) 복엄별현福嚴別顯
(7) 지엄별명智嚴別明 (8) 청정공덕淸淨功德
(9) 장엄지혜莊嚴智慧 (10) 법원궁구法源窮究

이것들을 여래성기如來性起 십법十法이라 한다. 당唐나라 때 이통현李通玄(635-730)이 지은 『신화엄경합론新華嚴經合論』이란 책 속에 그렇게 정리해 놓은 것이다.

불교에서 가장 핵심적인 말 가운데 하나가 성性이다. 견성성불見性成佛, 성을 보면 부처가 된다. 깨달은 사람이 어떤 사람인가 하면 성을 본 사람이다. 진리를 깨달은 사람이 부처다. 그러니까 진리나 성이나 같은 말이 된다. 화엄개조 두순杜順(558-640)의 3대째 제자인 법장法藏(643-712)은 의상대사義湘大師(625-702)의 동생뻘 되는 사람인데 그 법장이 말하기를 여래와 성기는 같은 말이라 했다. 여래如來의 '여如'는 진여眞如로 진리라는 말이다. 성性이라는 말도 진리라는 말이니까 여래나 성기나 같다는 것이다. 성을 현실적으로 말하면 별 '성星'이나 같은 말이다. 『중용中庸』에 "천명지위성天命之謂性"이라 했다. 이때 성性은 성星이나 같은 말이요 천명天命은 천명天明이나 같은 것이다. 자연세계에서 하늘을 밝히는 것이 별이다. 별 가운데 큰 별이 태양이다. 태양보다 작은 별이 달이다. 달은 위성衛星이고 태양은 항성恒星이고 지구는 행성行星이다. 모두가 하나의 별이다. 하늘을 밝히는 것이 별인데 사람의 마음을 밝히는 것은 성성이다. 결국 성성이나 성星은 같은 것이다. 사람의 마음을 밝히는 사람이 성인聖人이다. 성인의 내용이 성성이라는 것이다. 동양사상은 인생과 대자연이 언제나 이렇게 연결되어 있다. 『주역周易』에서도 인간의 문제를 어디서 풀어보는가 하면 대자연에서 풀어보자는 것이다. 기독교에서도 "뜻이 하늘에서 이루어진 것처럼 땅에서도 이루어지이다." 한다. "뜻이 하늘에서 이루어진 것처럼", 이것을 동양에서 말하자면 대자연의 원리라는 것이다. 대자연의 원리를 가지고 사람의 윤리를 해결해보자는 것이다. 이렇게 동양에서는 인생의 문제를 해결하는 그 원리를 어디서 찾는가 하면 자연에서 찾자는 것이다. 내가 늘 말하듯 일 년은 365일이요 사람의 체온은 36도 5분이다. 자연과 인생이 언제나 연결이 되어 있어서 자연의 법칙을 가지고 인생의 문제를 해결해 보자는 것이다. 그런 것이 "뜻이 하늘에서 이루어진 것처럼 땅에서도 이루어지이다."하는 말이다. 하늘에 있는 별을 보고 사람의 마음에 있는 별을 보자는 것이다. 사람의 마음에 있는 별을 소크라테스Socrates(469-399 B.C.)는 너 자신이라 했다. 너 자신을 알라는 것이다. 너 자신을 알아야 되겠다는 것을 불교식으로 하면 견성해야 되겠다는 것이다. 견성성불見性成佛, 네 자신을 알면 네가 진리를 깨달은 사람이다. 이렇게 되니까 언제나 성성과 성星이 서로 연결되는 것이다.

우주에 별 하나가 생기는데도 한두 가지의 원인으로 생겨나는 것이 아니다. 억만 가지의 원인을 가지고 생겨나는 것이다. 인간의 별이 하나 생기는데도 한두 가지의 원인으로 생기는 것이 아니다. 석가가 말하자면 인간의 별이다. 석가라는 인간의 별이 생겨나는 데는 수십억 년의 문화적 유산이 합쳐져서 석가가 나온 것이지 간단히 나온 것이 아니다. 예수는 6천년 유태 문화가 모여서 예수가 되는 것이지 그저 쉽게 되는 것이 아니다. 별 하나가 나오는데도 몇 억 년이 걸린 것이고 석가 하나가 나오는데도 몇 억 년이 걸렸다는 것이다. 인도 사람들의 말로 하자면 4억 8천 년이 걸렸다는 것이다. 4억 8천년의 수양을 거쳐서 석가가 나온 것이지 엊그제 어떻게 해서 나온 것이 아니라는 것이다. 몇 만 년의 유구한 인류의 전통이 계속되어서 이것이 나온 것이다. 여기 꽃 한 송이가 피어나는 것도 한두 가지 인연으로 피어난 것이 아니다. 우주 전체의 힘이 모아져서 꽃 한 송이가 나온 것이다. 우주의 어떤 하나만 달라져도 이 꽃은 안 된다는 것이다. 이런 것을 생각하면 우리는 하이데거Martin Heidegger(1889-1976)를 읽는 재미가 난다. 우주 전체의 힘이 합해져서 꽃 한 송이가 나오는 것이지 그저 몇 가지 인연으로 나온 것이 아니라는 것이다. 이런 것을 소위 일즉일체 一卽一切라 한다. 하나가 되기 위해서 일체가 합해진 것이다. 내가 여기 나오는 것도 내 조상의 백대 천대 할아버지, 더 나아가 원숭이, 사자, 코끼리, 이런 모든 것들이 다 합해져서 내가 된 것이다. 내가 볼을 긁는 것도 내가 원숭이 때 하던 버릇을 가지고 긁는 것이다. 그러니까 이것은 전체가 합해진 하나의 심포니symphony지 한두 가지 원인으로만 되는 것이 아니라는 말이다. 이것이 소위『화엄경』의 사상이다.

 석가가 부처가 될 때 이야기를 보면 새벽에 별이 반짝 떴는데 그 별을 보는 순간에 석가가 견성을 했다고 한다. 밖에 있는 별이 반짝 뜨는 순간에 자기 속에 있는 별을 발견하게 된 것이다. 우리는 밖에 있는 별만 보고 내 속의 별은 보지 못하지만 내 속에는 밖에 있는 별보다 몇천 배 더 고귀한 값진 보배가 있다는 것이다. 그것을 불교에서는 불성佛性이라 한다. 그 값진 보배를 우리 속에서 찾아내는 것, 그것이 견성見性이다. 그것은 누구에게나 다 있다. 신촌의 벌 한 마리가 영등포에 있는 꽃밭에 가서 꿀을 따 가지고 돌아와서 자기 옆에 있는 벌에게 촉각 하나만 까딱 해서 알려주면 그 옆에 있는 벌이 곧장 영등포로 날아가서 앞서 갔던 벌이 앉았던 그 꽃을 찾아가 앉아 꿀을 빨아 돌아온다는 것이다. 이것이 얼마나 신비한가. 어떻게 그렇게 조그만 벌 속에 컴퓨터가 들어가 있는지. 말하자면 시간을 초월한 것이요 공간을 초월한 것이다. 벌만 그런 것이 아니라 모든 동물 속에 그런 것이 다 들어있다. 특별히 사람 속에는 한없는 보배가, 지혜라고 할지 개성이라고 할

지 그 무엇이 들어있다. 한없는 창조성이 다 들어가 있다. 성리학性理學에서는 그것을 태극太極이라 한다. 모든 사람 속에는 태극이 다 들어가 있다. 자기 속에 있는 그 태극을 발견하면 그것이 불교로 말해서 부처라는 것이다. 소크라테스로 말하면 너 자신을 알라는 것이다. 너 자신이란 무엇인가. 네 속에는 황금의 신상이 들어있다. 한없이 고귀하고 신비한 능력이 들어있다는 것이다. 그것을 우리가 찾아내자는 것이다. 그것이 문화요 문명이다. 우리가 그것을 찾아내면 그것을 가지고 우리 인간의 한없이 고귀한 인간의 존재성을 발현하게 되는 것이다. 그렇게 되면 그것을 우리는 부처라 한다. 그러니까 이렇게 말하나 저렇게 말하나 다 같은 것인데 여래如來라 해도 '여如'는 진리라는 말이니까 진리가 우리 속에까지 와 있다는 것이다. 그래서 내 속에 황금의 신상이 있다는 것이다. 우리 속에 신비가 들어있다. 그래서 누가 여래인가 하면 내가 여래다. 그러니까 여래라는 말도 나라는 말이다. 성기性起라는 말도 우리 속에 신비가 일어날 수 있다는 말이다. 그것이 나라는 것이다. 그렇게 되니까 여래라는 말이나 성기라는 말이나 같다 그렇게 되고 만다.

요새 우리나라에 월드컵 대회가 열리고 있는데 골을 잘 넣는 가장 우수한 선수는 온 세계에 모르는 사람이 없게 되었다. 온 세상 사람에게 가장 우수한 선수로 알려진 그 선수가 말하자면 월드컵의 별이다. 별은 누구나 다 보는 것이 별이다. 프랑스 스타선수 지단이 프랑스의 별이다. 오늘은 여래가 무엇인가 할 때 스타star, 별이라 해보자. 어떻게 스타가 되는가. 어떻게 여래가 되는가. 스타가 되는 법을 열 가지로 말한 것이다.

(1) 대심시발大心始發　(2) 상구승지上求勝志
(3) 하화자비下化慈悲　(4) 이행속원以行續願
(5) 복지불탈福智不脫　(6) 복엄별현福嚴別顯
(7) 지엄별명智嚴別明　(8) 청정공덕淸淨功德
(9) 장엄지혜莊嚴智慧　(10) 법원궁구法源窮究

먼저 (1) 대심시발大心始發이 무엇인가 하면 골문에다가 골을 집어넣는 것이 스타란 말이다. 스타가 되는 것은 골문에 골을 집어넣는 순간 스타가 되는 것이다. 심心이란 중심이다. 활쏘기라면 과녁을 맞히는 것이 스타다. 축구에서는 과녁이 골문이니까 골문에다 볼을 집어넣으면 그것이 스타의 시작이다. 그리고 (2) 상구승지上求勝志, 어떻든 이겨야 된다는 것이다. 그래서 (3) 하화자비下化慈悲, 우리 온 국민이 바라는 것이 무엇인가 하면 어떻게든 16강에 들어가는 것이다. 어떻게든 16강에 들어가야 스타가 되지 그렇지 못하면 스타가 못 되고 비참하게 된다. 그래서 정말 선수들이 불쌍하다. 16강에 못 들어가면 얼마나 구박이겠는가. (4) 이행속원以行續願, 또 8강에도 들어가야 된다. 계속 국민들의 소원을 완성시켜줘야 된다.

그래서 다음에 세 가지 말이 나온다. (5) 복지불탈福智不脫 (6) 복엄별현福嚴別顯 (7) 지엄별명智嚴別明이다. 즉 복지福智, 복엄福嚴, 지엄智嚴이라는 말인데 이 세 가지는 칸트Immanuel Kant(1724-1804)의 질문이나 같은 것이다. 칸트의 질문이란 사람이 무엇을 알 수 있는가. 사람은 무엇을 할 수가 있는가. 사람은 무엇을 바랄 수 있는가, 이 세 가지다.

소크라테스에 의하면 먼저 사람은 자기를 알 수가 있다고 했다. 그리고 사람은 하늘나라에까지 갈 수가 있다는 것이다. 그래서 사람은 행복을 바랄 수가 있다는 것이다. 이것을 보통 지덕복知德福이라 한다. 이 셋이란 말하자면 철학과 도덕과 종교다.

행복이란 희랍말로 유다이모니아Eudaimonia라고 한다. 유다이몬Eudaimon, 하나님과 같이 있다는 것인데 이것이 행복의 최고라는 것이다. 하나님과 같이, 이것이 희랍인들에게는 최고의 행복이라는 것이다. 기독교로 말하면 임마누엘Immanuel이다. 그래서 사람은 한없이 행복할 수 있다는 것이다. 그래서 복음福音이라 한다. 또 사람은 무엇을 할 수 있는가. 이 땅을 하늘나라로 만들 수 있다. 뜻이 하늘에서 이루어진 것처럼 땅에서도 이룰 수 있다는 것이다. 또 사람은 무엇을 알 수가 있는가. 진리를 알 수가 있다. 이것을 소크라테스는 지덕복이라 한다.

그런데 여기서는 지엄복智嚴福이라 한다. 덕德이란 말 대신에 엄嚴이란 글자를 쓴 것이다. 지知·덕德·복福인데 이것을 그린 것이 태극도太極圖다. 이것을 또 히말라야에 비유할 수 있다. 지知라는 것은 언제나 깨끗한 것이다. 덕德이란 것은 언제나 장엄한 것이다. 화엄의 '엄嚴'이란 장엄하다는 뜻이다. 장엄이란 힘이라는 말이다. 힘이 있다는 것이다. 밑힘이라 했는데 힘이 있다는 것이다. 거기서 한없는 행복이 흘러내려온다. 그래서 에베레스트의 깨끗한 얼음과, 양자강에 흘러내리는 한없이 풍부한 물이다. 그래서 모든 만물을 살려낸다. 이것이 행복이다. 그 물이 어디에서 오는가 하면 에베레스트다. 그 에베레스트는 한없이 장엄하다. 그 에베레스트 꼭대기에는 얼음이 있다. 얼음을 정신적으로 말하면 영靈이라는 것이다. 우리말에 '얼씨고' 하는 것도 같은 말이다. 얼음이 얼었다는 것이다. 얼음이 얼어야 그것이 영이고 그렇게 얼어야 물이 얼마든지 흘러내린다. 그런데 얼음이 다 없어지고 흙이 되고 말면, 속된 것이 되고 말면 아무 것도 아니다. 이렇게 우리는 모두 연결해서 생각해야 된다.

지智·엄嚴·복福이라는 셋인데 지라 할 때는 문수요 장엄이라 할 때는 석가요 자비라 할 때는 보현이다. 이렇게 언제나 세 가지를 생각해야 된다. 사람은 무엇을 알 수 있는가. 사람은 무엇을 할 수 있는가. 사람은 무엇을 바랄 수 있는가. 그런데 결론은 무엇인가 하면 결국 사람이란 무엇인가 하는 말이다. 그것이 결론이다. 사람은 무엇인가. 그 내용이 『여래출현품』이다. 그 결론부터 말하기로 한다. 소크라테스의 말로 하면 그것은 간단하다. 절대자에 부딪힌 자, 그것이 사람이라는 것이다. 하나님과 같이, 그것이 행복이라 했는데, 사람이란 이렇게 절대자에 부딪힌 자가 사람이라는 것이다. 『여래출현품』의 핵심이 바로 이것이다. 사람이란 무엇인가. 절대자에 부딪힌 자, 그가 사람이라는 것이다. 석가가 어떤 사람인가. 한마디로 말하면 절대자에 부딪힌 자라는 것이다. 절대자에 부딪힌 자를 기독교로 말하면 하나님의 아들이라 한다. 하나님의 아들 그리스도다. 예수가 세례를 받을 때 "이는 내 사랑하는 아들이요 내 기뻐하는 자"라 했다. 이것이 소위 절대자에 부딪힌 자라는 것이다. 하나님이 예수의 빽이 되니까 죽은 나사로도 살려낸 것이다. 만일 하나님이 뒤에서 힘을 받쳐주지 않으면 그런 예수가 있을 수 없다. 예수가 죽은 후에도 하나님이 살려주니까 부활했지 살려주지 않으면 부활을 어떻게 하겠는가. 꽃 한 송이도 우주의 모든 힘이 달려 붙어서 꽃 한 송이가 되는 것이다. 벌 한 마리도 우주의 모든 힘이 달려 붙어서 벌 한 마리가 되는 것이지 그 가운데 어느 하나라도 빠지면 벌이 안 되는 것이다. 그런 것을 하이데거는 "장미가 왜 피는가?" 하는데 대해 "장미는 까닭 없이 핀다."고 말했다. 장미가 무슨 이유가 있어서 피는 것이 아니다. 아무 이유 없이 그냥 피는 것이다. 아무 이유 없이 피니까 아름답지 무슨 이유가 있어서 핀다면 그것은 더럽다. 더 달리 말하면 무위자연無爲自然이다. 엄마가 아기에게 젖을 주는 것은 무슨 까닭이 있어 주는 것이 아니다. 그냥 그저 먹이는 것이지 무슨 까닭이 있는 것이 아니다. 벌이 30리 밖에 날아가 꿀을 따올 때 무슨 까닭이 있어 따오는 것이 아니다. 사람에게 꿀을 주기 위해서 따오는 것이 아니다. 사람이 그것을 빼먹는 것이지 벌은 그저 따온다. 이런 것을 무위자연이라 한다. 이것이 노자老子 철학의 핵심이다. 그런데 『화엄경』의 철학도 마찬가지다. 무위자연이다. 에베레스트가 높은 것도 무슨 까닭이 있어서 높은 것이 아니다. 그저 높은 것이다. 그저 있는 것이다. 그것을 존재라 한다. 그저 있는 것이지 무슨 까닭이 있어 있는 것이 아니다.

절대자에 부딪혔다는 것을 노자의 말로 하면 무위자연이다. 절대자에 부딪히면 어떻게 되는가 하면 '거저'가 되고 만다. 어머니가 아이에게 젖을 거저 먹이는 것도 절대자에 부딪힌 때문이다. 하나님이 그렇게 창조하셨으니까 그렇게 하는 것이지 그렇게 창조하지 않았다면 그렇게 안 된다. 무위자연, 절대자에 부딪혔다는 말인데 그것을 여기서는 여래성기如來性起라 한다. 여래라는 말도 거저라는 말이다. 거저

꽃이 피는 것이지 무슨 이유가 있어서 피는 것이 아니다. 진여眞如, 진리라는 말인데 이것을 '봄'이라 해본다. '봄'이 진리다. 관觀이나 각覺이나 같은 말이다. 그래서 여래성기, 이 말을 "봄이 와서 꽃이 핀다"는 말로 해본다. "봄이 와서 꽃이 핀다." 이것이 『화엄경』의 핵심이다. 이것이 여래성기라는 사상이다. 봄이 왔으니까 꽃이 핀 것이다. 태양이 가까이 왔으니까 꽃이 핀 것이다. 절대자가 가까이 왔으니까 꽃이 핀 것이다. 절대자에 부딪힌 것이다. 태양은 꽃을 바라보고 꽃은 태양을 바라본다. 태양과 꽃이 하나가 되고 만 것이다. 예수는 하나님을 바라보고 하나님은 예수를 바라보고 그렇게 예수와 하나님이 하나가 된 것이다. 그것이 『요한복음』 14장 10절이다. "나는 하나님 안에 있고 하나님은 내 안에 있다." 이것을 또 『화엄경』에서는 "일즉일체一卽一切 일체즉일一切卽一"이라 한다. 이것을 제일 간단하게 말하면 "봄이 와서 꽃이 핀다"는 것이다. 꽃이 무슨 이유가 있어 피는 것이 아니다. 봄이 와서 피는 것이다. 절대자에 부딪히니까 어쩔 수 없이 꽃이 피고 마는 것이다. 절대자에 부딪히면 어쩔 수 없이 부처가 되고 마는 것이다.

 그것이 소위 여래성기라는 사상이다. 이것이 『화엄경』의 핵심이요 불교의 핵심이요 모든 우주 원리의 핵심이다. 이런 것을 제일 재미있게 쓴 사람이 하이데거Martin Heidegger(1889-1976)라고 한다. 여래성기, 봄이 왔으니까 꽃이 핀 것이다. 우리가 무슨 이유가 있어 사는 것이 아니다. 저저 사는 것이다. 여래성기. 이것이 가장 중요한 것이다. 이것을 더 쉬운 말로 하면 윌리암 제임스William James(1842-1910)의 말이다. "나라고 하는 것이 있어서 경험이 있는 것이 아니라 경험이 있어서 내가 있다"는 것이다. 내가 있어서 가진 경험이라는 것은 아무 것도 아니다. 절대자와 부딪힌 경험이 있어서 나라고 하는 것이 있는 것이다. 절대자와 부딪혔기 때문에 나라는 것이 부처가 된 것이다. 이것을 소위 유심연기唯心緣起라 한다. 유심연기 때문에 불佛이 된 것이다. 절대자에 부딪혔기 때문에 내가 된 것이다. 『주역』으로 말하면 궁신지화窮神知化, 궁신 했기 때문에, 절대자와 부딪혔기 때문에 내가 부처가 된 것이다. 절대자와 부딪힘이 없으면 절대 안 된다. 절대자와 부딪혔기 때문에 예수가 그리스도가 된 것이지 부딪히지 못하면 절대 되지 않는다. 여래성기, 절대자에게 부딪혔기 때문에 예수가 된 것이다. 성인聖人이 된 것이다. 바울은 다메섹 도상에서 예수 그리스도를 만났기 때문에 바울이 된 것이지 그것이 없이 바울은 없다. 이런 것을 유심연기 때문에 불이 나온다고 한다. 이것이 핵심이다.

그런데 예수가 이렇게 했다, 바울이 이렇게 했다 하는 그런 것은 연기緣起라는 것이다. 내가 절대자를 만나는 그 순간이 성기라는 것이다. 모세가 이렇게 했다 예수가 이렇게 했다 그런 말은 남의 이야기고 하나의 자연 현상이지 정신 현상이 아니다. 내가 절대자를 만나는 이것이 성기다. 내가 절대자를 만나면 어떻게 되는가. 내가 변하는 것이다. 내가 변해서 어떻게 되는가. 지가 되고 덕이 되고 복이 되는 것이다. 물론 그 전에도 지를 찾고 덕을 찾고 복을 찾아가는 것이 있다. 그렇게 찾아가다가 절대자를 만나는 순간 나 자체가 지가 되고 덕이 되고 복이 되고 마는 것이다. 그 전에는 찾아가는 것이지만 절대자를 만나는 순간에는 내가 길이 되고 진리가 되고 생명이 되고 만다. 그런 관계를 우리는 여기서 알아야 된다. 찾아가는 것이 없을 수는 없지만 그러나 그렇게 그냥 찾아간다고 그것이 끝이 나는가 하면 그것은 아니다.

절대자에 부딪힐 때, 견성할 때, 봄이 왔을 때, 그때 성불이다. 꽃이 피는 것이다. 꽃이 피어야 지가 되고 덕이 되고 복이 된다. 진眞이 되고 선善이 되고 미美가 되는 것이다. 찾아가는 것도 그것이고 결론도 그것이다. 인과因果, 찾아가는 것을 인이라 하고 결론은 과라 한다. 연기라 할 때는 인이라 하고 성기라 할 때는 과라 한다. 이들은 이렇게 조금 나눠서 생각을 한다. 그러니까 찾아갈 때는 누구나 다 찾아가는 것이다. 그렇지만 마지막 결론을 얻었을 때는 그것은 거저 얻은 것이 아니라 궁신窮神해서 지화知化가 된 것이다. 유심唯心해서 불佛이 되는 것이다. 화華에서 엄嚴이 나오는 것이고 유심에서부터 불이 나오는 것이고 궁신에서 지화가 되는 것이다. 더 다르게 말하면 믿음에서부터 구원이 나오게 되는 것이다. 그래서 자꾸 믿음이라 하는 것이다. 믿음이란 무엇인가 하면 절대자에 부딪힌 것을 믿음이라 하는 것이다. 믿음이란 밑힘이다. '엘리, 엘리' 할 때 그 뜻은 힘이라는 말이다. 그 힘에게 미쳤다는 것이 밑힘이다. 힘에게 부딪혔다는 말이다. 그렇게 부딪히는 데서 모세도 나오게 되고 예수도 나오고 바울도 나오게 되는 것이지 그 밑힘이 안 되면 아무 것도 안 된다. 밑힘, 힘에 부딪히는 그것을 불교에서는 근본지根本智라 하고 요새 철학에서는 근본체험根本體驗이라 한다. 뿌리에 가서 부딪히는 것이다. 원천에 가서 닿는 것이다. 그래야 샘이 터져 나온다.

어떻게 말해도 다 같은 말인데 이것을 몰라서 안 되는 사람은 하나도 없다. 우리는 언제 이런 경험을 하는가. 언제 우리가 믿음을 가지게 되는가. 언제 우리가 밑힘을 얻는가. 그것이 중요한 것이지 이야기야 아무리 말해도 그 소리가 그 소리다. 그런 날이 우리 일생에 하루는 있어야 된다. 그것을 우리는 심心이라 한다. 점심點心이다. 낮에 밥을 먹듯이 우리 일생에 점을 하나 꼭 찍는 그런 날이 와야 된다. 그것을 유영모柳永模(1890-1981) 선생은 '가온찍기'라 했다. 석가로 말하면 12월 8일 아침 새벽에 보니까 별이 딱 들어왔다는 것이다. 원효元曉(617-686)라는 말도 같은 말이다. 새벽에 그런 경험을 했다는 말이다. 원효는 당나라로 가다가 어느 무덤 속에서 어떤 경험을 했다는 것인데 그런 것을 근본경험이라 한다. 원효는 그 경험을 한 후 함께 가던 의상義湘(625-702)에게 나는 이제 졸업했으니 너 혼자 가라고 하고 그만 되돌아왔다는 것이다. 원효로 말하면 그것이 점심이다. 그것을 『주역』에서는 무극이태극無極而太極이라 한다. 무극 속에 태극이다. 그것을 유영모 선생은 가온찍기라 한 것이다. 그것을 여기서는 성기性起라 한다. 그 뜻은 봄이 오니까 꽃이 피었다는 것이다. 부처가 어떻게 부처가 되었는가. 이유는 아무 것도 없다. 봄이 와서 꽃이 핀 것뿐이다. 봄이 왔다는 말을 우리는 지금 어렵게 절대자에 부딪혔다느니 하지만 부딪히기는 어떻게 부딪히나. 꽃이 아무리 자라도 태양까지 가겠는가. 그저 태양을 한 번 바라보았다는 말이다. 그때 그 태양이 무엇인가? 별(星)이라는 것이다. 별(性)을 본 것이다. 그래서 성기라 하는 것이다. 그래서 여래성기 이 넉자를 가지고 『화엄경』 전체를 한 번 설득해 보는 것이다.

오늘 내용은 성기묘덕보살이 보현보살에게 어떻게 여래가 되었는가, 어떻게 스타가 되었는가를 질문한 것이다. 스타가 무엇인가? 성도도 스타요, 성성도 스타요, 성성도 스타요, 성성도 스타요, 불佛도 스타라는 것이다. 또 보리菩提라는 것도 스타다. 우리말로 별이라 하는데 불이라는 말이나 같은 말이다. 보리라는 말도 불, 그렇게 되니까 별이라는 말이나 같은 말이다. 불이나 보리, 『중용』의 성誠, 『논어』의 성聖, 『중용』의 성性과 천명天命, 이것들이 다 글자로는 다르지만 내용은 다 같은 뜻이다. 기독교로 말하면 그리스도라는 말이다.

여래성기如來性起, 봄이 오면 꽃이 핀다. 내가 있어서 경험이 있는 것이 아니라 경험이 있어서 내가 있다. 더 쉽게 말하면 내가 있어서 하나님이 있는 것이 아니라 하나님이 계셔서 내가 있다는 것이다. 어디까지나 하나님이 주요 나는 하나님께 속한 것이지 내가 주가 아니라는 말이다. 하나님이 계셔서 내가 있다. 봄이 와서 꽃이 핀다. 봄이 주요 꽃이 주가 아니다. 봄이 오니까 꽃이 피는 것이지 꽃이 피니까 봄이 오는 것이 아니다. 언제나 이 관계를 우리가 정확히 알면 그것이 불이라는 것이다. 그것이 정각正覺이다. 봄이 와서 꽃이 핀다는 말을 요새로 말하면 시간성時間性이다.

본문을 읽어본다.

이시爾時 보현보살마하살普賢菩薩摩訶薩 고여래성기묘덕등告如來性起妙德等 제보살대중언諸菩薩大衆言

이때 보현보살이 여래성기묘덕보살 등 여러 사람들에게 다음과 같이 말했다.

소위所謂 과거무량섭수일체중생보리심소성고過去無量攝受一切衆生菩提心所成故

과거에 한없이 오랫동안 일체 중생들의 보리심을 완성시켜 주어야겠다는 마음을 가지고 있었다.
"과거무량過去無量", 스타가 되려면 과거에 한없이 노력을 해야 된다는 것이다. 한없이 노력한 끝에 스타가 되는 것이지 그저 쉽게 공짜로 되는 것이 아니라는 말이다. 요새 브라질이니 이탈리아니 여러 나라 축구 스타들이 나와서 뛰고 있는데 그들이 그렇게 되기까지 얼마나 고생이 많았겠는가. 오웬이라는 선수의 아버지는 축구선수요 어머니도 무슨 선수라고 한다. 그 어머니를 닮아서 오웬이라는 선수가 100미터를 10초 이내에 달린다고 한다. 아버지가 축구선수라 5살부터 축구를 배우기 시작했다고 한다. 그러니까 오랫동안 고생해서 스타가 된 것이지 그렇게 쉽게 되는 것이 아니다. 그래서 스타가 되는 법 열 가지에 과거무량이라는 말이 다 들어간다. 과거에 오랫동안 고생해서 그렇게 되었다는 것이다.

과거무량청정수승지락소성고過去無量淸淨殊勝志樂所成故

과거 오랫동안 어떻게든 이겨야겠다고 노력을 계속해 왔다는 것이다.

과거무량구호일체중생대자대비소성고過去無量救護一切衆生大慈大悲所成故

과거 오랫동안 모든 사람들의 원을 풀어주어야겠다는 그런 생각을 해왔다.

과거무량상속행원소성고過去無量相續行願所成故

과거 오랫동안 자기의 원을 달성하기 위해 노력해 왔다.

과거무량수제복지심무염족소성고過去無量修諸福智心無厭足所成故

과거 오랫동안 기술력과 정신력을 키워왔다.

과거무량공양제불교화중생소성고過去無量供養諸佛敎化衆生所成故

과거 오랫동안 선생님에게 배우고 배웠다. 그리고 좋은 친구들과 열심히 체력을 길렀다.

이것을 당나라 때 이통현은『신화엄경합론』이라는 책에서 "복엄별현福嚴別顯"이라 했다. '복福'이란 선생님에게 기술을 배웠다는 것이고 '엄嚴'이란 친구들과 같이 체력을 길렀다는 것이다. 이통현이란 사람은 화엄종의 3조인 법장法藏(643-712)과 4조인 청량淸凉(738-839)의 사이에 살았던 사람이다. 그러니까 신라 의상義湘(625-702)의 친구인 법장의 후계자요 청량의 선배로 중간 역할을 한 사람이다.『신화엄경합론』은 모두 23권으로 기억되는데 나는 그 책을 두세 번 읽었다. 그런데 그 책을 탄허呑虛스님이 번역했다. 그 책에서 이통현이 간추린 내용을 지금 소개한 것이다. 복엄福嚴, 기술력과 체력이라고 이통현이 그렇게 설명한 것이다.

과거무량지혜방편청정도소성고過去無量智慧方便淸淨道所成故

과거 오랫동안 지혜방편과 청정도淸淨道를 길렀다.
이것은 이통현이 정신력과 체력, 지엄智嚴이라 설명했다.

과거무량청정공덕장소성고過去無量淸淨功德藏所成故

과거 오랫동안 청정공덕장淸淨功德藏을 길렀다.

이것은 깨끗하게 이겨야 된다는 것이다.

과거무량장엄도지소성고過去無量莊嚴道智所成故

과거 오랫동안 장엄도지莊嚴道智를 길렀다.
이것은 아주 여유 있게 이겨야 된다는 것이다.

과거무량통달법의소성고過去無量通達法義所成故

과거 오랫동안 통달법의通達法義를 길렀다.
이것은 올바로 이겨야 된다는 것이다.

불자佛子 여시무량아승지如是無量阿僧祇 법문法門 원만圓滿 성어여래成於如來.

불자여, 이와 같이 여래는 과거에 한없이 노력해서 소원을 이루었던 것이다.

『화엄경』의 내용이란 언제나 공(0), 하나(1), 둘(2)이다. 『주역』으로 말하면 무극無極, 태극太極, 양의兩儀다. 『화엄경』에서는 청정淸淨·장엄莊嚴·자재自在라 한다. 청정, 한없이 깨끗한 것이다. 그래서 나는 이것을 히말라야에 비유해서 얼음이라 한다. 장엄이란 에베레스트가 한없이 장엄하다는 것이다. 그리고 자재는 양자강이니 갠지스강이니 강물이 한없이 흘러나온다는 것이다. 그래서 『화엄경』의 핵심이 언제나 청정·장엄·자재라는 것이다. 청정이란 빛이요 장엄이란 힘이요 자재란 샘이다. 얼음의 빛, 얼빛이다. 그리고 산의 힘, 그리고 물의 샘이다. 무한히 흘러내려 오는 것을 샘이라 한다. 힘이란 한없이 장엄한 것을 힘이라 한다. 빛이란 히말라야 에베레스트를 덮고 있는 얼음이 한없이 빛난다는 것이다. 언제나 청정·장엄·자재, 이것이 핵심이다. 본문에 보면 청정공덕淸淨功德과 장엄지혜莊嚴智慧와 통달법의 通達法義라 했다. 자유자재라는 것이 통달이다. 이겨도 깨끗하게 이기고 여유 있게 이기고 올바로 이겨야 된다는 것이다. 올바로 이겨야지 법을 어긴다거나, 또 여유 있게 이겨야지 겨우 이긴다거나, 또 깨끗하게 이겨야지 더럽게 이기거나 그렇게 되면 안 된다는 것이다. 이상 열 가지가 스타 되는 방법이다.

2002. 6. 2.

여래출현품 강해(2)

지난번에 여래를 스타라 해서 설명했다. 성기묘덕보살이 보현보살에게 어떻게 여래가 되는지, 어떻게 스타가 되는지 물은 것인데 그것을 열 가지로 물어보았다. 먼저 여래출현지법如來出現之法, 여래가 되는 방법이 첫 질문이다. 그 다음 둘째 질문은 신상身相에 대한 물음이다. 이렇게 열 가지 질문을 했는데 그것들을 다시 적어보면 다음과 같다.

여래출현지법如來出現之法, 신상身相, 언음言音, 심의心意, 여래경계如來境界, 소행지행所行之行, 성도成道, 전법륜轉法輪, 입반열반入般涅槃, 견문친근見聞親近 소생선근所生善根.

그리고 여래출현지법에 대해서 또한 여래성기如來性起 10법이라 해서 다시 열 가지를 말했다.

(1) 대심시발大心始發 (2) 상구승지上求勝志
(3) 하화자비下化慈悲 (4) 이행속원以行續願
(5) 복지불탈福智不脫 (6) 복엄별현福嚴別顯
(7) 지엄별명智嚴別明 (8) 청정공덕淸淨功德
(9) 장엄지혜莊嚴智慧 (10) 법원궁구法源窮究

1번의 대심시발大心始發은 골을 넣는 것이라 설명했고, 2번의 상구승지上求勝志, 이것은 이기는 것이라 했고 3번의 하화자비下化慈悲, 이것은 백성의 소원을 풀어주는 것이라, 16강에 들어가는 것이라 했고, 4번의 이행속원以行續願, 이것은 계속해서 8강에까지 들어가는 것이라 했고, 5번의 복지불탈福智不脫과 6번의 복엄별현福嚴別顯, 그리고 7번의 지엄별명智嚴別明, 이 셋을 설명할 때는 지엄복智嚴福이란 것으로 설명했다. 지智라는 것은 무엇을 알 수 있는가, 엄嚴이란 무엇을 할 수 있는가, 복福이란 무엇을 바랄 수 있는가, 이렇게 설명했다. 그런데 이것을 이번에는 축구에 비유해서 지智를 정신력이라 하고 엄

嚴이라는 것은 체력이라 하고 복福은 기술력이라 해 본다. 축구에서 제일 중요한 것이 정신력과 체력과 기력이다. 선수들의 묘기라는 기술력, 그리고 2시간 내내 뛸 수 있는 체력, 그리고 일체가 하나가 될 수 있는 정신력이다. 스타가 되려면 이렇게 정신력이 강해야 되고 체력이 강해야 되고 기력이 강해야 된다. 그래서 5번의 복지불탈福智不脫, 이것은 기력과 정신력이 강해야 된다는 것이고, 6번의 복엄별현福嚴別顯, 이것은 기력과 체력이 강해야 된다는 것이고, 7번의 지엄별명智嚴別明, 이것은 정신력과 체력이 강해야 된다는 것이다. 그리고 8번의 청정공덕淸淨功德, 이것은 깨끗하게 이겨야 된다는 것이고, 9번의 장엄지혜莊嚴智慧, 이것은 아주 여유 있게 이겨야 된다는 것이고, 10번의 법원궁구法源窮究, 이것은 바르게 이겨야 된다는 것이다. 이겨도 깨끗하게 여유 있게 그리고 올바로 이겨야 된다는 것이다. 그래야 스타가 된다는 것이다.

　두 번째 질문의 내용은 신상身相에 대한 이야기다. 이것을 이통현은 십신十身으로 정리했다. 그런데 십신이란 무엇인가 하면 체력이라는 것이다. 세 번째 질문 내용인 언음言音에 대해서는 이통현이 십성十聲으로 정리했는데 이것은 기술력이라는 것이다. 네 번째 질문의 내용인 심의心意에 대해서는 십지十智라고 정리했는데 이것은 정신력이라는 것이다. 스타가 되려면 체력이 있어야 되고 기술이 있어야 되고 정신력이 있어야 된다. 이것을 소위 신구의身口意라고 한다. 신身이란 체력이고 구口는 기술인데 축구선수는 발이지만 석가는 말로 하니까 입이다. 그리고 석가의 정신력이란 의지에서 나오는 정신력이니까 의라 한다. 그래서 신업身業, 구업口業, 의업意業으로 삼업三業이라 한다. 그러니까 두 번째, 세 번째, 네 번째 질문은 신구의에 대한 질문이다. 먼저 두 번째 질문인 몸에 대하여, 즉 십신十身에 대해 알아본다.

37.3 신상身相, 십신十身, 신身

　(1) 허공주편유虛空周徧喻　　　(2) 공무분별空無分別

(3) 일광요익日光饒益　　　(4) 일광등조日光等照
(5) 일익생맹日益生盲　(6) 월광기특月光奇特
(7) 범왕보현梵王普現　(8) 의왕연수醫王延壽
(9) 마니리물摩尼利物　(10) 보왕만원寶王滿願

(1) 허공주편유虛空周徧喩

몸이 한없이 가벼워야 된다는 것이다. 체력이 빠지면 몸이 무겁게 된다. 몸은 언제나 가벼워서 기체氣體가 되어야 한다. 유영모 선생님은 언제나 무릎을 굴하고 가만 앉아 있는데 어떻게 그렇게 앉아있는가 하면 아랫배 단전丹田에 기운이 꽉 차서 그 위에 떠있다는 것이다. 그래서 언제나 몸이 가벼워 인천에도 걸어서 갔다 오고 인천 갔다 온 그 다음 날에는 백운대에 올랐는데 맨 앞장서서 팔팔 날아 올라갔다. 이것이 소위 허공이라는 것이다. 몸에서 제일 중요한 것이 이것이다.

(2) 공무분별空無分別

허공에는 올라가고 내려가고 하는 것이 없는 무분별이다. 올라갈 때도 팔팔하고 내려갈 때도 팔팔하다. 무슨 분별이라는 것이 없다.

(3) 일광요익日光饒益

일광에 대한 이야기가 셋이 나온다. 먼저 일광요익이다. 일광은 만물을 다 비쳐준다는 것이 일광요익이다. 강한 체력이 있으면 모든 사람들을 다 도와줄 수 있다는 것이다.

(4) 일광등조日光等照

모든 만물을 꼭 같이 다 비쳐주는데도 산꼭대기가 맨 처음 밝아지고 그 다음에 골짜기가 밝아진다. 일광등조란 이렇게 해는 차등 없이 비추는데 받아들이는 만물에 따라 차등이 있다는 것이다. 그래서 맨 처음에 받아들이는 사람을 보살이라 하고 그 다음에 받아들이는 사람을 연각이라 하고 그 다음에 받아들이는 사람을 성문이라 하고 가장 늦게 받아들이는 사람들을 중생들이라 한다.

(5) 일익생맹日益生盲

일익생맹이란 해가 비치면 비칠수록 더 눈을 감는 사람들이 있다는 것이다. 이것도 또한 사실이다. 해가 뜨면 눈이 부셔서 눈을 뜨지 못하겠다는 사람이다. 해가 뜰수록 눈을 감는 사람이다. 예수님이 오면 예수님의 말을 들으려 하지 않고 오히려 예수님을 잡아 죽이려고 하는 그런 사람들이 많이 나오는 것도 사실이다.

(6) 월광기특月光奇特

이것은 달빛에 대한 것이다. 달빛 속에 이슬이 있고 이슬 속에 달이 있다. "월인천강지곡月印千江之曲"이다. 해가 이슬 속에 들어있다는 그런 생각을 하기는 어려운데 달은 월인천강月印千江이다. 모든 강물에 가서 도장을 찍는다. 그러니까 우리 가슴 속에 가장 깊은 인상을 심어주는 것, 그것이 달이다. 월광기특이다. 달빛은 우리 가슴 속에 깊은 인상을 심어준다. 석가가 이처럼 우리 가슴 속에 깊은 인상을 심어주었다는 그런 말이다.

(7) 범왕보현梵王普現

범왕梵王이란 브라만Brahman이다. 하늘나라의 왕이다. 범왕의 특징은 방 안에 가만 앉아 있어서 소리를 내면 밖으로 나가지도 않고 방 안에 차지도 않고 그냥 각 사람 마음 속에 들리는 것이다.

말하자면 요새 텔레비전 같은 것이다. 텔레비전을 보고 있으면 다 보여 주듯이 범왕이 방송을 하면 밖으로는 소리가 가는지 안 가는지 모르지만 다 우리 집 속에 나타난다는 것이다. 범왕은 이렇게 자기 궁전 속에 가만 앉아 있어도 모든 사람의 마음 속에 다 나타난다는 것이다. 그것을 소위 범왕보현이라 한다.

(8) 의왕연수醫王延壽

의왕이 모든 생명을 연장시켜준다는 말은 모든 생명의 병을 고쳐준다는 말이다.

(9) 마니리물摩尼利物

마니는 보배구슬이다. 마니구슬로 모든 만물을 이롭게 해준다는 것이다.

(10) 보왕만원寶王滿願

마니보를 가진 왕은 모든 이의 소원을 다 들어준다는 것이다.

이상 열 가지가 십신十身이라는 것이다. 십신의 본문을 읽어본다.

(1) 비여허공譬如虛空 편지일체遍至一切 색비색처色非色處 허공虛空 무신고無身故 여래신如來身 무신고無身故 위중생고爲衆生故 시현기신示現其身 시위여래신是爲如來身 제일상第一相. (허공주편유虛空周徧喩)

비유하자면 허공과 같다. 허공이란 무엇인가. 어디나 있는 것이 허공이다. 법신이란 어디나 있는 것이지 어디 한 곳에만 있는 것이 아니다.

법칙도 어디나 있지 어디만 있는 것이 아니다. 전에 십지十地에서 나온 십신十身에서 8번째 지신知身, 9번째 법신法身, 10번째 허공신虛空身이라 했다. 여기서 허공이란 그 허공신을 말하는 것이다. 허공신은 편지遍至, 어디나 있는 것이다. 기독교에서는 하나님은 무소부재無所不在라 한다. 하나님은 어디나 계신다. 기도는 어디서나 기도해도 되지 꼭 어디 가서만 기도해야 되는 것은 아니다. "색비색처色非色處", 형이하나 형이상이나 어디나 하나님이 아니 계신 곳이 없다. 왜 그런가. "허공무신고虛空無身故", 허공의 특징은 무신無身이기 때문이다. 허공은 물론 몸이 없다. 이 무신이라는 말을 여러 가지로 해석할 수 있다. 허공은 모든 몸의 그릇이다. 공간이란 모든 물질을 담아두는 그릇이다. 허공을 이렇게 모든 것을 담아두는 그릇이라 생각할 수도 있고 또 무신을 자기라는 것이 없다는 것으로 해석할 수도 있다. 자기라는 것이 없다는 말은 또 무슨 말인가. 허공의 특징은 사랑이라는 말이다.

불교에서 공空이라 하는 것은 없다는 말이 아니라 사랑이라는 말이다. "허공무신虛空無身", 허공은 자기가 없다. 스타가 되면, 별이 되면 자기라는 것이 없다. 온 세상을 비쳐주는 것뿐이지 자기라는 무엇이 있는 것이 아니다. 돈을 받겠다고 비쳐주는 것이 아니라 그냥 비쳐주는 것뿐이다. "여래신무신고如來身無身故", 여래신은 무신이기 때문에 모든 중생을 위하는 것뿐이다. 중생을 위해서 "시현기신示現其身", 그 몸을 나타내는 것뿐이다. 중생을 위해서 비쳐주는 것뿐이지 자기 이득을 얻겠다는 것은 하나도 없다. 이것이 여래의 제1조건이다.

(2) 종본이래從本已來 일체집착一切執着 일체희론一切戱論 개영단고皆永斷故 시위여래신제이상是爲如來身第二相. (공무분별空無分別)

모든 집착과 희론戱論에서는 끝나야 된다. 스타는 돈이나 명예를 위해서 일하면 안 된다. 이것이 둘째 조건이다.

(3) 여래광대지혜일신如來廣大智慧日身 방무량광放無量光 보조요고普照耀故 시위여래신제삼상是爲如來身第三相. (일광요익日光饒益)

그저 자기의 최선을 다해서 뛰는 것뿐이지 그 밖에는 아무 욕심이 없다. 그것이 세 번째다.

(4) 비여일월譬如日月 수시출현隨時出現 대산유곡大山幽谷 보조무사普照無私, 여래지혜如來智慧 역부여시亦復如是 보조일체普照一切 무유분별無有分別 수제중생隨諸衆生 근욕부동根欲不同 지혜광명智慧光明 종종유이種種有異 시위여래신제사상是爲如來身第四相. (일광등조日光等照)

빛 자체에는 아무 차별이 없는 것이다. 그런데 산꼭대기, 골짜기, 평야, 바다 속, 그런 것들이 차별이 있다. 빛 자체에는 차별이 없지만 그 빛을 받아들이는 데서 차별이 있다는 말이다. 그것이 네 번째 모습이다.

(5) 여래지일如來智日 여시이익如是利益 생맹중생生盲衆生 영득선근令得善根 구족성숙具足成熟 시위여래신제오상是爲如來身第五相. (일익생맹日益生盲)

빛이 비쳐질수록 눈을 감는 사람들이 있는데 그래도 그런 사람들을 도와주기 위해서 계속 선한 일을 한다. 그래서 그들을 성숙하게 만들어 준다. 이것이 다섯 번째 모습이다.

(6) 이여래신而如來身 여월광如月光 무유분별無有分別 무유희론無有戱論 소작이익所作利益 개득구경皆得究竟 시위여래신제육상是爲如來身第六相. (월광기특月光奇特)

여래신은 달빛과 같아 "무유분별無有分別 무유희론無有戱論", 아무분별이나 희론이 없는데 모든 만물 속에 깊은 인상을 심어준다. 만물에게 그런 이익을 준다. 그래서 모두 자기 속에 깊이 달을 간직하게 된다. 이것이 여섯 번째다.

(7) 제불여래諸佛如來 여범왕如梵王 무유분별無有分別 역불분신亦不分身 무종종신無種種身 이수일체중생심락而隨一切衆生心樂 시현기신示現其身 역부작념현약간신亦不作念現若干身 시위여래신제칠상是爲如來身第七相. (범왕보현梵王普現)

여래는 범왕과 같이 가만히 있어도 여기저기 모든 이의 마음 속에 나타난다. 모든 중생들의 마음 속에 나타나지 어떤 사람의 마음 속에만 나타난다는 그런 생각은 절대 없다. 모든 사람의 마음 속에 나타나는 그것이 여래의 제7상이다.

(8) 여래의왕如來醫王 중생견자衆生見者 제번뇌병諸煩惱病 실득소멸悉得消滅 시위여래신제팔상是爲如來身第八相. (의왕연수醫王延壽)

여래는 의왕이다. 누구든지 의사를 만나면 병이 다 없어지고 만다. 그것이 제8상이다.

(9) 비여대해譬如大海 유대마니보有大摩尼寶 여래신여시위如來身如是爲 대보취일체공덕大寶聚一切功德 대지혜장大智慧藏 약유견자若有見者 법안청정法眼淸淨 시위여래신제구상是爲如來身第九相. (마니리물摩尼利物)

여래가 있는 곳은 보배들이 자꾸 쌓여서 한없는 행복을 받게 된다. 이것이 제9상이다. 보취寶聚, 그 보물덩어리 때문에 모든 공덕을 얻게 되고 모든 지혜를 얻게 된다는 것이다. 말하자면 부처님의 덕으로 공덕도 얻게 되고 지혜도 얻게 된다는 말이다. 부처님이 보물덩어리라는 것이다.

(10) 여래신如來身 여의보왕如意寶王 실령영리悉令永離 생사고환生死苦患 약유중생若有衆生 인견불신因見佛身 변종선근便種善根 내지성숙乃至成熟 시위여래신제십상是爲如來身第十相. (보왕만원寶王滿願)

여래는 여의주를 가진 보왕이다. 그래서 모든 생사고환生死苦患을 떠나게 해준다. 어떤 중생이건 부처의 몸을 보기만 하면 모든 선근善根을 가지게 되고 성숙해진다. 이것이 아까 말한 봄이 오면 꽃이 핀다는 말이다. "인견불신因見佛身", 봄이 오면, "내지성숙乃至成熟", 꽃이 핀다.

이렇게 열 가지 불신佛身에 대해 말했다. 불신, 부처의 몸이란 무엇인가. 이것을 체력이라 해도 되지만 사랑이라 해두는 것이 좋겠다. 부처의 몸이란 무엇인가 하면 사랑이다. 어머니라는 말이다. 어머니라서 자기가 없는 것이다. 종교란 간단한 것이다. 『화엄경』이 아무리 어렵다 해도 『화엄경』의 핵심은 공空이다. 사랑이다. 기독교에서 하나님이라 하는데 하나님의 핵심도 무엇인가 하면 사랑이다. 사랑이 무엇인지 어떻게 아는가. 어머니를 보면 안다. 우리는 모두 어머니를 알고 있으니까 『화엄경』도 다 알 수 있고 『노자』도 알 수 있고 모든 경을 다 알 수 있다. 왜 그런가. 어머니를 알고 있기 때문이다. 언제나 알고 알아야 된다. 철학은 알고 아는 것이지 그저는 모른다. 무엇을 알고 아는 것이다. 어머니를 알면 하나님도 알게 된다. 그렇기 때문에 모를 것이 없다. 그러니까 복음이라 한다. 예수님의 말씀을 모르겠다고 할 때 어머니 그러면 다 알아진다. 자비라 그래도 사랑이고 인仁이라 그래도 사랑이다. 다 사랑인데 그 사랑의 구체적인 모습은 무엇인가. 어머니다. 어머니를 가진 사람은 사랑을 모를 사람이 없다. 십신이라 하는 것도 사랑이라는 말이다. 모든 사람의 마음 속에 나타난다 하는 말도 어머니가 세상을 떠난 지 오래 되었지만 내 마음 속에는 언제나 나타난다. 어머니가 자꾸 나타난다. 그래서 어머니는 지금도 나와 같이 살고 있지 어머니가 다른 데 가 있는 것이 아니다. 그러니까 어머니를 보면 누구나 다 성숙한 인간이 된다. 어머니를 알면 효자다. 효자란 무엇인가. 성숙한 인간이다. 그래서 십신이라는 것을 모두 어머니라고 생각하고 해석하면 다 될 것이다. 어머니는 자기가 없고 어머니는 모든 자식을 다 사랑하지 분별하는 어머니는 없다. 이렇게 십신을 모두 어머니로 생각하고 읽어보기 바란다.

37.4 언음言音, 십성十聲, 구口

(1) 겁진창성유劫盡唱聲喩   (2) 향성수연유響聲隨緣喩
(3) 천고개각유天鼓開覺喩   (4) 천녀묘성유天女妙聲喩
(5) 범성내중유梵聲乃衆喩   (6) 중수일미유衆水一味喩
(7) 강우자영유降雨滋榮喩   (8) 점강성숙유漸降成熟喩
(9) 강주난사유降霔難思喩   (10) 편강종종유徧降種種喩

석가에게 있어서 제일 중요한 것은 설법이다. 『팔만대장경』이라 하듯 많은 경전을 설했다. 물론 석가 혼자서 한 것은 아니다. 석가의 뜻을 받든 제자들이 계속해서 나온 것이다. 『화엄경』만 해도 80권이다. 그러니까 엄청난 수의 경전이 나온 것이다. 그래서 비유하자면 샘과 같은 것이다. 빛, 힘, 샘이다. 빛은 얼음이고 힘은 에베레스트고 샘은 계속 흘러내리는 강이다. 십성十聲이란 샘을 말하는 것이다. 십신十身은 힘을 말하는 것이고 다음에 나오는 십지十智는 빛을 말하는 것이다. 십신이란 어머니의 모습이 장엄하다는 것이고 십성은 어머니의 젖이 계속 나온다는 것이다.

십신과 십성과 십지, 이것을 축구에 비유해서 체력과 기술력과 정신력이라 했다. 석가는 물론 공을 차는 사람이 아니라 설법하는 사람이니까 석가의 묘기란 말하는 묘기다. 석가의 묘기는 비유가 근사하다는 것이다. 우리가 이렇게 축구에 비유해야 알기가 쉽지 비유로 말하지 않으면 알기가 어렵다. 예수님의 말씀도 다 비유다. 그런데 그 비유가 아주 기막히다는 것이다.

응지여래음성應知如來音聲 편지遍至 수기심락隨其心樂 개령환희 皆令歡喜 설법명료고說法明了故 수기신해隨其信解 화불실시化不失時 무생멸無生滅 무주無主 심심甚深 무사곡無邪曲 무단절無斷絶 무변역 無變易 지어구경至於究竟.

"여래음성如來音聲 편지遍至", 어머니의 목소리는 어디나 간다. 어머니의 목소리가 가지 않는 곳은 없다. "수기심락隨其心樂 개령환희皆 令歡喜", 어머니의 목소리를 들으면 한없이 즐겁다. 어머니의 목소리는 모든 사람들로 하여금 한없이 기쁘게 만들어 준다. 진리를 깨끗하게 알게 해주기 때문이다. 기쁨은 진리를 깨닫는데서 나오는 것이다. 법열法悅이다. 진리와 함께 기뻐하는 것이다. 인간의 기쁨이란 언제나 진리와 같이하는 기쁨이다. "설법명료說法明了", 진리를 깨닫게 해주기 때문에 어머니의 목소리가 그렇게 기쁜 것이다.

"수기신해隨其信解", 사람들의 믿음과 이해력에 따라서 어머니의 목소리가 들린다. 어머니의 목소리는 언제나 들리는데 그 어머니의 목소리가 들리면 나 자신이 어떻게 되어야 하는가. "화불실시化不失時", 변화를 가져야 된다. 효자가 되어야 한다. 또 어머니의 목소리는 "무생멸無生滅"이다. 언제나 영원하다. 또 "무주無主". 어머니의 목소리는 누구의 것도 아니다. 주인이 없다. 모든 이에게 속한 것이다. 어머니의 목소리는 "심심甚深", 한없이 깊다. 사랑이 한없이 깊은 것이다. "무사곡無邪曲", 어머니의 목소리는 잘못된 것이 하나도 없다. "무단절無斷絶", 언제나 들려온다. "무변역無變易", 달라지는 것도 없다. "지어구경至於究竟", 결국은 내 마음 속에 들어와 있다. 어머니의 음성은 결국 내 마음 속에 들어와 있어야 한다. 이제 열 가지 음성, 십성이 나온다.

(1) 여래음성如來音聲 불종신출不從身出 불종심출不從心出 능이익

무량중생能利益無量衆生 여래음성제일상如來音聲第一相. (겁진창성 유劫盡唱聲喩)

여래음성은 몸에서 나온 것도 아니고 마음에서 나온 것도 아니다. 몸과 마음을 초월한 것, 말하자면 얼에서, 영에서 나온 것이다. 하나님의 말씀은 몸에서 나온 것도 아니고 마음에서 나온 것도 아니고 성령에서 나온 것이다. 몸도 아니고 마음도 아니고 그보다 더 높은 영에서 나온 것이다. 그렇게 나온 것이니까 "능이익무량중생能利益無量衆生", 모든 중생들을 다 살릴 수 있다. 그것이 여래음성의 제1상이다.

(2) 비여호향譬如呼響 능수축일체어언能隨逐一切語言 제이상第二相. (향성수연유響聲隨緣喩)

비유하면 산울림과 같다. 산울림은 그대로 되돌아온다. 산울림과 같다는 것은 내 속에서 나오는 말씀이 진짜 말씀이라는 것이다. 우리가 하나님의 말씀이라 하지만 그 말씀이 내 속에서 나와야 하나님의 말씀이 되지 그것이 『성경』 속에 기록되어 있다고 해서 하나님의 말씀이 되는 것이 아니다. 그래서 산울림이라는 비유를 한다. 언제나 내 속에서 나와서 내게로 돌아와야 그것이 하나님의 말씀이다. 내가 가장 많이 생각하는 것은 내 속에서 나온 말이다. 결국 내 속에서 나온 말을 깨달을 때, 그때가 깨닫는 때다. 그래서 산울림이라는 이 비유도 많이 쓴다. "능수축일체어언能隨逐一切語言", 자기 속에서 나온 그 말은 다른 말과 비교가 안 된다. 아주 강하게 자기에게 감화를 준다. 우리가 여럿이 사진을 찍어도 자기 얼굴만 본다. 남의 얼굴에는 별로 관심이 없다. 내게 가장 관심이 있는 것은 내 얼굴이다. 내 속에서 나온 말이 내게 가장 관심을 끄는 것이다. 내가 한 말 가운데 기쁨이라는 말은 기가 뿜어 나오는 것이라 했다. 또 믿음이란 밑힘이라 그렇게 생각한다. 어느 누구도 이 말에 동의하는 사람은 없지만 나는 그 말이 내 속에서 나왔으니까 아무도 동의 안 해도 좋다. 그런데 자기 속에서 나온 이런 말들이 자기에게 굉장히 영향을 주는 것이다.

(3) 비여법고譬如法鼓 부주방소不住方所 무유언설無有言說 제삼상第三相. (천고개각유天鼓開覺喩)

비유하자면 법고法鼓와 같다. 하늘에서 북을 치는 것이다. 그래서 온 세상 사람들이 다 그 북소리를 듣는다. 현실적으로 말하자면 우레 소리다. 우레 소리는 온 천지를 다 울린다. 진리란 이런 법고와 같아서 "부주방소不住方所", 어느 특정한 곳이 아니라 우주 전체를 울린다. 법고를 비유하여 무정설법無情說法이라 한다. 산도 설법하고 물도 설법하고 세상 만물이 다 설법이지 설법 아닌 것이 어디 있느냐는 것이다. 기독교로 말하면, 말씀으로 천지가 창조되었으니 천지가 다 말씀이지 말씀 아닌 것이 어디 있는가. 그래서 어떤 사람은 복숭아꽃이 필 때 탁 깨달았다고 하고, 어떤 사람은 돌멩이가 대나무에 부딪힐 때 깨달았다 한다. 천지만물 모두가 하나님의 말씀이지 하나님의 말씀 아닌 것이 어디 있느냐는 그런 사상이다. 이런 것을 소위 법고라 한다. 우주만물이 다 하나의 법고라는 것이다.

(4) 비여천채녀譬如天䌽女 어일음중於一音中 출무량성出無量聲 개실편지皆悉遍至 실령득해悉令得解 제사상第四相. (천녀묘성유天女妙聲喩)

비유하자면 하늘에서 내려온 선녀와 같다. "어일음중於一音中 출무량성出無量聲", 선녀의 한 목소리 속에 한없는 성량이 차 있기 때문에 "개실편지皆悉遍至 실령득해悉令得解," 어디나 들리고 어디서나 알 수 있다. 이것이 여래음성 제4상이다.

나는 성악가 조수미의 노래를 들으면 천채녀天䌽女의 노래 같다. 조수미의 노래가 천녀묘성이다. 성량이 무량하고 어디나 들린다. 어떻게 그렇게 고운 목소리가 나오는지 모르겠다.

(5) 비여범천왕譬如梵天王 무출무주無出無住 능성취일체사업能成就一切事業 제오상第五相. (범성내중유梵聲乃衆喩)

비유하면 범천왕梵天王과 같다. 범천왕, 하늘의 왕이 소리를 내면 "무출무주無出無住", 밖으로 한 마디도 안 나가지만 그렇다고 방안에 가득 차 있는 것도 아니다. 모든 사람의 마음 속에 가득 차 있는 것이다. 그래서 "능성취能成就 일체사업一切事業", 자기의 모든 사업을 완성시킨다. 이것이 제5상이다.

(6) 비여중수譬如衆水 개동일미皆同一味 수기이고隨器異故 수무차별水無差別 수무염려水無念慮 제육상第六相. (중수일미유衆水一味喩)

비유하면 물과 같다. 햇빛은 어디나 꼭 같이 비추는데 산꼭대기와 골짜기에 따라 달라진다. "개동일미皆同一味 수기이고隨器異故", 물은 다 꼭 같은데 그릇에 따라 달라진다. 석가의 말씀은 다 꼭 같은데 듣는 사람의 마음에 따라서 자꾸 차별이 생겨난다. "수무차별水無差別 수무염려水無念慮", 물 자신은 아무 차별이 없는 것이다. 이것이 제6상이다. "중수일미衆水一味"라 했는데, 석가의 말은 모두 뜻있는 말이지 뜻 없는 말은 없다는 것이다.

(7) 비여용왕譬如龍王 불종외래不從外來 불종내출不從內出 능요익일체중생能饒益一切衆生 제칠상第七相. (강우자영유降雨滋榮喩)

비유하면 용왕과 같다. 용왕은 비를 내려준다. 비가 내리면 모든 만물을 다 살리는데 비는 밖에서 오는 것도 아니고 안에서 오는 것도 아니고 하늘에서 온다. 그래서 일체 중생을 살려준다. 이것이 제7상이다.

"심신탈락진心身脫落盡", 몸에서 나온 것도 아니고 마음에서 나온 것도 아니고 "유유일진실唯有一眞實", 언제나 얼에서 나와야 그것이 진짜다. 심신心身을 초월해야, 출생사出生死 해야, 생사를 초월해야 그것이 도道다. "심신탈락진", 그래야 "유유일진실"이다.

이것을 "강우자영유강우자영降雨滋榮喩"라 했다. '강우강우降雨'는 석가의 말씀이다. 우리는 모두 초목이라 생각해서 석가의 말을 비로 비유한다. 비가 와야 초목이 산다. 사람은 떡으로만 사는 것이 아니라 말씀으로 산다. 그래서 말씀을 비에다 비유한다. "강우자영강우자영降雨滋榮", 비가 내리는 데 그 비로 우리는 자영이다. 잘 자라게 된다.

비는 밖에서 오는 것도 아니고 안에서 오는 것도 아니다. 비라는 것은 위에서 내린다. 은혜라는 말이다. 그래서 모든 사람들을 다 살려준다.

(8) 대용왕大龍王 유자비심有慈悲心 불욕뇌란제중생不欲惱亂諸衆生 대기숙이연후待其熟已然後 보강감로법우普降甘露法雨 시제팔상是第八相. (점강성숙유점강성숙유漸降成熟喩)

제8상은 "점강성숙유漸降成熟喩"라 했다. 비가 오는데 한꺼번에 쏟아지는 것이 아니라 농사가 되리만큼 알맞게 온다. 점점 차례차례 와서 모든 식물들을 성숙하게 만든다. 석가로 말하면 처음에 성문聲聞인데 성문에게 강의해서 연각緣覺으로 만들고 연각을 또 보살菩薩로 만들고 보살을 또 자꾸 가르쳐서 불타佛陀로 만든다. 비를 내려서 점점 성숙하게 길러가는 것이다.

더 큰 용왕이 비를 내려주는데 자비심이다. 비를 내려주는데 이번에는 보슬비라는 말이다. 소나기를 내려주기도 하지만 이렇게 보슬비를 내려주는 때도 있다. 그래서 아는 듯 모르는 듯 그렇게 자꾸 알아지는 것이다. 그래서 중생들을 깜짝 놀라게 하거나 혼란하게 하거나 그런 일이 없이 그 중생들이 성숙해지는 데 따라서, 유치원생이면 유치원생에 맞게 대학생이면 대학생에 맞게, 성숙함에 따라서 차차 가르침의 강도를 높이는 것이다. "대기숙이연후대기숙이然後", 성숙함에 따라서, 성숙되는 데 따라서, "보강감로법우普降甘露法雨", 널리 달콤한 이슬비를, 법의 비를 내려준다. 이것이 제8상이다.

(9) 위제중생설법지시爲諸衆生說法之時 혹이팔만사천음성或以八萬四千音聲 설팔만사천행說八萬四千行 제구상第九相. (강주난사유강降霔難思喩)

중생을 위해서 설법을 하는데 팔만 사천 설법을 했다. 도道란 언제나 사통팔달四通八達이다. 그래서 팔만 사천이라는 숫자가 나온 것이다. 석가가 강의를 하는데 한없이 많은 강의를 했다는 말이다. 이것이 제9상이다.

요한 웨슬레John Wesley(1703-96)도 설교를 사만 번이나 했다고 한다. 루터Martin Luther(1483-1546)를 보아도 루터전집이 나왔는데 깨알 같은 독일어 책으로 200권이나 된다. 루터도 그냥 개혁가가 아니라 한없이 공부하고 연구하고 강의했던 사람이다. 아리스토텔레스Aristotle(384-322 B.C.)도 책이 천 권이 나왔다고 하는데 다들 그만큼 대가들이란 말이다.

제9상을 "강주난사유강降霔難思喩"라 했다. 많은 비가 내리는 데 어떤 때는 생각하기 어려운 것도 많다. 많은 말씀 가운데 알기 어려운 말씀도 많다는 것이다. 우리가 『성경』을 볼 때 한없이 어려운 말들이 많다. 왜 그렇게 어려운 말이 많은가. 우리의 지적인 수준을 차차 높이려면 역시 어려운 것도 있어야 한다. 『여래출현품』을 보면 어려운 이야기도 가끔 섞인다. 그렇게 어려운 말도 있어야지 너무 쉬운 말만 있어도 안 된다. 쉬운 말을 하면서도 또 어려운 말을 넣어서 자꾸 지적인 수준을 높이는 것이다.

(10) 비여사가라용왕譬如娑竭羅龍王 대자재력大自在力 요익중생

饒益衆生 기심평등其心平等 어법무린於法無悋 단이중생但以衆生 근욕부동根欲不同 소우법우所雨法雨 시유차별示有差別 제십상第十相.
(편강종종유徧降種種喩)

비유하면 사가라 용왕과 같다. 더 큰 용왕이 나와서 "대자재력大自在力 요익중생饒益衆生", 자유자재로 중생들을 이롭게 하는데 언제나 그 마음은 누구에게나 차별이 없다. "기심평등其心平等"이다. "어법무린於法無悋", 법을 전해주는데 조금도 인색함이 없다.

다만 중생들의 근기가 부족해서 내리는 비를 받는데 차별이 있게 되었다. 비가 오면 누구에게나 꼭 같이 내리지만 많이 받는 사람이 있고 조금 받는 사람이 있는 것은 중생들의 책임이지 부처님의 책임은 아니라는 말이다. 꼭 같은 부처님의 말씀을 중생들이 받는데 차별이 있다. 이것이 마지막 제10상이다.

이것을 이통현은 "편강종종유徧降種種喩"라 했다. 석가의 말씀은 물론 온 인류에게 꼭 같이 주어지지만 받는 사람들이 여러 종류가 되어서 어떤 사람은 많이 받기도 하고 어떤 사람은 조금 받기도 한다. 이상이 십성十聲이라는 것이다.

2002. 6. 9.

여래출현품 강해(3)

먼저 『여래출현품』에 대해서 당나라 이통현이 『신화엄경합론新華嚴經合論』이란 책 속에 이야기한 내용을 읽어본다.

"차지여래출현此之如來出現 불과지문佛果之門 문수묘리文殊妙理 보현묘행普賢妙行 등등一切衆生 함공유지咸共有之 비고비금非古非今 성자일체性自一體 금후학자今後學者 여시신수如是信修 심성비원深誠非遠 물자생난勿自生難.
여차품송운如此品頌云 여해인현중생신如海印現衆生身 이차설기위대해以此說其爲大海 보리보인제심행菩提普印諸心行 시고설명위정각是故說明爲正覺.
의명보리시意明菩提是 무심성無心性 무체상無體相 무득無得 무증지無證之 묘리통달차법자妙理通達此法者 명위묘지名爲妙智. 이차보리이차보제 묘지妙智 보인사사망행普印邪思妄行 성자무생성自無生 명위정각名爲正覺. 일체중생一切衆生 보리계菩提界
백정무구지白淨無垢智 무괴지주無壞智珠 무가재의중無價在衣中 지욕장빈祗欲長貧 주문외住門外.
광대보승廣大寶乘 주사구住四衢 문수인도文殊引導 보현부普賢扶 비장백우肥壯白牛 심다력甚多力. 일념편유一念徧遊 무권서無卷舒 여시보승如是寶乘 불능입不能入 단락근고但樂勤苦 문전입門前立. 불각자신不覺自身 상재중常在中 견상항언아불급遣上恒言我不及."

"차지여래출현此之如來出現 불과지문佛果之門"

지난번에 이야기 한 것처럼 이것은 스타가 되는 방법이 무엇인가 하는 것이다. 그런데 골을 집어넣는 그것이 스타지 스타라고 별것이 있느냐 했다.

"문수묘리文殊妙理 보현묘행普賢妙行 등等"

"문수묘리文殊妙理", 우리나라 축구팀으로 말하면 히딩크의 작전이 "문수묘리"다. 히딩크의 묘한 작전이 있어야 되고 "보현묘행普賢妙行", 우리 선수들의 기막힌 골 결정력이 있어야 된다. 이번에 박지성 선수의 묘행으로 골을 집어넣었다.

"일체중생一切衆生 함공유지咸共有之"

"일체중생一切衆生", 우리나라 모든 사람들이 다 같이 힘을 써서 이루어낸 것이다. 온 국민의 응원의 힘으로 된 것이다. 그래서 응원단을 12번째 선수라 한다. 스타가 되는 법인데 우리가 이번에 월드컵을 직접 보았으니까 이것들을 별로 설명할 필요가 없게 되었다.

"비고비금非古非今 성자일체性自一體"

시간을 초월해서 히딩크, 축구선수, 국민 모두가 한 마음이 된 것이다. 히딩크의 지성과 선수들의 체성과 온 국민의 감성이 하나가 된 것이다. 이성과 감성과 오성이 하나가 된 것이다. 이성, 감성, 오성 모든 성이 하나가 되어 이번에 16강을 이루어낸 것이다.

"금후학자今後學者 여시신수如是信修 심성비원深誠非遠"

앞으로 후학들도 이것을 믿고 노력을 하면 "심성비원深誠非遠", 16강은 문제가 없다는 것이다. 승리하는 것은 문제가 없다. '성誠'이나 '성聖'이나 '성星'이나 모두 스타라 했다. 스타가 되는데 문제가 없다.

"물자생난勿自生難 여차품송운如此品頌云"

그러므로 스스로 어렵다거나 불가능하다거나 그런 생각을 하지 말

라. 게송偈頌에 다음과 같은 말이 있다.

"여해인현중생신如海印現衆生身 이차설기위대해以此說其爲大海
보리보인제심행菩提普印諸心行 시고설명위정각是故說明爲正覺."

『화엄경』의 핵심이 해인삼매海印三昧라는 것이다. 석가는 깊은 명상 속에 들어가 있고 제자인 보현이 한층 낮춰서 설법을 한다는 것이다. 석가의 세계는 묘리妙理, 너무 깊어서 우리는 무엇인지 모른다. 그러니까 보현이 한층 낮춰서 우리들이 알 수 있게 보여주는 것이다. 그것을 해인삼매라 하는데 여기서는 "여해인현如海印現"이라 한다. 바다와 같이, 구름처럼 많은 사람들이 경기장에 모여들었다는 것으로 보면 되겠다. 축구장에, 광화문에, 시청 앞에 사람들이 인산인해人山人海를 이룬 것이다. 그래서 "보리보인제심행菩提普印諸心行", 보리菩提, 볼이 골문 안으로 들어갔다. 볼이 들어가면 그것이 스타지 다른 것이겠는가. 정각正覺을 이렇게 스타라 생각해도 된다.

"의명보리시意明菩提是 무심성無心性 무체상無體相 무득無得 무증지無證之"

의意는 밝힌다. 정신력과 체력과 기술력, 이런 것들이 합쳐서 골을 넣는 것이지 다른 것이 아니다.

"묘리통달차법자妙理通達此法者 명위묘지名爲妙智."

묘리妙理, 히딩크의 작전이 묘리인데 그대로 선수들이 따라주어야 된다. 그렇게 되면 우리 선수들을 묘지妙智라 할 수 있다.

"이차보리以此菩提 묘지妙智 보인사사망행普印邪思妄行 성자무생성自無生 명위정각名爲正覺."

히딩크의 작전과 선수들의 묘기가 합쳐지면 잘못된다거나 잘못 찬다거나 그런 일이 절대 없다. 헛된 몸짓이란 있을 수 없다. 그렇게 되어야 스타다. 볼을 잘못 차서 빗나간다거나 놓친다거나 그런 일은 절대 없이 언제나 정확하게 찬다는 것이다.

"일체중생一切衆生 보리계菩提界"

일체 중생들이 다 보리계菩提界, 축구팬들이다.

"백정무구지白淨無垢智 무괴지주無壞智珠 무가재의중無價在衣中"

히딩크의 계획은 "백정무구白淨無垢", 아무 욕심이 없이, 승패를 넘어서 그냥 자기의 최선을 다하는 것뿐이다. 꼭 이겨야겠다고 술수를 쓴다거나 그런 것이 없이 깨끗하게 욕심 없는 지혜다. "무괴지주無壞智珠", 선수들은 깨뜨릴 수 없는 묘지妙智의 공을 가지고 있다. 그 공은 정말 무가無價다. 돈으로 따질 수 없는 것이다. 우리에게 승리의 가치는 돈으로 따질 수 없는 것이다.

"지욕장빈祗欲長貧 주문외주住門外."

그런데 지금까지 우리는 그것을 못하고 거지가 되어 문 밖에서 남의 구경만 하고 우리는 16강에 한 번도 들어가 보지 못했다. 16강에는 들어가 보지도 못하고 문 밖에서만 헤매고 있었다.

"광대보승廣大寶乘 주사구주四衢 문수인도文殊引導 보현부普賢扶비장백우肥壯白牛 심다력甚多力."

이것은 『법화경』의 말이다. 좋은 자동차가 네 거리에 버티고 있다. 이번에는 우리가 16강에 들어갈 좋은 기회라는 말이다. 그 수레는 문수가 인도하고 보현이 붙잡고 있는데 살지고 힘센 흰 소가 이끌고 있다. 히딩크가 인도하고 보현, 박지성이니 안정환이니 22명의 선수들이 타고 있다. 그리고 "비장백우肥壯白牛", 온 국민이 힘을 합해 절대적으로 지원하고 있다.

"일념편유一念偏遊 무권서無卷舒 여시보승如是寶乘 불능입不能入 단락근고但樂勤苦 문전입門前立. 불각자신不覺自身 상재중상在中 견상항언아불급遣上恒言我不及."

이번에는 정말 16강에 들어간다는 그 생각뿐이지 다른 생각은 못한다. 여태까지는 우리가 승리한다는 그런 생각을 못하고 밤낮 다른 사람들의 승리를 구경만 하고 있었다. 우리도 승리할 수 있는 것을 여태 깨닫지 못하고 있었다. 그러면서 우리는 못한다 못한다, 그렇게 하고만 있었다.

그러나 이제 우리도 승리할 수 있다는 생각을 하고 "일념편유一念偏遊", 16강에 들어가자 하고 합심해서 16강에 들어가게 되었다. 이번에 정말 16강에 들어간 것은 우리 모두 통쾌한 일이다. 이렇게 온 국민이 하나가 되는 것을 보기는 처음이다. 8.15 해방될 때 이렇게 했다. 해방되자 온 국민이 나와서 환호했던 일이 있다. 그리고 4.19 때 온 국민이 거리에 나와서 이승만을 무너뜨렸다. 또 3.1 운동 때도 그랬을 것이다. 온 국민이 이렇게 하나가 되는 때가 별로 없다. "일념一念", 오직 한 마음뿐이지 "무권서無卷舒", 다른 생각이 없다. 지고 이기고가 아니라 그저 이긴다는 생각뿐이다. 16강이 우리의 소원이었는데 이번에 그 소원이 이루어진 것이다.

당나라 이통현이 쓴 『신화엄경합론』이라는 책은 모두 23권인데 그것을 김탄허金吞虛스님이 번역을 했다. 아주 방대한 책이다. 이상이 『여래출현품』에 대해서 마지막으로 정리한 글이다.

37.5 심의心意, 십지十智, 정신력精神力, 의意

(1) 허공무의유虛空無依喩 (2) 법계담연유法界湛然喩
(3) 대해잠익유大海潛益喩 (4) 대보출생유大寶出生喩
(5) 주소해수유珠消海水喩 (6) 허공함수유虛空含受喩
(7) 약왕생장유藥王生長喩 (8) 겁화소진유劫火燒盡喩
(9) 겁풍지괴유劫風持壞喩 (10) 진함경권유塵含經卷喩

네 번째 질문이 심의心意라는 것인데 여기에 대한 대답이 십지十智다. 십신十身은 체력, 십성十聲은 기술력, 십지는 정신력이라 했다. 십지, 열 가지 지혜의 특징은 다음과 같다.

(1) 여래심의식如來心意識 구불가득俱不可得 단응이지무량고但應以智無量故 지여래심知如來心 여래지혜如來智慧 위일체세간출세간지소의爲一切世間出世間智所依 이여래지而如來智 무소의無所依 시위여래심제일상是爲如來心第一相. (허공무의유虛空無依喩)

제1상은 "허공무의유虛空無依喩"라 했다. 허공처럼 아무 것에도 의지함이 없는 것이다. 만물은 허공에 의지하는데 허공은 아무 데도 의지하는 데가 없다. 기독교에서는 하나님이 만물을 창조하셨다고 한다. 하나님이 궁극이다. 그런데 불교에서는 하나님이란 말 대신에 이렇게 허공이라는 말을 쓴다. 공空이다. 로마 사람들은 이 공을 몰라서 하나에서 하나를 빼면 어떻게 써야 될지 몰랐는데 아라비아 사람들에게 아라비아 숫자를 배워 공을 알았다. 아라비아 사람들은 또 인도 사람들에게 이 공을 배운 것이다. 인도에서 공을 수냐타sunyata라 한다. 모든 수의 근본이 공이라는 것이다. 그러니까 기독교는 하나님에서 끝나는데 이들은 언제나 공에서 시작한다. 그래서 기독교로 말하면 이 공을 성령이라 할 것이다. 하나님과 그리스도와 성령인데 이들은 하나님보다 성령을 더 중요하게 생각한다고 볼 수 있다. 브라만Brahman이라 하는 이것은 공의 세계요 아트만Atman이라 하는 이것은 1의 세계다. 그래서 무극이태극無極而太極이라 하게 된다. 이렇게 공을 가장 중요하게 생각해서 허공이라는 말이 자꾸 나온다. 공이라 무無라 여러 말로 하지만 공이 모든 만물의 근원이라는 것이다. 공이란 없다는 것이 아니라 모든 만물의 근원이라는 것이다.

여래의 마음은 불가득不可得이다. 여래의 마음은 허공 같아서 알 수가 없는 것이다. 그런데 "단응이지무량고但應以智無量故 지여래심知如來心", 사람에게는 지智라는 것이 있어 그것을 알아낼 수 있다. 사람의 마음은 볼 수 없어 알 수 없는 것이지만 사람에게는 눈치라는 것이 있다. 그래서 딱 보면 안다. 마음은 허공 같아 알 수가 없는 것인데 사람에게는 지智라고 하는 것, 반야般若라는 것이 있다. 사람에게는 한없는 지가 있기 때문에 여래심을 알 수가 있다.

여래지혜는 보통 지혜가 아니다. 여래지혜는 근본지根本智라는 것이다. 요새 철학에서는 근본지라 하지 않고 근본경험이라 한다. 내가 있어서 경험이 있는 것이 아니라 경험이 있어서 내가 있다는 그런 경험이다. 근본경험, 순수경험이라 하는데 베르그송 Henri Bergson(1859-1941)은 직관直觀이라는 말을 쓴다. 이것은 보통으로 아는 세계가 아니라 정말 꿰뚫어 봐야 아는 세계다. 근본경험인데 그것을 여기서는 근본지라 한다. "위일체세간출세간지소의爲一切世間出世間智所依", 이 세상의 모든 과학적인 지와 철학적인 지가 모두 거기에 의지해야 되는 지다. 그러니까 종교적인 지라는 말이다. 과학적인 지의 근원이 철학이요 철학적인 지의 근원이 종교다. 종교적인 지가 여래지라는 것이다. "무소의無所依", 아무 것도 의지함이 없는 근본지가 여래지다. 이것이 여래지의 제1상이다. 근본지가 여래지의 제1상이다.

(2) 여래지如來智 무증감無增減 제이상第二相. (법계담연유法界湛然喩)

"법계담연유法界湛然喩"다. 우주는 진리의 세계라는 말이다. 그래서 진리는 없는 곳이 없다. 하나님은 무소부재無所不在, 어디나 안 계시는 데가 없다.

여래지는 증감이 없다. 언제나 한결같다는 말이다. 어느 때는 많이 알고 어느 때는 조금 알고 하는 것이 아니라 언제나 한결같다. 45년 내내 한결같지 어느 때는 많이 알고 어느 때는 조금 알고 그런 것이 없다. 『화엄경』이 언제 나온 것인가 하면 깨달은 첫날에 나온 것이다. 보통 깨달은 첫 주와 둘째 주에 나온 설법이라 하는데 맨 처음에 나온 경이 『화엄경』이다. 그리고 마지막이 『법화경法華經』, 『열반경涅槃經』인데 전체가 언제나 꼭 같지 언제는 알고 언제는 모르고 그런 것이 없다. "무증감無增減", 더하거나 감하는 것이 없이 언제나 한결같다. 그것이 제2상이다.

(3) 여래지如來智 평등무이平等無二 제삼상第三相. (대해잠익유大海潛益喩)

"대해잠익유大海潛益喩", 큰 바다는 숨어서 모든 만물을 이롭게 해 준다는 것이다.

여래지는 "평등무이平等無二"이다. 누구에게나 똑 같지 갈라놓는 것이 없다. 남자들만 모아놓고 강의를 한다거나 여자들만 모아놓고 강의한다거나 그런 것이 없다. 남자건 여자건 누구에게나 평등하지 분별하는 것이 없다. 그것이 제3상이다.

(4) 비여대해譬如大海 유사보주有四寶珠 구무량덕具無量德 소위무염착교방편대지혜보所謂無染着巧方便大智慧寶 선분별유위무위법대지혜보善分別有爲無爲法大智慧寶 불괴법성대지혜보不壞法性大智慧寶 미증오실대지혜보未曾誤失大智慧寶 무차사보無此四寶 유일중생有一衆生 득입대승종무시처得入大乘終無是處 여래심제사상如來心第四相. (대보출생유大寶出生喩)

바다 속에는 네 개의 큰 보배 구슬이 있다. 그 구슬에는 한없는 덕이 있다. 무슨 덕인가?『마하반야파라밀다심경摩訶般若波羅蜜多心經』에는 불생불멸不生不滅, 불구부정不垢不淨, 부증불감不增不減이란 말이 나오고 끝에 가서 무지무득無智無得이란 말이 나온다. '부不' 나 '무無' 나 모두 초월했다는 뜻이다. 그래서 불생불멸, 불구부정, 부증불감, 무지무득이라는 넷이다. '불구부정不垢不淨', 구垢와 정淨을 초월했다는 것이다. '부증불감不增不減', 증增과 감減을 초월했다. '불생불멸不生不滅', 생生과 멸滅을 초월했다. '무지무득無智無得', 지智와 득得을 초월했다.

"소위所謂 무염착無染着 교방편巧方便 대지혜보大智慧寶", 바다는 언제나 더러운 것이나 깨끗한 것이나 다 받아들인다는 것이다. 불구부정이다. 다른 말로 하면 '대원경지大圓鏡智' 라 하는데 커다란 거울이 누구나 다 받아들이는 것처럼 누구나 다 받아들인다. 깨끗하고 더러운 것이 없다. 수도를 많이 한 사람이나 죄를 많이 지은 사람이나 차별 없이 죄인도 받아들이고 의인도 받아들인다. 바다가 더러운 물이나 깨끗한 물이나 다 받아들이듯이 부처님의 지혜도 이처럼 다 받아들인다는 것이다.

"선분별유위무위법대지혜보善分別有爲無爲法大智慧寶", 이것은 부증불감이다. 더하는 것도 없고 덜하는 것도 없다는 것이다. 유위有爲는 더하는 것이요 무위無爲는 더는 것이다. 바다는 장마가 쏟아져 늘어나는 것도 아니고 가물어서 줄어드는 것도 아니다. 밤낮 그만해서 증감이 없다.

"불괴법성대지혜보不壞法性大智慧寶", 바다는 언제나 짠맛이지 어느 때는 싱겁다가 어느 때는 달다거나 그런 것이 없다. 해수일미海水一味다. 불생불멸이다. 더 나는 것도 없고 없어지는 것도 없다. 언제나 그만한 것이다.

"미증오실대지혜보未曾誤失大智慧寶", 바닷물은 언제나 꼭 같이 달이 뜨면 들어오고 달이 지면 나간다. 시간은 언제나 꼭 같지 이랬다저랬다 하지 않는다. 무지무득이다. 시간을 몰랐다거나 시계가 없어졌다든가 그런 것이 없다. 언제나 시간을 맞춘다는 것이다.

이렇게 바닷물에 비유해서 인간의 지혜도 이렇다는 것이다. 불생불멸, 불구부정, 부증불감, 무지무득, 이런 네 가지 성격을 지혜는 가지고 있다. 이것을 지금 네 개의 보주寶珠라 한다.

이 네 개의 보주가 없으면, 즉 석가에게 불구부정의 지혜가 아니라면, 그래서 죄지은 사람이니 하고 받아들이지 않는다면 "유일중생有一衆生 득입대승得入大乘 종무시처終無是處", 구원받을 사람이 한 사람도 없다는 것이다. 그런데 석가에게 이런 네 가지 넓은 마음이 있기 때문에 모든 중생이 "득입대승得入大乘", 다 구원받을 수 있다는 말이다. 이것이 여래심의 제4상이다.

이것을 "대보출생大寶出生"이라 했다. 바다는 많은 보배를 출생한다는 것이다. 보배가 많지만 바다에서 수증기가 올라가는 것이 가장 큰 보배다. 바다에서 수증기가 올라가지 않으면 비가 어떻게 오겠는가.

(5) 비여대해譬如大海 유사치연광명대보有四熾然光明大寶 멸일체산선파랑滅一切散善波浪 대지혜보大智慧寶 제일체법애除一切法愛 대지혜보大智慧寶 혜광보조慧光普照 대지혜보大智慧寶 여여래평등무변무공용與如來平等無邊無功用 대지혜보大智慧寶 약무여래차사지보대광조촉若無如來此四智寶大光照觸 내지유일보살乃至有一菩薩 득여래지得如來地 무유시처無有是處 제오상第五相. (주소해 수유珠消海水喩)

비유하면 큰 바다와 같다. 바다에는 네 가지 불이 붙는 광명의 큰 보배가 있다. 첫째는 삼매三昧, 둘째는 신통神通, 셋째는 공용功用, 넷째는 평등平等이라는 것이다.

"멸일체산선파랑滅一切散善波浪 대지혜보大智慧寶", 파랑을 잘 없이하는 지혜다. 바닷물에 거센 풍랑이 일어나는데 그것을 어떻게 가라앉히느냐는 말이다. 우리 속에서 고민이 한없이 쏟아져 나올 때 이 고민을 어떻게 가라앉히느냐. 그 방법을 불교에서는 삼매라 한다. 기독교로 말하면 삼매는 기도인데 우리로 말하면 명상이다. 깊이 생각하는 것이다. 아까도 해인삼매라는 말을 했다. 석가도 언제나 삼매 속에 들어가는 것이다. 삼매를 기독교에서는 기도라 하는데 기도라 하면 간구하는 인보케이션invocation의 단계가 있고 그 단계를 지나 명상(meditation)의 세계가 있다. 명상이란 하나님의 말씀을 생각하는 것이다. 예수님이라면 이런 경우에 어떻게 했을까 그것을 생각하는 것이다. 그래서 삼매를 우리는 명상이라 해 둔다.

"제일체법애除一切法愛 대지혜보大智慧寶", 법애法愛에 빠지는 것을 없이하는 지혜다. 삼매에 빠진 것을 어떻게 구하느냐는 것이다.

삼매에 맛을 붙이면 밤낮 삼매만 하려고 한다. 이것이 또 문제다. 맨 처음에 가부좌를 하고 가만 앉아 있으면 발도 저리고 괴롭지만 나중에 그것도 습관이 되면 그렇게 편하고 기분 좋은 것이 없다. 그러고 밤낮 가부좌만 하고 앉아 있으려 한다. 이것이 말하자면 침공沈空, 공에 빠진다는 것이다. 여기서 그것을 법애, 삼매에 빠지고 만다고 한다. 이 삼매에 빠진 것을 구하는 지혜인데 그것을 신통神通이라 한다. 어떤 하나의 깨달음이다. 완전한 깨달음이 아니라 일시적인 깨달음이다. 하나님의 말씀을 이렇게 저렇게 생각만 하고 있으면 안 되고 깨닫고 일어서야 된다는 것이다.

법애를, 참선에만 매달려 있는 것을 어떻게 물리치는가. 교회다니는 것을 좋아하다 자기 집에서 밥하는 것도 잊고 교회만 다니는 사람도 있다. 사람이란 그렇게 무엇이나 빠지기 쉽다. 믿음이 아니라 미친 사람이 되는 것이다. 믿음이 아니라 미치기가 쉽다. 법애, 거기에서 어떻게 빠져나오는가. 그것을 신통이라 하고 우리로 말하면 깨달았다는 것이다. 완전히 깨달은 것이 아니라 연각緣覺이다. 그때그때 깨닫는 것이다.

"혜광보조慧光普照 대지혜보大智慧寶", 신통을 또 없이하는 것이다. 깨달음을 없이하는 것이다. 깨달았다 하고 거기에 또 빠지면 안 되는 것이다. 다음에 공용功用이란 말이 나오지만 공용을 여기에 놓는 것이 좋겠다. 깨달음에서 또 빠져나오게 하는 것이다. 그래서 이것을 "혜광보조무변무공용慧光普照無邊無功用 대지혜보大智慧寶"라 고치고 4번을 "여여래평등與如來平等 대지혜보大智慧寶"로 고치는 것이 좋겠다. 이렇게 넷으로 말한 사람은 이통현이다.

물 속에 머리를 넣고 들어가는 것을 삼매라 한다. 물 속에 들어가면 떠오르는 때가 있는데 떠오르는 그것을 신통이라 한다. 떠오르면 어떻게 해야 되나. 그때는 또 가야 된다. 떠서 가야 된다. 그러니까 3번째를 평등이라 하고 4번째를 공용이라 해도 된다. 물에 빠진 사람을 구원해 주는 것이다. 그것이 공용이다. 이렇게 해도 좋을 것이다. 꼭 이통현을 따를 것 없이 3번을 평등이라 하고 4번을 공용이라 하는 것이 더 좋겠다. 삼매는 물 속에 머리를 집어넣는 것이고 신통은 붕 뜨는 것이고 그래서 떠서 왔다갔다 하면서 물에 빠진 사람들을 구원해 준다. 그래서 "여여래與如來 혜광보조慧光普照 평등平等 대지혜보大智慧寶"와 "무변무공용無邊無功用 대지혜보大智慧寶"다.

이런 네 가지 보배가 없으면 하나의 보살도 부처가 될 수 없다. 이 네 가지를 가지고 부처가 된다는 말이다. 삼매, 신통, 평등, 공용이다. 물 속에 머리를 집어넣고 물에서 붕 뜨고 그래서 물 위로 다니고 빠진 사람들을 구원해 준다.

이것을 "주소해수珠消海水"라 했다. 바다 속에 용이 사는데 용의 입에는 여의주라는 큰 구슬이 있어서 모든 문제를 다 해결해 준다는 것이다.

(6) 여래지혜如來智慧 편일체고遍一切故 수부보용무량지혜雖復普容無量智慧 이무분별而無分別 제육상第六相. (허공함수유虛空含受喩)

여래지혜는 "편일체고遍一切故", 우주에 꽉 차 있다. 허공 같은 것이다. 한없이 많은 지혜 그것은 "무분별無分別", 갈라놓을 수 없다. 통일지統一智라는 말이다. 이것이 제6상이다.

이것을 "허공함수유虛空含受喩"라 했다. 허공은 모든 것을 다 받아들인다는 것이다.

(7) 설산정雪山頂 유약왕수有藥王樹 명무진근名無盡根 여래지혜如來智慧 무유증감無有增減 이근선안주以根善安住 생무휴식고生無休息

故 제칠상第七相. (약왕생장유藥王生長喩)

 히말라야 산 꼭대기에 약왕藥王의 나무가 있는데 그 뿌리가 한없이 깊이 박혀있다. 그래서 아무리 가물어도 말라죽는 일이 없다는 것이다. 여래지혜도 "무유증감無有增減", 언제나 살아있지 증감이 없다. 뿌리가 있기 때문에 언제나 잘 살아있는 것이다. 그래서 "생무휴식고生無休息故", 생이 계속 자라고 있다. 마치 용문산의 은행나무 같은 것이다. 천 년 된 나무인데 키는 60미터나 되고 뿌리가 깊이 박혀있기 때문에 계속 살아있는 것이다. 그리고 하루에 물을 50드럼씩 먹는다고 한다. 용문산에서는 가물어도 물이 계속 내려오니까 그렇게 살아있는 것이다. 이것을 약왕수藥王樹라 한 것인데 이것이 제7상이다.
 이것을 또 "약왕생장유藥王生長喩"라 했다. '약왕', 의사가 사람들을 살려준다는 것이다.

 (8) 여래지혜如來智慧 분별삼세일체중생分別三世一切衆生 일체국토一切國土 일체겁수一切劫數 일체제법一切諸法 무부지자無不知者 약언부지若言不知 무유시처無有是處 지혜평등智慧平等 실명달고悉明達故 제팔상第八相. (겁화소진유劫火燒盡喩)

 여래지혜는 아무리 세밀한 것도 다 안다는 것이다. 그래서 알지 못하는 것이 없다. 만약 모른다고 말한다면 그것은 옳지 않다. 지혜가 평등하여 어디까지나 밝게 도달할 수 있는 것이다. 이것이 제8상이다.
 이것을 비유로 말하길 마른 초목을 쌓아두면 거기 조그만 불씨라도 들어가게 되면 전체가 다 불타는 것처럼 여래지혜는 아무리 적어도 일단 들어가기만 하면 일체를 다 불사르게 된다는 이야기를 했다.
 이것을 "겁화소진劫火燒盡"이라 한다. 불이 만물을 다 불사르듯 진리가 모든 문제를 다 해결해 준다는 것이다. 스타가 한국 사람들의 가슴속의 모든 문제를 다 풀어주는 것이나 마찬가지다.

(9) 약무여래교지지풍若無如來巧持智風 무량보살無量菩薩 개타성문벽지불지皆墮聲聞辟支佛地 유차지고由此智故 영제보살令諸菩薩 초이승지超二乘地 제구상第九相. (겁풍지괴유劫風持壞喩)

'지풍智風', 지혜의 바람이다. 여래의 지풍이 교묘하게 계속된다. 만일 이 지풍이 없다면 보살이 결국 연각·성문으로 떨어지고 만다는 것이다. 연각·성문으로 떨어지지 않게 되는 까닭은 그 지풍 때문이다. 지혜의 바람이 계속 불어온다는 것이다. 기독교로 말하면 하나님의 은혜라는 것이다. 하나님의 은혜, 성령의 바람이 계속 불어오니까 견뎌가는 것이지 그렇지 않으면 견뎌갈 수 없다.

"유차지고由此智故", 이 지풍 때문에 모든 보살로 하여금 성문·연각의 이승지二乘地를 초월해서 보살의 세계를 유지할 수 있게 된다. 그러니까 『화엄경』에서 제일 중요한 것이 보살이다. 『화엄경』은 너무 어려워서 성문·연각이 알 수 없다는 것이다. 그래서 『화엄경』은 보살을 위한 경이지 성문이나 연각을 위한 경은 아니라고 하리만큼 보통 불경에서는 『화엄경』이 제일 어려운 경이라 한다.

지풍 때문에, 성령의 역사 때문에 계속 이승二乘을 초월해서 보살의 세계에 머물러 있을 수 있다. 그것이 제9상이다.

이것을 "겁풍지괴劫風持壞"라 했다. '겁풍劫風'이란 진리의 바람이다. 진리의 바람이 모든 문제를 계속 무너뜨려준다는 것이다.

(10) 기재기재奇哉奇哉 차제중생此諸衆生 운하구유여래지혜云何具有如來智慧 우치미혹愚癡迷惑 부지불견不知不見 아당교이성도我當敎以聖道 영기영리망상집착令其永離妄想執着 자어신중自於身中 득견여래광대지혜得見如來廣大智慧 여불무이與佛無異 제십상第十相. (진함경권유塵含經卷喩)

제10상을 "진함경권유塵含經卷喩"라 했다. 먼지 속에 『성경』이 파묻히기 싫다는 것이다. 『성경』은 읽으라는 『성경』인데 밤낮 들고만 다닌다. 『성경』을 읽지는 않고 집에 쌓아두기만 하는 사람이 많다는 것이다. 그래서 먼지만 쌓이기 쉬운 것이 성경책인데 그 먼지 속에 쌓인 성경책을 꺼내 읽어서 그 속에 있는 진리를 꺼내야 되지 않느냐는 것이다. 성경책이야말로 진리의 창고다. 그런데 그것을 모르고 계속 먼지 속에 파묻어 둔다. 우리 속에 보배가 있는데 그것을 모르고 계속 묵혀 두는 것이다.

맨 마지막 이것이 제일 중요한 것이다. 본문을 본다.

"기재기재奇哉奇哉", 이상하고 이상하다. 모든 중생들이 여래지혜를 다 갖추고 있다. 실유불성悉有佛性이라 한다. 이 세상 만물이 다 불성을 지니고 있다는 것이다. 이것도 사실이다. 요즘 여름이 되어 산에 가면 산 전체가 푸른 풀로 덮여있다. 흙이 보이지 않는다. 겨울에는 흙인데 지금은 풀이 다 덮고 있다. 그 풀이 무엇인가 하면 태양 광선의 저축이다. 태양 광선이 내려와서 풀이 된 것이지 다른 것이 아니다. 태양이 온 우주를 덮은 것이다. 그 풀 속에는 다 태양이 들어가 있지 태양이 들어가 있지 않는 풀이 어디 있겠는가. 그러니까 마르면 다 불이 되는 것이다. 불이 안 되는 풀이 어디 있겠는가. 실유불성이다. 모든 풀이 다 불이 될 수 있는 소질을 가지고 있는 것이다. 우주 만물이 다 그렇다. 우주 만물이 다 태양의 변신이다. 태양의 화신이다. 지구도 그것이 아무리 흙덩이 같아도 강한 열에 부딪히면 불덩이가 되고 만다. 바위도 달도 다 그렇지 않는 것이 없다. 이것을 소위 '원시화原始火'라 한다. 본래가 불이다. 불이 다른 것으로 변한 것뿐이다. 일체가 불덩이인데 자기가 불덩이인줄 모르는 이것이 소위 미혹이라는 것이다.

그래서 "운하구유여래지혜云何具有如來智慧", 어찌하여 여래지혜를 다 갖추고 있는데도 "우치미혹愚癡迷惑", 그렇게 정신을 못 차리고 있느냐는 것이다. 너 자신을 알라 하는데 다름이 아니라 자기 자신이 불덩이라는 것을 알라는 말이다. 그런데 "부지불견不知不見", 그것을 알지도 못하고 그것을 발견하지도 못하고 "우치미혹", 계속 어리석고 계속 정신을 못 차리고 야단치고 있다는 것이다.

그래서 내가 정말 거룩한 길을 가지고 가르치는 것이다. "영기영리

令其永離 망상집착妄想執着", 망상과 집착에서 벗어나게 해주는 것이다. 망상과 집착을 벗어나면 "자어신중自於身中 득견여래得見如來 광대지혜廣大智慧", 자기 속에서 여래의 광대한 지혜를 발견할 수 있다. 누구든지 자기 속에서 불을 볼 수 있다는 말이다. 그래서 "여불무이與佛無異", 부처님이나 나나 꼭 같다는 것이다. 결국 내가 부처라는 것을 발견하는 그것이 수도修道라는 말이다. "여불무이", 부처님이나 나나 다를 것이 하나도 없다. 꼭 같다. 나는 지금 망상 집착에 빠져있는 것 뿐인데 만일 망상 집착을 떠나면 내 속에 광대지혜가 발견될 것이다. 부처와 나는 꼭 같다. 이것이 믿음이라는 것이다. 부처와 나는 꼭 같아 다를 것이 없는데 내가 지금 망상에 집착이 되어 있다는 것이다. 이것이 가장 중요한 것이다. 이것을 알면 『화엄경』을 다 아는 것이다. 『화엄경』이 다른 것이 아니다. 내가 부처와 꼭 같다는 이것 하나만 알면 다 된다. 그러니까 이것으로 『화엄경』은 졸업이다.

2002. 6. 16.

여래출현품 강해(4)

37.6 여래경계如來境界

여래경계如來境界, 여래의 영향력은 어디까지 미치는가 하는 질문이다. 대답을 본다.

여해진기무유량如海珍奇無有量 중생대지역부연衆生大地亦復然 수성일미등무별水性一味等無別 어중생자각몽리於中生者各蒙利.

여래의 지혜, 또는 여래의 사랑은 무유량無有量이다. 여래 속에는 아주 고귀한 보배가 한없이 많다는 것이다. 그런데 여래만이 아니라 중생도 마찬가지다. 중생대지衆生大地 또한 마찬가지다. 부처와 나는 꼭 같다. 그래서 내 속에도 한없는 보배가 꽉 차 있다는 말이다. 한없는 지혜가 꽉 차 있다. 그것을 성성이라 한다. 그 보배를 발견하는 것을 견성見性이라 하는데 그 보배를 발견하면 나도 부처가 되는 것이다. 그것을 성불成佛이라 한다. "수성일미水性一味 등무별等無別", 물은 어디에서나 꼭 같다. 물이 모든 나무를 다 살려준다. 이와 마찬가지로 부처나 중생이나 대지나 일체를 살려주는 어떤 존재가 있다는 말이다. 기독교에서는 그 존재를 하나님이라 한다. 불교에서는 비로자나불毘盧遮那佛이라 한다. 하여튼 모든 것을 살려주는 무엇이 있다는 것이다. 그것을 보통으로 말하면 물인데 종교적으로 말하면 하나님이다. 그 하나님이 일체를 꼭 같이 살려주는 것이다. "어중생자於中生者 각몽리各蒙利", 그래서 물이 가 닿는 생명은 다 살게 마련이다.

여래지해역여시如來智海亦如是 일체소유개무량一切所有皆無量 유학무학주지인有學無學住地人 실재기중득요익悉在其中得饒益.

여래의 지혜의 바다도 이와 꼭 같다. 일체 소유가 한이 없다. "유학무학주지인有學無學住地人". '유학有學'은 학이 있다는 말이 아니라 유有를 아는 사람이고 '무학無學'이란 무無를 아는 사람이다. 그래서 유학을 요새로 말하면 과학이요 무학은 종교다. 쉽게 말하면 형이상을 아는 것을 무학이라 하고 형이하를 아는 것을 유학이라 한다. 철학에서 형이상을 공부하는 사람을 무학이라 하는 것이다. 그래서 언제나 유보다는 무가 더 크고 위대하다는 것이다. '유有'라는 글자를 보면 고기를 손에 잡고 있다는 글자다. 그런데 '무無'라는 글자는 큰 대大자에 사십四十과 수풀 림林이다. 큰 사십의 수풀이다. 숲에 나무가 한없이 많다는 것이다. 마흔도 많다는 뜻이다. 그것이 또 한없이 크다는 것이다. 말하자면 무는 무한無限을 가리키는 것이다. 무는 무한의 세계인데 그것을 허공으로 비유한다. 유는 조그만 세계다. 사람이란 무엇인가. 60kg의 고기 한 점을 매달고 다니는 것이다. 그러니까 유는 조그만 세계를 가리키고 무는 큰 세계를 가리킨다. 큰 세계를 아는 것이 무학이고 조그만 세계를 아는 것이 유학이다. 유학이건 무학이건 땅에 사는 모든 사람들이 다 부처님의 지혜의 덕을 본다는 것이다. 그러니까 부처님의 영향이 어디까지 가는가 하면 모든 생물에게 다 미치게 된다는 말이다. 이것을 여래경계라 한다.

37.7 소행지행所行之行

이것을 소위 행행이라 한다. 진여행眞如行과 무애행無碍行이다.

진여행眞如行

진여眞如란 현상세계 밖에 있는 실재의 세계를 말한다. "공즉시색空卽是色", 공空은 무의 세계, 실재 세계를 말하고 색色은 현상세계, 유의 세계를 말한다. 그래서 노자老子로 말하면 "무즉유無卽有"가 된다. 그리고 공자孔子로 말하면 "도즉기道卽器"라 한다. "형이상위지도形

而上謂之道"이기 때문이다. "공즉시색"이라 할 때의 공空이 진여를 말한다. 그러니까 실재의 세계라 할 수도 있고 또 보통 진리라 할 때 그것을 진여라 할 수도 있다. 또 일체 변하지 않는 법칙도 진여라 한다. 진리라든가 실재라든가 이런 말을 이 사람들은 진여라 한다. 이 진여를 중국 사람들은 도道라고 번역한다. "형이상위지도"라 하기 때문이다. 진여는 형이상이기 때문에 도라고 번역하는 것이다. "일도출생사一道出生死 일체무애인一切無碍人." 원효대사元曉大師(617-686)가 제일 좋아하는 말이라 하는데 사실 누구나 좋아하는 말이다.

비여진여불생멸譬如眞如不生滅 무유방소무능견無有方所無能見

"불생멸不生滅", 이 말은 "출생사出生死"나 같은 말이다. 무의 세계, 실재의 세계, 형이상의 세계이니까 거기에는 "방소무능견方所無能見", 방소도 없고 볼 수도 없다. 알 수 없는 세계다. 있기는 있는데 알 수는 없는 세계, 그것을 철학에서는 존재의 세계라 한다. 하나님을 존재存在라 한다. 모세가 하나님을 만나 "당신은 누구십니까?"하고 묻자 "나는 있고 있는 자"라고 했다. 우리는 있다가 없어지고 없다가 있는 존재인데 하나님은 있고 있는 존재, 영원히 있는 존재다. 있고 있는 존재인데 만일 사람이 하나님을 보면 죽고 만다. 그래서 모세에게도 "너는 나를 보지 말라 나를 보면 너는 죽는다." 했다. 보면 죽는다는 말은 알 수가 없는 세계라는 것이다. 있기는 있는데 알 수는 없는 세계다. 형이상의 세계라는 것이다.

대요익자행여시大饒益者行如是 출과삼세불가량出過三世不可量

세상을 크게 유익하게 하는 사람들도 다 이와 같다. 삼세를 초월해서 도저히 헤아릴 수 없는 그런 세계다. 있기는 있는데 알 수 없는 세계다. 우리가 하나님의 도움으로 살고 있지만 하나님을 알 수는 없다. 하나님은 우리를 다 아는데 우리는 하나님을 알 수가 없다. 갓난애들이 부모를 모르는 것이나 마찬가지다. 부모는 갓난애를 다 알지만 갓난애는 부모를 모른다.

법계비계비비계法界非界非非界 비시유량비무량非是有量非無量

법계法界, 비계非界, 비비계非非界, 삼단계다. 법계를 초월한 비계, 다시 비계를 초월한 비비계다. 유량有量도 무량無量도 아닌, 유량 무량을 초월한다. 변증법으로 올라가는 것이다.

대공덕자행역연大功德者行亦然 비량무량무신고非量無量無身故.

대공덕자의 행도 또한 그렇다. 량도 아니고 무량도 아닌 초월의 세계다. 그 세계는 현상계가 아니라 몸이 없는 세계다. 그것은 알 수 없는 세계다. 그것이 소위 진여의 세계라는 것이다.
우리도 생사의 세계에서 진여의 세계로 올라가야 된다. 그래서 진여의 세계에 살게 되어야 부처가 된다.

무애행無碍行

여조비행억천세如鳥飛行億千歲 전후허공등무별前後虛空等無別

새가 억 천 세월 동안 날아가도 "전후허공前後虛空 등무별等無別"이다. 억만 리를 날아갔다 해도 무한한 허공에서는 아무 것도 아니다.

중겁연설여래행衆劫演說如來行 이설미설불가량已說未說不可量

몇 억만 년 연설을 해서 말했다 해도 말 못한 것들이 헤아릴 수 없이 많다.

비여일월유허공譬如日月遊虛空 조임일체불분별照臨一切不分別

마치 해와 달이 허공을 돌아가며 모든 일체를 비춰주는 것처럼

세존주행어법계世尊周行於法界 교화중생무동념敎化衆生無動念.

세존이 법계를 주행하면서 중생을 교화하는데 마음에 흔들림이 없다.
하늘에서 계속 빛이 내려오듯이 부처님이 계속 우리를 교화하고 있다는 말이다. 이상이 진여행과 무애행인데 이는 "일도출생사一道出生死 일체무애인一切無碍人"이나 같은 말이다.

37.8 성도成道, 정각正覺

정각료지일체법正覺了知一切法 무이이이실평등無二離二悉平等

정각正覺을 하면 일체법一切法을 안다. 둘도 없고 둘을 떠나서, 상대를 떠나서 절대에 도달한다. 그래서 일체가 다 평등이다.

자성청정여허공自性淸淨如虛空 아여비아불분별我與非我不分別

절대의 세계를 알기 위해서는 내 마음이 허공처럼 깨끗해야 된다. 마음이 깨끗한 사람이 하나님을 보게 된다. 그렇게 되면 나와 남이 다름이 없게 된다.

여해인현중생신如海印現衆生身 이차설기위대해以此說其爲大海

바다에 중생신衆生身이 비치는 것처럼, 하늘의 은하수가 바다에 비치는 것처럼 일체를 다 알 수 있다는 비유다. 바다에 은하수가 비치듯

정각을 하면 일체를 다 알게 된다는 말이다. 그래서 대해大海라 한다. 강물이라면 그렇게 안 된다는 것이다.

보리보인제심행菩提普印諸心行 시고설명위정각是故說名爲正覺.

보리菩提도 마찬가지다. 모든 심행心行을 다 도장 찍는다. 하늘의 별들을 바다가 도장을 찍듯이 보리도 모든 심행을 도장 찍는다. 그렇기 때문에 그것을 정각이라 한다. 바다에 은하수가 비치듯 부처님의 마음 속에는 모든 사람의 마음이 다 비친다는 말이다. 다 알 수 있다는 것이다. 그래서 늘 말하듯 석가는 거기에 모인 사람들 가운데 한 사람, 가장 문제가 많아 보이는 한 사람, 가장 슬픈 사람을 찾아서 그 사람 얼굴이 기쁨으로 변하기까지 그 사람을 보면서 설법을 한다는 것이다. 예수님도 모든 이의 마음을 다 안다고 한다. 모든 사람의 마음을 다 알고 그 마음의 미혹과 망상이 풀리기까지 설법을 하는 것이다. 그래서 『팔만대장경』이라는 많은 경이 나오게 되었다는 것이다. 이상이 성도 혹은 정각이라는 것이다.

37.9 전법륜轉法輪, 설법說法

불유삼매명구경佛有三昧名究竟 입차정이내설법入此定已乃說法

『화엄경』은 석가가 삼매에 들어가 있고 보현이 대신 말하는 것이다. 석가가 들어가 있는 삼매의 이름이 구경究竟이다. 그 삼매에 들어가서 보현이 설법을 하는 것이다.

일체중생무유변一切衆生無有邊 보출기음령오해普出其音令悟解

이 설법을 듣는 중생은 한없이 많다. 그 설법의 소리를 듣고 다 깨달음을 얻을 수 있게 된다.

일일음중부갱연一一音中復更演 무량언음각차별無量言音各差別

한 마디 한 마디 속에는 많은 내용이 포함되어 있다. 한 마디마다 다 뜻이 들어가 있다.

어세자재무분별於世自在無分別 수기욕락보사문隨其欲樂普使聞.

이 세상에서 자유롭게 분별없이 다 알아들을 수 있게, 그래서 모든 이가 마음에 기쁨을 가지고 좇아올 수 있도록 설법을 한다. 잘 가르친다는 말이다.

37.10 입반열반入般涅槃

불유삼매명부동佛有三昧名不動 화중생흘입차정化衆生訖入此定

부처가 열반에 들 때는 부동不動이라는 이름의 삼매에 든다. 모든 중생을 변화시키고 이 정정에 들어간다. 이 삼매를 달리 말하면 탈혼 상태라고 하겠다.

네오플라토니즘Neoplatonism의 선구자 플로티노스Plotinos(204-270)는 네 번 탈혼을 했다. 탈혼이란 가만 앉아있으면서 혼이 나가는 것이다. 젬마도 탈혼을 했다. 혼이 나가서 하늘에 올라가 베드로도 만나고 마리아도 만나고 돌아왔다. 아마 이런 것을 말하는 것 같다. 석가는 보광명전普光明殿에 가만 앉아 있으면서 도솔천兜率天에도 올라가고 타화자재천他化自在天에도 올라간다. 그러니까 하나의 탈혼 같은 현상이라 그렇게 볼 수도 있겠다.

일념신방무량광一念身放無量光 광출연화화유불光出蓮華華有佛

정정에 들어가면 한순간 몸에서 빛이 나온다. 젬마도 탈혼을 하고 나면 눈에서 광채가 나고 얼굴이 새빨갛게 된다고 한다. 무한한 광채가 나는데 빛 속에는 연꽃이 피고 연꽃 속에 부처님이 나타난다.

불신무수등법계佛身無數等法界 유복중생소능견有福衆生所能見

불신佛身은 이 우주 만물이 다 불신이니까 법계에 꽉 차 있다. 복이 있는 중생은 능히 불신을 볼 수가 있다.

여시무수일일신如是無數一一身 수명장엄개구족壽命莊嚴皆具足.

이와 같이 무수한 "일일신一一身"이 수명이 장엄하여 다 구족되어 있다.

요새 여름이 되어 산에 가면 나무들이 한없이 싱싱하고 한없이 깨끗하다. 정말 하나하나가 다 불신이지 불신 아닌 것이 어디 있겠는가. 열반이란 무엇인가. 이 사람들의 생각은 석가는 도솔천에 살다가 지구로 내려와 사람이 되었는데 죽으면 다시 도솔천으로 올라간다는 것이다. 기독교로 말하면 말씀이 육신이 되었다가 육신이 다시 말씀이 되는 것이다. 플라톤Plato(427-347 B.C.)도 마찬가지다. 우리는 다 이데아 Idea의 세계에 살다가 이 세상에 내려와서 살다가 이 세상을 떠나면 또 이데아의 세계로 올라간다는 것이다. 그러니까 이 사람들의 생각은 영생永生이지 장생長生이 아니라는 것이다. 장생이란 오래 사는 것이다. 영생이란 도솔천에서 왔다가 다시 도솔천으로 가는 것이다. 이 사람들의 열반은 이런 영생이다. 도솔천에서 왔으니까 다시 도솔천으로 가는 것이다. 몸은 생신生身이요 왔다가 가는 것은 법신法身이다. 나무는 생신이다. 났다가 죽는 것이다. 그러나 물은 나무를 살려주고는 나가서 다시 하늘로 올라가 구름이 되었다가 비가 되어 내려와 나무를 다시 살려준다. 그러니까 법신은 물과 같은 것이고 생신은 나무와 같은 것이다. 그래서 법신이 주요 생신은 법신에 속해있는 것이다. 법신은 선서善逝 여래如來, 왔다가 가는 것이다. 진여의 세계에서 왔다가 다시 진여의 세계로 가는 것이다. 여래如來, 진여에서 왔다가, 선서善逝, 선으로 가는 것이다. 이데아의 세계에서 왔다가 다시 선의 이데아로 돌아가는 것이다. 그것을 열반이라 한다. 그래서 생사는 하나의 방편이다. 석가가 왜 나왔는가. 이 세상을 구원하기 위해서 나온 것이다. 왜 가는가. 이 세상을 구원하기 위해서다. 석가가 간다고 해야 정신을 차리지 가지 않으면 계속 정신을 못 차리니까 정신을 차리게 하기 위해서 죽는 것이다. 기독교에서는 속죄하기 위해서 죽는다고 한다. 정신을 차리게 하기 위해서 죽는 것인데 부처님 자체는 출생사出生死다. 법신을 물이라 했는데 물을 또 도道라 한다. 부처 자체는 도니까 생사가 없다. 도에는 생사가 없다. 부처 자체는 생사가 없는데 이 세상에 온 것은 이 세상을 구원하기 위해서다. 그러니까 할 수 없이 나온 것도 아니고 할 수 없이 죽는 것도 아니고 구원하기 위해서 나왔고 구원하기 위해서 죽는 것이다. 생사도 하나의 수단이요 방편이지 무슨 자연생 자연사가 아니라는 것이다. 생사는 방편이라는 것이다. 이런 생각이 이 사람들의 열반이라는 사상이다.

37.11 견문친근見聞親近 소생선근所生善根, 공덕功德

여건초적등수미如乾草積等須彌 투개자화실소진投芥子火悉燒盡

마른 풀을 수미산처럼 높이 쌓아놓았다. 거기에 겨자씨만한 불씨라도 들어가면 다 타고 만다.

공양제불소공덕供養諸佛少功德 필단번죄지열반必斷煩惱至涅槃

이와 같이 부처님을 공양하는 조그만 공덕이라도 한없이 큰 역할을 하는데 모든 번뇌를 끊어버리고 열반에 도달하게 해준다. 이것이 공덕이라는 것이다.

설산유약명선견雪山有藥名善見 견문후촉소중질見聞齅觸消衆疾

설산에 약왕수라는 나무가 있는데 그 이름이 선견善見이다. 선이 나타나는 그런 나무다. "견문후촉見聞齅觸", 보아도, 들어도, 냄새 맡아도, 만져도, 모든 병들이 다 없어진다. 예수님의 옷자락에 부딪히니까 38년 된 병이 다 나았다고 한다.

약유견문어십력若有見聞於十力 득승공덕도불지得勝功德到佛智

부처님을 보기만 하고 듣기만 해도 그 공덕은 한없이 우수해서 불지佛智에까지 도달할 수 있는 그런 공덕을 얻게 된다.
공덕의 핵심은 "공양제불供養諸佛"이다. 요새 우리로 말하면 히딩크 같은 사람이 제불이다. 히딩크가 아니면 어떻게 4강에까지 올라가겠는가. 그만큼 지도자가 중요한 것이다. 안내자가 없이 어떻게 산을 오르겠는가. 지도자는 눈과 같은 존재다. 눈을 가지면 길을 가는 것이고 눈이 없으면 못가는 것이다. 제불이란 지도자라 해도 좋고 선생님이라 해도 좋다. 자기의 앞길을 인도해 주는 분이다. 그렇게 자기의 길을 인도해 주는 분을 조금이라도 공양을 하면 자기의 모든 번뇌가 다 없어질 수 있으리 만큼 큰 복을 받게 된다. 이것이 소위 공덕이라는 것이다.

여시미밀심심법如是微密甚深法 백천만겁난가문百千萬劫難可聞

이와 같이 『화엄경』은 "미밀심심법微密甚深法"이다. 한없이 신비하고 한없이 깊은 진리를 담은 그런 책이다. 이런 『화엄경』의 말들은 수만 년이 지나가도 듣기 어려운 그런 말들이다.

정진지혜조복자精進智慧調伏者 내득문차비오의乃得聞此秘奧義

열심히 『화엄경』을 공부하고 지혜를 얻어서 정복한 사람이 있다면 『화엄경』에 가리어 있는 깊고 오묘한 진리를 발견할 수 있을 것이다.

차위초세제일재此爲超世第一財 **차능구도제군품**此能救度諸群品
세상에서 가장 귀한 재산이 무엇인가. 이와 같은 진리가 아닌가. 이 진리로 모든 중생을 구원할 수 있는 것 아닌가.
　법보시法布施다. 제일 큰 사랑이 무엇인가 하면 법보시라 한다. 진리를 가르쳐주는 사랑이 가장 큰 사랑이다.

차능출생청정도此能出生淸淨道 **여등당지막방일**汝等當持莫放逸.

이래서 이 깨끗한 도에 나갈 수 있다. 너희는 이것을 꼭 붙잡고 절대 놓치면 안 된다.

　이상으로 『화엄경』이 끝난 것이다. 지금까지 내용을 간단히 정리하면,
　제1장은 적멸도장寂滅道場의 『세주묘엄품世主妙嚴品』, 부처가 나타났다는 것이다. 그래서 많은 보살들이 나와서 부처님을 찬양하는 이야기다. 부처님이 보리수 밑에서 깨달았다는 장소가 적멸도장이다. 그 옆에 강이 흘러가는데 강가의 보광명전普光明殿이라는 정자에서 강의한 것이 제2장 보광명전 법회이다. 그 다음에 석가는 보광명전에서 가만 앉아있는 채 하늘로 올라갔다. 맨 처음에 올라간 곳이 3장의 도리천忉利天이고 그 다음에 4장의 야마천궁夜摩天宮, 그 다음에 5장의 도솔천兜率天이다. 그리고 이어서 6장의 타화자재천他化自在天으로 올라간다. 그 다음에 다시 7장에 보광명전으로 내려온다. 마지막 8번째는 기원정사祇園精舍, 또는 서다림원逝多林園이라는 곳에서 석가가 죽는 것이다. 이렇게 8장으로 되어 있다.
　보광명전에서 강의를 한 것인데 보광명전은 볼 수 있는 장소다. 그런데 도리천이라 하면 하늘나라이니까 볼 수 없는 세계다. 도리천, 야마

천, 도솔천, 타화자재천, 이것은 볼 수 없는 형이상의 세계다. 그리고 다시 볼 수 있는 보광명전으로 내려온다.

맨 처음에 석가가 보광명전에서 강의를 했는데 그것을 듣고 무엇이 생기냐 하면 십신十信이다. 믿음이 생기는 것이다. 대승기신大乘起信이다. 큰 선생님이 나타나니까 믿음이 생기는 것이다. 그것이 십신이다. 그 다음에 도리천은 십주十住다. 야마천은 십행十行이다. 그리고 도솔천은 십회향十廻向이다. 그리고 타화자재천은 십지十地라는 것이다. 그러니까 내용은 십신十信, 십주十住, 십행十行, 십회향十廻向, 십지十地다. 이렇게 50인데 여기에다 등각等覺, 묘각妙覺이 더해진다. 그렇게 52가 끝나고 나서 석가를 만나게 된다.

십신, 십주, 십행, 십회향, 십지라는 50인데 이 50을 보광명전에서 다시 한 번 복습하는 것을 『이세간품離世間品』이라 한다. '이離'는 세상을 초월한다는 뜻과 세상을 이롭게 해준다는 뜻이 있다. 세상을 초월해야 세상을 이롭게 해주는 것이다. "일도출생사一道出生死 일체무애인一切無碍人"이다. 하나님을 사랑해야 이웃을 사랑하게 된다. "상구보리上求菩提 하화중생下化衆生"이나 같은 말이다. 이렇게 이離에는 두 가지 뜻이 있다. 세상을 초월해야 세상을 구원할 수 있다. 물을 초월해야 물에 빠진 사람을 구원해 줄 수 있다. 수영할 줄 알아야 물에 빠진 사람을 구해낼 수 있다. 수영할 줄 아는 것을 초월이라 한다. 수영으로 물을 초월하는 것을 하나님을 사랑한다고 하고 그래서 남을 구해주는 것을 이웃을 사랑한다고 한다. 그러니까 『이세간품』에는 십신, 십행, 십주, 십회향, 십지가 다 나온다. 다시 한 번 복습하는 것이다. 그리고 『입법계품入法界品』은 선재善財라는 청년이 선생님을 찾아다니는 이야기다. 53명의 선생을 만나 진리를 깨닫게 되는 내용이다. 맨 처음 열 사람은 십신이고 그 다음 열 사람은 십주이고 그 다음 열 사람은 십행이고 그 다음 열 사람은 십회향이고 그 다음 열 사람은 십지다. 이렇게 이번에는 구체적인 인물을 들어서 설명해 가는 것이다. 『입법계품』에서 이렇게 또 복습을 하는 것이다. 두 번을 복습하는 것이다. 그러니까 오늘 이것으로 『화엄경』은 끝난 것이다. 그리고 이제 다음

장부터는 다시 복습이다.

하여튼 오늘 『여래출현품如來出現品』으로 『화엄경』은 끝이다. 그 내용은 스타 탄생이다. 이번에 우리나라에 세계적인 스타들이 탄생했다. 우리는 그것을 보면서 이것을 읽어보면 다 같은 소리다. 스타가 태어났는데 그들만이 아니라 우리도 다 스타라는 것이다. 누구나 다 부처라는 것이다. 우리도 다 스타인데 스타가 되려면 어떻게 해야 스타가 되는가. "이세간離世間"이다. "일도출생사一道出生死", 생사를 넘어서야 "이세간", 이 세상을 이롭게 해줄 수 있다. 그것이 스타다.

십신이라는 것은 성문이고 십주라는 것은 연각이고 십행이라는 것은 보살이고 십지는 불타이다. 이렇게 사실은 넷인데 오행五行으로 하려니까 십회향이 들어갔다. 춘하추동春夏秋冬이 일 년인데 오행으로 가려니까 할 수 없이 여름과 가을 사이에 초복·중복·말복이라는 한 계절을 더 만든 것이다. 십회향도 이렇게 해서 들어간 것이다. 원칙으로 말하면 넷이다.

성문에서 연각과 보살을 거쳐 불타에까지 가는 그 과정이다. 그 과정을 설하는 것이 『화엄경』이다. 내용은 이 네 가지뿐인데 이 사람들은 그것을 또 말하고 또 말하는 것이다. 귀가 아플 정도로 계속 말해가는 것이다. 이 사람들은 정말 입에 힘도 좋다. 다음에 『이세간품』에 질문이 몇 개가 나오는가 하면 200개가 나오는데 그에 대한 대답은 2천 개다. 그러니까 대답 하나가 한 페이지만 되어도 2천 페이지나 된다. 그래서 그것을 읽으려면 정말 허리가 빠진다. 그래서 다들 못 읽고 마는데 그 내용을 간추려 보면 이 네 가지뿐이다. 춘하추동이라는 것이다. 봄이 오면 꽃이 피고, 여름이 오면 잎이 무성해지고, 가을이 오면 열매가 맺히고, 겨울이 오면 나무가 굳어진다. 우리 속의 인격人格도 이 네 가지로 되어 있다. 우리 속에 진眞이라는 꽃이 피어야 되고, 선善이라는 잎이 돋아야 되고, 미美라는 열매가 맺혀야 되고, 성聖이라는 나무가 자라야 된다. 꽃이 미요 열매가 진이라 해도 된다. 꽃이 피고 잎이 돋고 열매가 맺히고 나무가 자란다. 이런 인격을 형성해 주기 위해서 성문·연각·보살·불타 이런 이야기를 하는 것이다. 성문을 장자莊子는 귀가 열리는 것이라 하고, 연각은 눈이 열리는 것이라 하고, 보살은 코가 열리는 것이라 하고, 불타를 입이 열리는 것이라 했다. 그래서 네 가지가 다 열리면 그것을 사람이라 한다. 사람이란 무엇인가. 이목구비耳目口鼻가 뚫리면 그것이 사람이다. 뚫리지 못하면 짐승이다. 망상과 집착은 뚫리지 못한 것이다. 귀도 막히고, 눈도 안 보이고, 코도 막히고, 입도 막힌 것이다. 그런데 귀가 열리고 눈이 열리고 코가 열리고 입이 열리면 그것이 사람이다. 『화엄경』의 내용이 무엇인가. 사람이 되자는 것이다. 그 한 마디가 『화엄경』의 내용이다. 1장부터 지금 6장까지 내용이 그것이다. 다음에 7장은 그것의 복습이고 8장에서 또 그것을 복습하는 것이다. 그러니까 『화엄경』의 내용은 이것으로 끝이 난 것이다.

2002. 6. 23.

부 록

제25. 십회향품十廻向品

25.1 이시爾時 금강당보살金剛幢菩薩 승불신력承佛神力 입보살지광삼매入菩薩智光三昧. 이시爾時 제불諸佛 즉여금강당보살卽與金剛幢菩薩 무량지혜無量智慧 무류애변無留碍辯 무애법광명無碍法光明 여래평등신如來平等身.

금강당보살金剛幢菩薩 즉종정기卽從定起 고제보살언告諸菩薩言 불자佛子 보살마하살菩薩摩訶薩 유불가사의대원有不可思議大願 충만법계充滿法界 보능구호일체중생普能救護一切衆生 소위所謂 수학거래현재일체불회향修學去來現在一切佛廻向.

회향유십종廻向有十種 일자一者 구호일체중생리중생상회향救護一切衆生離衆生相廻向 이자二者 불괴회향不壞廻向 삼자三者 등일체제불회향等一切諸佛廻向 사자四者 지일체처회향至一切處廻向 오자五者 무진공덕장회향無盡功德藏廻向 육자六者 입일체평등선근회향入一切平等善根廻向 칠자七者 등수순일체중생회향等隨順一切衆生廻向 팔자八者 진여상회향眞如相廻向 구자九者 무박무착해탈회향無縛無着解脫廻向 십자十者 입법계무량회향入法界無量廻向.

25.2 구호일체중생리중생상회향救護一切衆生離衆生相廻向

25.2.1 아당我當 위일체중생爲一切衆生 작사作舍 영면일체제고사고令免一切諸苦事故. 위일체중생爲一切衆生 작호作護 작귀作歸 작취作趣 작안作安 작명作明 작거作炬 작등作燈 작도사作導師 작대도사作大導師. 여시회향如是廻向 평등요익일체중생平等饒益一切衆生 구경개령득일체지究竟皆令得一切智. 보살菩薩 신심청정信心淸淨 대비견고大悲堅固 이심심以甚深心 환희심歡喜心 청정심淸淨心 최승심最勝心 유연심柔軟心 자비심慈悲心 연민심憐愍心 섭호심攝護心 이익심利益心 안락심安樂心 보위중생普爲衆生 진실회향眞實廻向 비단구언非但口言.

25.2.2 불자佛子 보살마하살菩薩摩訶薩 견제중생見諸衆生 조작악업造作惡業

수제중고受諸衆苦 이시장고以是障故 불견불不見佛 불문법不聞法 불식승不識僧. 변작시념便作是念 아당어피제악도중我當於彼諸惡道中 대제중생代諸衆生 수종종고受種種苦 영기해탈令其解脫. 아당어피지옥축생我當於彼地獄畜生 염라왕등험란지처閻羅王等險難之處 이신위질以身爲質 구속일체악도중생救贖一切惡道衆生 영득해탈令得解脫. 아당이선근我當以善根 여시회향如是廻向 영일체중생令一切衆生 득구경락得究竟樂 이익락利益樂 불수락不受樂 적정락寂靜樂 무의락無依樂 무동락無動樂 무량락無量樂 불사불퇴락不捨不退樂 불멸락不滅樂 일체지락一切智樂.

25.2.3 불위자신구쾌락不爲自身求快樂 단욕구호제중생但欲救護諸衆生 여시발기대비심如是發起大悲心 질득입어무애지疾得入於無碍地. 수행보시대흔열修行布施大欣悅 호지정계무소범護持淨戒無所犯 용맹정진심부동勇猛精進心不動 회향여래일체지廻向如來一切智. 여시실이익중생如是悉以益衆生 영주난사무상지令住難思無上智 보위일체중생고普爲一切衆生故 부사의겁처지옥不思議劫處地獄. 여시회향도피안如是廻向到彼岸 보사군생리중구普使群生離衆垢 영리일체제소의永離一切諸所依 득입구경무의처得入究竟無依處.

25.3 등일체제불회향等一切佛廻向

25.3.1 보살마하살菩薩摩訶薩 수순수학隨順修學 거래현재去來現在 제불세존諸佛世尊 회향지도廻向之道. 여시수학如是修學 회향도시廻向道時 견일체색見一切色 내지촉법乃至觸法 약미약악若美若惡 불생애증不生愛憎. 심득자재心得自在 무제과실無諸過失 광대청정廣大淸淨 환희열락歡喜悅樂 이제우뇌離諸憂惱 심의유연心意柔軟 제근청량諸根淸凉.

25.3.2 보살마하살菩薩摩訶薩 재가택중在家宅中 여처자구與妻子俱 미증잠사보리지심未曾暫捨菩提之心. 정념사유사바약경正念思惟薩婆若境 자도도피自度度彼 영득구경令得究竟. 이선방편以善方便 화기권속化己眷屬 영입보살지令入菩薩

智 영성숙해탈令成熟解脫. 수여동지雖與同止 심무소착心無所着 이본대비以本大悲 처어거가處於居家 이자심고以慈心故 수순처자隨順妻子 어보살청정도於菩薩清淨道 무소장애無所障碍.

25.3.3 불자佛子 보살菩薩 이시爾時 내지시여축생지식乃至施與畜生之食 일단일립一搏一粒 함작시원咸作是願. 당령차등當令此等 사축생도捨畜生道 이익안락利益安樂 구경해탈究竟解脫. 영도고해永度苦海 영멸고수永滅苦受 영제고온永除苦蘊 영단고각永斷苦覺 고취고행苦聚苦行 고인고본苦因苦本 급제고처及諸苦處 원피중생願彼衆生 개득사리皆得捨離. 보살菩薩 여시전심계념如是專心繫念 일체중생一切衆生 이피선근以彼善根 이위상수而爲上首 위기회향爲其廻向 일체종지一切種智.

25.3.4 보살소득승묘락菩薩所得勝妙樂 실이회향제군생悉以廻向諸群生
　　　　　수위군생고회향雖爲群生故廻向 이어회향무소착而於廻向無所着.
　　　　　보살수행차회향菩薩修行此廻向 흥기무량대비심興起無量大悲心
　　　　　여불소수회향덕如佛所修廻向德 원아수행실성만願我修行悉成滿.
　　　　　시방일체제세계十方一切諸世界 소유중생함섭수所有衆生咸攝受
　　　　　실이선근회향피悉以善根廻向彼 원령구족안은락願令具足安隱樂.
　　　　　시방무량제최승十方無量諸最勝 소견일체진불자所見一切眞佛子
　　　　　실이선근회향피悉以善根廻向彼 원사속성무상각願使速成無上覺.

25.4 수순견고일체선근회향隨順堅固一切善根廻向 (입일체평등선근회향入一切平等善根廻向)

25.4.1 불자佛子 보살마하살菩薩摩訶薩 수소시물隨所施物 무량무변無量無邊 이피선근以彼善根 여시회향如是廻向 소위이상묘식所謂以上妙食. 시중생시施衆生時 기심청정其心清淨 어소시물於所施物 무탐무착無貪無着 무소고린無所顧悋 구족시행具足施行. 원일체중생願一切衆生 득지혜식得智慧食 심무장애心無障碍 요지식성了知食性 무소탐착無所貪着 단락법희출리지식但樂法喜出離之食. 지혜충만智慧充滿 이법견주以法堅住 섭취선근攝取善根 법신지신法身智身 청정유행清淨

부록　527

遊行 애민중생哀愍衆生 위작복전爲作福田 현수단식現受搏食. 시위是爲 보살마하살菩薩摩訶薩 보시식시布施食時 선근회향善根廻向.

25.4.2 불자佛子 보살마하살菩薩摩訶薩 수제중생隨諸衆生 일체소수一切所須 이여시등以如是等 아승지물阿僧祇物 이위급시而爲給施. 위령불법爲令佛法 상속부단相續不斷. 대비보구大悲普救 일체중생一切衆生 안주대자安住大慈 수보살행修菩薩行. 어불교회於佛敎誨 종무위범終無違犯 이교방편以巧方便 수행중선修行衆善 부단일체不斷一切 제불종성諸佛種性 수구실여隨求悉與. 이무환염일체실사而無患厭一切悉捨 미증중회未曾中悔 상근회향일체지도常勤廻向一切智道.

25.4.3 보살현신작국왕菩薩現身作國王 어세위중최무등於世位中最無等
　　　복덕위광승일체福德威光勝一切 보위군맹흥이익普爲群萌興利益.
　　　음식향만급의복飲食香鬘及依服 차기상욕좌여등車騎牀褥座與燈
　　　보살실이급제인菩薩悉以給濟人 병급소여무량종幷及所餘無量種.
　　　보살관찰일체법菩薩觀察一切法 수위능입차법자誰爲能入此法者
　　　운하위입하소입云何爲入何所入 여시보시심무주如是布施心無住.
　　　수순사유입정의隨順思惟入正義 자연각오성보리自然覺悟成菩提
　　　제법무생역무멸諸法無生亦無滅 역부무래무유거亦復無來無有去.

25.5 무박무착해탈회향無縛無着解脫廻向

25.5.1 불자佛子 운하위云何爲 보살마하살菩薩摩訶薩 무박무착해탈회향無縛無着解脫廻向. 불자佛子 시是 보살마하살菩薩摩訶薩 어일체선근於一切善根 심생존중心生尊重 소위어출생사所謂於出生死 심생존중心生尊重 어섭취일체선근於攝取一切善根 심생존중心生尊重 어희구일체선근於希求一切善根 심생존중心生尊重 어회제과업於悔諸過業 심생존중心生尊重 어수희선근於隨喜善根 심생존중心生尊重 어예경제불於禮敬諸佛 심생존중心生尊重 어합장공경於合掌恭敬 심생존중心生尊重 어정례탑묘於頂禮搭廟 심생존중心生尊重 어권불설법於勸佛說法 심생존중心生尊重 어여시등종종선근於如是等種種善根 개생존중皆生尊重 수순인가隨順忍可.

25.5.2 이제선근以諸善根 여시회향如是廻向 소위이무박무착해탈심所謂以無縛無着解脫心 성취보현신업成就普賢身業 이무박무착해탈심以無縛無着解脫心 청정보현어업清淨普賢語業 이무박무착해탈심以無縛無着解脫心 원만보현의업圓滿普賢意業 이무박무착해탈심以無縛無着解脫心 발기보현광대정진發起普賢廣大精進.

25.5.3 보살마하살菩薩摩訶薩 주차회향시住此廻向時 일체금강륜위산一切金剛輪圍山 소불능괴所不能壞. 어일체중생중於一切衆生中 색상제일色相第一 무능급자無能及者 실능최파悉能摧破 제마사업諸魔邪業. 보현시방普現十方 일체세계一切世界 수보살행修菩薩行 위욕개오爲欲開悟 일체중생一切衆生. 이선방편以善方便 설제불법說諸佛法 득대지혜得大智慧 어제불법於諸佛法 심무미혹心無迷惑. 재재생처在在生處 약행약주若行若住 상득치우常得值遇 불괴권속不壞眷屬. 삼세제불三世諸佛 소설정법所說正法 이청정념以清淨念 실능수지悉能受持 진미래겁盡未來劫 수보살행修菩薩行. 상불휴식常不休息 무소의착無所依着 보현행원普賢行願 증장구족增長具足. 득일체지得一切智 시작불사施作佛事 성취보살成就菩薩 자재신통自在神通.

25.6 등수순일체중생회향等隨順一切衆生廻向

25.6.1 불자佛子 보살마하살菩薩摩訶薩 여시시시如是施時 무허위심無虛僞心 무희망심無希望心 무명예심無名譽心 무중회심無中悔心 무열뇌심無熱惱心. 단발전구但發專求 일체지도심一切智道心 일체실사심一切悉捨心 애민중생심哀愍衆生心 교화성숙심敎化成熟心 개령안주皆令安住 일체지지심一切智智心.

25.6.2 불자佛子 보살마하살菩薩摩訶薩 여시시시如是施時 생어차심生於此心. 소위所謂 무착심無着心 무박심無縛心 해탈심解脫心 대력심大力心 심심심甚深心 선섭심善攝心 무집심無執心 무수자심無壽者心 선조복심善調伏心 불산란심不散亂心 불망계심不妄計心 구종종보성심具種種寶性心 불구과보심不求果報心 요달일체법심了達一切法心 주대회향심住大廻向心 선결제의심善決諸義心 영일체중생

令一切衆生 주무상지심住無上智心 생대법광명심生大法光明心 입일체지지심入
一切智智心.

25.6.3 불자佛子 보살마하살菩薩摩訶薩 여시비민如是悲愍 이익안락利益安樂 일
체중생一切衆生. 함령청정咸令清淨 원리간질遠離慳嫉 수승묘락受勝妙樂 구대위
덕具大威德 생대신해生大信解 영리진에永離瞋恚 급제예탁及諸翳濁. 기심청정其
心清淨 질직유연質直柔軟 무유첨곡無有諂曲 미혹우치迷惑愚癡 행출리행行出離
行 견고불괴堅固不壞 평등지심平等之心 영무퇴전永無退轉 백정법력白淨法力 구
족성취具足成就. 무뇌무실無惱無失 선교회향善巧廻向 상수정행常修正行 조복중
생調伏衆生 멸제일체滅除一切 제불선업諸不善業 수행고행修行苦行 일체선근一
切善根.

25.6.4 보살소작제공덕菩薩所作諸功德 미묘광대심심원微妙廣大甚深遠
내지일념이수행乃至一念而修行 실능회향무변제悉能廻向無邊際.
지제세간실평등知諸世間悉平等 막비심어일체업莫非心語一切業
중생환화무유실衆生幻化無有實 소유과보종자기所有果報從玆起.
보살관찰제세간菩薩觀察諸世間 신구의업실평등身口意業悉平等
역령중생주평등亦令衆生住平等 유여무등대성존猶如無等大聖尊.
보살료지제법공菩薩了知諸法空 일체세간무소유一切世間無所有
무유조작급작자無有造作及作者 중생업보역불실衆生業報亦不失.

25.7 지일체처회향至一切處廻向

25.7.1 이차선근以此善根 여시회향如是廻向 소위所謂 불란회향不亂廻向 일심회
향一心廻向 자의회향自意廻向 존경회향尊敬廻向 부동회향不動廻向 무주회향無
住廻向 무의회향無依廻向 무중생심회향無衆生心廻向 무조경심회향無躁競心廻
向 적정심회향寂靜心廻向. 보살마하살菩薩摩訶薩 주차회향시住此廻向時 득지일
체처신업得至一切處身業 보능응현普能應現 일체세계고一切世界故.

25.7.2 득지일체처어업得至一切處語業 어일체세계중於一切世界中 연설법고演說法故. 득지일체처의업得至一切處意業 수지일체受持一切 불소설법고佛所說法故. 득지일체처신족통得至一切處神足通 수중생심隨衆生心 실주응고悉住應故. 득지일체처수증지得至一切處隨證智 보능료달普能了達 일체법고一切法故. 득지일체처총지변재得至一切處總持辯才 수중생심隨衆生心 영환희고令歡喜故. 득지일체처입법계得至一切處入法界 어일모공중於一毛孔中 보입일체세계고普入一切世界故. 득지일체처편입신得至一切處遍入身 어일중생신於一衆生身 보입일체중생신고普入一切衆生身故. 득지일체처보견겁得至一切處普見劫 일일겁중一一劫中 상견일체常見一切 제여래고諸如來故. 득지일체처보견념得至一切處普見念 일일념중一一念中 일체제불一切諸佛 실현전고悉現前故. 불자佛子 보살마하살菩薩摩訶薩 득지일체처회향得至一切處廻向 능이선근能以善根 여시회향如是廻向.

25.7.3 내외일체제세간內外一切諸世間 보살실개무소착菩薩悉皆無所着
불사요익중생업不捨饒益衆生業 대사수행여시지大士修行如是智.
보섭유위무위법普攝有爲無爲法 불어기중기망념不於其中起妄念
여어세간법역연如於世間法亦然 조세등명여시각照世燈明如是覺.
청정선근보회향淸淨善根普廻向 이익군미항불사利益群迷恒不捨
실령일체제중생悉令一切諸衆生 득성무상조세등得成無上照世燈.
보살상락적멸법菩薩常樂寂滅法 수순득지열반경隨順得至涅槃境
역불사리중생도亦不捨離衆生道 획여시등미묘지獲如是等微妙智.

25.8 진여상회향眞如相廻向

25.8.1 불자佛子 하자何者 시보살마하살是菩薩摩訶薩 진여상회향眞如相廻向. 불자佛子 차보살마하살此菩薩摩訶薩 정념명료正念明了 기심견주其心堅住 원리미혹遠離迷惑 전의수행專意修行 심심부동深心不動 성불괴업成不壞業. 취일체지趣一切智 종불퇴전終不退轉 지구대승志求大乘 용맹무외勇猛無畏 식제덕본植諸德本 보안세간普安世間 생승선근生勝善根 수백정법修白淨法 대비증장大悲增長 심보성취心寶成就 상념제불常念諸佛 호지정법護持正法 어보살도於菩薩道 신락견고

信樂堅固. 성취무량정묘선근成就無量淨妙善根 근수일체공덕지혜勤修一切功德智慧 위조어사爲調御師 생중선법生衆善法 이지방편以智方便 이위회향而爲廻向.

25.8.2 비여진여譬如眞如 편일체처遍一切處 무유변제無有邊際 선근회향善根廻向 역부여시亦復如是 편일체처遍一切處 무유변제無有邊際. 비여진여譬如眞如 무능측량無能測量 선근회향善根廻向 역부여시亦復如是 등허공계等虛空界 진중생심盡衆生心 무능측량無能測量. 비여진여譬如眞如 어법무애於法無碍 선근회향善根廻向 역부여시亦復如是 주행일체周行一切 이무소애而無所碍. 비여진여譬如眞如 체성무변體性無邊 선근회향善根廻向 역부여시亦復如是 정제중생淨諸衆生 기수무변其數無邊. 비여진여譬如眞如 일체법중一切法中 필경무진畢竟無盡 선근회향善根廻向 역부여시亦復如是 어제중생於諸衆生 회향무진廻向無盡. 비여진여譬如眞如 성상각오性常覺悟 선근회향善根廻向 역부여시亦復如是 보능각오普能覺悟 일체제법一切諸法. 비여진여譬如眞如 무소부재無所不在 선근회향善根廻向 역부여시亦復如是 시방삼세十方三世 제불토중諸佛土中 보현신통普現神通 이무부재而無不在.

25.8.3 보살지락상안주菩薩志樂常安住 정념견고리치혹正念堅固離癡惑 기심선연항청량其心善軟恒淸涼 적집무변공덕행積集無邊功德行. 비여진여편일체譬如眞如遍一切 여시보섭제세간如是普攝諸世間 보살이차심회향菩薩以此心廻向 실령중생무소착悉令衆生無所着. 요지일체제세간了知一切諸世間 실여진여성상등悉與眞如性相等 견시불가사의상見是不可思議相 시즉능지무상법是則能知無相法. 지자료지제불법智者了知諸佛法 이여시행이회향以如是行而廻向 애민일체제중생哀愍一切諸衆生 영어실법정사유令於實法正思惟.

25.9 무진공덕장회향無盡功德藏廻向

25.9.1 불자佛子 운하위云何爲 보살마하살菩薩摩訶薩 무진공덕장회향無盡功德

藏廻向. 불자佛子 차보살마하살此菩薩摩訶薩 이참제일체제업중장以懺除一切諸業重障 소기선근所起善根. 예경삼세일체제불禮敬三世一切諸佛 소기선근所起善根 권청일체제불설법勸請一切諸佛說法 소기선근所起善根. 문불설법정근수습聞佛說法精勤修習 오부사의광대경계悟不思議廣大境界 소기선근所起善根. 어거래금於去來今 일체제불一切諸佛 일체중생一切衆生 소유선근所有善根 개생수희皆生隨喜 소기선근所起善根. 거래금세去來今世 일체제불一切諸佛 선근무진善根無盡 제보살중諸菩薩衆 정근수습精勤修習 소득선근所得善根 삼세제불三世諸佛 성등정각成等正覺 전정법륜轉正法輪 조복중생調伏衆生 보살실지菩薩悉知 발수회심發隨喜心 소생선근所生善根. 삼세제불三世諸佛 종초발심從初發心 수보살행修菩薩行 성최정각成最正覺 내지시현乃至示現 입반열반入般涅槃 반열반이般涅槃已 정법주세正法住世 내지멸진乃至滅盡 어여시등於如是等 개생수희皆生隨喜 소유선근所有善根.

25.9.2 불자佛子 보살마하살菩薩摩訶薩 이제선근以諸善根 여시회향시如是廻向時 보입일체普入一切 불국토고佛國土故 일체불찰一切佛刹 개실청정皆悉清淨. 보지일체普至一切 중생계고衆生界故 일체보살一切菩薩 개실청정皆悉清淨. 보원일체普願一切 제불국토諸佛國土 불출흥고佛出興故 일체법계一切法界 일체불토一切佛土 제여래신諸如來身 초연출현超然出現.

25.9.3 보살마하살菩薩摩訶薩 주차회향住此廻向 득십종무진장得十種無盡藏. 하등위십何等爲十 소위所謂 득견불무진장得見佛無盡藏 어일모공於一毛孔 견아승지제불見阿僧祇諸佛 출흥세고出興世故. 득입법무진장得入法無盡藏 이불지력以佛智力 관일체법觀一切法 실입일법고悉入一法故. 득억지무진장得憶持無盡藏 수지일체受持一切 불소설법佛所說法 무망실고無忘失故. 득결정혜무진장得決定慧無盡藏 선지일체善知一切 불소설법佛所說法 비밀방편고秘密方便故. 득해의취무진장得解義趣無盡藏 선지제법善知諸法 이취분제고理趣分齊故. 득무변오해무진장得無邊悟解無盡藏 이여허공지以如虛空智 통달삼세일체법고通達三世一切法故. 득복덕무진장得福德無盡藏 충만일체充滿一切 제중생의諸衆生意 불가진고不可盡故. 득용맹지각무진장得勇猛智覺無盡藏 실능제멸悉能除滅 일체중생一切衆

生 우치예고愚癡翳故. 득결정변재무진장得決定辯才無盡藏 연설일체演說一切 불평등법佛平等法 영제중생令諸衆生 실해료고悉解了故. 득십력무외무진장得十力無畏無盡藏 구족일체具足一切 보살소행菩薩所行 이리구증以離垢繒 이격기정而繫其頂 지무장애至無障碍 일체지고一切智故.

25.9.4 보살성취심심력菩薩成就深心力 보어제법득자재普於諸法得自在 이기권청수희복以其勸請隨喜福 무애방편선회향無碍方便善廻向. 보살여시심청정菩薩如是心淸淨 선근회향제군생善根廻向諸群生 보욕령기성정도普欲令其成正道 구족료지제불법具足了知諸佛法. 일체제법인연생一切諸法因緣生 체성비유역비무體性非有亦非無 이어인연급소기而於因緣及所起 필경어중무취착畢竟於中無取着. 소유일체허망견所有一切虛妄見 실개기사무유여悉皆棄捨無有餘 이제열뇌항청량離諸熱惱恒淸涼 주어해탈무애지住於解脫無碍地.

25.10 불괴회향不壞廻向

25.10.1 보살마하살菩薩摩訶薩 이여시등以如是等 선근공덕善根功德 회향일체지廻向一切智 원상견제불願常見諸佛 친근선우親近善友. 여시수집如是修集 무량공덕無量功德 개위성숙皆爲成熟 일체중생一切衆生 무유퇴전無有退轉 무유휴식無有休息 무유피염無有疲厭 무유집착無有執着. 이제심상離諸心想 무유의지無有依止 영절소의永絕所依 원리어아遠離於我 급이아소及以我所 여실법인如實法印. 인제업문印諸業門 득법무생得法無生 주불소주住佛所住 관무생성觀無生性 인제경계印諸境界.

25.10.2 불자佛子 보살마하살菩薩摩訶薩 이제선근以諸善根 여시회향시如是廻向時 수수생사雖隨生死 이불개변而不改變 구일체지求一切智 미증퇴전未曾退轉. 재어제유在於諸有 심무동란心無動亂 실능도탈悉能度脫 일체중생一切衆生 불염유위법不染有爲法 불실무애지不失無碍智 보살행위菩薩行位 인연무진因緣無盡. 세간제법世間諸法 무능변동無能變動 구족청정具足淸淨 제파라밀諸波羅蜜 실

능성취悉能成就 일체지력一切智力.

25.10.3 보살여시菩薩如是 이제치암離諸癡闇 성보리심成菩提心 개시광명開示光明 증장정법增長淨法 회향승도廻向勝道 구족중행具足衆行. 보살이득불괴의菩薩已得不壞意 수행일체제선업修行一切諸善業 시고능령불환회是故能令佛歡喜 지자이차이회향智者以此而廻向. 요지중생개망상了知衆生皆妄想 어피일체무분별於彼一切無分別 이능선별중생근而能善別衆生根 보위군생작요익普爲群生作饒益. 보살수습제공덕菩薩修習諸功德 광대최승무여비廣大最勝無與比 요달체성실비유了達體性悉非有 여시결정개회향如是決定皆廻向. 전심구호어일체專心救護於一切 영기원리중악업令其遠離衆惡業 여시요익제군생如是饒益諸群生 계념사유미증사繫念思惟未曾捨.

25.11 등법계무량회향等法界無量廻向

25.11.1 불자佛子 차보살마하살此菩薩摩訶薩 이법시위수以法施爲首 발생일체청정백법發生一切清淨白法 섭수취향攝受趣向 일체지심一切智心. 수승원력殊勝願力 구경견고究竟堅固 성취증익成就增益 구대위덕具大威德 의선지식依善知識 심무첨광心無諂誑 사유관찰思惟觀察 일체지문一切智門 무변경계無邊境界.

25.11.2 작시념언作是念言 아당보어我當普於 일체세계一切世界 위제중생爲諸衆生 정근수습精勤修習 득편법계무량자재신得遍法界無量自在身. 득편법계무량광대심得遍法界無量廣大心 구등법계무량청정음성具等法界無量清淨音聲 현등법계무량중회도장現等法界無量衆會道場. 수등법계무량보살업修等法界無量菩薩業 득등법계무량보살주得等法界無量菩薩住 증등법계무량보살평등證等法界無量菩薩平等. 학등법계무량보살법學等法界無量菩薩法 주등법계무량보살행住等法界無量菩薩行 입등법계무량보살회향入等法界無量菩薩廻向.

25.11.3 불자佛子 보살마하살菩薩摩訶薩 이법시등以法施等 소집선근所集善根

위장양일체선근고회향爲長養一切善根故廻向. 위엄정일체불찰고회향爲嚴淨一切佛刹故廻向. 위성취일체중생고회향爲成就一切衆生故廻向. 위령일체중생개심정부동고회향爲令一切衆生皆心淨不動故廻向. 위령일체중생개입심심불법고회향爲令一切衆生皆入甚深佛法故廻向.

25.11.4 불자佛子 보살마하살菩薩摩訶薩 이제선근以諸善根 보위일체중생普爲一切衆生 여시회향이如是廻向已 부이차선근復以此善根 욕보원만연설欲普圓滿演說 일체청정행법력고회향一切淸淨行法力故廻向. 욕성취청정행위력欲成就淸淨行威力 득불가설불가설법해고회향得不可說不可說法海故 욕어일일법해欲於一一法海 구족무량등법계청정지광명고회향具足無量等法界淸淨智光明故廻向.

25.11.5 불자佛子 보살마하살菩薩摩訶薩 우이차선근又以此善根 여시회향如是廻向 소위이주법계무량주회향所謂以住法界無量住廻向. 이주법계무량신업회향以住法界無量身業廻向 이주법계무량어업회향以住法界無量語業廻向 이주법계무량의업회향以住法界無量意業廻向. 이주법계무량색평등회향以住法界無量色平等廻向 이주법계무량여래중회도장평등회향以住法界無量如來衆會道場平等廻向.

25.11.6 보살성취법지혜菩薩成就法智慧 오해무변정법문悟解無邊正法門
위법광명조어사爲法光明調御師 요지무애진실법了知無碍眞實法.
보살능어일념경菩薩能於一念頃 근등중생무수불觀等衆生無數佛
우부어일모단중又復於一毛端中 진섭제법개명견盡攝諸法皆明見.
과거미래급현재過去未來及現在 소유일체제선근所有一切諸善根
영아상수보현행令我常修普賢行 속득안주보현지速得安住普賢地.
일체중생유가수一切衆生猶可數 삼세심량역가지三世心量亦可知
여시보현제불자如是普賢諸佛子 공덕변제무능측功德邊際無能測.

제26. 십지품十地品

26.1 이시爾時 세존世尊 재타화자재천왕궁마니보장전在他化自在天王宮摩尼寶藏殿 여대보살중與大菩薩衆 구俱 기명왈其名曰 금강장보살金剛藏菩薩 보장寶藏 연화장蓮華藏 덕장보살德藏菩薩 등等 삼십칠명三十七名.

26.2 이시爾時 금강장보살金剛藏菩薩 승불신력承佛神力 입보살대지혜광명삼매入菩薩大智慧光明三昧. 이시爾時 시방제불十方諸佛 각신우수各申右手 마금강장보살정摩金剛藏菩薩頂 마정이摩頂已 금강장보살金剛藏菩薩 종삼매기從三昧起 보고일체보살중언普告一切菩薩衆言 제불자諸佛子 제보살諸菩薩 원선결정願善決定 무잡無雜 불가견不可見 광대여법계廣大如法界 구경여허공究竟如虛空 구호일체중생救護一切衆生.
불자佛子 하등위何等爲 보살마하살지지菩薩摩訶薩智地 일자一者 환희지歡喜地 이자二者 이구지離垢地 삼자三者 발광지發光地 사자四者 염혜지焰慧地 오자五者 난승지難勝地 육자六者 현전지現前地 칠자七者 원행지遠行地 팔자八者 부동지不動地 구자九者 선혜지善慧地 십자十者 법운지法雲地.

26.3 금강장보살金剛藏菩薩 설차보살說此菩薩 십지명이十地名已 해탈월보살解脫月菩薩 이송문以頌問 금강장보살왈金剛藏菩薩曰
하고정각인何故淨覺人 염지공덕구念智功德具
설제상묘지說諸上妙地 유력불해석有力不解釋.
금강장보살金剛藏菩薩 설송언說頌言
보살행지사菩薩行地事 최상제불본最上諸佛本
현시분별설顯示分別說 제일희유난第一希有難.
해탈월보살解脫月菩薩 설송언說頌曰
차중무제구此衆無諸垢 지해실명결志解悉明潔
승사무량불承事無量佛 능지차지의能知此地義.

부록 537

금강장보살金剛藏菩薩 설송언說頌曰
유행미구해미득有行未久解未得 수식이행불수지隨識而行不隨智
문차생의타악도聞此生疑墮惡道 아민시등고불설我愍是等故不說.
해탈월보살解脫月菩薩 설송언說頌曰
선재불자원연설善哉佛子願演說 취입보리제지행趣入菩提諸地行
시방일체자재존十方一切自在尊 막불호념지근본莫不護念智根本.

26.4 이시爾時 세존世尊 종미간從眉間 출청정광명出清淨光明.
　이시爾時 금강장보살金剛藏菩薩 욕령대중欲令大衆 증정신고增淨信故 설송왈說頌曰
여공중조적如空中鳥跡 난설난가시難說難可示
여시십지의如是十地義 심의불능료心意不能了
무량불신력無量佛神力 함래입아신咸來入我身
차처난선시此處難宣示 아금설소분我今說少分.

26.5 환희지歡喜地

26.5.1 십대서원十大誓願
(1) 공양원供養願 (2) 수지원受持願 (3) 법륜원法輪願 (4) 수행원修行願
(5) 성숙원成熟願 (6) 승사원承事願 (7) 정토원淨土願 (8) 불리원不離願
(9) 이익원利益願 (10) 정각원正覺願

(1) 공경공양일체제불恭敬供養一切諸佛
(2) 원지일체제불법願持一切諸佛法
(3) 어일체처於一切處 일시이전륜一時而轉輪
(4) 원일체보살행願一切菩薩行 수행受行
(5) 원일체중생願一切衆生 아개교화我皆教化
(6) 시방무량종종부동十方無量種種不同 지개명료智皆明了
(7) 무량불토無量佛土 보개청정普皆清淨

(8) 상공집회常共集會 불상사리不相捨離
(9) 행보살행行菩薩行 신어의업身語意業 실부당연悉不唐捐
(10) 원어일체세계願於一切世界 성정각成正覺

26.5.2 불자佛子 보살마하살菩薩摩訶薩 수순여시隨順如是 대비대자大悲大慈 이심중심以深重心 범시소유凡是所有 일체능시一切能施 금은마니金銀摩尼 혈육골수血肉骨髓 개무소석皆無所惜 위욕구호爲欲救護 일체중생一切衆生.

불자佛子 보살菩薩 발여이시대원이發如是大願已 즉득則得 이익심利益心 유연심柔軟心 수순심隨順心 적정심寂靜心 조복심調伏心 적멸심寂滅心 겸하심謙下心 윤택심潤澤心 부동심不動心 불탁심不濁心.

26.5.3 약인집중선若人集衆善 구족백정법具足白淨法 공양천인존供養天人尊 수순자비도隨順慈悲道 다희다애다락多喜多愛多樂 역부다정신亦復多淨信. 극대용맹심極大勇猛心 급이경약심及以慶躍心 상행대자민常行大慈愍 항유신공경恒有信恭敬 참괴공덕비慚愧功德備 일야증선법日夜增善法. 항기대원심恒起大願心 원견어제불願見於諸佛 호지제불법護持諸佛法 섭취대선도攝取大仙道 여시발대원如是發大願 심유연조순심柔軟調順. 능신불공덕能信佛功德 관찰어중생觀察於衆生 여시상수습如是常修習 일야무해권日夜無懈倦 선근전명정善根轉明淨 여화련진금如火鍊眞金. 아어지의중我於地義中 약술기소분略述其少分 약욕광분별若欲廣分別 억겁불능진億劫不能盡.

26.6 이구지離垢地

26.6.1 제보살문차諸菩薩聞此 최승미묘지最勝微妙地 기심진청정其心盡淸淨 일체개환희一切皆歡喜. 해탈월보살解脫月菩薩 지중심청정知衆心淸淨 낙문제이지樂聞第二地 소유제행상所有諸行相. 불자佛子 보살菩薩 욕입제이지欲入第二地 당기십종심심當起十種深心. 소위所謂 정직심正直心 유연심柔軟心 감능심堪能心 조복심調伏心 적정심寂靜心 순선심純善心 부잡심不雜心 무고연심無顧戀心 광심廣心 대심大心.

26.6.2 삼취정계三聚淨戒:
(1) 섭률의계攝律儀戒
성자원리일체살생性自遠離一切殺生 성불투도性不偸盜 성불사음性不邪淫 성불망어性不妄語 성불양설性不兩舌 성불악구性不惡口 성불기어性不綺語.

(2) 섭선법계攝善法戒
우차상품又此上品 십선업도十善業道 수치청정修治淸淨 심광무량고心廣無量故 구족비민고具足悲愍故 방편소섭고方便所攝故. 발생대원고發生大願故 불사중생고不捨衆生故 희구제불대지고希求諸佛大智故 정치보살제지고淨治菩薩諸地故 정수일체제도고淨修一切諸度故 성보살광대행成菩薩廣大行.

(3) 섭중생계攝衆生戒
불자佛子 차보살마하살此菩薩摩訶薩 우작시념又作是念 십불선업도十不善業道. 상자上者 지옥인地獄因 중자中者 축생인畜生因 하자下者 아귀인餓鬼因. 약생인중若生人中 득이종과보得二種果報 일자단명一者短命 이자다병二者多病. 불자佛子 십불선업도十不善業道 능생차등能生此等 무량무변無量無邊 중대고취衆大苦聚.

26.6.3 불자佛子 차보살마하살此菩薩摩訶薩 부어일체중생復於一切衆生 생이익심生利益心 안락심安樂心 자심慈心 비심悲心 연민심憐愍心 섭수심攝受心 수호심守護心 자기심自己心 사심師心 대사심大師心.

　　　　질직유연급감능質直柔軟及堪能 조복적정여순선調伏寂靜與純善
　　　　속출생사광대의速出生死廣大意 이차십심입이지以此十心入二地.
　　　　주차성취계공덕住此成就戒功德 원리살생불뇌해遠離殺生不惱害
　　　　역리투도급사음亦離偸盜及邪淫 망악괴리무의어妄惡乖離無義語.
　　　　지옥축생수중고地獄畜生受衆苦 아귀소연출맹염餓鬼燒然出猛焰
　　　　일체개유죄소치一切皆由罪所致 아당리피주실법我當離彼住實法.
　　　　부견군생수중고復見群生受衆苦 전갱증익대비심轉更增益大悲心

범우사지부정해凡愚邪智不正解 상회분한다쟁송常懷忿恨多諍訟.
　　보살주차집공덕菩薩住此集功德 견무량불함공양見無量佛咸供養
　　억겁수치선갱명億劫修治善更明 여이호락련진금如以好樂鍊眞金.
　　일체세간이익자一切世間利益者 소수보살최승행所修菩薩最勝行
　　여시제이지공덕如是第二地功德 위제불자이개연爲諸佛子已開演.

26.7 발광지發光地

26.7.1 불자득문차지행佛子得聞此地行 보살경계난사의菩薩境界難思議
　　　미불공경심환희靡不恭敬心歡喜 산화공중위공양散華空中爲供養.
　　　대선소유시계법大仙所有施戒法 인욕정진선지혜忍辱精進禪智慧
　　　급이방편자비도及以方便慈悲道 불청정행원개설佛淸淨行願皆說.

26.7.2 이시爾時 금강장보살金剛藏菩薩 고해탈월보살언告解脫月菩薩言 욕입제삼지欲入第三地 당기십종심심當起十種深心. 청정심淸淨心 안주심安住心 염사심厭捨心 이탐심離貪心 불퇴심不退心 견고심堅固心 명성심明盛心 용맹심勇猛心 광심廣心 대심大心. 보살菩薩 관일체유위법觀一切有爲法 여실상如實相 무상無常 고苦 부정不淨 불안은不安隱 패괴敗壞 불구주不久住.

26.7.3 보살菩薩 생십종애민심生十種哀愍心. 견제중생見諸衆生 고독무의孤獨無依 빈궁곤핍貧窮困乏 삼독화연三毒火然 제유뇌옥지소금폐諸有牢獄之所禁閉 번뇌조림煩惱稠林 항소복장恒所覆障 불선관찰不善觀察 무선법욕無善法欲 실제불법失諸佛法 수생사류隨生死流 실해탈방편失解脫方便.

26.7.4 보살菩薩 유각유관有覺有觀 주초선住初禪 무각무관無覺無觀 주제이선住第二禪 유념정지有念正知 주제삼선住第三禪 사념청정捨念淸淨 주제사선住第四禪.

　　무색계無色界　　비상비비상지非想非非想地
　　　　　　　　　무소유지無所有地

부록　541

		식무변지 識無邊地	
		공무변지 空無邊地	
색계 色界	4선禪	고락苦樂	평등자각 平等自覺
	3선禪	희우 喜憂	이희묘락 離喜妙樂
	2선禪	심사 尋伺	정좌희락 定坐喜樂
	1선禪	출입 出入	이악희락 離惡喜樂

26.7.5 초일체식무변처超一切識無邊處 초일체무소유처超一切無所有處 득무량신통력得無量神通力 득견다불得見多佛 영제중생令諸衆生 사리탐욕捨離貪欲 보시애어布施愛語 이행동사利行同事.

26.7.6 청정안주명성심淸淨安住明盛心 염리무탐무해심厭離無貪無害心
　　　견고용맹광대심堅固勇猛廣大心 지자이차입삼지智者以此入三地.
　　　관제유위여중병觀諸有爲如重病 우비고뇌혹소전憂悲苦惱惑所纏
　　　삼독맹화항치연三毒猛火恒熾然 무시시래불휴식無始時來不休息.
　　　번뇌전복맹무목煩惱纏覆盲無目 지락하열상법보志樂下劣喪法寶
　　　수순생사포열반隨順生死怖涅槃 아응구피근정진我應救彼勤精進.
　　　장구지혜익중생將求智慧益衆生 사하방편령해탈思何方便令解脫
　　　불리여래무애지不離如來無碍智 피복무생혜소기彼復無生慧所起.
　　　문이여리정사유聞已如理正思惟 획득사선무색정獲得四禪無色定
　　　사등오통차제기四等五通次第起 불수기력이수생不隨其力而受生.
　　　일체중생보이익一切衆生普利益 피제보살최상행彼諸菩薩最上行
　　　여시소유제삼지如是所有第三地 아의기의이해석我依其義已解釋.

26.8 염혜지焰慧地

26.8.1 불자문차광대행佛子聞此廣大行 가락심묘수승법可樂深妙殊勝法
　　　심개용열대환희心皆勇悅大歡喜 보산중화공양불普散衆華供養佛.
　　　용맹대심해탈월勇猛大心解脫月 청금강장언불자請金剛藏言佛子

종차전입제사지從此轉入第四地 소유행상원선설所有行相願宣說.

욕입제사염혜지欲入第四焰慧地 당수행십법명문當修行十法明門.

관찰중생계觀察衆生界 법계法界 세계世界 허공계虛空界 식계識界 욕계欲界 색계色界 무색계無色界 광심신해계廣心信解界 대심신해계大心信解界.

26.8.2 37도품道品
(1) 사념처四念處
      신身 : 부정不淨   정淨   청정淸淨   로老
      수受 : 고苦   락樂   희락喜樂   병病
      심心 : 무상無常   상常   불변不變   사死
      법法 : 무아無我   아我   자유自由   생生

(2) 사정근四精勤
      미생제악발심정단未生諸惡發心正斷 (불생不生)
      이생제악발심정단已生諸惡發心正斷 (단斷)
      미생제선발심정행未生諸善發心正行 (생生)
      이생제선발심정행已生諸善發心正行 (장長)

(3) 사신족四神足 정의신통定依神通
      욕欲   원願
      근勤   력力
      심心   념念
      관觀   혜慧

(4) 오근五根 단번뇌입열반斷煩惱入涅槃 방편方便
      신信
      근勤
      념念
      정定
      혜慧

(5) 오력五力 파악입선破惡入善
　　신信
　　근勤
　　념念
　　정定
　　혜慧

(6) 칠각지七覺支
　　념念　　　　불망不忘
　　택법擇法　　혜택慧擇(진위眞僞)
　　정진精進　　불퇴不退
　　희喜　　　　법열法悅
　　의猗(경안輕安)　신경身輕
　　정定　　　　불란不亂
　　사捨　　　　불편不偏

(7) 팔정도八正道
　정견正見 정사正思 정어正語 정업正業 정명正命 정진正進 정념正念 정정正定

　근정진勤精進 발심정단發心正斷 근정진勤精進 발심정행發心正行 수행정진정修行精進定 수행정진근修行精進根 수행정진력修行精進力 수행정진각분修行精進覺分 수행정사유修行正思惟. 수행여시공덕修行如是功德 여시이득윤택심如是而得潤澤心 유연심柔軟心 조순심調順心 이익안락심利益安樂心 무잡염심無雜染心. 구상상승법심求上上勝法心 구수승지혜심求殊勝智慧心 구일체세간심救一切世間心 공경존덕무위교명심恭敬尊德無違敎命心. 수소문법개선수행심隨所聞法皆善修行心 작의수행시作意修行時 득불휴식정진得不休息精進 부잡염정진不雜染精進 불퇴전정진不退轉精進 광대정진廣大精進. 성취일체중생成就一切衆生 선분별도비도정진善分別道非道精進.

26.8.3 시등염지증세력始登焰地增勢力 생여래가영불퇴生如來家永不退
어불법승신불괴於佛法僧信不壞 관법무상무유기觀法無常無有起.
보살근수불해태菩薩勤修不懈怠 즉득십심개구족即得十心皆具足
전구불도무염권專求佛道無厭倦 지기수직도중생志期受職度衆生.
보살주차구공덕菩薩住此具功德 이지방편수행도以智方便修行道
불위중마심퇴전不爲衆魔心退轉 비여묘보무능괴譬如妙寶無能壞.
여시보살제사지如是菩薩第四地 소행청정미묘도所行淸淨微妙道
공덕의지공상응功德義智共相應 아위불자이선설我爲佛子已宣說.

26.9 난승지難勝地

26.9.1 보살문차승지행菩薩聞此勝地行 어법해오심환희於法解悟心歡喜
공중우화찬탄언空中雨華讚歎言 선재대사금강장善哉大士金剛藏.
자재천왕여천중自在天王與天衆 문법용약주허공聞法踊躍住虛空
보방종종묘광운普放種種妙光雲 공양여래희충편供養如來喜充遍.
천제채녀주천악天諸采女奏天樂 역이언사가찬불亦以言辭歌讚佛
실이보살위신고悉以菩薩威神故 어피성중발시언於彼聲中發是言.
시시대사해탈월是時大士解脫月 부청무외금강장復請無畏金剛藏
제오지중제행상第五地中諸行相 유원불자위선설唯願佛子爲宣說.

26.9.2 욕입제오난승지欲入第五難勝地 어과거불법於過去佛法 평등청정심平等淸淨心 미래불법未來佛法 평등청정심平等淸淨心 현재불법現在佛法 평등청정심平等淸淨心 계평등청정심戒平等淸淨心 심평등청정심心平等淸淨心 제견의회除見疑悔 평등청정심平等淸淨心 도비도지道非道智 평등청정심平等淸淨心 수행지견修行智見 평등청정심平等淸淨心 어일체보리분법於一切菩提分法 상상관찰上上觀察 평등청정심平等淸淨心 교화일체중생敎化一切衆生 평등청정심平等淸淨心.

26.9.3 주차제오지이住此第五地已 이선수보리분법以善修菩提分法 관찰조명상상지觀察照明上上地 염지력소지고念智力所持故 득불퇴전심得不退轉心. 여실지

如實知 고집멸도성제苦集滅道聖諦 선지속제善知俗諦 선지제일의제善知第一義
諦 선지상제善知相諦 선지차별제善知差別諦 선지성립제善知成立諦 선지사제善
知事諦 선지생제善知生諦 선지진무생제善知盡無生諦 선지입도지제善知入道智
諦 선지여래지성취제善知如來智成就諦.

26.9.4 불자佛子 보살마하살菩薩摩訶薩 득여시제제지이得如是諸諦智已 여실지
如實知 일체유위법一切有爲法 허망사위虛妄詐僞 광혹우부誑惑愚夫. 차제중생此
諸衆生 수여시고受如是苦 아금위피我今爲彼 일체중생一切衆生 독일발심獨一發
心 영제중생令諸衆生 필경청정畢竟淸淨 획득여래십력獲得如來十力 무애지혜無
碍智慧.

불자佛子 차보살此菩薩 이여시지혜관찰以如是智慧觀察 소수선근所修善根 구호
일체중생求護一切衆生 이익일체중생利益一切衆生 안락일체중생安樂一切衆生
애민일체중생哀愍一切衆生 성취일체중생成就一切衆生 해탈일체중생解脫一切衆
生 섭수일체중생攝受一切衆生 이제고뇌離諸苦惱 보득청정普得淸淨 입반열반入
般涅槃.

26.9.5 불자佛子 보살菩薩 주차제오난승지住此第五難勝地 명위名爲 염자念者
지자智者 유취자有趣者 참괴자慚愧者 견고자堅固者 각자覺者 수지자隨智者 수혜
자隨慧者 신통자神通者 방편선교자方便善巧者 무염족자無厭足者 불휴식자不休
息者 불피권자不疲倦者 위타근수자爲他勤修者 근구불해자勤求不懈者 발의능행자
發意能行者 종종선업자種種善業者 상근수습자常勤修習者 대존중공경법자大尊
重恭敬法者 심무장애자心無障碍者 일야원리여심자日夜遠離餘心者. 여시근수행
시如是勤修行時 이보시以布施 교화중생教化衆生 이애어以愛語 이행동사利行
同事 교화중생教化衆生 시현색신示現色身 교화중생教化衆生 연설제법演說諸法
교화중생教化衆生 현대신통력現大神通力 교화중생教化衆生. 차보살此菩薩 위이
익중생고爲利益衆生故 세간기예世間技藝 미불해습靡不該習.

26.9.6 보살사지이청정菩薩四地已淸淨 사유삼세불평등思惟三世佛平等

계심제의도비도戒心除疑道非道 여시관찰입오지如是觀察入五地.
요지사제개여실了知四諦皆如實 선지세제승의제善知世諦勝義諦
상제차별성입제相諦差別成立諦 사제생진급도제事諦生盡及道諦.
내지여래무애제乃至如來無碍諦 여시관제수미묘如是觀諦雖微妙
미득무애승해탈未得無碍勝解脫 이차능생대공덕以此能生大功德.
지자주차난승지智者住此難勝地 공나유불역청법供那由佛亦聽法
여시묘보마진금如是妙寶磨眞金 소유선근전명정所有善根轉明淨.
여시제오난승지如是第五難勝地 인중최상진실도人中最上眞實道
아이종종방편력我以種種方便力 위제불자선설경爲諸佛子宣說竟.

26.10 현전지現前地

26.10.1 보살기문제승행菩薩旣聞諸勝行 기심환희우묘화其心歡喜雨妙華
방정광명산보주放淨光明散寶珠 공양여래칭선설供養如來稱善說.
무량천녀공중주無量天女空中住 공이낙음가찬불共以樂音歌讚佛
음중실작여시언音中悉作如是言 불어능제번뇌병佛語能除煩惱病.

26.10.2 욕입제육현전지欲入第六現前地 당관찰십평등법當觀察十平等法 소위일체법무상所謂一切法無相 무체무생무성無體無生無性. 본래청정本來淸淨 무희론無戲論 무취사無取捨 적정寂靜 여환여몽如幻如夢 여영여향如影如響 여수중월如水中月 여경중상如鏡中像. 여염여화如焰如化 유무불이有無不二 평등平等 여시관일체법如是觀一切法 자성청정自性淸淨 수순무위隨順無違. 득입제육현전지得入第六現前地 득명리수순인得明利隨順忍 미득무생법인未得無生法忍.

26.10.3 불자佛子 삼계소유三界所有 유시일심唯是一心 여래어차如來於此 분별연설分別演說 십이유지十二有支 개의일심皆依一心. 수사탐욕隨事貪欲 여심공생與心共生 어행미혹於行迷惑 시무명是無明 십이유지十二有支 명위삼고名爲三苦. 차중무명행此中無明行 내지육처乃至六處 시행고是行苦 촉수觸受 시고고是苦苦 여시고餘是壞苦.

부록 547

26.10.4 무명멸無明滅 행멸자行滅者 시삼고단是三苦斷. 관제연기觀諸緣起 지무아무인무수명知無我無人無壽命 자성공自性空 무작자무수자無作者無受者 즉득공卽得空 해탈문현재전解脫門現在前. 관제유지觀諸有支 개자성멸皆自性滅 필경해탈畢竟解脫 여시如是 입공무상이入空無相已 무유원구無有願求. 유제대비위수唯除大悲爲首 교화중생敎化衆生 즉시卽時 득무원해탈문得無願解脫門 현재전現在前.

26.10.5 보살원만오지이菩薩圓滿五地已 관법무상역무성觀法無相亦無性 무생무멸본청정無生無滅本淸淨 무유희론무취사無有戱論無取捨. 요달삼계의심유了達三界依心有 십이인연역부연十二因緣亦復然 생사개유심소작生死皆由心所作 심고멸자생사진心苦滅者生死盡. 치지육처시행고癡至六處是行苦 촉수증장시고고觸受增長是苦苦 소여유지시괴고所餘有支是壞苦 약견무아삼고멸若見無我三苦滅 여시보관연기행如是普觀緣起行 무작무수무진실無作無受無眞實. 여환여몽여광영如幻如夢如光影 역여우부축양염亦如愚夫逐陽焰. 심심미묘난견지甚深微妙難見知 성문독각무능료聲聞獨覺無能了 여시보살제육지如是菩薩第六地 아위불자이선설我爲佛子已宣說.

26.11 원행지遠行地

26.11.1 요달승의지자재了達勝義智自在 성취공덕백천억成就功德百千億 인중연화무소착人中蓮華無所着 위리군생연심행爲利群生演深行 이견일체제세간以見一切諸世間 탐에치화상치연貪恚癡火常熾然 어제상념실개리於諸想念悉皆離 발기대비정진력發起大悲精進力.

26.11.2 욕입제칠원행지欲入第七遠行地 당수십종방편혜當修十種方便慧 소위수선수공무상무원삼매所謂雖善修空無相無願三昧 이자비불사중생而慈悲不捨衆生 수득제불평등법雖得諸佛平等法 이락상공양불而樂常供養佛. 수입관공지문雖入觀空智門 이근집복덕而勤集福德 수원리삼계雖遠離三界 이장엄삼계而莊嚴三界.

26.11.3 차보살此菩薩 어염념중於念念中 상능구족常能具足 십파라밀十波羅蜜 소유선근所有善根 위구불지爲求佛智 시여중생施與衆生. 시명단나파라밀是名檀那波羅蜜 능멸일체제번뇌열能滅一切諸煩惱熱 시명시라파라밀是名尸羅波羅蜜. 자비위수慈悲爲首 불손중생不損衆生 시명是名 찬제파라밀羼提波羅蜜 구승선법求勝善法 무유염족無有厭足 시명是名 비리야파라밀毘梨耶波羅蜜. 일체지도一切智道 상현재전常現在前 미상산란未嘗散亂 시명선나파라밀是名禪那波羅蜜 능인제법무생무멸能忍諸法無生無滅 시명반야파라밀是名般若波羅蜜. 능출생무량지能出生無量智 시명방편파라밀是名方便波羅蜜 능구상상승지能求上上勝智 시명원파라밀是名願波羅蜜. 일체이론급제마중一切異論及諸魔衆 무능저괴無能沮壞 시명역파라밀是名力波羅蜜 여실요지일체법如實了知一切法 시명지파라밀是名智波羅蜜.

26.11.4 불자佛子 보살菩薩 주차지住此地 선정무량신업무상행善淨無量身業無相行 선정무량어업무상행善淨無量語業無相行 선정의업무상행善淨意業無相行 고득무생법인광명故得無生法忍光明.

26.11.5 불자佛子 차보살此菩薩 득여시삼매지력得如是三昧智力 이대방편以大方便 수시현생사雖示現生死 이항주열반而恒住涅槃. 수시수순일체세간雖示隨順一切世間 이상행일체출세간법而常行一切出世間法. 차보살此菩薩 십파라밀중十波羅蜜中 방편파라밀方便波羅蜜 편다偏多 여비불수餘非不修 단수력수분但隨力隨分 제칠원행지第七遠行地.

26.11.6 제일의지삼매도第一義智三昧道 육지수행심만족六地修行心滿足
즉시성취방편혜卽時成就方便慧 보살이차입칠지菩薩以此入七地.
관찰차법득명료觀察此法得明了 광위군미흥이익廣爲群迷興利益
입중생계무유변入衆生界無有邊 불교화업역무량佛敎化業亦無量.
보살근구최승도菩薩勤求最勝道 동식불사방편혜動息不捨方便慧
일일회향불보리一一廻向佛菩提 염념성취파라밀念念成就波羅蜜.
초지반연공덕만初地攀緣功德滿 이지리구삼쟁식二地離垢三諍息

사지입도오순행四地入道五順行 제육무생지광조第六無生智光照.
칠주보리공덕만七住菩提功德滿 종종대원개구족種種大願皆具足
이시능령팔지중以是能令八地中 일체소작함청정一切所作咸淸淨.
세간소유중기예世間所有衆技藝 경서사론보명료經書辭論普明了
선정삼매급신통禪定三昧及神通 여시수행실성취如是修行悉成就.
차시보살원행지此是菩薩遠行地 방편지혜청정도方便智慧淸淨道
일체세간천급인一切世間天及人 성문독각무능지聲聞獨覺無能知.

26.12 부동지不動地

26.12.1 입일체법入一切法 본래무생本來無生 무기무상無起無相 무성무괴無成無壞 무진무전無盡無轉 무성위성無性爲性. 초중후제初中後際 개실평등皆悉平等 무분별無分別 여여지소입처如如智之所入處. 이일체離一切 심의식분별상心意識分別想 무소취착無所取着 유여허공猶如虛空. 입일체법入一切法 여허공성如虛空性 시명是名 득무생법인得無生法忍.

26.12.2 불자佛子 여생범세如生梵世 욕계번뇌欲界煩惱 개불현전皆不現前 주부동지住不動地 역부여시亦復如是 일체심의식행一切心意識行 개불현전皆不現前. 차보살마하살此菩薩摩訶薩 보살심菩薩心 불심佛心 보리심菩提心 열반심涅槃心 상불현기尙不現起. 황부기어세간지심況復起於世間之心.

26.12.3 불자佛子 보살菩薩 주차제팔지住此第八地 이대방편선교지以大方便善巧智 소기무공용각혜所起無功用覺慧 관일체지지소행경觀一切智智所行境. 차보살此菩薩 부기지명復起智明 교화중생敎化衆生 소위所謂 선지중생신차별善知衆生身差別 선분별중생신善分別衆生身 선관찰소생처善觀察所生處 수기소응隨其所應 이위현신而爲現身 교화성숙敎化成熟.

26.12.4 불자佛子 차보살此菩薩 원리일체遠離一切 신상분별身想分別 주어평등住於平等. 차보살此菩薩 지중생신知衆生身 국토신國土身 업보신業報身 성문신

聲聞身 독각신獨覺身 보살신菩薩身 여래신如來身 지신智身 법신法身 허공신虛空身. 우지又知 중생심지소락衆生心之所樂 능이자신能以自身 작중생신作衆生身 국토신國土身 내지허공신乃至虛空身 수제중생隨諸衆生 소락부동所樂不同 즉어차신則於此身 현여시형現如是形.

26.12.5 불자佛子 보살菩薩 성취여시신지이成就如是身智已 득명자재得命自在 심자재心自在 재자재財自在 업자재業自在 생자재生自在 원자재願自在 해자재解自在 여의자재如意自在 지자재智自在 법자재法自在. 차보살지지此菩薩智地 명위名爲 부동지不動地 불퇴전지不退轉地 난득지難得地 동진지童眞地 생지生地 성지成地 구경지究竟地 변화지變化地 역지지力持地 무공용지無功用地.

26.12.6 선이성취고先已成就故 보살菩薩 여시입대승회如是入大乘會. 획대신통獲大神通 방대광명放大光明 입무애법계入無碍法界. 지세계차별知世界差別 시현일체示現一切 제대공덕諸大功德 수의자재隨意自在.
선능통달善能通達 전제후제前際後際 보복일체普伏一切 마사지도魔邪之道 심입여래深入如來 소행경계所行境界. 어무량국토於無量國土 수보살행修菩薩行 이능획득以能獲得 불퇴전법不退轉法 시고설명是故說名 주부동지住不動地. 차보살此菩薩 십파라밀중十波羅蜜中 원파라밀願波羅蜜 증상增上 여파라밀餘波羅蜜 비불수행非不修行 단수력수분但隨力隨分.

26.12.7 칠지수치방편혜七地修治方便慧 선집조도대원력善集助道大願力
부득인존소섭지復得人尊所攝持 위구승지등팔지爲求勝智登八地.
공덕성취항자민功德成就恒慈愍 지혜광대등허공智慧廣大等虛空
문법능생결정력聞法能生決定力 시즉적멸무생인是則寂滅無生忍.
보살주자묘지지菩薩住玆妙智地 즉획광대신통력則獲廣大神通力
일념분신편시방一念分身遍十方 여선입해인풍제如船入海因風濟.
중생국토업보신衆生國土業報身 종종성인지법신種種聖人智法身
허공신상개평등虛空身相皆平等 보위중생이시작普爲衆生而示作.
소유불법개성취所有佛法皆成就 지계부동여수미持戒不動如須彌

부록 551

십력성취부부동요十力成就不動搖 일체마중무능전一切魔衆無能轉.
보살주차제팔지菩薩住此第八地 다작범왕천계주多作梵王千界主
연설삼승무유궁演說三乘無有窮 자광보조제중혹慈光普照除衆惑.

26.13 선혜지善慧地

26.13.1 일체지견무상존一切知見無上尊 기신보방대광명其身普放大光明
조요피제무량토照耀彼諸無量土 실사중생획안락悉使衆生獲安樂.
심여허공예시방心如虛空詣十方 광설불도오군생廣說佛道悟群生
불리일찰예중토不離一刹詣衆土 여월보현조세간如月普現照世間.

26.13.2 이시爾時 금강장보살金剛藏菩薩 고해탈월보살언告解脫月菩薩言 불자佛子 보살마하살菩薩摩訶薩 이여시무량지以如是無量智 사량관찰思量觀察. 욕갱구전승적멸해탈欲更求轉勝寂滅解脫 부수습여래지혜復修習如來智慧 입여래비밀법入如來秘密法. 관찰부사의대지성觀察不思議大智性 정제다라니삼매문淨諸陀羅尼三昧門 구광대신통具廣大神通 입차별세계入差別世界. 수력무외불공법修力無畏不共法 수제불전법륜隨諸佛轉法輪 불사대비본원력不捨大悲本願力 득입보살제구선혜지得入菩薩第九善慧地.

26.13.3 주차지이住此地已 요지중생了知衆生 제생제행차별諸生諸行差別 교화조복教化調伏 영득해탈令得解脫. 불자佛子 차보살此菩薩 선능연설善能演說 성문승법聲聞乘法 독각승법獨覺乘法 보살승법菩薩乘法 여래지법如來地法 각어기승各於其乘 이득해탈而得解脫. 법무애지法無碍智 지일체여래어력무소외知一切如來語力無所畏 불공불법不共佛法 대자대비大慈大悲 변재방편辯才方便 전법륜일체지지수증轉法輪一切智智隨證. 의무애지義無碍智 지여래知如來 수팔만사천중생隨八萬四千衆生 심행근해차별음성心行根解差別音聲. 사무애지辭無碍智 수일체중생행隨一切衆生行 이여래음성차별설以如來音聲差別說. 낙설무애지樂說無碍智 수중생신해隨衆生信解 이여래지以如來智 청정행淸淨行 원만설圓滿說.

차보살此菩薩 십파라밀중十波羅蜜中 역파라밀力波羅蜜 최승最勝 여파라밀餘波

羅蜜 비불수행非不修行 단수력수분但隨力隨分.

26.13.4 무량지력선관찰無量智力善觀察 최상미묘세난지最上微妙世難知
보입여래비밀처普入如來祕密處 이익중생입구지利益衆生入九地.
제근종종하중상諸根種種下中上 선후제등무량별先後際等無量別
해성낙욕역부연解性樂欲亦復然 팔만사천미부지八萬四千靡不知.
약욕삼천대천계若欲三千大千界 교화일체제군생教化一切諸群生
여운광포무불급如雲廣布無不及 수기근욕실령희隨其根欲悉令喜.
주어차지위법왕住於此地爲法王 수기회유무염권隨機誨誘無厭倦
일야견불미증사日夜見佛未曾捨 입심적멸지해탈入深寂滅智解脫.
차시제구선혜지此是第九善慧地 대지보살소행처大智菩薩所行處
심심미묘난가견甚深微妙難可見 아위불자이선설我爲佛子已宣說.

26.14 법운지法雲地

26.14.1 불가사의보살중不可思議菩薩衆 역재공중대환희亦在空中大歡喜
구연최상열의향俱然最上悅意香 보훈중회령청정普熏衆會令清淨.
어일모공방광명於一毛孔放光明 보멸세간번뇌암普滅世間煩惱闇
국토미진가지수國土微塵可知數 차광명수불가측此光明數不可測.

26.14.2 차삼매此三昧 현재전시現在前時 유대보연화有大寶蓮華 홀연출생忽然出生 기화광대其華廣大 차보살此菩薩 좌피대연화좌시坐彼大蓮華座時. 어양족하於兩足下 방백만아승지광명放百萬阿僧祇光明 보조시방普照十方 제대지옥諸大地獄 멸중생고滅衆生苦. 비여대해譬如大海 능안능수능섭능지能安能受能攝能持 일대용왕一大龍王 소주대우所霔大雨 이시무량광대기고以是無量廣大器故 주법운지보살住法雲地菩薩 역부여시亦復如是.

26.14.3 차보살此菩薩 십파라밀중十波羅蜜中 지파라밀智波羅蜜 최위증상最爲增上 비여대해譬如大海 이십종상以十種相.

(1) 차제점심次第漸深 (2) 불수사시不受死屍 (3) 여수입중餘水入中 개실본명皆失本名 (4) 보동일미普同一味 (5) 무량진보無量珍寶 (6) 무능지저無能至底 (7) 광대무량廣大無量 (8) 대신소거大身所居 (9) 조불과한潮不過限 (10) 보수대우普受大雨 무유영일無有盈溢

26.14.4 보살행菩薩行 역부여시亦復如是 소위환희지所謂歡喜地 출생대원出生大願 점차심고漸次深故 이구지離垢地 불수일체파계시고不受一切破戒屍故 발광지發光地 사리세간가명자고捨離世間假名字故 염혜지焰慧地 여불공덕與佛功德 동일미고同一味故 난승지難勝地 출생무량出生無量 방편신통方便神通 세간소작世間所作 중진보고衆珍寶故 현전지現前地 관찰연생觀察緣生 심심리고甚深理故 원행지遠行地 광대각혜廣大覺慧 선관찰고善觀察故 부동지不動地 시현광대示現廣大 장엄사고莊嚴事故 선혜지善慧地 득심해탈得深解脫 행어세간行於世間 여실이지如實而知 불과한고不過限故 법운지法雲地 능수일체能受一切 제불여래諸佛如來 대법명우大法明雨 무염족고無厭足故.

26.14.5 초지원수이지계初地願首二持戒 삼지공덕사전일三地功德四專一
　　　　오지미묘육심심五地微妙六甚深 칠광대혜팔장엄七廣大慧八莊嚴
　　　　구지사량미묘의九地思量微妙義 출과일체세간도出過一切世間道
　　　　십지수지제불법十地受持諸佛法 여시행해무진갈如是行海無盡竭.
　　　　십행초세발심초十行超世發心初 지계제이선제삼持戒第二禪第三
　　　　행정제사성취오行淨第四成就五 연생제육관천칠緣生第六貫穿七
　　　　제팔치재금강당第八置在金剛幢 제구관찰중조림第九觀察衆稠林
　　　　제십관정수왕의第十灌頂隨王意 여시덕보점청정如是德寶漸清淨.

제27. 십정품十定品

등각묘각等覺妙覺

27.1 이시爾時 세존世尊 시성정각始成正覺 이일체지자재신통력以一切智自在神通力 현여래신現如來身 청정무애淸淨無碍 무소의지無所依止 구대위덕具大威德. 소위무상所謂無相 여십불찰與十佛刹 미진수보살마하살微塵數菩薩摩訶薩 구俱 기명왈其名曰 금강혜보살金剛慧菩薩 보안경계지장엄보살普眼境界智莊嚴菩薩.

27.2 이시爾時 보안보살普眼菩薩 합장合掌 백불언白佛言 세존世尊 보현보살普賢菩薩 성취기하成就幾何 삼매해탈三昧解脫. 보안普眼 보현보살普賢菩薩 금현재차今現在此 여응청피汝應請彼 피당위여彼當爲汝 설기삼매說其三昧 자재해탈自在解脫.

이시爾時 보안普眼 주편구멱周遍求覓 백불언白佛言 세존世尊 아등我等 금자今者 유미득견猶未得見 보현보살普賢菩薩.

불언佛言 보현보살普賢菩薩 이금강혜以金剛慧 보입법계普入法界 어일체세계於一切世界 무소행무소왕無所行無所往 자재신통自在神通 무유동전無有動轉 지어법계至於法界 구경변제究竟邊際. 시시是時 보안普眼 문불차어聞佛此語 여제보살與諸菩薩 구俱 시時 정례頂禮 구청득견求請得見 보현대사普賢大士.

이시爾時 보현보살普賢菩薩 즉이해탈신통지력卽以解脫神通之力 여기소응如其所應 위현색신爲現色身. 금피일체今彼一切 제보살중諸菩薩衆 개견보현皆見普賢 친근여래親近如來 어차於此 일체보살중中一切菩薩衆中 좌연화좌坐蓮華座.

이시爾時 여래如來 고보현보살언告普賢菩薩言 보현普賢 여응위汝應爲 보안급차회중普眼及此會中 제보살중諸菩薩衆 설십대삼매說十大三昧. 영득선입令得善入 성만보현成滿普賢 소유행원所有行願. 제보살마하살諸菩薩摩訶薩 설차십대삼매說此十大三昧 고故 영과거보살令過去菩薩 이득출리已得出離. 현재보살現在菩薩 영득출리令得出離 미래보살未來菩薩 당득출리當得出離.

부록 555

하자위십何者爲十 일자一者 보광대삼매普光大三昧 이자二者 묘광대삼매妙光大三昧 삼자三者 차제편왕제불국토대삼매次第遍往諸佛國土大三昧 사자四者 청정심심행대삼매清淨深心行大三昧 오자五者 지과거장엄장대삼매知過去莊嚴藏大三昧 육자六者 지광명장대삼매智光明藏大三昧 칠자七者 요지일체세계불장엄대삼매了知一切世界佛莊嚴大三昧 팔자八者 중생차별신대삼매衆生差別身大三昧 구자九者 법계자재대삼매法界自在大三昧 십자十者 무애륜대삼매無碍輪大三昧. 차십대삼매此十大三昧 제대보살諸大菩薩 내능선입乃能善入 거래현재去來現在 일체제불一切諸佛 이설당설현설已說當說現說 약제보살若諸菩薩 애락존중愛樂尊重 수습불해修習不懈 즉득성취則得成就 여시지인如是之人 즉명위불則名爲佛. 약보살若菩薩 입차삼매入此三昧 득법계력得法界力 득무변지得無邊智 득자성청정장得自性清淨藏 개오일체開悟一切.

27.3 십대삼매十大三昧

27.3.1 이시爾時 보현보살普賢菩薩 승여래지承如來旨 고지언告之言 보광명삼매普光明三昧 유십종무진법有十種無盡法 발십종무변심發十種無邊心 유십종입삼매차별지有十種入三昧差別智 유십종입대삼매선교지有十種入大三昧善巧智 주차삼매住此三昧 초과세간超過世間 원리세간遠離世間 시是 제일보광명대삼매선교지第一普光明大三昧善巧智.

십무진법十無盡法:
(1) 불출현지佛出現智 (2) 중생변화衆生變化 (3) 세계여영世界如影 (4) 심입법계深入法界 (5) 선섭보살善攝菩薩 (6) 보살불퇴菩薩不退 (7) 선관법의善觀法義 (8) 선지심력善持心力 (9) 주보리심住菩提心 (10) 주불원력住佛願力

십무변심十無邊心:
(1) 도탈중생度脫衆生 (2) 승사제불承事諸佛 (3) 공양제불供養諸佛 (4) 보견제불普見諸佛 (5) 불법불망佛法不忘 (6) 시현신변示現神變 (7) 불사보리不捨菩提 (8) 입지미세入智微細 (9) 입부사의入不思議 (10) 입불중회入佛衆會

십선교지十善巧智:

이삼천대천세以三千大千世 위일연화爲一蓮華 현신편차연화지상現身徧此蓮華之上 결가부좌結跏趺坐 어기신중於其身中 부현삼천대천세계復現三千大千世界. 기중其中 유백억사천하有百億四天下 일일사천하一一四天下 현백억신現百億身 일일신一一身 입백억백억삼천대천세계入百億百億三千大千世界 어피세계於彼世界 일일사천하一一四天下 현백억백억보살수행現百億百億菩薩修行 일일보살수행一一菩薩修行 생백억백억결정해生百億百億決定解 영백억백억근본성원만令百億百億根本性圓滿 일일근성一一根性 성백억백억보살법불퇴업成百億百億菩薩法不退業 의명신토중중중상입意明身土重重重重相入 편주광대徧周廣大 부어신내현무량신復於身內現無量身 도중생공양제불度衆生供養諸佛.

27.3.2 묘광명삼매妙光明三昧

차보살此菩薩 능입삼천대천세계能入三千大千世界 현삼천대천신現三千大千身 방삼천대천광放三千大千光 현색조세계現色照世界 조복중생調伏衆生 비여일출譬如日出 조칠보산照七寶山 비여환사譬如幻師 작제환사作諸幻事.

27.3.3 차제편왕불국토신통삼매次第遍往佛國土神通三昧

차보살此菩薩 과어동방무수세계過於東方無數世界 과미진수세계過微塵數世界 보살菩薩 어피於彼 불생분별不生分別 심무염착心無染着 불망불실不忘不失 지어구경至於究竟 비여일천자譬如日天子 주행조요周行照耀 주야부주晝夜不住.

27.3.4 청정심심행삼매淸淨深心行三昧

차보살此菩薩 지제불신知諸佛身 수등중생數等衆生 어피일일제여래소於彼一一諸如來所 이일체종종묘향以一切種種妙香 이작공양而作供養 종불분별여래출세終不分別如來出世 급열반상及涅槃相.

여일중양염如日中陽焰 비유비무非有非無 비여유인譬如有人 종수득오從睡得寤 각시覺時 심불망실心不忘失 입어삼매入於三昧 견불문법見佛聞法 종정이기從定而起 개시연설심심법장開示演說甚深法藏.

27.3.5 지과거장엄장삼매知過去莊嚴藏三昧

차보살此菩薩 능지과거제불출현能知過去諸佛出現 득여시무변차제지得如是無邊次第智. 능입불가설겁能入不可說劫 종차삼매기從此三昧起 수십종受十種 불가사의관정법不可思議灌頂法. 일자一者 변불위의辯不違義 이자二者 설법무진說法無盡 삼자三者 훈사무실訓詞無失 사자四者 낙설부단樂說不斷 오자五者 심무공외心無恐畏 육자六者 어필성실語必誠實 칠자七者 중생소의衆生所依 팔자八者 구탈삼계救脫三界 구자九者 선근최승善根最勝 십자十者 조어묘법調御妙法.

능지과거能知過去 제불출현諸佛出現 겁찰劫刹 제불출현諸佛出現 법문法門 이엄자심以嚴自心 근본지根本知 구차별지具差別知 삼륜자득三輪自得 신통神通 선기불망善記不忘 선설제법善說諸法 차삼매명此三昧名 과거청정장過去淸淨藏 어일념중於一念中 능입불가설겁能入不可說劫 무변차제고無邊次第知故 지과거제불제법知過去諸佛諸法 제번뇌제청정諸煩惱諸淸淨.

27.3.6 지광명장대삼매智光明藏大三昧

차보살此菩薩 주차삼매住此三昧 능지미래能知未來 일체세계一切世界 기심其心 부입復入 십종지문十種持門. 입법지入法持 행지行持 역지力持 지지智持 대비지大悲持 차별선교구지差別善巧句持 사자수생법지師子受生法持 지력지智力持 선우력지善友力持 무주력지無住力持 법력지法力持. 비여일출譬如日出 일광日光 평등平等 무유분별無有分別 여시료지시如是了知時 영제중생令諸衆生 득십종불공得十種不空 견불공見不空 문聞 동주同住 발기發起 행行 친근親近 원願 선교법善巧法 우법우雨法雨 출현불공出現不空.

십종지문十種持門:
(1) 불지호념佛持護念 (2) 법변재法辯才 (3) 행출생원만行出生圓滿 (4) 역무최복力無摧伏 (5) 지불법무애智佛法無碍 (6) 비법륜悲法輪 (7) 구문자句文字 (8) 법출니法出泥 (9) 지보살행智菩薩行 (10) 우중생청정友衆生淸淨

십종불공十種不空:
(1) 견불공선근見不空善根 (2) 문성숙聞成熟 (3) 주조복住調伏 (4) 기언작통의

起言作通義 (5) 행세계청정行世界清淨 (6) 근단의近斷疑 (7) 원공양성취願供養成就 (8) 법해탈法解脫 (9) 우법주불도雨法住佛道 (10) 출현중생몽조出現衆生蒙照

지광명장자智光明藏者 불리일념不離一念 함삼세겁含三世劫 지명지위장智名之爲藏 일광평등日光平等 무유분별無有分別 능령목견能令目見 종종상種種相 체성평등體性平等 무유분별無有分別 능령보살能令菩薩 지차별상智差別相.

27.3.7 요지일체세계불장엄삼매了知一切世界佛莊嚴三昧

보살菩薩 주차삼매住此三昧 능차제입동방세계能次第入東方世界 남방서방북방南方西方北方 사유상하四維上下 차제입次第入. 개견제불皆見諸佛 출흥어세出興於世 역견제불亦見諸佛 중회운집衆會雲集 역견亦見 종종국토種種國土 종종사업種種事業 견불見佛 무량형상無量形相. 여시견어불신如是見於佛身 부증불감不增不減 비여허공譬如虛空 비여월륜譬如月輪. 주차삼매住此三昧 성취십종속질법成就十種速疾法 부득십종법인復得十種法印 득십종수승덕인得十種殊勝德人 비여마니譬如摩尼 어정계중於頂髻中 즉득십법則得十法 즉득십종광대지장則得十種廣大智藏 부득십종최청정위덕신復得十種最淸淨威德身 득십종원만得十種圓滿 득십종불사得十種佛事.

보살능편입菩薩能徧入 시방일체세계十方一切世界 견일체제불見一切諸佛 소유교화장엄所有敎化莊嚴 승사공양承事供養 역견불신력위덕亦見佛神力威德 사자후중회獅子吼衆會 보살견자신菩薩見自身 수지불어受持佛語 주어법신住於法身 보입진여普入眞如.

십종속질법十種速疾法:
(1) 속증제행速增諸行 (2) 법광法光 (3) 방편方便 (4) 중생업衆生業 (5) 평등지平等智 (6) 여래동주如來同住 (7) 자력慈力 (8) 단의斷疑 (9) 승해勝解 (10) 묘법청정세간妙法淸淨世間

십종법인十種法印:

(1) 평등선근平等善根 (2) 법신法身 (3) 주불이법住不二法 (4) 관찰경계觀察境界 (5) 요달법계了達法界 (6) 성취십력成就十力 (7) 주무쟁住無諍 (8) 교화중생教化衆生 (9) 선교의善巧義 (10) 여불평등如佛平等

십승十勝:
(1) 무사無師 (2) 장부丈夫 (3) 청정淸淨 (4) 제일第一 (5) 안위安慰 (6) 안주安住 (7) 진여眞知 (8) 무상無想 (9) 법장法藏 (10) 법우法雨

마니십법摩尼十法:
(1) 색상色相 (2) 형체形體 (3) 시현示現 (4) 권속眷屬 (5) 자구資具 (6) 음성音聲 (7) 신통神通 (8) 자재自在 (9) 혜해慧解 (10) 지용知用

십광대지장十廣大智藏:
(1) 조요불지照耀佛智 (2) 지수생지知受生智 (3) 작변화지作變化智 (4) 보입불신지普入佛身智 (5) 통달법지通達法智 (6) 보섭정지普攝淨智 (7) 영중생입지令衆生入智 (8) 현현보안지現見普眼智 (9) 자재피안지自在彼岸智 (10) 안주무여지安住無餘智

십위덕신十威德身:
(1) 조요광명照耀光明 (2) 색상광명色相光明 (3) 조복중생調伏衆生 (4) 친근화신親近化身 (5) 우화운화雨華雲化 (6) 작음악作音樂 (7) 자재신변自在神變 (8) 초과세계超過世界 (9) 청정색신淸淨色身 (10) 음성언어音聲言語

십원만十圓滿: 견불見佛 문법聞法

십불사十佛事: 방광명放光明 섭취중생攝取衆生 열반기피염고涅槃起疲厭故

27.3.8 능현불신도차별신能現佛身度差別身 일체중생차별신삼매一切衆生差別身三昧.

보살菩薩 주차삼매住此三昧 득십종무소착得十種無所着. 어차삼매於此三昧 운하입云何入 운하기云何起 종자재하種子在下 과생지상果生地上. 내신입內身入 외신기外身起 천중입天中入 지옥기地獄起 일체해차별중생중입一切海差別衆生衆中入 일체해신중중기一切海神衆中起 안처입眼處入 이처기耳處起 자신입自身入 불신기佛身起. 주차삼매住此三昧 득십종칭찬법지소칭찬得十種稱讚法之所稱讚. 여래如來 불佛 법사法師 일체지一切智 소의처所依處 도사導師 대도사大導師 광명光明 십력十力 일체현자一切見者. 부득십종광명조요復得十種光明照耀 부득십종무소작復得十種無所作. 비여환사譬如幻師 능현종종차별형상能現種種差別形相 도십종신통피안到十種神通彼岸.

27.3.9 법계자재삼매法界自在三昧
보살菩薩 어자신일일모공중於自身一一毛孔中 입차삼매入此三昧. 보살菩薩 능생기십천억能生起十千億 다라니법광명陀羅尼法光明 부유무수공덕復有無數功德. 위동방십천爲東方十千 아승지불찰阿僧祇佛刹 미진수명호微塵數名號 제불지소섭수諸佛之所攝受. 이신통력以神通力 일체세계一切世界 시현성불示現成佛. 득십종해得十種海 득십종수승得十種殊勝 득십종력得十種力 득십종능得十種能 십종변제十種邊際 능료지불가설일체삼매能了知不可說一切三昧. 비여무열대지譬如無熱大池 분별연설종종제법分別演說種種諸法 전어법륜轉於法輪 상불휴식常不休息.

27.3.10 무애륜삼매無碍輪三昧
수기성불雖已成佛 불휴보현不休普賢 제석천인帝釋天人 환작상신還作象身. 보살菩薩 입차삼매시入此三昧時 주무애신업住無碍身業 어업語業 의업意業. 방무애광명放無碍光明 관일체지觀一切智 십종광대十種廣大 원願 심心 행行 소취所趣 소입所入 광명光明 출현出現 호념護念 변화變化 도道. 비여유인譬如有人 이마니보以摩尼寶 치색의중置色衣中. 유일련화有一蓮華 기화광대其華廣大 시현여시示現如是 신통경계무량변화神通境界無量變化. 입어일체제불경계入於一切諸佛境界 체성여실體性如實 정안현증淨眼現證 혜안보견慧眼普見. 성취불안成就佛眼 위세명등爲世明燈 행어지안行於智眼 소지경계所知境界 광능개시미묘법문廣能開示

부록 561

微妙法門. 유여련화猶如蓮華 자성청정自性清淨. 수지제법雖知諸法 본래상주本來常住 이설일체제유전법而說一切諸流轉法. 수지제법雖知諸法 무유조명無有照明 이항광설조명지법而恒廣說照明之法.

불자佛子 여여의주如如意珠 수유소구隨有所求 일체개득一切皆得 의개만족意皆滿足.

보살菩薩 여시수행보현지행如是修行普賢之行 여시원만보살경계如是圓滿菩薩境界. 비여금강譬如金剛 이불가괴以不可壞 장엄莊嚴 동어불同於佛 광명光明 조복調伏 원음圓音 불국佛國 어언語言 지혜智慧 개오開悟 신통神通 동어불同於佛 약보살若菩薩 동일불同一佛 이하고以何故 불명위불不名爲佛. 불자佛子 차보살此菩薩 이능수습거래금세일체보살종종행원已能修習去來今世一切菩薩種種行願. 입지경계入智境界 즉명위불則名爲佛 어여래소於如來所 수보살행修菩薩行 무유휴식無有休息. 설명보살說名菩薩. 불자佛子 보살마하살菩薩摩訶薩 본신불멸本身不滅 이행원력以行願力 어일체처於一切處 여시변현如是變現.

제28. 십통품十通品

28.1 선지타심지신통善知他心智神通
　불자佛子 보살마하살菩薩摩訶薩 이타심지통以他心智通 지일知一 삼천대천세계三千大千世界 중생심차별衆生心差別. 소위所謂 선심善心 광심廣心 대심大心 순생사심順生死心 성문심聲聞心 성문행심聲聞行心 천심天心 인심人心 지옥심地獄心.

28.2 무애천안지신통無碍天眼智神通
　불자佛子 보살마하살菩薩摩訶薩 이무애청정천안지통以無碍清淨天眼智通 견무량중생見無量衆生 사차생피死此生彼 복상죄상福相罪相. 수소적집업隨所積集業 수소수고락隨所受苦樂 실개견지悉皆見之.

28.3 지과거제겁숙주지신통知過去際劫宿住智神通
　불자佛子 보살마하살菩薩摩訶薩 이숙주수념지통以宿住隨念智通 능지자신能知自身 일체중생一切衆生 숙주지사宿住之事. 소위모처생所謂某處生 여시명如是名 여시고락如是苦樂 윤회불절輪廻不絶 종종업행種種業行.

28.4 지진미래제겁지신통知盡未來際劫智神通
　불자佛子 보살마하살菩薩摩訶薩 이지진미래제겁지통以知盡未來際劫智通 중생衆生 명종수생命終受生. 업행과보業行果報 적집선근積集善根 적집죄법積集罪法 제불명호諸佛名號 중회설법衆會說法.

28.5 무애청정천이지신통無碍清淨天耳智神通
　불자佛子 보살마하살菩薩摩訶薩 성취무애청정천이成就無碍清淨天耳 제불諸佛 소설소시所說所示 개능수지皆能受持. 불망불실不忘不失 위타연설爲他演說 영득오해令得悟解.

28.6 무체성무동작왕일체불찰지신통無體性無動作往一切佛刹智神通

불자佛子 보살마하살菩薩摩訶薩 주무체성신통住無體性神通. 문기명이聞其名已 즉자견신卽自見身 재피불소在彼佛所. 예배존중禮拜尊重 승사공양承事供養 청법청도聽法請道 무유단절無有斷絕 수보살행修菩薩行 성취대원成就大願.

28.7 선분별일체언사지신통善分別一切言辭智神通

불자佛子 보살마하살菩薩摩訶薩 이선분별일체중생언음지통以善分別一切衆生言音智通. 지중생知衆生 종종언사種種言辭 천언사天言辭 용언사龍言辭 인급비인언사人及非人言辭.

28.8 무수색신지신통無數色身智神通

보살菩薩 여시입어법계如是入於法界 능현기신能現其身 작종종색作種種色. 수시시현색隨時示現色 불가설음성不可說音聲 개시연창開示演暢 일체법색一切法色 구족일체具足一切 보현행색普賢行色.

28.9 일체법지신통一切法智神通

차보살此菩薩 수순적멸성隨順寂滅性. 불사일체원不捨一切願 견의지법見義知法 흥포법운興布法雲 강주법우降霔法雨 수지실상雖知實相 불가언설不可言說 이방편而以方便 무진변재無盡辯才 수법수의隨法隨義 차제개연次第開演.

28.10 입일체법멸진삼매지신통入一切法滅盡三昧智神通

불자佛子 보살마하살菩薩摩訶薩 이일체법멸진삼매지통以一切法滅盡三昧智通 불사보살사不捨菩薩事 불퇴보살도不退菩薩道. 수습파라밀修習波羅蜜 불사도중생원不捨度衆生願 부단전법륜사不斷轉法輪事.

제29. 십인품十忍品

29.1 이시爾時 보현보살普賢菩薩 고제보살언告諸菩薩言 유십종有十種 소위음성인所謂音聲忍 순인順忍 무생법인無生法忍 여환인如幻忍 여염인如焰忍 여몽인如夢忍 여향인如響忍 여영인如影忍 여화인如化忍 여공인如空忍.

29.2 음성인音聲忍
문제불소설지법聞諸佛所說之法 불경불포불외不驚不怖不畏 심신오해深信悟解 애락취향愛樂趣向 전심억념專心憶念 수습안주修習安住.
비여세유인譬如世有人 문유보장처聞有寶藏處
이기가득고以其可得故 심생대환희心生大歡喜
청문제불법聽聞諸佛法 심심적멸상甚深寂滅相
문법증용맹聞法增勇猛 공불령환희供佛令歡喜.

29.3 순인順忍
어제법於諸法 사유관찰思惟觀察 평등무위平等無違 수순료지隨順了知 영심청정令心淸淨 정주수습正住修習 취입성취趣入成就.
여유대복인如有大福人 획득진금장獲得眞金藏
수신소응복隨身所應服 조작장엄구造作莊嚴具
수순불소설隨順佛所說 성취차인문成就此忍門
여법이료지如法而了知 역불분별법亦不分別法.

29.4 무생법인無生法忍
불견유소법생不見有少法生 역불견유소법멸亦不見有少法滅. 약무생즉무멸若無生則無滅 무멸즉무진無滅則無盡 무진즉이구無盡則離垢 이구즉무차별離垢則無差別. 무차별즉무처소無差別則無處所 무처소즉적정無處所則寂靜. 적정즉이욕寂靜則離欲 이욕즉무작離欲則無作 무작즉무원無作則無願 무원즉무주無願則無住

무주즉무거무래無住則無去無來.
삼십삼천중三十三天中 소유제천자所有諸天子
공동일기식共同一器食 소식각부동所食各不同
보살역여시菩薩亦如是 관찰일체법觀察一切法
실종인연기悉從因緣起 무생고무멸無生故無滅.

29.5 여환인如幻忍
지일체법知一切法 개실여환皆悉如幻 종인연기從因緣起 관일체세간여환觀一切世間如幻 불견중생생不見衆生生 불견중생멸不見衆生滅 불견제법생不見諸法生 불견제법멸不見諸法滅.
세간종종법世間種種法 일체개여환一切皆如幻
약능여시지若能如是知 기심무소동其心無所動
중생급국토衆生及國土 종종업소조種種業所造
입어여환제入於如幻際 어피무소착於彼無所着.

29.6 여염인如焰忍
지일체세간知一切世間 동어양염同於陽焰 비여양염譬如陽焰 무유방소無有方所 단수세간但隨世間 언설현시言說顯示 여실관찰如實觀察 요지제법了知諸法 현증일체現證一切 영득원만令得圓滿.
중상여양염衆想如陽焰 영중생도해令衆生倒解
보살선지상菩薩善知想 사리일체도捨離一切倒
원리교만심遠離憍慢心 제멸세간상除滅世間想
주진무진처住盡無盡處 시보살방편是菩薩方便.

29.7 여몽인如夢忍
지일체세간여몽知一切世間如夢 비욕계非欲界 비색계非色界 비무색계非無色界 여몽자성如夢自性 여몽집착如夢執着.
보살료세법菩薩了世法 일체개여몽一切皆如夢
비처비무처非處非無處 체성항적멸體性恒寂滅

시명여몽인 是名如夢忍 인차료세법 因此了世法
질성무애지 疾成無碍智 광도제군생 廣度諸群生.

29.8 여향인 如響忍
　문불설법 聞佛說法 관제법성 觀諸法性 수학성취 修學成就 도어피안 到於彼岸.
지일체음성 知一切音聲 실동어향 悉同於響 무래무거 無來無去.
수행여시행 修行如是行 출생광대해 出生廣大解
교지제법성 巧知諸法性 어법심무착 於法心無着
보살획차인 菩薩獲此忍 정음화세간 淨音化世間
선교설삼세 善巧說三世 어세무소착 於世無所着.

29.9 여영인 如影忍
　일월어수 日月於水 이현기영 而現其影 영여유등 影與油等 비일비이 非一非異 연차
차별 然此差別 즉비차별 卽非差別 별여불별 別與不別 무소장애 無所障碍.
위욕리세간 爲欲利世間 전의구보리 專意求菩提
이상입법성 而常入法性 어피무분별 於彼無分別
세간무변제 世間無邊除 지입실제등 智入悉齊等
보화제군생 普化諸群生 영기사중착 令其捨衆着.

29.10 여화인 如化忍
　지일체세간 知一切世間 개실여화 皆悉如化 어일체세간 於一切世間 무소취착 無所
取着.
수보살행 修菩薩行 이제전도 離諸顚倒 명조법성 明照法性 평등원만 平等圓滿.
보살관제법 菩薩觀諸法 체료실여화 諦了悉如化
이행여화행 而行如化行 필경영불사 畢竟永不捨
불이대자비 佛以大慈悲 도탈화중생 度脫化衆生
도탈역여화 度脫亦如化 화력위설법 化力爲說法.

29.11 여공인如空忍

요일체법계了一切法界 유여허공猶如虛空 무생무멸無生無滅 비정비예非淨非穢 보입일체普入一切 이무변제而無邊際 소유수습所有修習 개실평등皆悉平等 일체일미一體一味. 이도일체已到一切 심심법처甚深法處 통달일체파라밀도通達一切波羅蜜道 일체겁화一切劫火 불능소不能燒.

제십인명관第十忍明觀 중생급제법衆生及諸法
체성개적멸體性皆寂滅 여공무처소如空無處所
지혜여음성智慧與音聲 급이보살신及以菩薩身
기성여허공其性如虛空 일체개적멸一切皆寂滅.

제30. 아승지품阿僧祇品

30.1 이시爾時 심왕보살心王菩薩 백불언白佛言 세존世尊 제불여래諸佛如來 연설아승지演說阿僧祇 무량無量 무변無邊 무등無等. 불가수不可數 불가칭不可稱 불가사不可思 불가량不可量 불가설不可說 불가설불가설不可說不可說. 세존世尊 운하아승지내지불가설불가설야云何阿僧祇乃至不可說不可說耶.

불언佛言 선남자善男子 일백락차一百洛叉 위일구지爲一俱胝 구지구지俱胝俱胝 위일아유타爲一阿庾多. 아유타아유타阿庾多阿庾多 위일나유타爲一那由他 불가설불가설不可說不可說 위일불가설불가설전爲一不可說不可說轉.

30.2 어일미세모단처於一微細毛端處 유불가설제보현有不可說諸普賢 일체모단실역이一切毛端悉亦爾 여시내지편법계如是乃至遍法界. 혹부어일모단처或復於一毛端處 불가설겁상안주不可說劫常安住 여일모단여실연如一毛端餘悉然 소주겁수개여시所住劫數皆如是. 일모단처대소찰一毛端處大小刹 잡염청정추세찰雜染淸淨麤細刹 여시일체불가설如是一切不可說 일일명료가분별一一明了可分別. 불가언설일체겁不可言說一切劫 찬불가설제공덕讚不可說諸功德 불가설겁유가진不可說劫猶可盡 불가설덕가진不可說德不可盡. 일미진중능실유一微塵中能悉有 불가언설연화계不可言說蓮華界 일일연화세계중一一蓮華世界中 현수여래불가설賢首如來不可說. 국토중생급제불國土衆生及諸佛 체성차별불가설體性差別不可說 여시삼세무유변如是三世無有邊 보살일체개명현菩薩一切皆明見.

제31. 여래수량품 如來壽量品

31.1 이시爾時 심왕보살마하살心王菩薩摩訶薩 어중회중於衆會中 고제보살언告諸菩薩言 불자佛子 차사바세계此娑婆世界 석가모니불찰釋迦牟尼佛刹 일겁一劫 어극락세계於極樂世界 아미타불찰阿彌陀佛刹 위일일야爲一日一夜. 극락세계일겁極樂世界一劫 여시차제如是次第 내지과백만乃至過百萬 아승지세계阿僧祗世界 최후세계일겁最後世界一劫 어승연화세계현승불찰於勝蓮華世界賢勝佛刹 위일일야爲一日一夜. 보현보살普賢菩薩 급제동행及諸同行 대보살등大菩薩等 충만기중充滿其中.

제32. 보살주처품菩薩住處品

32.1 이시爾時 심왕보살마하살心王菩薩摩訶薩 어중회중於衆會中 고제보살언告諸菩薩言 불자佛子 동방유처東方有處 명선인산名仙人山 종석이래從昔已來 제보살중諸菩薩衆 어중지주於中止住 현유보살現有菩薩 명금강승名金剛勝 여기권속與其眷屬 제보살중諸菩薩衆 삼백인구三百人俱 상재기중常在其中 이연설법而演說法. 동북방유처東北方有處 명청량산名清凉山 종석이래從昔已來 제보살중諸菩薩衆 어중지주於中止住 현유보살現有菩薩 명문수사리名文殊師利 여기권속與其眷屬 제보살중諸菩薩衆 일만인구一萬人俱 상재기중常在其中 이연설법而演說法. 해중유처海中有處 명금강산名金剛山 진단국震旦國 유일주처有一住處 명나라연굴名那羅延窟 종석이래從昔已來 제보살諸菩薩 어중지주於中止住.

제33. 불부사의법품佛不思議法品

33.1 이시爾時 대회중大會中 유제보살有諸菩薩 작시념作是念 제불국토諸佛國土 운하부사의云何不思議 제불본원諸佛本願 운하부사의云何不思議 제불종성諸佛種性 운하부사의云何不思議 제불출현諸佛出現 운하부사의云何不思議 제불신諸佛身 운하부사의云何不思議 제불음성諸佛音聲 운하부사의云何不思議 제불지혜諸佛智慧 운하부사의云何不思議 제불자재諸佛自在 운하부사의云何不思議 제불무애諸佛無碍 운하부사의云何不思議 제불해탈諸佛解脫 운하부사의云何不思議.

33.2 소위所謂 일체제불一切諸佛 어일념중於一念中 실능시현悉能示現 무량세계無量世界. 종천래하從天來下 보살수생菩薩受生 출가학도出家學道 성등정각成等正覺 전묘법륜轉妙法輪 교화중생教化衆生. 종종불신種種佛身 종종장엄種種莊嚴 청정중생淸淨衆生 종종행해種種行解.

33.3 소위일체제불所謂一切諸佛 일가부좌一跏趺坐 편만시방무량세계遍滿十方無量世界 설일의구說一義句 실능개시일체불법悉能開示一切佛法. 방일광명放一光明 실능편조일체세계悉能遍照一切世界. 어일신중於一身中 실능시현일체제신悉能示現一切諸身 어일처중於一處中 실능시현悉能示現 일체세계一切世界. 어일지중於一智中 실능결료일체제법悉能決了一切諸法 무소괘애無所罣礙 어일념중於一念中 실능편왕悉能遍往 시방세계十方世界. 어일념중於一念中 실현여래悉現如來 무량위덕無量威德 어일념중於一念中 심무잡란心無雜亂. 어일념중於一念中 여거래금與去來今 일체제불一切諸佛 체동무이體同無二 시위십是爲十.

33.4 십종불사十種佛事
불자佛子 제불세존諸佛世尊 어일체세계於一切世界 일체시一切時 유십종불사有十種佛事 하등何等 위십爲十.

일자一者 약유중생若有衆生 전심억념專心憶念 즉현기전則現其前
이자二者 약유중생若有衆生 심불조순心不調順 즉위설법則爲說法
삼자三者 약유중생若有衆生 능생정신能生淨信 필령획득무량선근必令獲得無量善根
사자四者 약유중생若有衆生 능입법위能入法位 실개현증悉皆現證 무불료지無不了知
오자五者 교화중생教化衆生 무유피염無有疲厭
육자六者 유제불찰遊諸佛刹 왕래무애往來無碍
칠자七者 대비불사일체중생大悲不捨一切衆生
팔자八者 현변화신現變化身 항부단절恒不斷絶
구자九者 신통자재神通自在 미상휴식未嘗休息
십자十者 안주법계安住法界 능편관찰能遍觀察 시위십是爲十.

33.5 소위일체제불所謂一切諸佛 일일정상一一淨相 개구백복皆具百福 개실성취일체불법皆悉成就一切佛法 일체선근一切善根 일체공덕一切功德. 교화중생教化衆生 중생작주衆生作主 청정불찰淸淨佛刹 일체지지一切智智 색신상호色身相好 평등정법平等正法 현입열반現入涅槃.

33.6 십종광대불사十種廣大佛事

불자佛子 제불세존諸佛世尊 유십종광대불사有十種廣大佛事 무량무변無量無邊 불가사의不可思議. 소위일체제불所謂一切諸佛 어진허공편법계於盡虛空遍法界 일체세계도솔타천一切世界兜率陀天 개현수생皆現受生 수보살행修菩薩行. 작대불사作大佛事 위설원만일승爲說圓滿一乘 보개제도普皆濟度 영출생사令出生死 시위是爲 제일광대불사第一廣大佛事.

불자佛子 일체제불一切諸佛 종도솔천從兜率天 강신모태降神母胎 이구경삼매以究竟三昧 관수생법觀受生法 여환여화如幻如化. 여래이시如來爾時 재모태중在母胎中 위욕이익爲欲利益 일체세간一切世間 종종시현種種示現 이작불사而作佛事 시위是爲 제이광대불사第二廣大佛事.

불자佛子 일체제불一切諸佛 일체생지一切生智 개이명결皆已明潔 이이생법而以

부록 573

生法 유도군미誘導群迷 영기개오令其開悟. 위중생고爲衆生故 시탄왕궁示誕王宮 이대정진以大精進 시현종종신통示現種種神通 신업身業 청정淸淨 어업語業 상수지혜이행常隨智慧而行. 의업심심意業甚深 무유장애無有障碍 이시방편以是方便 이익중생利益衆生 시위是爲 제삼광대불사第三廣大佛事.

불자佛子 일체제불一切諸佛 시처종종示處種種 장엄궁전莊嚴宮殿 관찰염리觀察厭離 사이출가捨而出家. 욕사중생欲使衆生 요지세법了知世法 개시망상皆是妄想 영어불소令於佛所 식제선본植諸善本 이지혜안以智慧眼 견진실의見眞實義. 영득출리永得出離 장위세간長爲世間 지혜고당智慧高幢 시위是爲 제사광대불사第四廣大佛事.

불자佛子 일체제불一切諸佛 구일체지具一切智 보리수하菩提樹下 성최정각成最正覺 성취일체成就一切 공덕승법功德勝法. 일체중생一切衆生 심지락욕心之樂欲 실선요지悉善了知 이작불사而作佛事 시위是爲 제오광대불사第五廣大佛事.

불자佛子 일체제불一切諸佛 전불퇴법륜轉不退法輪 영일체중생令一切衆生 정법안고淨法眼故. 일체제불一切諸佛 이여시등以如是等 무량무수無量無數 백천억나유타百千億那由他 법륜法輪. 수제중생隨諸衆生 심행차별心行差別 이작불사而作佛事 불가사의不可思議 시위是爲 제육광대불사第六廣大佛事.

불자佛子 일체제불一切諸佛 입어일체入於一切 왕도성읍王都城邑 어일체세계중於一切世界中 수제중생隨諸衆生 심지소락心之所樂. 이본원력以本願力 대자비력大慈悲力 일체지력一切智力 방편교화方便敎化 실령조복悉令調伏 시위是爲 제칠광대불사第七廣大佛事.

불자佛子 일체제불一切諸佛 혹주아란야처或住阿蘭若處 혹주일일或住一日 혹주일월或住一月 혹주일년或住一年 내지乃至 주불가설겁住不可說劫 위제중생爲諸衆生 이작불사而作佛事 시위是爲 제팔광대불사第八廣大佛事.

불자佛子 일체제불一切諸佛 시생청정是生淸淨 선근지장善根之藏 영제중생令諸衆生 어불법중於佛法中 생정신해生淨信解 제근조복諸根調伏. 영리세간永離世間 근구불도勤求佛道 심무해퇴心無懈退 실주여래悉住如來 청정금계淸淨禁戒 이작불사而作佛事 시위是爲 제구광대불사第九廣大佛事.

불자佛子 일체제불一切諸佛 입열반시入涅槃時 영제중생令諸衆生 비호연모悲號戀慕 잉여중생仍與衆生 선근구족善根具足 복덕원만福德圓滿 시위是爲 제십광대불사第十廣大佛事.

33.7 용건법勇健法

불자佛子 제불세존諸佛世尊 유십종有十種 무이행자재법無二行自在法 유십종有十種 주일체법住一切法 유십종有十種 지일체법知一切法 진무유여盡無有餘 유십종력有十種力.

편어삼천대천세계遍於三千大千世界 일시구하一時俱下 불능령불不能令佛 심유경포心有驚怖 시위제불是爲諸佛 제일대第一大 나라연당용건법那羅延幢勇健法.

불자佛子 일체제불一切諸佛 어일모공於一毛孔 지어이소持於爾所 일체세계一切世界 진미래겁盡未來劫 혹행혹주或行或住 불생일념不生一念 노권지심勞倦之心 시위제불是爲諸佛 제이대第二大 나라연당용건법那羅延幢勇健法.

불자佛子 일체제불一切諸佛 일일모공一一毛孔 실치이허悉置爾許 대금강산大金剛山 지이허산持爾許山 유행시방遊行十方 무유휴식無有休息 역불노권亦不勞倦 시위제불是爲諸佛 제삼대第三大 나라연당용건법那羅延幢勇健法.

불자佛子 일체제불一切諸佛 일좌식이一坐食已 결가부좌結跏趺坐 경전후제經前後際 불가설겁不可說劫 입불소수入佛所受 부사의락不思議樂 이불신심而佛身心 증무로권曾無勞倦 시위제불是爲諸佛 제사대第四大 나라연당용건법那羅延幢勇健法.

불자佛子 일체제불一切諸佛 소전법륜所轉法輪 무유궁진無有窮盡 기중중생其中衆生 개득해료皆得解了 이불언음而佛言音 무변무단無變無斷 무유궁진無有窮盡 시위제불是爲諸佛 제오대第五大 나라연당용건법那羅延幢勇健法.

불자佛子 일체제불一切諸佛 개이덕상皆以德相 장엄흉억莊嚴胸臆 유약금강猶若金剛 이능최복而能摧伏 일체마군一切魔軍 개사회심皆使廻心 계수귀의稽首歸依 연후부이然後復以 삼륜교화三輪敎化 영기실발令其悉發 아누다라삼막삼보리의阿耨多羅三藐三菩提意 영불퇴전永不退轉 시위제불是爲諸佛 제육대第六大 나라연당용건법那羅延幢勇健法.

불자佛子 일체제불一切諸佛 유무애음有無碍音 일체중생一切衆生 미불개문靡不皆聞 문자구文字句義 실득해료悉得解了 시위제불是爲諸佛 제칠대第七大 나라연당용건법那羅延幢勇健法.

불자佛子 일체제불一切諸佛 심무장애心無障碍 항선청정恒善淸淨 일체제불一切諸佛 동일체성同一體性 혜선해탈慧善解脫 주어실제住於實際 통달무애通達無碍 일념료달一念了達 개무장애皆無障碍 시위제불是爲諸佛 제팔대第八大 나라연당용건법那羅延幢勇健法.

불자佛子 일체제불一切諸佛 동일법신同一法身 편주일체遍住一切 청정법계신淸淨法界身 무반연무퇴전영해탈無攀緣無退轉永解脫 구일체지具一切智 보료달신普了達身 시위제불是爲諸佛 제구대第九大 나라연당용건법那羅延幢勇健法.

불자佛子 일체제불一切諸佛 등오일체等悟一切 제여래법諸如來法 등수일체等修一切 제보살행諸菩薩行 약원약지若願若智 청정평등淸淨平等 유여대해猶如大海 실득만족悉得滿足 어일체시於一切時 상위중생常爲衆生 연설묘법演說妙法 시위제불是爲諸佛 제십대第十大 나라연당용건법那羅延幢勇健法.

불자佛子 제불세존諸佛世尊 유십종결정법有十種決定法 속질법速疾法 응상억념청정법應常憶念淸淨法 일체지주一切智住 무량불가사의無量不可思議 불삼매佛三昧 무애해탈無碍解脫.

576 화엄경

제34. 여래십신상해품如來十身相海品

34.1 이시爾時 보현보살마하살普賢菩薩摩訶薩 고제보살언告諸菩薩言 불자佛子 금당위여연설今當爲汝演說 여래소유상해如來所有相海. 불자佛子 여래정상如來頂上 유삼십이有三十二 보장엄대인상寶莊嚴大人相. 기중其中 유대인상有大人相 명광조일체방名光照一切方 보방무량대광명망普放無量大光明網. 일체묘보一切妙寶 이위장엄以爲莊嚴 보발주편寶髮周遍 유연밀치柔軟密緻. 일일함방一一咸放 마니보광摩尼寶光 충만일체充滿一切 무변세계無邊世界 실현불신悉現佛身 색상원만色相圓滿 시위일是爲一.

34.2 불자佛子 여래미간如來眉間 유대인상有大人相 명편법계광명운名遍法界光明雲.
마니보화摩尼寶華 이위장엄以爲莊嚴 방대광명放大光明 구중보색具衆寶色 유여일월猶如日月 동철청정洞徹淸淨. 기광其光 보조시방국토普照十方國土 어중현현일체불신於中顯現一切佛身 부출묘음復出妙音 선창법해宣暢法海 시위삼십삼是爲三十三.

34.3 여래치如來齒 유대인상有大人相 명보현광명운名普現光明雲 일일치간一一齒間 상해장엄相海莊嚴. 약미소시若微笑時 실방광명悉放光明 구중보색具衆寶色 마니보염摩尼寶焰 우선완전右旋宛轉 유포법계流布法界 미불충만靡不充滿. 연불언음演佛言音 설보현행說普賢行 시위사십오是爲四十五.

34.4 여래족하如來足下 유대인상有大人相 명일체보살해안주운名一切菩薩海安住雲.
색여금강염부단금色如金剛閻浮檀金 청정연화淸淨蓮華 방보광명放寶光明 보조시방普照十方 제세계해諸世界海. 보향염운寶香焰雲 처처주편處處周遍 거족장보擧足將步 향기주류香氣周流 구중보색具衆寶色 충만법계充滿法界 시위팔십오是

爲八十五.

34.5 여래좌족지단如來左足指端 유대인상有大人相 명현일체불신변운名現一切佛神變雲. 부사의불광명不思議佛光明 월염보향月焰普香 마니보염륜摩尼寶焰輪 이위장엄以爲莊嚴 방중보색放衆寶色 청정광명淸淨光明. 충만일체充滿一切 제세계해諸世界海 어중시현於中示現 일체제불一切諸佛 급제보살及諸菩薩 연설일체演說一切 제불법해諸佛法海 시위구십칠是爲九十七.
불자佛子 비로자나여래毘盧遮那如來 유여시등有如是等 십화장세계해十華藏世界海 미진수대인상微塵數大人相 일일신분一一身分 중보묘상衆寶妙相 이위장엄以爲莊嚴.

제35. 여래수호광명공덕품 如來隨好光明功德品

35.1 이시爾時 세존世尊 고보수보살언告寶手菩薩言
아위보살시我爲菩薩時 어도솔천궁於兜率天宮 방대광명放大光明 지옥중생地獄衆生. 우사광자遇斯光者 중고휴식衆苦休息, 득십종청정안得十種淸淨眼 함생환희咸生歡喜 종피명종從彼命終 생도솔천生兜率天. 천중유고天中有鼓 차고발음此鼓發音 이고지언而告之言 제천자諸天子 여이심汝以心 불방일不放逸. 종제선근種諸善根 친근중선지식親近衆善知識 어피명종於彼命終 내생차천來生此天.

35.2 여등汝等 석재지옥昔在地獄 지옥급신地獄及身 비시방래非十方來 단유어여但由於汝 전도악업顚倒惡業 우치전박愚癡纏縛 생지옥신生地獄身 차무근본此無根本 무유래처無有來處. 제천자諸天子 비로자나보살毘盧遮那菩薩 위덕력고威德力故 방대광명放大光明 이차광명而此光明 비시방래非十方來 반야파라밀위덕력고般若波羅蜜威德力故.

35.3 여등汝等 응발아누다라삼막삼보리심應發阿耨多羅三藐三菩提心 정치기의淨治其意 주선위의住善威儀 회제일체업장悔除一切業障 번뇌장煩惱障. 제천자諸天子 여유파려경如有玻瓈鏡 명위능조名爲能照 청정감철淸淨鑒徹 여십세계與十世界 기량정등其量正等 일체산천一切山川 일체중생一切衆生 소유영상所有影像 개어중현皆於中現. 제천자諸天子 여여의운하於汝意云何 피제영상彼諸影像 가득설언可得說言 래입경중來入鏡中 종경거부從鏡去否 답언答言 불야不也 제천자諸天子 일체제업一切諸業 역부여시亦復如是 수능출생雖能出生 제업과보諸業果報 무래거처無來去處 당지제업當知諸業 역부여시亦復如是 약여시지若如是知 시진실참회是眞實懺悔 일체죄악一切罪惡 실득청정悉得淸淨.

35.4 이시爾時 제천자諸天子 문설보현聞說普賢 광대회향廣大廻向 회제일체悔除一切 제중장고諸重障故. 즉견백천억卽見百千億 나유타불찰那由他佛刹 미진수

칠보연화微塵數七寶蓮華 일일화상一一華上 개유보살皆有菩薩 방대광명放大光明. 피광명중彼光明中 수중생심隨衆生心 이위설법而爲說法 공양비로자나여래供養毘盧遮那如來 지이산불持以散佛 일체개어一切皆於 불신상주佛身上住.

불자佛子 여득초선如得初禪 수미명종雖未命終 견범천처見梵天處 소유궁전所有宮殿 이득수어而得受於 범세안락梵世安樂. 득제선자得諸禪者 실역여시悉亦如是 보살마하살菩薩摩訶薩 주청정금강전륜왕위住淸淨金綱轉輪王位 방마니계放摩尼髻 청정광명淸淨光明. 약유중생若有衆生 우사광자遇斯光者 개득보살皆得菩薩 제십지위第十地位 성취무량成就無量 지혜광명智慧光明 득십종得十種 청정안淸淨眼 내지乃至 십종청정의十種淸淨意 구족무량具足無量 심심삼매甚深三昧 성취여시成就如是 청정육안淸淨肉眼.

제36. 보현행품普賢行品

36.1 이시爾時 보현보살마하살普賢菩薩摩訶薩 부고복고復告 제보살대중언諸菩薩大衆言 불자佛子 여향소연如向所演 차단수此但隨 중생근기소의衆生根器所宜 약설여래略說如來 소분경계少分境界 하이고何以故. 제불세존諸佛世尊 위제중생爲諸衆生 무지작악無智作惡 계아아소計我我所 집착어신執着於身 전도의혹顚倒疑惑 사견분별邪見分別 여제결박與諸結縛 항공상응恒共相應 수생사류隨生死流 원여래도고遠如來道故 출흥우세出興于世.

36.2 불자佛子 아불견일법我不見一法 위대과실爲大過失 여제보살如諸菩薩 어타보살於他菩薩 기진심자起瞋心者 하이고何以故. 불자佛子 약제보살若諸菩薩 어여보살於餘菩薩 기에심起瞋恚心 즉성취卽成就 백만장문고百萬障門故. 하등위백만장何等爲百萬障 소위所謂 불견보리장不見菩提障 불문정법장不聞正法障 생부정세계장生不淨世界障 생제악취장生諸惡趣障 생제난처장生諸難處障 원리삼세제불보살종성장遠離三世諸佛菩薩種性障. 약기일진에심자若起一瞋恚心者 일체악중一切惡中 무과차악無過此惡.
보살菩薩 영기寧起 백천탐심百千貪心 불기일진不起一瞋 이위해대비以違害大悲 막과차고莫過此故.

36.3 시고是故 제보살마하살諸菩薩摩訶薩 욕질만족欲疾滿足 제보살행諸菩薩行 응근수應勤修 십종법十種法. 소위所謂 심불기사心不棄捨 일체중생一切衆生 영불비방永不誹謗 일체불법一切佛法 지제국토知諸國土 무유궁진無有窮盡 어보살행於菩薩行 심생신락深生信樂 불사평등허공법계不捨平等虛空法界 보리지심菩提之心 관찰보리觀察菩提 입여래력入如來力 정근수습精勤修習 무애변재無碍辯才 교화중생敎化衆生 무유피염無有疲厭 주일체세계住一切世界 심무소착心無所着 시위십是爲十.

36.4 여등응환희汝等應歡喜 사리어제개捨離於諸蓋
일심공경청一心恭敬聽 보살제원행菩薩諸願行
사유발시원思惟發是願 아당작세등我當作世燈
구족불공덕具足佛功德 십력일체지十力一切智
일체제중생一切諸衆生 탐에치치연貪恚癡熾然
아당실구탈我當悉救脫 영멸악도고令滅惡道苦
발여시서원發如是誓願 견고불퇴전堅固不退轉
구수보리행具修菩薩行 획십무애력獲十無碍力
여시서원이如是誓願已 수행무퇴겁修行無退怯
소작개불허所作皆不虛 설명논사자說名論師子
입어여시지入於如是智 수기최승행修其最勝行
상작보현업常作普賢業 광도제중생廣度諸衆生
비여공환사譬如工幻師 시현종종사示現種種事
기래무소종其來無所從 거역무소지去亦無所至
보살리미도菩薩離迷倒 심정상상속心淨常相續
교이신통력巧以神通力 도무량중생度無量衆生
중생개망기衆生皆妄起 선악제취상善惡諸趣想
유시혹생천由是或生天 혹부타지옥或復墮地獄
여시무량종如是無量種 개오제세간開悟諸世間
일체지방편一切智方便 변제불가득邊際不可得.

제37. 여래출현품如來出現品

37.1 시時 성기묘덕보살性起妙德菩薩 문보현보살언問普賢菩薩言 불자佛子 보살마하살菩薩摩訶薩 응운하지제불여래應云何知諸佛如來 응정등각應正等覺 출현지법出現之法 원위아설願爲我說 약유중생若有衆生 득견법신得見法身 개실皆悉 제멸除滅 생사지고生死之苦.

37.2 여래출현지법如來出現之法
이시爾時 보현보살마하살普賢菩薩摩訶薩 고여래성기묘덕등告如來性起妙德等 제보살대중언諸菩薩大衆言 소위所謂 과거무량섭수일체중생보리심소성고過去無量攝受一切衆生菩提心所成故 과거무량청정수승지락소성고過去無量淸淨殊勝志樂所成故 과거무량구호일체중생대자대비소성고過去無量救護一切衆生大慈大悲所成故 과거무량상속행원소성고過去無量相續行願所成故 과거무량수제복지심무염족소성고過去無量修諸福智心無厭足所成故 과거무량공양제불過去無量供養諸佛 교화중생소성고敎化衆生所成故 불자佛子 여시무량아승지如是無量阿僧祇 법문法門 원만圓滿 성어여래成於如來.

37.3 신상身相, 십신十身, 신身
(1) 비여허공譬如虛空 편지일체색비색처遍至一切色非色處 허공虛空 무신고無身故 여래신如來身 무신고無身故 위중생고爲衆生故 시현기신示現其身 시위여래신제일상是爲如來身第一相. (허공주편유虛空周徧喩)
(2) 종본이래從本已來 일체집착一切執着 일체희론一切戱論 개영단고皆永斷故 시위여래신제이상是爲如來身第二相. (공무분별空無分別)
(3) 여래광대지혜일신如來廣大智慧日身 방무량광放無量光 보조요고普照耀故 시위여래신제삼상是爲如來身第三相. (일광요익日光饒益)
(4) 비여일월譬如日月 수시출현隨時出現 대산유곡大山幽谷 보조무사普照無私 여래지혜如來智慧 역부여시亦復如是 보조일체普照一切 무유분별無有

分別 수제중생隨諸衆生 근욕부동根欲不同 지혜광명智慧光明 종종유리種種有異 시위여래신제사상是爲如來身第四相. (일광등조日光等照)

(5) 여래지일如來智日 여시이익생맹중생如是利益生盲衆生 영득선근令得善根 구족성숙具足成熟 시위여래신제오상是爲如來身第五相. (일익생맹日益生盲)

(6) 이여래신而如來身 여월광如月光 무유분별無有分別 무유희론無有戲論 소작이익所作利益 개득구경皆得究竟 시위여래신제육상是爲如來身第六相. (월광기특月光奇特)

(7) 제불여래諸佛如來 여범왕如梵王 무유분별無有分別 역불분신亦不分身 무종종신無種種身 이수일체중생심락而隨一切衆生心樂 시현기신示現其身 역부작념현약간신亦不作念現若干身 시위여래신제칠상是爲如來身第七相. (범왕보현梵王普現)

(8) 여래의왕如來醫王 중생견자衆生見者 제번뇌병諸煩惱病 실득소멸悉得消滅 시위여래신제팔상是爲如來身第八相. (의왕연수醫王延壽)

(9) 비여대해譬如大海 유대마니보有大摩尼寶 여래신여시如來身如是 위대보취爲大寶聚 일체공덕대지혜장一切功德大智慧藏 약유견자若有見者 법안청정法眼淸淨 시위여래신제구상是爲如來身第九相. (마니이물摩尼利物)

(10) 여래신여의보왕如來身如意寶王 실령영리생사고환悉令永離生死苦患 약유중생若有衆生 인견불신因見佛身 변종선근便種善根 내지성숙乃至成熟 시위여래신제십상是爲如來身第十相. (보왕만원寶王滿願)

37.4 언음言音, 십성十聲, 구口

응지여래음성應知如來音聲 편지遍至 수기심락隨其心樂 개령환희皆令歡喜 설법명료고說法明了故 수기신해隨其信解 화불실시化不失時 무생멸無生滅 무주無主 심심甚深 무사곡無邪曲 무단절無斷絕 무변역無變易 지어구경至於究竟.

(1) 여래음성如來音聲 부종신출不從身出 부종심출不從心出 능이익무량중생能利益無量衆生 여래음성제일상如來音聲第一相. (겁진창성유劫盡唱聲喩)

(2) 비여호향譬如呼響 능수축일체어언能隨逐一切語言 제이상第二相. (향성수연유響聲隨緣喩)

584 화엄경

(3) 비여법고譬如法鼓 부주방소不住方所 무유언설無有言說 제삼상第三相. (천고개각유天鼓開覺喩)
(4) 비여천채녀譬如天采女 어일음중於一音中 출무량성出無量聲 개실편지皆悉遍至 실령득해悉令得解 제사상第四相. (천녀묘성유天女妙聲喩)
(5) 비여범천왕譬如梵天王 무출무주無出無住 능성취일체사업能成就一切事業 제오상第五相. (범성내중유梵聲乃衆喩)
(6) 비여중수譬如衆水 개동일미皆同一味 수기이고隨器異故 수무차별水無差別 수무염려水無念慮 제육상第六相. (중수일미유衆水一味喩)
(7) 비여용왕譬如龍王 불종외래不從外來 불종내출不從內出 능요익일체중생能饒益一切衆生 제칠상第七相. (강우자영유降雨滋榮喩)
(8) 대용왕大龍王 유자비심有慈悲心 불욕뇌란제중생不欲惱亂諸衆生 대기숙이연후待其熟已然後 보강감로법우普降甘露法雨 시제팔상是第八相. (점강성숙유漸降成熟喩)
(9) 위제중생설법지시爲諸衆生說法之時 혹이팔만사천음성或以八萬四千音聲 설팔만사천행說八萬四千行 제구상第九相. (강주난사유降霔難思喩)
(10) 비여사가라용왕譬如娑竭羅龍王 대자재력大自在力 요익중생饒益衆生 기심평등其心平等 어법무린於法無恪 단이중생但以衆生 근욕부동根欲不同 소우법우所雨法雨 시유차별示有差別 제십상第十相. (편강종종유徧降種種喩)

37.5 심의心意, 십지十智, 정신력精神力, 의意
(1) 여래심의식如來心意識 구불가득俱不可得 단응이지무량고但應以智無量故 지여래심知如來心 여래지혜如來智慧. 위일체세간출세간지소의爲一切世間出世間智所依 이여래지而如來智 무소의無所依 시위여래심제일상是爲如來心第一相. (허공무의유虛空無依喩)
(2) 여래지如來智 무증감無增減 제이상第二相. (법계담연유法界湛然喩)
(3) 여래지如來智 평등무이平等無二 제삼상第三相. (대해잠익유大海潛益喩)
(4) 비여대해譬如大海 유사보주有四寶珠 구무량덕具無量德 소위무염착교방편대지혜보所謂無染着巧方便大智慧寶 선분별유위무위법대지혜보善分別有爲無爲法大智慧寶

부록 585

불괴법성대지혜보不壞法性大智慧寶 미증오실대지혜보未曾誤失大智慧寶 무차사보無此四寶 유일중생有一衆生 득입대승종무시처得入大乘終無是處 여래심제사상如來心第四相. (대보출생유大寶出生喩)

(5) 비여대해譬如大海 유사치연광명대보有四熾然光明大寶 멸일체산선파랑滅一切散善波浪 대지혜보大智慧寶 제일체법애除一切法愛 대지혜보大智慧寶 혜광보조慧光普照 대지혜보大智慧寶 여여래평등무변무공용與如來平等無邊無功用 대지혜보大智慧寶 약무여래차사지보대광조촉若無如來此四智寶大光照觸 내지유일보살乃至有一菩薩 득여래지得如來地 무유시처無有是處 제오상第五相. (주소해수유珠消海水喩)

(6) 여래지혜如來智慧 편일체고遍一切故 수부보용무량지혜雖復普容無量智慧 이무분별而無分別 제육상第六相. (허공함수유虛空含受喩)

(7) 설산정雪山頂 유약왕수有藥王樹 명무진근名無盡根 여래지혜如來智慧 무유증감無有增減 이근선안주以根善安住 생무휴식고生無休息故 제칠상第七相. (약왕생장유藥王生長喩)

(8) 여래지혜如來智慧 분별삼세일체중생分別三世一切衆生 일체국토一切國土 일체겁수一切劫數 일체제법一切諸法 무부지자無不知者 약언부지若言不知 무유시처無有是處 지혜평등智慧平等 실명달고悉明達故 제팔상第八相. (겁화소진유劫火燒盡喩)

(9) 약무여래교지지풍若無如來巧持智風 무량보살無量菩薩 개타성문벽지불지皆墮聲聞辟支佛地 유차고由此智故 영제보살令諸菩薩 초이승지超二乘地 제구상第九相. (겁풍지괴유劫風持壞喩)

(10) 기재기재奇哉寄哉 차제중생此諸衆生 운하구유여래지혜云何具有如來智慧 우치미혹愚癡迷惑 부지불견不知不見 아당교이성도我當教以聖道 영기영리망상집착令其永離妄想執着 자어신중自於身中 득견여래광대지혜得見如來廣大智慧 여불무이與佛無異 제십상第十相. (진함경권유塵含經卷喩)

37.6 여래경계如來境界
여해진기무유량如海珍奇無有量 중생대지역부연衆生大地亦復然 수성일미등무별水性一味等無別 어중생자각몽리於中生者各蒙利. 여래지해역시如來智海亦

如是 일체소유개무량一切所有皆無量 유학무학주지인有學無學住地人 실재기중
득요익悉在其中得饒益.

37.7 소행지행所行之行

진여행眞如行
비여진여불생멸譬如眞如不生滅 무유방소무능견無有方所無能見
대요익자행여시大饒益者行如是 출과삼세불가량出過三世不可量
법계비계비비계法界非界非非界 비시유량비무량非是有量非無量
대공덕자행역연大功德者行亦然 비량무량무신고非量無量無身故.

무애행無碍行
여조비행억천세如鳥飛行億千歲 전후허공등무별前後虛空等無別
중겁연설여래행衆劫演說如來行 이설미설불가량已說未說不可量
비여일월유허공譬如日月遊虛空 조임일체불분별照臨一切不分別
세존주행어법계世尊周行於法界 교화중생무동념敎化衆生無動念.

37.8 성도成道, 정각正覺

정각료지일체법正覺了知一切法 무이이이실평등無二離二悉平等
자성청정여허공自性淸淨如虛空 아여비아불분별我與非我不分別
여해인현중생신如海印現衆生身 이차설기위대해以此說其爲大海
보리보인제심행菩提普印諸心行 시고설명위정각是故說名爲正覺.

37.9 전법륜轉法輪, 설법說法

불유삼매명구경佛有三昧名究竟 입차정이내설법入此定已乃說法
일체중생무유변一切衆生無有邊 보출기음령오해普出其音令悟解
일일음중부갱연一一音中復更演 무량언음각차별無量言音各差別
어세자재무분별於世自在無分別 수기욕락보사문隨其欲樂普使聞.

37.10 입반열반入般涅槃
불유삼매명부동佛有三昧名不動 화중생홀입차정化衆生訖入此定
일념신방무량광一念身放無量光 광출연화화유불光出蓮華華有佛
불신무수등법계佛身無數等法界 유복중생소능견有福衆生所能見
여시무수일일신如是無數一一身 수명장엄개구족壽命莊嚴皆具足.

37.11 견문친근見聞親近 소생선근所生善根, 공덕功德
여건초적등수미如乾草積等須彌 투개자화실소진投芥子火悉燒盡
공양제불소공덕供養諸佛少功德 필단번뇌지열반必斷煩惱至涅槃
설산유약명선견雪山有藥名善見 견문후촉소중질見聞齅觸消衆疾
약유견문어십력若有見聞於十力 득승공덕도불지得勝功德到佛智
여시미밀심심법如是微蜜甚深法 백천만겁난가문百千萬劫難可聞
정진지혜조복자精進智慧調伏者 내득문차비오의乃得聞此秘奧義
차위초세제일재此爲超世第一財 차능구도제군품此能救度諸群品
차능출생청정도此能出生淸淨道 여등당지막방일汝等當持莫放逸.

찾아보기

책이름

「60화엄경」 126, 217, 233, 457
「80화엄경」 126, 218, 233
「근사록近思錄」 270
「금강경金剛經」 237, 353
「금강반야경」 238
「내촌전집內村全集」 259
「노자老子」 15, 270, 352, 378, 448
「논어論語」 178, 272, 315
「다석 유영모 명상록」 268
「다석일지 공부」 268
「대학」 317, 330
「마하반야파라밀다심경摩訶般若波羅蜜多心經」 500
「반야심경般若心經」 294
「파라밀다심경波羅蜜多心經」 316, 388
「무문관無門關」 270
「법철학」 81
「법화경法華經」 167, 386, 499
「벽암록碧巖錄」 233, 251, 270, 350, 361, 429
「사서삼경四書三經」 270
「삼일신고三一神誥」 294
「생각 없는 생각」 238
「성경」 272, 381, 398
「성경」의 핵심 341
「수현기搜玄記」 13
「순수이성비판」 98
「신약」, 「구약」 270
「신화엄경합론新華嚴經合論」 460, 472, 492, 496

「실낙원」 329
「실천이성비판」 98
「엔네아데스Enneads」 435
「열반경涅槃經」 499
「원각경圓覺經」 121, 232, 245, 250
「의복철학(Sartor Resartus)」 98, 384
「이성의 한계 안에서의 종교」 98
「장자莊子」 102, 198, 270, 314, 408
「전습록傳習錄」 270, 376
「조주록趙州錄」 270
「주역周易」 97, 162, 230, 296, 317, 322, 352, 357, 384, 390, 429, 461
「주역周易」 "뇌풍항雷風恒" 223
「중용中庸」 13, 125, 225, 460
「탐현기探玄記」 65, 91
「판단력비판」 98
「팔만대장경」 186, 389, 404, 412, 484, 513
「화엄경」 163, 269, 384
「화엄경」의 내용 473, 521
「화엄경」의 핵심 231, 358, 397, 467, 473, 483, 494
「화엄경사상연구」 352
「화엄경소華嚴經疏」 60권 373

「갈라디아서」 66, 340-41
「고린도 전서」 109
「로마인서」 164
「보왕여래성기품寶王如來性起品」 457
「사색思索」 260, 277
「성서연구」 267
「소요유逍遙遊」 223
「에베소서」 390

「요한복음」 287, 290, 292, 341, 398, 437, 467

(ㄱ)
가부좌 395, 411
가온찍기/ 근찍기 357, 383-84, 390, 469
각覺 143, 148, 171, 177, 221, 358, 380, 382, 418-20, 428-29, 459
각현覺賢 불타발타라佛馱跋陀羅 (Buddhabhadra) 233
간디Mohandas K. Gandhi 228
감기의 고, 아스피린의 고 181
감성感性, 오성悟性, 이성理性, 영성靈性 249, 430
거渠 339-40, 342
거금정시아거今正是我 아금불시거아금 不是渠 338, 382
거울 11, 13, 35, 91, 381, 440
거울 같은 마음 42
거저 466
건강법의 핵심 411
견불見佛 65
견성성불見性成佛 107, 125, 233, 369, 460-61, 508
견여래見如來, 생불경계生佛境界, 입평 등성入平等性 91
결정법決定法 414
결정혜決定慧 67
계戒·정定·혜慧·보시布施 143
계명誡命 263
계정혜戒定慧 121, 152
고苦 140, 149, 161, 168, 181, 187
고苦는 고高야 179
고당古堂 조만식曺晩植 252
고전 270, 272, 365
고집멸도苦集滅道 149, 156, 388
고통 27, 173, 180, 187

공(0), 하나(1), 둘(2) 473
공(0), 하나(1), 무한(∞) 97-101, 143, 231, 246, 285, 391
영(0), 하나(1), 무한(∞) 96, 384
공空 74, 122, 148, 162-63, 238, 312, 347, 352, 390
공空 무상無相 무원無願 174, 183
공空, 모든 만물의 근원 497
공간 292
공덕功德 69
공덕의 핵심, 공양제불供養諸佛 517
공동체 172, 258
공동체 의식 227
공무상무원삼매空無相無願三昧 이자비 불사중생而慈悲不捨衆生 183
공신空身 223, 232
공안公案 341
공자孔子 13, 85, 97, 222, 246, 288, 316, 353-54
공즉시색空卽是色, 무즉유無卽有, 도즉 기도卽器 509
과거제법過去諸法 번뇌청정煩惱淸淨 271
과수게過水偈, 도수게渡水偈, 수영게水影 偈 338
과학, 철학, 종교, 예술 128, 144, 160, 187, 249, 250
관법신觀法身 견일체세간법見一切世間 法 240, 254
관사제觀四諦 104
관연기觀緣起 175
관일체법觀一切法 66
관자재觀自在 용자재用自在 388
관정법灌頂法 271
관제연기觀諸緣起 171
광명공덕光明功德 433
교행증敎行証 63
교화중생敎化衆生 174
구름 61, 104, 211, 283, 312, 425

590 화엄경

구속 22
구원 36, 288
구철위감口徹爲甘 36, 288
구호일체중생救護一切衆生 85
구호일체중생이중생상회향救護一切衆生
　離衆生相廻向 19, 24
국토國土 385
궁신지화窮神知化 467
그리스도 11, 116, 159, 171, 240, 271,
　340, 382, 393
극락 366
근본경험 159, 239-40, 268, 498
근본지根本智 220, 229, 239-40, 245,
　268, 384, 390, 428, 469, 498
근본지, 하나님을 볼 수 있는 눈 380
근본체험根本體驗 469
금강金剛, 금강장金剛藏, 금강장보살金
　剛藏菩薩 82
금강반야金剛般若, 금강검金剛劍, 금강
　혜金剛慧 238
금강반야경金剛般若經, 능단금강반야경
　能斷金剛般若經 237
금강불괴金剛不壞 407, 412
금강산 374
금강저金剛杵 237
금강저법金剛杵法 237, 246
금강지金剛智 239
금모사자金毛獅子 235
금식 기도 410
기도 83, 233
기독교의 비밀방편 67
기독교의 특징 123
기독교의 핵심 355, 384, 410
기쁨 28, 95, 109, 205-206, 210, 246,
　324, 367
기자승어부其子勝於父 222
기체氣體 309, 319, 409
김교신金敎臣 261

김종우 목사님 253
김활란金活蘭 243
깨끗 78, 138
깨끗한 마음 21, 25, 118
깨닫는다 209, 292, 325, 380, 388, 398,
　433, 435
깨달았다 109, 168, 226, 292, 338, 383,
　385, 487, 502
깨달음 128, 137, 142, 262, 288, 303,
　358, 362
꼭대기 163-65, 171-80, 192, 203, 224,
　376

(ㄴ)
나 15, 74, 85, 116, 139, 284, 328, 339,
　381, 423
나는 무엇인가 341, 390, 420-21, 431
나는 길이요 339
나는 나 아닌 것이 나 239, 337, 340
나는 빛이라 437
나는 생명이요 나는 부활이다 122
나는 하나님 안에 있고 하나님은 내 안에
　있다 467
나를 본 자는 하나님을 보았다 292
나무 55, 60, 64, 71, 143, 285
나알나 173, 268
낙이무우樂而無憂 97, 246
난곡蘭谷 김웅섭金應燮 194
난승지難勝地 104, 148
남악회양南嶽懷讓 317, 344, 348
내 속에 있는 영성을 발견 15
내가 남이다 283
내가 부처와 꼭 같다 507
내적 초월 435, 439
내촌감삼內村鑑三(Uchimura Kanzo)
　158, 259, 267
너 자신을 알라 178, 229, 292, 340, 381,
　424, 430, 436, 461, 463, 506

네오플라토니즘Neoplatonism 435, 514
노자老子 107, 198, 223, 352
노자老子 철학의 핵심 466
뉴턴Isaac Newton 97, 339
능변여상能變如常 223
능인能仁 452
능현불신能現佛身 도차별신度差別身 286, 290
니체Friedrich Nietzsche 356, 394

(ㄷ)

다라니陀羅尼 66, 208
다생多生, 영생永生 354
다석多夕 유영모柳永模 158, 262, 268, 287, 309, 315, 357, 364, 376, 383, 408, 413, 469
유영모 선생의 내용 262
유영모 선생의 특징 376
단斷 263
단단斷斷 330
단번뇌斷煩惱 312
달 11-12, 35, 37, 40, 48, 202, 207, 278
달빛 44
달의 역할 12
달의 할 일 43
달이 가지는 마음 41
달과 태양과 만물 15
달라이 라마Dalai Lama 305
달마達磨 350, 361, 441
달법達法 68
당인불양사當仁不讓師 222
대방광불화엄大方廣佛華嚴 244, 270, 384
대사일번大死一番 절후재소絶後再蘇 349
대승大乘 201, 297
대승불교 227, 297
대승사상大乘思想 228, 236
대원경지大圓鏡智 500
대인大人 421, 423

대인상大人相 421, 423, 430
대자대비大慈大悲 387
대혜大慧 233
덕충德充 69
도道 144, 162, 181, 223, 231, 251, 381
도산島山 안창호安昌浩 252, 409
도산서원陶山書院 377
도솔천 64, 435
도수게渡水偈 338
도장道場 79
도통道通 263
도피안渡彼岸 181
독생자의 특성 106
돌본다 19, 35
동그라미 353, 356, 367, 377
동산양개洞山良价 338
동양철학 392
동일체성同一體性 226, 232
두순杜順 13
득대법신得大法身 구족자재고구具足自在 故 105
등각等覺 321, 378
등각묘각等覺妙覺 219
등정각等正覺 395
등지等持, 등지等止 121, 125
등지等持, 등지等至, 정려靜慮 250
디야나 125
디오니소스Dionysus 436

(ㄹ)

려처정驢覷井 정처려井覷驢 224
로렌츠-피츠제럴드 수축률 97
루터Martin Luther 490
리理 128, 133, 163

(ㅁ)

마니보摩尼寶 297
마니주 82

마음 112, 170, 207, 440, 442
마음이 가난한 자는 복이 있다 97
마조馬祖 317
만물의 본질 233
만유인력 199, 339
만인구원설 236, 387
만해萬海 한용운韓龍雲 410
말씀 68, 188
말씀으로 구원을 얻는다 328
말씀이 육신이 되었다 106, 183-84, 337
맹자孟子 62, 105, 249
면전일사장시무간面前一絲長時無間 31
명命 250
명경明鏡 36, 41
모순矛盾 161
모순의 자기통일 173
목숨, 말숨, 우숨 144
목적 없는 합목적성 192
목철위명目徹爲明 314, 419
몰두 96, 121, 247, 288, 291
묘각妙覺 378
묘광명삼매妙光明三昧 259
묘상妙相 231
무無 122, 162-63, 231, 312, 325, 390
무無, 하나(1), 무한無限 122
무공용각혜無功用覺慧 196-97, 204
무공용지無功用地 204
무교회無敎會 158, 259
무극無極 285, 352
무극無極(0) 태극太極(·) 양의兩儀(∞)
　230, 246-47, 384, 391, 473
무극이태극無極而太極 352, 355, 358,
　383-84, 469, 498
무동무서無東無西 162
무량수無量壽 351
무명無明 168, 170, 177, 436
무명멸無明滅 행멸자행滅者 시삼고단是
　三苦斷 171

무명행無明行 168, 175
무박무착해탈회향無縛無着解脫廻向
　35-36, 60
무분별지無分別智 239-40
무비無比스님 271
무비불無非不 350
무사지사無思之思 238
무상無常 118, 140
무상無相 231
무상무성無相無性 176
무상정편지無上正遍智 294, 351, 439
무색계無色界 127, 129
무색정無色定 130
무생무사無生無死 162
무생법인無生法忍 185, 193, 325, 342
무성위성無性爲性 192
무소착無所着 287
무아無我 17, 19, 96, 137, 139, 193,
　204, 448
무애륜삼매無碍輪三昧 295
무애여래여만월無碍如來如滿月 12, 15
무용지용無用之用 239
무위無爲 198
무위자연無爲自然 107, 192, 198, 223,
　283, 297, 466
무위지위無爲之爲 239
무위지치無爲之治 228, 297
무유공포無有恐怖 316
무정각無情覺 63
무지無知 436
무지무행無知無行 163
무지지지無知之知 238
무진공덕장회향無盡功德藏廻向 53, 60
무착무박無着無縛 86
무착불無着佛 421
문화 128, 188
물 162, 166, 170, 448
미륵 306

믿음 175, 258, 452, 469, 507
믿음과 소망과 사랑 175, 370
밀턴John Milton 329

(ㅂ)

바다 213
바람 198, 201, 204, 223
바울 159, 240
바탈 111
반야般若 107
반야파라밀다般若婆羅蜜多 435
반야파라밀위덕력般若波羅蜜威德力 439
반열반般涅槃 63
발광지發光地 117, 133
발분망식發憤忘食 97, 246
방온거사龐蘊居士 317
배꼽눈 161
백사천난百死千難 160
번뇌 116, 237-38, 245, 271
범아일여梵我一如 383
법法 68, 118, 187, 200, 224, 278, 325
법륜法輪 92
법보시法布施 92, 104, 144, 425, 518
법사法師 70, 75
법성法性 336-37
법신法身 106, 195, 224, 239, 310, 382
법신, 근본지를 할 수 있는 나 239
법신法身·보신報身·응신應身 388
법신근본지위체法身根本智爲體 255
법신무상法身無相 법안무하法眼無瑕 345
법열法悅 95, 142, 206, 324, 485
법열法悅, 각희覺喜 109
법운지法雲地 212
법인法印 72, 280
법장法藏 13, 65, 91, 99, 350, 373, 460
법정法頂스님 271
법필法筆 200
베르그송Henri Bergson 498

변증법 12, 81, 285
보광명普光明 221
보광명삼매普光明三昧 252, 255, 259
보광명전普光明殿 219
보동일미普同一味 214
보리 14
보리심 433, 439
보리회향菩提廻向 35, 60
보살 14, 21, 64
보살사상 227, 236
보살원普賢願 297, 314
보살의 길 117
보살행菩薩行 39, 177, 215, 297, 299, 313
보시 95-96, 99
보시布施·지계持戒·선정禪定·지혜智
   慧 95, 104, 113, 121
지계持戒, 선정禪定, 지혜智慧, 보시布施
   104, 186, 286
보신報身 195, 434
보현普賢 445
보현원普賢願 236, 297, 387
보현행普賢行 226-27
보현행원普賢行願 446
복지사상 236
본각本覺 219, 230
본래무일물本來無一物 하처야진애何處
   惹塵埃 346
본래청정本來淸淨 165
본성本性 250
본체와 그림자 341
부동지不動地 192
부목맹구浮木盲龜 161
부사의不思議 378, 380, 393, 420
부주생사不住生死 부주열반不住涅槃 422
부지노지장지不知老之將至 97, 246
부처/부처님 12, 35, 40, 65, 83, 85, 102,
   106, 221, 230, 244, 300, 329, 379, 381,
   520

부처가 나다 382
부처님의 고통 182
부처님의 본원本願 387
부처님의 일생 382
부처의 마음 422
분법分法 67
분별지分別智 239-40
분신삼매奮迅三昧 243
분열 162, 165, 173
불佛 222, 225-26, 230, 244, 336, 362,
　420, 434, 446, 459, 467
불佛・법法・승僧 13, 269, 270, 284
불교의 근본 140
불교의 비밀 67
불교의 전체 95
불교의 핵심 390, 410, 420, 448, 467
불교의 핵심, 연기緣起와 성기性起 457
불도佛道 102
불도무상서원성佛道無上誓願成 94
불리자성현천불不離自性現千佛 292
불립문자不立文字, 교외별전敎外別傳
　232-33
불법佛法 31, 63
불부사의법佛不思議法 379
불사佛事 390
불성佛性 83, 226, 340, 462
불승佛乘 434, 439
불신佛身 287, 388, 395, 406, 424
불안과 공포와 절망 119
불지佛智 184
불타佛陀 11, 337, 459
불타의 핵심 104, 196
붓글씨 224, 246
붕鵬새 199
브라만Brahman, 아트만Atman 497
비로사나 421-22
비로자나불 374, 394
비법秘法 67

비상비비상지非想非非想地 127
비여일천자譬如日天子 주행조요周行照
　耀 주야부주晝夜不住 262
비철위전鼻徹爲 314, 419
빛 11, 36, 49, 159
빛, 힘, 남 269-70, 283
빛, 힘, 샘 484
빛, 힘, 숨 159, 246, 392
빛과 힘 77, 86, 88, 429
빛에서 힘이 나온다 203
빛의 세계 65, 145, 158, 268, 283, 386,
　436, 442-45

(ㅅ)
사념처四念處: 신身, 수受, 심心, 법法
　137, 140
사념청정捨念淸淨 126
사덕四德 138, 140
사등四等 131
사등심四等心, 사무량심四無量心 132
사람 12, 83, 102, 114, 173, 184, 188,
　240, 369-70, 392, 421, 423
사람다운 사람 85
사람은 무엇인가 98, 392, 429, 465, 521
사람의 아들 301
사람의 욕심; 식食 색色 지知 명名 328
사람의 특색 317
사랑 19, 297, 420, 425
사랑은 무명無名 214
사랑의 빛 205
사랑의 핵심 428
사랑의 힘 205, 213
사무애지四無碍智: 법法, 의義, 사辭, 낙
　樂 205, 208-209
사바세계 108, 360, 364, 400
사법인四法印 119
사불가이불홍의士不可以不弘毅 임중이
　도원任重而道遠 178

찾아보기　595

사상채謝上蔡 222
사섭행四攝行; 보시布施, 애어愛語, 이타利他, 동사同事 112
사시四時; 춘하추동春夏秋冬 362, 430, 520
사신족四神足 141, 145
사십이불혹四十而不惑 284
사자분신獅子奮迅 보진전모普震全毛 235
사자분신삼매獅子奮迅三昧 235
사전도四顚倒 119, 138, 140
사정근四精勤 140, 144
사제四諦 104, 139, 149, 156, 167
사차원 172, 175, 177, 291-92
사차원, 오차원, 육차원 97
사차원의 시간 122
사홍서원四弘誓願 94, 387
사홍서원과 십대서원 94
산꼭대기 202, 292, 393, 417, 419
삼계소유三界所有 유시일심唯是一心 167
삼고三苦 170
삼독三毒 120
삼륜三輪 신통神通 설법說法 기심記心 273
삼륜공적三輪空寂 273
삼마디samadhi, 삼마파티samapatti, 디야나dhyana 121, 125, 232, 245, 248, 250, 270, 312
삼매三昧 83, 232, 249, 266
삼매三昧, 신통神通, 공용功用, 평등平等 501
삼매三昧, 정려靜慮, 적정寂靜 121
열 가지 삼매 244-45
삼법인三法印 72
삼보三寶 13, 269
삼십이입三十而立 276, 284
삼업三業; 신업身業, 구업口業, 의업意業 476
삼위일체三位一體 284, 292
삼차원 172, 177
삼취정계三聚淨戒 110

삼학三學 121
삼현三玄 370
상구보리上求菩提 하화중생下化衆生 519
상대개념 172
상대성 원리 172
상락아정常樂我淨 119, 140
상선약수上善若水 448
색계色界 128
색신色身 242
색즉시공色卽是空 공즉시색空卽是色 341
샘물, 강물, 빗물 283
생각 66, 206, 233
생로병사生老病死 139, 187
생멸이이生滅滅已 적멸위락寂滅爲樂 326, 349
생명의 원동력 328
생사를 초월했다 342
생사일여生死一如 161
생신生身, 법신法身 515
생환희 20종種 90
석가 175, 388
석가의 일생 187, 362, 389
석과불식碩果不食 429
선禪 15, 35, 121, 232
선생/선생님 71, 73, 76-77, 94, 102, 149, 159, 206, 233, 235, 251-52, 254, 256, 264, 269, 281-82, 287, 294, 311, 376, 381, 433
선생의 소리 148
선생의 자격 295
선생의 특징 282
선의 뿌리는 하나님 36
선의지善意志 330
선정禪定 107, 117, 130, 133, 141, 232, 303
선지후행先知後行 162
선혜지善慧地 205
설두雪竇 367
설법 428

설봉雪峰 374
성性 111, 128, 133, 249, 430, 457, 460, 508
성性과 성星 461
성成 285, 289
성星, 성性, 성聖, 성誠, 불佛, 보리菩提 470
성기性起 469
성령 89, 159, 264, 284
성리性理 128
성리학性理學 128, 133, 317, 353, 428, 463
성명誠明 225
성문 · 연각 · 보살 · 불타 · 등각 · 묘각 387
성문聲聞 · 연각緣覺 · 보살菩薩 · 불타佛
 陀 11, 32, 104, 160, 323, 386, 520
성불成佛 83, 362, 419
성선聖善 300
성선설性善說 62, 111, 166
성육신, 십자가, 부활 322, 384
성인成仁 285
성인聖人 85, 230, 288, 423, 461
성철性徹 124
소견所見, 법안法眼, 공관空觀 200, 224
소리, 빛, 힘, 숨 144
소승小乘과 대승大乘 227
소요유逍遙遊 198
소크라테스Socrates 172, 183, 245-46,
 286, 340, 436, 439, 461, 464
소태산小太山 박중빈朴重彬의 원불교圓
 佛敎 390
소피스트sophist 286
소피아sophia 286
손자孫子의 병법兵法 222
수냐타sunyata 497
수도修道 507
수보시修布施 99
수영계水影偈 338
수운水雲 최제우崔濟愚 253
수원리삼계雖遠離三界 이장엄삼계而莊
 嚴三界 183

수호隨好 432
순수경험 239
순수이성, 실천이성 226, 229
순수이성비판, 실천이성비판 225
스웨덴보그Emanuel Swedenborg 306
스피노자Baruch Spinoza 239
시각始覺 219, 230
시간 12, 161, 291
시간 · 공간 · 인간/인간 · 시간 · 공간
 356-57
시간 · 공간이 곱해진다 291
시간과 공간 161
시간과 공간과 인간이 하나 357
시간관時間觀 161
시간성時間性 122, 359, 470
시간을 초월 122, 128-29, 291
시간이 가지 않는다 291
시간이 안 가는 세계 122
시간이 있으면 공간이 있다 172
시내원矢內原 158, 260
시무언是無言 이용도李龍道 254
시성정각始成正覺 229
식계識界 135
신神 196
신神, 자유, 영생 357
신심평등身心平等, 신심통일身心統一 121
신앙 358
신의 고통, 사람의 고통 181
신즉자연神卽自然 183-84
신통神通 263, 303, 308, 317, 342
신통神通 묘용妙用 319, 368
신통身通 268
신통병묘용神通并妙用 운수급반시運水
 及搬柴 318
신해행증信解行証 11, 160
실낙원, 복락원 171
실에 꿰어있는 하나의 구슬들 32
실유불성悉有佛性 62, 340, 506

찾아보기 597

실재와 현상 331, 341
실존, 실존철학 172
실차난타實叉難陀(Siksananda) 167, 233
심心 163, 176, 430, 469
심心(유심연기唯心緣起), 불佛, 이理(이
  실법계리實法界) 270
심心, 불佛, 법法 327
심心, 불佛, 법계法界 322
심心, 성性, 천天 105
심心·불佛·중생衆生 19
심불중생무차별心佛衆生無差別 14
심성무염心性無染 430
심신탈락진心身脫落盡 유유일진실唯有
  一眞實 489
심오전법화心悟轉法華 심미법화전心迷
  法華轉 167
심즉리心卽理 163, 354
심즉리心卽理, 지행일치知行一致, 치양
  지致良知 83, 160
심즉리心卽理, 지행합일知行合一, 치양
  지致良知 322, 327
심철위지心徹爲知 314, 419
십대삼매十大三昧 249, 285
십대서원十大誓願 91
십무변심十無邊心 256
십무진법十無盡法 254
십무진장十無盡藏 65
십문十問 459
십문十門 135
십불十佛 419, 421
십선교지十善巧智 257
십신十信, 십해十解, 십주十住, 십회향十
  廻向, 십지十地 11
십신十身 195, 395, 418, 476
십신十身, 어머니 483
십신十身과 십불十佛 416, 421
십오十五에 지우학志于學 85, 284
십이지인연十二支因緣/12인연 104, 160,
  168, 176
십일지十一地 처세대비지處世大悲智 225
십자가 67, 99, 110, 184, 187, 237
십자가, 십파라밀十波羅蜜 181
십자가와 금강저 238
십자가의 고통 188
십자가의 도道 181
십자가의 사랑 238
십자재十自在 196
십정十定 218
십정十定, 십통十通, 십인十忍 321
십종무진법十種無盡法 253
십종법인十種法印 280
십종불공十種不空 275
십종불사十種佛事 397
십종상十種相이라는 십덕十德 213
십종속질법十種速疾法 279
십종지문十種持門 275
십지十地 11, 81, 86, 104, 106, 215
십지十地 득출세대비지得出世大悲智 225
십지十地와 십파라밀十波羅蜜 105
십지十智 497
십차별지十差別智 257
십파라밀十波羅蜜 106, 117, 137, 187
십행十 12
십회향十廻向 11, 13, 18, 91

(ㅇ)
아귀 115
아누다라삼막삼보리阿耨多羅三藐三菩提
  294, 351, 395, 439
아담 171
아라한阿羅漢 227, 297
아뢰야식阿賴耶識(alaya vijnana) 167
아리스토텔레스Aristotle 490
아멘 99
아미타불阿彌陀佛 351
아미타불의 원願 386

아스피린 184, 187, 190
아스피린의 고 181
아승지阿僧祇 350, 420
아우프헤벤aufheben 81
아인슈타인Albert Einstein 97
아폴론Apollon 436
안중근安重根 의사 407
암두巖頭 374
애련설愛蓮說 428
야마夜摩 12
야마夜摩, 야마천夜摩天 122
야마천, 도솔천, 화락천, 타화자재천 136
약견무아삼고멸若見無我三苦滅 177
양명학陽明學 83, 160, 172
양무제梁武帝 350
양지良知 340
양지良知, 조화적造化的 정령精靈 160, 327
어거스틴Saint Augustine 435
어머니 24, 300, 420, 430
어머니 뱃속 83, 401, 439
얼 421
얼과 마음과 몸 36
얼음, 산, 강물 270
업業 304
에디슨Thomas Edison 97
에베레스트 230, 252, 270, 391, 457, 465
에베레스트 꼭대기 163, 216, 349
여래如來 219, 446
여래如來 선서善逝 220, 389, 516
여래성기如來性起 466, 470
여래성기如來性起 십법十法 460
여래수호광명공덕如來隨好光明功德 439
여래신如來身 197, 230
여래신의 특징 230
여선입해인풍제如船入海因風濟 198, 203
여수입중餘水入中 개실본명皆失本名 214
여여如如, 진여眞如 220
여영인如影忍 337

여의주 82, 297, 299
여환인如幻忍 327
연각 167, 178
연기緣起 172, 175
연기행緣起行 177
연꽃 179, 257, 267, 298, 417, 428, 442
연화장蓮華藏 세계 394
열매 71, 143, 285
열반 63, 515
열반적정涅槃寂靜 132
열자列子 198, 223
염법念法 278, 282
염불念佛, 염법念法, 염승念僧 269
염불왕생念佛往生 386
염혜지焰慧地 134
영생永生 27, 122, 357, 362, 376, 385
영생의 특징 359
영성 15, 35
영원 291
영원불변하는 법칙 14
영원한 부정, 무관심의 중심, 영원한 긍정 96
영원한 생명 32, 202, 294, 317, 326, 331, 341, 383, 388
영원회귀永遠回歸 356
영혼불멸 122, 305
영靈 390
예수 181, 187-88, 241, 284, 288, 381
예수 그리스도 182, 184, 284, 301
예수 즉 그리스도 184
예수는 신인神人 181
예수의 깨달음 398
예술의 세계 194, 199
예술의 핵심 196
오근五根 141, 145
오력五力 142, 145
오십이지천명五十而知天命 284
오온五蘊; 색수상행식色受想行識 79, 169

오의학奧義學 206
오차원 292
오체투지五體投地 241
오통五通, 육통六通 132
왕양명王陽明 85, 307, 322, 327, 340, 376
왕양명의 세계 163
요堯 순舜의 정치철학 228
요한 웨슬레John Wesley 92, 490
욕계欲界, 색계色界, 무색계無色界 136, 435
욕궁천리목欲窮千里目 갱상일충루更上
　一層樓 237
욕심 335
용건법勇健法 391, 406
용광로 102, 116
용담龍潭스님 353
용수龍樹 205
우상 239
우주 만물 14
우주 원리의 핵심 467
우주의 주인 195
우파니샤드Upanishad 206
운문雲門 139, 361
운문삼현雲門三玄 368
운문중유일보雲門中有一寶 429
원圓 362, 390
원願 297
원선결정願善決定 84
원시화原始火 506
원융무애圓融無碍 389
원의 중심과 원주 355
원죄原罪 168
원행遠行 187
원행지遠行地 179
원효元曉/원효대사元曉大師 469, 510
월인천강月印千江 339, 478
월인천강지곡月印千江之曲 340
위령불법爲令佛法 상속부단相續不斷 31
윌리암 제임스William James 467

유공용有功用, 무공용無功用 222, 229
유기물有機物, 무기물無機物 187
유기열有機熱, 무기열無機熱 182
유기체 174, 230, 258
유기체有機體 사상 228-29
유기체철학 172
유다이모니아Eudaimonia 464
유다이몬Eudaimon 464
유불여불唯佛與佛 385
유상有相, 무상無相 182
유심연기唯心緣起 270, 467
유심연기唯心緣起, 불佛, 이실법계理實
　法界 230, 244, 270, 384
유심연기唯心緣起, 청정장엄淸淨莊嚴,
　대방광大方廣 163
유와 무 182
유의식적, 무의식적, 초의식적 199
유전문流轉門, 환멸문還滅門 171
유정천有頂天 127
육경六境: 색성향미촉법色聲香味觸法
　169, 302
육근六根: 안이비설신의眼耳鼻舌身意
　169, 302
육도윤회六道輪廻 27, 113
육도六道 435
육신통六神通 302
육십六十에 이순耳順 칠십七十에 불유구
　不踰矩 284
육조혜능六祖慧能 344
육차원 357
육처六處: 안眼, 이耳, 비鼻, 설舌, 신身,
　의意 169
육파라밀六波羅蜜 95, 106, 113, 232, 435
윤봉길尹奉吉 의사 408
윤회설輪回說 304
율곡栗谷 이이李珥 340
율법 105
응무소주이생기심應無所住而生其心 238

응신應身 195
의사 96, 230
의상義湘/의상대사義湘大師 13, 65
이것이 있으면 저것이 있다 172
이금강혜以金剛慧 보입법계普入法界 241
이데Idee 357
이데아Idea 436
이데아Idea가 만물이 되었다 183
이데아Idea의 세계 220
이도업李道業 352
이명섭 96
이법理法무진장 65
이사무애법계理事無碍法界, 사사무애법
  계事事無碍法界 228, 389
이상세계 12, 135, 230, 244-45, 252, 290
이상적 현실 12, 81
이실법계理實法界 270, 384
이열치열以熱治熱, 이고치고以苦治苦 180
이철위총耳徹爲聰 목철위명目徹爲明 비철
  위전鼻徹爲顫 구철위감口徹爲甘 심철
  위지心徹爲知 지철위덕知徹爲德 314,
  419
이통현李通玄 460, 472, 492, 496
인仁 222, 288, 421
인忍 322, 327-28
인간은 무엇인가 98
인간의 목적 85
인격 85, 419
인격人格, 진선미성眞善美聖 520
인드라Indra 237
인드라망 93, 424
인류의 고통 182
인생 381
인생에 가장 행복한 것 71
인생은 꿈 220
인생의 목적 84
인생의 비결 98
인생의 삼 단계: 지知, 행行, 인仁 251

인생이란 무엇인가 220
인식認識 323
인식認識, 인욕忍慾, 인증認證 322
인식론 68
인연因緣 71, 330
인연소생因緣所生 330
인욕忍慾 327
인의예지仁義禮智 128
인증認證 336
인토忍土 360, 364
일一 229, 240, 263
일광평등日光平等 목견차별目見差別 277
일대사인연一大事因緣 387
일도一道 231
일도출생사一道出生死 162, 231, 265
일도출생사一道出生死 일체무애인一切
  無碍人 96, 312, 389, 510, 512, 519
일생에서 제일 중요한 것 247
일승一乘 229, 258
일시一時, 동시同時 220
일시성불一時成佛, 동시성불同時成佛 220
일식·일언·일좌·일인 362, 367
일식一食·일좌一坐·일인一仁·일언一
  言 187, 263, 270, 362
일신사상一身思想 258
일심一心 167, 176
일심성불一心成佛 229
일심회향一心廻向 45
일음일양위지도一陰一陽謂之道 96
일이관지一以貫之 355, 358
일이이一而二 이이일二而一 340
일일사무별日日事無別 유오자우해惟吾
  自偶諧 317
일일시호일日日是好日 361, 367
일일호일日日好日 369-70, 374, 377, 383
일좌불기一坐不起 107, 125
일좌식一坐食 410
일즉일체一卽一切 47, 65, 229, 233, 240,

찾아보기 601

243, 258, 292, 294, 340, 365, 393, 396, 419, 462
일즉일체一卽一切 일체즉일一切卽一 172, 188, 258, 383, 397, 467
일체개고一切皆苦, 제행무상諸行無常, 제법무아諸法無我, 열반적정涅槃寂靜 139
일체법一切法 자성청정自性淸淨 166
일체유심조一切唯心造(작作) 176
일체지一切智 자재신통력自在神通力 229
임마누엘Immanuel 464
입법入法 65
입장 275, 280, 282, 292
입장을 얻었다 292
입지立志 84

(ㅈ)

자기상실 84
자내증自內証 385
자비 100
자비의 핵심 448
자비희사慈悲喜捨 131
자성自性 250
자성공自性空 174
자심내증自心內證 233
자유 201, 247
자유의 화신 106
자유의지 331
자유인 40, 71
자유자재自由自在 282
자장慈藏 373
자재自在 196
장藏 83, 276
장래將來, 기재旣在, 현존現存 122
장생長生, 영생永生 352, 359, 367, 374, 382, 389
장생불사長生不死 353
장자莊子 223, 285, 314, 419, 521

적멸寂滅 312
적멸위락寂滅爲樂 348
적정寂靜 326
적정심회향寂靜心廻向 44
적조寂照와 조적照寂 222
전도인생顚倒人生 119, 333, 438
전법륜轉法輪 273
전봉준全琫準 253
전생, 현생, 내생 168
전체적인 파악 205
절대자 245
절대자에 부딪힌 자 465
절대적인 사랑 22
점심點心 353, 357, 383, 469
정정 121, 232, 288
정正·반反·합合 12, 81, 161, 285
정각正覺 470
정등각正等覺 459
정법正法, 상법像法, 말법末法, 멸진滅盡, 미륵 63
정수正受 232
정신 239
정신과 육체 161
정신과 육체의 통일 173
정신분열 335
정신이 나다 239
정신통일, 정신독립, 정신자유 246
정직심正直心 110
정토淨土 93
제소리 35, 376
제행무상諸行無常 시생멸법是生滅法 생멸이生滅已 적멸위락寂滅爲樂 312
제행무상諸行無常, 제법무아諸法無我, 열반적정涅槃寂靜 72, 119, 326
젬마 514
조문도석사가의朝聞道夕死可矣 66
조주趙州 251

존심存心 양성養性 사천事天 105
존심양성存心養性 430
존재 466
종교 182
종교, 철학, 예술, 과학 128, 133
종교의 내용 330
종교의 핵심 182, 184, 430
종밀宗密 13
종성種性 32, 387
종시終始 317
종심소욕불유구從心所慾不踰矩 198, 200
종자기흉금從自己胸襟 유장출래流將出來 376
종자재하種子在下 과생지상果生地上 287, 290
좌선坐禪 125
죄 237, 245
죄罪 무자성無自性 441
죄인 119
주관과 객관의 일치 169
주덕산周德山 353
주렴계周濂溪 352, 428
주어법신住於法身 보입진여普入眞如 279, 282
주자朱子 107, 128, 162, 233
주자학朱子學 133, 339
주체성 196
중中 124, 143, 162, 192
중국의 철학 105
중생 14, 180, 329
중생무변서원도衆生無邊誓願度 94
중생신衆生身 195
중생회향衆生廻向 19, 60
중생회향衆生廻向, 보리회향菩提廻向, 실제회향實際廻向 14
중심 163, 353, 355, 359, 362, 393, 396, 430
중심을 잡는다 367, 383, 393

중정中正 200
중통외직中通外直 429
즉비卽非의 논리 239, 340
즉비차별卽非差別 337, 340
즉심성불卽心成佛 229
증자曾子 178, 355
지知, 행行, 인仁 323
지관止觀 121
지광명장대삼매智光明藏大三昧 274
지덕복智德福 246, 464
지덕복智德福 일치 172, 183
지도至道, 지도무난至道無難 251
지법持法 66
지산겸地山謙 296
지성소至聖所 374
지신智身, 법신法身, 허공신虛空身 197, 206, 223
지엄智儼 13
지엄복智嚴福 465
지옥地獄, 아귀餓鬼, 축생畜生, 아수라阿修羅, 인人, 천天 27, 435
지옥을 만들어 내는 것 449
지인무기至人無己 성인무명聖人無名 신인무공神人無功 200
지즉행知卽行 162
지천명知天命 407
지철위덕知徹爲德 314, 419
지행일치知行一致 83, 172, 183, 230, 268, 388
지행합일知行合一 163, 176
지혜와 사랑 429-30, 432
지혜와 사랑이 나다 421
직관直觀 498
직관지直觀知 239
직선적인 시간관 359
직선적인 시간관, 원형적 시간관, 나선형의 변증법적 시간관 161
직지인심直指人心 233

직지인심直指人心 견성성불見性成佛
　　105, 430
진각眞覺 422
진공묘유眞空妙有 162-63, 174, 348
진리 13, 32, 34, 138, 205-206, 294, 433
진리를 깨닫는다 36, 433
진리를 깨달았다 15, 34, 161, 185, 325,
　　338, 403, 459
진리와 도와 생명 246
진리의 근원 14
진리의 몸 268
진선미眞善美 246
진선미성眞善美聖 401, 417
진실존재 14
진심盡心 지성知性 지천知天 105
진심瞋心 448
진심과 망심 170
진에瞋恚 449
진여眞如 19, 394
진여眞如, 존재, 실재實在, 실제實際 14
진여眞如, 진리, 존재, 실재의 근원 48
진여상회향眞如相廻向 49
진여의 법성法性 14
진여의 법신 15
진여행眞如行, 무애행無碍行 509
진여회향眞如廻向 48, 60
진인이후眞人而後에 진언眞言 285
진화설 394
집착 238, 245
징관澄觀 13, 373

(ㅊ)

차별지 380, 428
착실과단着實果斷 158
찰나 속에 영원이 있다 276, 291, 356
찰나성불刹那成佛 433
참만고일성순參萬古一成純 102
참선參禪 124, 128-29, 134, 232, 341

참선參禪, 정선定禪, 좌선坐禪 121
참회 61, 441
창조적 지성 50, 75, 201, 294-95, 376
척안斥鴳 198
천국 128, 171, 175, 312, 418, 433, 437-38
천국, 욕계欲界, 색계色界, 무색계無色界 123
천리안千里眼, second seeing 306
천명天命 286
천명지위성天命之謂性 460
천명지위성天命之謂性 솔성지위도率性
　　之謂道 수도지위교修道之謂敎 13
천상천하유아독존天上天下唯我獨尊 139
천재일우千載一遇 149
천지인天地人 322
철인哲人 285, 423
철학의 핵심 182
청량대사淸凉大師 373
청정淸淨 장엄莊嚴 이실법계理實法界
　　230, 252
청정淸淨·장엄莊嚴·자재自在 270, 384,
　　473
청정무애淸淨無碍 230
청정심淸淨心 45, 118
청정심심행삼매淸淨深心行三昧 264
체득 87
초인超人 394
총본塚本 260
총지摠持 66, 121
추사秋史 김정희金正喜 224, 237
출생사出生死 23, 268
출세出世와 처세處世 225
출세간즉세간出世間卽世間 23
출세비지불과出世悲智佛果 처세지비보
　　현행處世智悲普賢行 225
출입出入, 심사尋伺, 희우喜憂, 고락苦樂 124
충서忠恕 355
치양지致良知 163, 348
치중화致中和 410

칠각지七覺支 142, 145
칠산七山 팔해八海 135
칠십이불유구七十而不踰矩 284
침공沈空 502

(ㅋ)
카알라일Thomas Carlyle 96, 98, 384, 390
카타르시스catharsis 259
칸트Immanuel Kant 85, 306, 357
칸트의 질문 464
칸트의 비판철학 106, 392
칼 막스Karl Marks 367
크리스마스 390
키엘케골Soren Kierkegaard 220, 251

(ㅌ)
타심통他心通 303
타화자재천他化自在天 81
탄허吞虛스님 472
탈혼 514
탐진치貪瞋痴 36, 120, 180, 453
탐진치기貪瞋痴欺 263
태극太極 285, 339, 352, 463
태극기 352, 391
태극도太極圖 465
태극점 383, 393
태양 11, 36, 48, 60, 89, 161, 163, 173, 184, 199, 263, 331, 362, 430, 439
태양 같은 사람 184
태양, 달, 중생 91
태양과 달 12
태초에 말씀이 있으니 271, 437
태평양 35
통일 161, 165, 192
통일, 독립, 자유 369
퇴계退溪 이황李滉 377
투시透視 307
특수상대성 이론 97

(ㅍ)
파라밀波羅蜜 104, 181, 184
파우스트 98
팔불八不 34
팔상八相 389, 394
팔상八相, 불사佛事, 용건법勇健法 380
팔정도八正道 119, 143, 145
평등 76, 165, 173, 175, 195, 231, 283
평등각平等覺 79, 231
평등공平等空 231
평등심 25, 44
평등자각平等自覺 125, 136
평등한 마음 41
플라톤Plato 220, 435-36, 439, 515
플라톤의 이데아 학설 183
플라톤의 이데아Idea 394
플라톤의 이상국가 245
플러스 마이너스 해서 제로가 영 96
플로티노스Plotinos 514
필로소피아philosophia 286, 421

(ㅎ)
하나 65
하나님 14, 19, 48, 59, 68, 159-60, 167, 173, 181-82, 239, 245, 264, 267-68, 284, 325, 341
하나님 앞에 섰다 174
하나님, 그리스도, 하늘나라 231
하나님, 비로자나불毘盧遮那佛 508
하나님, 존재存在 510
하나님께로 돌아가야 한다 53
하나님을 만난다 240
하나님을 사랑하고 이웃을 사랑한다 79
하나님의 나라 331
하나님의 말씀 31, 79, 205, 254-55, 265, 324, 340, 376, 486
하나님의 빛 12, 158
하나님의 사랑 254
하나님의 아들 85, 301, 466

찾아보기 605

하나님의 핵심 483
하나님의 형상 340, 342-43
하나님의 힘 56, 199, 201
하늘, 땅, 사람 322
하늘나라 79, 193, 400, 418, 435, 464
하이데거Martin Heidegger 122, 462, 467
학이불염學而不厭 교이불권敎而不倦 288
학이불염學而不厭 묵이식지默而識之 교이불권敎而不倦 13
한 몸 172, 174, 228-29, 258, 284
한단지몽邯鄲之夢 220
함개건곤涵蓋乾坤 절단중류截斷衆流 수파축랑隨波逐浪 368
함석헌咸錫憲 261
해가 뜬다 65
해인삼매海印三昧 494
해인삼매海印三昧, 화엄삼매華嚴三昧, 분신삼매奮迅三昧 235
해탈 60, 63, 86
햇빛과 물이 합해져서 나무가 되어야 285
행고行苦, 고고苦苦, 괴고壞苦 177
행복 172, 371, 436, 464
허공虛空 85, 112, 207, 224, 278
허공무신虛空無身 480
허공성虛空性 193
허공신虛空身 419
허령지각虛靈知覺 317
허무虛無 162
헤겔G.W.F. Hegel 81, 366
현실존재, Actual entity 173
현재전現在前 175
현전現前 107, 173
현전지現前地 104
현지우현玄之又玄 중묘지문衆妙之門 378
형이상위지도形而上謂之道 509
형이상학 67
혜가慧可 361, 441
화두話頭 233, 341

화신化身 187, 195, 197
화엄사상의 핵심 65
화엄종의 개조 13
화이트헤드Alfred North Whitehead 172
화장세계 417, 421-22, 430
화택火宅 180
환희지歡喜地 95, 99
환희지歡喜地 십대서원十大誓願 89
활연관통豁然貫通 107
회광반조廻光返照 11, 15
회향廻向 13
획대신통獲大神通 방대광명放大光明 입무애법계入無碍法界 201
희로애락미발위지중喜怒哀樂未發謂之中 124

김흥호 전집

화엄경 강해 2

지은이 | 김흥호
발행인 | 임우식
기획 편집 | 변정자

1판 1쇄 발행 | 2006년 3월 13일
1판 4쇄 발행 | 2023년 5월 20일

발행처 | 사색 출판사
전화 | 010-4226-0926 팩스 02-6442-9873
홈페이지 | www.hyunjae.org
이메일 | gabeim@hanmail.net
인쇄 | InDefine

Copyright ⓒ 김흥호 2006, Printed in Korea.

값 19,000

ISBN 89-957856-2-4

*저자와의 협의에 따라 인지는 생략합니다.
*잘못된 책은 바꿔드립니다.